# Direito Tributário nos Tribunais Superiores

# Direito Tributário nos Tribunais Superiores

Estudos em homenagem à Ministra Regina Helena Costa

2021

Coordenadoras
**Glaucia M. Lauletta Frascino**
**Ariane Costa Guimarães**

ALMEDINA

**DIREITO TRIBUTÁRIO NOS TRIBUNAIS SUPERIORES**
ESTUDOS EM HOMENAGEM À MINISTRA REGINA HELENA

COORDENAÇÃO: Glaucia M. Lauletta Frascino, Ariane Costa Guimarães

DIRETOR ALMEDINA BRASIL: Rodrigo Mentz
EDITORA JURÍDICA: Manuella Santos de Castro
EDITOR DE DESENVOLVIMENTO: Aurélio Cesar Nogueira
ASSISTENTES EDITORIAIS: Isabela Leite e Larissa Nogueira

DIAGRAMAÇÃO: Almedina
DESIGN DE CAPA: FBA

ISBN: 9786556272405
Junho, 2021

Dados Internacionais de Catalogação na Publicação (CIP)
(Câmara Brasileira do Livro, SP, Brasil)

---

Direito tributário nos tribunais superiores : estudos em homenagem à ministra Regina Helena Costa /
coordenação Glaucia Maria Lauletta Frascino , Ariane Costa Guimarães. – 1. ed. -- São Paulo : Almedina, 2021.

Vários autores.
ISBN 9786556272405

Índice:
1. Costa, Regina Helena, 1961 2. Direito tributário - Brasil
3. Magistratura I. Frascino, Glaucia Maria Lauletta. II. Guimarães, Ariane Costa.

21-63048 CDD-34:336.2(81)

---

**Índices para catálogo sistemático:**

1. Brasil : Direito tributário 34:336.2(81)

Aline Graziele Benitez - Bibliotecária - CRB-1/3129

Este livro segue as regras do novo Acordo Ortográfico da Língua Portuguesa (1990).



EDITORA: Almedina Brasil
Rua José Maria Lisboa, 860, Conj.131 e 132, Jardim Paulista | 01423-001 São Paulo | Brasil
editora@almedina.com.br

www.almedina.com.br

## SOBRE A HOMENAGEADA

A Ministra Regina Helena Costa é magistrada nascida em São Paulo, em 25 de julho de 1961, ocupando, atualmente, cargo de Ministra no Superior Tribunal de Justiça desde 28 de agosto de 2013. Professora da Pontifícia Universidade Católica de São Paulo é autora de diversos livros sobre direito tributário, tendo recebido, inclusive, o Prêmio Jabuti na categoria Direito em 2010.

Formada em Direito pelas Faculdades Metropolitanas Unidas no ano de 1983, torna-se mestre em 1992, doutora em 2000 e livre-docente (2006) pela Pontifícia Universidade Católica de São Paulo (PUC-SP). Iniciou a carreira profissional como procuradora do Estado de São Paulo, no período de 1984 a 1991, e, também, como procuradora da República em 1991. Ingressou na magistratura como juíza federal em 1991, sendo promovida a desembargadora do Tribunal Regional Federal da 3ª Região em 2003.

Em 2013, foi nomeada pela presidente Dilma Rousseff para o cargo de ministra do STJ, em vaga destinada a membro de Tribunal Regional Federal. Ou seja, em 2021, a Ministra completa 30 anos de magistratura, com contribuição ímpar e lapidar na jurisprudência da Justiça brasileira.

A sua atividade acadêmica é intensa. Com os estudos focados em Direito Tributário, a Professora Regina Helena ocupa este posto desde 1985. É, ainda, autora de importantíssimas obras, das quais destacam-se: *Código Tributário Nacional comentado em sua moldura constitucional, Curso de Direito Tributário, Imunidades Tributárias: teoria e análise da jurisprudência do STF, Praticabilidade tributária e justiça tributária, Princípio da capacidade contributiva,* além de inúmeras contribuições em obras coletivas.

A relevância da doutrina construída pela Ministra Regina Helena Costa é única. Sempre com olhar sistêmico e contextualizado sobre qualquer tema a que se propõe debruçar, seus textos refletem preocupação com os valores constitucionalmente assegurados, especialmente sobre a dignidade da pessoa humana com vistas à distribuição justa da renda e do patrimônio, bem como sobre os princípios que direcionam e imprimem sentido e validade ao Sistema Tributário Brasileiro, como o da capacidade contributiva. Essas preocupações são colocadas sempre como pano de fundo nas análises da Ministra, inclusive em seus julgados, e fazem com que a sofisticação própria de seu modo de julgar imprima às suas decisões os caros atributos da coerência e da consistência do ordenamento jurídico.

A Ministra Regina Helena, vale destacar, é uma das precursoras da segregação doutrinária da capacidade contributiva objetiva e subjetiva. Enquanto a capacidade contributiva objetiva refere-se à aptidão do indivíduo para auferir e acumular riquezas para serem tributadas, independentemente da correlação com os demais gastos suportados pelo contribuinte, a subjetiva busca enxergar a tributação em relação ao que pode ser suportado pelo indivíduo, no sentido de proteger seu núcleo mínimo para fazer frente ao numerário necessário à satisfação da existência. Essa distinção foi fundamental para que o Poder Judiciário pudesse exercer o confronto entre os efeitos de uma lei num caso concreto *vis-a-vis* o conteúdo normativo do princípio da capacidade contributiva.

Além disso, a densidade normativa proposta pela doutrina da Ministra Regina Helena permitiu que o Supremo Tribunal Federal pudesse exercer, de forma racional e sistêmica, o controle de constitucionalidade de leis, sendo importante destacar a suspensão de dispositivos legais encartados na Lei n. 8.846/94, que dispunha sobre penalidades tributárias aplicáveis no caso de não emissão de documentos fiscais, cujos fatos geradores sejam de tributos municipais e estaduais, por afronta aos princípios da capacidade contributiva e da vedação ao efeito confiscatório do tributo.

Outra manifestação importantíssima apresentada pela Ministra Regina Helena refere-se à Reforma Tributária, em discussão no Congresso Nacional desde 2019. Com olhar atento para a solidariedade e capacidade contributiva, a Ministra reconhece que "*o Brasil pertence, todavia, àquele grupo de países em que a Constituição e a realidade constitucional claramente divergem*" (Tipke), e afirma que os projetos de Reforma não tratam destes aspectos para conferência de maior justiça social ao Sistema.

Mas a contribuição da Ministra não se encerra na construção acadêmico-jurisprudencial. Na verdade, o seu papel tem significado relevantíssimo no contexto da concretização da equidade de gênero.

Segundo a ONU, ainda demoraremos cerca de 99 anos e meio para superar o *gender gap*; na América Latina, seriam necessários 59 anos (Global Gender Gap Reporto 2020, ONU). Mulheres estudam mais do que os homens, mas ganham menos do que os homens (Agência Brasil – março de 2020). Levantamento em escritórios de advocacia, realizado pela *Women in Law Mentoring* Brasil, demonstrou que as mulheres representam 57% dos profissionais, porém, são apenas 34,9% dos sócios de capital. No Poder Judiciário, dos 2.975 magistrados de 1º grau participantes da pesquisa, apenas 36,7% são mulheres. No 2º grau, o cenário é ainda pior para a representatividade feminina: somente 21,2% são mulheres. Nos tribunais Superiores, as mulheres representam apenas 18,5% do total de ministros.

A representatividade das mulheres é baixa. E mesmo em relação aos postos ocupados por mulheres, ainda há uma série de obstáculos a serem vencidos no que diz respeito ao poder de imprimir a visão feminina nos processos de tomada de decisão.

É neste quesito, de representação ativa, que gostaríamos de evidenciar a contribuição da Ministra Regina Helena Costa, por suas posições densas e de persuasão, o que nos inspira constante e institucionalmente à busca por um ambiente de atuação profissional mais equitativo e igualitário.

Toda essa trajetória acadêmica e jurisdicional atrelada a uma personalidade que imprime força e objetividade, a Ministra Regina Helena Costa mostra que o campo tributário, como qualquer outro, pode e deve ser preenchido por mulheres. Com personalidade contida, a Ministra pouco proclama seus predicados, mas gostaríamos de dividir com o público leitor o agradecimento por ter aberto tantas portas para todas as que pretendem seguir a trajetória na esfera tributária.

Imbuídas desta alegria e como uma singela forma de homenagem ao seu histórico, convidamos advogadas e procuradoras, todas litigantes ativas perante o Poder Judiciário, para redigirem artigos envolvendo a contribuição efetiva da Ministra Regina Helena nas decisões mais relevantes do país. O projeto nasceu em 2019, mas somente pôde ser concluído em 2021, dado que todas nós, coordenadoras e autoras, sofremos com os impactos da pandemia em nosso cotidiano.

Eis que o ano de 2021 coincide com o aniversário de 30 anos de magistratura e 37 de magistério da Ministra Regina Helena Costa, além de ser o marco para seus 60 anos de idade. Estamos todas muito contentes em poder celebrar feitos tão relevantes para a nossa história institucional de construção de um Direito Tributário denso, a partir de uma visão feminina.

Esperamos que o público leitor aprecie os artigos que revelam a preocupação sistêmica, consistente, sofisticada e densa do olhar feminino ao Direito Tributário construído pelas mãos e genialidade da Ministra Regina Helena Costa.

Outono de 2021.

As coordenadoras

**Glaucia Maria Lauletta Frascino**

*Especialista em Direito Tributário.*
*Advogada.*

**Ariane Costa Guimarães**

*Doutora em Direito e Políticas Públicas pelo Centro Universitário de Brasília Uniceub-USP.*
*Mestre em Direito com tema defendido sobre Preços de Transferência. Visiting Researcher em Georgetown (Washington).*
*Professora de Direito Tributário e Direito Processual Tributário no UniCEUB.*
*Advogada.*

## NOTA DA EDITORA

*"Regina Helena Costa não teme desafios"*. Este foi o meu "primeiro encontro" com a Professora Regina Helena. Era o ano 2000 e eu estava na biblioteca da PUC-SP em busca de livros para fazer um trabalho de direito tributário quando me deparei com essas sábias palavras escritas por Geraldo Ataliba ao prefaciar a dissertação de mestrado da homenageada, que havia sido publicada anos antes.

Pelos corredores da PUC-SP sempre ouvi comentários dos sortudos alunos da Professora Regina Helena acerca das aulas maravilhosas que ela dava. E, por um desses presentes que a vida nos dá, fui assistir a uma aula da nossa homenageada no curso *CPC Marcato*, quando tivemos nosso "segundo encontro". Isso deve ter sido em 2003 e lembro-me como se fosse hoje da Professora Regina Helena entrando na sala: uma mulher alta, cheia de atitude e com um sorriso largo no rosto que espantava qualquer mau humor. Fiquei encantada com tamanha didática e domínio do Direito e, civilista que sou, saí de lá quase convencida de que o direito administrativo era uma das maravilhas do mundo jurídico. Sim, nossa homenageada também domina o direito administrativo.

Mais alguns anos se passaram e tive meu "terceiro encontro" com a Professora Regina Helena. Com muita gentileza ela me recebeu em seu gabinete no Tribunal Regional Federal, na Avenida Paulista. Contei a ela todo o meu histórico de admiração e, na condição de editora jurídica da Saraiva, convidei-a para escrever um curso de direito tributário. A resposta dela não poderia ter sido mais honrosa: agradeceu o convite, mas me disse que iria primeiro consultar a casa que lhe deu a oportunidade de publicar seu primeiro livro, a prestigiada editora Malheiros.

Confesso que não esperava postura diferente da nossa homenageada, pois já tinha ouvido a respeito da sua retidão e firmeza. Naquela ocasião tive uma lição do verdadeiro sentido da palavra "gratidão", tão em voga nos dias de hoje, mas ainda pouco colocada em prática. Esse encontro teve um final muito feliz: tive a honra de me tornar sua editora e, com o *Curso*, conquistamos o Prêmio Jabuti de 2010, na categoria Direito. Foi uma noite memorável na belíssima Sala São Paulo, onde ocorreu a premiação. Sem dúvida, o ponto nevrálgico da vida de um autor e de um editor.

Parafraseando Vinícius de Moraes, "*a vida é a arte do encontro, embora haja tanto desencontro pela vida*" e hoje, por mais um desses encontros que a vida me proporcionou, tenho a honra de novamente ser a editora de uma obra com a PROFESSORA REGINA HELENA. Nessa oportunidade ela recebe a justa homenagem por uma vida dedicada ao Direito, tendo obtido absoluto sucesso em todos os cargos que ocupou: Procuradora do Estado de São Paulo, Procuradora da República, Juíza Federal, Desembargadora Federal do Tribunal Regional Federal da Terceira Região e, desde 2013, Ministra do Superior Tribunal de Justiça.

Para fechar esta breve nota, gostaria de deixar registrada minha satisfação pessoal por contar com a amizade da homenageada e aproveito a oportunidade para agradecer às autoras que nesta obra inscrevem o seu nome. De certo, contribuíram por admiração para com a MINISTRA REGINA HELENA COSTA e, com isso, honraram também a editora Almedina, a qual tenho orgulho de representar.

São Paulo, 23 de abril de 2021.
Dia mundial do livro

**Manuella Santos de Castro**
*Editora Jurídica e Advogada*
*Doutoranda em Direito Civil pela USP*
*Mestre em Direito Civil Comparado pela PUC-SP*
*Bacharel em Direito pela PUC-SP*
*Cursa Faculdade de História na USP*
*Professora convidada de cursos de pós-graduação lato sensu em Direito*

## PREFÁCIO

## A LINGUAGEM DAS CORTES E AS ESCOLHAS JUDICIAIS QUASE MÁGICAS

Esta obra, coordenada pelas Dras. Gláucia Lauletta Frascino e Ariane Costa Guimarães, foi escrita em homenagem à Ministra Regina Helena Costa, para louvar não apenas a sua alta produtividade acadêmica como ainda a sua performance judicial. Trata-se de um desafio saber qual de suas atuações é mais relevante para a comunidade jurídica brasileira.

Sendo Livre-Docente, Doutora e Mestre pela Pontifícia Universidade Católica de São Paulo, escreveu obras doutrinárias notáveis, das quais destacamos O Princípio da Capacidade Contributiva; as Imunidades Tributárias; O Curso de Direito Tributário; e a nossa predileta, Praticabilidade e Justiça Fiscal. Em inumeráveis outros trabalhos publicados, artigos de livros, e conferências, a Ministra tem auxiliado na formação de recursos argumentativos e científicos, no aparato intelectual e conceitual de muitos, qualificando-os, jovens ou maduros juristas, pesquisadores e advogados à difícil compreensão e interpretação do Direito.

Afinal, a linguagem do Direito é ordinária, muitas vezes ambígua e plurissêmantica, vale-se de conceitos determinados, mais ou menos específicos, além de indeterminados e abstratos; de tipos; das cláusulas móveis e das gerais; das lacunas a integrar ou inintegráveis; uma codificação própria, desafiadora para novos e velhos juristas à vista da riqueza e da mutabilidade dos fatos sociais. A doutrina, a Dogmática ou a Ciência do Direito procuram sistematizar as categorias cognitivas em tal universo mutante e desafiador, para a estandardização e classificação de casos sujeitos à decisão. Mas não integram o sistema jurídico.

A doutrina e a Dogmática, porém, são o guia do sistema jurídico, a chave com que abri-lo e compreendê-lo. Nas palavras de Niklas Luhmann, "os conceitos, a teoria, o conhecimento da Dogmática não são o sistema do direito, mas guiam tal sistema". Portanto, o sistema é uma construção que se destina a possibilitar a vida, por meio da redução da complexidade do mundo. Um dos apoios de que se vale o sistema está na Dogmática jurídica[1].

Ora, Regina Helena tem atuado dentro da Dogmática, em valiosos trabalhos doutrinários que, em alguns campos, são o guia, a estrela do sistema jurídico. Não é fácil, teoricamente, emitir juízos assentados apenas na autoridade argumentativa, sem a proteção das togas, para colocar em confronto teórico a praticabilidade e a justiça fiscal; os conceitos indeterminados e a discricionariedade administrativa, por ex., tarefas que a professora e jurista Regina Helena executa com proficiência invejável.

Mas nossa Ministra se utiliza também de outra linguagem, aquela das Cortes, participando das difíceis escolhas judiciais, na busca da melhor decisão pacificadora dos conflitos, construindo o melhor do Direito entre possíveis alternativas de significados.

É necessário reconhecer, sobretudo, que a decisão judicial, embora orientada pelas leis em seu enunciado linguístico, pela Dogmática/pela Ciência do Direito e pelos precedentes, encontra, ainda assim, alternativas de interpretação deixadas pelo legislador, ou lacunas que ele mesmo ordena sejam preenchidas. Isso demonstrou tão bem R. Dahl, em seus levantamentos estatísticos, referidos à Corte Constitucional dos EUA[2]. A escolha de uma das alternativas de interpretação, a solução de conflitos entre normas e a integração – se compatíveis com os enunciados linguísticos postos pelo legislador – não configuram nenhum excesso no exercício das funções judicantes. São a própria natureza da função do Poder Judiciário que é, de fato, um Poder e não singela autoridade.

[1] Cf. Luhmann, Niklas. *Sistema Giuridico e Dogmatica Giuridica.* Trad. Alberto Febbrajo. Bologna, Mulino, 1978, pag. 59.

[2] Não conhecemos pesquisa similar tão completa, em nosso País. Mas, o exemplo norte-americano é de alta relevância porque, demonstrado o "politicismo" inerente às decisões judiciais, a partir da Corte Suprema dos EUA, a chamada *allopoiesis* do sistema jurídico nacional fica bastante atenuada.Cf. Robert Dahl. *Decision-Making in a Democracy:* The Supreme Court as a National Policy-Maker. Emory Law Journal. 50. p.536-581. 2001.

No entanto, identificar se um "poder" é, de fato e de direito, um poder estatal, depende da concepção que se tenha de Estado e de Poder. JEAN-CLAUDE MILNER propõe a seguinte definição de poder: "dispositivo socialmente reconhecido que tem a capacidade de criar regras; por adição, por supressão, por modificação das regras existentes, pouco importa" (...). E acrescenta: "um poder é criador de regras, uma autoridade faz respeitar as regras que ela não cria." E observa MILNER que Poder Judiciário, em sentido próprio, encontramos naqueles países em que, de fato, o Judiciário cria normas jurídicas, sem intervenção do Poder Legislativo.[3]

Como observa W. HASSEMER, todos aqueles que não concebem a tarefa do juiz como "absoluta subjugação à lei" afirmam que as codificações legais não são capazes de determinar inteiramente a decisão judicial, para isso comprovando com a "experiência empírica que o conteúdo da jurisprudência se pode alterar profundamente, embora a lei respectivamente aplicável não tenha sido renovada" [4].

O Poder Judiciário é, pois, Poder em que a regra judicial encontrada é aplicação e criação (já na antiga concepção kelseniana), advinda das limitações que lhe são inerentes como: os significados deixados abertos pelo legislador dentre os quais se escolhem os melhores; os precedentes; os conceitos, ordenações e classificações possíveis, que decodificam a linguagem dos tribunais.

Aplicar a lei e os precedentes e, ao mesmo tempo, criar a melhor regra judicial para solucionar aqueles conflitos concretos, sem desbordar na ofensa às funções dos demais Poderes, é algo que envolve tanto a racionalidade específica do Direito como, ainda, e, ao mesmo tempo, a fidelidade ao próprio Estado de Direito. Ao analisar o ethos da fidelidade ao Direito, e móvel do Estado de Direito, POSTEMA pontua que os juízes chamam tal fidelidade de imparcialidade, de equidade das partes em juízo, de abertura do processo à evidencia e à argumentação de todos os lados, ao dever de tomar decisões racionais segundo princípios

[3] Cf. JEAN-CLAUDE MILNER. *Les Pouvoirs: d'un Modèle à l'Autre*. ÉLUCIDATION, nº 6/7, p.9. 2002.

[4] Cf. W. HASSEMER. *Sistema jurídico e codificação: a vinculação do juiz à lei. In:* Introdução à Filosofia do Direito e à Teoria do Direito Contemporâneas. Coordenação de A. KAUFMANN e W. HASSEMER, trad. de Marcos Keel. Lisboa. Ed. Fundação Calouste Gulbenkian, 2002, p.283-284.

baseados nas provas e na argumentação apresentada na Corte. "Os juízes precisam ver para isso, em lugar de relações pessoais, a língua franca das cortes. Isso reclama uma convicção profunda, ciumentamente guardada, de sua independência em relação a outros ramos de governo."[5]

Na tomada de decisões judiciais, melhores escolhas entre possíveis alternativas de sentido, que antes estavam abertas no sistema jurídico, são quase mágicas, porque, se não transbordam das funções judicantes, mas se materializam no espaço de sentido deixado pelo legislador e pelos precedentes judiciais, são ao mesmo tempo inovadoras, criativas. Por isso, não é tão fácil encontrarmos bons juízes.

A Ministra Regina Helena, quando vestida em sua toga, sabe decidir. De extrema fidelidade ao Estado de Direito, imparcial e justa no tratamento isonômico das partes, apenas aberta às provas e à racionalidade argumentativa, guarda ciumentamente a sua independência em relação aos demais ramos de Poder. Repele o consequencialismo econômico, que, no campo do Direito Tributário, frustra os direitos e garantias fundamentais, já que qualquer vitória dos contribuintes representaria perda para as burras estatais. Guardar ciumentamente a independência do Poder Judiciário é exatamente isso, fazer valer o Estado de Direito.

Encontra as melhores soluções, guiando a Corte, ou sacando a solução ideal, derivada do conjunto das normas legais e jurisprudenciais. Essa quase magia se pode entrever em muitas decisões que tomou em relação à não incidência do IPI na revenda interna de produtos importados sem nova industrialização, em voto vencido no EREsp 1.403.532/SC, Tema 912; ou como voto vencedor do Tema 994, no REsp 1.638.772/SC, em que se fixou a tese de que os valores do ICMS não integram a base de cálculo da Contribuição Previdenciária sobre a Receita Bruta instituída na Lei 12.546/2011; além de outros casos como na não incidência do IR e das CSLL sobre as subvenções recebidas; ou ainda na autorização à compensação de prejuízos sem a trava de 30%, na hipótese de extinção da empresa. Sim, as consequências são pesadas pela Ministra, mas apenas aquelas jurídicas cuja origem pode ser econômica, social ou política, não importa, mas que foram convertidas pelo legislador, aceitas e por ele sopesadas para dentro do sistema jurídico. Apenas essas.

[5] Cf. *Gerald Postema, Law`s Rule. Reflexivity, Mutual Accountability and the Rule of Law.* In Bentham`s Theory of Law and Public Opinion. Coord. Xrabv Zhai, p. 33.

Fazer as escolhas judiciais quase mágicas... Encontramos bons juízes, que não desenvolveram vida acadêmica, e não se envolvem, pois, em teorias e reflexões científicas estranhas ao raciocínio das Cortes. E, no entanto, são notáveis magistrados. Podemos encontrar, em sentido inverso, cientistas do Direito, filósofos e acadêmicos renomados que, ingressando na magistratura, tiveram dificuldade em tomar decisões judiciais ideais.

O mais difícil, no entanto, é nos depararmos com profissionais do Direito que, sendo teóricos e pesquisadores reconhecidos, ao mesmo tempo sabem construir as melhores regras judiciais, fazendo as melhores escolhas, aquelas quase mágicas. A Ministra Regina Helena prima pela excelência nas duas funções exercidas.

Esta obra que ora vem à luz representa o reconhecimento da comunidade jurídica aos trabalhos desenvolvidos em carreiras diferentes, tocados simultaneamente pela Ministra, quer na teorização e exercício da Dogmática como guia do sistema, quer nas escolhas das melhores e ímpares decisões judiciais para pacificação dos conflitos sociais. Uma quase magia.

**Misabel Abreu Machado Derzi**

*Profa. Titular de Direito Tributário e Financeiro da Fac.Direito da UFMG*

## APRESENTAÇÃO

A Ministra Regina Helena Costa é uma mulher paradigmática por diversos motivos. Dentre eles, o fato mais simples, porém, mais determinante: ela é uma jurista mulher e se destacou profissional e academicamente em áreas majoritariamente masculinas – o Direito Tributário e a magistratura. No que se refere ao Direito Tributário, podemos afirmar, por experiência própria, que suas obras "Praticabilidade e Justiça Tributária - Exequibilidade da Lei Tributária e Direitos do Contribuinte", "Imunidades tributárias: teoria e análise da jurisprudência do STF", dentre outras, foram guias e inspiração no início de nossa vida acadêmica, tanto pela densidade, inovação e profundidade, quanto pelo fato de podermos ter contato com o produto de uma mente feminina, o que era (e, infelizmente, ainda é) raro nas indicações bibliográficas de Direito Tributário, o que nos fez ter a noção de que poderíamos vir a ocupar espaços relevantes nessa área. A máxima de que "você sonha em ser aquilo que você vê" é uma verdade no geral e ficamos felizes em compartilhar que o contato com as ideias da Ministra Regina Helena Costa nos tornou capazes de sonhar o que somos hoje e além.

Sua carreira dedicada ao serviço público é igualmente memorável e instigante. Foi procuradora do Estado de São Paulo, de 1984 a 1991, e atuou como procuradora da República em 1991. Ingressou na magistratura federal nesse mesmo ano, tornando-se, em 2003, desembargadora do Tribunal Regional Federal da 3ª Região. Em 2013, é indicada pela primeira Presidente da República mulher, Dilma Roussef, para ocupar uma cadeira no Superior Tribunal de Justiça, o que, por si só, já merece destaque, uma vez que não temos perspectiva de voltar a ver uma mulher como chefe do Poder Executivo federal. A nossa felicidade com a sua indicação é ímpar. É possível afirmar que, até agosto/2013, os Tribunais Superiores só haviam conhecido um tributarista de formação, o ilustre Aliomar Baleeiro, que ocupou uma cadeira no STF de 1965 a 1975. A Ministra Regina Helena Costa é, portanto, a primeira tributarista a atuar no STJ e a primeira mulher tributarista a atuar em Tribunal Superior.

Em 2021, comemoramos o seu oitavo ano no Superior Tribunal de Justiça e nada mais justo do que reunir um time de tributaristas mulheres para homenagear a sua trajetória e exemplo, abordando temas tão caros à Ministra, como tributação e direitos fundamentais, imunidades tributárias, capacidade contributiva, segurança jurídica, além de seus votos singulares.

Ficamos muito honradas em apresentar tão prestigiosa coletânea, sobretudo porque um dos nortes do Elas Discutem é amplificar a voz das mulheres tributaristas na academia e no mundo profissional. Desejamos que a Ministra Regina Helena Costa tenha aberto caminhos para muitas de nós e obras como esta demonstram a solidez e densidade da produção feminina no Direito Tributário.

Finalizamos com a famosa e feliz frase de Simone de Beauvoir: "É pelo trabalho que a mulher vem diminuindo a distância que a separava do homem, somente o trabalho poderá garantir-lhe uma independência concreta". E afirmamos que a Ministra Regina Helena Costa tem contribuído e muito para a diminuição dessa distância e para que possamos sonhar com a igualdade entre os gêneros.

**Nina Pencak**

*Cofundadora do coletivo jurídico Elas Discutem.*

*Doutoranda e Mestre em Finanças Públicas, Tributação e Desenvolvimento pela Universidade do Estado do Rio de Janeiro.*

*Assessora de Ministro no Supremo Tribunal Federal.*

## CARTA DE APOIO INSTITUCIONAL WLM-BR

Excelentíssima Senhora Ministra Regina Helena Costa,

A associação Women in Law Mentoring Brazil – WLM-BR vem manifestar sua homenagem e agradecimento à Ministra Regina Helena Costa, e apoio à obra lançada **"Direito Tributário nos Tribunais Superiores: estudos em homenagem à Ministra Regina Helena Costa"**, sob coordenação de Ariane Costa Guimarães e Glaucia Maria Lauletta Frascino.

A WLM-BR é uma associação sem fins lucrativos com o objetivo de potencializar competências e inspirar o protagonismo feminino no ambiente jurídico, estimulando a criação de futuras lideranças femininas, tanto em escritórios de advocacia como em jurídicos de empresa.

Nessa senda, a WLM-BR compreende a importância de reconhecer e enaltecer mulheres que são fonte diária de inspiração. Mulheres que quebram paradigmas de gênero e incentivam outras mulheres a promoverem o desenvolvimento pessoal, profissional e o empoderamento feminino, mormente na seara jurídica.

Destarte, em virtude da brilhante trajetória da ministra Regina Helena Costa, seja na condição de jurista, magistrada, ministra, professora e mulher, voltada principalmente ao estudo e aplicação do direito tributário, a aludida obra tem como escopo revelar sua contribuição para essa ciência, bem como para a formação de jovens advogadas que a têm como um ícone.

Por conseguinte, a WLM-BR repisa que apoia a carreira jurídica feminina e esta obra como homenagem e agradecimento à Vossa Excelência. No mais, insta salientar que nosso propósito não é apenas lembrar das mulheres fantásticas que nos influenciam nos mais diversos aspectos, mas que elas saibam que nossos passos e conquistas são resultado desta tamanha inspiração. Dessa forma, fica registrado nosso muito obrigada!

Cordialmente,
Porto Alegre, 26 de março de 2021.

**Ana Amelia Abreu**
*WLM- BR Women In Law Mentoring Brazil*
*Presidente*

## MINUTA ELAS PEDEM VISTA

A presença da Ministra Regina Helena Costa no Superior Tribunal de Justiça muito nos orgulha, pois além de seu vasto conhecimento jurídico e brilhante atuação, reforça a importância da presença das mulheres em cargos de liderança, contribuindo com a perspectiva de gênero nas decisões proferidas pela Corte.

Justamente por essa razão, uma coletânea de artigos produzida apenas por mulheres tem peso simbólico e de conteúdo que ainda se faz necessária no ordenamento jurídico. A obra, com isso, cumpre o seu papel de homenagear a Ministra com todas as honras que lhe são devidas e, ainda, exalta e difunde a produção acadêmica de mulheres, tantas vezes alijadas da academia e do debate jurídico. Mulheres precisam de espaço na vida pública para efetivamente fazerem parte da construção da nossa sociedade e do direito.

Somente com obras como esta, as mulheres serão protagonistas na evolução dos direitos e suas respectivas interpretações, garantindo que a igualdade de gênero seja uma lente pela qual todo o ordenamento jurídico deva ser interpretado.

A associação Elas Pedem Vista se dispõe a amplificar e fomentar a opinião de mulheres sobre o Direito, a fim de ser um instrumento para a igualdade de gênero e defesa dos direitos das mulheres. Desse modo, esperamos promover o bem de todos, sem preconceitos de origem, raça, sexo, cor, idade e quaisquer outras formas de discriminação (art. 3º, IV da CF/88). Por isso, registramos em nome da Elas Pedem Vista a imensa honra de apoiar esta obra, que além de reverenciar a carreira e obra da Ministra Regina Helena Costa, também se presta a garantir maior presença de mulheres no debate jurídico.

**Cristina Neves da Silva**
*Presidente da Elas Pedem Vista*

**Julia de Baére**
*Vice-Presidente da Elas Pedem Vista*

## WOMEN IN TAX BRAZIL

A concepção desta coletânea já é em si digna de celebração, pois não somente traz ao leitor e à leitora pontos de grande repercussão na seara tributária atual com base nos estudos sobre os quais se debruçou ao longo de sua carreira a Ministra Regina Helena Costa, com o brilhantismo, inteligência e profundidade que sempre lhe foram peculiares, mas também traz tudo isso sob o enfoque de profissionais mulheres, reconhecidamente atuantes na academia, nos setores público e privado, inspiradas pela obra e vida desta grande profissional. O livro traduz a mudança dos novos tempos, seja pela iniciativa corajosa e afirmativa da coordenação, de reunir um grupo de autoras no desenvolvimento de uma obra inspirada por uma grande mulher e escrita exclusivamente por mulheres tributaristas, seja por também colocar neste espaço o apoio de outras iniciativas afirmativas, como é o caso do Women in Tax Brazil, que hoje reúne mais de 3000 tributaristas do setor público e privado, do Elas Discutem e do Women in Law Mentoring, também incansavelmente dedicadas a trazer à luz o tema da equidade de gênero.

Quando iniciamos as atividades do Women in Tax Brazil buscando fomentar um maior protagonismo feminino na área tributária, que historicamente teve palcos muito pouco diversos, jamais imaginamos que seríamos tantas, e que em tão pouco tempo, poderíamos realizar tanto. Mas existia uma lacuna, e o direito tributário nunca foi tão feminino. As plateias sempre majoritariamente femininas estão cada vez mais fazendo parte dos palcos dessa área e a presente obra é mais uma evidência disso.

Como a homenageada, as autoras já seguindo seus passos estão buscando abrir novos caminhos de inspiração para novas gerações de tributaristas com grandes contribuições para os temas mais relevantes de nossa área de atuação, com o toque inovador sempre imprimido pela Ministra em sua carreira.

As autoras nos levam a uma viagem pelos mais relevantes temas e mostram que as tributaristas estão presentes em todas as grandes pautas e negócios que envolvem atualidade dessa área de atuação.

Esta obra sintetiza o que o Women in Tax Brasil mais quer ver realizado, mulheres de muito talento e atuantes na área, que buscam se conectar, e criar ainda mais espaço de protagonismo, em busca de uma maior equidade de gênero na área tributária, inspiradas numa grande desbravadora, a nossa homenageada Ministra.

**Renata Correia Cubas**

*Especialização em Direito Empresarial, Universidade de São Paulo (USP).*
*Especialização em Comércio Exterior, Negócios Internacionais, Gestão Financeira e de Câmbio, Fundação Getúlio Vargas (FGV).*
*Advogada.*

## MENÇÃO DE APOIO

O Tributos a Elas (TaE) é um movimento autônomo de Procuradoras da Fazenda Nacional que, desde 2019, debate questões de gênero. O TaE propõe uma reflexão quanto ao que pode ser feito para que a presença e as vozes femininas sejam fortalecidas em todos os espaços e, assim, se atinja a efetiva igualdade entre homens e mulheres.

A publicação desta coletânea de artigos produzidos por mulheres juristas é uma iniciativa que se alinha aos objetivos do TaE, pois incentiva o protagonismo nos ambientes acadêmico e jurídico, contribuindo para mudanças numa estrutura que, historicamente, privilegia oportunidades aos homens. Além disso, traz ao debate, com profundidade e excelência, temas de grande repercussão na seara tributária.

Acreditamos que iniciativas como esta são fundamentais para repensar posturas que ignoram a desigualdade de gênero ou reduzem a sua importância nestes espaços.

Nesse contexto, é uma grande honra apoiar esta obra em homenagem à Ministra Regina Helena Costa, cuja trajetória inspiradora é significante para a representatividade feminina nos Tribunais Superiores, bem como para o desenvolvimento do Direito Tributário.

**Graziela Rosal Honorato**
*Tributos a Elas*

# SOBRE AS COORDENADORAS

**Glaucia Maria Lauletta Frascino**
Especialista em Direito Tributário
Advogada

**Ariane Costa Guimarães**
Doutora em Direito e Políticas Públicas pelo Centro Universitário de Brasília Uniceub-USP.
Mestre em Direito com tema defendido sobre Preços de Transferência.
*Visiting Researcher* em Georgetown (Washington).
Professora de Direito Tributário e Direito Processual Tributário no UniCEUB.
Advogada

## SOBRE AS AUTORAS

**Alessandra Gomensoro**
*Master of laws*, University of Chicago.
Advogada.

**Andrea Mascitto**
Sócia da área tributária de Pinheiro Neto Advogados.
Coordenadora da Subcomisão de Tributação e Energia da OAB/SP e Professora da FGV Direito SP – GVLaw.

**Ane Streck Silveira**
MBA em Gestão Tributária – Fundação Instituto de Pesquisas Contábeis, Atuariais e Financeiras (FIPECAFI)
Especialista em Direito Tributário – Instituto Brasileiro de Estudos Tributários (IBET)
Advogada.

**Betina Treiger Grupenmacher**
Professora de Direito Tributário da UFPR.
Doutora pela UFPR.
Pós-Doutora pela Universidade de Lisboa. Visiting Scholar pela Universidade de Miami.
Advogada.

**Carla Mendes Novo**
Especialista em direito tributário pelo IBDT.

Pós-graduada em direito processual civil pelo COGEAE/PUC-SP.
Professora e pesquisadora do Insper.
Advogada.

**Carolina Damasceno C. Barretto**
Especialista em Direito Tributário pelo Instituto Brasileiro de Direito Tributário – IBET/SP.
Advogada.

**Carolina Mello**
Advogada do Ulhôa Canto Advogados.

**Dayana de Carvalho Uhdre**
Procuradora do Estado.
Doutoranda pela Universidade Católica de Lisboa.
Mestre em Direito do Estado pela Universidade Federal do Paraná – UFPR.
Pós-Graduada pelo Instituto Brasileiro de Estudos Tributários – IBET.
Professora convidada no curso de Pós-Graduação em Direito Tributário da Academia de Direito Constitucional – Abdconst.
Professora seminarista no Instituto Brasileiro de Estudos Tributários – IBET.
Professora convidada no curso de Pós-Graduação em Direito Tributário e Processual Tributário da Universidade Positivo.
Professora convidada no curso de Pós-Graduação em Direito Digital da FAE Business School.
Professora convidada no curso de Pós-Graduação em Direito Digital da PUC-PR.
Professora convidada nos Cursos da New Law Institute e Legal Hub.
Membro da Comissão de Direito Tributário da OAB-PR.
Membro da Comissão de Inovação e Gestão da OAB-PR.
Coordenadora do Grupo de Discussão Permanente de Criptoativos da OAB-PR.

**Elaine Perez**
Especialização em Direito Tributário, Pontifícia Universidade Católica de São Paulo (PUC-SP).
Advogada.

**Fernanda Ramos Pazello**
Bacharel, especialista e Mestre em Direito Tributário pela PUC/SP
Advogada em São Paulo/SP
Co-fundadora do Women in Tax Brazil
Membro da Comissão Especial de Direito Tributário da OAB/SP

**Flávia Cavalcanti**
Sócia do Ulhôa Canto Advogados.
Doutora em Direito Tributário pela USP. LL.M. em *International Taxation* pela NYU. *Arthur T. Vanderbilt Scholar. Flora S. and Jacob L. Newman Award.*
Pós-Graduada pelo IBDT e pelo IBET.
Diretora da ABDF.
Co-Chair da *Woman of IFA Network* – WIN Brasil.

**Gabriela Silva de Lemos**
Advogada.
Especialista em Direito Tributário e em Direito da Economia e da Empresa.

**Graziela Rosal Honorato**
Procuradora da Fazenda Nacional.
Mestre em Administração Pública pela FGV.
Membro da comissão do Tributos a Elas.

**Herta Rani Teles Santos**
Procuradora da Fazenda Nacional.
Mestre em Filosofia e Teoria do Estado pela Universidade de Lisboa.
Doutoranda em Direito e Sociologia pela Universidade de Coimbra.
Coidealizadora e Cofundadora do Tributos a Elas.

**Jersilene de Souza Moura**
Mestre em Administração Pública pela FGV.
Especialista em Direito Tributário pela FGV.
Especialista em Administração Pública pela FGV
Procuradora da Fazenda Nacional.

**Joicy Leide Montalvão de Almeida**
Advogada.

**Jussandra Hickmann Andraschko**
Vice-Presidente da Comissão Especial de Direito Tributário da OAB/RS.
Especialista em Direito Tributário pelo IBET e L.L.M. em Tributação da Empresa e dos Negócios na Escola de Direito Law.
Economics and Society da Unisinos – POA.

**Karem Jureidini Dias**
Doutora e Mestre em Direito pela PUC – SP.
Professora do mestrado do Instituto Brasileiro de Direito Tributário – IBET e de outros cursos de pós-graduação.
Advogada.

**Lígia Barroso Fabri**
Advogada, mestra em Direito Processual pela Universidade Federal do Espírito Santo – UFES, pós graduada em Direito Tributário pela PUC Minas. MBA em curso em Desenvolvimento Sustentável e Economia Circular pela PUC/RS. Conselheira suplente do Conselho Municipal de Recursos Fiscais do Município de Vitória/ES. Diretora Regional do Instituto de Juristas Brasileiras – IJB/ES. Membra do Grupo de Estudos em "Tributação Ambiental", da Universidade Federal do Ceará. E-mail: ligia.fabri@yahoo.com.br.

**Maria Dionne de Araújo Felipe**
Procuradora da Fazenda Nacional da Procuradoria Regional da Fazenda Nacional da 1a. Região.
Especialização em Integração Econômica e Direito Internacional Fiscal pela Fundação Getúlio Vargas (FGV).

**Maria Rita Ferragut**
Livre-docente em Direito Tributário pela USP.
Mestre e Doutora pela PUC/SP.
Professora e advogada.

**Mariana Coutinho Vilela**
Especialista em direito e processo do Trabalho pela Universidade Presbiteriana Mackenzie
Membro do Conselho e Coordenadora das Discussões sobre a Área Previdenciária da Associação Brasileira de Advocacia Tributária – ABAT
Advogada.

**Melissa Guimarães Castello**
Doutora em Direito pela Pontifícia Universidade Católica do Estado do Rio Grande do Sul. Mestre em Direito pela University of Oxford (revalidado pela UFRGS).
Procuradora do Estado do Rio Grande do Sul.
Vice-Presidente da Fundação Escola Superior de Direito Tributário (FESDT).

**Mônica Lima**
Procuradora da Fazenda Nacional. Integrante da Divisão de DEFESA 1ª instancia da 3ª Região em atuação na Coordenação de Estratégias Judiciais e na Coordenação de Atuação no STJ.

**Olívia Tonello Mendes Ferreira**
Mestre em Direito Tributário pela PUC-SP.
Especialista em direito tributário pelo IBET.
Advogada.

**Pâmela Larissa Miguel Gottardini**
Especialização em Direito Tributário, Universidade Presbiteriana Mackenzie.
Advogada.

**Rebeca Drummond de Andrade Müller**
Assessora tributária na Câmara dos Deputados.
Mestranda em Direito pelo Instituto Brasiliense de Direito Público – IDP.

**Renata Correia Cubas**
Especialização em Direito Empresarial, Universidade de São Paulo (USP)
Especialização em Comércio Exterior, Negócios Internacionais, Gestão Financeira e de Câmbio, Fundação Getúlio Vargas (FGV).
Advogada.

**Renata Andréa Joner Parry**
Mestre em Direito pela Universidade Católica de Brasília (UCB).
Pós-graduada em Direito Tributário e Finanças Públicas pelo IDP.
Pós-graduada em Direito Processual Civil pelo IDP.
Bacharel em Direito pelo UniCeub.
Advogada.

**Renata Silva e Souza**
Especialista em direito tributário pelo Instituto Brasileiro de Estudos Tributários – IBET.
Advogada.

**Rita Dias Nolasco**
Procuradora da Fazenda Nacional.
Doutora em Processo Civil pela Pontifícia Universidade Católica de São Paulo. Diretora Regional do Instituto Brasileiro de Direito Processual – IBDP.
Diretora da Escola da Advocacia-Geral da União na 3ª Região.
Professora de Direito Processual Civil da Cogeae – PUC SP.
Coordenadora da Disciplina de Direito Processual Civil da Pós-Graduação da Escola da Advocacia-Geral da União.

**Rosane Rosolen**
Advogada.
Pós-graduada em Direito Constitucional e Direito Penal Econômico (IASP).

## SUMÁRIO

1. **A Taxatividade extensiva da lista de serviços previstos na Lei Complementar n. 116/2003 e as cláusulas de abertura do sistema – uma análise da decisão do STF no Recurso Extraordinário n. 784.439**
Melissa Guimarães Castello 39

2. **Imunidade das instituições filantrópicas às contribuições previdenciárias**
Betina Treiger Grupenmacher 61

3. **Exclusão do ICMS presumido das bases de cálculo do Imposto de Renda de Pessoa Jurídica e da Contribuição Social sobre o Lucro Líquido**
Joicy Leide Montalvão de Almeida 83

4. **Crédito de PIS e COFINS sobre ICMS-ST – uma análise coerente**
Jussandra Hickmann Andraschko 91

5. **O princípio da não obstância do exercício dos direitos fundamentais pela via da tributação**
Alessandra Gomensoro 109

6. **Créditos Presumidos de ICMS e Tributação sobre a Renda – Desdobramentos dos ERESP. n. 1.517.492 –**
Flávia Cavalcanti
Carolina Mello 117

7. **Os desafios da Reforma Tributária: simplificação e exequibilidade da lei tributária e garantia da justiça social**
Renata Correia Cubas
Pâmela Larissa Miguel Gottardini 151

8. **A Limitação na compensação de prejuízo fiscal e base negativa da CSLL na extinção da pessoa jurídica**
Karem Jureidini Dias
Carolina Damasceno C. Barretto 163

9. **Juros sobre capital próprio, incidência na base de cálculo do PIS e da COFINS. A decisão do Resp 1.200.492-RS em julgado representativo da controvérsia**
Maria Dionne de Araújo Felipe 197

10. **A incidência do ICMS sobre TUSD/TUST: uma análise sobre o julgamento do Resp n. 1.163.020/RS**
Olívia Tonello Mendes Ferreira 217

11. **A jurisprudência do Superior Tribunal de Justiça sobre modulação de efeitos em matéria tributária**
Glaucia M. Lauletta Frascino
Ariane Costa Guimarães 251

12. **Tributos, comunicações e mulheres – um fio condutor para um estudo de caso**
Graziela Rosal Honorato
Herta Rani Teles Santos 269

13. **Exclusão do ICMS da base de cálculo da contribuição ao PIS e da COFINS – Evolução da jurisprudência**
Gabriela Silva de Lemos 295

14. **Corrigindo a rota da cobrança de crédito tributário de devedor em recuperação judicial ou falência**
Mônica Lima
Rita Dias Nolasco 301

15. **Disputa sobre a exclusão das tarifas de uso do sistema de transmissão e distribuição (TUST e TUSD) da base de cálculo do ICMS sobre o consumo de energia elétrica**
Andrea Mascitto 315

16. **Creditamento de PIS/COFINS na ZFM: o REsp 1.259.343/AM e seus impactos constitucionais**
Rebeca Drummond de Andrade Müller 323

17. **A incidência da contribuição previdenciária sobre o terço constitucional de férias e a jurisprudência do Supremo Tribunal Federal**
Carla Mendes Novo
Mariana Coutinho Vilela 349

18. **O regime constitucional dos incentivos às exportações e os benefícios para o desenvolvimento nacional: uma opção de política fiscal que deve ser perpetuada**
Renata Andréa Joner Parry 367

19. **Direito aos créditos de PIS e COFINS: não-cumulatividade e regime monofásico**
Fernanda Ramos Pazello 411

20. **O direito fundamental à educação e o Princípio da não obstância do exercício de direitos fundamentais por via da tributação: a inconstitucionalidade da estipulação de limite de dedução do Imposto sobre a Renda**
Elaine Perez 433

21. **Atividade Fiscal – reflexões sobre o abuso de autoridade e o excesso de exação no Direito Tributário**
Rosane Rosolen 453

22. **Evolução da jurisprudência do STJ quanto ao conceito de resultado para fins de isenção do ISS na exportação de serviços e a atividade de gestão de fundos de investimentos**
Renata Silva e Souza 471

**23. Coerência interpretativa, segurança jurídica e além... lições e perspectivas do ERESP 1517492/PR**
Dayana de Carvalho Uhdre 485

**24. Prescrição intercorrente e o prazo para redirecionamento da execução fiscal para pessoas físicas, jurídicas e grupos econômicos**
Maria Rita Ferragut 499

**25. DPVAT sua natureza jurídica e outras questões controvertidas**
Jersilene de Souza Moura 511

**26. Direito à manutenção do crédito de PIS/COFINS em razão da aquisição de bens na sistemática de arrecadação concentrada (regime monofásico)**
Ane Streck Silveira 529

**27. Doutrina atual da capacidade contributiva, solidariedade e reforma tributária em um contexto de pandemia**
Lígia Barroso Fabri 543

# 1. A Taxatividade Extensiva da Lista de Serviços Previstos na Lei Complementar N. 116/2003 e as Cláusulas de Abertura do Sistema – Uma Análise da Decisão do STF no Recurso Extraordinário N. 784.439

Melissa Guimarães Castello

## Introdução

O presente artigo se propõe a analisar a recente decisão do Supremo Tribunal Federal no Recurso Extraordinário nº 784.439[1], na qual foi fixada a seguinte tese: "É taxativa a lista de serviços sujeitos ao ISS a que se refere o art. 156, III, da Constituição Federal, admitindo-se, contudo, a incidência do tributo sobre as atividades inerentes aos serviços elencados em lei em razão da interpretação extensiva"[2]. Como demonstrado ao longo do artigo, a decisão – que ratifica orientação consolidada no Superior Tribunal de Justiça – se afasta da premissa tradicional do direito tributário brasileiro, de que os tributos devem ter seus fatos geradores

[1] RE 784.439/DF (tema 296), Rel. Min. Rosa Weber, Tribunal Pleno, julgado em 29/06/2020, por maioria.

[2] O acórdão do referido Recurso Extraordinário está pendente de publicação, mas as minutas de votos foram disponibilizadas durante o julgamento, em Plenário Virtual. Por consequência, a presente análise é feita com base nestas minutas.

minuciosamente delimitados em lei, como consequência do que se convencionou chamar de princípio da legalidade estrita.

Esta premissa, de tipicidade fechada, levou à produção de um sem-número de leis, que definem de forma exaustiva o fenômeno de incidência tributária, inclusive com a enumeração de todos os serviços que se submetem ao ISS, na lista anexa à Lei Complementar nº 116/2003. Esta técnica legislativa parte do pressuposto de que o sistema jurídico-tributário seria mais seguro e previsível, caso houvesse o detalhamento exaustivo do fato gerador tributário, protegendo o contribuinte de abusos do poder estatal.

Contudo, a pretensão legiferante de regrar exaustivamente a incidência tributária sobre todos os modelos de negócios nunca alcançou o resultado pretendido, especialmente por que as pessoas criam novas formas de prestar serviços todos os dias, levantando dúvidas acerca da aptidão do sistema para tributá-las[3]. Como será explanado, diante desta falha sistêmica do modelo de estrita legalidade, o Supremo Tribunal Federal vem gradualmente flexibilizando-o, e identificando cláusulas de abertura que permitem a evolução orgânica do fenômeno de incidência tributária. A partir destas cláusulas de abertura, caberá ao intérprete (e, especialmente, à Administração Pública, no exercício de seu poder regulamentar) detalhar os casos em que há a efetiva incidência. A pergunta que se impõe, frente a este novo cenário, é: o novo modelo causará maior insegurança jurídica do que o modelo atualmente existente?

Como se pretende demonstrar ao longo do presente artigo, não há evidências de maior insegurança jurídica caso se adote um modelo normativo mais aberto. Para a construção desse argumento, parte-se do

[3] O serviço de provimento de acesso à internet é apenas um exemplo desta situação. Sobre o tema, a jurisprudência majoritária do Superior Tribunal de Justiça (STJ) originalmente se orientou pela não-incidência do Imposto sobre Operações Relativas à Circulação de Mercadorias e sobre Prestações de Serviços de Transporte Interestadual e Intermunicipal e de Comunicação (ICMS), pois se estaria diante de "serviço de valor adicionado (art. 61, Lei 9472/97), o qual exclui expressamente da classificação de serviços de telecomunicações (§ 1º, art. 61)" (vide, entre outros: REsp 456.650/PR, Rel. Min. Eliana Calmon, Segunda Turma, DJ 08/09/2003, p. 291, bem como a Súmula 334/STJ).
Como este serviço não estava previsto no rol taxativo de fatos geradores do Imposto sobre Serviços de Qualquer Natureza (ISSQN), tampouco este tributo poderia incidir (vide: REsp 658.626/MG, Rel. Min. Denise Arruda, Primeira Turma, DJe 22/09/2008), de modo que, na prática, estas empresas não pagam nenhum imposto indireto.

acórdão do RE nº 784.439. A análise da minuta de voto da Ministra Rosa Weber, relatora para o acórdão, traz duas conclusões que demandam análise mais detalhada: a constatação de que o ordenamento constitucional exige uma lei complementar que enumere os serviços submetidos à incidência do ISS; e a conclusão de que os serviços enumerados nesta lista admitem interpretação extensiva. Estas duas conclusões serão analisadas em mais detalhes a seguir.

## 1. A obrigatoriedade de uma lista dos serviços que são submetidos ao Imposto sobre Serviços

Ao fundamentar as razões da decisão proferida no RE nº 784.439, a Min. Rosa Weber principia analisando se é ou não necessária uma lista que arrole os serviços submetidos à incidência do ISS. Da forma como estruturada a decisão, esta análise é essencial para delimitar se há matéria constitucional a ser julgada pelo Supremo Tribunal Federal, já que a lista de serviços é prevista em Lei Complementar, não sendo expressamente determinada pelo art. 156, III, da Constituição. Como bem pontua Regina Helena Costa, a interpretação do sentido deste inciso da Constituição é uma das mais antigas polêmicas do Direito Tributário[4].

Consoante decidiu a Ministra Relatora do RE nº 784.439, quando o art. 156, III, da Constituição estipula que "compete aos Municípios instituir impostos sobre: [...] III – serviços de qualquer natureza, não compreendidos no art. 155, II, definidos em lei complementar", o texto constitucional pressupõe que a legislação complementar delimite quais são os serviços submetidos à incidência do ISS. Pode fazê-lo na forma de lista de serviços (como é feito na Lei Complementar nº 116/2003, e como era feito no Decreto-Lei nº 406/1968), ou adotando outra sistemática de delimitação do fato gerador do ISS (como era feito no revogado art. 71 do Código Tributário Nacional). Não obstante, a Constituição pressupõe algo mais do que a simples conceituação do termo "prestação de serviços".

Em outras palavras, a Ministra Relatora compreendeu que a lista de serviços atualmente prevista na Lei Complementar nº 116/2003 é taxativa. Esta questão é polêmica, pois a taxatividade da lista limita a autonomia

[4] Costa, Regina Helena. *Curso de Direito Tributário* – Constituição e Código Tributário Nacional. 8a ed. São Paulo: Saraiva, 2018. p. 424.

municipal, como bem pontua Regina Helena Costa, que entende que a lista é meramente exemplificativa[5]. Por outro lado, a doutrina majoritária, há muito acolhida pelos Tribunais Superiores, considera que a lista é taxativa[6], como forma de dar maior segurança jurídica aos contribuintes sobre quais seriam os serviços submetidos à incidência do ISS, bem como uniformidade nacional.

Nessa linha, no entender da Ministra Rosa Weber, para dar concretude ao art. 156, III, da Constituição, não basta simplesmente que a lei complementar defina o conceito de serviços. Este é um conceito do Direito Privado, que pode ser utilizado pelo Direito Tributário, sendo desnecessária nova conceituação. Sobre o conceito de serviço de qualquer natureza, aliás, Regina Helena Costa destaca que este se encontra nos arts. 593 e 594 do Código Civil, compreendendo uma obrigação de fazer, assim definida: "a prestação de utilidade de qualquer natureza a terceiro, efetuada em caráter oneroso, sob regime de direito privado, e que não configure relação de emprego"[7].

Por outro lado, e seguindo a linha de raciocínio da Min. Rosa Weber em sua minuta de voto, caso o conceito de serviços do Direito Privado não fosse suficiente para as necessidades do Direito Tributário, poderia a lei complementar detalhá-lo, com base no art. 146, III, da Constituição. Esta observação é extremamente oportuna, pois, como decidiu o Min. Alexandre de Moraes em sua minuta de voto no RE nº 784.439, "esta CORTE consolidou o entendimento de que o Direito Constitucional adota conceitos próprios, não utilizando as premissas dadas pelo Direito Privado. Logo, está afastada a vinculação entre o termo serviço e a obrigação de fazer disposta no Código Civil"[8].

Independentemente de qual conceito de "prestação de serviços" seja adotado – o do Direito Privado, ou o próprio da Constituição – fato é que, caso a expressão "definidos em lei complementar" (do art. 156,

[5] Costa. *Curso de Direito Tributário.* p. 424-5.

[6] Costa. *Curso de Direito Tributário.* p. 424.

[7] Costa. *Curso de Direito Tributário.* p. 423.

[8] Sobre o tema, vide: Castello, Melissa Guimarães. Conceitos jurídicos indeterminados em matéria tributária e o dever de fundamentação das decisões judiciais: uma análise da jurisprudência do Supremo Tribunal Federal que define "Serviços de Qualquer Natureza". *Revista de Direito Tributário Contemporâneo.* SP: RT, vol. 21, p. 29-30, out-dez/2019; Piscitelli, Tathiane. Limites interpretativos dos conceitos e institutos de direito privado. *In*: Piscitelli, Tathiane. *Tributação da nuvem* [recurso eletrônico]. São Paulo: RT, 2019.

III, da Carta Constitucional) se referisse exclusivamente à definição do conceito de serviços, ela seria dispensável, pois esta definição poderia ser feita, com base no art. 146, III, da Constituição. Por consequência, e considerando que a lei não contém palavras inúteis, a única interpretação possível deste inciso, para a Ministra Rosa Weber, seria a de que, ao prever que os serviços sejam "definidos em lei complementar", o art. 156, III, pressupõe que eles sejam enumerados nesta lei nacional.

Nota-se que este pressuposto de enumeração do que pode ser considerado serviço, para fins de incidência do ISS, é muito distinto do que ocorre na experiência internacional. Os tributos incidentes sobre o consumo tradicionalmente distinguem bens e serviços, mas dificilmente enumeram tudo o que pode ser considerado bem, e tudo o que pode ser considerado serviços. O mais comum é que os serviços sejam definidos por exclusão: tudo que não é um bem tangível/corpóreo é considerado um serviço, e recebe o tratamento jurídico-tributário correspondente. Este é o corte conceitual adotado pela OCDE, por exemplo[9]. A União Europeia também adota o critério de definição de serviços por exclusão: serviços são definidos como tudo que for desprovido de realidade corpórea[10]. Este conceito já se apresentava na TVA francesa[11], estando consolidado no continente europeu.

Caso o Brasil adotasse este critério simplificador – e, talvez, simplista – de definição de serviços, não haveria a limitação ao princípio federativo e à autonomia municipal de que trata Regina Helena Costa[12]. Como consequência, muitos litígios acerca da aptidão de os municípios cobrarem ISS sobre determinadas operações sequer surgiriam. Na ausência

[9] ORGANISATION FOR ECONOMIC CO-OPERATION AND DEVELOPMENT (OCDE). *International VAT/GST Guidelines*. Paris: OECD Publishing, 2017. p. 39; MASUKO, Ana Clarissa. O Conceito de Serviço como "Obrigação de Fazer" no Direito Tributário Brasileiro, seus Reflexos para a Reforma Tributária e Economia Digital. *In*: AFONSO, José Roberto R.; SANTANA, Hadassah Laís. *Tributação 4.0* [recurso eletrônico], São Paulo: Almedina, 2020. p. 270.

[10] Nos termos do art. 24º da Directiva IVA, "entende-se por «prestação de serviços» qualquer operação que não constitua uma entrega de bens" (UNIÃO EUROPEIA. Directiva 2006/112/CE do Conselho, de 28 nov. 2006 [versão consolidada até 01 jan. 2020]. Relativa ao sistema comum do imposto sobre o valor acrescentado. JO 11 dez. 2006. Disponível em https://eur-lex.europa.eu/legal-content/PT/TXT/?uri=CELEX:02006L0112-20200101. Acesso em 09 mar. 2020).

[11] MASUKO. O Conceito de Serviço como "Obrigação de Fazer"... p. 270.

[12] COSTA. *Curso de Direito Tributário*... p. 424.

de enumeração dos serviços passíveis de incidência do ISS, o legislador (seja ele constituinte, seja complementar), ampliaria a competência municipal, para abranger um sem-número de operações que hoje não são tributadas por ISS[13]. Em outras situações, a dúvida acerca da possibilidade de cobrar ou não o imposto não seria posta, já que haveria competência ampla do fisco municipal[14]. Sob este enfoque, possivelmente haveria diminuição de litígios entre fiscos municipais e contribuintes, face à competência para tributar serviços de forma ampla.

Por outro lado, o sombreamento entre as competências estadual e municipal provavelmente aumentaria, por dois motivos: a existência de situações em que não resta claro se determinada operação configura circulação de mercadoria ou prestação de serviços[15]; e a ocorrência de

[13] A Súmula Vinculante nº 31 do STF, por exemplo, dispõe ser "inconstitucional a incidência do Imposto sobre Serviços de Qualquer Natureza – ISS sobre operações de locação de bens móveis".
Há uma gama de "novos serviços", que não estão expressamente arrolados na lista anexa à Lei Complementar nº 116/2003, e que, por consequência, escapam à incidência do ISS, tal como o serviço de provimento de acesso à internet, como indicado acima.

[14] Não haveria debates acerca da constitucionalidade da cobrança do ISS sobre os serviços analisados no RE nº 784.439, objeto do presente artigo ('rendas outros serviços' e 'recuperação de encargos e despesas'), por exemplo.
Tampouco seria objeto de litígio a incidência de ISS sobre *leasing* (objeto do RE 592.905, Rel. Min. Eros Grau, Tribunal Pleno, DJe de 05/03/2010, Tema 125 da repercussão geral, em que fixada a tese de que "é constitucional a incidência do Imposto sobre Serviços de Qualquer Natureza – ISS sobre as operações de arrendamento mercantil (leasing financeiro)"); ou sobre planos de saúde (STF, RE 651.703/PR, Rel. Min. Luiz Fux, Tribunal Pleno, DJ 26/04/2017, por maioria. Tema 581 da repercussão geral, fixada a seguinte tese: "As operadoras de planos privados de assistência à saúde (plano de saúde e seguro-saúde) realizam prestação de serviço sujeita ao Imposto Sobre Serviços de Qualquer Natureza – ISSQN, previsto no art. 156, III, da CRFB/88").

[15] O exemplo pertinente, aqui, é o da prestação de serviços de composição gráfica por encomenda de embalagens utilizadas no ciclo industrial. Quando analisou a competência para tributar esta atividade, o STF concluiu que deveria incidir ICMS, e não ISS, ao contrário do previsto na redação original do item 13.05 da lista anexa à Lei Complementar nº 116/2003 (STF, Tribunal Pleno. Medida Cautelar em Ação Direta de Inconstitucionalidade nº 4.389/DF, Relator Min. Joaquim Barbosa, julgado em 13 abr. 2011, DJe 25 mai. 2011, unânime).
Como consequência da decisão do STF, o item 13.05 da lista anexa à Lei Complementar nº 116/2003 acabou tendo sua redação alterada pela Lei Complementar nº 157/2016, passando a expressamente prever a incidência de ICMS nestas atividades (Coêlho, Sacha Calmon Navarro. Conflito de competência do ICMS x ISSQN na industrialização por encomenda em etapa intermediária da produção. Materiais fornecidos pelo próprio contratante. Reconhe-

operações mistas, em que há a conjugação de prestação de serviços e fornecimento de mercadorias[16]. Evitar estes conflitos de competência parece ser a principal justificativa para uma lista exaustiva de serviços.

Com efeito, a modelagem legislativa brasileira, que, ao enumerar todos os serviços passíveis de serem submetidos ao ISS, se afasta do paradigma europeu e das recomendações da OCDE, é consequência direta da segregação das competências para tributar bens e para tributar serviços. Como dois entes da federação dividem a competência para tributar o consumo, as balizas entre operações com bens, e operações de prestação de serviços, devem estar muito bem delimitadas. A solução encontrada pelo legislador foi a de enumerar, taxativamente, os serviços submetidos à competência municipal.

Sobre o tema, Marco Aurélio Greco explica que, ao contrário do que ocorre na Europa, no Brasil a definição de serviços nunca poderia se dar por exclusão, devido ao nosso modelo de distribuição de competências entre estados e municípios: como há dois impostos diferentes, um para mercadorias, outro para serviços, "serviço precisa 'ser' alguma coisa e, aí, está toda a dificuldade de detectar o que é serviço"[17]. Para que "serviço seja alguma coisa", optou-se por enumerar, na lista anexa à Lei Complementar nº 116/2003, os fatos geradores do ISS.

cimento da repercussão geral pelo STF. 26 jun. 2017. Disponível em https://sachacalmon.com.br/publicacoes/artigos/conflito-de-competencia-do-icms-x-issqn-na-industrializacao-por-encomenda-em-etapa-intermediaria-da-producao/. Acesso em 04 jun. 2020).

Seguindo a mesma lógica, o STF recentemente analisou o caso das farmácias de manipulação, que devem pagar ISS sobre produtos manipulados por encomenda, e ICMS sobre aqueles vendidos prontos (STF, Tribunal Pleno, Recurso Extraordinário nº 605.552/RS, Relator Min. Dias Toffoli, julgado em 05 ago. 2020, por maioria, Tema 379 da repercussão geral, fixada a seguinte tese: "No tocante às farmácias de manipulação, incide o ISS sobre as operações envolvendo o preparo e o fornecimento de medicamentos encomendados para posterior entrega aos fregueses, em caráter pessoal, para consumo; incide o ICMS sobre os medicamentos de prateleira por ela produzidos, ofertados ao público consumidor").

[16] Nesse caso, o exemplo mais didático é o dos serviços prestados por restaurantes, que não são tributados por ISS, mas por ICMS, uma vez que não há previsão na lista anexa à LC nº 116/2003. Vide, sobre o tema, a Súmula nº 163 do STJ: "O fornecimento de mercadorias com a simultânea prestação de serviços em bares, restaurantes e estabelecimentos similares constitui fato gerador do ICMS a incidir sobre o valor total da operação" (Súmula 163, Primeira Seção, julgado em 12/06/1996, DJ 19/06/1996).

[17] Greco, Marco Aurélio. Aspectos Tributários do Comércio Eletrônico. *In:* Uckmar, Victor; et al. (coords.). *Impuestos sobre el Comercio Internacional.* Buenos Aires: Ábaco de Rodolfo de Palma S.R.L., 2003. p. 879.

A minuta de voto do Ministro Gilmar Mendes no RE nº 784.439 também relaciona a necessidade de enumerar exaustivamente os serviços submetidos à incidência do ISS com os possíveis conflitos de competência entre estados e municípios. Consoante afirma o Ministro, por força do art. 155, § 2º, IX, *b*, da Constituição, "quando mercadorias forem fornecidas com serviços, a *mens constitutionis* posiciona-se pela preponderância da competência tributária municipal", exceto nos casos em que o serviço não estiver arrolado expressamente na lista anexa à LC nº 116/2003. Dito de outra forma: nas operações mistas, caso a prestação de serviços esteja arrolada na lista anexa à LC nº 116/2003, toda a operação será tributada pelo ISS. Por este motivo, o Min. Gilmar Mendes conclui ser essencial a redação de uma lista enumerando todos os serviços submetidos ao ISS, nos seguintes termos:

> Diante desse cenário, a legislação complementar que trata do ISS é peça fundamental para aferir se as atividades mistas (fornecimento de mercadoria e prestação de serviços) se submetem ao referido imposto municipal ou se, de forma residual (expressa ou presumida), sujeitam-se ao ICMS.

Portanto, são duas as premissas, apresentadas no acórdão ora examinado, que levam à conclusão de que os serviços submetidos ao ISS precisam ser enumerados taxativamente, uma de ordem legislativa, e outra de ordem fática. A premissa de ordem legislativa, apresentada pela Min. Rosa Weber, sustenta que, ao prever serviços "definidos em lei complementar", o art. 156, III, da Constituição, exige um nível de detalhamento maior do que simplesmente legislar sobre o conceito de serviços. Caso contrário, o dispositivo constitucional não teria razão de existir. A premissa de ordem fática, trazida pelo Min. Gilmar Mendes, pressupõe que seria inviável dirimir conflitos de competência entre estados e municípios, caso não houvesse a lista anexa à LC nº 116/2003.

Em relação a esta premissa fática, o fundamento para sua existência seria precisamente a divisão da competência para tributar o consumo, entre estados e municípios, como bem apontado por Marco Aurélio Greco. Esta divisão, que não ocorre nos demais países que tributam o consumo com impostos sobre valor agregado[18], justificaria que o Brasil

[18] Em estudo realizado em 1998, Cnossen identificou apenas dezoito países que tributavam os serviços de forma seletiva, e que enumeravam taxativamente quais serviços seriam objeto

se afastasse do modelo mais usual na prática internacional, que é o de definição de serviços por exclusão. Contudo, esta consequência não é automática. Parece possível segregar as bases bens e serviços, na tributação sobre o consumo, e ainda assim definir serviços por exclusão.

Com efeito, ainda que a maioria dos países não faça essa segregação de competências, eles costumam ter regras ligeiramente diferenciadas para tributar bens e serviços. Na União Europeia, por exemplo, subsistem diferenças na definição do local em que ocorre o fato gerador do IVA europeu[19]. Em apertada síntese, quando há o fornecimento de bens, o país competente para arrecadar o IVA é aquele onde este bem é entregue ao adquirente[20]; quando há prestação de serviços, o país competente é definido de acordo com a natureza do serviço a ser prestado, bem como com o fato de o tomador do serviço ser ou não contribuinte do IVA[21]. Ou seja, ainda que se saiba qual o imposto incidente na operação – o IVA – pode haver debate acerca de qual o país competente para tributar, a depender da classificação da operação como fornecimento de bem ou prestação de serviços, bem como da espécie do serviço prestado.

Apesar do possível conflito de competências entre os países membros da União Europeia, não se sentiu a necessidade de enumerar taxativamente todos os serviços, como forma de evitar que fossem equivocadamente classificados como operação de circulação de bens. Contudo, historicamente houve a necessidade de enumerar alguns serviços, para definir regras excepcionais de competência, prática esta que acabou sendo abandonada, pois seus resultados não foram satisfatórios.

de incidência por IVA. Somente dois países deixavam os serviços de fora da base de cálculo do IVA: o Brasil e Mali (Cnossen, Sijbren. Global Trends and Issues in Value Added Taxation. *International Tax and Public Finance*. Netherlands: Kluwer, nº 5, p. 403, 1998).

[19] de la Feria, Rita. Place where the Supply/Activity is Effectively Carried Out as an Allocation Rule: VAT vs. Direct Taxation. *Oxford University Centre for Business Taxation WP 09/06*. Disponível em https://papers.ssrn.com/sol3/papers.cfm?abstract_id=3481357. Acesso em 15 abr. 2020. p. 10; Comelli, Alberto. *IVA Comunitaria e IVA Nazionale* – Contributo alla teoria generale dell'imposta sul valore aggiunto. Milão: CEDAM, 2000. p. 779 e ss.

[20] Na forma do art. 40º da já citada Directiva 2006/112/CE do Conselho.

[21] Como disposto nos arts. 44º e 45º da Directiva 2006/112/CE do Conselho.

Vide, também: Grappiolo, Roberta. Recenti sviluppi del sistema eurpeo dell'IVA. *In*: Comelli, Alberto. *Nuovi profili dell'IVA, verso una disciplina definitiva*. Canterano: Aracne, 2019. p. 25; de la Feria. Place where the Supply/Activity is Effectively Carried Out as an Allocation Rule:... p. 11.

Explica-se: alguns serviços, até 2009, tinham regras de definição de competência específicas. Rita de la Feria estima que se chegou a quarenta regras diferentes, de acordo com a natureza do serviço prestado[22]. Por consequência, o art. 56º da Directiva IVA trazia uma lista dos serviços que se submetiam a regras de competência excepcionais[23], em prática semelhante – mas não igual – à lista de serviços brasileira. Esta técnica normativa gerou complexidade ao sistema europeu de cobrança de IVA[24], causando insegurança jurídica especialmente para aquelas pessoas que prestavam mais de um serviço, de forma conjugada (operações mistas). Nestes casos, o fornecedor do serviço encontrava dificuldade para definir para qual país deveria pagar o imposto, pois cada um dos serviços que eram prestados de forma conjunta tinha uma regra de competência específica[25].

Ou seja, o excessivo detalhamento da legislação acabava dificultando a sua aplicação aos casos concretos. Para diminuir os problemas advindos desta técnica legislativa, o modelo normativo foi alterado, estabelecendo-se uma cláusula geral, que trata da competência para tributar as prestações de serviços, com pouquíssimas exceções, todas elas seguindo a lógica de que o país competente para cobrar o IVA é aquele onde efetivamente ocorre o consumo do serviço.

A análise da experiência europeia é pertinente para demonstrar que a enumeração de todos os serviços em uma lista – ainda que seja uma opção legítima do legislador – não é a única alternativa para dirimir os possíveis conflitos de competência entre estados e municípios. Muito pelo contrário, aliás, a experiência da União Europeia indica que a enumeração dos serviços muitas vezes aumenta as dúvidas interpretativas e a complexidade do sistema, motivo pelo qual o modelo vem sendo abandonado no âmbito do IVA europeu. Os exemplos concretos que foram

[22] DE LA FERIA. Place where the Supply/Activity is Effectively Carried Out as an Allocation Rule:... p. 10.

[23] Esta lista foi suprimida pela Directiva do Conselho 2009/69/CE (UNIÃO EUROPEIA. Directiva 2009/69/CE do Conselho, de 25 jun. 2009. Relativa ao sistema comum do imposto sobre o valor acrescentado. JO 04 jul. 2009. Disponível em https://eur-lex.europa.eu/legal-content/PT/TXT/?uri=CELEX:32009L0069. Acesso em 05 ago. 2020).

[24] COMELLI. *IVA Comunitaria e IVA Nazionale*. p. 779 e ss.

[25] DE LA FERIA. Place where the Supply/Activity is Effectively Carried Out as an Allocation Rule p. 20.

enfrentados pelos Tribunais Superiores brasileiros, citados nas notas de rodapé deste tópico do artigo, também corroboram a ideia de que o modelo de lista exauriente dá margem a dúvidas interpretativas.

Não obstante, nosso legislador complementar escolheu a elaboração de lista taxativa dos serviços que são submetidos ao ISS, e esta opção foi recentemente referendada pelo Supremo Tribunal Federal, no julgamento do RE nº 784.439, com repercussão geral reconhecida. Por outro lado, no mesmo julgamento o STF permitiu uma abertura à rigidez do sistema de tributação municipal dos serviços, ao autorizar a interpretação extensiva dos serviços arrolados na lista, como se passa a expor.

## 2. O julgamento do RE nº 784.439 e a "taxatividade extensível" dos serviços arrolados na lista anexa à LC nº 116/2003

Além de definir como constitucional a enumeração dos serviços tributados por ISS na lei complementar que legisla sobre a matéria em âmbito nacional (como forma de assegurar uniformidade entre as legislações tributárias dos distintos municípios), o STF também decidiu, no RE nº 784.439, que esta lista de serviços admite interpretação extensiva. Este aspecto da decisão foi objeto de críticas no meio especializado, sob o pretexto de que a possibilidade de interpretação extensiva aumentaria os litígios sobre a incidência do imposto[26], bem como afrontaria à legalidade estrita[27].

No relevante ao argumento desenvolvido neste artigo, a decisão do STF fixa a tese de que se admite "a incidência do tributo sobre as atividades inerentes aos serviços elencados em lei em razão da interpretação extensiva". Os parâmetros da decisão são claros: pode haver interpretação extensiva sobre o conceito dos serviços elencados em lei, mas não se

[26] Racanicci, Jamile. ISS: STF permite interpretação abrangente da lista de serviços. *JotaInfo*. São Paulo, 30 jun. 2020. Disponível em https://www.jota.info/tributos-e-empresas/tributario/stf-iss-lista-taxativa-258174-30062020. Acesso em 06 jul. 2020.

[27] Maia, Luiz Fernando. Inconsistências da Decisão do Supremo Tribunal Federal – RE 784.439, com Repercussão Geral reconhecida (tema 296), admitindo Interpretação Extensiva da Lista Taxativa dos Serviços Tributados pelo ISS. 08 jul. 2020. Disponível em http://lfmaia.com.br/pt_br/noticias/inconsistencias-da-decisao-do-supremo-tribunal-federal-re-784-439-com-repercussao-geral-reconhecida-tema-296-admitindo-interpretacao-extensiva-da-lista-taxativa-dos-servicos-tributados-pelo-iss. Acesso em 06 ago. 2020.

permite ao legislador municipal cobrar ISS de serviços que claramente não foram previstos na lista[28]. Neste ponto, é pertinente a reflexão do Ministro Alexandre de Moraes, que, em sua minuta de voto, afirma textualmente que é vedada a analogia em direito tributário, mas "nada impede a interpretação extensiva com o escopo de determinar o alcance de cada item da lista anexa de serviços".

Em posição menos arrojada, o Ministro Gilmar Mendes manifestou sua desconformidade com a amplitude da tese fixada no RE nº 784.439, motivo pelo qual proferiu voto em que sugeria a fixação de tese mais restrita, sendo acompanhado pelos Ministros Celso de Mello e Ricardo Lewandowski. Para o Ministro Gilmar Mendes, só é permitida a interpretação extensiva naqueles casos em que a LC nº 116/2003 traz abertura textual, ao se referir a serviços "congêneres", "outros", "quaisquer" e etc. No seu entender, "permitir o contrário seria abrir perigosa válvula de escape àquela regra da taxatividade", possivelmente levando a "uma miríade de infindáveis discussões". No seu entender, portanto, a lista de serviços é fator de estabilidade e segurança jurídica, devendo os serviços ali previstos ser interpretados literalmente, exceto quando a própria lei complementar dá margem à abertura sistêmica. Contudo, a maioria dos Ministros se inclinou pela abertura mais ampla.

Dentro dessas balizas interpretativas, é possível concluir que o STF, ao permitir a interpretação extensiva dos serviços enumerados na lista, nada mais fez do que manter a abertura sistêmica inaugurada pelo Superior Tribunal de Justiça. Com efeito, este Tribunal já há muito tem orientação consolidada de que "é taxativa a Lista de Serviços anexa ao Decreto-lei 406/68, para efeito de incidência de ISS, admitindo-se, aos já existentes apresentados com outra nomenclatura, o emprego da interpretação extensiva para serviços congêneres"[29].

[28] Nesse sentido, vide: Barbosa, Luiz Roberto Peroba; e Carpinetti, Ana Carolina Fernandes. Impactos do julgamento do RE 784.439 para a economia digital: A correta interpretação da tese fixada pelo STF. *Migalhas*. São Paulo, 08 jul. 2020. Disponível em https://www.migalhas.com.br/depeso/330367/impactos-do-julgamento-do-re-784439-para-a-economia-digital-a-correta-interpretacao-da-tese-fixada-pelo-stf. Acesso em 05 ago. 2020. Em sentido contrário, vide: Maia. Inconsistências da Decisão do Supremo Tribunal Federal – RE 784.439.

[29] STJ, REsp 1.111.234/PR, Rel. Min. Eliana Calmon, 1ª Seção, julgado em 23 set. 2009, DJe 08/10/2009, unânime. Tema Repetitivo 132.

A abertura autorizada pelo STJ – e referendada pelo STF – em um modelo que foi estruturado como de tipicidade fechada, tal como é o da lista de serviços submetidos à incidência do ISS, permite que este modelo normativo ganhe "janelas abertas para a mobilidade da vida"[30], consoante a bela expressão de Judith Martins-Costa. A partir dos precedentes das Cortes Superiores, o subsistema do ISS pode se adaptar às novas nuances de prestação dos serviços arrolados na lista. Trata-se de atualização jurisprudencial do paradigma da tipicidade estrita, que caracterizou o modelo jurídico das Codificações, e já foi apontado como um dos principais fatores de rigidez e envelhecimento dos Códigos[31].

Com efeito, com a decisão do RE nº 784.439, o STF está reconhecendo que os conceitos arrolados na lista anexa à LC nº 116/2003 são conceitos jurídicos – mais ou menos – indeterminados[32]. Ao discorrer sobre os conceitos jurídicos indeterminados, Judith Martins-Costa sustenta que eles sempre integram a descrição do "fato" em exame para a aplicação do direito, ainda que permitam, por sua vagueza semântica, abertura às mudanças de valorações[33]. Conforme Arthur Deucher Figueiredo Santos, estes conceitos, apesar de sua abertura, sempre trazem a consequência normativa expressamente prevista em lei[34]. Transpondo os ensinamentos ao caso objeto da presente análise, dentro da vagueza inerente aos conceitos dos serviços apresentados na lista anexa à LC nº 116/2003, compete ao intérprete subsumir o fato à norma, para decidir se aquele serviço específico pode ser objeto de incidência do Imposto

Vide, também, a Súmula 424 do STJ: "É legítima a incidência de ISS sobre os serviços bancários congêneres da lista anexa ao DL n. 406/1968 e à LC n. 56/1987" (STJ, Súmula 424, Primeira Seção, julgado em 10/03/2010, DJe 13/05/2010).

[30] Martins-Costa, Judith. *A Boa-Fé no Direito Privado.* SP: RT, 2000. p. 285.

[31] Ibid. p. 298.

[32] Sobre a indeterminação dos conceitos, é interessante a observação de Leonardo de Araújo Ferraz, para quem não existem conceitos *a priori* determinados ou indeterminados, exemplificando o seu argumento ao evidenciar a indeterminação de conceitos tradicionalmente tidos por determinados no direito administrativo, tais como o conceito de "empresa pública" (Ferraz, Leonardo de Araújo. *O Administrativismo do século XXI: Por uma Visão Renovada dos Conceitos Jurídicos Indeterminados.* Belo Horizonte: D'Placido. *E-book*, versão para Kobo, 2013, caps. 4.3.2 e 5.3).

[33] Martins-Costa. *A Boa-Fé no Direito Privado.* p. 326.

[34] Santos, Arthur Deucher Figueiredo. Princípios, Cláusulas Gerais e Conceitos Vagos: Diferenças entre os Institutos e Critérios para Colmatação dos Respectivos Conteúdos. *Revista de Direito Privado.* SP: RT, vol. 85/2018, p. 45-82, jan/2018.

sobre Serviços. E é exatamente a necessidade deste exercício interpretativo que causa temor em parte dos autores de direito tributário.

A decisão do Supremo Tribunal Federal causa receio na doutrina especializada porque, no direito tributário, o uso de conceitos jurídicos indeterminados ainda é tímido[35], especialmente devido ao medo de que possa haver abusos por parte da Administração Pública, que poderia ampliar indevidamente as hipóteses de incidência tributária. Com efeito, a maior parte da doutrina ainda prefere o recurso à legalidade estrita, seguindo os ensinamentos de Alberto Xavier, que defendia que, em matéria tributária, há uma reserva absoluta de lei, de modo que a decisão, no caso concreto, não passasse de um raciocínio de subsunção do fato à norma, independentemente de qualquer valoração pessoal por parte do intérprete[36].

No acórdão sob exame neste artigo, essa posição é sustentada na minuta de voto do Ministro Marco Aurélio, que acabou vencido. Nas suas razões de decidir, o Ministro refuta a possibilidade de interpretação extensiva, defendendo que "a taxatividade surge elemento indissociável da legalidade e da tipicidade tributária, rechaçados tipos abertos, passíveis de extensão conforme a vontade do intérprete". Sob estas balizas interpretativas, cada nuance ou variação da prestação de serviços deveria ser minuciosamente prevista na lei complementar, para viabilizar a incidência do ISS.

Caso o modelo de tipicidade fechada tivesse prevalecido na decisão do STF, a lei complementar nacional teria que ser constantemente atualizada, para assegurar a incidência uniforme do imposto sobre as novas formas de prestar serviços, sob pena de restar envelhecida, como indicado

[35] Sobre este tema, vide o interessantíssimo artigo de Ricardo Lodi Ribeiro, em que afirma que a adoção de conceitos indeterminados seja tabu para a maioria da doutrina brasileira (Ribeiro, Ricardo Lodi. Legalidade Tributária, Tipicidade Aberta, Conceitos Indeterminados e Cláusulas Gerais Tributárias, in *Revista de Direito Administrativo,* RJ: FGV, n. 229, jul-set/2002, p. 327).

[36] Xavier, Alberto. *Os Princípios da Legalidade e da Tipicidade da Tributação.* SP: RT, 1978, p. 38. Vide, também: Tôrres, Heleno Taveira. *Direito tributário e direito privado*: autonomia privada, simulação, elusão tributária. SP: RT, 2003. p. 70-72.
Salienta-se que não se pretende, no presente estudo, uma revisão bibliográfica exaustiva acerca das diferentes interpretações que os autores clássicos dão ao princípio da legalidade em direito tributário, de modo que muitos autores que poderiam ser citados por suas teorias de legalidade estrita não o são, dadas as limitações de espaço e escopo deste artigo acadêmico.

acima. É interessante mencionar que esta atualização constante pode gerar insegurança jurídica, especialmente quando se rememora que todas as legislações municipais teriam que ser subsequentemente atualizadas, a fim de assegurar a incidência do ISS sobre as novas formas de prestação de serviços.

Por outro lado, o receio de que a abertura sistêmica introduzida pela tese fixada no RE nº 784.439 gere maior insegurança jurídica não tem evidências empíricas. Muito pelo contrário, aliás, os exemplos indicados no tópico anterior indicam que grandes disputas foram travadas nos Tribunais Superiores em torno da incidência do ISS sobre serviços enumerados na lista. Estes exemplos evidenciam que não basta enumerar os serviços para evitar o debate sobre a incidência do imposto, na medida em que os contribuintes sempre poderão legitimamente questionar em juízo a interpretação que o fisco dá aos itens previstos na lista, como fizeram nos precedentes indicados. A pretensão de completude do sistema positivo parece ser um objetivo inalcançável.

Ademais, e como observa Judith Freedman, a abertura do sistema normativo dá às Cortes e às autoridades tributárias as ferramentas que precisam para fazer os seus trabalhos interpretativos, deixando menos vazios legislativos, e, portanto, diminuindo a discricionariedade[37]. Sob esta perspectiva, a completude do sistema é alcançada a partir da interpretação dada à legislação pelos Tribunais, que devem se ater aos princípios estabelecidos na Constituição. Na mesma linha, Ricardo Lodi Ribeiro sustenta que é a especificação excessiva dos fatos na legislação tributária que gera insegurança jurídica, e não o contrário[38].

Por este motivo, já em 2004, Adriano Soares da Costa defendia a abertura sistêmica, especificamente para os serviços submetidos ao ISS[39]. Ao tratar da lista de serviços, o autor afirma que, "por mais que o legislador tenha sido detalhista, é evidente que o intérprete terá que preencher a esfera de possibilidades semânticas dos signos legais,

[37] FREEDMAN, Judith. Improving (Not Perfecting) Tax Legislation: Rules and Principles Revisited. *British Tax Review*, London: Sweet & Maxwell, n. 6, p. 735, 2010.

[38] RIBEIRO. Legalidade Tributária, Tipicidade Aberta, Conceitos Indeterminados e Cláusulas Gerais Tributárias. p. 329.

[39] COSTA, Adriano Soares da. Breves Notas sobre a LC 116/2003 e as Cláusulas Gerais: os Limites da Taxatividade. *Revista Tributária e de Finanças Públicas* [recurso eletrônico]. SP: RT, vol. 56/2004, p. 39-54, mai-jun/2004.

buscando construir as normas jurídicas que vinculem a todos os prestadores de serviço"[40]. Ou seja, defende a interpretação extensiva da lista taxativa, como forma de assegurar integridade ao subsistema do ISS[41].

Sob outro enfoque, a abertura sistêmica trazida pela decisão do STF evita que, ao modificar a denominação dada a um serviço, o prestador de serviço escape da incidência tributária. Nesse sentido, aliás, a Ministra Rosa Weber destaca que o § 4º do art. 1º da LC nº 116/2003 já prevê que "a incidência do imposto não depende da denominação dada ao serviço prestado". Interpretação distinta, no sentido de que o imposto só incide sobre os serviços taxativamente descritos na lista anexa, com precisamente a denominação dada pela legislação complementar, permitiria que o contribuinte escolhesse em que situações iria pagar o imposto. Com efeito, e como menciona o Ministro Alexandre de Moraes, "bastaria a instituição financeira alterar o nome do serviço para se evadir da cobrança do ISS". No mesmo sentido, é pertinente a observação de Adriano Costa, que rememora que:

> Pelo contrário, bastas vezes é justamente a legalidade estrita que gera uma formalização excessiva das relações jurídicas, de tal modo que termina por quebrar a paridade que deve haver entre os contribuintes, passando muitos a utilizar as limitações da legislação tipológica para se excluírem do dever de recolher tributos.[42]

Portanto, a interpretação literal dos serviços arrolados na lista anexa à Lei Complementar nº 116/2003 pode, muitas vezes, levar a tratamento não isonômico entre situações equivalentes, simplesmente porque um dos prestadores do serviço lhe denominou de maneira distinta. Esta interpretação restritiva certamente violaria o princípio identificado por Regina Helena Costa como "princípio da generalidade da tributação",

[40] Costa. Breves Notas sobre a LC 116/2003 e as Cláusulas Gerais...

[41] Sobre o conceito do "direito como integridade", é sempre pertinente rememorar a lição de Dworkin, para quem o direito e as normas jurídicas servem para promover a igualdade entre os cidadãos, de modo que devem ser interpretados para promover a isonomia, exceto quando a legislação expressamente se afastar do paradigma igualitário (Dworkin, Ronald. *Law's Empire*. Oxford: Hart, 1998. p. 94 e 221).

[42] Costa. Breves Notas sobre a LC 116/2003 e as Cláusulas Gerais...

na medida em que submeteria sujeitos passivos que estão em situação equivalente a incidências tributárias distintas[43].

Este receio de afronta à isonomia já fora objeto de preocupação do STJ. A Ministra Eliana Calmon, ao julgar o Recurso Especial nº 1.111.234, já advertia que os Tribunais devem analisar a substância dos serviços prestados – e não sua nomenclatura – para avaliar se estes estão ou não enquadrados na lista de serviços submetidos ao ISS. Contudo, o STJ destacava que, por se tratar de matéria fática, ela não poderia ser analisada pelos Tribunais Superiores. Por consequência, diante da insuperável vagueza dos conceitos de serviços trazidos na lista anexa à LC nº 116/2003, o papel interpretativo do Poder Judiciário passa a ser essencial, já que excessos, tanto pelo fisco, quanto pelos contribuintes, sempre podem ocorrer, como bem adverte a Ministra Rosa Weber, ao relatar o RE nº 784.439.

Sob esta perspectiva, a tese fixada no RE nº 784.439 deve ser comemorada, pois, ao reconhecer a abertura conceitual dos serviços arrolados na lista, representa um avanço em relação a "um positivismo de índole formalista que não encontra mais paralelo alhures", consoante a expressão de Ricardo Lodi Ribeiro[44]. Neste ponto, é pertinente indicar que a abertura normativa, com utilização de conceitos jurídicos indeterminados e cláusulas gerais, já é técnica de design legislativo utilizada em alguns países europeus[45], como, aliás, pode se inferir da alteração da Directiva IVA, ocorrida em 2009, e indicada no tópico anterior.

No Reino Unido, país em que se originou o princípio da legalidade tributária[46], John Avery Jones sustenta a evolução do sistema para esta técnica normativa mais aberta[47]. No entender de Jones, a suplantação da tipicidade fechada permite que os impostos existentes incidam

[43] Costa. *Curso de Direito Tributário...* p. 101.

[44] Ribeiro. Legalidade Tributária, Tipicidade Aberta, Conceitos Indeterminados e Cláusulas Gerais Tributárias. p. 317-8.

[45] Judith Freedman menciona que é exatamente a influência do ordenamento jurídico da União Europeia que estimulou o Reino Unido a debater sobre a abertura de seu sistema jurídico tributário (Freedman. Improving (Not Perfecting) Tax Legislation:...p. 720).

[46] Com efeito, o sistema tributário inglês se pauta pela estrita legalidade desde a Revolução Gloriosa de 1689, quando o *Bill of Rights* assegurou que os tributos só poderiam ser exigidos mediante ato do Parlamento (REINO UNIDO. Bill of Rights [1688]. Disponível em https://www.legislation.gov.uk/aep/WillandMarSess2/1/2/introduction, acesso em 14/04/2018).

[47] Jones, John Avery. Tax Law: Rules or Principles? *Fiscal Studies*. London, vol. 17, n. 3, p. 63-89, 1996.

sobre novos arranjos negociais, o que é relevante, pois "todos aqueles que já julgaram casos tributários sabem que a maioria deles versa sobre negócios que não foram antecipados pelos parlamentares, ou que sequer existiam quando a lei foi aprovada", consoante afirma o autor[48].

A abertura sistêmica proposta por Jones não pode ser transposta ao subsistema tributário do ISS, já que, como exposto no tópico anterior, o STF entende que a Constituição demanda um rol taxativo dos serviços submetidos a este imposto. Por consequência, um serviço absolutamente novo fica fora do âmbito de incidência do ISS, enquanto o legislador complementar não lhe incluir na lista. Por outro lado, novos arranjos negociais de serviços previstos na lista podem e devem ser tributados, dentro dos parâmetros fixados no RE nº 784.439, ao contrário do que ocorreria caso a interpretação da lista de serviços fosse literal.

Portanto, o RE nº 784.439 representa uma evolução da jurisprudência tributária, rumo a um sistema normativo mais aberto, e, possivelmente, mais isonômico. Com efeito, o STF conferiu abertura a um subsistema tributário de tipicidade estritamente fechada – a lista taxativa de serviços submetidos ao ISS – para permitir a evolução orgânica dos conceitos dos serviços ali listados. Por outro lado, esta abertura sistêmica impõe maior responsabilidade aos intérpretes do direito tributário, para evitar que abusos sejam perpetrados. Sob este enfoque, parece certo que os princípios constitucionais tributários devem servir de freio à maior margem interpretativa conferida pelo Supremo Tribunal Federal.

## Conclusões

Por todo o exposto, é possível concluir que a decisão do recurso Extraordinário nº 784.439 representa um avanço da jurisprudência tributária, rumo a um sistema jurídico tributário mais aberto à interpretação. Se, de um lado, o STF manteve a interpretação segundo a qual os serviços submetidos ao ISS devem ser taxativamente previstos na lei complementar nacional que dá uniformidade entre as legislações tributárias dos distintos municípios, de outro lado flexibilizou a rigidez desta taxa-

Para uma análise mais detalhada da transição sistêmica inglesa, vide: Castello. Conceitos jurídicos indeterminados em matéria tributária e o dever de fundamentação das decisões judiciais:... p. 22-24.

[48] Jones. Tax Law: Rules or Principles? p. 71.

tividade, ao permitir a interpretação extensiva. Esta abertura sistêmica viabiliza a evolução orgânica do fenômeno de incidência tributária.

As críticas à decisão, centradas na ideia de que o afastamento da legalidade estrita gera maior insegurança jurídica, aumentando os litígios e as possibilidades de abuso de poder estatal, não têm evidências empíricas. De um lado, os precedentes indicados acima demonstram que o modelo de legalidade estrita não trouxe o resultado de segurança jurídica esperado. Por outro, é evidente que, migrando-se para o modelo aberto de sistema jurídico, o Poder Judiciário e os princípios constitucionais tributários, passam a ter um papel essencial para frear eventuais abusos de poder.

## Referências

Barbosa, Luiz Roberto Peroba; e Carpinetti, Ana Carolina Fernandes. Impactos do julgamento do RE 784.439 para a economia digital: A correta interpretação da tese fixada pelo STF. *Migalhas*. São Paulo, 08 jul. 2020. Disponível em https://www.migalhas.com.br/depeso/330367/impactos-do-julgamento-do-re-784439-para-a-economia-digital-a-correta-interpretacao-da-tese-fixada-pelo-stf. Acesso em 05 ago. 2020.

Castello, Melissa Guimarães. Conceitos jurídicos indeterminados em matéria tributária e o dever de fundamentação das decisões judiciais: uma análise da jurisprudência do Supremo Tribunal Federal que define "Serviços de Qualquer Natureza". *Revista de Direito Tributário Contemporâneo*. SP: RT, vol. 21, p. 22-24, out-dez/2019.

Cnossen, Sijbren. Global Trends and Issues in Value Added Taxation. *International Tax and Public Finance*. Netherlands: Kluwer, nº 5, p. 399-428, 1998.

Comelli, Alberto. *IVA Comunitaria e IVA Nazionale* – Contributo alla teoria generale dell'imposta sul valore aggiunto. Milão: CEDAM, 2000.

Costa, Adriano Soares da. Breves Notas sobre a LC 116/2003 e as Cláusulas Gerais: os Limites da Taxatividade. *Revista Tributária e de Finanças Públicas* [recurso eletrônico]. SP: RT, vol. 56/2004, p. 39-54, mai-jun/2004.

Costa, Regina Helena. *Curso de Direito Tributário – Constituição e Código Tributário Nacional. 8a ed.* São Paulo: Saraiva, 2018.

de la Feria, Rita. Place where the Supply/Activity is Effectively Carried Out as an Allocation Rule: VAT vs. Direct Taxation. *Oxford University Centre for Business Taxation WP 09/06*. Disponível em https://papers.ssrn.com/sol3/papers.cfm?abstract_id=3481357. Acesso em 15 abr. 2020.

Dworkin, Ronald. *Law's Empire*. Oxford: Hart, 1998.

FERRAZ, Leonardo de Araújo. *O Administrativismo do século XXI: Por uma Visão Renovada dos Conceitos Jurídicos Indeterminados.* Belo Horizonte: D'Placido. *E-book*, versão para Kobo, 2013.

FREEDMAN, Judith. Improving (Not Perfecting) Tax Legislation: Rules and Principles Revisited. *British Tax Review*, London: Sweet & Maxwell, n. 6, p. 717-36, 2010.

GRAPPIOLO, Roberta. Recenti sviluppi del sistema eurpeo dell'IVA. *In*: COMELLI, Alberto. *Nuovi profili dell'IVA, verso una disciplina definitiva.* Canterano: Aracne, 2019.

GRECO, Marco Aurélio. Aspectos Tributários do Comércio Eletrônico. *In:* UCKMAR, Victor; et al. (coords.). *Impuestos sobre el Comercio Internacional.* Buenos Aires: Ábaco de Rodolfo de Palma S.R.L., 2003.

JONES, John Avery. Tax Law: Rules or Principles? *Fiscal Studies.* London, vol. 17, n. 3, p. 63-89, 1996.

MAIA, Luiz Fernando. Inconsistências da Decisão do Supremo Tribunal Federal – RE 784.439, com Repercussão Geral reconhecida (tema 296), admitindo Interpretação Extensiva da Lista Taxativa dos Serviços Tributados pelo ISS. 08 jul. 2020. Disponível em http://lfmaia.com.br/pt_br/noticias/inconsistencias-da-decisao-do-supremo-tribunal-federal-re-784-439-com-repercussao-geral-reconhecida-tema-296-admitindo-interpretacao-extensiva-da-lista-taxativa-dos-servicos-tributados-pelo-iss. Acesso em 06 ago. 2020.

MARTINS-COSTA, Judith. *A Boa-Fé no Direito Privado.* São Paulo: RT, 2000.

MASUKO, Ana Clarissa. O Conceito de Serviço como "Obrigação de Fazer" no Direito Tributário Brasileiro, seus Reflexos para a Reforma Tributária e Economia Digital. *In*: AFONSO, José Roberto R.; SANTANA, Hadassah Laís. *Tributação 4.0* [recurso eletrônico], São Paulo: Almedina, 2020.

ORGANISATION FOR ECONOMIC CO-OPERATION AND DEVELOPMENT (OCDE). *International VAT/GST Guidelines.* Paris: OECD Publishing, 2017.

PISCITELLI, Tathiane. Limites interpretativos dos conceitos e institutos de direito privado. *In*: PISCITELLI, Tathiane. *Tributação da nuvem* [recurso eletrônico]. São Paulo: RT, 2019.

RACANICCI, Jamile. ISS: STF permite interpretação abrangente da lista de serviços. *JotaInfo.* São Paulo, 30 jun. 2020. Disponível em https://www.jota.info/tributos-e-empresas/tributario/stf-iss-lista-taxativa-258174-30062020. Acesso em 06 jul. 2020.

REINO UNIDO. Bill of Rights [1688]. Disponível em https://www.legislation.gov.uk/aep/WillandMarSess2/1/2/introduction, acesso em 14/04/2018.

RIBEIRO, Ricardo Lodi. Legalidade Tributária, Tipicidade Aberta, Conceitos Indeterminados e Cláusulas Gerais Tributárias, in *Revista de Direito Administrativo*, RJ: FGV, n. 229, jul-set/2002.

SANTOS, Arthur Deucher Figueiredo. Princípios, Cláusulas Gerais e Conceitos Vagos: Diferenças entre os Institutos e Critérios para Colmatação dos Respectivos Conteúdos. *Revista de Direito Privado*. São Paulo: RT, vol. 85/2018, p. 45-82, jan/2018.

TÔRRES, Heleno Taveira. *Direito tributário e direito privado*: autonomia privada, simulação, elusão tributária. São Paulo: RT, 2003.

UNIÃO EUROPEIA. Directiva 2006/112/CE do Conselho, de 28 nov. 2006 [versão consolidada até 01 jan. 2020]. Relativa ao sistema comum do imposto sobre o valor acrescentado. JO 11 dez. 2006. Disponível em https://eur-lex.europa.eu/legal-content/PT/TXT/?uri=CELEX:02006L0112-20200101. Acesso em 09 mar. 2020.

________. Directiva 2009/69/CE do Conselho, de 25 jun. 2009. Relativa ao sistema comum do imposto sobre o valor acrescentado. JO 04 jul. 2009. Disponível em https://eur-lex.europa.eu/legal-content/PT/TXT/?uri=CELEX:32009L0069. Acesso em 05 ago. 2020.

XAVIER, Alberto. *Os Princípios da Legalidade e da Tipicidade da Tributação*. São Paulo: RT, 1978.

# 2. Imunidade das Instituições Filantrópicas às Contribuições Previdenciárias

Betina Treiger Grupenmacher

## Introdução

Após mais de 20 anos em discussão no Poder Judiciário, a imunidade das entidades assistenciais às contribuições previdenciárias foi decidida pelo Supremo Tribunal Federal, oportunidade em que, por maioria de votos, fixou, nos seguintes termos, a tese relativa ao tema 32 de repercussão geral (RE 566.622/RS): "Os requisitos para o gozo de imunidade hão de estar previstos em lei complementar".

Dada a similaridade dos temas, na mesma sessão, o Supremo Tribunal Federal julgou as ADIs 2028, 2036, 2621 e 2228, convertidas em ADPFs, e declarou a inconstitucionalidade dos artigos 1º, 4º, 5º e 7º da Lei nº 9.732/98, que modificaram o artigo 55 da Lei nº 8.212/91.

Após a publicação do acórdão, a União interpôs Embargos de Declaração em razão de suposta obscuridade no julgado, alegando não ter ficado claro se os requisitos previstos no artigo 55 da Lei nº 8.212/91, na forma disposta na redação anterior à Lei nº 9.732/98, permaneceriam ou não válidos e eficazes. No mesmo recurso, a União criticou a tese fixada, por entender que determinou genericamente que os requisitos para o gozo da imunidade deveriam estar previstos em lei complementar.

Julgados os embargos, o STF manifestou o seu entendimento quanto à "(...) constitucionalidade do artigo 55, inciso II, da Lei nº 8.212/1991, na redação original e nas redações que lhe foram dadas pelo artigo 5º da Lei nº 9.429/1996 e pelo artigo 3º da Medida Provisória nº 2.187-13/2001" e, ainda, conferiu nova redação à tese em questão nos seguintes termos: "A lei complementar é forma exigível para a definição do modo beneficente de atuação das entidades de assistência social contempladas pelo art. 195, § 7º, da CF, especialmente no que se refere à instituição de contrapartidas a serem por elas observadas".

É certo que a "nova" redação dada à tese em nada altera aquela inicialmente fixada, qual seja, a de que as condições para o gozo da imunidade devem estar previstas em lei complementar; afinal, a nova redação reafirma que a utilização de tal instrumento normativo é a forma exigível para a fixação dos requisitos necessários à fruição da imunidade, aos quais denomina, agora, contrapartidas.

## 1. Considerações preliminares acerca do fenômeno da incidência

A Constituição Federal discrimina as competências tributárias atribuindo às pessoas políticas de Direito Público a prerrogativa de criar tributos por lei ordinária e complementar.

Tal prerrogativa está delineada no texto constitucional, que estabelece todos os elementos necessários para que o legislador crie os tributos previstos no Sistema Constitucional Tributário, e, ao fazê-lo, estabelece quais são as hipóteses em que a mencionada lei não incidirá, ou seja, pré-exclui algumas pessoas e alguns fatos da incidência da norma instituidora dos tributos, muito embora correspondam rigorosamente à descrição constitucional e legal.

A incidência opera-se quando a norma que cria o tributo alcança fatos juridicamente relevantes, previstos na Constituição e praticados no mundo fenomênico.

Quanto ao fato concretamente praticado pelo sujeito passivo e que desencadeia o nascimento da relação jurídica tributária, muitas são as denominações atribuídas a ele. O legislador do Código Tributário Nacional utilizou a expressão fato gerador; a doutrina, criticando-o, por entender que tal nomenclatura causaria confusão terminológica, apresentou alternativas. Alfredo Augusto Becker denominou-o hipótese de incidência realizada;[1] Geraldo Ataliba conferiu-lhe a nomenclatura

[1] Afirma Alfredo Augusto Becker que: "Filmada a regra jurídica em sua atuação dinâmica, verifica-se que acontece o seguinte: a) realização da hipótese de incidência; isto é, a hipótese

de fato imponível;[2] Paulo de Barros Carvalho preferiu chamá-lo de *fato jurídico tributário*.[3]

Muito criticado pela doutrina, em especial por Alfredo Augusto Becker[4] e Geraldo Ataliba,[5] a expressão *fato geradora* demonstrou ser inapta para descrever o propósito pretendido pelo legislador complementar, por ter sido utilizada para descrever distintas realidades. Na esteira da lição de Ataliba, a terminologia adotada pelo legislador do Código Tributário

de incidência deixa de ser hipótese porque se realizou o acontecimento de todos os fatos nela previsto. b) incidência da regra jurídica sobre a hipótese de incidência. Os efeitos jurídicos (Ex.: direito e dever) somente passam a existir depois da incidência." (BECKER, A. A. *Teoria Geral do Direito Tributário*. 3. ed. São Paulo: Lejus, 1998. p. 295).

[2] Quanto à questão terminológica, manifestou-se citado autor: "Tal é a razão pela qual sempre distinguimos estas duas coisas denominando 'hipótese de incidência' ao conceito legal (descrição legal, hipotética, de um fato, estado de fato ou conjunto de circunstâncias de fato) e 'fato imponível' ao fato efetivamente acontecido num determinado tempo e lugar, configurando rigorosamente a hipótese da incidência." (ATALIBA, G. *Hipótese de Incidência Tributária*. 6. ed. São Paulo: Malheiros, 2000. p. 54).

[3] Em acurada análise sobre a terminologia empregada pela doutrina com relação ao fato concreto que se subsume à hipótese normativa afirmou Paulo de Barros Carvalho: "A respeito do fato que realmente sucede no quadro do relacionamento social, dentro de específicas condições de espaço e de tempo, que podemos captar por meio de nossos órgãos sensoriais e até dele participar fisicamente, preferimos denominar fato jurídico tributário. Fato jurídico porque tem o condão de irradiar efeitos de direito. E tributário pela simples razão de que sua eficácia está diretamente ligada à instituição do tributo." (CARVALHO, P. de B. *Curso de Direito Tributário*. 13. ed. São Paulo: Saraiva, 2000. p. 242).

[4] Quanto à impropriedade da utilização da expressão fato gerador assim concluiu Alfredo Augusto Becker: "E se o vocábulo ou expressão está sendo utilizado para designar um conceito fundamental, não há uma conclusão errada, mas falsa estará toda a teoria ou doutrina que se desenvolveu com base naquele fundamento. No campo da doutrina do Direito Tributário, a expressão 'fato gerador' é a que mais extensos prejuízos lhe tem causado, a tal ponto que é frequente encontrarem-se autores que, embora dotados de vigorosa inteligência e brilhante erudição, escrevem – imersos numa atitude mental pseudo-jurídica – capítulos e livros destituídos de valor jurídico, os quais todavia são excelentes no plano pré-jurídico da ciência das Finanças Públicas e da política fiscal". (BECKER, A. A. Op. cit., p. 319).

[5] Afirmou o saudoso autor: "A doutrina tradicional, no Brasil, costuma designar por fato gerador tanto aquela figura conceptual e hipotética – consistente no enunciado descritivo do fato, contido na lei – como o próprio fato concreto que, na sua conformidade, se realiza *hic et nunc*, no mundo fenomênico. Ora, não se pode aceitar essa confusão terminológica, consistente em designar duas realidades tão distintas pelo mesmo nome. Não é possível desenvolver trabalho científico sem o emprego de um vocabulário técnico rigoroso, objetivo e unívoco. Por isso parece errado designar tanto a previsão legal de um fato, quanto ele próprio, pelo mesmo termo (fato gerador)." (ATALIBA, G. Op. cit., p. 54).

Nacional é imprópria e de juridicidade questionável, pois foi empregada indiscriminadamente no mencionado Diploma Legal para descrever duas realidades distintas, ora referindo-se ao fato concreto praticado pelo sujeito passivo, ora referindo-se à sua descrição normativa.

É, portanto, a partir da incidência da norma sobre o fato que nasce o dever jurídico do sujeito passivo de efetuar o pagamento da respectiva prestação e o correlato direito subjetivo ao sujeito ativo de exigi-la.

As normas que preveem as imunidades estão insertas em dispositivos do sistema constitucional tributário e estabelecem a intributabilidade de fatos e pessoas nelas descritos.

Há preceitos imunitórios entre as limitações constitucionais ao poder de tributar que são reconhecidos como imunidades genéricas. Por outro turno, há também regras de imunidade previstas de maneira disseminada no sistema constitucional tributário, descritas na disciplina constitucional específica de alguns impostos, que são as chamadas imunidades específicas.

As normas que estabelecem imunidades são, no dizer de Souto Maior Borges,[6] regras de não incidência constitucionalmente qualificadas.

Conforme leciona o referido autor,[7] a imunidade é uma vedação, uma negativa, uma inibição para o exercício da competência tributária. Ao imunizar, a Constituição Federal proíbe que se estenda o âmbito de validez da própria lei tributária sobre as pessoas ou os bens imunes.

Convém aqui trazer à colação as palavras de Pontes de Miranda quanto ao que chamou de coloração do suporte fático:

> Com a incidência da regra jurídica, o suporte fáctico, [sic] colorido por ela (= juridicizado), entra no mundo jurídico. A técnica do direito tem como um dos seus expedientes fundamentais, e o primeiro de todos, êsse, [sic] que é o de distinguir, no mundo dos fatos, os fatos que não interessam ao direito e os fatos jurídicos, que formam o mundo jurídico; donde dizer-se que, com a incidência da regra jurídica sobre [sic] o suporte fáctico, êsse [sic] entra no mundo jurídico.[8]

[6] Borges, J. S. M. *Teoria Geral da Isenção Tributária. 3. ed.* São Paulo: Malheiros, 2001. p. 218.

[7] Idem, p. 219.

[8] Miranda, P. de. *Tratado de Direito Privado: parte geral. Tomo I. 2.* ed. Rio de Janeiro: Editor Borsoi, 1954. p. 74.

A Constituição Federal, de antemão, definiu, no dizer de Alfredo Augusto Becker,[9] as "hipóteses de incidência" dos tributos, ou seja, de maneira abstrata, descreveu fatos que, se praticados e quando praticados, ensejam a incidência da regra jurídica. Segundo o autor:

> Toda a vez que acontecerem os fatos que realizam a hipótese de incidência da regra jurídica de tributação (que prescreve o pagamento do tributo), esta incide sobre a hipótese de incidência realizada e o efeito desta incidência consiste na irradiação da relação jurídica tributária, porque a regra jurídica de tributação está estruturada como regra juridicizante. A obrigação tributária surge como conteúdo jurídico desta relação jurídica e será satisfeita mediante a prestação jurídica. O objeto desta prestação é o tributo. Na doutrina do Direito Tributário, costuma-se dizer "caso de incidência" para designar que o acontecimento de tal ou tais fatos realizam a hipótese de incidência da regra jurídica de tributação.[10]

A partir de tal concepção que se construiu acerca do fenômeno da incidência, preocupou-se o autor mencionado em estudar as suas consequências e o fez a partir da doutrina de Pontes de Miranda, que propõe a existência de três tipos de regras no ordenamento jurídico: as regras "pré-juridicizantes", as "juridicizantes" e as "desjuridicizantes" – esclarecendo que as primeiras estabelecem quais são os suportes fáticos causadores dos "fatos jurídicos", e ressaltando que estes, em regra, não bastam em si mesmos para compor a relação jurídica, "incidem sobre o que está composto para repeli-lo do mundo jurídico". Afirma ainda o autor que as regras "pré-juridicizantes" referem-se aos fatos repelidos antes da juridicização, sendo "fatos fora da categoria dos fatos jurídicos". Quanto às regras jurídicas "juridicizantes", ensina Pontes de Miranda serem aquelas que atribuem ao suporte fático suficiência para, a partir da incidência da regra jurídica, ingressar no mundo jurídico. Nesta hipótese, o suporte fático "juridiciza-se". Por outro turno, relata ainda o citado autor que se diante da regra jurídica certo fato deixar de ser jurídico,

[9] Becker, A. A. Op. cit., p. 294.

[10] Becker, A. A. Op. cit., p. 305.

desaparecendo do mundo jurídico, "desjuridiciza-o". "Ali a regra jurídica é juridicizante; aqui é desjuridicizante".[11]

Alfredo Augusto Becker, no que concerne à tal classificação, acresceu a existência de regras *não juridicizantes* esclarecendo que:

> Se a hipótese de incidência já era fato jurídico, a incidência da regra jurídica não o desjuridiciza, nem lhe acrescenta ou reduz os efeitos jurídicos. A incidência da regra jurídica não-juridicizante [sic] tem como única consequência deixar bem claro que aquele fato ou fatos cuja ocorrência realizaram sua hipótese de incidência, nada acrescentaram ou diminuíram ao que já existia no mundo jurídico. A regra jurídica não-juridicizante [sic] está estruturada com regra que prescreve: no mundo jurídico "nada de novo".[12]

Pensamos que as normas que veiculam imunidades são regras pré-juridicizantes, conforme dicção de Pontes de Miranda. De fora a parte serem regras atinentes à competência tributária, as regras constitucionais de imunidade repelem fatos e pessoas antes da jurisdicização, sendo fatos fora da categoria dos fatos jurídicos.

A propósito da lição de Pontes de Miranda, destaque-se: "Já explicamos que essas regras jurídicas são a formulação negativa de regras jurídicas que dariam entrada ao suporte fáctico [sic]. A regra jurídica positiva enuncia: A é suporte fáctico [sic] suficiente; a regra jurídica negativa enuncia: A-a é insuficiente. Daí se pode tirar, se antes não se enunciou, que A é suficiente."[13].

Aplicando-se as premissas aqui expostas, pensamos que as regras que veiculam imunidades constitucionais imprimem à hipótese de incidência, relativamente aos fatos e às pessoas por ela alcançados, o caráter de regra *pré-juridicizante,* pois vedam a incidência nas hipóteses que contemplam.

O que se quer afirmar é que as imunidades operam, em relação às normas impositivas, a não incidência, ou seja, a ocorrência de um determinado fato, ainda que corresponda rigorosamente à descrição daquele hipoteticamente previsto na lei, não terá a aptidão de desencadear a

[11] Miranda, P. de. Op. cit., p. 75.

[12] Becker, A. A. Op. cit., p. 297 e 298.

[13] Miranda, P. de. Op. cit., p. 28.

incidência da norma, pois a regra de imunidade, naquela dada situação, vedou-a expressamente, ou seja, é possível, nas hipóteses de imunidade, que certos fatos se subsumam à hipótese de incidência, e, ainda assim, não desencadeiem o nascimento da relação jurídica tributária por expressa vedação constitucional.

Consoante já se afirmou, muito embora operem o fenômeno da não incidência, as normas que estabelecem imunidades estão intimamente relacionadas à competência. Ao exercê-la, estes entes criam tributos, o que fazem valendo-se de leis ordinárias e complementares. Estas leis, uma vez válidas e eficazes, incidem toda vez que forem praticados os fatos nelas previstos.

A doutrina mais abalizada não admite que as imunidades sejam hipóteses de não incidência previstas no texto constitucional, quer por entender esta como uma definição pela negativa, quer por entender estarem as imunidades relacionadas, exclusivamente, à competência tributária, no sentido de que, ao atribuí-la às pessoas políticas de Direito Público, o legislador constituinte o fez parcialmente, ou seja, permitiu a instituição dos tributos, afora nas hipóteses de imunidade. Com isso, restringiu o exercício da competência em relação às situações previstas nas normas veiculadoras de imunidades, o que fez concomitante com a atribuição de competência.

Entre outros autores, é este o entendimento de Roque Antonio Carrazza, Paulo de Barros Carvalho, Mizabel de Abreu Machado Derzi e da homenageada, Regina Helena Costa, que assim definem as imunidades.

Para Paulo de Barros Carvalho, a imunidade é regra de estrutura que define positiva ou negativamente as competências das pessoas políticas, ao assim dizer:

> (...) classe finita e imediatamente determinável de normas jurídicas, contidas no texto da Constituição Federal, e que estabelecem, de modo expresso, a incompetência das pessoas políticas de direito constitucional interno para expedir regras instituidoras de tributos que alcancem situações específicas e suficientemente caracterizadas.[14]

Roque Antonio Carrazza, por sua vez, leciona que a imunidade auxilia na demarcação da competência. Fixa a incompetência das entidades

[14] Carvalho, P. de B. Op. cit., p. 179.

tributantes para onerar com tributos certas pessoas. Insere-se no plano das regras negativas de competência. Cabe aqui colacionar o seu entendimento: "Sempre que a Constituição estabelece uma imunidade, está, em última análise, indicando a *incompetência* das pessoas políticas para legislarem acerca daquele fato determinado. Impõe-lhes, de conseguinte, o dever de se absterem de tributar, sob pena de irremissível inconstitucionalidade".[15]

Mizabel Abreu Machado Derzi leciona que algumas imunidades não estão apenas expressas. São dedutíveis de princípios fundamentais, como a forma federativa, igualdade e capacidade contributiva. Segundo ela, a regra constitucional estabelece a não competência das pessoas políticas para tributar certos fatos e situações, delimitando negativamente, por meio de redução parcial, a norma atributiva de competência.[16]

Infere-se das posições dos citados autores aqui referidos que tais conceitos são fruto da interpretação literal do artigo 150, inciso VI, da Constituição Federal, que em seu *caput* prevê ser vedado às pessoas políticas de Direito Público "instituir tributos" em relação às pessoas e aos fatos descritos em suas alíneas "a" a "d".

No entanto, as imunidades tributárias não estão previstas apenas no art. 150, inciso VI da Constituição Federal, mas também nos artigos 153, § 3º, inciso III, 155, § 2º, inciso X, alínea "a", 156 § 2º, inciso I, 196, § 7º, entre outros, de cuja redação se denota que as imunidades são efetivamente regras de não incidência, pois é certo que tais normas a proíbem ao determinar que os referidos tributos (IPI, ICMS, ITBI) "não incidirão" nas hipóteses que descrevem.

Muito embora o fato previsto no arquétipo constitucional do tributo se tenha aperfeiçoado na prática, se subsumido à hipótese de incidência tributária, nada acresce ou diminui ao mundo jurídico, pois a norma de imunidade determina que, ainda que praticado, não produza efeitos jurídicos, quais sejam, aqueles decorrentes do nascimento da relação jurídica tributária.

[15] Carrazza, R. A. *Curso de Direito Constitucional Tributário*. 17. ed. São Paulo: Malheiros, 2002. p. 616.

[16] Baleeiro, A. *Limitações Constitucionais ao Poder de Tributar*. 7. ed. rev. e compl. à luz da Constituição de 1988 até a Emenda Constitucional nº 10/1996. Atualizada por Mizabel Abreu Machado Derzi. Rio de Janeiro: Forense, 1999. p. 16.

Há quem entenda, como Ricardo Lobo Torres, ser impossível a definição de imunidade,[17] manifestando-se, no entanto, no sentido de que a sua formulação é imprescindível para orientar o aplicador do direito, a fim de a partir do seu reconhecimento diante dos fatos praticados no mundo fenomênico, atribuir eficácia aos direitos fundamentais que veiculam.

Embora pense ser impossível conceituar o que sejam as imunidades, citado autor não abdica da tentativa de fazê-lo e afirma que:

> A imunidade tributária deve ser examinada a partir da metodologia do direito, a ver qual a categoria a que pertence no mundo lógico-jurídico. A imunidade tributária, do ponto de vista conceptual, *é uma relação jurídica que instrumentaliza os direitos fundamentais, ou uma qualidade da pessoa que lhe embasa o direito público subjetivo à não-incidência* [sic] *tributária ou uma exteriorização dos direitos da liberdade que provoca a incompetência tributária do ente público.*[18]

O conceito de imunidade foi, por longa data, motivo de intensos embates doutrinários, mas é, segundo Ricardo Lobo Torres:

> (...) na vertente normativista que se pode surpreender com maior clareza a teoria da autolimitação da competência tributária. Os juristas que a defenderam criaram explicações formalistas e se torturam no exercício intelectual de saber se o poder tributário se autolimitava no momento de se constituir ou se se [sic] constituía ilimitadamente para se autolimitar a seguir? Defenderam a tese da imanência da autolimitação (...).[19]

[17] Quanto ao conceito de imunidade afirma Ricardo Lobo Torres: "Da mesma forma que a liberdade é indefinível, também são insuscetíveis de definição os direitos da liberdade e as imunidades que deles emanam, inclusive as imunidades tributárias. Os juristas de índole positivista é que não encontram dificuldade maior para oferecer a definição pronta e acabada dos direitos fundamentais, até porque a reduzem aos aspectos periféricos e superficiais, o que acontece também com as imunidades tributárias. Se é impossível a definição da imunidade nem por isso se deve abdicar da tentativa de conceituá-la e fixar-lhe a natureza e o fundamento, o que postula o exame da historicidade." (TORRES, R. L. *Tratado de Direito Constitucional Financeiro e Tributário*. v. III: Os Direitos Humanos e a Tributação: imunidades e isonomia. 3. ed. Rio de Janeiro: Renovar, 2005. p. 41-42.)

[18] Ibid., p. 44-45.

[19] Ibid., p. 56.

Antonio Roberto Sampaio Dória, ao definir imunidades, afirmou: "Imunidade não é favor. Não é liberação de alguns de um dever coletivo. É salvaguarda constitucional imanente que politicamente estrutura um regime, definindo certas matérias, que reputa de vital relevância, e atraindo-as para sua esfera normativa, exclusiva".[20]

É, no entanto, nas palavras de Gilberto de Ulhôa Canto que vislumbra-se o maior acerto no propósito de conceituar as imunidades, o qual assim as definiu: "a impossibilidade de incidência que decorre de uma proibição imanente, porque constitucional, impossibilidade de um ente público dotado de poder impositivo, de exercê-lo em relação a certos fatos e pessoas".[21]

Relativamente à polêmica acerca do conceito de imunidade, concluiu Ricardo Lobo Torres:

> A consequência inevitável da doutrina da autolimitação do poder tributário e do esquecimento da vinculação ditada pelos direitos humanos foi a confusão entre a imunidade e a não-incidência [sic] teleológica de nível constitucional, comum aos positivistas brasileiros. O Supremo Tribunal Federal aderiu a esse entendimento e considerou também a imunidade como não-incidência [sic] qualificada constitucionalmente forma de autolimitação do poder tributário estendendo-a a qualquer medida conjuntural desvinculada dos direitos humanos.[22]

Segundo Regina Helena Costa, a imunidade tributária pode ser considerada sob um aspecto formal e sob um aspecto substancial.

Sob o prisma formal, a imunidade excepciona o princípio da generalidade da tributação, segundo o qual todos aqueles que realizam o mesmo fato devem pagar o tributo. Assim, sob esse aspecto, a imunidade é a intributabilidade de pessoas, bens e situações por imposição constitucional.

[20] Dória, A. R. S. Imunidades tributárias e impostos de incidência plurifásica, não cumulativa. *Revista de Direito Tributário*, São Paulo, nº 5, p. 69-70, 1978.

[21] Canto, G. U. Algumas considerações sobre imunidade tributária dos entes públicos. *Revista de Direito Administrativo*, Rio de Janeiro, nº 52, p. 34, 1958.

[22] Torres, R. L. Op. cit., p. 58.

Sob o aspecto material ou substancial, a imunidade consiste no direito público subjetivo de certas pessoas não se sujeitarem à tributação, conforme previsto na norma constitucional exonerativa.[23]

## 2. Imunidades como direitos fundamentais

Em especial, no que diz respeito às imunidades assim chamadas genéricas, são direitos fundamentais assentados em valores essenciais eleitos pelo legislador constituinte, tais como a democracia, a liberdade de expressão, a liberdade de culto, a liberdade de associação sindical, a liberdade de imprensa e o incentivo à supressão, pelos cidadãos, da ineficiência do Poder Público.

Sendo as imunidades direitos fundamentais, as normas que as veiculam são cláusulas pétreas.

Nesse sentido, Ricardo Lobo Torres, com a autoridade digna dos grandes mestres, afirmou:

> A imunidade, em outras palavras, exorna os direitos da liberdade e limita o poder tributário estatal, não sendo, de modo algum, uma das manifestações de soberania do Estado, nem uma outorga constitucional, nem uma autolimitação do poder fiscal, nem uma simples garantia principiológica como poderia dar a entender o *caput* do art. 150 da CF. Os direitos humanos, em síntese, são inalienáveis, imprescritíveis e intributáveis.[24]

Com o escopo de impedir a inobservância dos direitos fundamentais e reafirmar todas as prerrogativas asseguradas ao cidadão no artigo 5º da Constituição Federal, o legislador constituinte entendeu por bem ordenar a sua intributabilidade. Apenas a título de exemplo, o artigo 5º, inciso IX, da Constituição Federal garante a liberdade de imprensa; este é um dos direitos fundamentais arrolados no mencionado dispositivo que poderia ser agredido com uma tendenciosa tributação excessiva para impedir a livre manifestação das ideias, como aliás ocorreu em períodos ditatoriais de nossa história.

Entre outras, esta é a razão que levou Gilberto de Ulhoa Canto[25] a afirmar que "a imunidade tributária está comumente ligada a estrutura

[23] Costa, R. H. *Imunidades Tributárias. 3. ed.* São Paulo: Malheiros, 2015. p. 58.
[24] Torres, R. L. Op. cit., p. 59.
[25] Canto, G. U. Op. cit., p. 35.

política do país", ou seja, a opção pela realização do ideal democrático e a efetiva implementação da forma federativa de Estado foram elementos determinantes para a inclusão das imunidades no rol de direitos e garantias fundamentais.

## 3. Imunidade tributária das instituições assistenciais

Visando estimular os vários setores da sociedade a colaborar com o Estado em áreas em que este se apresenta deficiente, o constituinte entendeu por bem tornar imunes à tributação aqueles que desempenhassem atividades estatais de forma altruísta, sem distribuição de lucros.

Sendo certo que as imunidades previstas no artigo 150, inciso VI, aplicam-se fundamentalmente aos impostos, a imunidade inserta no artigo 195, § 7º, da Constituição Federal aplica-se às contribuições sociais e atua como estímulo para que a sociedade colabore com o Estado, realizando a beneficência e a assistência social. Segundo disposto no artigo 195, § 7º, do texto constitucional:

> Art. 195. A seguridade social será financiada por toda a sociedade, de forma direta e indireta, nos termos da lei, mediante recursos provenientes dos orçamentos da União, dos Estados, do Distrito Federal e dos Municípios, e das seguintes contribuições sociais:
> § 7º São isentas de contribuição para a seguridade social as entidades beneficentes de assistência social que atendam às exigências estabelecidas em lei.

A desoneração de que trata este dispositivo da Constituição configura imunidade e não isenção como já decidiu reiteradamente a jurisprudência pátria.

Há imunidades que independem de qualquer integração ou regulamentação por normas infraconstitucionais para viabilizá-las. Entretanto, existem as que dependem de norma infraconstitucional integrativa, como é o caso da imunidade prevista no § 7º do art. 195 da Constituição Federal.

É certo que a lei referida no dispositivo em questão é a lei complementar, a uma porque o artigo 146, inciso II, prevê expressamente incumbir à lei complementar regular as limitações constitucionais ao poder de tributar, a duas porque sendo direitos e garantias fundamentais as imunidades não podem sofrer qualquer limitação imposta por lei ordinária, devendo ser interpretadas ampla e analogicamente.

### 3.1. Lei complementar em matéria tributária

As leis complementares são instrumentos introdutórios de normas jurídicas que só podem versar sobre as matérias que lhes são reservadas pela Constituição Federal e necessitam de quórum qualificado, de maioria absoluta, para aprovação.[26]

Define-a, Paulo de Barros Carvalho, "como sendo aquela que, dispondo sobre matéria, expressa ou implicitamente prevista na relação constitucional, está submetida ao quórum qualificado do artigo 69 (CF), isto é maioria absoluta nas duas casas do Congresso".[27]

Por inferência da lição do citado autor, o constituinte estabeleceu um pressuposto material no que concerne às matérias que poderão ser disciplinadas por lei complementar e um pressuposto formal relativo ao quórum necessário para aprovação.

A lei complementar tem, portanto, no âmbito do Sistema Tributário Nacional, dupla função: cria tributos de competência da União, tais como empréstimos compulsórios (artigo 148 da CF) e impostos da competência residual (artigo 154, inciso I, da CF); e estabelece normas gerais de direito tributário; e ainda, conforme disposto no artigo 146, inciso III, da Constituição Federal, disciplina conflitos de competência em matéria tributária

Duas são as correntes que se consolidaram na doutrina, a partir do disposto no artigo 18, § 1º, da Constituição Federal de 1967,[28] quanto às atribuições do legislador complementar. Uma denominada de *dicotô-*

[26] Constituição Federal – "Art. 69. As leis complementares serão aprovadas por maioria absoluta."

[27] Tôrres, H. T. (Coord.). *Leis Complementares em Matéria Tributária*: aspectos práticos atuais. Coleção de Direito Tributário. Pinto, F. L.; Saliba, R. B. (Orgs.). v. 1. São Paulo: Manole, 2003. p. 25.

[28] Art. 18 – sistema tributário nacional compõe-se de impostos, taxas e contribuições de melhoria e é regido pelo disposto neste Capítulo em leis complementares, em resoluções do Senado e, nos limites das respectivas competências, em leis federais, estaduais e municipais. (...) § 1º – Lei complementar estabelecerá normas gerais de direito tributário, disporá sobre os conflitos de competência tributária entre a União, os Estados, o Distrito Federal e os Municípios, e regulará as limitações constitucionais do poder tributário.

*mica*, que entende ser apenas uma a sua função, qual seja, a de veicular normas gerais de direito tributário, as quais disporiam sobre conflitos de competência e regulariam as limitações constitucionais ao poder de tributar; outra, a chamada *tricotômica*, entende serem três as funções da lei complementar: estabelecer normas gerais de direito tributário, regular as limitações constitucionais ao poder de tributar e dirimir conflitos de competência entre as pessoas políticas de Direito Público.

Destacamos que a corrente doutrinária que efetivamente prosperou foi a dicotômica, pois a tricotômica, por não estabelecer limites ao conteúdo das normas gerais, possibilitaria que a União invadisse as competências reservadas aos Estados e Municípios. Como afirma Heleno Taveira Tôrres, ao analisar referidas correntes de pensamento, "a prevalecer tal entendimento, aquele da corrente tricotômica, tudo estaria permitido ao legislador complementar, o que decerto não se compatibilizaria com toda a estrutura do sistema implantado pela própria Constituição".[29]

A corrente dicotômica é a que de fato realiza os ideais do Estado Democrático de Direito, já que impede que a União, sob a justificativa de editar normas gerais de direito tributário para solucionar conflitos de competência, possa afrontar a repartição constitucional de competências tributárias.

Relativamente à competência do legislador complementar, Aires Fernandino Barreto afirma que "há, no caso, liberdade relativa ao legislador, no sentido de ser-lhe possível atuar nos desvãos duvidosos ou obscuros da Constituição, mas sempre sob a condição de realizar os princípios que a norma constitucional (obscura ou duvidosa) certamente afirma. Do contrário, agirá inconstitucionalmente e sua obra estará inexoravelmente perdida".[30]

As leis ordinárias, assim como as complementares, só são válidas e eficazes na medida em que observam fielmente as regras ditadas pelo sistema constitucional. Merece referência, ainda, a lição de Roque Antonio Carrazza: "se a lei complementar referida no artigo 146 do texto constitucional não apontar os nortes da Constituição, perderá, por completo, a razão jurídica de existir e, destarte, a ninguém poderá

[29] Tôrres, H. T. (Coord.). Op. cit., p. 25.

[30] Barreto, A. F. *ISS na Constituição e na Lei*. São Paulo: Dialética, 2003. p. 254.

obrigar, muito menos aos legisladores das pessoas políticas, para os quais deve apenas dar orientação, e não fundamento de validade".[31]

É certo que a lei complementar tem, enquanto lei nacional veiculadora de normas gerais, dúplice função. A primeira disciplinar conflitos de competências e a segunda regular as limitações constitucionais ao poder de tributar. Na primeira hipótese, assume condição de superior hierarquia em relação às leis ordinárias veiculadoras de normas conflitantes; na segunda, assume o mesmo *status* das leis ordinárias, *não podendo, no entanto, reduzir ou ampliar o conteúdo das limitações ao poder de tributar, constitucionalmente estabelecido.*

Em verdade, a função de dirimir conflitos de competência é apenas normativa, sendo insuficiente como veículo de solução das situações controvertidas. Assim, a lei complementar é, enquanto elemento destinado à solução de conflitos, quase sempre, inapta a alcançar tal desiderato, já que, no mais das vezes, as regras estabelecidas no mencionado instrumento legislativo não são suficientes para alcançar a finalidade para a qual foram instituídas.

Nesse sentido, manifestou-se José Eduardo Soares de Melo, afirmando que "sobre as específicas competências de cada ente tributante, em razão também das específicas materialidades, revela-se impertinente a edição de lei complementar para dirimir eventuais controvérsias, podendo ser entendida como mero veículo de natureza interpretativa".[32]

Conforme exposto, portanto, cabe à lei complementar regular as limitações constitucionais ao poder de tributar. Sendo *a imunidade uma limitação constitucional ao poder de tributar a lei referida no artigo 195, § 7º, do texto constitucional, há de ser a lei complementar.* A doutrina também é unânime no sentido de que a lei a que se refere a Constituição é a lei complementar.

Como leciona Mizabel Derzi, a fruição da imunidade depende do preenchimento dos requisitos estabelecidos em lei complementar "À luz da Constituição de 1988, não resta dúvida de que somente a lei

[31] CARRAZZA, R. A. *Curso de Direito Constitucional Tributário.* 19. ed. São Paulo: Malheiros, 2003. p. 804.

[32] MELO, J. E. S. de. *Curso de Direito Tributário.* São Paulo: Dialética, 1997. p. 101-105.

complementar da União pode cumprir os ditames do art. 150, VI, 'c', por força do que estabelece o artigo 146".[33]

O legislador constitucional ao conferir à lei complementar a função de regular as limitações constitucionais ao poder de tributar buscou manter a coerência da ordem jurídica e a eficácia do seu comando, evitando abusos que pudessem restringir o gozo das *imunidades*.

Concretamente, a lei complementar disciplinadora dos requisitos da imunidade prevista no artigo 195, § 7º, da Constituição, é o Código Tributário Nacional, cujo artigo14 dispõe:

> Art. 14. O disposto na alínea c do inciso IV do artigo 9º é subordinado à observância dos seguintes requisitos pelas entidades nele referidas:
>
> I – não distribuírem qualquer parcela de seu patrimônio ou de suas rendas, a qualquer título;
>
> II – aplicarem integralmente, no País, os seus recursos na manutenção dos seus objetivos institucionais;
>
> III – manterem escrituração de suas receitas e despesas em livros revestidos de formalidades capazes de assegurar sua exatidão.

Merecem referência, a propósito as palavras de Mizabel Derzi ao aclarar e concluir:

> Não cabe ao intérprete – e essa tem sido a posição jurisprudencial uniforme – ou ao legislador ordinário criar outros requisitos não previstos em lei complementar, tais como a declaração legal da utilidade pública; a exigência da constituição de fundação como único veículo formal ao desenvolvimento das atividades educacionais e assistenciais; a gratuidade dos serviços prestados por seus diretores e administradores, etc. Ao contrário, a Constituição estabelece imunidade ampla para entidades de educação e de assistência social, sem distinguir entre as gratuitas ou não gratuitas, entre as amplamente franqueadas à população em geral ou as fechadas a um grupo mais restrito. O que importa é que a atividade seja prestada em solidariedade sem espírito comercial e fins lucrativos.[34]

[33] Derzi, M. A. M. *A Imunidade das Instituições de Educação e Assistência Social in, Imposto de Renda – Alterações Fundamentais.* 2º vol. Coord. Valdir de Oliveira Rocha. São Paulo: Dialética, 1998. p. 145.

[34] Ibidem., 148.

Igualmente esclarecedora a lição de Roque Antônio Carrazza, "A entidade beneficente de assistência social que atender aos requisitos deste art. 14 tem o inafastável direito de não ser tributada por meio de contribuições sociais para a Seguridade Social".[35]

Leciona ainda o autor:

> Ademais, a lei complementar em questão apenas especificará as condições para o gozo da imunidade. Não lhe é dado alterar o conceito de entidade beneficente de assistência social, que, como veremos adiante, encontra-se traçado na própria Constituição Federal.
>
> Muito bem: estamos plenamente convencidos de que faz às vezes de tal lei complementar o já citado art. 14 do Código Tributário Nacional.
>
> Portanto, as entidades beneficentes, para terem jus ao benefício da imunidade do art. 195, § 7º, devem: a) aplicar integralmente no País seus rendimentos; b) remunerar seus quadros de acordo com as condições de mercado; e c) manter escrituração regular.
>
> Melhor elucidando, uma entidade beneficente de assistência social não deve remeter lucros ao exterior. Ademais, não deve ter fins lucrativos. A ausência de fins lucrativos exige tanto a não-distribuição [sic] de seu patrimônio ou de suas rendas (nem quando encerradas suas atividades, nem no curso delas) como o investimento na própria entidade dos resultados positivos obtidos.[36]

## 3.2. Requisito da não distribuição de lucros e a questão da gratuidade dos serviços prestados

Por instituição sem fins lucrativos devemos entender aquela que não distribui resultados nem faz retornar seu patrimônio às pessoas que a instituíram.

As entidades que preenchem tais requisitos são imunes a quaisquer impostos e contribuições previdenciárias.

Segundo Roque A. Carraza:

> Isto não significa, porém, que os serviços assistenciais prestados devam ser necessariamente gratuitos. Deveras, a só circunstância de cobrar por

[35] CARRAZA, R. A. *Curso de Direito Constitucional Tributário.* 17. ed. São Paulo: Malheiros, 2002. p. 715.

[36] CARRAZA, R. A. Op. cit., p. 714.

> eles, dos que podem pagar, não desnatura a entidade beneficente de assistência social. Muito menos para os fins do art. 195 § 7, da CF.
> A gratuidade apenas é fundamental, no caso, quando os instituidores doam os bens que formarão o patrimônio da entidade beneficente de assistência social e quando os seus diretores a administram. Em resumo, doadores e dirigentes devem agir desinteressadamente. Todavia, diretores contratados (profissionais) podem ser remunerados, desde que, é claro, de acordo com a leis de mercado.[37]

Hugo de Brito Machado esclarece a respeito que as instituições sem fins lucrativos podem e devem lucrar, apenas não podem distribuir lucros para os seus instituidores e dirigentes. Devem lucrar para prestar serviços de qualidade e reinvestir os lucros na execução de seus objetivos institucionais.[38]

Convém advertir, no entanto, que não é deferido ao legislador ordinário conceituar "entidades sem fins lucrativos". Se fosse dado à lei ordinária estabelecer tal definição, cuidaria o Poder Legislativo de amesquinhar esse conceito visando mutilar, e circunscrever substancialmente a imunidade em questão.

No entanto, há quem entenda que a "nova" tese, relativa ao tema 32, reconheceu a necessidade de que as entidades assistenciais possuam o Certificado de Entidade Beneficente de Assistência Social - CEBAS - previsto no artigo 55, inciso II, da Lei nº 8.212/91 - para que façam jus à imunidade. Tal exigência é, em tudo e por tudo, um equívoco, uma vez que não há, de forma expressa, tal previsão em seu texto, e, ainda, porque, nos termos do disposto no artigo 146, inciso II, da Constituição Federal, *cabe à lei complementar regular as limitações constitucionais ao poder de tributar, entre as quais se inserem as imunidades.*

Sendo certo que a norma estampada no artigo 195, § 7º, da Constituição Federal veicula uma imunidade, deve ser esta regulada exclusivamente por lei complementar, nunca por lei ordinária, com é o caso da Lei nº 8.212/91 e das leis que a alteraram.

[37] Carraza, R. A. *Curso de Direito Constitucional Tributário.* 17. ed. São Paulo: Malheiros, 2002. p. 714.

[38] Machado, H. de B. Op. cit., p. 69.

Assim, não havendo lei complementar específica que regule a matéria, aplica-se a regra geral, qual seja, a disposta no artigo 14 do Código Tributário Nacional com a redação que lhe deu a LC 104/2001, que prevê apenas três requisitos para o gozo da referida imunidade: não distribuição de lucros, aplicar integralmente no país os recursos, manutenção de escrituração de suas receitas e despesas em livros revestidos de exatidão.

Destaque-se ainda que a Lei nº 8.212/91 e, também, as que a alteraram são leis ordinárias e ainda que seja reconhecida a sua constitucionalidade, as regras por elas veiculadas, entre as quais está a previsão da obtenção do CEBAS (artigo 55, inciso II, da Lei nº 8.212/91), aplicam-se *apenas ao reconhecimento de isenção, nunca ao de imunidade.*

Pensamos que a referida tese apenas reafirma que os requisitos para a fruição da imunidade devem estar previstos em lei complementar, o que está em harmonia com o disposto no artigo 146, inciso II, da Constituição Federal.

A conclusão em questão deve-se ao fato de que alguns dos Ministros registaram em seus votos a possiblidade de a lei ordinária impor requisitos para a fruição da imunidade. A Ministra Rosa Weber inaugurou a divergência em relação ao voto do Ministro Marco Aurélio, que rejeitou os embargos da União, e o fez nos seguintes termos:

> Acolher os embargos de declaração para, sanando os vícios identificados, i) assentar a constitucionalidade do art. 55, II, da Lei nº 8.212/1991, na redação original e nas redações que lhe foram dadas pelo art. 5º da Lei nº 9.429/1996 e pelo art. 3º da Medida Provisória n. 2.187-13/2001; e ii) a fim de evitar ambiguidades, conferir à tese relativa ao tema n. 32 da repercussão geral a seguinte formulação: "A lei complementar é forma exigível para a definição do modo beneficente de atuação das entidades de assistência social contempladas pelo art. 195, § 7º, da CF, especialmente no que se refere à instituição de contrapartidas a serem por elas observadas".

O Ministro Alexandre de Moraes, após relembrar que houve uma aparente contradição entre os julgados do mesmo tema (RE e ADIs), afirmou que:

> (...) Já adiantando que acompanho integralmente Sua Exa. (Ministra Rosa Weber) porque o resultado da votação realmente me parece ter

sido no sentido proposto pelo Ministro Teori, que era o Relator original. Ou seja, a possibilidade da lei ordinária regulamentar questões meramente procedimentais, relacionadas a certificação, fiscalização e controle das entidades beneficentes de assistência social, tudo com o escopo de verificar o efetivo cumprimento dos objetivos expostos no artigo 203. Em outras palavras, em relação a certificação, fiscalização e controle não há reserva legal da lei complementar, não há a necessidade de lei complementar. Com essas rápidas considerações, acompanho integralmente em ambos os Embargos o voto da Ministra Rosa Weber.

Também o Ministro Roberto Barroso afirmou:

> Também eu estou votando na linha da Ministra Rosa Weber para reconhecer a aparente contradição, considerar constitucional o CEBAS, e reafirmar (porque eu não mudei de opinião) o entendimento de que os aspectos procedimentais das imunidades podem estar previstos em leis ordinárias, enquanto que os que estabelecem condições para a fruição material da imunidade é que devem estar previstos em lei complementar. Portanto eu estou igualmente dando provimento aos embargos em todos os feitos, na linha proposta pela Ministra Rosa Weber, apenas deixando claro que uma coisa é procedimento e outra é exigência material, e nessa linha eu considero que o CEBAS é válido, e, portanto, estou acompanhando o voto da Ministra Rosa Weber.

Ainda o Ministro Ricardo Lewandowski registrou: "(...) verifico que faço uma distinção entre aquilo que diz respeito à imunidade e o que trata de aspectos procedimentais, nesse aspecto eu também entendo que basta lei ordinária".

Ousamos discordar dos ilustres Ministros porque imunidade é imunidade e qualquer que seja a limitação imposta à sua fruição só poderá ser veiculada por meio de lei complementar.

Ainda, embora o registro feito por eles quanto à possibilidade de a Lei Ordinária estabelecer "requisitos procedimentais" para a concessão da referida imunidade, não foi este o entendimento que restou refletido na tese, que manteve a exigência de lei complementar para tal propósito. A Ministra Rosa Weber em seu voto apenas reconhece a constitucionalidade do artigo 55, inciso II, da Lei nº 8.212/91, sem referir à imunidade em questão.

Com efeito, ao tratar do artigo 14 do CTN, Paulo De Barros Carvalho afirma que:

> São as únicas exigências para o enquadramento no preceito imunizante, não podendo o legislador ou mesmo o intérprete, por meio de simples lei ordinária, modificá-los. Desse modo, somente configuram requisitos imprescindíveis para reconhecimento da imunidade tributária das instituições educacionais: (a) inexistência de finalidade lucrativa, comprovada pela não-distribuição [sic] de lucros; (b) integral aplicação de recursos no País, na manutenção dos objetivos institucionais; e (c) escrituração das receitas e despesas.[39]

A imunidade conferida às entidades assistenciais, em relação às contribuições previdenciárias, busca suprir a ineficiência do poder público na área assistencial. Não se pode mitigar um direito constitucional com *status* de cláusula pétrea para prevenir um agir em desconformidade com a lei por parte de tais entidades. Até porque, a concessão do CEBAS é fruto, a depender da natureza da instituição, de uma decisão política – do Ministério da Educação, do Ministério da Saúde, ou do Ministério do Desenvolvimento Social –, à qual não se pode submeter uma garantia constitucional.

Não por outro motivo que o artigo 14 do CTN em seu § 1º prevê que a imunidade poderá ser suspensa caso a entidade deixe de atender aos requisitos previstos nos incisos I, II e III.

Em tal entendimento o STF se antecipa à fraude, impondo a necessidade de observância de um requisito que não está previsto em lei complementar nem mesmo na Constituição Federal.

Procedimental ou não, qualquer que seja a limitação imposta a uma imunidade constitucional, é indiscutível que esta somente poderá ser imposta por meio de lei complementar.

## Referências

Ataliba, Geraldo. *Hipótese de Incidência Tributária*. 6. ed. São Paulo: Malheiros, 2000.

[39] Carvalho, P. de B. Imunidades condicionadas e suspensão de imunidades: análise dos requisitos do artigo 14 do CTN impostos às instituições de educação sem fins lucrativos. *Revista de Direito Tributário*, São Paulo, nº 99, p. 14.

BALEEIRO, Aliomar. *Limitações Constitucionais ao Poder de Tributar*. 7. ed. rev. e compl. à luz da Constituição de 1988 até a Emenda Constitucional nº 10/1996. Atualizada por Mizabel Abreu Machado Derzi. Rio de Janeiro: Forense, 1999.

BARRETO, Aires Fernandino. *ISS na Constituição e na Lei*. São Paulo: Dialética, 2003.

BECKER, Alfredo Augusto. *Teoria Geral do Direito Tributário*. 3. ed. São Paulo: Lejus, 1998.

BORGES, José Souto Maior. *Teoria Geral da Isenção Tributária*. 3. ed. São Paulo: Malheiros, 2001.

CANTO, Gilberto Ulhôa. Algumas considerações sobre imunidade tributária dos entes públicos. *Revista de Direito Administrativo*, Rio de Janeiro, nº 52, 1958.

CARRAZZA, Roque Antonio. *Curso de Direito Constitucional Tributário*. 17. ed. São Paulo: Malheiros, 2002.

_____. *Curso de Direito Constitucional Tributário*. 19. ed. São Paulo: Malheiros, 2003.

CARVALHO, Paulo de Barros. *Curso de Direito Tributário*. 13. ed. São Paulo: Saraiva, 2000.

_____. Imunidades condicionadas e suspensão de imunidades: análise dos requisitos do artigo 14 do CTN impostos às instituições de educação sem fins lucrativos. *Revista de Direito Tributário*, São Paulo, nº 99, p. 14.

COSTA, Regina Helena. *Imunidades Tributárias*. 3. ed. São Paulo: Malheiros, 2015.

DERZI, Mizabel Abreu Machado. *A Imunidade das Instituições de Educação e Assistência Social in, Imposto de Renda – Alterações Fundamentais*. 2º vol. Coord. Valdir de Oliveira Rocha. São Paulo: Dialética, 1998.

DÓRIA, Antonio Roberto Sampaio. Imunidades tributárias e impostos de incidência plurifásica, não cumulativa. *Revista de Direito Tributário*, São Paulo, nº 5, 1978.

MELO, José Eduardo Soares de. *Curso de Direito Tributário*. São Paulo: Dialética, 1997.

MIRANDA, Pontes de. *Tratado de Direito Privado*: parte geral. Tomo I. 2. ed. Rio de Janeiro: Editor Borsoi, 1954.

TÔRRES, Helena Tavares (Coord.). *Leis Complementares em Matéria Tributária*: aspectos práticos atuais. Coleção de Direito Tributário. PINTO, Fabiana Lopes; SALIBA, Ricardo Berzosa (Orgs.). v. 1. São Paulo: Manole, 2003.

TORRES, Ricardo Lobo. *Tratado de Direito Constitucional Financeiro e Tributário*. v. III: Os Direitos Humanos e a Tributação: imunidades e isonomia. 3. ed. Rio de Janeiro: Renovar, 2005.

# 3. Exclusão do ICMS Presumido das Bases de Cálculo do Imposto de Renda de Pessoa Jurídica e da Contribuição Social sobre o Lucro Líquido

Joicy Leide Montalvão de Almeida

## Introdução

O presente artigo versa sobre a exclusão do Imposto Sobre Circulação de Mercadorias e Prestação de Serviços (ICMS) presumido das bases de cálculo do Imposto de Renda Pessoa Jurídica (IRPJ) e a Contribuição Social Sobre o Lucro Líquido (CSLL).

A questão consiste na integração de valores de benefícios fiscais, como se fizessem parte da receita empresarial, aplicados nas bases de cálculos de tributos. Em outras palavras, os estados concedem benefícios fiscais – crédito presumido de ICMS – e, por via adversa, a União os utiliza como base de cálculo do Imposto sobre a Renda das Pessoas Jurídicas (IRPJ) e a Contribuição Social sobre o Lucro Líquido (CSLL).

Com a inclusão dos valores relativos a esses benefícios fiscais no conceito de receita e faturamento, a União ofende princípios do direito tributário, em especial, o princípio do federalismo fiscal.

Nesse sentido, destacamos o entendimento doutrinário e jurisprudencial, com foco no julgamento dos Embargos de Divergência em Resp. n. 1.517.492-PR e no voto vista da Ministra Regina Helena Costa.

## 1. Conceitos e características do credito presumido de ICMS

O ICMS presumido consiste na concessão de créditos simulados lançados na escrita fiscal da pessoa jurídica que a ele fizer jus. Sua natureza jurídica é uma renúncia fiscal por parte do Estado que tem por objetivo incentivar o contribuinte que seguir os parâmetros estabelecidos pelo governo estadual, caracterizando um minimizador dos custos da produção e um maximizador da competitividade entre os estados (Barros, 2016).

O crédito presumido de ICMS foi constituído pela Constituição Federal de 1988, mais especificamente em seu artigo 155, § 2º, XII, "g", que dispõe aos Estados e Distrito Federal, a instituição, por meio de lei complementar, de benefícios fiscais, isenções e incentivos.

O crédito presumido de ICMS consiste em redutores do custo de produção, com vistas a proporcionar maior competitividade no mercado para as empresas de um determinado Estado-membro; é, portanto, um alívio de custo de produção concedido pelo Estado (BARROS, 2016). Esses créditos são concedidos com o escopo de fomentar as atividades empresárias, constituindo numa renúncia fiscal dos Estados-membros. São hipotéticos e lançados na escrita fiscal, como uma presunção de crédito sobre os valores apurados nas operações realizadas pelo contribuinte (Vogas, 2010).

Os Estados renunciam aos créditos de ICMS em favor do contribuinte como instrumento de política de desenvolvimento econômico para a unidade da Federação e, sobre eles, deve ser reconhecida a imunidade do artigo 150, VI, a, da Constituição Federal de 1988.

## 2. Princípio do federalismo fiscal

A Constituição Federal de 1988, mais precisamente em seu art. 18, instituiu o princípio federativo visando que os entes do Estado brasileiro sejam harmônicos, cooperados e autônomos; tal princípio acarreta na ordem tributária uma divisão de competências para instituir e arrecadar tributos.

Roque Antonio Carraza (*apud* Geraldo Ataliba), ao expor acerca da federação brasileira, destaca que a igualdade entre os entes foi instituída em um texto rígido, onde as competências são discriminadas com o objetivo de evitar a violação da autonomia por qualquer das partes.

Segundo Scaff (2013), o federalismo é a união de requisitos. O autor destaca a diferença entre soberania e autonomia como início da distinção. A soberania é elemento exclusivo da União; aos Estados-Membros é conferido apenas o elemento de autonomia, e competências delimitadas e definidas pela Constituição do estado federal.

O princípio do federalismo fiscal pressupõe a divisão de competências tributárias entre os entes federados, cabendo a cada um atuar nos limites fixados pela Constituição Federal de 1988 – limites esses que consistem na segurança a cada membro da Federação que, por força da Constituição, é livre para exercer competências administrativas, legislativas e tributárias. A Carta outorgou aos estados competências para instituir impostos e incentivos fiscais.

Quando um estado cria um incentivo fiscal, por vedação disposta na Constituição Federal, é proibido a outra unidade da federação tributar a parcela referente ao incentivo fiscal por força do princípio do federalismo fiscal. Nesse diapasão, Ricardo Ribeiro Lodi (2018, 349) dispõe:

> [...] a concessão de benefícios fiscais pelos próprios titulares da competência tributária é medida que se adéqua ao federalismo fiscal descentralizado estabelecido pela Constituição Federal de 1988, não devendo os entes centrais sufocar o exercício da autonomia local, sob pena de restar violado o *princípio da conduta amistosa federativa.*

Assim, o pacto federativo estabelecido na Constituição visou o livre exercício das competências por parte dos entes da federação, os quais têm suas próprias prioridades e metas.

## 3. Impossibilidade do crédito presumido de ICMS compor as bases de cálculo do IRPJ e da CSLL à luz do julgamento dos embargos de divergência no Recurso Especial n. 1.517.492

Elucidado o conceito de ICMS presumido, assim como do princípio do federalismo fiscal, conceitos essenciais para melhor entendimento, analisaremos o julgamento dos Embargos de Divergência no Recurso Especial n. 1.517.492-PR.

O recurso de relatoria do Ministro Og Fernandes, que manifestou seu voto pelo desprovimento do recurso para incluir o valor correspondente ao crédito de ICMS presumido nas bases de cálculo do IRPJ e da

CSLL (por entender que embora se admita que o crédito presumido do ICMS não configura receita, o obstáculo é a base de cálculo do IRPJ e da CSLL referir-se ao lucro da empresa, por isso, o benefício tratado, ao configurar diminuição de custos e despesas) aumenta indiretamente o lucro tributável, portanto, deve compor a base de cálculo do IRPJ e da CSLL.

Diversamente, a Ministra Regina Helena Costa pediu vista para melhor analisar o caso, concluindo de forma divergente do Ministro relator, pelos fundamentos os quais exporemos a seguir.

Primeiramente, a Ministra fundamentou seu voto em dois importantes pontos. O primeiro, de acordo com o entendimento do Supremo Tribunal Federal, em que os créditos de ICMS não teriam condão para integrar as bases de cálculo de outros tributos, pelo fato de não representarem lucros, conforme o entendimento fixado no julgamento do RE n. 574.706/PR, sobre o qual o valor do ICMS não se incorpora ao patrimônio, constituindo mero ingresso de caixa destinado aos cofres públicos[40].

Ocorre que a base de cálculo do IRPJ e da CSLL das empresas optantes pelo lucro presumido é exatamente a receita bruta, isto é, a mesma da COFINS e do PIS. A partir da publicação da Lei n. 12.973/2014, o

[40] EMENTA: RECURSO EXTRAORDINÁRIO COM REPERCUSSÃO GERAL. EXCLUSÃO DO ICMS NA BASE DE CÁLCULO DO PIS E COFINS. DEFINIÇÃO DE FATURAMENTO. APURAÇÃO ESCRITURAL DO ICMS E REGIME DE NÃO CUMULATIVIDADE. RECURSO PROVIDO. 1. Inviável a apuração do ICMS tomando-se cada mercadoria ou serviço e a correspondente cadeia, adota-se o sistema de apuração contábil. O montante de ICMS a recolher é apurado mês a mês, considerando-se o total de créditos decorrentes de aquisições e o total de débitos gerados nas saídas de mercadorias ou serviços: análise contábil ou escritural do ICMS. 2. A análise jurídica do princípio da não cumulatividade aplicado ao ICMS há de atentar ao disposto no art. 155, § 2º, I, da Constituição da República, cumprindo-se o princípio da não cumulatividade a cada operação. 3. O regime da não cumulatividade impõe concluir, conquanto se tenha a escrituração da parcela ainda a se compensar do ICMS, não se incluir todo ele na definição de faturamento aproveitado por este Supremo Tribunal Federal. O ICMS não compõe a base de cálculo para incidência do PIS e da COFINS. 4. Se o art. 3º, § 2º, inc. I, *in fine*, da Lei n. 9.718/1998 excluiu da base de cálculo daquelas contribuições sociais o ICMS transferido integralmente para os Estados, deve ser enfatizado que não há como se excluir a transferência parcial decorrente do regime de não cumulatividade em determinado momento da dinâmica das operações. 5. Recurso provido para excluir o ICMS da base de cálculo da contribuição ao PIS e da COFINS. (RE n. 574.706-PR. Rel. Min. Cármen Lúcia. Recorrente: Imcopa Importação, Exportação e Indústria de Óleos Ltda. Recorrida: União, j. 15-03-2017.

conceito legal de receita bruta foi unificado e igualado para todos os tributos federais (IRPJ, CSLL, COFINS e PIS).

O ICMS não integra definitivamente o patrimônio do contribuinte, não constitui receita, ao contrário, trata-se de verdadeiro custo que deverá ser repassado ao Estado.

Se o ICMS não é receita para fins de apuração do PIS e da COFINS, ele também não será receita para apuração da base de cálculo do IRPJ da CSLL, na sistemática do lucro presumido, visto que o imposto estadual apenas é recebido pelo contribuinte e repassado ao estado.

Segundo ponto importante diz respeito à violação ao princípio federativo em razão de a União integrar nas bases de cálculo de tributos (IRPJ E CSLL) os valores de outros tributos (ICMS) concedido a título de incentivo fiscal por um determinado estado.

O incentivo fiscal aqui analisado é o crédito presumido de ICMS, criado com o escopo de fomentar a produção de produtos essenciais à cesta básica e de incentivo ao desenvolvimento de seu estado. O fato viola diretamente o princípio federativo que estabelece limites ao poder de tributar nos três níveis da federação[41].

Por isso, é inviável à União utilizar um benefício fiscal dado por estado, para compor base de cálculo de tributos federais, visto que vai de encontro ao princípio do federalismo[42].

Além disso, um incentivo fiscal dado por um determinado estado visa estimular setores específicos, a fim de ampliar o acesso populacional,

[41] VIII – A concessão de incentivo por ente federado, observados os requisitos legais, configura instrumento legítimo de política fiscal para materialização da autonomia consagrada pelo modelo federativo. Embora represente renúncia a parcela da arrecadação, pretende-se, dessa forma, facilitar o atendimento a um plexo de interesses estratégicos para a unidade federativa, associados às prioridades e às necessidades locais coletivas. (Embargos de Divergência em Resp n. 1.517.492-PR (2015/0041673-7) Rel. Min. Og Fernandes. Rel. p/ acórdão: Min. Regina Helena Costa. Embargante: Fazenda Nacional. Embargado: Cotriguaçu Cooperativa Central, Dje: 08-11-2017).

[42] XIV – Nos termos do art. 4º da Lei n. 11.945/09, a própria União reconheceu a importância da concessão de incentivo fiscal pelos Estados-membros e Municípios, prestigiando essa iniciativa precisamente com a isenção do IRPJ e da CSLL sobre as receitas decorrentes de valores em espécie pagos ou creditados por esses entes a título de ICMS e ISSQN, no âmbito de programas de outorga de crédito voltados ao estímulo à solicitação de documento fiscal na aquisição de mercadorias e serviços. (Embargos de Divergência em Resp n. 1.517.492-PR (2015/0041673-7) Rel. Min. Og Fernandes. Rel. p/ acórdão: Min. Regina Helena Costa. Embargante: Fazenda Nacional. Embargado: Cotriguaçu Cooperativa Central, Dje: 08-11-2017).

além de atrair indústrias ao Estado. Quando a União utiliza o aumento de receita para alargar as bases de cálculo, em via adversa, estará retirando o incentivo estabelecido pelo Estado[43].

## Conclusões

Assim, é possível constatar a suma importância do julgado destacado, em razão do voto vista da Ministra Regina Helena Costa, decorrente da exclusão do ICMS presumido das bases de cálculo do IRPJ e da CSLL.

A base de cálculo do IRPJ é a obtenção de lucro, ganho ou acréscimo patrimonial e não a mera realização de receita. A CSLL, por sua vez, incidirá sobre o lucro líquido, aquele considerado como aumento patrimonial, conforme ocorre no IRPJ.

Todavia, a União não deve interferir na política fiscal adotada pelo Estado-membro por meio de sua competência federal. Ao incluir o valor correspondente ao ICMS presumido concedido por Estado, retirou-se indiretamente o incentivo, afrontando assim o princípio federativo.

No âmbito do federalismo tributário, a Constituição Federal de 1988 consagrou três entes políticos, representados pela União, pelos Estados e Municípios e o Distrito Federal, discriminando a competência tributária de cada um, seja para instituir tributos ou conceder incentivos fiscais.

Desta forma, os benefícios não constituem acréscimo patrimonial ou lucro, não integram a receita ou o faturamento da empresa, uma vez que são instituídos como escopo de incentivo e de desenvolvimento dos estados.

Por isso, é impossível incluir valor a título de incentivo fiscal na base de cálculo de outros tributos – trata-se de uma vedação constitucional.

Diante do exposto, o voto vista da Ministra Regina Helena teve um grande peso para a conclusão do julgado, uma vez que a maioria dos Ministros da primeira seção mudou seu posicionamento para acompanhar

[43] XI – Não está em xeque a competência da União para tributar a renda ou o lucro, mas, sim, irradiação de efeitos indesejados do seu exercício sobre a autonomia da atividade tributante de pessoa política diversa, em desarmonia com valores éticos-constitucionais inerentes à organicidade do princípio federativo, e em atrito com o princípio da subsidiariedade, que reveste e protege a autonomia dos entes federados. (Embargos de Divergência em Resp n. 1.517.492-PR (2015/0041673-7) Rel. Ministro Og Fernandes. Rel. p/ acórdão: Min. Regina Helena Costa. Embargante: Fazenda Nacional. Embargado: Cotriguaçu Cooperativa Central, Dje: 08-11-2017).

seus fundamentos, negar provimento ao recurso da Fazenda Nacional e reconhecer o direito do contribuinte de retirar o ICMS presumido das bases de cálculo do imposto de renda e da contribuição social sobre o lucro líquido, diante da notável afronta ao princípio do federalismo fiscal, que veda um ente interferir na competência de outro com a intenção de retirar sua autonomia, ainda que indiretamente.

## Referências

BARROS, Rodrigo. Janot. Monteiro. *Procuradoria-Geral da República.* Parecer n. 117184/ 2016 - ASJCIV/SAJ/PGR. Brasília, 30 maio 2016.

BRASIL. Superior Tribunal de Justiça. *EREsp. no REsp 1.517.492,* Rel. Min. OG Fernandes. Rel. p/ acórdão Min. Regina Helena Costa, DJe 08 nov. 2017.

BRASIL. Supremo Tribunal Federal. *RE 574.706-PR,* Rel. Min. Cármen Lúcia, Dje 15 mar. 2017.

CARRAZZA, Roque Antonio. Princípio federativo e tributação. *Revista de Direito Público* (RDP), v. 71, 1985.

LODI, Ricardo Ribeiro. Do federalismo dualista ao federalismo de cooperação – a evolução dos modelos de estado e a repartição do poder de tributar. *Revista Interdisciplinar de Direito Faculdade de Direito de Valença.* v. 16, n. 1, p. 335-362, jan.-jun. 2018.

SCAFF, Fernando Facury; Francisco Sergio Rocha. *Princípios, elementos e conceito do estado federal. O federalista atual: teoria do federalismo.* 1ed.Belo Horizonte: Arraes Editores, 2013, v. 1, p. 68.

VOGAS, Rosiris; CERIZZE, Paula. *Limites constitucionais à glosa de créditos de ICMS em um cenário de guerra fiscal.* 2010. Dissertação (Mestrado em Direito). 71f. Faculdade de Direito Milton Campos, Nova Lima, 2010.

# 4. Crédito de PIS e COFINS sobre ICMS-ST – Uma Análise Coerente

Jussandra Hickmann Andraschko

## Introdução

A adoção de um regime não cumulativo para o PIS e a COFINS, tributos incidentes sobre a receita, gerou inúmeras controvérsias entre o fisco e os contribuintes, sobretudo sobre a abrangência do direito de crédito. Uma dessas controvérsias reside na possibilidade de a empresa substituída tributária do ICMS descontar créditos de PIS e COFINS sobre o ICMS substituição tributária (ICMS-ST) pago na aquisição de mercadorias adquiridas para revenda.

Esse tema passou a ter elevada relevância à medida que se ampliou significativamente a utilização do regime de substituição tributária do ICMS, já que o ICMS-ST é destacado em separado na nota fiscal emitida pelo substituto tributário e compõe o preço pago pelo substituído, elevando-o sobremaneira. A elevação do preço pago se agrava, uma vez que o ICMS-ST não é recuperável na escrita fiscal, ou seja, o substituído não tem direito ao crédito do valor pago por antecipação, motivo pelo qual, ao olhar do substituído, o valor pago na aquisição de mercadorias para revenda traduz-se em custo na sua mais pura acepção.

No entanto, historicamente, os pleitos das empresas buscando o direito ao crédito de PIS e COFINS sobre esta parcela do preço pago pelas mercadorias adquiridas para revenda não tiveram êxito. Tanto os Tribunais Regionais[1], quanto o Superior Tribunal de Justiça (STJ)[2] reiteradamente julgaram improcedentes essas demandas. Os argumentos para o julgamento de improcedência vão da não incidência do PIS e da COFINS sobre o ICMS-ST recolhido pelo substituto tributário, ao fato de que o fato gerador do ICMS recolhido em regime de substituição tributária "para frente" é aquele a ser praticado pelo contribuinte substituído, ou seja, a venda/revenda da mercadoria ao consumidor final. Desse modo, os valores despendidos pelo contribuinte substituído, a título de reembolso ao contribuinte substituto pelo recolhimento do ICMS-substituição (ICMS-ST), não representariam custo de aquisição, mas sim encargo incidente na venda/revenda da mercadoria ao consumidor final.

Ocorre que, em voto-vista proferido no julgamento do Recurso Especial (REsp) nº 1.428.247/RS,[3] a Ministra Regina Helena Costa, discordando da jurisprudência dominante acerca do tema, passou a

[1] BRASIL. Tribunal Regional Federal (4. Região). **Apelação Cível nº 5000244-37.2016.4.04.7111**. Contribuição para o PIS. Contribuição para o financiamento da seguridade social (COFINS). Regime não-cumulativo. Dedução de créditos. Valores referentes ao ICMS-substituição (ICMS-ST) e ao ICMS-antecipação [...]. 2ª Turma. Apelante: Filtrobom Comercio Autopecas LTDA. Apelado: União – Fazenda Nacional. Relator: Rômulo Pizzolatti, 22 de novembro de 2016.

BRASIL. Tribunal Regional Federal (4. Região). **Apelação Cível nº 5001318-38.2016.4.04.7108**. Tributário. PIS e COFINS. ICMS-ST. Valor pago ao substituto tributário. Creditamento ao substituído. Impossibilidade. Princípio da não-cumulatividade. [...]. 1ª Turma. Apelante: Moutinho & Cia LTDA. Apelado: União – Fazenda Nacional. Relator: Maria de Fátima Freitas Labarrère, 14 de outubro de 2016.

[2] BRASIL. Superior Tribunal de Justiça. **Recurso Especial nº 1.709.745/RS**. Recorrente: BR Supply Comércio e Distribuição de Suprimentos S.A. Recorrido: União – Fazenda Nacional. Relator: Ministro Benedito Gonçalves, 19 de abril de 2018.

BRASIL. Superior Tribunal de Justiça. **Recurso Especial nº 1.690.231/RS**. Recorrente: Filtrobom Comercio Autopecas LTDA. Recorrido: União – Fazenda Nacional. Relator: Ministro Mauro Campbell Marques, julgado em 05 de setembro de 2017

[3] BRASIL. Superior Tribunal de Justiça. **Recurso Especial nº 1.428.247/RS**. Tributário. Recurso Especial. Código de Processo Civil de 1973. Aplicabilidade. Contribuição ao PIS e COFINS. Não cumulatividade. ICMS – substituição tributária progressiva (ICMS-ST). Aquisição de bens para revenda por empresa substituída. Base de cálculo do crédito. Inclusão do valor do imposto estadual. Legalidade. Creditamento que independe da tributação na etapa anterior. Custo de aquisição configurado. [...] Recorrente: Coqueiros Supermercados LTDA. Recorrido: União – Fazenda Nacional. Relatora para acórdão: Ministra Regina Helena Costa, julgado em 15 de outubro de 2019.

entender que é possível o creditamento de PIS e COFINS relativo valor relativo ao ICMS-ST reembolsado pela empresa substituída tributária à empresa substituta tributária, acatando a tese de que tal valor compõe o custo de aquisição das mercadorias adquiridas para revenda, bem como de que o fato de não haver a incidência de PIS e COFINS sobre o ICMS--ST na etapa anterior não impede o crédito pelo adquirente. Seu voto foi acompanhado pelos demais ministros, resultando em uma alteração de posicionamento da Primeira Turma do STJ.

Diante disso, o presente trabalho busca analisar os fundamentos utilizados no referido voto da Ministra Regina Helena Costa, confrontando--os com aqueles até então adotados pela jurisprudência majoritária para negar o direito ao crédito de PIS e COFINS sobre o valor do ICMS-ST.

## 1. As regras que regulam a matéria

Como referido, trata-se da possibilidade de inclusão dos valores pagos a título de ICMS-ST na aquisição de mercadorias para revenda no cômputo do custo de aquisição dessas mercadorias, a fim de que se possam apurar créditos de PIS/Pasep e COFINS sobre tais valores.

Dizem as leis que instituíram as contribuições para o PIS/Pasep e a COFINS, 10.637/02 e 10.833/03 respectivamente, o seguinte:

> Art. 3º Do valor apurado na forma do art. 2º a pessoa jurídica poderá descontar créditos calculados em relação a:
>
> I – bens adquiridos para revenda, exceto em relação às mercadorias e aos produtos referidos:
>
> a) no inciso III[4] do § 3º do art. 1º desta Lei; e
>
> b) nos §§ 1º[5] e 1º-A[6] do art. 2º desta Lei;

[4] Art. 1º A Contribuição para o PIS/Pasep, com a incidência não cumulativa, incide sobre o total das receitas auferidas no mês pela pessoa jurídica, independentemente de sua denominação ou classificação contábil.

§ 3º Não integram a base de cálculo a que se refere este artigo, as receitas:

III – auferidas pela pessoa jurídica revendedora, na revenda de mercadorias em relação às quais a contribuição seja exigida da empresa vendedora, na condição de substituta tributária;

[5] Art. 2º Para determinação do valor da contribuição para o PIS/Pasep aplicar-se-á, sobre a base de cálculo apurada conforme o disposto no art. 1o, a alíquota de 1,65% (um inteiro e sessenta e cinco centésimos por cento).

§ 1º Excetua-se do disposto no caput a receita bruta auferida pelos produtores ou importadores, que devem aplicar as alíquotas previstas:

Como as leis do PIS/Pasep e da COFINS não tratam do conceito de custo de aquisição para fins de apuração de créditos, há quem defenda, inclusive a própria Ministra Regina Helena Costa, na página 6 do voto em análise,[7] que se recorra ao disposto no Regulamento do Imposto sobre a Renda – Decreto nº 9.580/2018 –, que dispõe, no seu artigo 301, o seguinte:

> Art. 301. O custo das mercadorias revendidas e das matérias-primas utilizadas será determinado com base em registro permanente de estoques ou no valor dos estoques existentes, de acordo com o livro de inventário, no fim do período de apuração (Decreto-Lei nº 1.598, de 1977, art. 14).
>
> § 1º O custo de aquisição de mercadorias destinadas à revenda compreenderá os de transporte e seguro até o estabelecimento do contribuinte e os tributos devidos na aquisição ou na importação (Decreto-Lei nº 1.598, de 1977, art. 13).
>
> § 2º Os gastos com desembaraço aduaneiro integram o custo de aquisição.
>
> § 3º Os impostos recuperáveis por meio de créditos na escrita fiscal não integram o custo de aquisição.

Logo, utilizando-se esse conceito, quando irrecuperáveis, os tributos compõem o custo de aquisição da mercadoria adquirida para revenda.

Já a IN RFB 1911/19, que regulamenta o PIS e a COFINS, dispõe que:

> Art. 167. Para efeitos de cálculo dos créditos decorrentes da aquisição de insumos, bens para revenda ou bens destinados ao ativo imobilizado, integram o valor de aquisição (Lei nº 10.637, de 2002, art. 3º, caput,

[6] § 1º-A. Excetua-se do disposto no caput deste artigo a receita bruta auferida pelos produtores, importadores ou distribuidores com a venda de álcool, inclusive para fins carburantes, à qual se aplicam as alíquotas previstas no caput e no § 4º do art. 5º da Lei nº 9.718, de 27 de novembro de 1998.

[7] Brasil. Superior Tribunal de Justiça. **Recurso Especial nº 1.428.247/RS**. Tributário. Recurso Especial. Código de Processo Civil de 1973. Aplicabilidade. Contribuição ao PIS e COFINS. Não cumulatividade. ICMS – substituição tributária progressiva (ICMS-ST). Aquisição de bens para revenda por empresa substituída. Base de cálculo do crédito. Inclusão do valor do imposto estadual. Legalidade. Creditamento que independe da tributação na etapa anterior. Custo de aquisição configurado. [...] Recorrente: Coqueiros Supermercados LTDA. Recorrido: União – Fazenda Nacional. Relatora para acórdão: Ministra Regina Helena Costa, julgado em 15 de outubro de 2019.

> inciso I, com redação dada pela Lei nº 11.787, de 2008, art. 4º, inciso II, com redação dada pela Lei nº 10.865, de 2004, art. 37, inciso VI, com redação dada pela Lei nº 11.196, de 2005, art. 45, e inciso VII; e Lei nº 10.833, de 2003, art. 3º, caput, incisos I, com redação dada pela Lei nº 11.787, art. 5º, inciso II, com redação dada pela Lei nº 10.865, de 2004, art. 21, inciso VI, com redação dada pela Lei nº 11.196, de 2005, art. 43, e inciso VII):
> I – o seguro e o frete pagos na aquisição, quando suportados pelo comprador; e
> II – o IPI incidente na aquisição, quando não recuperável.

E, em seu art. 184, traz que:

> Art. 184. O montante do crédito relativo ao estoque de abertura de que trata o art. 183 é igual ao resultado da aplicação do percentual de 0,65% (sessenta e cinco centésimos por cento) em relação à Contribuição para o PIS/Pasep, e de 3% (três por cento) em relação à Cofins, sobre o valor do estoque (Lei nº 10.637, de 2002, art. 11, § 1º; e Lei nº 10.833, de 2003, art. 12, § 1º).
> § 1º Para efeitos deste artigo, a pessoa jurídica deverá realizar o inventário e valorar o estoque segundo os critérios adotados para fins do imposto de renda, fazendo os devidos lançamentos contábeis, na data em que adotar o regime de tributação com base no lucro real.
> § 2º Os valores do ICMS e do IPI, quando recuperáveis, não integram o valor do estoque a ser utilizado como base de cálculo do crédito a que se refere o caput (Lei nº 10.637, de 2002, art. 11, § 1º; e Lei nº 10.833, de 2003, art. 12, § 1º).
> § 3º O crédito calculado nos termos deste artigo deve ser utilizado em 12 (doze) parcelas mensais, iguais e sucessivas a partir do mês em que a pessoa jurídica ingressar no regime de apuração não cumulativa da Contribuição para o PIS/Pasep e da Cofins (Lei nº 10.637, de 2002, art. 11, § 2º, com redação dada pela Lei nº 10.865, de 2004, art. 37; e Lei nº 10.833, de 2003, art. 12, § 2º).

Ainda, é relevante considerar que as Leis nº 10.637/02 e 10.833/03, em seus arts. 3ºs, preveem que:

> § 2º Não dará direito a crédito o valor:

> (...)
> II – da aquisição de bens ou serviços não sujeitos ao pagamento da contribuição, inclusive no caso de isenção, esse último quando revendidos ou utilizados como insumo em produtos ou serviços sujeitos à alíquota 0 (zero), isentos ou não alcançados pela contribuição.

Em contrapartida, a Lei 11.033/04, em seu art. 17, prevê que:

> Art. 17. As vendas efetuadas com suspensão, isenção, alíquota 0 (zero) ou não incidência da Contribuição para o PIS/PASEP e da COFINS não impedem a manutenção, pelo vendedor, dos créditos vinculados a essas operações.

É esse o cenário normativo que envolve a questão.

## 3. A não cumulatividade

A não cumulatividade do PIS e da COFINS encontra autorização constitucional no § 12, do art. 195. Diz-se autorização porque não há determinação para que assim seja, nem há qualquer regra delimitadora dessa não cumulatividade. Ao contrário do que ocorre com o IPI e com o ICMS, que possuem regras constitucionais acerca da não cumulatividade, o regramento da não cumulatividade do PIS e da COFINS foi relegado integralmente à legislação infraconstitucional.

Outra peculiaridade da não cumulatividade do PIS e da COFINS é que ela não se baseia num sistema de créditos, como se dá nos casos do IPI e do ICMS. No caso das contribuições, como

> (...) a base de cálculo é a receita bruta ou faturamento, e que, portanto, não têm conexão direta com determinada operação que tenha por objeto produto ou mercadoria, a técnica de não cumulatividade a ser observada é de "base sobre base", isto é, o valor do tributo é apurado mediante a aplicação da alíquota sobre a diferença entre as receitas auferidas e aquelas necessariamente consumidas pela fonte produtora (despesas necessárias).[8]

[8] Brasil. Superior Tribunal de Justiça. **Recurso Especial nº 1.428.247/RS.** Tributário. Recurso Especial. Código de Processo Civil de 1973. Aplicabilidade. Contribuição ao PIS e COFINS. Não cumulatividade. ICMS – substituição tributária progressiva (ICMS-ST). Aqui-

Logo, não é pressuposto para aproveitamento de crédito de PIS/Pasep e COFINS que tais contribuições tenham sido recolhidas na etapa anterior, como define Leandro Paulsen:

> Restará claro da legislação, a par disso, que, diferentemente do que ocorre não cumulatividade do IPI e do ICMS, no caso do PIS/PASEP e da COFINS, não há creditamento de valores destacados nas operações anteriores, mas apuração de créditos calculados em relação a despesas com bens e serviços utilizados na sua atividade econômica.[9]

Isso significa que, tratando-se de PIS/Pasep e COFINS, a base de cálculo da operação anterior não necessariamente será a base de cálculo dos créditos oriundos dessa aquisição. Como o cálculo dos créditos é feito com base nos custos incorridos e não sobre o valor das contribuições pagas na etapa anterior, havendo aquisição de mercadorias para revenda, haverá o direito ao crédito na etapa posterior, independentemente do *quantum* debitado a título de PIS/Pasep e COFINS na etapa anterior. O que releva saber é quanto custou a mercadoria adquirida.

Na mesma linha é o entendimento de José Eduardo Soares de Mello:

> Incompreensível punir as pessoas que são obrigadas a obedecer a sistemática da substituição tributária e operações com incidência monofásica, uma vez que o direito ao crédito (consoante tradicional sistemática constitucional do IPI e do ICMS) nasce com a prática ne negócios jurídicos realizados por terceiros com contribuinte, e se operacionaliza mediante a compensação com débitos decorrentes de fatos geradores.[10]

sição de bens para revenda por empresa substituída. Base de cálculo do crédito. Inclusão do valor do imposto estadual. Legalidade. Creditamento que independe da tributação na etapa anterior. Custo de aquisição configurado. [...] Recorrente: Coqueiros Supermercados LTDA. Recorrido: União – Fazenda Nacional. Relatora para acórdão: Ministra Regina Helena Costa, julgado em 15 de outubro de 2019.

[9] Paulsen, Leandro; Velloso, Andrei Pitten. **Contribuições**: teoria geral – Contribuições em espécie. Porto Alegre: Livraria do Advogado, 2010. p. 196.

[10] Melo, Luiz Eduardo Soares; Pippo, Luiz Francisco. **A não-cumulatividade tributária** (ICMS, IPI, ISS, PIS e COFINS). 3 ed. São Paulo: Dialética, 2008. p. 206.

Este fundamento vai de encontro ao entendimento outrora prevalente no STJ, consoante se percebe em voto proferido pelo Ministro Mauro Campbell Marques ao julgar recurso tratando desta matéria:

> Ademais, não é possível qualquer creditamento que subverta a lógica da não cumulatividade, como o presente caso, onde se pretende um creditamento de um tributo (PIS/PASEP e COFINS) que não foi pago na etapa econômica anterior (no substituto – pois o ICMS-ST não entra na base de cálculo do PIS/PASEP e COFINS devidos pelo substituto) e onde há em verdade um débito tributário, pois o tributo (PIS/PASEP e COFINS) precisa ser pago na etapa econômica subsequente (no substituído).
> Em suma: se o ICMS está na base de cálculo das contribuições ao PIS e COFINS devidas pelo substituto, o valor correspondente a essas contribuições é pago nas diversas etapas da cadeia econômica e gera o creditamento das contribuições respectivas do substituído, pois o ICMS integra o valor dos produtos adquiridos pelo substituído; mas o ICMS-ST (caso dos autos) está fora da base de cálculo das contribuições ao PIS e COFINS do substituto, portanto não é pago nas diversas etapas da cadeia econômica, sendo então incapaz de gerar o creditamento das contribuições respectivas para o substituído, pois, houvesse creditamento, haveria creditamento duplo, o que caracteriza benefício fiscal, a necessitar de lei expressa.[11]

Note-se que, para o Ministro Mauro Campbell Marques, a incidência do PIS e da COFINS na etapa anterior é determinante para o direito de crédito, de modo que, como o ICMS-ST não compõe a base de cálculo do PIS e da COFINS do substituto tributário, ele não poderia gerar crédito de PIS e de COFINS. Essa posição baseia-se, exclusivamente, no previsto no inciso II, do § 2º, das Leis 10.637/02 e 10.833/03, anteriormente citado e não considera como válida a previsão do art. 17, da Lei 11.033/04.

[11] BRASIL. Superior Tribunal de Justiça. **Recurso Especial nº 1.456.648/RS.** Recurso interposto na vigência do CPC/1973. Contribuições ao PIS/PASEP e COFINS não cumulativas. Creditamento. Valores referentes a ICMS-substituição (ICMS-ST). Impossibilidade. [...] Recorrente: Comercial Zaffari LTDA. Recorrido: União – Fazenda Nacional. Relator: Ministro Mauro Campbell Marques, julgado em 02 de junho de 2016.

Ressalte-se que, quando fora proferido o mencionado voto pela Ministra Regina Helena Costa, havia divergência entre a Primeira e a Segunda Turma do STJ acerca do direito ao crédito de PIS e COFINS relativamente aos produtos adquiridos com suspensão, isenção, alíquota 0 (zero) ou não incidência das contribuições. Para a Primeira Turma:

> a análise conjunta do art. 3º, § 2º, II, de ambas as Leis ns. 10.637/2002 e 10.833/2003, com o comando contido no art. 17 da Lei n. 11.033/2004, impõe a conclusão segundo a qual este, por tratar-se de dispositivo legal posterior e que regula inteiramente a matéria de que cuidam aqueles, revogou-os tacitamente, a teor do art. 2º, § 1º, da Lei de Introdução às Normas do Direito Brasileiro – LINDB.[12]

Essa não era a posição da Segunda Turma do STJ, e talvez aí resida um dos pontos que determinaram as posições antagônicas das duas turmas acerca do tema em análise.

Percebe-se, todavia, entre as posições, que uma via intermediária é possível, pois, ainda que se entenda que uma operação não tributada não gere direito a crédito na etapa posterior, pode-se entender – e assim o é – que, tendo sido tributada, ela gera crédito, independentemente do montante de tributo recolhido na etapa anterior. Não se negaria vigência ao art. 3º, § 2º, II, de ambas as Leis nº 10.637/2002 e 10.833/2003, nem se vedaria o crédito por operação efetivamente tributada.

Nesse ponto, cumpre salientar que o art. 3º, § 2º, II, de ambas as Leis nº 10.637/2002 e 10.833/2003, não faz distinção ao regime de tributação incidente sobre a operação anterior – se pelo regime cumulativo, não cumulativo ou ainda se o fornecedor é optante pelo Simples Nacional. A restrição é unicamente às operações que não sofrem a incidência das contribuições na etapa anterior.

Neste passo, é possível concluir que o argumento de que o artigo mencionado vedaria o crédito da parcela relativa ao ICMS-ST, por esta

[12] Brasil. Superior Tribunal de Justiça. **Agravo Regimental em Recurso Especial nº 1.051.634/CE.** Processual. Civil. Tributário. Agravo regimental no Recurso Especial. PIS e COFINS. Tributação pelo sistema monofásico. Aproveitamento de créditos. Possibilidade. Benefício fiscal concedido pela lei n. 11.033/04, que instituiu o regime do reporto. Extensão às empresas não vinculadas a esse regime. Cabimento. [...] Agravante: Empreendimentos Pague Menos S/A. Agravado: União – Fazenda Nacional. Relatora para acórdão: Ministra Regina Helena Costa, julgado em 28 de março de 2017.

parcela não compor a base de cálculo da etapa anterior, não constitui um argumento válido, pois o dispositivo legal faz restrição às operações e não a itens que compõem o custo da operação. Assim, a definição sobre a possibilidade do desconto de crédito de PIS e COFINS sobre o ICMS-ST incidente sobre as mercadorias adquiridas para a revenda deve se dar pela análise do conceito de custo de aquisição e do enquadramento desta "despesa" como tal.

## 4. A substituição tributária do ICMS o conceito de custo de aquisição

No que toca à substituição tributária do ICMS, insta saber como se dá a realização do fato gerador e como o seu pagamento é alocado pelas empresas que participam dessa cadeia. Para esse trabalho, importa apenas lembrar que a substituição tributária para frente, prevista constitucionalmente no art. 150, § 7º, da Constituição Federal, consiste na antecipação de fatos geradores futuros por um dos participantes da cadeia econômica de determinado produto, cobrando-se, antecipadamente e concentradamente, o tributo que seria devido pela realização de fatos geradores futuros.

Inicialmente o Supremo Tribunal Federal (STF) possuía posição no sentido de que o fato gerador praticado pelo substituto tributário era definitivo, conforme se lê em trecho do voto do Min. Ilmar Galvão, no julgamento da Ação Direta de Inconstitucionalidade (ADI) nº 1.851:

> O fato gerador do ICMS e a respectiva base de cálculo, em regime de substituição tributária, de outra parte, conquanto presumidos, não se revestem de caráter de provisoriedade, sendo de ser considerados definitivos, salvo se, eventualmente não vier a realizar-se o fato gerador presumido.[13]

Entretanto, ao julgar o Recurso Extraordinário (RE) nº 593.849[14], o STF reviu essa posição, fixando a seguinte tese:

[13] BRASIL. Supremo Tribunal Federal. **Ação Direta de Inconstitucionalidade nº 1851/AL.** Requerente: Confederação Nacional do Comércio - CNC. Requerido: Governador do Estado de Alagoas. Relator: Ministro Ilmar Galvão, 08 de maio de 2002.

[14] BRASIL. Supremo Tribunal Federal. **Recurso Extraordinário nº 593.849/MG.** Recurso extraordinário. Repercussão geral. Direito tributário. Imposto sobre circulação de mercadorias e serviços - ICMS. Substituição tributária progressiva ou para frente. Cláusula de

> É devida a restituição da diferença do Imposto sobre Circulação de Mercadorias e Serviços – ICMS pago a mais no regime de substituição tributária para frente se a base de cálculo efetiva da operação foi inferior à presumida.

A modificação do caráter de definitividade acabou reforçando a tese de que o ICMS-ST não se configura como custo de aquisição, mas como uma despesa incidente sobre a venda da mercadoria.

É o que sempre defendeu a Receita Federal do Brasil e é o que entende grande parte dos Tribunais, inclusive, até o momento, a Segunda Turma do STJ. No entanto, a discussão não pode se encerrar pela consideração acerca da definitividade do fato gerador, sendo essencial a conceituação de custo de aquisição.

O art. 3º, § 1º, I, de ambas as Leis n. 10.637/2002 e 10.833/2003, anteriormente citado, prevê que o crédito deve ser determinado aplicando-se a alíquota sobre o valor dos itens adquiridos. Não há, portanto, na legislação que trata de PIS e COFINS, nada além da expressão "valor dos itens".

Os limites do custo de aquisição de mercadorias para revenda são traçados com detalhamento pelo o Regulamento do Imposto sobre a Renda (RIR) – Decreto nº 9.580/2018, no citado artigo 301, posição aceita e defendida pela Ministra Regina Helena Costa em seu voto.

O Min. Mauro Campbell Marques, no voto já referido, argumentou que "o conceito de custos e despesas utilizados na legislação do Imposto de Renda da Pessoa Jurídica – IRPJ não guarda identidade com o conceito de insumos para efeito de creditamento das contribuições ao PIS/PASEP e COFINS não cumulativas". Portanto, seriam inaplicáveis as disposições do RIR. Há que se considerar, todavia, que não se está a tratar de conceito de insumos e que, ainda que se estivesse, este foi consideravelmente alargado a partir do julgamento do REsp nº 1.221.170[15],

restituição do excesso. Base de cálculo presumida. Base de cálculo real. Restituição da diferença. Art. 150, §7º, da constituição da república. Revogação parcial de precedente. ADI 1.851. Recorrente: Parati Petróleo Ltda. Recorrido: Estado de Minas Gerais. Relator: Ministro Edson Fachin, 19 de outubro de 2016.

[15] Brasil. Superior Tribunal de Justiça. **Recurso Especial nº 1.221.170/PR**. Tributário. PIS e COFINS. Contribuições sociais. Não-cumulatividade. Creditamento. Conceito de insumos. Definição administrativa pelas instruções normativas 247/2002 e 404/2004, da SRF,

admitindo-se como relevantes, entre outras coisas, os itens cuja finalidade integre o processo de produção por imposição legal, embora não sejam indispensáveis à elaboração do próprio produto ou à prestação do serviço.[16]

Não se pode, com isso, simplesmente descartar as disposições do RIR sobre o tema, sobretudo porque elas auxiliam no entendimento da matéria, integrando-se à regulamentação do PIS e da COFINS, inserida no ordenamento pela IN RFB 1911/19.

Há, nessa Instrução Normativa, dois dispositivos relevantes e que orientam a compreensão do tema. O primeiro deles, art. 167, traz que integram o valor de aquisição:

> I – o seguro e o frete pagos na aquisição, quando suportados pelo comprador; e
>
> II – o IPI incidente na aquisição, quando não recuperável.

Não dispõe nada sobre o ICMS, nem quando recuperável, nem quando irrecuperável. Isso é previsto tão somente no art. 184, que trata do crédito relativo ao estoque, prevendo em seu § 2º que:

> § 2º Os valores do ICMS e do IPI, quando recuperáveis, não integram o valor do estoque a ser utilizado como base de cálculo do crédito a que se refere o caput (Lei nº 10.637, de 2002, art. 11, § 1º; e Lei nº 10.833, de 2003, art. 12, § 1º).

Há três dispositivos normativos que tratam da possibilidade ou não de os impostos não cumulativos comporem o custo de aquisição de mercadorias adquiridas para revenda e, nesses três dispositivos, há unanimidade em categorizá-los em recuperáveis e irrecuperáveis. A recuperabilidade de que tratam esses dispositivos é a possibilidade de serem

que traduz propósito restritivo e desvirtuador do seu alcance legal. Descabimento. Definição do conceito de insumos à luz dos critérios da essencialidade ou relevância. Recurso especial da contribuinte parcialmente conhecido, e, nesta extensão, parcialmente provido, sob o rito do art. 543-c do CPC/1973 (arts. 1.036 e seguintes do CPC/2015). [...] Recorrente: Anhambi Alimentos LTDA. Recorrido: União – Fazenda Nacional. Relator: Ministro Napoleão Nunes Maia Filho, julgado em 22 de fevereiro de 2018.

16 Brasil. Ministério da Fazenda. Coordenação-Geral de Tributação. **Parecer normativo COSIT/RFB nº 05**. [S.l.]: Ministério da Fazenda, 17 dez. 2018.

recuperados na escrita fiscal, mediante crédito. Trata-se da projeção econômica da relação jurídica, ou seja, quem está, juridicamente, obrigado a arcar com a obrigação. Não se trata, portanto, de recuperação por meio de "projeção no valor de revenda", conforme alertou a Min. Regina Helena Costa na página 16 do voto antes referido. Aliás, sobre este ponto, a Ministra traz relevante contribuição para o entendimento do tema:

> Dessarte, a repercussão econômica onerosa do recolhimento antecipado do ICMS-ST, pelo substituto, é assimilada pelo substituído imediato na cadeia quando da aquisição do bem, a quem, todavia, não será facultado gerar crédito na saída da mercadoria (venda), devendo emitir a nota fiscal sem destaque do imposto estadual, tornando o tributo, nesse contexto, irrecuperável na escrita fiscal, critério definidor adotado pela legislação, conforme apontado.
>
> Anote-se ainda que, quando não verificado o fato gerador presumido ou realizado por valor inferior ao previsto, eventual recuperação do ICMS -ST caberá ao substituto, único sujeito passivo da relação jurídica tributária desse regime, o qual poderá defender, com exclusividade, "suas prerrogativas, administrativa ou judicialmente, formulando impugnações ou recursos, bem como deduzindo suas pretensões em juízo para, sobre elas, obter a prestação jurisdicional do Estado", consoante fixado, por esta Corte, no mencionado precedente de eficácia vinculante.[17]

Assim, pode-se concluir que, quando o imposto não cumulativo (IPI ou ICMS) for irrecuperável, ou seja, não for passível de crédito na escrita fiscal, ele se traduzirá em custo para quem o suportar econômica e juridicamente. É assim que dispõe a legislação que rege o imposto de renda e é assim que trata, ainda que de forma menos direta, a legislação do PIS e da COFINS. Sendo o ICMS-ST uma obrigação que prevê que o substituído deve reembolsar ao substituto o valor do imposto antecipado

[17] Brasil. Superior Tribunal de Justiça. **Recurso Especial nº 1.428.247/RS**. Tributário. Recurso Especial. Código de Processo Civil de 1973. Aplicabilidade. Contribuição ao PIS e COFINS. Não cumulatividade. ICMS – substituição tributária progressiva (ICMS-ST). Aquisição de bens para revenda por empresa substituída. Base de cálculo do crédito. Inclusão do valor do imposto estadual. Legalidade. Creditamento que independe da tributação na etapa anterior. Custo de aquisição configurado. [...] Recorrente: Coqueiros Supermercados LTDA. Recorrido: União – Fazenda Nacional. Relatora para acórdão: Ministra Regina Helena Costa, julgado em 15 de outubro de 2019.

– obrigação jurídica de encargo econômico –, sem a possibilidade de juridicamente recuperar este encargo econômico, a única possibilidade de classificação para esta despesa é como custo de aquisição.

Assim, ainda que o STF tenha alterado a sua jurisprudência acerca da definitividade do fato gerador do ICMS-ST, não se alterou a classificação do reembolso que o substituído faz ao substituto. Essa obrigação jurídica, sem possibilidade de recuperação jurídica, sempre foi e continua sendo custo e, como tal, deve integrar a base de cálculo do crédito de PIS e COFINS.

## Conclusões

Foi demonstrada a brilhante abordagem do tema pela Ministra Regina Helena Costa, que fez uma análise crítica e coerente da sistemática da não-cumulatividade na apuração das contribuições ao PIS e à COFINS, para reconhecer o direito ao creditamento de PIS e COFINS sobre o valor pago na etapa anterior a título de ICMS-ST. Ela inteligentemente afirmou que, para se apurar o crédito de PIS e de COFINS, não é necessário ter havido a incidência das mencionadas contribuições na etapa anterior da cadeia comercial, e que o ICMS-ST integra o custo de aquisição da mercadoria, motivo pelo qual deve ser considerado no cálculo dos créditos de PIS e da COFINS.

O tão importante voto da ministra Regina Helena Costa inaugurou a divergência no Julgamento do Recurso Especial nº 1.428.247/RS, firmando novo entendimento da matéria pela 1ª Turma do Superior Tribunal de Justiça. E, com os sólidos argumentos apresentados e de sua relevante contribuição para a ciência do Direito Tributário, ela reabriu os diálogos sobre o tema entre os Ministros, possibilitando reapreciação da matéria e, quem sabe, a alteração de entendimento do Superior Tribunal de Justiça.

## Referências

BRASIL. Decreto nº 9.580 de 22 de novembro de 2018. Regulamenta a tributação, a fiscalização, a arrecadação e a administração do Imposto sobre a Renda e Proventos de Qualquer Natureza. Brasília, DF: Presidência da República, 2018.

BRASIL. Lei nº 10.637, de 30 de dezembro de 2002. Dispõe sobre a não-cumulatividade na cobrança da contribuição para os Programas de Integração Social (PIS) e de Formação do Patrimônio do Servidor Público (Pasep), nos casos que especifica; sobre o pagamento e o parcelamento de débitos tributários federais, a compensação de créditos fiscais, a declaração de inaptidão de inscrição de pessoas jurídicas, a legislação aduaneira, e dá outras providências. Brasília, DF: Presidência da República, 2002.

Brasil. Lei nº 10.833, de 29 de dezembro de 2003. Altera a Legislação Tributária Federal e dá outras providências. Brasília, DF: Presidência da República, 2003.

Brasil. Lei nº 11.033, de 21 de dezembro de 2004. Altera a tributação do mercado financeiro e de capitais; institui o Regime Tributário para Incentivo à Modernização e à Ampliação da Estrutura Portuária – REPORTO; altera as Leis nºs 10.865, de 30 de abril de 2004, 8.850, de 28 de janeiro de 1994, 8.383, de 30 de dezembro de 1991, 10.522, de 19 de julho de 2002, 9.430, de 27 de dezembro de 1996, e 10.925, de 23 de julho de 2004; e dá outras providências. Brasília, DF: Presidência da República, 2004.

Brasil. Ministério da Fazenda. Coordenação-Geral de Tributação. Parecer normativo COSIT/RFB nº 05. [S.l.]: Ministério da Fazenda, 17 dez. 2018.

Brasil. Ministério da Fazenda. Receita Federal. Instrução Normativa RFB nº 1911/19. [S.l.]: Ministério da Fazenda, 11 de outubro de 2019.

Brasil. Superior Tribunal de Justiça. Agravo Regimental em Recurso Especial nº 1.051.634/CE. Processual. Civil. Tributário. Agravo regimental no Recurso Especial. PIS e COFINS. Tributação pelo sistema monofásico. Aproveitamento de créditos. Possibilidade. Benefício fiscal concedido pela lei n. 11.033/04, que instituiu o regime do reporto. Extensão às empresas não vinculadas a esse regime. Cabimento. [...] Agravante: Empreendimentos Pague Menos S/A. Agravado: União – Fazenda Nacional. Relatora para acórdão: Ministra Regina Helena Costa, julgado em 28 de março de 2017.

Brasil. Superior Tribunal de Justiça. Recurso Especial nº 1.221.170/PR. Tributário. PIS e COFINS. Contribuições sociais. Não-cumulatividade. Creditamento. Conceito de insumos. Definição administrativa pelas instruções normativas 247/2002 e 404/2004, da SRF, que traduz propósito restritivo e desvirtuador do seu alcance legal. Descabimento. Definição do conceito de insumos à luz dos critérios da essencialidade ou relevância. Recurso especial da contribuinte parcialmente conhecido, e, nesta extensão, parcialmente provido, sob o rito do art. 543-c do CPC/1973 (arts. 1.036 e seguintes do CPC/2015). [...] Recorrente: Anhambi Alimentos LTDA. Recorrido: União – Fazenda Nacional. Relator: Ministro Napoleão Nunes Maia Filho, julgado em 22 de fevereiro de 2018.

Brasil. Superior Tribunal de Justiça. Recurso Especial nº 1.428.247/RS. Tributário. Recurso Especial. Código de Processo Civil de 1973. Aplicabilidade. Contribuição ao PIS e COFINS. Não cumulatividade. ICMS – substituição tributária progressiva (ICMS-ST). Aquisição de bens para revenda por empresa substituída. Base de cálculo do crédito. Inclusão do valor do imposto estadual. Legalidade.

Creditamento que independe da tributação na etapa anterior. Custo de aquisição configurado. [...] Recorrente: Coqueiros Supermercados LTDA. Recorrido: União – Fazenda Nacional. Relatora para acórdão: Ministra Regina Helena Costa, julgado em 15 de outubro de 2019.

Brasil. Superior Tribunal de Justiça. Recurso Especial nº 1.456.648/RS. Recurso interposto na vigência do CPC/1973. Contribuições ao PIS/PASEP e COFINS não cumulativas. Creditamento. Valores referentes a ICMS-substituição (ICMS -ST). Impossibilidade. [...] Recorrente: Comercial Zaffari LTDA. Recorrido: União – Fazenda Nacional. Relator: Ministro Mauro Campbell Marques, julgado em 02 de junho de 2016.

Brasil. Superior Tribunal de Justiça. Recurso Especial nº 1.690.231/RS. Recorrente: Filtrobom Comercio Autopecas LTDA. Recorrido: União – Fazenda Nacional. Relator: Ministro Mauro Campbell Marques, julgado em 05 de setembro de 2017.

Brasil. Superior Tribunal de Justiça. Recurso Especial nº 1.709.745/RS. Recorrente: BR Supply Comércio e Distribuição de Suprimentos S.A. Recorrido: União – Fazenda Nacional. Relator: Ministro Benedito Gonçalves, 19 de abril de 2018.

Brasil. Supremo Tribunal Federal. Ação Direta de Inconstitucionalidade nº 1851/AL. Requerente: Confederação Nacional do Comércio – CNC. Requerido: Governador do Estado de Alagoas. Relator: Ministro Ilmar Galvão, 08 de maio de 2002.

Brasil. Supremo Tribunal Federal. Recurso Extraordinário nº 593.849/MG. Recurso extraordinário. Repercussão geral. Direito tributário. Imposto sobre circulação de mercadorias e serviços – ICMS. Substituição tributária progressiva ou para frente. Cláusula de restituição do excesso. Base de cálculo presumida. Base de cálculo real. Restituição da diferença. Art. 150, §7º, da constituição da república. Revogação parcial de precedente. ADI 1.851. Recorrente: Parati Petróleo Ltda. Recorrido: Estado de Minas Gerais. Relator: Ministro Edson Fachin, 19 de outubro de 2016.

Brasil. Tribunal Regional Federal (4. Região). Apelação Cível nº 5000244-37.2016.4.04.7111. Contribuição para o PIS. Contribuição para o financiamento da seguridade social (COFINS). Regime não-cumulativo. Dedução de créditos. Valores referentes ao ICMS-substituição (ICMS-ST) e ao ICMS-antecipação [...]. 2ª Turma. Apelante: Filtrobom Comercio Autopecas LTDA. Apelado: União – Fazenda Nacional. Relator: Rômulo Pizzolatti, 22 de novembro de 2016.

Brasil. Tribunal Regional Federal (4. Região). Apelação Cível nº 5001318-38.2016.4.04.7108. Tributário. PIS e COFINS. ICMS-ST. Valor pago ao substituto tributário. Creditamento ao substituído. Impossibilidade. Princípio da não-cumulatividade. [...]. 1ª Turma. Apelante: Moutinho & Cia LTDA. Apelado:

União – Fazenda Nacional. Relator: Maria de Fátima Freitas Labarrère, 14 de outubro de 2016.

MELO, Luiz Eduardo Soares; PIPPO, Luiz Francisco. *A não-cumulatividade tributária (ICMS, IPI, ISS, PIS e COFINS). 3. ed.* São Paulo: Dialética, 2008.

PAULSEN, Leandro; VELLOSO, Andrei Pitten. *Contribuições: teoria geral – Contribuições em espécie.* Porto Alegre: Livraria do Advogado, 2010.

# 5. O Princípio da não Obstância do Exercício dos Direitos Fundamentais pela via da Tributação

ALESSANDRA GOMENSORO

## Introdução

A trajetória da Ministra Regina Helena Costa como magistrada é notória: depois da passagem pela primeira instância da Justiça Federal de São Paulo, integrou as Turmas de Direito Público do Tribunal Regional Federal da 3ª Região (TRF3), até que no ano de 2013 ingressou no Superior Tribunal de Justiça como componente da 1ª Turma.

Se como Juíza e Desembargadora já possuía posicionamentos firmes e de grande repercussão, como Ministra viu a amplitude de seus julgados aumentar, seja como relatora de processos que tratam de temas relevantes[1], ou como condutora de votos divergentes que se sagram vencedores[2].

[1] Por exemplo, o Recurso Especial nº 1624297, que definiu sob o regime dos recursos repetitivos, que o ICMS não seve ser incluído na base de cálculo da Contribuição Previdenciária sobre a Receita Bruna (CPRB).

[2] Por exemplo, o Recurso Especial nº 1051634, que trata da possiblidade de creditamento da Contribuição ao PIS e da COFINS sobre produtos tributados sob regime monofásico, em que abriu divergência do voto do Ministro Relator Sergio Kukina, tendo sido acompanhada pelos Ministros Benedito Gonçalves e Napoleão Maia, o que culminou com a alteração do entendimento da Turma sobre a matéria.

Muito além da vitoriosa carreira na magistratura, a Ministra também possui sólida trajetória acadêmica, consolidada como mestre, doutora e livre docente pela Pontifícia Universidade Católica de São Paulo (PUC--SP), onde há anos exerce docência na graduação e pós-graduação.

É justamente em seu legado acadêmico que buscamos o tema deste breve texto: a relação entre tributação e direitos fundamentais e, mais especificamente, o princípio da não obstância do exercício dos direitos fundamentais pela via da tributação.

Em seu estudo sobre as imunidades tributárias[3], cujo aprofundamento ocorreu por ocasião da sua tese de doutorado, a Ministra Regina Helena Costa analisou a natureza jurídica e relevância das imunidades dentro do sistema tributário brasileiro, e concluiu que se tratam de uma das materializações de um princípio implícito contido na Constituição Federal (CF) que ela nomeou *não obstância do exercício dos direitos fundamentais pela via da tributação*.

Neste curto texto traremos algumas considerações sobre a relação entre direitos fundamentais e tributação sob o viés teórico, e um exemplo emblemático da contribuição da Ministra Regina Helena Costa sobre o assunto como magistrada.

## 1. A relação entre Tributação e Direitos Fundamentais

De acordo com a definição reforçada pela Ministra Regina Helena[4], os direitos fundamentais são aqueles considerados inerentes à própria natureza do homem e compreendem os direitos individuais políticos (de primeira geração), os direitos sociais, culturais e econômicos (de segunda geração), e os direitos difusos e coletivos (de terceira geração).

A primazia da CF e, em especial, dos direitos fundamentais nela assegurados, provocaram uma mudança de enfoque na análise do sistema tributário, que antes tinha como partida o ponto de vista do Estado e os limites ao seu poder de tributar, e hoje tem como enfoque o contribuinte, que tem o direito subjetivo de não ter seus direitos violados.

[3] A tese de doutorado da Ministra Regina Helena deu origem ao livro Imunidades Tributárias – Teoria e Análise da Jurisprudência do STF.

[4] Costa, Regina Helena. *Imunidades Tributárias – Teoria e Análise da Jurisprudência do STF*, Malheiros, 3ª ed., 2015, capítulo VI, item 2.

A CF, a exemplo da maioria das constituições atuais, prevê a existência de direitos públicos subjetivos dos cidadãos, oponíveis ao próprio Estado, que representam o mínimo de exigências para que todos possam viver e desenvolver atividades lícitas, de modo que no modelo de Estado de Direito Brasileiro não haja hierarquia entre Estado e indivíduos no que tange à salvaguarda de direitos e cumprimento das obrigações constitucionalmente previstas.

No entanto, inegável que para a consecução destes direitos fundamentais é necessário que a população sofra limitações patrimoniais: para terem garantidos seus direitos fundamentais, abra-se mão de parte dos fundamentais patrimoniais, como a propriedade.

Neste sentido, José Casalta Nabais[5] afirma que como dever fundamental, o imposto não pode ser concebido como uma atividade de poder pura e simples do estado, e nem como mero sacrifício para o cidadão. A imposição fiscal é um contributo indispensável a uma vida em comunidade organizada em estado fiscal, que tem na subsidiariedade da sua própria ação (econômico social) e no primado da autorresponsabilidade dos cidadãos pelo seu sustento, o seu verdadeiro suporte.

Não se trata apenas de reconhecer a existência de desigualdades, mas de utilizar o Direito Tributário como instrumento de política social, com objetivo de atenuar as grandes diferenças econômicas, valendo-se do princípio da igualdade para conceder tratamento menos gravoso àqueles que detém menos capacidade econômica ou para distribuir renda de maneira a privilegiar as regiões mais pobres.

No entanto, considerando que todos os fundamentos do sistema tributário e dos direitos fundamentais foram objeto do texto constitucional, há uma constante tensão entre tributação e os direitos fundamentais, que precisam ser constantemente harmonizados.

Esse sopesamento, no entanto, enfrenta objeções porque, além de não deixar claro como o Juiz realmente interpreta e qual peso atribuído a cada um dos lados, envolve o julgador em questões políticas, exigindo dele a escolha da melhor alternativa do ponto de vista jurídico, e muitas vezes a adoção de medidas que contrariam os interesses do legislador infraconstitucional.

[5] NABAIS, José Casalta. *O dever Fundamental de pagar impostos.* Coimbra: Liv. Almedina, 1998. P. 679.

Sobre este ponto, a professora Misabel Derzi, ao comentar a obra clássica de Aliomar Baleeiro[6], defende que não se pode admitir o entendimento de que o Supremo Tribunal Federal não tem competência para figurar como legislador positivo, uma vez que a CF de 1988 concedeu aos direitos fundamentais eficácia imediata e atribuiu ao Poder Judiciário a função não apenas de coibir as inconstitucionalidades dos atos dos Poderes Executivo e Legislativo, como também as omissões que impeçam o exercício desses mesmos direitos e garantias.

Dentro deste contexto, onde é necessária a harmonia entre direitos fundamentais e tributação, a Ministra Regina Helena identificou a existência de um princípio implícito na Constituição Federal, o da *não obstância do exercício dos direitos fundamentais por via da tributação*[7], segundo o qual o exercício da competência tributária não pode amesquinhar o pleno gozo dos direitos fundamentais.

De acordo com a Ministra, esse princípio tem sua eficácia manifestada não apenas na implementação de situações de intributabilidade, mas também em outros princípios constitucionais como vedação da utilização de tributo com efeito de confisco, da função social da propriedade e direito de profissão

É justamente na relação entre tributação e direitos fundamentais que encontramos uma das principais contribuições da Ministra Regina Helena como magistrada: assegurar o direito irrestrito à educação, mediante autorização para dedução integral destas despesas da base de cálculo do imposto de renda da pessoa física.

Ao longo da sua carreira como magistrada de primeiro e segundo graus do TRF3, a Ministra Regina Helena teve a oportunidade de analisar esse tema algumas vezes.

Em primeira instância, foi responsável por analisar uma Ação Civil Pública ajuizada pelo Ministério Público de São Paulo que questionava a inconstitucionalidade da limitação quantitativa da dedução das despesas com educação da base de cálculo do imposto de renda, à luz do direito à educação e da capacidade contributiva.

[6] Baleeiro, Aliomar. Limitações constitucionais ao poder de tributar (Anotado por Misabel de Abreu Machado Derzi). RJ: Forense, 1997

[7] Conforme exposto em tese de Doutorado em Direito Tributário, defendida na PUC/SP (2000) e publicada em Imunidades Tributárias – Teoria e Análise da Jurisprudência do STF.

Ao analisar a matéria em abril de 1997, na condição de magistrada de primeiro grau, concedeu decisão liminar para autorizar a dedução integral das despesas por entender que esses limites *"restringem o exercício do direito à educação, ao tributar os valores gastos com instrução, como se tais valores fossem renda, acréscimo de patrimônio"*.

Por se tratar de Ação Civil Pública ajuizada em face da União, o entendimento era de que a decisão produziria efeitos em todo o território nacional, razão pela qual causou forte repercussão no governo.

Em suas aulas do mestrado da PUC-SP a Ministra compartilhou a curiosidade dos bastidores da época e que o impacto da sua decisão foi tamanho, que lhe acarretou o telefonema de um membro do alto escalão do governo questionando se estava ciente das consequências da liminar deferida.

Não apenas a Ministra manteve seu entendimento preliminar como o confirmou em sentença prolatada naqueles autos, e em outro processo análogo ajuizado pelo Sindicato dos Bancários de São Paulo.

A decisão concedida na Ação Civil Pública foi posteriormente reformada pela 6ª Turma do Tribunal Regional Federal da 3ª Região, mas não em virtude de discordância quanto ao mérito, e sim por se entender que o Ministério Público Federal não é parte legítima para questionar matéria tributária.

Alguns anos depois, já como desembargadora da 6ª Turma do TRF3, a Ministra enfrentou novamente o tema[8] e, mais uma vez, teve papel decisivo.

O Desembargador Relator votou pelo desprovimento do Recurso de Apelação do contribuinte sob o fundamento de que as deduções das despesas com educação da base de cálculo do imposto de renda se caracterizariam como benefício fiscal, *"de sorte que somente a lei, em sentido formal, poderá estabelecê-lo, sendo vedado ao Poder Judiciário ampliá-lo, sob pena de violação ao postulado da separação de poderes (CF, art. 2º), na medida em que estaria atuando como legislador positivo."*

Porém, a Ministra Regina Helena, estudiosa do princípio da capacidade contributiva, tema que analisou em dissertação de mestrado e, de modo incidental, na sua tese de livre-docência, relativa aos princípios da

[8] A matéria foi analisada na Apelação Cível nº 0005067-86.2002.4.03.6100, da Relatoria do Des. Lazarano Neto.

praticabilidade tributária e da justiça fiscal, abriu divergência para reafirmar seu clássico entendimento no sentido de que a dedução deveria ser integral.

Em seu voto a Ministra defendeu, sob o viés tributário, que:

> Ao vedar ao contribuinte o abatimento da integralidade das despesas com instrução própria e de seus dependentes, impedindo-o de deduzir qualquer importância que exceda o limite legal autorizado, o legislador ordinário acabou por subverter o conceito constitucional de renda, sendo de rigor, por conseguinte, a declaração de inconstitucionalidade do art. 8º, II, b, da Lei 9.250/90.

E prosseguiu na defesa do direito fundamental à educação ao concluir que:

> A proibição de dedução integral das despesas de instrução efetivamente incorridas pelo contribuinte revela-se incompatível com o dever imposto ao Poder Público, pela Carta da República de 1988, de promover e incentivar a educação, visando ao pleno desenvolvimento da pessoa, seu preparo para o exercício da cidadania e sua qualificação para o trabalho.

Na ocasião a Ministra suscitou incidente de arguição de inconstitucionalidade, que foi acolhido pelo Órgão Especial do Tribunal para pronunciar a inconstitucionalidade da expressão "*até o limite anual individual de R$ 1.700,00 (um mil e setecentos reais)*", contida no artigo 8º, II, b, da Lei 9.250/95, especificamente para o imposto de renda pessoa física do ano de 2002.

O assunto segue controvertido nos Tribunais. Em 2016, o Ministro Ricardo Lewandowski[9] suspendeu a execução de uma decisão do TRF3 até o trânsito em julgado do processo sob o entendimento de que:

> O afastamento do limitador legal da dedução de gastos com ensino do contribuinte e de seus dependentes privilegia uma pequena parcela da sociedade, retirando-se receita tributária que é utilizada na concreti-

[9] Decisão prolatada nos autos da Suspensão de Segurança nº 5.087/SP, ajuizada para sustar os efeitos do acórdão prolatado nos autos da Apelação Cível 0017414-05.2012.4.03.6100, julgada pela 6ª Turma do Tribunal Regional Federal da 3ª Região.

zação dos objetivos fundamentais do nosso Estado, em especial o dever de implantação de políticas públicas voltadas à educação (arts. 205 e 212 da CF) e a erradicação da pobreza e da desigualdade social.

## Conclusões

Mais do que uma análise do tema em si, que demanda a comunhão de diversos princípios constitucionais, o que se pretende neste texto é reafirmar o protagonismo da Ministra Regina Helena em termas controvertidos, nos quais não raro abre divergência para expor uma nova linha de argumentação capaz de sensibilizar os demais julgadores.

A necessidade de harmonização entre a tributação e os direitos fundamentais, cuja essência é iminentemente constitucional, foge à competência infraconstitucional do Superior Tribunal de Justiça, o qual a Ministra Regina Helena integra, razão pela qual o tema não lhe é tão frequente como quando magistrada de primeiro e segundo graus.

Apesar de não julgar mais controvérsias desta natureza, a Ministra continua contribuindo para o desenvolvimento e estudo da matéria ao lecionar uma disciplina integralmente destinada aos conflitos entre tributação e direitos fundamentais na pós-graduação da PUC-SP, que gera debates profundos à luz dos ensinamentos de grandes doutrinadores como Misabel Derzi, José Casalta Nabais, Ricardo Lobo Torres, entre tantos outros.

# 6. Créditos Presumidos de ICMS e Tributação sobre a Renda – Desdobramentos dos ERESP. N. 1.517.492

Flávia Cavalcanti
Carolina Mello

## 1. Introdução: o crédito presumido de ICMS – Intervenção por indução e guerra fiscal

É inegável a relevância do papel desempenhado pelo Estado no âmbito da ordem econômica e social. Dentre outros aspectos relevantes, ao longo do desenvolvimento dos seus contornos, a evolução da atuação estatal foi marcada pela superação do modelo teórico liberal, sob o qual relegava-se ao Estado a posição de mero espectador de um mercado autônomo, fundado na crença de sua capacidade autorreguladora. No seu lugar, ganhou assento aproximação que toma como necessária a adoção de postura participativa do Estado no atingimento de objetivos caros ao sistema. Se, em um primeiro momento, essa evolução apresentou uma vertente negativa – focada na correção de falhas mercadológicas –, logo reconheceu-se a indispensabilidade de somar-se a esta também uma vertente positiva. Essa vertente positiva reclama por uma presença ativa do Estado no direcionamento dos agentes do mercado em prol das finalidades que busca garantir (tais como redução de desigualdades, promoção de saúde e bem-estar etc.)[1].

[1] Como explicado por Fabio Nusdeo, "escorraçado da economia pelos postulados do liberalismo, o poder público dele saiu pela porta da frente, mas acabou por reingressar gradual-

Essa evolução do papel desempenhado pelo Estado permeia os vários níveis de sua atuação, incluindo, em particular no que nos interessa, a seara fiscal.

Uma vez que o fator tributário interfere – de forma cada vez mais enfática – no processo decisório dos agentes do mercado, é natural que a atividade tributante do Estado figure como potente instrumento de intervenção sobre a ordem econômica e social[2]. Assim, são oportunas as palavras da ilustre homenageada desta obra ao ressaltar que:

> É preciso ter em mente que o tributo não é apenas um valor em dinheiro a ser entregue ao Fisco, sem outras repercussões. Uma visão estreita do conceito de tributo, estribada em lições superadas, segundo as quais se trata, exclusivamente, da principal fonte de receita para o financiamento da atividade estatal, não mais se coaduna com as exigências da sociedade contemporânea[3].

Atesta-se, assim, que além de assegurar a obtenção de receitas (indispensáveis para o custeio público), a atividade tributante tem

mente pela porta dos fundos, isto é, este reingresso não foi sistemático, nem sempre conscientemente desejado, mas fruto de uma necessidade incontornável [...]". O autor aponta ainda que "não interessa à sociedade apenas corrigir as falhas ou disfunções do mercado, mas independentemente delas vê-lo produzir bons resultados, assim considerados aqueles correspondentes às suas preferências manifestadas mediante seus órgãos de representação política." (Nusdeo, Fábio. Curso de Economia – Introdução ao Direito Econômico. São Paulo: Editora Revista dos Tribunais, 1997. pp. 190-195).

[2] Como apontado por Fernando Zilveti, a visão clássica do Estado liberal demandaria a separação estrita do Estado com a economia, o que resultaria em um preceito de neutralidade para fins fiscais (Zilveti, Fernando Aurélio. Variações sobre o Princípio da Neutralidade no Direito Tributário Internacional. In: Revista de Direito Tributário Atual n. 19. São Paulo: Dialética, 2005. p. 26). Não obstante os calorosos debates que essa teoria desperta até os dias atuais, converge-se na percepção de que, sob uma perspectiva pragmática, a atividade tributante estatal inexoravelmente influencia o processo decisório dos contribuintes. Explica Luís Eduardo Schoueri que essa noção de que a neutralidade levaria à busca de um tributo que não afetasse o comportamento dos agentes econômicos é utópica, "afinal, qualquer que seja o tributo haverá a influência sobre o comportamento dos contribuintes, que serão desestimulados a práticas que levem à tributação." (Schoueri, Luís Eduardo. Livre Concorrência e Tributação. In: Grandes Questões Atuais do Direito Tributário. São Paulo: Dialética, 2007. p. 253).

[3] Costa, Regina Helena. Tributação e Direito Fundamentais. In: Superior Tribunal de Justiça. Doutrina: Edição Comemorativa, 2015. pp. 572-573. Disponível em https://ww2.stj.jus.br/publicacaoinstitucional/index.php/Dout25anos/article/view/1127/1061

o condão de promover a concretização de uma série de outros valores essenciais ao ordenamento, que são alçados ao patamar de interesse público[4]. A doutrina especializada costuma se referir àquele primeiro campo (atinente à finalidade arrecadatória) como fiscalidade e a esse segundo campo como extrafiscalidade. Com efeito, o campo da extrafiscalidade se traduziria "na utilização de instrumentos tributários para inibir ou incentivar comportamentos, buscando o atingimento de finalidades não meramente arrecadatórias, mas sociais, políticas ou econômicas constitucionalmente contempladas."[5]

Essas noções introdutórias mostram-se relevantes, pois é exatamente nesse contexto que se situa o permissivo constitucional que possibilita aos Estados e ao Distrito Federal a concessão de "isenções, incentivos e benefícios fiscais" em matéria de Imposto sobre a Circulação de Mercadorias e sobre a Prestação de Serviços de Transporte Interestadual e Intermunicipal e de Telecomunicações ("ICMS"), nos termos regulados por lei complementar[6] (art. 155, § 2º, inciso XII, alínea "g", da CF/88) – os quais são amplamente utilizados como instrumentos de política econômica e social por essas unidades da federação.

No Brasil, assim como em outras jurisdições com acentuada heterogeneidade regional, políticas proativas que visam fomentar o desenvolvimento econômico por meio do instrumental fiscal não são novas. Embora estudiosos da matéria indiquem vestígios que remontam à década de 50[7], medidas de tal natureza passaram a exibir novos contornos e proporções no Brasil sobretudo a partir da década de 90. Dentre as razões apontadas para essa reconfiguração da competição entre as unidades federativas, encontram-se o esgotamento da capacidade de investimento do governo nacional no campo da política regional e a nova

[4] Nesse sentido, Charles W. Briggs é categórico ao afirmar que "in the formulation of a tax system, consideration of economic, social and political factors is unavoidable. (...) The alleged principle that 'taxation should be used for fiscal purpose only' is impossible." (Briggs, Charles W. Taxation is not for Fiscal Purpose Only. In: American Bar Association Journal n. 52. 1966. p. 49).

[5] Costa, Regina Helena. *Tributação e Direito Fundamentais. Op. Cit.* p. 567.

[6] Dando cumprimento ao art. 155, § 2º, inciso XII, alínea "g", a Lei Complementar n. 24, de 07.01.1975, dispõe sobre a celebração e ratificação de convênios no âmbito do Conselho Nacional de Política Fazendária – CONFAZ para a concessão de benefícios fiscais de ICMS.

[7] Cf. Prado, Sergio. *Guerra Fiscal e Políticas de Desenvolvimento Estadual no Brasil. In: Economia e Sociedade,* n. 13. Campinas: UNICAMP, 1999.

ordem constitucional de 1988, que trouxe um modelo de descentralização política e institucional marcado pelo deslocamento, para estados e municípios, de um grande número de funções e obrigações, acarretando um significativo incremento das despesas desses entes federativos. Outro elemento usualmente apontado diz respeito à complexa estruturação triádica da tributação sobre bens e serviços (atribuída de maneira desuniforme entre união, estados e municípios) e, mais particularmente, a conformação singular do principal tributo sobre valor agregado brasileiro (o ICMS) – que, diferentemente do resto do mundo, no Brasil teve sua competência exclusivamente atribuída a unidade subnacional e adotou o princípio da origem[8]. Considerando essa conjuntura, os estados buscaram se municiar de mecanismos que, segundo argumenta-se,

> permitiriam o desenvolvimento econômico de suas regiões, com a geração de renda e emprego, além do significativo aumento do valor adicionado ao longo das cadeias produtivas devido a uma maior transformação industrial no estado, preenchendo o vazio deixado pelo governo federal em instituir medidas desenvolvimentistas nas diversas regiões do país[9].

A efetividade da concessão de estímulos fiscais estaduais na promoção de desenvolvimento econômico e redução de desigualdades regionais é tema controvertido entre os economistas até os dias atuais[10];

[8] Cf. Ferreira Mendes, Gilmar. Cunha Campos, Cesar (Org.). *Federação e Guerra Fiscal*. FGV Projetos e Instituto Brasiliense de Direito Público (IDP), 2011. Disponível em: https://fgvprojetos.fgv.br/publicacao/federacao-e-guerra-fiscal (acesso em Abril/2020).

[9] Cf. Fazoli, Julio Cesar. Da Dilva Rosa, Fabrícia. Flach, Leonardo. Ferreira, Luiz. Incentivos Fiscais como Política Pública de Desenvolvimento Industrial. In: *Revista Catarinense da Ciência Contábil* n. 51. Florianópolis. 2018. p. 61.

[10] "[...] não há consenso sobre os verdadeiros efeitos sociais e econômicos dos incentivos fiscais no Brasil. Autores como Nascimento et al. (2002), Carvalho e Oliveira (2003), Oliveira e Dias (2011), Cardozo (2013) e Oliveira et al. (2014) constataram que os incentivos fiscais não foram suficientes para promover uma dinamização nas regiões beneficiadas. Por outro lado, autores como Luca e Lima (2007) e Nascimento (2009) constataram que incentivos fiscais contribuíram positivamente para o desenvolvimento econômico das regiões. Trouxeram impactos significativos para os estados considerados menos desenvolvidos. Por fim, há que se destacar os trabalhos de Ferreira e Oliveira (2009), Lima e Lima (2010) e Mello e Armange (2014). Os autores verificaram apenas impactos parciais na economia. Ressaltaram que tais políticas, por si só, não seriam suficientes para garantir a redução das desigualdades econômicas regionais." (Fazoli, Julio Cesar et al. Op. Cit. p. 61).

em todo caso, o fato é que a utilização exacerbada e desvirtuada de tais instrumentos, cumulada com falhas do processo político-institucional de regulação dos conflitos inter-regionais, promoveu um ambiente de intensa concorrência entre os estados pela atração de investimentos, caracterizando uma famigerada "guerra fiscal".

Nesse cenário de intensa competição, um dos expedientes comumente adotados pelos estados é a concessão de crédito presumido de ICMS. Esse mecanismo consiste em um incentivo fiscal, conforme reconhecido pelo art. 1º, III, da Lei Complementar ("LC") n. 24, de 07.01.1975, sob o qual se outorga ao contribuinte um valor a título de crédito que não corresponde àquele resultante das efetivas entradas de mercadorias, matérias primas ou outros insumos em seu estabelecimento e que passa a ser usado como moeda de pagamento do tributo[11]. Tratam-se, pois, de créditos fictícios, lançados na escrituração tributária do contribuinte para abatimento contra a imposição fiscal devida.

A concessão de crédito presumido de ICMS pelos estados é um tema que apresenta múltiplas projeções – e.g., sua análise no contexto da já mencionada guerra fiscal, efeitos do creditamento na cadeia produtiva, formalidades exigidas pela LC n. 24/75 para a válida instituição deste benefício, consequências decorrentes da sua concessão unilateral, dentre muitos outros. Embora todos esses aspectos sejam de inegável relevância, eles não serão abordados na presente oportunidade.

O escopo deste artigo concentra-se (i) na controvérsia existente acerca da possibilidade de tributação das subvenções reconhecidas pelos contribuintes, em decorrência do aproveitamento de créditos presumidos de ICMS, para fins de Imposto de Renda ("IR") e de Contribuição Social sobre o Lucro Líquido ("CSL"); e (ii) nas novas perspectivas trazidas para essa discussão em função do posicionamento do Superior Tribunal de Justiça ("STJ"), fundamentado em emblemático voto proferido pela Ministra Regina Helena Costa nos Embargos de Divergência em Recurso Especial n. 1.517.492 – PR (2015/0041673-7), publicado no Diário da Justiça Eletrônico em 01.02.2018, ("EREsp. n. 1.517.492").

[11] Cf. Carraza, Roque Antônio. *ICMS*. São Paulo: Malheiros, 2012. p. 418.

## 2. A legislação tributária em matéria de "subvenções fiscais" e as controvérsias no âmbito do contencioso administrativo

Questão tormentosa e que historicamente foi alvo de um acirrado contencioso administrativo corresponde à imposição de IR e CSL sobre subvenções concedidas por unidades subnacionais (estados e municípios). O cerne de tal controvérsia se assenta na distinção criada pela legislação tributária federal entre a subvenção para custeio e a subvenção para investimento, cujo histórico passamos a sumarizar nas subseções 2.1 a 2.3, a seguir.

### 2.1 Quadro normativo pré-convergência dos padrões brasileiros aos padrões contábeis internacionais

Como nota introdutória, interessa pontuar que o termo "subvenção" é plurívoco, ocupando-se a doutrina de explicitar atecnia na sua utilização "seja na lei, seja na doutrina e mesmo na jurisprudência"[12].

Em linhas gerais, a expressão denota uma transferência de recursos, sem caráter contraprestacional, concedida pelo Estado em favor de uma entidade para fazer frente a despesas / custos ordinários ou para estimular certas atividades em prol de determinado interesse público. Na sua conceituação dicionarizada, trazida por De Plácido e Silva[13], a subvenção aparece como "auxílio ou ajuda pecuniária que se dá a alguém ou a alguma instituição, no sentido de os proteger, ou para que realizem ou cumpram seus objetivos".

São ainda bem vindas as lições de José Souto Maior Borges[14], para quem "o conceito de subvenção está sempre associado à idéia de auxílio, ajuda – como indica a sua origem etimológica (subventio) – expressa normalmente em termos pecuniários. [...] no Direito Público, particularmente no Direito Financeiro, embora também se revista de caráter não remuneratório e não compensatório, deve submeter-se ao regime jurídico público relevante. [...] é categoria de Direito Financeiro e não de Direito Tributário."

[12] De Olivera, Regis Fernandes. *Curso de Direito Financeiro.* São Paulo: Revista dos Tribunais, 2013. p. 492.

[13] Silva, De Plácido e. *Vocabulário Jurídico.* Rio de Janeiro: Forense, 1998. p. 779.

[14] Borges, José Souto Maior. Subvenção Financeira, Isenção e Deduções Tributárias. In: *Revista de Direito Público*, V. 41. pp. 50-51.

No âmbito do Direito Financeiro[15], ao tratar da elaboração e controle dos orçamentos e balanços dos entes federativos, a Lei n. 4.320, de 17.03.1964 (recepcionada pelo art. 165, § 9º da CF/88 como lei complementar), relacionou a "subvenção" como despesa, mais precisamente, como uma transferência corrente. Verifica-se da leitura do art. 12 da Lei n. 4.320/64[16] que a "subvenção", no contexto orçamentário, abrangeria auxílios de caráter financeiro, caracterizados como transferências pecuniárias que operam na vertente das despesas estatais[17].

No âmbito do Direito Tributário, a primeira legislação federal a tratar sobre a questão em matéria de IR foi editada pouco tempo depois. A Lei n. 4.506, de 30.11.1964, incluiu as "subvenções correntes, para custeio ou operação", recebidas do poder púbico, entre as rubricas que integram a receita bruta operacional das pessoas jurídicas e, consequen-

[15] Compreendido como o conjunto de normas que disciplinam a Fazenda Pública, estabelecendo os procedimentos para a obtenção de receitas e a realização dos gastos necessários para a consecução dos objetivos do Estado (cf. Lobo Torres, Ricardo. Curso de Direito Financeiro e Tributário. Rio de Janeiro: Renovar, 2006. p. 11 et seq.).

[16] "CAPÍTULO III – Da Despesa

Art. 12. A despesa será classificada nas seguintes categorias econômicas:

[...] § 1º Classificam-se como Despesas de Custeio as dotações para manutenção de serviços anteriormente criados, inclusive as destinadas a atender a obras de conservação e adaptação de bens imóveis.

§ 2º Classificam-se como Transferências Correntes as dotações para despesas as quais não corresponda contraprestação direta em bens ou serviços, inclusive para contribuições e subvenções destinadas a atender à manutenção de outras entidades de direito público ou privado.

§ 3º Consideram-se subvenções, para os efeitos desta lei, as transferências destinadas a cobrir despesas de custeio das entidades beneficiadas, distinguindo-se como:

I – subvenções sociais, as que se destinem a instituições públicas ou privadas de caráter assistencial ou cultural, sem finalidade lucrativa;

II – subvenções econômicas, as que se destinem a empresas públicas ou privadas de caráter industrial, comercial, agrícola ou pastoril." (Lei n. 4.320/64)

[17] Mencione-se que o art. 12 da Lei n. 4.320/64 também trata de despesas de capital, conceituando, em seu § 6º, as transferências de capital como "dotações para investimentos ou inversões financeiras que outras pessoas de direito público ou privado devam realizar [...]." Observe-se, nesse particular, que não há qualquer menção no sentido de que esses valores se revistam na forma de "subvenções para investimento". Com efeito, o art. 21 do citado diploma é taxativo ao indicar que "a lei de orçamento não consignará auxílio para investimentos que deva se incorporar ao patrimônio das empresas privadas de fins lucrativos."

temente, a base de cálculo do IR[18]. Esse comando – ao menos assim nos parece – poderia ser interpretado no sentido de alcançar exclusivamente aquela acepção mais restrita de subvenção, conforme então delineada pela legislação orçamentária no âmbito do Direito Financeiro. Contudo, não foi esse o entendimento divisado pelas autoridades fazendárias federais que, já no Parecer Normativo ("PN") baixado pela a extinta Coordenação do Sistema de Tributação ("CST") sob o n. 142, em 27.09.1973, estenderam aquele conceito para abarcar também incentivos fiscais, inclusive quando concedidos pelos estados "como compensação de investimentos em ativo fixo na execução de programa de estímulo à industrialização."

> [...] o Parecer Normativo n. 142/73 imputa à concessão de uma desoneração tributária estadual a característica de subvenção financeira para fins de seu tratamento fiscal federal. Intervém, de tal modo, em âmbito que compreendemos alheio à sua competência, não apenas institucional, mas especialmente por se envolver em seara dos entes Estaduais e do Distrito Federal. [...] o enunciado federal equipara a atividade estatal de carrear recursos financeiros para custeio ou operação das empresas, nos termos da norma formulada pela Lei Orçamentária, às ajudas financeiras do Poder Público às empresas privadas, a qual denomina por incentivo fiscal.[19]

Sobre tal extensão semântica é oportuno esclarecer que, sem embargo da acepção técnico-financeira do termo "subvenções", não há dúvidas de que a concessão de incentivos fiscais em muito pode dela se aproximar

[18] Ressalte-se que aqui já se percebe uma primeira imprecisão terminológica, na medida em que a legislação utiliza o termo "subvenções" não apenas para se referir a recursos recebidos do poder público (em linha com a definição trazida pelo Direito Financeiro), mas também de pessoas jurídicas de direito privado ou mesmo de pessoas naturais:
"Art. 44. Integram a receita bruta operacional:
[...] IV – As subvenções correntes, para custeio ou operação, recebidas de pessoas jurídicas de direito público ou privado, ou de pessoas naturais." (Lei n. 4.506/64). A mesma dicção é adotada pelo art. 110 do Regulamento do Imposto de Renda (RIR)/65 (aprovado pelo Decreto n. 55.866, de 25.03.1965), o art. 157 do RIR066 (aprovado pelo Decreto n. 58.400, de 10.05.1966) e o art. 155 do RIR/75 (aprovado pelo Decreto n. 76.186, de 02.09.1975).

[19] Pimenta Félix, Talita. *Subvenções Tributárias – Análises Sintática, Semântica e Pragmática.* São Paulo: Tese de Doutorado em Direito, PUC-SP, 2019. p. 91.

sob um prisma teleológico. Se, por um lado, incentivos de caráter tributário não geram impactos na vertente das despesas, mas sim nas receitas fazendárias (por importarem renúncia fiscal), por outro lado, tal mecanismo é capaz de gerar efeitos intercambiáveis com aqueles produzidos por uma subvenção direta. Dito de outra forma, o aumento de despesas (em função de efetivas transferências de recursos) ou a redução de receitas (em virtude da concessão de isenções, créditos ou deduções) podem propiciar resultados financeiros equivalentes[20]. A respeito dessa conversibilidade entre os benefícios financeiros e fiscais, Ricardo Lobo Torres[21] relata:

> "O trabalho dos americanos Stanley S. Surrey e Paul R. Mc. Daniel, ao denominar de 'gasto tributário' *(tax expenditure)* o incentivo sediado na receita e equipará-lo ao verdadeiro gasto representado na despesa (subvenção), contribuiu decisivamente para clarear o assunto, repercutindo sobre a doutrina, a legislação e a jurisprudência de diversos países e fazendo com que o próprio orçamento dos Estados Unidos, após 1975, passasse a conter uma análise especial intitulada *'Tax Expenditures'* [...]. Os tributaristas alemães, por exemplo, passaram a se referir às 'subvenções tributárias' *(Steuersubventionen)* que, sendo uma *contraditio in terminis*, demonstram bem que os incentivos fiscais têm a mesma consequência financeira das verdadeiras subvenções, que operam na vertente da despesa, nada mais sendo que subvenção mascarada *(verdeckte Subventionen)*, no dizer de Karehnke, subvenção indireta (*indirekte Subvention*) como prefere Jesch, ou subvenção encoberta ou invisível (*verschleierte oder unsichtbare Subventionen)*, como remata Tipke."

Ainda que comunguemos de tal aproximação entre os efeitos financeiros das subvenções diretas e dos incentivos fiscais no que diz respeito

[20] Em particular, o incentivo fiscal concedido na forma de crédito presumido pode apresentar uma maior semelhança com as subvenções financeiras no que diz respeito à sua operacionalização. Isso porque no lugar de conceder uma redução direta no montante do tributo devido, pode a norma tributária conceder um crédito escritural, financeiro, a ser utilizado para o cômputo da base tributável; reduz-se, assim, de forma indireta o montante do tributo. A utilização desse mecanismo financeiro na concessão do incentivo fiscal do crédito presumido não altera a sua natureza e nem o faz convergir com a acepção técnica de subvenção; lá estaríamos no âmbito do Direito Tributário, aqui, no âmbito do Direito Financeiro.

[21] LOBO TORRES, Ricardo. *Tratado de Direito Constitucional Financeiro e Tributário.* Vol. 4. Rio de Janeiro: Renovar, 2000. p. 260.

à necessária clareza e transparência orçamentária[22], em termos de técnica jurídica[23], não nos parece evidente que a Lei n. 4.506/64, ao se referir simplesmente a "subvenções correntes, para custeio ou operação", no contexto em que editada, pretendia alcançar ambos os institutos – mormente em relação a incentivos de natureza tributária veiculados por outros entes federativos. Caso fosse essa, de fato, a extensão pretendida pelo legislador federal tributário, sem dúvidas, teria sido mais adequada a utilização de indicação expressa nesse sentido.

Seja como for, o fato é que esse entendimento acabou prevalecendo entre as autoridades fazendárias, tendo sido apresentado de maneira ainda mais contundente pelo PN CST n. 112, de 29.12.1978. Esse ato corresponde a um dos principais normativos sobre o qual se assenta a indigitada diferenciação entre "subvenção para custeio" e "subvenção para investimento". Essa última categoria remonta à previsão introduzida pelo Decreto-Lei ("DL") n. 1.598, de 26.12.1977 (com alterações pelo DL n. 1.730, de 17.12.1979), editada com o intuito de imprimir efeitos fiscais ao novo marco societário então trazido pela Lei n. 6.404, de 15.12.1976 ("LSA").

Em síntese: (i) o art. 182, § 1º, alínea d, da LSA[24], fez referência inaugural a categoria de subsídio que, até o momento, não parecia estar contemplada no âmbito do Direito Financeiro ao dispor que as "subvenções para investimento" seriam classificadas como reservas de capital[25]; (ii) a pretexto de estabelecer "na legislação fiscal, o mesmo tratamento da lei de sociedades por ações para as contribuições recebidas pela companhia

[22] Sendo certo que o art. 165, § 6º, da CF/88 é expresso ao elencar "isenções, anistias, remissões, subsídios e benefícios de natureza financeira, tributária e creditícia".

[23] Sobre tal distinção técnica entre referidos institutos, reforce-se que cada qual abrange formas distintas de atuação da Administração Pública, quais sejam: (i) no primeiro caso, haveria intervenção por meio norma financeira de incentivo com transferência de recursos do orçamento público; (ii) no segundo caso, haveria intervenção por meio de norma indutora tributária com a concessão de desoneração fiscal.

[24] "Art. 182. A conta do capital social discriminará o montante subscrito e, por dedução, a parcela não realizada. § 1º Serão classificadas como reservas de capital as contas que registrarem:
[...] d) as doações e as subvenções para investimento." (LSA)

[25] Cf. a nota de rodapé 17, acima. Veja também Dantas de Oliveira, José André W. Subvenções para Investimentos Derivados de Benefícios Fiscais De Isenções ou Reduções – Uma Análise Crítica. In: Direito tributário, Societário e a Reforma da Lei das S/A. Vol. V. São Paulo: Quartier Latin, 2018. pp. 350-360.

de subscritores de valores mobiliários, e para transferências de capital a título de subvenções para investimento ou doações"[26]

O art. 38 do DL n. 1.598/77 afastou do cômputo[27] da base de cálculo de IR tais importâncias, desde que observadas determinadas condições. Para o gozo do tratamento estipulado pelo art. 38 do DL n. 1.598/77, o seu § 2º fixava as seguintes condições: (i) registro das subvenções para investimento como reserva de capital (que somente poderia ser utilizada para absorver prejuízos ou ser incorporada ao capital social); e (ii) feitas em cumprimento de obrigação de garantir a exatidão do balanço do contribuinte e utilizadas para absorver superveniências passivas ou insuficiências ativas.

Diferentemente da Lei n. 4.506/64, o DL n. 1.598/77 buscou ser mais inteligível quanto à sua extensão. Com efeito, ao introduzir na legislação tributária a noção de "*subvenção para investimento*", fez dela constar textualmente aquelas que seriam conferidas "mediante isenção e redução de impostos, concedidas como estímulo à implantação ou expansão de empreendimentos econômicos." Anote-se que tal abrangência pretendida pelo DL n. 1.598/77 não estava contemplada no escopo original da LSA; nessa esteira, como forma de compatibilizar esses escopos, Modesto Carvalhosa[28] propõe o seguinte:

> [...] Entender que a reserva de capital, prevista pela Lei nº 6.404, não pode ser usada para registrar a isenção e a redução concedidas nos termos do art. 38, § 1º, do Decreto-lei nº 1.598, seria tornar esta norma inaplicável. Concluímos, portanto, como única forma capaz de compatibilizar as duas disposições, que o Decreto-lei nº 1.598 ampliou o alcance da norma da al. d do § 1º do art. 182 da Lei nº 6.404 para abranger as hipóteses de redução ou isenção excluídas da tributação na forma do referido § 2º do art. 38 do Decreto-lei nº 1.598.

[26] Exposição de Motivos n. 475 de 1977 (Diário do Congresso Nacional de 22.03.1978, p. 252 et seq.).

[27] Sublinhe-se que o texto do art. 38 do DL n. 1.598/77, utiliza o verbo "computadas" ao invés de "excluídas", já que não haveria de se falar em exclusão no caso de valores subvencionados, que sequer afetavam as contas de resultado da pessoa jurídica. Afastou-se com o citado dispositivo qualquer dúvida quanto à não inclusão das subvenções para investimento na base de cálculo do IR e da CSL.

[28] Carvalhosa, Modesto. *Comentários à Lei de Sociedades Anônimas*. São Paulo: Saraiva, 1977. p. 41.

Com base nesse quadro normativo, o referido PN CST n. 112/78, sob o argumento de elucidar a tributação aplicável às *subvenções* – cujo tratamento entendia ter sido parcialmente disciplinado pelo art. 44 da Lei n. 4.506/64 e, posteriormente, complementado pelo art. 38 do DL n. 1.598/77 –, demarcou de forma determinante a diferenciação entre (i) subvenções para custeio, que abrangeriam aquelas com finalidade de auxiliar no seu conjunto de despesas ou operações (i.e., na consecução dos seus objetivos sociais); e (ii) subvenções para investimento, que abrangeriam aquelas com a finalidade de auxiliar na aplicação específica em bens ou direitos para implantar ou expandir empreendimentos econômicos[29]. Para a caracterização desta última, indica o PN CST n. 112/78 que seria necessário observar: "(a) a intenção do subvencionador de destiná-las para investimento; (b) a efetiva e específica aplicação da subvenção, pelo beneficiário, nos investimentos previstos na implantação ou expansão do empreendimento econômico projetado; e (c) o beneficiário da subvenção ser a pessoa jurídica titular do empreendimento econômico". Especificamente em relação aos itens "a" e "b", ressalte-se que o citado PN impôs, ainda, a existência de coerência entre eles, devendo haver "perfeita sincronia da intenção do subvencionador com a ação do subvencionado".

[29] A diferenciação entre essas duas categorias de subvenções também foi encampada pela normatização societária. Com efeito, a Nota Explicativa da Instrução da Comissão de Valores Mobiliários ("CVM") n. 59, de 22.12.1986, trouxe as seguintes colocações: "As reservas de capital representam acréscimos efetivos aos ativos da companhia que não foram originados dos lucros auferidos em suas operações, por não representarem efeitos de seus próprios esforços, mas sim de contribuições de acionistas ou de terceiros para o patrimônio líquido da companhia com o fim de propiciar recursos para o capital (em sentido amplo), inclusive contribuições governamentais sob a forma de subvenções por incentivos fiscais. [...] Em relação às subvenções recebidas pela companhia, elas podem ser classificadas em dois tipos diferentes: subvenções para investimento e subvenções para custeio. As subvenções para investimento são registradas normalmente como reserva de capital. Normalmente, referem-se a valores que a companhia se beneficia a título de devolução, isenção ou redução de impostos devidos, ou de valores destinados à expansão de suas atividades, sob a forma de investimentos para capital fixo ou capital de giro. É o caso, por exemplo, de devolução de IPI ou ICM e de isenção temporária de imposto de renda como incentivo regional ou setorial. As subvenções para custeio são constituídas por auxílio financeiro comumente recebido de forma periódica pela companhia para fazer face às suas despesas, insuficientemente cobertas pelas receitas de suas operações (tarifas). São contabilmente classificadas como receita extraordinária. É o exemplo típico o caso das ferrovias brasileiras."

Em que pese essa orientação trazida pela normatização fiscal, doutrina autorizada sustenta que quaisquer dessas categorias de incentivos fiscais concedidos pelo Estado – seja aquela que se convencionou classificar como subvenção para custeio, seja aquela classificada como subvenção para investimento –, não seriam passíveis de sujeição ao IR e à CSL, pelo fato de não se adequarem à materialidade desses tributos; isto é, por não traduzirem acréscimo patrimonial caracterizador de riqueza tributável. Nesse sentido são as lições de Ricardo Mariz de Oliveira[30]:

> [...] Enfim, as transferências patrimoniais distinguem-se tanto das receitas quanto das rendas que estão incluídas nas receitas.
>
> Coerentemente com o que já foi exposto, mas para melhor elucidação, podemos acrescentar que as transferências patrimoniais distinguem-se das receitas porque, ao contrário destas, que são produtos do esforço do próprio patrimônio ou do seu titular, aquelas são injetadas de fora para dentro do patrimônio, para que este passe a contar com novos recursos necessários à produção de suas receitas e, por conseguinte, para frutificar. [...]
>
> Realmente, nenhuma das subvenções pode ser enquadrada nesta definição genérica: receita é qualquer ingresso ou entrada de direito que se incorpora positivamente ao patrimônio e que represente remuneração ou contraprestação de atos, atividades ou operações da pessoa titular do mesmo, ou remuneração ou contraprestação do emprego de recursos materiais, imateriais ou humanos existentes no seu patrimônio ou por ele custeados.
>
> Também não há correspondência das duas subespécies de subvenções econômicas com a seguinte assertiva, feita logo após esta definição: a receita ainda traz consigo essa característica de ser o produto que vem de fora do patrimônio, mas que é derivado de dentro, por derivar de atos, operações ou atividades da pessoa titular do patrimônio, ou do emprego de recursos que compõem esse patrimônio, e que de resulte algum benefício direto para outra pessoa à qual, em contrapartida, o remunera por isso.

30 Oliveira, Ricardo Mariz de. *Fundamentos do Imposto de Renda.* São Paulo: Quartier Latin, 2008, pp. 150-151 e 158.

Não obstante concordarmos com o posicionamento acima exposto, observou-se, sob uma perspectiva prática, uma grande movimentação por parte das autoridades fazendárias no sentido de buscar enquadrar uma série de incentivos fiscais no conceito de "subvenção para custeio" (incluindo aqueles outorgados por meio de crédito presumido de ICMS), com o objetivo de exigir IR e CSL sobre montantes concedidos pelo Poder Público como auxílios classificados sob tais rubricas. Essa movimentação será abordada na SUBSEÇÃO 2.3, abaixo.

## 2.2 Quadro normativo no âmbito da convergência dos padrões brasileiros aos padrões contábeis internacionais e LC n. 160/17

No contexto do processo de convergência dos padrões brasileiros aos padrões internacionais de contabilidade, foi editada a Lei n. 11.638, de 28.12.2007, que alterou a parte contábil da LSA, encetando a incorporação dos *International Financial Reporting Standards* ("IFRS") às demonstrações financeiras das companhias brasileiras. Dentre outras modificações relevantes, o citado diploma legal (i) revogou a alínea "d" do art. 182 da LSA, que determinava a contabilização das subvenções para investimentos diretamente em conta de patrimônio líquido (como reserva de capital), o que acarretou que tais montantes passassem então a transitar pelas contas de resultados dos contribuintes[31]; e (ii) acrescentou o art. 195-A, facultando que a parcela dos resultados que apresentasse tal natureza pudesse ser destinada a compor nova modalidade de reserva de lucros, nomeadamente, a reserva de incentivos fiscais.

Esse tema foi objeto do Pronunciamento Técnico CPC n. 7 – Subvenção e Assistência governamental ("CPC 7"), aprovado em 03.10.2008[32]. A principal alteração contida nesse ato refere-se precisamente à contabilização de quaisquer subvenções (incluindo aquelas relativas a

[31] Na nova sistemática contábil introduzida pela citada Lei n. 11.638/07, as subvenções para investimentos passariam a corresponder a receitas operacionais ("outras receitas") ou redução das despesas tributárias (de natureza operacional) a que se relacionam. Assim, diversamente do que ocorria na sistemática anterior, quando elas eram registradas diretamente em conta de reserva de capital, as subvenções para investimento passam a afetar os resultados operacionais do contribuinte.

[32] Posteriormente, o CPC 7 foi revogado e substituído pelo Pronunciamento Técnico CPC 07 (R1) - Subvenção e Assistência Governamentais, aprovado em 05.11.2010. No que interessa à presente análise, os dois atos trazem disposições similares.

subvenções para investimento) em contas de resultado (receita) e não mais em contas de patrimônio líquido (reserva de capital), como ocorria antes da vigência das novas normas contábeis. Dispõem os itens 12 e 13 do CPC 7:

> 12. Uma subvenção governamental deve ser reconhecida como receita ao longo do período confrontada com as despesas que pretende compensar, em base sistemática, desde que atendidas às condições deste Pronunciamento. A subvenção governamental não pode ser creditada diretamente no patrimônio líquido.
>
> 13. O tratamento contábil da subvenção governamental como receita deriva dos seguintes principais argumentos:
>
> (a) Uma vez que a subvenção governamental é recebida de uma fonte que não os acionistas e deriva de ato de gestão em benefício da entidade, não deve ser creditada diretamente no patrimônio líquido, mas, sim, reconhecida como receita nos períodos apropriados.
>
> (b) Subvenção governamental apenas excepcionalmente é gratuita. A entidade ganha efetivamente essa receita quando está de acordo com as regras das subvenções e cumpre determinadas obrigações.
>
> (c) Assim como os tributos são lançados no resultado, é lógico registrar a subvenção governamental, que é, em essência, uma extensão da política fiscal na demonstração do resultado.

Sob uma perspectiva fiscal, após um regime transitório para acomodar os relevantes impactos introduzidos pela nova legislação societária / contábil[33], a Lei n. 12.973, de 13.05.2014, foi promulgada com o objetivo de disciplinar os efeitos fiscais decorrentes da adoção das novas normas contábeis editadas no bojo do processo de alinhamento ao IFRS. Em seu artigo 30, ao tratar especificamente das subvenções para investimento, manteve-se o tratamento de não tributação pelo IR e pela CSL, observadas determinadas condições.

Com efeito, para que as subvenções para investimentos não integrassem as bases de cálculo desses tributos, autorizou-se a realização

[33] Regime de transição este, que, sob a Lei n. 11.941, de.27.05.2009, estabeleceu a neutralidade fiscal das novas normas contábeis, preservando a apuração de tributos com base nas regras e critérios existentes em 31.12.2007.

de exclusões, desde que fossem amparadas pelo registro dos respectivos montantes em reserva de incentivos fiscais (a que se refere o citado art. 195-A da LSA), cujos saldos só podem ser utilizados para: (i) absorver prejuízos[34]; ou (ii) aumentar o capital social[35].

Em resumo, no âmbito dessa nova normatização contábil / fiscal: (i) os valores relativos a quaisquer categorias de subvenções passaram a ser reconhecidos como receitas, transitando pelo resultado do período, (ii) para fins tributários, contudo, foi mantida aquela mesma dicotomia de tratamento fundada na diferenciação entre as categorias de subvenção para custeio e de subvenção para investimento, (iii) porquanto, no que diz respeito a esta última, a Lei n. 12.973/14 garantiu sua exclusão das bases de cálculo do IR e da CSL, desde que observados os requisitos legais acima especificados.

Nesse primeiro momento, tendo em vista o posicionamento adotado pelas autoridades fazendárias no sentido de buscar ativamente enquadrar diversos incentivos fiscais na categoria de subvenção para custeio, com base nos critérios do já citado PN CST n. 112/78, as discussões em torno dessa temática se mantiveram acirradas – conforme se pode extrair da análise do contencioso administrativo realizada na SUBSEÇÃO 2.3, a seguir.

Ocorre que o quadro normativo relativo ao tratamento fiscal das subvenções veio a ser novamente alterado com a promulgação da LC n. 160, de 07.08.2017.

Com a intensificação da guerra fiscal (abordada na SEÇÃO 1 deste estudo), referido diploma legal buscou estancar a insegurança jurídica dela decorrente por meio do estabelecimento de regras para a remissão de créditos tributários de ICMS decorrentes de incentivos fiscais estabelecidos em desacordo com o ordenamento constitucional e a posterior convalidação de tais incentivos – isso porque, a concessão desses benefícios era comumente realizada unilateralmente pelos estados, ou seja,

[34] Desde que: (i) anteriormente, já tenham sido totalmente absorvidas as demais reservas de lucros (com exceção da reserva legal); e (ii) posteriormente, a reserva de incentivos fiscais seja recomposta à medida que forem apurados lucros em períodos subsequentes.

[35] Nesse caso, a posterior restituição de capital ao sócio, mediante sua redução, ou integração da base de dividendos obrigatórios, poderá ensejar a tributação dos valores anteriormente registrados sob a rubrica de reserva de incentivos fiscais, nos termos do § 2º do art. 30 da Lei n. 12.973/14.

sem autorização do CONFAZ, como exigido pela LC n. 24/75, que regulamentou o já citado art. 155, § 2º, inciso XII, alínea "g", da CF/88.

Nesse contexto, dentre outras previsões relevantes, a LC n. 160/17 incluiu dois novos parágrafos ao citado art. 30 da Lei n. 12.973/14, cujo teor encontra-se abaixo reproduzido:

> Art. 30. [...]
>
> § 4º Os incentivos e os benefícios fiscais ou financeiro-fiscais relativos ao imposto previsto no inciso II do caput do art. 155 da Constituição Federal, concedidos pelos Estados e pelo Distrito Federal, são considerados subvenções para investimento, vedada a exigência de outros requisitos ou condições não previstos neste artigo.
>
> § 5º O disposto no § 4º deste artigo aplica-se inclusive aos processos administrativos e judiciais ainda não definitivamente julgados.

De forma geral, pode-se dizer que essas novas previsões provocaram uma ruptura no histórico de discussões que vinham sendo travadas quanto à qualificação dos créditos presumidos de ICMS como subvenção para investimento ou subvenção para custeio no que tange à determinação do tratamento aplicável para fins de IR e CSL. Com efeito, o texto legal passou a estabelecer inequivocamente (e em caráter interpretativo) que referidos incentivos fiscais serão "considerados subvenções para investimentos", e que é "vedada a exigência de outros requisitos e condições" não previstos pelo próprio art. 30, da Lei n. 12.973/14. Daí depreende-se, portanto, que as contrapartidas relativas aos créditos presumidos de ICMS, que passaram a transitar pelo resultado dos contribuintes, poderão ser excluídas das bases de cálculo do IR e da CSL desde que (i) tais parcelas sejam destinadas para reserva de incentivos fiscais; e (ii) sejam obedecidas as restrições para a utilização dessa reserva. Ressalte-se que a aplicação dos dispositivos acima transcritos a incentivos fiscais de ICMS já existentes ficou condicionada[36] à obser-

[36] "Art. 10. O disposto nos §§ 4º e 5º do art. 30 da Lei nº 12.973, de 13 de maio de 2014, aplica-se inclusive aos incentivos e aos benefícios fiscais ou financeiro-fiscais de ICMS instituídos em desacordo com o disposto na alínea 'g' do inciso XII do § 2º do art. 155 da Constituição Federal por legislação estadual publicada até a data de início de produção de efeitos desta Lei Complementar, desde que atendidas as respectivas exigências de registro e depósito, nos termos do art. 3º desta Lei Complementar." (LC n. 160/17)

vância de determinados procedimentos de registro e depósito dos atos concessivos junto ao CONFAZ, nos termos disciplinados pelo Convênio ICMS n. 190, de 15.12.2017.

## 2.3 Quadro do contencioso administrativo em torno do tema

Como adiantado, anteriormente à LC n. 160/17, diversas foram as manifestações das autoridades fazendárias no sentido de qualificar como subvenções para custeio uma série de incentivos ficais – particularmente naquilo que nos interessa, a concessão pelos estados de créditos presumidos de ICMS. Nesse sentido, cite-se, por exemplo, a Solução de Consulta ("SC"), da Superintendência Regional da Receita Federal ("SRRF") da 10ª Região, n. 135 de 2012:

> ASSUNTO: Imposto sobre a Renda de Pessoa Jurídica – IRPJ
> EMENTA: LUCRO REAL. SUBVENÇÃO PARA INVESTIMENTO. CRÉDITO PRESUMIDO DE ICMS. NECESSIDADE DE VINCULAÇÃO E SINCRONIA. DESCARACTERIZAÇÃO. Para que uma subvenção possa ser considerada como de investimento e, nessa condição, se encontre fora do cômputo da base de cálculo do IRPJ apurado pelo lucro real, é imprescindível a sua efetiva e específica aplicação na aquisição de bens ou direitos necessários à implantação ou expansão de empreendimento econômico, não sendo suficiente a realização dos propósitos almejados com a subvenção. Não caracterizada tal vinculação e sincronia, os valores objeto da subvenção, decorrentes de créditos presumidos de ICMS, devem ser computados na determinação da base de cálculo do IRPJ.
>
> DISPOSITIVOS LEGAIS: Lei nº 6.404, de 1976, art. 182, § 1º, alínea "d"; Lei nº 11.638, de 2007, art. 10; Lei nº 11.941, de 2009, arts. 15 e 18; Decreto-lei nº 1.598, de 1977, art. 38, § 2º; Decreto nº 3.000, de 1999 (RIR/1999), arts. 392, inciso I, e 443; Lei Estadual-PE nº 11.675, de 1999, art. 1º; Decreto Estadual-PE nº 21.959, de 1999, art. 5º; Parecer Normativo CST nº 112, de 1978.

No mesmo sentido, se manifestou a Coordenação-Geral de Tributação ("COSIT"), por exemplo, por meio da SC n. 32 de 2016:

> ASSUNTO: NORMAS DE ADMINISTRAÇÃO TRIBUTÁRIA
> SUBVENÇÃO. CRÉDITO PRESUMIDO DE ICMS.

REFORMA A SOLUÇÃO DE CONSULTA Nº 324 – SRRF07/Disit, de 8 de maio de 2012.

O crédito presumido de ICMS concedido pelo Estado do Rio de Janeiro, previsto nos arts. 1º e 3º do Decreto nº 33.981, de 29 de setembro de 2003, e nos arts. 1º e 2º do Decreto nº 42.649, de 5 de outubro de 2010, não constitui subvenção para investimento, mas mero benefício fiscal.

A mera intenção do subvencionador não caracteriza a operação como subvenção. Necessário haver um projeto pré-aprovado e vinculação plena dos recursos. A disponibilização dos recursos diretamente ao subvencionado descaracteriza a subvenção.

O incentivo concedido, da forma como se apresenta, caracteriza receita tributável do Imposto de Renda Pessoa Jurídica – IRPJ, da Contribuição Social sobre o Lucro Líquido – CSLL e das Contribuições para o PIS/Pasep e Contribuição para o Financiamento da Seguridade Social – Cofins.

Dispositivos Legais: RIR/1999, arts. 392 e 443; PN CST nº 112, de 1978; Solução de Consulta nº 188 – Cosit, de 2015; Lei nº 12.973, de 13 de maio de 2014.

Em sentido análogo são a SC COSIT n. 188/2015; a SC SRRF / 9ª Região n. 119/2012; a SC SRRF / 9ª Região n. 121/2012; a SC SRRF / 9ª Região n. 38/2012; a SC SRRF/ 4ª Região n. 08/2012; a SC SRRF / 10ª Região n. 63/2011; a SC SRRF / 9ª Região n. 228/2011; a SC SRRF / 9ª Região n. 308/2010; a SC SRRF / 9ª Região n. 311/2010; a SC SRRF / 9ª Região n. 229/2009; a SC SRRF / 4ª Região n. 72/2006; a SC SRRF / 4ª Região n. 18/2005; e a SC SRRF / 9ª Região n. 117/2002.

Esse posicionamento reiterado das autoridades fazendárias fez com que fosse instalado um intenso contencioso. Na esfera administrativa, os elementos qualificadores das subvenções para investimento foram explorados sob múltiplas vertentes, resultando, na prática, em uma extensão dos requisitos impostos pela legislação de regência.

Assim, por exemplo, ao interpretar a caracterização legal de que as subvenções para investimentos seriam aquelas concedidas como "estímulo à implantação ou expansão de empreendimentos econômicos", vislumbrou-se a existência de uma projeção relativa à conduta do ente concedente. Nesse espectro, o Conselho Administrativo de Recursos

Fiscais ("CARF") entendia necessário um *animus* especificamente voltado para a concessão de estímulo para aqueles fins, de modo que a lei veiculadora do incentivo fiscal precisaria (i) estabelecer expressamente que os montantes de crédito presumido de ICMS seriam destinados à implantação ou expansão (inclusive indicando critérios e requisitos a serem cumpridos para a fruição do incentivo fiscal)[37]; e (ii) prever mecanismos de controle dos montantes subvencionados[38].

[37] Como exemplos, citem-se:
"[...] Agora, se o Estado abre mão de cobrar o tributo do contribuinte, sem que se exija dele qualquer obrigação de ampliar ou expandir seu empreendimento, tal benefício será enquadrável como subvenção para custeio, pois o beneficiário terá total liberdade para aplicar os valores oriundos do benefício. [...]" (Acórdão n. 9101-001.094, de 29.06.2011, Relator Conselheiro Alberto Pinto S. Jr.).
"[...] De fato, se não há nem a intenção do ente subvencionador de que os recursos se destinem ao investimento, não há que se falar em subvenção para investimento, nem muito menos se perquirir se o beneficiário a seu bel prazer destinou ou não os recursos a investimento. É necessário que o ente subvencionador revele esse objetivo de forma macro, estabelecendo parâmetros mínimos a serem cumpridos para efeito de expansão do empreendimento econômico projetado. [...]" (Acórdão n. 1401-001.767, de 25.01.2017, Relator Conselheiro Antonio Bezerra Neto).
"[...] Inexistentes no ato legal concessório dos benefícios fiscais [...] quaisquer obrigações específicas para o beneficiário de forma a garantir a aplicação dos valores subvencionados em investimentos, estes benefícios fiscais devem ser classificados como subvenção para custeio [...] Considerando-se que o ato legal concessório do benefício é determinante na determinação de sua natureza, deve nele constar, explicitamente, a intenção da pessoa jurídica subvencionadora. [...]" (Acórdão n. 1301-002.132, de 14.09.2016, Relatora Conselheira Milene de Araújo Macedo).

[38] Como exemplo, citem-se:
"[...] Resta completamente desvirtuado o instituto quando a lei estadual, por exemplo, ao mesmo tempo que estabelece condições para a transferência do recurso, deixa em campo cinzento quais seriam os mecanismos claros de controle para verificar se as condições estabelecidas para a fruição do benefício, no caso, implantação ou expansão de investimentos, estarão sendo cumpridas. [...] O diploma legal também deve dispor sobre mecanismos claros de controle e acompanhamento dos recursos transferidos. [...]". (Acórdãos n. 9101-003.171, de 07.11.2017; n. 9101-002.394, de 13.07.2016; n. 9101-002.348, de 14.06.2016; n. 9101-002.566, de 13.03.2017; n. 9101-002.562, de 09.02.2017; n. 9101-002.393, de 13.07.2016; e n. 9101-002.335, de 04.05.2016, todos de relatoria do Conselheiro André Mendes de Moura).
"[...] não há um efetivo mecanismo de fiscalização e controle que possibilite o ente subvencionador assegurar que a parcela correspondente à renúncia fiscal, ou seu equivalente, tenha sido destinada à implantação ou expansão do empreendimento econômico. Seria de se admitir que tal direcionamento se desse em momento não coincidente com a utilização do crédito presumido decorrente do incentivo, porém, nem isso foi possível aferir com base

Uma outra projeção daquela caracterização apontaria, ainda, para a postura do contribuinte, que precisaria (i) direcionar o incentivo de forma efetiva e específica para a implantação ou expansão de seus empreendimentos[39-40]; e (ii) demonstrar vinculação temporal entre o recebimento e a aplicação da subvenção[41].

nos elementos caracterizadores do benefício do Prodepe. [...]" (Acórdão n. 9101-01.239, de 21.11.2011, Redator Designado Claudemir Rodrigues Malaquias).
"[...] Para caracterizar a subvenção para investimentos é necessária a previsão legal, o protocolo de intenções firmado com o ente público em que se discrimine o investimento a ser realizado, o controle pelo subvencionador da realização do projeto e, evidentemente, a própria realização do projeto na medida mínima dos valores subvencionados. [...] Note-se que o caráter da "contrapartida" é genérico e, portanto, isoladamente considerado, o controle efetivo da sua implementação, inclusive para revogar o benefício para o caso de não cumprimento. [...]" (Acórdão n. 1401-002.087, de 20.09.2017, Relator Conselheiro Guilherme Adolfo dos Santos Mendes).
"[...] E não basta a mera intenção, deve estar claro no diploma legal que o ente subvencionador irá, de fato, estabelecer mecanismos claros de controle para verificar se as condições serão atendidas. [...]" (Acórdão n. 1201-001.644, de 11.04.2017, Relator Conselheiro José Carlos de Assis Guimarães).

39 Como exemplo, citem-se:
"[...] Por outro lado, o montante dos valores obtidos com o benefício que exceder o total dos valores aplicados na ampliação ou expansão do empreendimento, logicamente, não gozará de isenção de IR e deverá ser tido como subvenção para custeio, já que poderá ser aplicado livremente pelo beneficiário. [...]". (Acórdão n. 9101-001.094, de 29.06.2011, Relator Conselheiro Alberto Pinto S. Jr.).
"[...] O que observou o fisco é que o benefício fiscal é muito maior do que "estímulo à implantação ou expansão de empreendimentos econômicos", na verdade, desproporcional, o que, ao ver deste Julgador, descaracteriza seu caráter de investimento e ressalta características de subvenção de custeio, uma vez que a Recorrente teve livre disposição para a utilização dos benefícios fiscais no custeio de suas atividades operacionais. [...] Em outras palavras, nem o fisco nem o contribuinte podem supor que a subvenção é de investimento pelo simples fato da legislação estadual assim o afirmar. O contribuinte está vinculado ao efetivo investimento dos valores e o fisco tão pouco pode desconsiderar esses investimentos, se houver. [...]" (Acórdão n. 1402-002.721, de 15.08.2017, Relator Conselheiro Demetrius Nichele Macei).
"[...] Como se pode observar, a subvenção para investimento deve ser caracterizada não só pela intenção do subvencionador, ou seja, não basta haver contrato atribuindo ao benefício a natureza de subvenção para investimento. Há que se verificar, principalmente, a aplicação da subvenção por parte do subvencionado nos investimentos previstos na implantação ou expansão do empreendimento econômico. [...]" (Acórdão n. 1401-001.837, de 23.03.2017, Redator Designado Conselheiro Luiz Rodrigo de Oliveira Barbosa).

40 Em algumas oportunidades até mesmo restringindo a aplicação dos recursos apenas em ativos fixos (ex: Acórdão n. 1301-002.132, de 14.09.2016, Relatora Conselheira Milene de

Com o advento da LC n. 160/17, a jurisprudência administrativa foi se afastando dessas exigências e do entendimento do PN n. 112/78, atendo-se aos requisitos legais fixados pelo art. 30 da Lei n. 12.973/14 para a qualificação de subvenções para investimento. Nesse sentido são os seguintes julgados da Câmara Superior de Recursos Fiscais ("CSRF"):

> ASSUNTO: IMPOSTO SOBRE A RENDA DE PESSOA JURÍDICA – IRPJ
> Ano calendário: 2008, 2009
> [...] SUBVENÇÃO PARA INVESTIMENTO. LEI COMPLEMENTAR 160, de 2017. LEI 12.973/2014, ART. 30, § 4º E § 5º. PUBLICAÇÃO, REGISTRO E DEPÓSITO DE BENEFÍCIO. RIO GRANDE DO SUL. CONFAZ. SINCRONIA ENTRE INVESTIMENTOS E SUBVENÇÃO. A Lei Complementar nº 160, de 2017, inseriu o § 5º no artigo 30, da Lei nº 12.973/2014, determinando que seria aplicável aos processos pendentes. Ademais, esta Lei inseriu o § 4º, no artigo 30, da Lei nº 12.973/2014, para impedir a exigência de outros requisitos ou condições além daqueles estabelecidos pelo próprio artigo 30. Com a publicação, registro e depósito do incentivo do Rio Grande do Sul em discussão nos autos,

Araújo Macedo; Acórdão n. 1302-001.735, de 10.12.2015, Relator Conselheiro Alberto Pinto Souza Junior; Acórdão n. 1302-001.683, de 05.03.2015, Relator Conselheiro Hélio Eduardo de Paiva Araújo) ou exigindo comprovação de fatores de crescimento (ex: Acórdão n. 1402-002.748, de 19.09.2017, Relator Conselheiro Paulo Mateus Ciccone).

[41] Como exemplo, citem-se:
"[...] naturalmente, que tais investimentos sejam devidamente escriturados, de modo que possam refletir na contabilidade a aplicação dos recursos em ativo, e, dentro de um período de tempo determinado, em montante proporcional às transferências recebidas. Deve-se se identificar, mediante elaboração de um plano de contas os ativos que foram objeto de implementação ou expansão. [...]" (Acórdãos n. 9101-003.171, de 07.11.2017; n. 9101-002.394, de 13.07.2016; n. 9101-002.348, de 14.06.2016; n. 9101-002.566, de 13.03.2017; n. 9101-002.562, de 09.02.2017; n. 9101-002.393, de 13.07.2016; n. 9101-002.335, de 04.05.2016, todos de relatoria do Conselheiro André Mendes de Moura).
"[...] Considerando que todas as operações realizadas pelas pessoas jurídicas na consecução de seus objetivos sociais devem estar registradas em sua contabilidade, as aquisições de bens e direitos utilizados na expansão das atividades estarão refletidas no ativo não-circulante da subvencionada. Tais registros se prestariam a comprovar que os recursos recebidos para investimento foram efetivamente aplicados em bens do ativo, em um período determinado e em valores compatíveis com a subvenção recebida. [...]" (Acórdão n. 1301-002.132, de 14.09.2016, Relatora Conselheira Milene de Araújo Macedo).

> perante o CONFAZ, não são exigíveis outros requisitos para o reconhecimento da subvenção para investimento, além dos enumerados pelo artigo 30. A sincronia entre investimento e subvenção não é exigida por lei.
>
> TRIBUTOS REFLEXOS. CSLL. PIS. COFINS. Aplica-se aos tributos reflexos a conclusão quanto ao IRPJ.[42]
>
> ASSUNTO: IMPOSTO SOBRE A RENDA DE PESSOA JURÍDICA (IRPJ).
>
> Ano calendário: 2006, 2007 e 2008
>
> [...] SUBVENÇÃO PARA INVESTIMENTO. LEI COMPLEMENTAR 160, de 2017. LEI 12.973/2014, ART. 30, §4º E §5º. PUBLICAÇÃO, REGISTRO E DEPÓSITO DE BENEFÍCIO. PARANÁ. CONFAZ. A Lei Complementar nº 160, de 2017, inseriu o §5º no artigo 30, da Lei nº 12.973/2014, determinando que seria aplicável aos processos pendentes. Ademais, esta Lei inseriu o §4º, no artigo 30, da Lei nº 12.973/2014, para impedir a exigência de outros requisitos ou condições, além daqueles estabelecidos pelo próprio artigo 30. Com a publicação, registro e depósito do incentivo do Paraná e Santa Cataria em discussão nos autos, perante o CONFAZ, não são exigíveis outros requisitos para o reconhecimento da subvenção para investimento, além dos enumerados pelo artigo 30. [...].[43]

Em relação a esse último precedente, é de se notar que a CSRF aplicou o § 4º do art. 30 da Lei n. 12.973/14 tanto para cancelar parcela do auto de infração em relação a qual teria sido comprovado o cumprimento aos requisitos previstos pelo citado dispositivo, bem como para manter cobrança em relação a outra parcela em relação a qual o contribuinte não teria demonstrado o registro em conta de reserva específica.

O CARF também já se ocupou de analisar o tema sob a égide das novas disposições introduzidas pela LC n. 160/17; nessas oportunidades foi reforçada a necessidade de que os créditos presumidos de ICMS tenham sido concedidos sob legislação estadual (i) devidamente apro-

[42] Acórdão n. 9101-004.108, de 10.04.2019.
[43] Acórdão n. 9101-004.336, de 07.08.2019.

vada por convênio nos termos da LC n. 24/75, ou (ii) convalidada nos termos do Convênio ICMS n. 190/17.

> [...] a partir do que se dessume do art. 9º da lei geral nacional supra, que deu nova redação ao art. 30 da Lei 12.973/2014, todos os benefícios fiscais ou financeiros fiscais (ficando a margem deste preceito, apenas os incentivos de cunho eminentemente financeiros), serão considerados como 'subvenção para investimento', sendo, inclusive, vedada a exigência de qualquer condicionante adicional; e diga-se, o citado preceito, tem aplicação imediata, inclusive quanto aos processos administrativos e judiciais em curso.
>
> [...] Ou seja, a lei complementar poderia tornar inócuos questionamentos sobre a aplicação das receitas de subvenção aos projetos declinados nas normas estaduais concessivas, tornando, igualmente irrelevantes, ilações sobre o momento da percepção dos incentivos, todos os benefícios concedidos serão 'considerados subvenções para investimento', proposição, inclusive, aplicada a todos os processos (judiciais ou administrativos) em curso. Entretanto, a aplicação tratada no art. 30 da Lei 12.973/2014, §§ 4º e 5º, se encontra condicionada à observância de dois pressupostos:
>
> a) que eventual incentivo tenha sido autorizado e/ou, quando menos, regulado por Convênio firmado como determina o art. 155, § 2º, XII, 'g', da CF88 e na conformidade dos regramentos insertos na Lei Complementar 24;
>
> b) que, caso o incentivo não tenha atendido aos ditames do regramento constitucional tratado em 'a', supra (e que, portanto, tenham sido concedidos unilateralmente), que os Estados os ratifiquem na forma do art. 3º, da norma complementar em análise.
>
> [...] Em resumo, se o benefício fiscal estiver, desde a sua concessão, regrado por meio de Convênio (e, portanto, na forma da LC 24/75 e do art. 155, XII, 'g', da CF88), a regra interpretativa do art. 30 da Lei 12.973 se aplicará irrestrita, imediata e/ou retroativamente, sem que se observe qualquer ato, requisito ou condicionante adicional (como disposto no próprio § 4º do aludido art. 30); lado outro, tendo sido concedido unilateralmente pelo ente federado e, portanto, apenas por lei estadual (sem o crivo do CONFAZ), os ditames do por vezes mencionado art. 30

somente se aplicarão se e quando cumpridos os requisitos tratados na LC 160/17. [...][44]

A própria Receita Federal do Brasil ("RFB") já se posicionou no sentido de que os requisitos extraídos a partir das conclusões do PN CST n. 112/78 não são mais aplicáveis, como se verifica do seguinte trecho da recente Solução de Consulta COSIT n. 11, de 04.03.2020[45]:

> [...] A norma em questão insere novo comando legal ao dispositivo que confere o adequado tratamento tributário, no que tange ao IRPJ e a CSLL, às subvenções para investimento. A LC nº 160, de 2017, atribui a qualificação de subvenção para investimento a todos os incentivos e os benefícios fiscais ou econômico-fiscais atinentes ao ICMS. Significa dizer que a essa espécie de benefício fiscal não mais se aplicam os requisitos arrolados no PN CST nº 112, de 2017, com vistas ao enquadramento naquela categoria de subvenção.

Diante do atual[46] cenário normativo e jurisprudencial abordado na presente SEÇÃO, verifica-se que:

(i) a legislação federal indubitavelmente pretende incluir no campo de incidência do IR e da CSL incentivos fiscais concedidos pelos estados como créditos presumidos de ICMS;

(ii) embora supostamente integrantes das suas materialidades, a legislação federal permite a exclusão daqueles incentivos, qualificados como subvenções para investimento, para fins de apuração das bases de cál-

[44] Acórdão n. 1302-002.726, de 11.04.2018.

[45] Posteriormente à conclusão do presente artigo, foi publicada a Solução de Consulta COSIT n. 145, de 15.12.2020, que reviu o posicionamento da RFB e expressamente reformou a referida Solução de Consulta COSIT n. 11/2020. Considerando o corte temporal das análises aqui contidas, os efeitos desse novo posicionamento não foram contemplados. De forma geral, a Solução de Consulta COSIT n. 145/20, juntamente com a Solução de Consulta DISIT/SSRF01 n. 1009 (também datada de dezembro de 2020), manifestam entendimento da RFB no sentido de que podem ser excluídos da base de cálculo do IRPJ e da CSLL aquelas subvenções que atendam os requisitos previstos no artigo 30 da Lei n. 12.973/2014, especialmente quanto à necessidade de que tenham sido concedidas como estímulo à implantação ou expansão de empreendimentos econômicos.

[46] Cf. nota 45, acima.

culo do IR e da CSL, desde que sejam observados determinados requisitos; e

(iii) tais exigências que autorizam a realização de exclusões referem-se não apenas à destinação dos resultados reconhecidos em decorrência dos créditos presumidos de ICMS para reserva de lucro específica e às restrições na sua utilização, mas também à validade da legislação estadual concessiva (ou sua convalidação).

Dessa forma, embora possam ter sido afastadas discussões inócuas quanto à diferenciação de tratamento em virtude daquela classificação entre subvenções para investimento ou custeio, fundada em critérios construídos a partir de interpretações extensivas, não se teria fechado, em princípio, a possibilidade de questionamentos por parte das autoridades fazendárias federais, que permaneceriam instadas a fiscalizar, sobretudo, o cumprimento daquelas condições indicadas no item "iii", supra.

Ressalte-se, contudo, que o exame da matéria não deve se esgotar no quadro normativo e de precedentes administrativos ora apresentado, uma vez que a jurisprudência do STJ, brilhantemente capitaneada pela Ministra Regina Helena Costa, lançou novas luzes sobre esse relevantíssimo tema, sendo indispensável a sua análise atenta e cuidadosa.

## 3. A perspectiva adotada pelo STJ e os ERESP. N. 1.517.492

Em 01.02.2018, foi publicado o acórdão proferido nos EREsp. n. 1.517.492, relatado pela Ministra Regina Helena Costa, que consolidou o entendimento do STJ no sentido de que o crédito presumido de ICMS não deve ser incluído na base de cálculo do IR e da CSL.

O precedente teve origem em mandado de segurança impetrado pela Cortiguaçu Cooperativa Central ("Cooperativa") em 23.04.2014, para deixar de recolher o IR e a CSL sobre o crédito presumido de ICMS concedido pelo Estado do Paraná[47]. A Cooperativa indicou que o referido incentivo fiscal não atenderia os requisitos necessários à sua caracterização com subvenção para investimento, sendo classificado como subvenção para custeio; por consequência, tais créditos presumidos eram registrados contabilmente como receitas operacionais, integrando

[47] Cf. Art. 4º e Anexo III do Regulamento do ICMS, aprovado pelo Decreto Estadual n. 6.080/2012.

o lucro líquido do exercício – ponto de partida para a apuração das bases de cálculo do IR e da CSL. Não obstante tal classificação, entendia a Cooperativa que referidos tributos eram indevidos porque: (i) o crédito presumido de ICMS representa uma renúncia fiscal e não uma riqueza nova apta a se qualificar como fato gerador do IR e da CSL; e (ii) a imposição desses tributos representaria invasão da competência tributária dos estados por parte da União Federal, traduzindo-se em violação ao pacto federativo.

Em 26.06.2014, a Cooperativa obteve sentença favorável em primeira instância, tendo sido posteriormente reformada pelo Tribunal Regional Federal da 4ª Região ("TRF4") em 26.08.2014. A Cooperativa, então, interpôs recurso especial, o qual foi distribuído para a Primeira Turma do STJ. Em decisão monocrática, o Ministro Sérgio Kukina deu provimento ao recurso da Cooperativa, com base em precedente da turma (AgRg. no REsp. n. 1.227.519/RS, de 24.03.2015[48]) – oportunidade na

[48] *"TRIBUTÁRIO. AGRAVO REGIMENTAL NO RECURSO ESPECIAL. CRÉDITO PRESUMIDO DE ICMS. INCLUSÃO NA BASE DE CÁLCULO DO IRPJ E DA CSLL.IMPOSSIBILIDADE.*

*1. Recurso especial que discute a possibilidade, ou não, de inclusão do crédito presumido de ICMS na base de cálculo do IRPJ e da CSLL.*

*2. A Primeira Turma, recentemente, por ocasião do julgamento do REsp 1.210.941/RS, Rel. p/ Acórdão Ministro Napoleão Nunes Maia Filho, DJe 14/11/2014, ao decidir pela impossibilidade de inclusão do crédito presumido do IPI na base de cálculo do IRPJ e da CSLL, posicionou-se no sentido de que esse benefício fiscal não deve ser caracterizado como lucro da pessoa jurídica, mas, sim, como incentivo estatal para que a atividade do contribuinte seja melhor desempenhada e, por isso, não pode justificar a imposição de outros tributos, sob pena de mitigar ou até mesmo esvaziar a benesse concedida. Esse entendimento, mutatis mutandis, também deve ser aplicado ao crédito presumido de ICMS, já que constitui benefício fiscal de mesma natureza.*

*3. Com efeito, a Lei Complementar 101/2000, em seu art. 14 e § 1º, preconiza que a concessão de crédito presumido configura renúncia de receita e, por isso, deve estar acompanhada de estudo estimativo acerca de seu impacto orçamentário-financeiro.*

*4. No caso dos autos, com o objetivo de fomentar a atividade da recorrente em seu território, o ente tributante, devidamente autorizado pelo Confaz (Convênio ICMS ICMS 94/93), renunciou de parte de sua receita de ICMS, mediante concessão de crédito presumido desse imposto, no valor correspondente às despesas que a contribuinte possui com o frete decorrente das aquisições de aço. E é exatamente sobre essa renúncia fiscal que a Fazenda Nacional quer fazer incidir o Imposto de Renda Pessoa Jurídica – IRPJ e a Contribuição Social sobre o Lucro Líquido – CSLL.*

*5. Tem-se, portanto, que, em verdade, a União busca tomar para si parte da receita, não do contribuinte, mas, sim, do Estado do Rio Grande do Sul e que fora renunciada em favor do contribuinte como instrumento de política de desenvolvimento econômico daquela Unidade da Federação. Reconhecida a origem estatal dos valores relativos ao crédito presumido, sobre eles deve ser reconhecida a imunidade de*

qual se decidiu que os créditos presumidos de ICMS "foram renunciados pelo Estado em favor do contribuinte como instrumento de política de desenvolvimento econômico daquela Unidade da Federação, devendo sobre eles ser reconhecida a imunidade do art. 150, VI, a, da CF".

Em que pese esse posicionamento da Primeira Turma do STJ, verificava-se que a Segunda Turma adotava entendimento diverso, sustentando que, por configurar diminuição de custos e despesas, o crédito presumido de ICMS acabava por aumentar indiretamente o lucro tributável e, portanto, deveria compor a base de cálculo do IR e da CSL[49]. Tendo em vista a apontada divergência, a Fazenda Nacional então apresentou embargos de divergência, levando a discussão à Primeira Seção do STJ.

Em seu voto, condutor do entendimento final prevalecente, a Ministra Regina Helena Costa sustentou que a imposição de tributação sobre a renda pela União relativamente a montantes subvencionados por outros entes esvaziaria o incentivo fiscal concedido no âmbito de suas competências constitucionalmente previstas, violando o pacto federativo. Transcrevemos abaixo alguns excertos emblemáticos que permitem esquadrinhar o posicionamento então sustentado:

> A Constituição da República hospeda vários dispositivos dedicados a autorizar certos níveis de ingerência estatal na atividade produtiva com vista a reduzir desigualdades regionais, alavancar o desenvolvimento social e econômico do país, inclusive mediante desoneração ou diminuição da carga tributária.
>
> [...] Tem-se, portanto, que a outorga de crédito presumido de ICMS insere-se em contexto de envergadura constitucional, instituída por legislação local específica do ente federativo tributante.

*que trata o art. 150, VI, a, da Constituição Federal. 6. Agravo regimental não provido."* (AgRg. no REsp. 1.227.519/RS, Primeira Turma, Relator Ministro Benedito Gonçalves, julgado em 24.03.2015, DJe 07.04.2015).

[49] *" [...] A Segunda Turma desta Corte firmou compreensão de que 'o crédito presumido do ICMS, ao configurar diminuição de custos e despesas, aumenta indiretamente o lucro tributável e, portanto, deve compor a base de cálculo do IRPJ e da CSLL'". Precedentes (AgRg no REsp 1.537.026/PR, Rel. Ministro Herman Benjamin, Segunda Turma, DJe 2/2/2016; AgRg no REsp 1.505.788/PR, Rel. Ministra Assusete Magalhães, Segunda Turma, julgado em 8/3/2016, DJe 17/3/2016)."* (AgInt. no REsp. n. 1.619.575/PR, Segunda Turma, Relator Ministro Francisco Falcão, julgado em 06.04.2017, Dje 25.04.2017).

É esse crédito, em torno do qual gravitam tais aspectos, que se pretende ver incluído na base de cálculo do IRPJ e da CSLL.

Com a devida vênia, ao considerar tal crédito como lucro, o entendimento manifestado pelo acórdão paradigma da 2ª Turma, sufraga, em última análise, a possibilidade de a União retirar, por via oblíqua, o incentivo fiscal que o Estado-membro, no exercício de sua competência tributária, outorgou.

[...] No modelo federativo fiscal, a Constituição dita o que pode cada pessoa política realizar em matéria tributária, demarcando os respectivos âmbitos de atuação, no intuito de evitar conflitos entre a União, os Estados-membros, o Distrito Federal e os Municípios.

O modelo federativo por nós adotado abraça a concepção segundo a qual a distribuição das competências tributárias decorre dessa forma de organização estatal e por ela é condicionada.

A rigor, em sua formulação fiscal, revela-se o princípio federativo um autêntico sobreprincípio regulador da repartição de competências tributárias e, por isso mesmo, elemento informador primário na solução de conflitos nas relações entre a União e os demais entes federados.

Como corolário desse fracionamento de competências, o art. 155, XII, g, da Constituição da República, atribuiu aos Estados-membros e ao Distrito Federal a competência para instituir o ICMS – e, por consequência, outorgar isenções, benefícios e incentivos fiscais, atendidos os pressupostos de lei complementar.

[...] Naturalmente, não está em xeque a competência da União para tributar a renda ou o lucro, mas, sim, a irradiação de efeitos indesejados do seu exercício sobre a autonomia da atividade tributante de pessoa política diversa, em desarmonia com valores ético-constitucionais inerentes à organicidade do princípio federativo, e em atrito com a subsidiariedade, "um princípio de bom senso", no dizer do professor André Franco Montoro (Federalismo e o Fortalecimento do Poder Local no Brasil e na Alemanha) [...], que reveste e protege a autonomia dos Estados-membro.

[...] Dessarte, é razoável que a exegese em torno do exercício de competência tributária federal, no contexto de estímulo fiscal legitimamente concedido por Estado-membro, tenha por vetor principal um juízo de ponderação entre os valores federativos envolvidos. [...]

Tendo em vista que o STF entendeu pela inexistência de repercussão geral da matéria[50], a não inclusão do crédito presumido de ICMS na base de cálculo do IR e da CSL restou pacificada pela Primeira Seção do STJ, nos termos do voto proferido pela Ministra Regina Helena Costa, o que trouxe, como consequência, um novo e relevante enfoque sobre a matéria.

## 4. Desdobramentos dos EREsp. n. 1.517.492

Conforme apresentado na Seção 2: (i) em um primeiro momento, os debates existentes giraram em torno daquela dicotomia de tratamentos entre "subvenções para custeio" e "subvenções para investimento"; e (ii) em um segundo momento, a expectativa era a de que esses debates fossem deslocados exclusivamente para o atendimento dos requisitos expressamente elencados pela Lei n. 12.973/14, em linha com as alterações promovidas pela LC n. 160/17. Ocorre que, como analisado na Seção 3, a posição adotada pela Ministra Regina Helena Costa apontou para um novo caminho envolvendo os próprios contornos das materialidades passíveis de tributação pelo IR e pela CSL, no âmbito das competências traçadas na Constituição. Em outras palavras, a abordagem da Exma. Ministra foge do lugar comum, interpretando a legislação à luz da forma federativa de Estado.

Dessa forma, com a conclusão do EREsp. n. 1.517.492, surgiu a questão de saber como coordenar seus desdobramentos com aqueles debates inicialmente travados. Pergunta-se: o posicionamento adotado pelo referido precedente teria o efeito prático de dispensar a observância, pelo contribuinte, dos requisitos relativos à destinação dos resultados reconhecidos em decorrência dos créditos presumidos de ICMS para reserva de lucro específica e às restrições na sua utilização?

Não há dúvidas de que esses requisitos cumprem um propósito relevante para o legislador, consistente em assegurar que os valores representativos de renúncia fiscal por parte do Poder Público sejam mantidos nas entidades beneficiárias dos incentivos, não sendo objeto de repasse aos sócios por meio de distribuições. Mesmo que seja possível com-

[50] "Recurso extraordinário. Tributário. Créditos presumidos de ICMS. Inclusão na base de cálculo do IRPJ e da CSLL. Natureza infraconstitucional da controvérsia. Ausência de repercussão geral." (RE n. 1.052.277/RS, Relator Ministro Dias Toffoli, julgado em 18.08.2017, DJe 28.08.2017).

preender esse propósito e as preocupações que levaram o legislador federal a impor aqueles requisitos, o fato é que o mecanismo utilizado fere um dos princípios basilares do ordenamento jurídico pátrio, tornando insubsistentes tais pressupostos.

Nas lições de Heleno Taveira Tores[51]:

> [...] a decisão constitucional por um Estado Democrático de Direito do tipo federal tem uma grande significação para a hermenêutica das competências tributárias. Não se logra uma aplicação e efetividade da Constituição sem uma atenção firme a dimensão e peso dos princípios e garantias para a proteção do federalismo e, em particular, do federalismo tributário.

Nessa esteira prossegue o autor ressaltando que o federalismo, enquanto cláusula pétrea que é, tem como uma de suas principais projeções aquela que nega o centralismo, traduzindo-se em proibição de "invasão de competências e [d]o exercício de poderes pela União sobre as matérias atribuídas aos Estados e Municípios."

Para Roque Antônio Carraza[52]:

> [...] a competência tributária é a habilitação ou, se preferirmos, a faculdade potencial, que a Constituição confere a determinadas pessoas para que tributem. Obviamente, quem pode tributar (criar unilateralmente o tributo, a partir de faculdades constitucionais) pode, igualmente, aumentar a carga tributária (agravando a alíquota ou a base de cálculo do tributo, ou ambas), diminuí-la (adotando o procedimento inverso) ou, até suprimi-la [...]. Tudo vai depender de uma decisão política, a ser tomada pela própria entidade tributante.

Nessa esteira, segundo Flávio de Azambuja Berti[53]:

> [...] o que a Constituição faz é uma divisão da autorização para legislar em matéria tributária, atribuindo à União, aos Estados, ao Distrito

[51] TAVEIRA TORRES, Heleno. Sistema Constitucional e Competências Tributárias. In: *Direito Tributário – Estudos Avançados em Homenagem a Edvaldo Brito*. São Paulo: Atlas, 2014. pp. 362-363.

[52] CARRAZA, Roque Antonio. A Competência Tributária dos Estados-Membros Diante da Nova Constituição Federal. In: *Revista de Direito Tributário,* n. 45. 1988. p. 47.

[53] AZAMBUJA BERTI, Flávio de. Direito Tributário e Princípio Federativo. São Paulo: Quartier Latin, 2007. p. 100.

> Federal e aos Municípios parcelas de 'poder' [...] para instituir alguns tributos, criar isenções em relação aos mesmos ou dispor sobre normas especiais afetas à sistemática de arrecadação. Ocorre que, ao repartir as competências entre diferentes entidades integrantes da ordem federal, a Constituição acaba por estabelecer limites instransponíveis a cada uma delas, pelo que se veda a interferência de uma sobre o campo autorizativo das demais, sob pena de inconstitucionalidade [...].

Como destacado em nossas notas introdutórias, a atividade tributante é um importante instrumento de intervenção estatal sobre a ordem econômica e social, figurando a concessão de crédito presumido de ICMS como medida de estímulo amplamente utilizada para a implementação de políticas públicas pelos estados. A imposição de IR e CSL, pela União, sobre valores correspondentes a renúncias fiscais suportadas por aquelas unidades federativas resulta em redução efetiva do benefício outorgado, consequentemente interferindo no exercício da competência tributária do ente outorgante. A imposição de tributação nesses moldes extrapola o campo de atuação da União, conforme demarcado pela Magna Carta, uma vez que suas projeções acabam por perturbar atribuições pertinentes a outras subdivisões políticas, representando ofensa à forma federativa de Estado.

Em que pese esse posicionamento pacificado pela Primeira Seção do STJ no âmbito do EREsp n. 1.517.492, a Fazenda Nacional buscou rediscutir o tema em outros recursos que chegaram ao egrégio Tribunal da Cidadania, sob o argumento de que a edição da LC n. 160/17 traria nova questão jurídica a ser apreciada pela Corte. Considerando que os requerimentos originais da Fazenda Nacional baseavam-se na classificação dos incentivos fiscais como "subvenção para custeio" e que o enquadramento que passou a ser imposto pela legislação é o de "subvenção para investimento", pleiteou-se que a exclusão do cômputo dos créditos presumidos de ICMS nas bases de cálculo do IR e da CSL fosse assegurada apenas nos casos em que restassem atendidas as condições previstas pelo art. 30 da Lei n. 12.973/14, com as alterações promovidas pela referida LC.

A título exemplificativo, citem-se as decisões proferidas no âmbito do REsp. n. 1.462.237/SC; REsp. n. 1.607.005/PR e REsp. n. 1.605.245/RS. Em todas essas oportunidades, o STJ manteve o entendimento do

EREsp. n. 1.517.492, indicando que a superveniência da LC n. 160/17 não influenciaria na aplicação do citado precedente.

Com efeito, para que sejam válidas as condicionantes relativas à regra de exclusão, deve ser, antes, reputada válida a regra de tributação subjacente – já que a competência para desonerar é um consectário lógico da competência para tributar. Como o EREsp. n. 1.517.492 rechaçou essa competência sob o pálio do pacto federativo, questões relativas àquelas condicionantes ficariam, por consequência, prejudicadas. Nesse sentido, transcrevemos abaixo trecho do AgInt. nos EREsp. n. 1.462.237/SC:

> 1. A Primeira Seção, no julgamento do EREsp 1.517.492/PR, decidiu pela não inclusão do crédito presumido de ICMS nas bases de cálculo do IRPJ e da CSLL, ao fundamento de que a incidência de tributo federal sobre o incentivo fiscal ofenderia o princípio federativo. [...]
>
> 3. O fato superveniente, no que se refere à LC n. 160/2017, ainda que examinado, não ensejaria o acolhimento da tese fazendária, pois a superveniência de lei que determina a qualificação do incentivo fiscal estadual como subvenção de investimentos não tem o condão de alterar a conclusão de que a tributação federal do crédito presumido de ICMS representa violação do princípio federativo. [...]

Muito embora os Tribunais nacionais venham aplicando o EREsp. n. 1.517.492, seu entendimento não é vinculante para as autoridades fazendárias, o que gera uma situação de perplexidade. O art. 30 da Lei n. 12.973/14 permanece inserido em nosso ordenamento jurídico, não havendo enunciado prescritivo a desconstituir a sua validade no que diz respeito às subvenções outorgadas por outros entes federativos. Por esse motivo, ante a verificação de descumprimento de quaisquer dos requisitos previstos em lei, a RFB questionará a exclusão de subvenções outorgadas pelos estados das bases de cálculo do IR e da CSL.

Na esfera administrativa, o CARF não deve adotar o posicionamento do EREsp. n. 1.517.492, porquanto o art. 62, § 1º, inciso II, "b" do Anexo II do Regimento Interno ("RICARF"), aprovado pela Portaria MF n. 343, de 09.06.2015, estabelece efeitos vinculantes apenas com relação a decisões definitivas do STJ proferidas em julgamentos realizados sob a sistemática dos recursos repetitivos (art. 543-C da Lei n. 5.869/73 – CPC/73 – e arts. 1036 e seguintes do CPC/15), o que não é o caso.

Diante desse quadro, os autos de infração lavrados para exigir IR e CSL sobre os créditos presumidos de ICMS que forem mantidos na esfera administrativa, sob o fundamento de que os requisitos do art. 30 da Lei n. 12.973/14 não foram devidamente observados, precisariam ser levados ao Poder Judiciário, com significativas chances de êxito, tendo em vista o atual quadro da jurisprudência do STJ. Seria oportuna, portanto, a aprovação de uma tese repetitiva, pelo Tribunal da Cidadania, refletindo o seu posicionamento já pacificado, de modo a permitir que a discussão seja encerrada desde logo no âmbito administrativo, evitando-se o assoberbamento do Judiciário com questão já definitivamente resolvida e preservando-se o contribuinte de inconvenientes e custos para ter o seu direito assegurado.

Como nota conclusiva, é importante ressaltar que, embora os desdobramentos dos precedentes analisados sejam relevantes e amplos, permitindo a superação de uma série de aspectos das discussões até então existentes – na medida em que retiram, de forma peremptória, os créditos presumidos de ICMS do campo de incidência do IR e da CSL –, entendemos que essas projeções não representam uma carta branca para que inexista qualquer tipo de controle relativamente aos incentivos fiscais estaduais. A existência de condições adequadas para a concessão e aproveitamento desses estímulos é bem-vinda e salutar, sendo dever do Estado zelar pelo Erário. Quanto a isso não há dúvidas. O que se pretende aqui ressalvar é que a imposição de tributação em nível federal (no caso, pelo IR e pela CSL) não é um mecanismo adequado para tal finalidade. Dito de outro modo, não se nega a conveniência de controles para a válida concessão de benefícios (tal como pretende a LC n. 24/75), mas tal imposição não deve ter assento na atuação da União por meio da sua legislação tributária federal (atuando, portanto, enquanto ente federado, e não na sua faceta de unidade centralizadora nacional).

# 7. Os Desafios da Reforma Tributária: Simplificação e Exequibilidade da Lei Tributária e Garantia da Justiça Social

Renata Correia Cubas
Pâmela Larissa Miguel Gottardini

## Introdução

Nas últimas décadas o tema Reforma Tributária tem sido lugar comum dentre os projetos que tramitam no Congresso Nacional, sendo as discussões intensificadas nos últimos anos diante dos enormes desafios enfrentados para o crescimento do país, diversos deles relacionados aos entraves identificados no cenário tributário nacional.

As notícias nos jornais são circulares quanto ao tema, pontuando que sem uma reforma tributária dificilmente será alcançado o ritmo de crescimento econômico necessário para o desenvolvimento do país.

As críticas envolvem não apenas a elevada carga tributária e burocracia excessiva para o cumprimento das obrigações tributárias, mas a insegurança jurídica que o sistema atual cada vez mais expõe os contribuintes.

Dentre os temas recorrentes destacam-se a Guerra Fiscal quanto à regular fruição de benefícios fiscais, o acúmulo de bilhões em créditos de ICMS, cuja baixa exequibilidade resulta no aumento do custo dos negócios das empresas, além da concorrência entre estados e municípios pela competência e consequente arrecadação de tributos sobre determinadas atividades, tais como aquelas relacionadas à tecnologia.

Como consequência das distorções do atual sistema tributário, é frequente a violação aos direitos dos contribuintes, seja quanto à segurança jurídica ou mesmo isonomia e capacidade contributiva, o que tem resultado na intensificação da judicialização dos temas tributários, que permanecem em discussão por longos anos até a sua definição pelos tribunais superiores.

Nesse contexto, a motivação dos projetos de reforma tributária tem como pilares a simplificação do sistema tributário, a redução da litigiosidade e a equalização desses temas, como forma de incentivo ao desenvolvimento econômico.

Apesar dessa aparente unanimidade quanto à motivação dos projetos de reforma tributária, na prática, há propostas bastante distintas, que propõem alterações desde as mais disruptivas até outras mais conservadoras, que sustentam que qualquer reforma para ser exequível deve ser parcelar, buscando foco nos problemas prioritários e escolha de soluções viáveis para esses temas.

Independentemente da singularidade envolvida em cada uma dessas propostas em discussão, todas propõem diferentes dinâmicas de repartição de competência, recolhimento e critérios de aplicação que impactam sensivelmente o modelo tributário atualmente vigente.

Exatamente pela relevância do impacto que a implementação de quaisquer dessas propostas trará ao sistema tributário atual, ponto que merece destaque e que ainda é discutido de forma bastante incipiente são os reflexos da forma de sua implementação, especialmente quanto aos princípios sobre os quais esses novos sistemas propostos serão fundamentados.

Na nossa opinião deve-se avaliar especialmente a dinâmica que será construída para que ao mesmo tempo possa ser garantida a tão almejada simplificação e exequibilidade do sistema tributário atual sem que para isso sejam prejudicados os princípios e direitos essenciais que devem ser preservados pelo novo sistema tributário.

Assim, abordaremos nesse artigo os desafios e principais reflexões envolvidos na implementação de um novo sistema tributário que seja construído de modo a assegurar os princípios básicos atrelados à Justiça Social.

## 1. Sistema tributário atual: distorções e desafios à Justiça Social

O modelo tributário vigente é construído com base em instrumentos que, por essência, deveriam assegurar a Justiça Social e mitigar os efeitos adversos de eventual carga tributária excessiva.

Nesse sentido, destacam-se os princípios atrelados à Justiça Social, tais como a não cumulatividade, a isonomia, a capacidade contributiva, a seletividade, a livre iniciativa, a segurança jurídica, etc.

Esses instrumentos foram criados com o objetivo de mitigar eventual carga tributária que se apresente excessivamente onerosa a determinados produtos, tais como aqueles reputados essenciais ao consumo (seletividade) ou, ainda, para propiciar o desenvolvimento econômico ou social de determinados setores da economia e/ou regiões do país (regimes especiais de tributação).

Assim, o comércio exterior ou áreas beneficiadas como a Zona Franca de Manaus ("ZFM") ou regiões menos favorecidas para o seu desenvolvimento (como aquelas regiões que não tenham natural atratividade do ponto de vista logístico, social ou econômico), são sensivelmente influenciadas por essa dinâmica.

Dessa forma, instrumentos como a seletividade, a extrafiscalidade e/ou a criação de regimes especiais de tributação são adotados sob a justificativa da necessidade de direcionamento de incentivos e investimentos para equalizar as desigualdades existentes entre as regiões, setores ou como instrumento regulatório de controle do consumo de determinados produtos ou demandas.

Apesar de tais instrumentos serem importantes para a garantia da Justiça Social, ao longo dos anos, diante das distorções do sistema tributário vigente, foram se intensificando os desvios de finalidade, especialmente mediante a concessão irrestrita de tratamentos tributários especiais que mais resultaram na proliferação de múltiplos subsistemas de tributação.

Nesse contexto, os desvios da utilização desses instrumentos mais acentuaram a disparidade de tratamento tributário entre os diversos setores econômicos, o que resultou, em diversos casos, em efeitos adversos à concorrência e à promoção do desenvolvimento social e econômico.

Não bastasse, o sistema tributário atual é baseado em excessivo controle das obrigações tributárias, eis que há a presunção de má-fé dos contribuintes diante da elevada sonegação fiscal, o que gera inúmeros desafios à praticidade e à própria operacionalização do sistema tributário vigente.

Essa insegurança jurídica gera inúmeros entraves ao desenvolvimento econômico, eis que requer elevados investimentos das empresas para o cumprimento de obrigações tributárias e que, muitas das vezes, não resultam na efetividade de arrecadação, controle da responsabilidade fiscal e garantia da Justiça Social.

Nesse ponto, destacamos que um importante parâmetro para a avaliação desse cenário é o *Doing Business* 2020, uma das principais publicações do Banco Mundial, que apresenta um estudo anual que mede como as leis e regulamentações promovem ou restringem as atividades empresariais, bem como avaliam o custo das empresas para o pagamento de tributos.

No relatório de 2020, no que se refere ao pagamento de tributos, o Brasil ficou na posição 184, sendo importante destacar que o tempo gasto (horas por ano) foi de 1501 horas para o cumprimento de obrigações tributárias[1].

O cenário reportado nessa publicação evidencia os claros desafios sistêmicos e culturais no Brasil, eis que as empresas têm que lidar com um elevado custo para o cumprimento de suas obrigações tributárias.

Há, ainda, uma cultura arraigada no sistema tributário atual, na qual há a exacerbação da autonomia e competência dos entes federados, que baseiam suas políticas públicas e a concessão de benefícios fiscais não propriamente suportados na responsabilidade fiscal e garantia da Justiça Social, mas por interesses de arrecadação e atratividade de investimentos.

Em decorrência desse cenário, apresenta-se desafiador a garantia da Justiça Social, eis que os instrumentos próprios para a sua efetividade tiveram desvio de sua utilização, gerando, em diversos casos, mais disparidades resultantes dos múltiplos subsistemas de tributação criados.

Além disso, o cenário de insegurança e disparidades resulta num alto grau de litigiosidade quanto aos temas tributários. E, ainda, considerando o elevado volume de litígios, há o agravamento da morosidade enfrentada nos tribunais até o desfecho definitivo de tais demandas.

[1] https://openknowledge.worldbank.org/bitstream/handle/10986/32436/9781464814402.pdf

De acordo com a publicação do Conselho Nacional de Justiça, a Justiça em números 2019[2], destaca-se o seguinte cenário quanto às execuções fiscais:

> Historicamente as execuções fiscais têm sido apontadas como o principal fator de morosidade do Poder Judiciário. (...) **Os processos de execução fiscal representam, aproximadamente, 39% do total de casos pendentes e 73% das execuções pendentes no Poder Judiciário, com taxa de congestionamento de 90%. Ou seja, de cada cem processos de execução fiscal que tramitaram no ano de 2018, apenas 10 foram baixados.** O maior impacto das execuções fiscais está na Justiça Estadual, que concentra 85% dos processos. A Justiça Federal responde por 15%; a Justiça do Trabalho por 0,28%, e a Justiça Eleitoral, por apenas 0,01%. Da mesma forma, o impacto desses processos nos acervos é mais significativo na Justiça Federal e Estadual. Na Justiça Federal, os processos de execução fiscal correspondem a 45% do seu acervo total (conhecimento e execução); na Justiça Estadual, a 42%; na Justiça do Trabalho, a 2%; e na Justiça Eleitoral, a 2%.

É exatamente devido a esses aspectos que há a necessidade de reflexão dos princípios que basearão a implementação de um novo sistema tributário. Se, de um lado, a garantia da Justiça Social deveria ser basilar desse novo sistema tributário, de outro, questiona-se como compor a praticabilidade e simplificação do novo sistema sem suprimir princípios e direitos essenciais ou incorrer nos mesmos vícios ou desvios de finalidade identificados no sistema tributário atual.

Surgem nesse ponto as diversas controvérsias quanto às propostas de reforma tributária, dentre as quais destacamos: a não cumulatividade e garantia plena dos créditos, a vedação aos benefícios fiscais ou a sua restrição a situações específicas e bem delimitadas (considerando os inúmeros desvios de finalidade e efeitos adversos identificados no regime atual), a revisão dos tributos existentes ou sua substituição por novos e respectivos impactos considerando os princípios constitucionais vigentes, a criação de alíquotas uniformes em âmbito nacional ou a manutenção de certo grau de autonomia e competência de cada um dos entes

[2] https://www.cnj.jus.br/wp-content/uploads/conteudo/arquivo/2019/08/justica_em_numeros20190919.pdf

federados para a definição de alíquotas singulares, a ressignificação da seletividade e extrafiscalidade, dentre outros.

É nesse contexto que passamos a avaliar as principais propostas de reforma tributária e os respectivos impactos frente ao modelo tributário atual, especialmente no que tange aos princípios essenciais e mecanismos para a garantia da Justiça Social.

## 2. Propostas de reforma tributária e o princípio da Justiça Social

Há grande debate quanto aos projetos de reforma tributária em tramitação no Congresso Nacional, havendo inúmeras propostas de emenda, diversas delas inclusive propõem alterações expressivas nos textos originais dos projetos.

Apesar da singularidade de cada um dos projetos, especialmente considerando os princípios e a forma proposta para a sua operacionalização, há temas sensíveis de intersecção entre os projetos, tais como a busca pela simplificação do sistema tributário, a unificação de determinados tributos ou a sua substituição por novos tributos, a proposta de alteração ao regime atual de créditos (buscando garantir a sua exequibilidade), discussão quanto à manutenção ou vedação de concessão de benefícios fiscais, além da avaliação de contornos para a aplicação, ainda que residual, da seletividade e da extrafiscalidade dos tributos.

Diversos desses temas estão intrinsicamente relacionados à forma como os novos sistemas tributários propostos pretendem fundamentar a aplicação de determinados princípios constitucionais (não cumulatividade, seletividade, isonomia, capacidade contributiva, etc.), bem como os contornos da utilização dos instrumentos necessários à garantia da Justiça Social.

Na opinião da Ministra Regina Helena Costa, a tributação deve ser fundamentada considerando os princípios constitucionais, o que, por conseguinte relaciona-se diretamente à garantia da Justiça Social[3]:

> A tributação há de ser desenvolvida dentro dos balizamentos constitucionais, impondo-se a edição de leis tributárias com a observância dos

[3] Costa, Regina Helena. O princípio da solidariedade social no sistema tributário nacional. NOMOS: Revista do Programa de Pós-Graduação em Direito da UFC, Fortaleza, v. 39, n. 1, p.21-32, jan./jun. 2019

princípios pertinentes, a adoção de uma conduta ética no exercício da fiscalização, a lisura dos procedimentos administrativos e a edição, pelo Fisco, de atos normativos nos estritos limites legais, dentre outras providências.

Atualmente, destacam-se os seguintes projetos de reforma tributária, cujas principais propostas de alteração ao modelo atualmente vigente seguem abaixo sumarizadas:

| | PEC 45/2019 | PEC 110/2019 | PEC 128/2019 |
|---|---|---|---|
| **Revisão dos tributos existentes** | **Proposta de extinção:** ISS, ICMS, PIS/COFINS e IPI | **Proposta de extinção:** ICMS, IPI, IOF, ISS, PIS/PASEP, COFINS, CSLL, CIDE-combustíveis e Salário educação<br>**Proposta de alteração:** ITCMD, IPVA e Imposto sobre a renda[4] | **Proposta de extinção:** ISS, ICMS, PIS/COFINS, IPI e IOF |
| **Criação de novos tributos** | Imposto sobre Bens e Serviços – IBS (Não cumulativo)<br>Imposto Seletivo[5] | IBS estadual (Não cumulativo)<br>IBS federal /Seletivo para determinados setores[6]<br>IBS para seguridade social | IVA Dual (Não cumulativo): Federal e Estadual/Municipal<br>IMF – Imposto sobre movimentação financeira<br>IPI para externalidades negativas<br>Tributo sobre lucro e dividendos |
| **Benefícios fiscais** | Vedado ao IBS<br>Restrito à Exportação | IBS – restrito a determinadas atividades (transporte público, alimentação, medicamentos, educação, etc.) / ZFM / Exportação | Vedado ao IBS<br>ZFM/ Exportação |

[4] Proposta de alteração de base de cálculo para englobar a CSLL.

[5] De caráter extrafiscal para regular consumo de produtos considerados como externalidades negativas, e.g., cigarros e álcool.

[6] Por exemplo, combustíveis, telecomunicações, energia, bebidas alcoólicas e não alcoólicas, veículos.

Observamos que as informações acima destacadas refletem síntese do texto dos projetos originais apresentados, eis que seguem em discussão inúmeras propostas de emenda, as quais trazem significativas alterações aos textos originais dos projetos em tramitação.

Do quadro apresentado depreende-se que os projetos em tramitação, apesar de tratarem de alterações envolvendo temas equivalentes, trazem soluções bastante distintas.

Nesse ponto, no que tange aos princípios basilares, depreende-se da Justificativa da Proposta de Emenda Constitucional ("PEC") 45/2019 a busca pela simplificação do sistema tributário atual, preservando a autonomia dos entes federados:

> O modelo proposto busca **simplificar** radicalmente o sistema tributário brasileiro, <u>sem</u>, no entanto, **reduzir a autonomia dos Estados e Municípios**, que manteriam o poder de gerir suas receitas através da alteração da alíquota do IBS. (...) Os efeitos esperados da mudança proposta são extremamente relevantes, caracterizando-se não apenas por uma grande simplificação do sistema tributário brasileiro – com a consequente redução do contencioso tributário e do custo burocrático de recolhimento dos tributos –, mas também, e principalmente, por um significativo aumento da produtividade e do PIB potencial do Brasil. [7]

A PEC 45/2019 propõe alterações considerando que o sistema tributário atual possui inúmeras distorções que foram agravadas ao longo do tempo pela "*profusão de alíquotas e pela absurda quantidade de exceções, benefícios fiscais e regimes especiais que caracterizam o PIS, a Cofins, o IPI, o ICMS e o ISS*", além de envolver "*enorme contencioso e custos de conformidade*".

Assim, na proposta de substituição de tributos pelo novo IBS, com vistas a preservar a autonomia dos entes federados, propõe alíquota única para todos os produtos/setores, mas com a possibilidade de União, Estados e Municípios aplicarem diferentes percentuais, resultando em uma alíquota não uniforme no território nacional.

Por outro lado, diante das inúmeras distorções do sistema atual, veda a concessão de benefícios fiscais no contexto do IBS, preservando apenas a seletividade com a criação do Imposto Seletivo, destinado ao

[7] https://www.camara.leg.br/proposicoesWeb/fichadetramitacao?idProposicao=2196833

controle de determinados produtos cujo consumo o poder público quer desestimular, tais como cigarros e as bebidas alcóolicas.

A PEC 110/2019 também tem como um dos seus princípios basilares a simplificação do sistema tributário atual, propondo alterações com a promessa de equalização das desigualdades, especialmente redução da carga tributária aplicável às classes menos favorecidas. Destaca-se trecho da Justificação da PEC:

> A ideia é simplificar o atual sistema, permitindo a unificação de tributos sobre o consumo e, ao mesmo tempo, reduzindo o impacto sobre os mais pobres. Aumenta-se gradativamente os impostos sobre a renda e sobre o patrimônio e melhora-se a eficácia da arrecadação, com menos burocracia[8].

Nessa linha, propõe ainda a criação de um Imposto Seletivo incidente sobre operações específicas que pretende regular, tais como petróleo e seus derivados, combustíveis e lubrificantes de qualquer origem, gás natural, cigarros e outros produtos do fumo, energia elétrica, serviços de telecomunicações, bebidas alcoólicas e não alcoólicas, e veículos automotores novos, terrestres, aquáticos e aéreos.

Já a PEC 128/2019 propõe a migração de parte da carga tributária do consumo para a renda e o lucro efetivo, buscando atribuir a maior parte do ônus tributário àqueles com maior capacidade contributiva e, por consequência, reduzir o ônus daquelas pessoas mais pobres[9].

Ainda, apesar de não propor a criação de um Imposto Seletivo, mantém o IPI com caráter extrafiscal, buscando regular as políticas públicas para o desestímulo ao consumo de determinados bens, serviços ou direitos que possam representar risco à saúde pública e à segurança pública[10].

[8] https://www25.senado.leg.br/web/atividade/materias/-/materia/137699

[9] "A presente Proposta de Emenda a Constituição tem o objetivo precípuo de modificar as bases de incidência tributária em vigor no Brasil, diminuindo a participação dos tributos sobre o consumo e aumentando a tributação sobre os lucros e ganhos".

[10] Justificação à PEC 128/2019: "O escopo do IPI é reduzido significativamente e mantido apenas com a finalidade de desestimular o consumo de determinados bens, serviços ou direitos em razão de riscos à saúde pública e à segurança pública; além de preservar a Zona Franca de Manaus. Logo, a proposta não contempla a criação de um novo imposto seletivo, na medida em que o imposto seletivo visa exatamente a redução do escopo do IPI, mas é proposto de forma aberta, possibilitando que a União escolha produtos e setores de forma

Ademais, diante dos desafios enfrentados para o avanço nas discussões dos projetos em tramitação, foi apresentada pelo Governo Federal, por meio do Projeto de Lei 3887/20, nova proposta de reforma tributária para a criação da Contribuição Social sobre Operações com Bens e Serviços (CBS), em substituição às contribuições do PIS e da COFINS, que possuiria alíquota de 12%, amplo direito ao crédito e regra mais benéfica para produtos da cesta básica.

O projeto em questão propõe o fim dos regimes privilegiados e benefícios fiscais, o que poderá impactar diversos setores que atualmente usufruem de tratamento diferenciado, além de propor o fim da cumulatividade e a simplificação do cumprimento das obrigações acessórias.

Diante das propostas em tramitação, depreende-se que todas passam por ajustes que impactam diretamente no tema da Justiça Social, pois buscam a simplificação e a equalização de ineficiências do atual sistema, alterando a dinâmica de repartição de competência, recolhimento e critérios para a aplicação de instrumentos que necessariamente trazem uma releitura dos princípios da não cumulatividade, isonomia, capacidade contributiva, seletividade, extrafiscalidade, dentre outros.

Nesse aspecto, pertinente é a preocupação trazida pela Ministra Regina Helena Costa: "*O que eu temo é que em nome da simplificação e da unificação se leve a cabo uma reforma que não pense minimamente na Justiça. Estamos em um país essencialmente desigual (...).*"[11]

Assim, apesar do claro impacto das propostas de reforma tributária à consecução da Justiça Social, a crítica a essas propostas está exatamente no debate ainda incipiente sobre a forma como tais medidas e mecanismos serão implementados, bem como a interpretação que será atribuída pelas autoridades tributárias.

Portanto, deve-se avaliar como alcançar a praticabilidade e a simplificação do sistema, preservando a Justiça Social, reflexão proposta nesse artigo.

não delimitada na Constituição. Ademais, não faz sentido abrir mão da segurança jurídica e previsibilidade lentamente construídas em contenciosos no Judiciário, que somente há pouco tempo se estabilizaram, a exemplo do crédito-prêmio do IPI".

[11] JOTA. Regina Helena Costa: nenhuma proposta de reforma se preocupa com Justiça tributária https://www.jota.info/tributos-e-empresas/tributario/reforma-tributaria-regina-helena-costa-23082019

## 3. Reflexões quanto às propostas de reforma – Praticabilidade e Justiça Social – Desafios e oportunidades

Diante do contexto das propostas de reforma é possível inferir que apesar de todas passarem pela aplicação da Justiça Social, essas são silentes quanto à forma em que as novas regras serão implementadas.

Ainda, depreende-se a preservação de uma ampla competência das autoridades tributárias para a interpretação conforme sua discricionariedade, pontos que, historicamente, têm causado as distorções e disparidades, bem como intensificado a litigiosidade no atual sistema tributário, distanciando-o da Justiça Social.

Nas propostas há muito foco nos benefícios que serão alcançados com a simplificação do sistema, mas pouca luz nos "comos" a serem implementados para a equalização das distorções e desigualdades do atual sistema.

Quanto a esse aspecto, a Ministra Regina Helena Costa bem pontuou:

> Não vi ninguém falando: "vamos fazer um sistema mais justo". Fala-se de um sistema mais simples, mais transparente, mais rápido, mais fácil, unificado.
> Há muitas simplificações que não são justas. O grande desafio é buscar algo que seja viável, prático, mas que não se desgarre da ideia de Justiça[12].

Portanto, há preocupação quanto à forma de operacionalização do novo sistema constante das propostas de reforma tributária em tramitação, frente aos desafios à Justiça Social, especialmente na garantia à isonomia e segurança jurídica.

Isso porque a ausência de discussão quanto a esses mecanismos e forma de sua aplicação abre margem para que novamente haja desvios de finalidade quanto aos institutos e princípios que, ao invés de promoverem equidade e desenvolvimento econômico podem incorrer nos mesmos vícios e disparidades do atual sistema.

A preocupação, portanto, com a Justiça Social não reflete mera reflexão finalística quanto ao novo sistema tributário que venha a ser implementado, mas deve ser vista do ponto de vista prático e operacional,

[12] Ibid.

pois sem clareza dos instrumentos e forma de sua utilização remanesce desprovido de efetividade o fim de equidade de qualquer novo sistema que venha a substituir o atual.

Além disso, a ausência de reflexão quanto a esses aspectos pode levar ao esvaziamento de tais mecanismos, que podem ficar expostos aos mesmos desvios do sistema atual ou mesmo desvirtuar os anseios pretendidos com a implementação das novas regras.

Temas como capacidade contributiva e isonomia não devem ser vistos apenas do ponto de vista teórico, mas devem ser prioritários para que se possa garantir um sistema hígido e que promova de forma transparente e efetiva o desenvolvimento econômico e a redução das disparidades e litigiosidade que maculam o sistema atual.

Portanto, o amadurecimento desse tema é salutar para que seja possível implementar verdadeira reformulação do sistema atual e a equalização das disparidades e das distorções existentes. Há oportunidade para avanços e melhoria dos instrumentos e efetividade da Justiça Social.

## Conclusões

No cenário atual, apesar da unanimidade quanto à necessidade de aprovação de projeto de reforma tributária para a simplificação do sistema tributário atual, diante das enormes divergências quanto aos modelos propostos e discussão ainda incipiente quanto à forma de sua operacionalização, há grandes desafios à sua imediata aprovação.

Assim, é possível que se discutam eventuais reformas "fatiadas", como sinalizado em diversas oportunidades pelo próprio Governo.

Em todo caso, a sociedade civil deve permanecer atenta às propostas para que essas se aprovadas, busquem não apenas a simplificação do sistema atual, mas se revertam em instrumentos efetivos de Justiça Social, combatendo as distorções e disparidades do atual sistema.

# 8. A Limitação na Compensação de Prejuízo Fiscal e Base Negativa da CSLL na Extinção da Pessoa Jurídica

Karem Jureidini Dias
Carolina Damasceno C. Barretto

## Introdução

As discussões envolvendo o aproveitamento do prejuízo fiscal e da base negativa na apuração do Imposto sobre a Renda da Pessoa Jurídica ("IRPJ") e da Contribuição Social sobre o Lucro Líquido ("CSLL") surgiram desde a edição das Lei nº 8.981/95 e nº 9.065/95. Com a conclusão do julgamento do Recurso Extraordinário nº 591.340/SP[1], selecionado como *leading case* pelo Supremo Tribunal Federal, pacificou-se a questão relativa à constitucionalidade da regra na aplicação às situações regulares da continuidade da pessoa jurídica. Fixou-se, então, o entendimento pela constitucionalidade da norma geral que impõe o limite de 30% ("trava"), remanescendo o debate sobre a legalidade e constitucionalidade de sua incidência nas hipóteses peculiares e excepcionais.

Desponta assim a controvérsia ora tratada sobre a ausência de subsunção às regras de restrição de 30% (trinta por cento) na hipótese específica em que a apuração da base de cálculo do IRPJ e da CSLL deriva do balanço patrimonial de encerramento da pessoa jurídica.

[1] Brasil. Supremo Tribunal Federal. Pleno. Recurso Extraordinário nº 591.340. Relator Ministro Marco Aurélio. Julgamento em 27/06/2019.

Entendemos não ser possível conceber que seja conferido o mesmo tratamento jurídico da hipótese regular de continuidade da empresa àquela relativa ao seu derradeiro balanço de encerramento.

Importa destacar, desde logo, que o Supremo Tribunal Federal fez expressa restrição ao alcance do posicionamento firmado no Recurso Extraordinário nº 591.340/SP "*à pessoa jurídica em pleno exercício de seu objeto social; ou seja, que não encerrou suas atividades, por extinção, fusão, cisão parcial ou total, ou por incorporação*"[2]. Contudo, por ocasião do recente julgamento do Recurso Especial nº 1.805.925/SP[3], a Primeira Turma do Superior Tribunal de Justiça, a despeito de reconhecer o destaque recebido pelo tema, decidiu, por apertada maioria, que a trava de 30% incidiria também quando da extinção da sociedade detentora dos prejuízos fiscais e da base negativa da CSLL.

Oportuna a abordagem do tema, não só para pontuar diversas questões ainda não examinadas pelas Cortes Superiores, mas por se tratar de matéria tão afeta à capacidade contributiva, à isonomia e à segurança jurídica, princípios constitucionais caros e profundamente tratados pela jurista homenageada, Professora e Ministra Regina Helena Costa, autora de obras indispensáveis à academia ou para aqueles que operam com o Direito Tributário.

## 1. Histórico legislativo da limitação à compensação de prejuízos fiscais

O artigo 10, da Lei nº 154/47 instituiu na legislação brasileira a primeira norma limitadora ao aproveitamento do prejuízo fiscal e da base negativa da CSLL ao prever que "o prejuízo verificado num exercício poderia ser deduzido, para compensação total ou parcial, dentro de três exercícios subsequentes". O exercício do direito à dedução se sujeitava, portanto, somente a um limite temporal (prescricional), não havendo qualquer restrição quantitativa (trava) relativa ao lucro tributável, tampouco havia vedação para a transferência de prejuízo fiscal na incorporação por outra pessoa jurídica. Na sequência, sobreveio o Decreto-Lei

[2] Ibidem.

[3] BRASIL. Superior Tribunal de Justiça. Primeira Turma. Recurso Especial nº 1.805.925/SP. Relator Ministro Napoleão Nunes Maia Filho. Relator para acórdão Gurgel de Faria. Julgamento em 22/06/2020. Acórdão não publicado.

nº 1.493/76, que ampliou o limite temporal de utilização do prejuízo fiscal para quatro exercícios financeiros subsequentes.

Tendo em vista posteriores alterações, atualmente se encontram vigentes duas normas que limitam à compensação dos resultados negativos: a primeira, de natureza antielisiva, representada pelo artigo 33, do Decreto-lei nº 2.341/87; e a segunda, de natureza quantitativa, introduzida pelas Leis nº 8.981/95 e nº 9.065/95.

O dispositivo do Decreto-lei nº 2.341/87[4] revela sua natureza antilelisiva específica ao introduzir no ordenamento jurídico a vedação à possibilidade de a empresa resultante de fusão ou incorporação aproveitar os prejuízos fiscais da empresa extinta[5]. Referida regra, já considerada legítima pela jurisprudência, impede que reorganizações societárias sejam realizadas tão somente com o fim de desonerar a carga fiscal de uma pessoa jurídica por meio da utilização de prejuízo fiscal e/ou da base de cálculo negativa de CSLL de outra sociedade.

Ao seu turno, a Lei nº 8.981/95 (artigos 42 e 58)[6], juntamente com a Lei nº 9.065/95 (artigos 15 e 16)[7], estabelecem uma limitação percentual

[4] "Art. 33. A pessoa jurídica sucessora por incorporação, fusão ou cisão não poderá compensar prejuízos fiscais da sucedida."

[5] A mesma vedação foi, posteriormente, estendida para a base negativa da CSLL, a partir da edição da MP nº 1.858-6/99.

[6] "Art. 42. A partir de 1º de janeiro de 1995, para efeito de determinar o lucro real, o lucro líquido ajustado pelas adições e exclusões previstas ou autorizadas pela legislação do Imposto de Renda, poderá ser reduzido em, no máximo, trinta por cento.
Parágrafo único. A parcela dos prejuízos fiscais apurados até 31 de dezembro de 1994, não compensada em razão do disposto no caput deste artigo poderá ser utilizada nos anos-calendário subsequentes."
"Art. 58. Para efeito de determinação da base de cálculo da contribuição social sobre o lucro, o lucro líquido ajustado poderá ser reduzido por compensação da base de cálculo negativa, apurada em períodos-base anteriores em, no máximo, trinta por cento."

[7] "Art. 15. O prejuízo fiscal apurado a partir do encerramento do ano-calendário de 1995, poderá ser compensado, cumulativamente com os prejuízos fiscais apurados até 31 de dezembro de 1994, com o lucro líquido ajustado pelas adições e exclusões previstas na legislação do imposto de renda, observado o limite máximo, para a compensação, de trinta por cento do referido lucro líquido ajustado.
Parágrafo único. O disposto neste artigo somente se aplica às pessoas jurídicas que mantiverem os livros e documentos, exigidos pela legislação fiscal, comprobatórios do montante do prejuízo fiscal utilizado para a compensação."
Art. 16. A base de cálculo da contribuição social sobre o lucro, quando negativa, apurada a partir do encerramento do ano-calendário de 1995, poderá ser compensada, cumulativa-

(quantitativa) anual, autorizando a utilização do prejuízo fiscal e da base de cálculo negativa da CSLL em até 30% do lucro auferido, sem, contudo, estipular qualquer caducidade para o uso desses resultados negativos. Como bem resumiu Eurico Marcos Diniz de Santi[8]:

> o legislador **substituiu** a limitação temporal por uma limitação quantitativa: o exercício do direito de compensar prejuízos fiscais pode ser exercido **infinitamente**, mas somente poderá reduzir o lucro líquido do período até o limite de 30% (trinta por cento) do imposto devido". (Grifos das autoras).

A ausência de uma delimitação temporal para garantir a integral, a despeito de escalonada, compensação do prejuízo fiscal e da base de cálculo negativa da CSLL já permite inferir, de plano, que a norma geral de aplicação do limite de 30% pressupõe a continuidade da pessoa jurídica, princípio estruturante da contabilidade.

Em verdade, a restrição aos efeitos da compensação dos prejuízos fiscais acumulados e da base negativa de CSLL está atrelada a uma questão orçamentária do Estado ou de fluxo de caixa da Administração Pública. Isso porque, a aludida regra impõe uma sistemática de apuração do lucro que, de um lado, auxilia o fluxo de caixa do Estado, antecipando o recolhimento do tributo e, de outro lado, respeita o patrimônio do contribuinte, na medida que assegura o seu direito de recuperar a totalidade dos prejuízos fiscais e da base negativa – ainda que não seja de uma só vez, mas de forma diferida ao mesmo tempo em que imprescritível. Criou-se o que é usualmente denominado de "*tax allocation*".

mente com a base de cálculo negativa apurada até 31 de dezembro de 1994, com o resultado do período de apuração ajustado pelas adições e exclusões previstas na legislação da referida contribuição social, determinado em anos-calendário subseqüentes, observado o limite máximo de redução de trinta por cento, previsto no art. 58 da Lei nº 8.981, de 1995.
Parágrafo único. O disposto neste artigo somente se aplica às pessoas jurídicas que mantiverem os livros e documentos, exigidos pela legislação fiscal, comprobatórios da base de cálculo negativa utilizada para a compensação."

[8] Santi, Eurico Marcos Diniz de. Estudo, investigação e análise – Limitação à compensação de prejuízos fiscais e extinção da pessoa jurídica: Normas derivadas, desrespeito ao princípio da divisão dos poderes e uso indevido de decisão do STF para ruptura da jurisprudência do CARF. FISCOSoft, v. 1, p. 1-19, 2011.

A breve análise da evolução legislativa revela que o direito de compensar integralmente os prejuízos fiscais acumulados e bases negativas sempre foi assegurado aos contribuintes. Isso porque as limitações estabelecidas ou bem se restringiam ao aspecto temporal (prazo prescricional) – autorizando também a transferência para a empresa sucessora em caso de extinção –, ou bem se restringem ao critério quantitativo, no pressuposto de garantir a absorção integral dos resultados negativos pela própria sociedade, que essencialmente espera obter lucros futuros. Nunca subsistiu, pois, a incidência cumulativa de limitações temporais e quantitativas, porquanto trata-se de hipóteses excludentes.

Nem poderia ser diferente, posto que a imposição de normas limitadoras de natureza temporal e, cumulativamente, quantitativa implicaria na tributação de uma riqueza irreal, que não refletiria o conceito constitucional de renda, única hipótese capaz de atrair a incidência do IRPJ e CSLL, nos termos dos artigos 153, inciso III e 195, inciso I, alínea *c*, ambos da Constituição Federal.

Convém destacar que, sob o âmbito do direito comparado, a legislação brasileira se apresenta como uma das mais restritivas no que se refere à utilização dos resultados negativos para apuração do lucro. A partir do parecer elaborado pela Ernst & Young[9], que se dedicou à análise do "*tratamento tributário aplicável aos prejuízos fiscais acumulados em diversas jurisdições*" é possível verificar que a maior parte dos países impõe alguma restrição à compensação de prejuízo fiscal. Citada auditoria internacional, contudo, também demonstrou que todas as jurisdições analisadas consideram o prejuízo fiscal como necessário elemento formador da apuração da renda. Justamente por isso, essas limitações previstas nas normas estrangeiras (quando existentes) não impedem que os resultados negativos sejam integralmente consumidos.

Tanto assim que parte das jurisdições avaliadas (como, por exemplo, o México) estabelece apenas um prazo (limite temporal) para a utilização dos prejuízos fiscais, sem impor qualquer restrição quantitativa à sua apropriação. Já países como Espanha, Estados Unidos, França e Japão, por tradição priorizam o regime fiscal para grupo de empresas

[9] Conforme parecer juntado aos autos do RE nº 591.340/SP, sob o protocolo nº 31468/2019. Ref.: Serviços de Assessoria Tributária – Tratamento de prejuízos fiscais acumulados em diferentes jurisdições.

(regime de consolidação), que, *per se*, auxilia na integral utilização dos resultados negativos, na medida em que considera os resultados (positivos ou negativos) de todas as empresas integrantes de um mesmo grupo. Em resumo, tem-se que das jurisdições examinadas: ou bem o aproveitamento dos prejuízos é ilimitado, ou bem a compensação é limitada, mas é permitida a utilização desse prejuízo pelo grupo econômico ou, ao menos, a sua absorção integral na extinção.

A análise sob o enfoque do direito comparado também é de suma importância, posto que a tributação do patrimônio como se renda fosse, além de representar interpretação desvinculada da vontade legislativa brasileira, é prejudicial no âmbito concorrencial internacional.

Entendemos que causará distorção sistêmica se prevalecer a hermenêutica adotada no REsp nº 1.805.925/SP. Afinal, a interpretação adotada pelo Superior Tribunal de Justiça acaba por considerar legítima a aplicação **concomitante** do limite quantitativo para a compensação com a impossibilidade temporal de absorver esses resultados negativos quando do encerramento da pessoa jurídica, tudo somado à legítima impossibilidade de sua transferência à sucessora ou aproveitamento pelo grupo econômico (no Brasil vigora, para fins fiscais, o princípio da entidade), o que implica, ao final e ao cabo, tributar o patrimônio do contribuinte, e não sua renda.

## 2. Natureza jurídica da compensação de prejuízo fiscal e da base negativa da CSLL

Segundo o entendimento consolidado do Supremo Tribunal Federal[10], o conceito constitucional de renda, delimitador da competência tributária da União, demanda a existência de acréscimo patrimonial, sob pena de restarem violados não apenas os artigos 153, inciso III e 195, inciso I, alínea *c*, ambos da Constituição Federal, mas também os princípios constitucionais da capacidade contributiva (artigo 145, §1º), da universalidade (artigo 153, §2º, inciso I) e do não confisco (artigo 150, inciso IV).

A incidência dos tributos sobre a renda, portanto, está diretamente condicionada à existência de um ganho efetivo por parte da pessoa jurí-

[10] "(...) na verdade, por mais variado que seja o conceito de renda, todos os economistas, financistas e juristas se unem em um ponto: renda é sempre um ganho ou acréscimo de patrimônio". BRASIL. Supremo Tribunal Federal. Recurso Extraordinário nº 89.791-7. Relator Ministro Cunha Peixoto. Julgamento em 03/10/1978.

dica, o qual guarda relação direta com a análise da evolução do patrimônio dessa sociedade ao longo do tempo. Afinal, somente pode existir ganho efetivo tributável quando confrontado com o patrimônio da empresa em dois momentos distintos.

Das considerações acima depreende-se a relevância dos efeitos intertemporais (representados pela interligação dos exercícios financeiros) na sistemática de apuração desses tributos. Isso porque, os lucros de um exercício isoladamente considerados não necessariamente representam aumento no patrimônio da pessoa jurídica, podendo representar meras reposições de perdas anteriormente registradas. O aumento patrimonial ocorre apenas quando o patrimônio da sociedade atinge um patamar superior ao mais alto anteriormente alcançado.

Também não há dúvidas de que a apuração da base de cálculo do IRPJ e da CSLL tem origem no lucro líquido contábil, dado que, de acordo com o artigo 6º do Decreto-lei nº 1.598/77 e com o artigo 258, do Regulamento do Imposto sobre a Renda (RIR/2018)[11], o lucro real corresponde ao lucro líquido contábil ajustado pelas adições, exclusões ou compensações autorizadas naquela legislação. Inegável, desta feita, que os princípios contábeis são de todo aplicáveis à apuração fiscal, ao menos em sua origem. Tal constatação é reiterada pelo disposto no artigo 177, da Lei nº 6.404/76, que determina que a escrituração da companhia deve se sujeitar aos princípios da contabilidade geralmente aceitos e registrar as mutações patrimoniais segundo o regime de competência.

Pois bem. Um dos princípios estruturantes das Ciências Contábeis consiste no postulado da continuidade das entidades, segundo o qual deve-se adotar o pressuposto de que a entidade continuará em operação no futuro previsível. Consequência lógica desse primado é que devem ser observados os efeitos intertemporais dos atos das pessoas jurídicas, porquanto os exercícios financeiros atendem ao exclusivo fim da tomada de pulso do empreendimento de tempos em tempos. Outra conclusão lógica decorrente do aludido princípio é que as bases das demonstrações financeiras e contábeis são totalmente diferentes quando se adentra à fase de liquidação da pessoa jurídica[12].

[11] Correspondente ao artigo 247, do RIR/99.

[12] Nesse sentido já se manifestava o NPC nº 27 do IBRACON sobre Demonstrações Contábeis – Apresentação e Divulgações. Aprovado pela Deliberação CVM nº 488. Rio de Janeiro, 03 de Outubro de 2005.

O Direito Societário também reforça a concepção de que o conceito de renda é necessariamente dinâmico[13]. Nesse sentido, destaca-se o artigo 189, da Lei nº 6.404/1974[14], que determina não haver resultado positivo sem consideração de prejuízos anteriores, dispondo expressamente não ser possível a distribuição de lucro de um período aos sócios sem que sejam previamente absorvidos os prejuízos acumulados. Da mesma forma, o artigo 186, da Lei das Sociedades Anônimas[15] exige que a demonstração de lucros ou prejuízos da sociedade aponte obrigatoriamente os ajustes relativos aos exercícios anteriores. Tais ajustes são consequência lógica e necessária do reconhecimento de custos, despesas e receitas pelo regime de competência, também de observância obrigatória para apuração do lucro real.

Portanto, no âmbito específico do Direito Tributário, o próprio Regulamento do Imposto de Renda reconhece a aplicação e as repercussões tributárias do regime de competência que, por sua vez, pressupõe o princípio contábil da continuidade da pessoa jurídica, prevendo assim a realização de ajustes interperíodos[16]. Mais que isso: na exposição de motivos do Decreto-lei nº 1.598/77, foi esclarecida a necessidade de adequar a definição da base de cálculo do imposto ao regime de competência, previsto na contabilidade e absorvido pela Lei nº 6.404/76, o que ocorreu por meio do Livro de Apuração do Lucro Real (LALUR), instituído como mecanismo de controle dos elementos influenciadores do lucro real que competem a vários exercícios financeiros[17]. Além disso,

[13] Ávila, Humberto, *Conceito de Renda e Compensação de Prejuízos Fiscais*, São Paulo: Malheiros, 2011, p. 75.

[14] "Art. 189. Do resultado do exercício serão deduzidos, antes de qualquer participação, os prejuízos acumulados e a provisão para o Imposto sobre a Renda.
Parágrafo único. O prejuízo do exercício será obrigatoriamente absorvido pelos lucros acumulados, pelas reservas de lucros e pela reserva legal, nessa ordem."

[15] "Art. 186. A demonstração de lucros ou prejuízos acumulados discriminará:
I – o saldo do início do período, os ajustes de exercícios anteriores e a correção monetária do saldo inicial; (...)."

[16] Cita-se como exemplo da consideração interperíodos o ativo diferido, a reserva de lucro, a previsão para postergação de despesas, a depreciação e a amortização.

[17] O Parecer Normativo CST nº 11/1979 determina que o LALUR tem "a bem definida função de registrar ajustes do lucro líquido (Parte A) e memórias para ajustes dos lucros líquidos dos exercícios futuros (Parte B) (...)". O mesmo Parecer referencia a Instrução Normativa da Secretaria da Receita Federal nº 28/78, segundo a qual o LALUR registra o saldo de valores que justamente influenciam a determinação do lucro real de exercícios futuros.

o artigo 8º do mesmo Decreto-lei impõe que a pessoa jurídica mantenha os registros de controle dos valores excedentes a serem utilizados no cálculo das deduções nos períodos de apuração subsequentes, bem como que mantenha os registros de controle de prejuízos fiscais.

Nesse contexto – e levando em consideração que os artigos 109 e 110, ambos do Código Tributário Nacional, vedam a alteração do conceito e do alcance dos institutos de Direito Privado para fins de definição de competências tributárias –, só se pode concluir que a utilização do prejuízo fiscal acumulado e da base negativa compõe a própria apuração do Lucro Real. Como já defendemos[18], trata-se de direito que decorre da própria sistemática de mensuração da base tributável do IRPJ e da CSLL, que, se de um lado tornou a tributação compatível com o regime de competência, de outro previu a comunicabilidade dos exercícios financeiros, afastando qualquer efeito confiscatório ou de dupla incidência sobre um mesmo rendimento. Não por outra razão que esse direito de compensação é controlado (contabilmente) como um ativo diferido do contribuinte.

Não se ignora que o Supremo Tribunal Federal tenha se referido à "*benesse fiscal*" no acórdão do RE nº 591.340/SP. Contudo, há que se contextualizar as acepções do termo "benesse fiscal" e o fundamento do referido julgamento, que, por princípio, não deve contrariar o quanto já sedimentado também pelo Supremo Tribunal Federal, no sentido de ser necessária a verificação de acréscimo patrimonial e de capacidade contributiva para fins da tributação sobre a renda.

O termo benefício fiscal é ambíguo e já foi utilizado em diversas acepções pelo próprio Supremo Tribunal Federal. Na hipótese em análise, de fato a Administração Tributária tem o condão de determinar uma limitação quantitativa (qualquer que seja), na medida em que resguardado o patrimônio do contribuinte. Tal patrimônio fica resguardado sempre que possível utilizar o crédito – correspondente à tributação sobre a renda incidente na proporção dos resultados negativos ainda não absorvidos – para compensação futura. Garantia esta que resta clara na própria dicção da legislação que estabeleceu o escalonamento da compensação em questão, o que asseguraria a sua constitucionalidade.

[18] DIAS, Karem Jureidini. *Compensação de prejuízos fiscais e de bases negativas da CSLL na extinção da pessoa jurídica. In: Grandes questões em discussão no CARF.* São Paulo: Focofiscal, 2014.

Aliás, tanto não trata a legislação em comento de benefício fiscal (na acepção pura de renúncia fiscal) que a compensação dos resultados negativos nunca foi elencada nos Demonstrativo de Gastos Tributários[19], publicados anualmente pela Receita Federal do Brasil com o rol de "*isenções, anistias, remissões, subsídios e benefícios de natureza financeira, tributária e creditícia*" em atenção aos artigos 165, §6º, da Constituição Federal e 5º, inciso II, da Lei Complementar nº 101/00 (Lei de Responsabilidade Fiscal). A própria União, ao justificar a exclusão do instituto em questão da lista de gastos tributários, chancelou o entendimento que a utilização dos prejuízos fiscais consiste em mera técnica legal para apuração do IRPJ e da CSLL, assentando que:

> A definição desses critérios e a graduação das alíquotas **faz parte da estrutura do imposto de renda. Os impactos na arrecadação decorrentes de sua escolha ou de sua alteração não são considerados gastos tributários, pois configuram a própria referência do tributo.** (Grifos das autoras).

Ora, justamente por versar de técnica legal, em respeito a referência ao tributo, que a contrapartida da limitação quantitativa é exatamente a manutenção do ativo fiscal, consubstanciado na previsão legal de compensação futura. A União indubitavelmente reconhece a possibilidade de compensação futura e do respectivo ativo fiscal como condição de incidência da própria legislação em questão, tanto assim que autorizou a utilização desse ativo para pagamento de tributos ou encargos legais, *ex vi* das previsões contidas nas Medidas Provisórias nº 651/14 (convertida na Lei nº 13.043/14) e nº 783/17 (convertida na Lei nº 13.496/17).

Não bastasse o panorama legislativo acima delineado, a qualificação do direito ao aproveitamento futuro dos prejuízos fiscais acumulados **como pressuposto normativo para aplicação da limitação quantitativa** pode ser verificada, ainda, a partir da própria Exposição de Motivos da Medida Provisória nº 998/95 (posteriormente convertida na Lei nº 9.065/95)[20], que introduziu a regra da trava de 30% no ordenamento

[19] Disponível em: <http://receita.economia.gov.br/dados/receitadata/renuncia-fiscal/previsoes-ploa/arquivos-e-imagens/dgt-ploa-2019.pdf>. Acesso em 20.04.2020.

[20] De forma semelhante, na Exposição de Motivos da Medida Provisória nº 812/94 (convertida na Lei nº 8.981/95) foi consignado que: "A medida estabelece uma regra gradual de

jurídico. Com efeito, a referida exposição de motivos consignou expressamente que a instituição do limite quantitativo **não tolheu o direito** dos contribuintes à compensação dos prejuízos fiscais, mas **apenas postergou seu exercício**, como se depreende da transcrição abaixo:

> Arts. 15 e 16 do Projeto: decorrem de Emenda do Relator, para restabelecer o direito à compensação de prejuízos, embora com as limitações impostas pela Medida Provisória nº 812/94 (Lei 8.981/95). Ocorre hoje vacacio legis em relação à matéria. A limitação de 30% garante uma parcela expressiva da arrecadação, **sem retirar do contribuinte o direito de compensar, até integralmente, num mesmo ano, se essa compensação não ultrapassar o valor do resultado positivo** (Grifos das autoras).

Parece-nos bastante claro que a norma limitadora não pretendeu vedar a compensação de resultados negativos, inerente à sistemática de apuração, pelo regime de competência, do acréscimo patrimonial passível de tributação. Noutras palavras, apenas foi adotada uma metodologia de apuração do lucro tributável que garantisse o fluxo de caixa da arrecadação para o Estado, ao mesmo tempo em que condicionou fosse assegurado tratar-se de mero escalonamento no exercício da integral absorção.

## 3. Ausência de subsunção da hipótese de extinção da pessoa jurídica à norma geral da trava de 30%

Como já tivemos a oportunidade de nos manifestar[21], entendemos que a possibilidade de aproveitar integralmente os resultados negativos quando do balanço de encerramento da pessoa jurídica decorre da própria lógica da limitação imposta pelas Leis nº 8.981/95 e nº 9.065/95.

De fato, enquanto normas, os artigos 42 e 58 da Lei nº 8.981/95 e os artigos 15 e 16 da Lei nº 9.065/95 são produto de hermenêutica do texto legal, que deve considerar *(i)* a finalidade pela qual o regramento foi instituído, *(ii)* o seu contexto no ordenamento jurídico e, ainda, *(iii)* o seu conteúdo programático.

compensação de prejuízos, tomando-se como referência os resultados obtidos em cada ano. Essa alteração permite ao Estado um fluxo estável no ingresso de receitas provenientes do imposto de renda."

[21] Dias, Karem Jureidini. Compensação de prejuízos fiscais e de bases negativas da CSLL na extinção da pessoa jurídica. In: Grandes questões em discussão no CARF. São Paulo: Focofiscal, 2014.

### 3.1 Da finalidade das normas limitadoras da compensação de prejuízo fiscal e base negativa da CSLL

Em relação à finalidade da norma, depreende-se da Exposição de Motivos das normas instituidoras da limitação, que a trava foi estabelecida com o objetivo de assegurar a manutenção do fluxo de caixa do Estado, sem, contudo, ferir o princípio constitucional da capacidade contributiva e o conceito de renda. Tanto assim que restou preservado o direito do contribuinte à compensação futura, donde se pressupõe a continuidade da sociedade.

Realmente, não há sequer que se cogitar que a legislação tenha sido silente nesse sentido. Afinal, como visto acima, a *mens legis* foi revelada de forma expressa na Exposição de Motivos das Medidas Provisórias nº 998/195 e nº 812/94 ao esclarecer que "*A limitação de 30%* ***garante uma parcela expressiva da arrecadação, sem retirar do contribuinte o direito de compensar, até integralmente,*** *num mesmo ano, se essa compensação não ultrapassar o valor do resultado positivo*" (Grifos das autoras).

Ademais, está na própria redação das normas instituidoras do limite de 30% a autorização expressa para que os resultados negativos, antes sujeitos à prescrição, passassem a ser passíveis de absorção integral, como pode ser verificado do parágrafo único, do artigo 42, da Lei nº 8.891/95, segundo o qual a parcela dos prejuízos fiscais não compensada em virtude da trava "poderá ser utilizada nos anos-calendário subseqüentes."

Tampouco há que se cogitar lacuna legal. Com efeito, a regra geral da continuidade da pessoa jurídica que rege o próprio regime de competência é, desde logo, o pressuposto lógico de aplicação da norma. O pressuposto é, portanto, extraído do texto legal, considerando todos os seus comandos, independentemente de sua caracterização como benefício fiscal, sob pena de afronta à própria legalidade e tipicidade necessárias às exações fiscais. Não é possível impor ajuste que majora a carga fiscal sem enquadramento no pressuposto fático de aplicação normativa. Se logicamente não há a possibilidade de manutenção do ativo representado pela possibilidade de compensação futura, impossível se exigir a tributação do ativo baixado na liquidação da pessoa jurídica sem lei que assim determina e, mais grave, em clara afronta ao conceito de renda e à capacidade contributiva. Obviamente a expressa menção legislativa seria necessária para determinar a tributação em tal hipótese de descontinuidade, e não o contrário. Entretanto, assim não se legislou porque inconstitucional seria determinar que a tributação sobre renda ou lucro recaísse sobre patrimônio perdido.

De mais a mais, não há como desrespeitar a escolha democrática representada na finalidade das normas, aprovadas pelo Congresso Nacional, que acreditou no pressuposto lógico de sua aplicação, expressamente constante das respectivas Exposições de Motivos, qual seja: assegurar o fluxo de caixa do Estado desde que preservado o patrimônio, garantindo que a restrição quantitativa é aplicada sob condição da possibilidade de integral absorção dos resultados negativos, a qual é apenas diferida.

### 3.2 Do contexto normativo em que inseridas as normas limitadoras da compensação de prejuízo fiscal e base negativa da CSLL

O contexto do ordenamento jurídico reporta-se, de um lado, aos próprios limites expressos como condição para a aplicação das leis em questão e, de outro, à situação fática que envolve o derradeiro balanço de encerramento da pessoa jurídica, na qual se afere o resultado (positivo ou negativo) obtido com o investimento na atividade empresarial.

Em relação ao resultado tributável da pessoa jurídica, para evitar repetições remetemos ao quanto abordado no tópico anterior sobre a necessária observância dos efeitos intertemporais, imposta não apenas pela contabilidade, mas também pelo ordenamento jurídico (Lei nº 6.904/1974 e legislação fiscal). Desse modo, os investimentos e sacrifícios dos anos anteriores não podem ser simplesmente desprezados, porquanto são efetivamente formadores do lucro dos anos futuros. Sobre o tema, valemo-nos das lições de Humberto Ávila[22]:

> A comunicação entre os períodos de apuração e a compensação de prejuízos fiscais anteriores em anos-calendário subsequentes são *consequências normativas necessárias* do conceito de renda como acréscimo patrimonial líquido configurado com base no critério da progressividade. Em outras palavras, nem a incomunicabilidade entre os períodos é imposição constitucional, nem a compensação de prejuízos fiscais é

[22] Àvila, Humberto. *Conceito de Renda e Compensação de Prejuízos Fiscais.* São Paulo: Malheiros, 2011, pp. 51-52.

cortesia legal. Ao contrário, **a comunicabilidade de períodos e o direito de compensação de prejuízos físicas é que são implicações normativas inafastáveis da ordem constitucional.** (Grifos das autoras).

Não por outra razão que o Lucro Real, sempre apurado segundo o regime de competência, deve prever ajustes que consideram períodos anteriores. Reforçamos, assim, que os postulados contábeis normatizados, as normas do Direito Privado e até mesmo as leis em referência (assim com as respectivas e já citadas exposições de motivos) devem ser interpretados de forma sistemática. A interpretação sistemática do ordenamento jurídico evidencia que a apuração dos tributos sobre a renda – e, por conseguinte, a incidência da trava 30% na compensação dos prejuízos acumulados e da base negativa da CSLL – adota como pressuposto lógico a continuidade da pessoa jurídica, premissa para o Direito Civil e para o regime de competência, que orienta a apuração do lucro real. Em sendo assim, é igualmente evidente que a ausência de continuidade, vale dizer, ante à impossibilidade de postergação legal do exercício do direito do contribuinte de compensar prejuízo fiscal e base negativa da CSLL em exercícios futuros, não autoriza a aplicação do limite quantitativo, por absoluta ausência de subsunção à regra e por incompatibilidade com o Sistema Constitucional Tributário.

Lembramos que é o próprio ordenamento jurídico que trata o direito imprescritível à utilização dos resultados negativos nos exercícios seguintes como *tax allocation* (moeda para pagamento de tributo futuro). Tal direito à compensação não guarda qualquer relação com o direito adquirido, mas com um ativo da pessoa jurídica, como tantas vezes reconhecido pela Administração Tributária, a exemplo dos já mencionados programas de parcelamento instituídos pela Medidas Provisórias nº 651/14 (convertida na Lei nº 13.043/14) e nº 783/17 (convertida na Lei nº 13.496/17), que permitiram que esse *tax allocation* fosse usado para quitação de encargos legais ou de tributos. Nesse contexto, entender possível manter a trava na compensação ao mesmo tempo que o ativo fiscal é perdido (dada a vedação à sua transferência na extinção), é o mesmo que admitir a tributação da renda sobre patrimônio já dilacerado da empresa liquidada.

### 3.3 Do conteúdo programático das normas limitadoras da compensação de prejuízo fiscal e da base negativa da CSLL

Finalmente, o conteúdo programático das normas em questão pode ser extraído até mesmo do pronunciamento do Superior Tribunal de Justiça[23], segundo o qual "A prática do abatimento total dos prejuízos afasta o sustentado antagonismo da lei limitadora [trava] com o CTN, porque permaneceu incólume o conceito de renda, com reconhecimento do prejuízo, cuja dedução apenas restou diferida". Da mesma forma, o julgamento do EREsp 429.730/RJ[24], de relatoria do Ministro João Otávio de Noronha, também denota que a legalidade do instituto da trava está fundamentada no fato de que a respectiva norma apenas protraiu no tempo a consolidação do reconhecimento dos resultados negativos apurados. Tal condição fática ***só é possível na situação ordinária de continuidade das atividades empresariais.***

Deste modo, em caso que foge à regra geral de possível diferimento, hipótese da extinção da pessoa jurídica, a técnica legal da trava não teve previsão de aplicação, pois implicaria violação frontal à capacidade contributiva e ao conceito constitucional de renda, na medida em que equivaleria a vedada tributação de resultado fictício.

A aparente tensão envolve, portanto, tão somente uma questão de hermenêutica da lei dado o termo "benefício fiscal". Entretanto, tal fato ou mesmo a adoção de uma interpretação literal (artigo 111 do CTN) não afeta a conclusão que deve ser extraída do texto legal, posto que este nunca se confunde com a norma, a qual é sempre produto de extração do programa normativo, conforme suas dimensões elocutiva e ilocutiva. Ensina Tércio Sampaio Ferraz[25] que "também pertencem à norma o programa e o âmbito normativo (...) a análise da norma exige a percepção de que ela expressa um programa normativo (cometimento), ou seja, a ordenação jurídica estabelecida". Não por outra razão, o professor conclui que "a restrição quantitativa não deve implicar perda do direito

[23] Brasil. Superior Tribunal de Justiça. Segunda Turma. Recurso Especial nº 993.975/SP. Relatora Ministra Eliana Calmon. Julgamento em 06/08/2009.

[24] Brasil. Superior Tribunal de Justiça. Primeira Seção. Embargos de Divergência no Recurso Especial nº 429.730/RJ. Relator Ministro João Otávio de Noronha. Julgamento em 09/03/2005.

[25] Ferraz Junior, Tércio Sampaio. *Da compensação de prejuízos fiscais ou da trava de 30%. Revista Fórum de Direito Tributário.* Belo Horizonte: Fórum, ano 10, v. 60, p. 9-31, 2012.

de compensar prejuízos, até porque a ausência de restrição temporal significa possibilidade de transferência para períodos posteriores até o seu esgotamento".

Com escusas pela repetição, cabe aqui novamente lembrar que o próprio Supremo Tribunal Federal, no julgamento o *leading case*[26] que tratou da constitucionalidade da regra geral da trava bem explicitou que "tal restrição dirige-se à pessoa jurídica em pleno exercício de seu objeto social; ou seja, que não encerrou suas atividades, por extinção, fusão, cisão parcial ou total, ou por incorporação."

Em conclusão, se não há a possibilidade de compensação futura pela pessoa jurídica detentora do prejuízo, então inexiste o pressuposto lógico, que representa a condição indispensável para aplicação das normas limitadoras à absorção de resultados negativos. Noutras palavras: a extinção da sociedade empresarial consiste, tão somente, em caso que não se subsome à hipótese de incidência normativa da trava de 30% na compensação de prejuízo fiscal e de base negativa de CSLL.

## 4. Evolução da jurisprudência administrativa sobre o tema

No âmbito do Conselho Administrativo de Recursos Fiscais, é possível identificar que em 2009 houve uma abrupta alteração no entendimento, até então pacificado, no sentido de que a limitação instituída pelos artigos 42 e 58 da Lei nº 8.981/95 e artigos 15 e 16 da Lei nº 9.065/95 não abrange a hipótese de balanço de encerramento da Pessoa Jurídica.

Com efeito, conforme pesquisa empírica divulgada pelo Núcleo de Estudos Fiscais da Fundação Getúlio Vargas (FGV-Direito-SP)[27], o Tribunal Administrativo Federal mantinha desde 2001 jurisprudência que, assumindo a constitucionalidade e legalidade da limitação à compensação de prejuízos fiscais, reconhecia que o pressuposto lógico da sua aplicação reside na continuidade da pessoa jurídica, posto que há possibilidade de absorção futura do saldo de prejuízos. Logo, uma vez ausente essa possibilidade, não há subsunção possível às referidas normas limitadoras.

[26] Brasil. Supremo Tribunal Federal. Pleno. Recurso Extraordinário nº 591.340. Relator Ministro Marco Aurélio. Julgamento em 27/06/2019.

[27] Santi. Eurico Marcos Diniz de; DIAS. Karem Jureidini. e outros (coord.). *Repertório Analítico de Jurisprudência do CARF*. São Paulo: Max Limonad, 2016, pp. 312-341.

Nesse sentido, cita-se como exemplo o Acórdão nº 01-05.100[28], proferido pela Câmara Superior de Recursos Fiscais, cujo teor revela que o posicionamento pela não aplicação da trava de 30% na hipótese de descontinuidade da pessoa jurídica já se encontrava consolidado:

> **Esse raciocínio já está pacificado neste Conselho de Contribuintes.** A norma (Lei 9065/95, art. 15), ao impor a 'trava' na compensação, não pretendeu tolher o direito do contribuinte de não recolher IRPJ sobre a recuperação do capital, correspondente ao lucro após prejuízo. Pretendeu sim uma arrecadação mínima, se apurado lucro líquido, com a limitação de utilização do prejuízo acumulado. Em contrapartida, extinguiu o prazo de aproveitamento do prejuízo (de 4 anos), para que o contribuinte pudesse compensar integralmente seu saldo de prejuízo fiscal, ainda que em muitos anos.
> Desse modo, e considerando que à empresa incorporadora é vedado o aproveitamento do saldo de prejuízo fiscal da empresa incorporada (Decreto-lei 2341/87, arts. 32 e 33), **deixa de existir a premissa de inexistência de limitação de aproveitamento do prejuízo com os lucros futuros, o que compromete a legitimidade da trava do prejuízo**. (Grifos das autoras).

Válido sublinhar também que os julgamentos sobre o tema realizados pela Câmara Superior de Recursos Fiscais eram ao final decididos à unanimidade, ausente, portanto, interpretação divergente. Aliás, tão pacificada e unânime a jurisprudência no Tribunal Administrativo que não se verificavam casos julgados pelo Poder Judiciário envolvendo essa matéria.

Todavia, em outubro de 2009, a jurisprudência, reconhecidamente uníssona e unânime da Câmara Superior de Recursos Fiscais, órgão administrativo responsável por dirimir divergência na interpretação da lei, foi alterada por meio do Acórdão nº 9101-00.401[29], decidido pelo voto de qualidade (voto duplo) e no qual foi firmado o entendimento de que o limite de 30% para compensação de prejuízos de períodos anteriores

[28] Brasil. Câmara Superior de Recursos Fiscais. Acórdão nº CSRF/01-05.100. Relator José Henrique Longo. Julgamento em 19/10/2004.

[29] Brasil. Câmara Superior de Recursos Fiscais. Primeira Turma. Acórdão nº CSRF/9101-00.401. Relator Ivete Malaquias Pessoa Monteiro. Julgamento em 02/10/2009.

seria aplicável também nos ajustes ao lucro real do balanço de encerramento das atividades da empresa.

A partir de então passou a prevalecer no âmbito administrativo, ainda que por voto de qualidade, o posicionamento pela aplicação da limitação à compensação de prejuízo fiscal e saldo negativo de CSLL também no caso específico de descontinuidade da pessoa jurídica. Essa modificação repentina do entendimento então pacificado pelo Tribunal Administrativo acabou por ensejar a judicialização do tema, fazendo com que os contribuintes recorressem ao Poder Judiciário, a fim de reestabelecer a segurança jurídica com o reconhecimento judicial do seu direito à apropriação integral dos prejuízos fiscais acumulados e bases negativas CSLL quando do peculiar momento da sua extinção, como meio de evitar que a tributação recaísse sobre o patrimônio já deficitário no momento da liquidação, assim como para impedir que a nova interpretação conferida pela Administração Púbica retroagisse e imputasse penalidades aos atos praticados em boa-fé, quebrando a confiança do administrado.

## 5. Posicionamento do Supremo Tribunal Federal

Como mencionamos, a discussão sobre a constitucionalidade e a legalidade do limite de 30% no aproveitamento de prejuízos fiscais e bases negativas na situação regular de continuidade da pessoa jurídica não é nova na jurisprudência nacional. O Supremo Tribunal Federal já teve a oportunidade de se pronunciar sobre o tema, julgando constitucional a trava na compensação de resultados negativos nos Recursos Extraordinários nº 545.308/SP[30] e nº 344.994/PR[31].

No entanto, naquelas ocasiões o Supremo Tribunal Federal apreciou a constitucionalidade dos artigos 42 e 58, da Lei nº 8.981/95, e dos artigos 15 e 16, da Lei nº 9.065/95 sob a perspectiva exclusiva da anterioridade e da irretroatividade e mesmo assim, obviamente, em um contexto de continuidade da pessoa jurídica. Em verdade, nos referidos julgamentos a Corte Suprema concluiu pela constitucionalidade das normas por entender que não há direito adquirido acerca da incidência da trava

[30] Brasil. Supremo Tribunal Federal. Pleno. Recurso Extraordinário nº 545.308/SP. Relator Ministro Marco Aurélio. Julgamento em 08/10/2009.

[31] Brasil. Supremo Tribunal Federal. Pleno. Recurso Extraordinário nº 344.994/PR. Relator Ministro Marco Aurélio. Julgamento em 25/03/2009.

sobre prejuízos e bases negativas acumulados antes do início da vigência das Leis que a instituíram.

Justamente por reconhecer que existiam outros princípios e garantias constitucionais a serem analisadas, inclusive na regra geral de continuidade da pessoa jurídica, que o Supremo Tribunal Federal houve por bem afetar sob o regime da Repercussão Geral[32], o Recurso Extraordinário nº 591.340/SP (Tema nº 117). Na decisão[33] que reconheceu a existência de repercussão geral, o então Relator, Ministro Marco Aurélio de Mello, alertou inclusive que a matéria controvertida naquele caso não se confundia com o quanto já decidido pela Corte Suprema no RE nº 344.994/PR[34].

O julgamento de mérito do precedente vinculante foi concluído em 27/06/2019, fixando a seguinte tese: *"É constitucional a limitação do direito de compensação de prejuízos fiscais do IRPJ e da base de cálculo negativa da CSLL"*. Todavia, mais uma vez se observa que o entendimento adotado pelo Supremo Tribunal Federal não se estende à peculiar hipótese de descontinuidade da pessoa jurídica. Nesse sentido, destaca-se o excerto do voto do Ministro Marco Aurélio de Mello, que cuidou de ressaltar que a discussão sobre a inconstitucionalidade da incidência da limitação de 30% nos casos específicos em que há extinção da sociedade não seria apreciada naquela oportunidade:

> De início, destaco a necessidade de delimitar-se o que submetido a julgamento. O recurso cuida, tão somente, da constitucionalidade das

[32] Nos termos do artigo 543-B, do Código de Processo Civil de 1973, correspondente ao artigo 1.036, do Código Processual de 2015.

[33] Brasil. Supremo Tribunal Federal. Pleno. Agravo no Recurso Extraordinário nº 591.340/SP. Relator Ministro Marco Aurélio. Julgamento em 20/12/2013.

[34] "O recorrente, na minuta de folha 275 a 279, sustenta a necessidade de sequência do extraordinário, a ser examinado em sede de repercussão geral, em que pese o decidido pelo Pleno no Recurso Extraordinário nº 344.994/PR. **Alega a ausência de apreciação, nesse pronunciamento, de aspectos importantes da presente controvérsia – violação ao princípio da capacidade contributiva, da vedação ao confisco e da isonomia.**
**Estando em jogo princípios constitucionais fundamentais do Sistema Tributário Nacional que não mereceram análise quando do julgamento do precedente observado [RE nº 344.994]**, reconsidero a decisão atacada a fim de que o extraordinário [RE nº 591.340] tenha sequência e seja submetido ao Colegiado para solução do tema." (Grifos das autoras).

restrições previstas nas citadas Leis, presente a continuidade da atividade empresarial, **não abrangendo a interpretação dos diplomas legais nas situações em que se observa a extinção de pessoa jurídica.**

Ademais, como adiantado nos tópicos anteriores, na ocasião do julgamento do RE nº 591.340/SP a Corte Suprema se referiu à utilização de resultados negativos como "*benesse fiscal*". Entretanto, nem mesmo a atribuição de natureza de benefício fiscal tem o condão de legitimar a incidência da trava de 30% na hipótese específica da extinção da pessoa jurídica.

Isso porque a comutação discursiva existente entre a contabilidade e a tributação, que permite que o lucro líquido contábil figure como ponto de partida do lucro real, evidencia os efeitos interperíodos do sacrifício dos sócios e acionistas na aferição de resultados futuros, ao mesmo tempo em que autoriza a disposição de efeitos divergentes para fins fiscais (seja por adições e exclusões, seja por diferimento no aproveitamento dos resultados negativos). Noutras palavras, referida comutação discursiva, de um lado autoriza que as antecipações do IRPJ e da CSLL sejam apuradas de acordo com a limitação à compensação de prejuízos e exigidas ao término de cada ano-calendário como forma de garantia da manutenção de fluxo de caixa do Estado; por outro lado, assegura que os prejuízos fiscais permaneçam registrados e controlados como ativo da pessoa jurídica (*tax allocation*), garantindo que o patrimônio da pessoa jurídica não seja dilapidado.

Por esse motivo, a configuração do limite de 30% como benesse fiscal não prejudica a discussão acerca da inconstitucionalidade da sua aplicação quando do encerramento definitivo da sociedade. Realmente sempre foi conferida legitimidade à União para determinar a antecipação dos tributos ou a postergação da utilização de um redutor nos ajustes para aferimento da renda tributável em cada exercício. A bem da verdade, a União poderia ter instituído um percentual do lucro ainda menor para limitar a absorção dos prejuízos fiscais e bases negativas, desde que, como bem observado pelo Congresso Nacional, atento ao conceito de renda e à preservação do patrimônio da pessoa jurídica, seja garantido que o saldo remanescente seja reconhecido como ativo passível de compensação com os lucros supervenientes.

Insistimos que o reconhecimento da trava como benesse fiscal, como o fez a Suprema Corte, não afasta a sua condição de mera técnica legal de arrecadação que, ao mesmo tempo em que garante o fluxo de caixa estatal, apenas difere no tempo o reconhecimento de custos e despesas que impactaram na formação do lucro. Benefício ou não, em respeito à escolha democrática prevista nas Leis nº 8.981/95 e nº 9.065/95, impõe-se que seja observada a restrição à compensação de prejuízo fiscal, assim como impõe-se que tal restrição somente seja aplicada se respeitada a condição de utilização futura do saldo remanescente. Ambas as condições compõem o mesmo programa normativo. A lei não pode incidir "pela metade", ignorando-se seu pressuposto lógico, democraticamente eleito.

Muito embora não fosse objeto daquele julgamento, não se pode deixar de notar que ao decidir o Recurso Extraordinário nº 591.340/SP, os ministros do Supremo Tribunal Federal adiantaram o alcance da norma que impõe a limitação de 30% na compensação de prejuízo fiscal, deixando claro se tratar de regra que efetivamente pressupõe a continuidade da pessoa jurídica para que sua incidência esteja em consonância com os princípios constitucionais. Isso, pois, conforme constou expressamente no voto do Ministro Relator para acórdão, Dr. Alexandre de Moraes: "*tal restrição dirige-se à pessoa jurídica em pleno exercício de seu objeto social; ou seja, que não encerrou suas atividades, por extinção, fusão, cisão parcial ou total, ou por incorporação.*"

Não bastasse, em debates realizados naquela sessão de julgamento, os ministros elucidaram com ainda mais clareza que a hipótese de extinção da sociedade não se confunde com a regra geral de aplicação da trava de 30%. Para além disso, revelaram também que o entendimento pela constitucionalidade dos artigos 42 e 58, da Lei nº 8.981/95 e dos artigos 15 e 16, da Lei nº 9.065/95 não comprometia a conclusão pela sua não incidência na apuração do balanço de encerramento da empresa, assentando que:

> ESCLARECIMENTO
>
> O SENHOR MINISTRO LUIZ FUX (PRESIDENTE) – Antes de tomar o voto da Ministra Rosa Weber, só queria esclarecer, depois de ouvir o Relator, que não está em jogo a compensação de prejuízos fiscais de empresa extinta, porque isso foi aduzido da tribuna...

> O SENHOR MINISTRO EDSON FACHIN – De fato, não foi submetido ao contraditório. Eu fiz referência a uma tese subsidiária e não a um debate presente.
>
> O SENHOR MINISTRO LUIZ FUX (PRESIDENTE) – Essa tese não está em jogo, porque aí fica mais fácil entender que não vai poder compensar prejuízo de uma pessoa que já se extinguiu. **Então ela tem que compensar tudo de uma vez só. Mas não é isso que está em jogo.**
>
> O SENHOR MINISTRO MARCO AURÉLIO (RELATOR) – **Se tivesse que enfrentar esse tema, com maior razão, determinaria a consideração dos prejuízos.** (Grifos das autoras).

Reforça essa conclusão o fato de ter constado expressamente no voto da lavra do Ministro Alexandre de Moraes, que o reconhecimento de que o limite de 30% configura mera técnica legal de arrecadação, que posterga no tempo o reconhecimento dos custos e das despesas que influenciaram na formação do lucro, *in verbis*:

> As leis em exame, na verdade, exprimem técnica fiscal de compensação integral dos prejuízos fiscais registrados em determinado ano-base, sem divisa temporal (pro futuro), mas limitada a 30% a cada período, **até que haja o esgotamento do resultado negativo**, respeitando-se, por um lado, os princípios da isonomia, da capacidade contributiva, e do outro, retirando-lhe o caráter confiscatório, **já que a fórmula legal não implica a perda do direito à compensação de prejuízos, mas mera transferência, indefinida, para períodos posteriores** (...)", indica TERCIO SAMPAIO FERRAZ JUNIOR (Da compensação de prejuízos fiscais ou da trava de 30%. Revista Fórum de Direito Tributário – RFDT. Belo Horizonte, ano 10, n. 60, nov./dez. 2012). (Grifos das autoras).

Desta feita, a despeito de o Supremo Tribunal Federal ainda não ter sido instado a analisar a constitucionalidade da incidência da limitação de 30% na particular hipótese em que a pessoa jurídica é extinta, os pronunciamentos acima reproduzidos já permitem inferir que a natureza atribuída à compensação de prejuízo fiscal em nada interfere na conclusão de que a aplicação do limite previsto nas leis em referência tem por pressuposto lógico legal a possibilidade de utilização futura dos resultados negativos.

## 6. Considerações sobre o julgamento do RESP N° 1.805.925/SP Pelo Superior Tribunal de Justiça

A matéria controvertida ora abordada foi submetida à apreciação do Superior Tribunal de Justiça em junho de 2020. No julgamento do Recurso Especial nº 1.805.925/SP[35], primeiro caso em que o mérito foi efetivamente apreciado[36], a Primeira Turma do Tribunal decidiu, pelo apertado placar de três votos a dois, que mesmo no peculiar contexto do balanço de encerramento da pessoa jurídica, a absorção dos resultados negativos deveria respeitar o limite de 30% do lucro auferido no exercício. Prevaleceu ao final o posicionamento do voto vista do Ministro Gurgel de Faria. Apesar de, no momento de elaboração deste trabalho ainda não ter sido formalizado o acórdão, depreendemos pelo acompanhamento do julgamento que, a princípio, a decisão partiu exclusivamente da premissa de que deveria ser interpretada referida compensação dos resultados negativos como benefício fiscal, com base nas decisões emanadas do Supremo Tribunal Federal, o que ensejaria interpretação restritiva em atenção ao artigo 111, do Código Tributário Nacional. Assim, na ausência de autorização específica e expressa na legislação tributária que excepcionasse a incidência da trava na hipótese de extinção da pessoa jurídica, concluiu-se pela legalidade da sua aplicação também nesse contexto. Restaram vencidos o Ministro Relator, Dr. Napoleão Nunes Maia Filho, e a Ministra Regina Helena Costa.

Antes de adentrar ao exame do entendimento adotado na sessão de 23/06/2020 pela Corte Superior, convém fazer breve digressão no histórico dos seus precedentes que envolveram a restrição ao aproveitamento de resultados negativos. Até então o Tribunal Superior tinha se deparado tão somente com o questionamento da legalidade da trava de 30% sob a ótica da continuidade das atividades empresariais. Nessas

[35] BRASIL. Superior Tribunal de Justiça. Primeira Turma. Recurso Especial nº 1.805.925/SP. Relator Ministro Napoleão Nunes Maia Filho. Relator para acórdão Gurgel de Faria. Julgamento em 22/06/2020. Acórdão não publicado.

[36] Embora também discutissem a incidência da trava de 30% no contexto da descontinuidade da pessoa jurídica, o REsp nº 1.725.911/SP e o REsp nº 1.867.847/SP não chegaram a ter a questão de mérito examinada. No primeiro caso, o recurso, manejado pelo contribuinte, foi julgado monocraticamente desprovido e ainda aguarda apreciação dos Embargos de Divergência. Já no último, o Recurso Especial foi interposto pela Fazenda Nacional e teve seu seguimento negado.

oportunidades, pautada no pressuposto de que era assegurado ao contribuinte o abatimento integral dos prejuízos fiscais acumulados e da base negativa da CSLL na apuração do lucro e que a trava implicava em mera postergação do exercício da utilização desse direito, a Corte proferiu diversos acórdãos reconhecendo a legalidade da limitação imposta pelas Leis nº 8.981/95 e nº 9.065/95. Tanto é assim que no Recurso Especial nº 993.975/SP a Ministra Eliana Calmon ressaltou que nas referidas normas "*não existia empecilho de que os 70% restantes fossem abatidos nos anos seguintes, até o seu limite total, sendo integral a dedução.*"

Também foi outrora reconhecido por aquele Tribunal Superior a necessidade de ser conferido tratamento distinto, em virtude dos efeitos da incidência da regra limitadora, nos casos em que a empresa se encontra em plena atividade (regra geral) e na específica hipótese da extinção da pessoa jurídica (exceção). Nesse sentido, cita-se o Agravo Regimental no Recurso Especial nº 831.814/RJ[37], no qual o Superior Tribunal de Justiça, após constatar que o Tribunal de origem havia sido omisso quanto ao tema, determinou o retorno dos autos para que se realizasse novo julgamento da matéria, considerando o encerramento da sociedade como situação específica que deveria ser apreciada no julgamento:

> Muito embora tenha sido invocada a especial circunstância de **a agravante estar incorporando uma outra empresa e estar pretendendo afastar a limitação legal de compensação de prejuízos fiscais** e bases de cálculo negativas apenas para a empresa incorporada **por se tratar de seu último balanço, esta relevante circunstância não foi apreciada** em sede de apelação (fls. 228/231) ou nos respectivos embargos de declaração (fls. 246/250), em que pese o pedido expresso da agravante a respeito (fl. 217 que fez menção às razões da inicial) e o natural efeito devolutivo do recurso. (Grifos das autoras).

Noutro giro, sobre o julgamento do Recurso Especial nº 1.805.925/SP, algumas considerações merecem ser feitas. Em primeiro lugar, convém esclarecer que a recente decisão do Superior Tribunal de Justiça não foi submetida ao rito dos recursos repetitivos. Além disso, destaca-se que o processo apreciado não se encontra definitivamente julgado, já que

[37] BRASIL. Superior Tribunal de Justiça. AgRg no REsp nº 831.814/RJ. Decisão Monocrática. Ministro Mauro Campbell Marques. Julgado em 02/02/2016.

pendente a formalização do acórdão, a partir do qual é possível a oposição de Embargos de Declaração pelo contribuinte, inclusive para fins de suprir as omissões no que tange à análise do caso concreto, tratadas no tópico seguinte.

Sobressai o fato de que a questão controvertida foi tratada, acredita-se, tão somente sob o enfoque da natureza jurídica do instituto da trava, sem a apreciação das diversas repercussões da sua incidência na apuração específica do balanço de encerramento das sociedades e apontadas ao longo desse artigo. Sobre este aspecto, nota-se que carece ainda a apreciação sobre a violação ao conceito de renda que a tributação nesses moldes representa, bem como sobre a necessária observância da capacidade contributiva e da isonomia, ou mesmo do princípio da segurança jurídica, ante a verificada alteração na jurisprudência administrativa, mérito todo passível inclusive de submissão também à Suprema Corte.

Ademais, e como já defendemos[38], para a aplicação de um precedente jurisprudencial, é necessário cautela na análise da *ratio decidendi* como prescrição geral, motivo pelo qual é relevante distinguir a fundamentação da decisão, da qual se extrai a interpretação dos tribunais superiores acerca de determinada norma, do dispositivo do julgamento, que é determinação específica direcionada tão somente ao caso concreto.

Nessa toada, relembra-se que foi o próprio Supremo Tribunal Federal, ao decidir o Recurso Extraordinário nº 591.340/SP, que cuidou de realizar o necessário *distinguishing* do caso então julgado com a hipótese específica em que o limite de 30% é aplicado no balanço de encerramento da sociedade, ressalvando, inclusive de forma expressa, que a restrição prevista nos artigos 42 e 58, da Lei nº 8.981/95 e dos artigos 15 e 16, da Lei nº 9.065/95 "dirige-se *à pessoa jurídica em pleno exercício de seu objeto social*". A assertiva, por si só, já conduz à conclusão que a interpretação consagrada pela Corte Suprema, mesmo no que atine à natureza de benefício fiscal, não legitima *per se* a aplicação da trava no momento da extinção da pessoa jurídica.

Mais que isso, o acórdão do Recurso Extraordinário nº 591.340/SP, até mesmo quando expôs que a utilização de prejuízos fiscais e bases

[38] Dias, Karem Jureidini. Limitação para o aproveitamento de prejuízo fiscal e base negativa na apuração do IRPJ e da CSLL. In: PRODIREITO: *Direito tributário: Programa de atualização em direito. Ciclo 1.* Porto Alegre: Artmed Paramericana, 2016.

negativas configuraria *benesse* fiscal, cuidou de elucidar que a referida limitação "*não implica a perda do direito à compensação de prejuízos, mas mera transferência, indefinida, para períodos posteriores*". Vale dizer: o próprio julgamento do Supremo Tribunal Federal, se integralmente considerada sua *ratio decidendi,* não parece servir de fundamento ao entendimento adotado, por apertada maioria, pela Primeira Turma do Superior Tribunal de Justiça.

Em nosso pensar, as razões de decidir do precedente do Supremo Tribunal Federal denotam que a qualificação do aproveitamento de prejuízo fiscal e de base negativa da CSLL como benefício fiscal em nada interfere na discussão sobre a aplicação da trava na hipótese de extinção da pessoa jurídica. Isso porque, a interpretação literal a que alude o artigo 111, do Código Tributário Nacional – que, logicamente, não pode ser tendenciosa para quaisquer das partes – de mesma forma submete-se à necessidade de se considerar a finalidade e o programa normativo eleito pelo legislador, inclusive em atendimento à legalidade, assim como para aferição de sua conformidade com a Lei Maior. E é precisamente essa interpretação literal que permite verificar que o pressuposto lógico de aplicação da regra limitadora consiste na possibilidade de compensação futura dos prejuízos fiscais, como expresso nas Leis nº 8.981/95 e nº 9.065/95. Se assim é, não há que se cogitar lacuna na lei, nem mesmo há que se exigir disposição expressa em relação à hipótese de extinção da pessoa jurídica, porque expresso está o pressuposto da aplicação da referida norma (possibilidade de compensação futura), na qual referida hipótese não se enquadra.

Nessa toada, parece-nos que no julgamento do Recurso Especial nº 1.805.925/SP adotou-se apenas parcialmente a *ratio decidendi* exposta no acórdão do Recurso Extraordinário nº 591.340/SP, avançando para além da norma legítima que estabeleceu a trava e em seu mesmo programa garantiu a compensação futura como pressuposto lógico, o que pode ensejar o debate envolvendo o princípio da legalidade (artigos 5º, inciso II, da Constituição Federal) e da estrita legalidade (artigo 150, inciso I, e artigo 97, inciso I, do Código Tributário Nacional), da isonomia (artigos 5º, *caput,* e 150, inciso II, da Constituição Federal), da capacidade contributiva (artigo 145, §1º, da Constituição Federal), da universalidade e da vedação ao confisco (artigos 5º, *caput* e inciso II, 150, inciso IV, 153, §2º, inciso I, 195, inciso I, todos Constituição Federal), além do conceito constitucional e legal de renda (artigo 153, inciso III, da Constituição Federal e artigos 43 e 44, ambos do Código Tributário Nacional).

Como ensina a ilustre doutrinadora e Ministra Regina Helena Costa, professora de Direito Tributário da Pontifícia Universidade Católica de São Paulo e profunda conhecedora dos princípios constitucionais tributários[39], a tributação há que observar o princípio da capacidade contributiva absoluta[40] e a vedação do efeito confiscatório. Nesse contexto, de se destacar que a ilustre Ministra, no curso da sessão de julgamento do Recurso Especial nº 1.805.925/SP, bem pontuou que a *"impossibilidade lógica"*[41] de o contribuinte compensar os resultados negativos em um próximo exercício financeiro faria com que a tributação recaísse sobre o próprio prejuízo (e não sobre a renda).

Isso, pois, ao impor, no momento da extinção da empresa, a limitação da compensação de prejuízos e bases negativas à 30% do resultado auferido no balanço de encerramento, a tributação deixa de atingir apenas o acréscimo patrimonial, incidindo verdadeiramente e de forma definitiva sobre o seu patrimônio. Nesse sentido, ilustramos exemplificativamente tais efeitos:

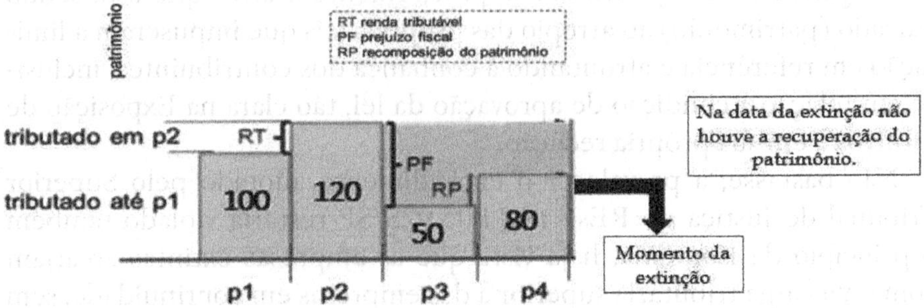


[39] Costa. Regina Helena. Princípio da Capacidade Contributiva. São Paulo: Malheiros, 2012; Curso de Direito Tributário – Constituição e Código Tributário Nacional. 7ª edição, São Paulo, Saraiva, 2017 e Praticabilidade e Justiça Fiscal – Exeqüibilidade da lei tributária e direitos do contribuinte. Malheiros Editores: 2007.

[40] Costa. Regina Helena. Princípio da Capacidade Contributiva. São Paulo: Malheiros, 2012, p. 32.

[41] Conforme se extraiu do acompanhamento da sessão pública de julgamento realizada em 23/06/2020.

No exemplo acima, apenas o montante correspondente à "RT" configura renda tributável no ano *p2*, já que "*RP*" refere-se justamente à recomposição das perdas dos anos anteriores. Ademais, considerando que a sociedade foi alienada no ano *p4*, constata-se que do investimento inicial de 100 somente foi possível recuperar 80 até o momento da sua extinção. Contudo, com a incidência da trava de 30% neste momento, passa-se a considerar 56 (80 – 30%) como se renda fosse, quando, na verdade, se está a tributar definitivamente o patrimônio já dilacerado.

Não se trata, deste modo, de discussão sobre o direito creditório do contribuinte, mas de incidência (indevida) de tributação sobre o patrimônio ou sobre o próprio prejuízo (e não sobre a renda). A incidência do limite de 30% sobre o *PF*, apontado no *p4* do exemplo acima, implica situação de absoluta incapacidade contributiva, na medida em que se encerra junto com a pessoa jurídica a possibilidade de absorção desse prejuízo com lucros futuros e, portanto, tributa-se resultado fictício. Mais grave ainda, por força do disposto no artigo 33, do Decreto-lei nº 2.341/87, quando do encerramento da pessoa jurídica, há que ser baixado o ativo representado pelo valor futuramente compensável correspondente ao percentual do IRPJ e da CSLL incidentes sobre os resultados negativos. Ou seja: tributa-se precisamente o ativo que está sendo baixado (patrimônio) ao arrepio das próprias leis que impuseram a limitação em referência e afrontando a confiança dos contribuintes, inclusive em relação à condição de aprovação da lei, tão clara na Exposição de Motivos e em sua própria redação.

Não bastasse, a prevalecer o entendimento adotado pelo Superior Tribunal de Justiça no REsp nº 1.805.925/SP restaria violado também o princípio da isonomia, haja vista que as empresas extintas arcariam com uma carga tributária superior à das empresas em continuidade, sem qualquer respaldo legal ou constitucional para tal *discrímem*. Nesse cenário, o encerramento da pessoa jurídica provocaria a tributação definitiva do seu patrimônio, ao passo que as empresas em continuidade absorvem de forma integral seus resultados negativos, ainda que de forma escalonada, porquanto se enquadram precisamente no pressuposto lógico da condição normativa da trava. Enquanto o limite de 30% na situação regular de continuidade não provoca redução do patrimônio da entidade, que mantém o ativo fiscal, utilizado escalonadamente para diminuir a carga fiscal; a sua indevida aplicação na situação de extinção, implica, ao revés, na tributação do patrimônio perdido.

Tal ilegítima discriminação resta ainda mais evidente se considerarmos os atos exarados pela própria Administração Tributária e pela União que reconheceram, reiteradamente, que a compensação dos resultados negativos da sociedade está inserida no campo da técnica legal para apuração da renda tributável e, como tal, o escalonamento na absorção de tais resultados pressupõe a possibilidade de compensação futura, razão pela qual a carga fiscal da tributação da renda sobre tais resultados negativos ainda não absorvidos compõe o patrimônio do contribuinte como um ativo fiscal. Exatamente por isso, possível a sua utilização para pagamento de tributos ou encargos, como outrora previsto nas já mencionadas Leis nº 13.043/14 e nº 13.496/17. Ativo este definitivamente perdido e ainda tributado pelas empresas extintas.

Não fosse suficiente, diferentemente da *ratio decidendi* integral constante do Recurso Extraordinário nº 591.340/SP, a conclusão adotada no julgamento do Recurso Especial em questão, caso mantida, deve macular (por coerência) as autorizações conferidas nos citados programas especiais de regularização fiscal. Por hipótese, restaria ainda evidenciada a quebra da confiança e o tratamento não isonômico, insistimos, entre aqueles que não encerraram suas atividades, mantendo-a por vezes até inativa apenas para futuramente utilizar referido ativo para quitação tributária, e aqueles que acreditaram na vontade legislativa e na melhor interpretação da lei conferida pelo Tribunal Administrativo, encerrando devidamente suas atividades com observância da tributação do lucro ou prejuízo fiscal efetivamente remanescente.

## 7. Das razões não apreciadas pela primeira turma do Superior Tribunal de Justiça

A despeito de eventual equívoco – dado que o acórdão ainda não se encontra publicado no momento da elaboração do trabalho –, o entendimento vencedor exarado no REsp nº 1.805.925/SP, a princípio, não abordou outros argumentos que, *per se,* desafiam a legitimidade da aplicação da norma restritiva na peculiar hipótese de extinção da pessoa jurídica e impactam sobremaneira no deslinde do caso concreto que lhe fora apresentado.

Nesse contexto, há que se recordar a alteração abrupta da jurisprudência consolidada, por quase uma década, pela Câmara Superior de Recursos Fiscais. Para os eventos ocorridos à época da orientação geral então vigente até o ano de 2009, deve ser necessária a observância do artigo 146, do Código Tributário Nacional, que reforça o primado da segurança jurídica, estatuindo que a alteração de hermenêutica normativa não pode retroagir para alcançar fatos geradores ocorridos antes da sua vigência. Afinal, o contribuinte que apenas pautou sua conduta no posicionamento então chancelado e pacificado pelo Tribunal Administrativo acerca do conteúdo normativo do texto legal não pode ser surpreendido e penalizado com lançamento de ofício e controle de legalidade administrativo que aplica retroativamente o novo critério jurídico adotado, ainda que por voto de qualidade, pelo mesmo Tribunal.

De fato, a manutenção do lançamento de ofício nesses parâmetros tem sua legalidade e constitucionalidade comprometidas também por ofender o princípio da segurança jurídica, estruturante do Estado Democrático de Direito, do qual decorre a proteção da confiança do administrado e da sua boa-fé. Trata-se de princípio tão relevante que os precedentes do próprio Superior Tribunal de Justiça fazem questão de assegurar a sua observância, assentando que os efeitos da revisão jurisprudencial são necessariamente prospectivos, como se deflui do acórdão proveniente do REsp *nº 1.596.978*[42], *in verbis:*

> A mutação jurisprudencial tributária de que resulta oneração ou agravamento de oneração ao Contribuinte somente pode produzir efeitos a partir da sua própria implantação, não alcançando, portanto, fatos geradores pretéritos, consumados sob a égide da diretriz judicante até então vigorante; essa orientação se apoia na tradicional e sempre atual garantia individual de proibição da retroatividade de atos oficiais (ou estatais) veiculadores de encargos ou ônus: sem esse limite, a atividade estatal tributária ficaria à solta para estabelecer exigências retrooperantes, desestabilizando o planejamento e a segurança das pessoas.

Desse entendimento não discrepa o Supremo Tribunal Federal[43] ao sustentar que "O Supremo Tribunal Federal, guardião-mor da Constituição Republicana, pode e deve, em prol da segurança jurídica, atribuir

[42] BRASIL. Superior Tribunal de Justiça. Primeira Turma. Recurso Especial nº 1.596.978. Relator Ministro Napoleão Nunes Maia Filho. Julgamento em 07/06/2016.

[43] BRASIL. Supremo Tribunal Federal. Conflito de Competência nº 7.204, Relator Ministro Carlos Britto. Julgamento em 29/06/2005.

eficácia prospectiva às suas decisões, com a delimitação precisa dos respectivos efeitos, toda vez que proceder a revisões de jurisprudência".

O enfrentamento dessa questão pelo Superior Tribunal de Justiça se mostra especialmente relevante até mesmo para garantir um tratamento isonômico em relação aos contribuintes que não foram autuados pela compensação integral de prejuízo na extinção, justamente em razão da jurisprudência consolidada no âmbito administrativo; assim como em relação àqueles que, tendo praticado os fatos geradores no mesmo período, tiveram as autuações definitivamente canceladas administrativamente em razão do momento do controle de legalidade.

Finalmente, releva notar que a quebra de confiança gera prejuízo irreparável também porque contribuintes que se extinguiram na vigência da anterior orientação perderam o ativo fiscal que, fosse outro o critério jurídico adotado à época, poderia ser mantido ainda que tão somente para resguardo do aproveitamento futuro em regime especial de regularização, como já abordado.

Não bastasse a vedação expressa do *Códex* Tributário à aplicação retroativa de novos critérios jurídicos, o legislador instituiu novas normas que assegurassem a observância concreta do princípio da segurança jurídica.

Desponta nesse cenário a inclusão dos artigos 23, 24 e 30, da Lei de Introdução às Normas do Direito Brasileiro ("LINDB"), pela Lei nº 13.655, de 2018[44], que determinam, de forma expressa, que a Administração não pode rever e invalidar atos com base em nova *orientação*

[44] "Art. 23. A decisão administrativa, controladora ou judicial que estabelecer interpretação ou orientação nova sobre norma de conteúdo indeterminado, impondo novo dever ou novo condicionamento de direito, deverá prever regime de transição quando indispensável para que o novo dever ou condicionamento de direito seja cumprido de modo proporcional, equânime e eficiente e sem prejuízo aos interesses gerais. **(Regulamento)**
Parágrafo único. (VETADO). **(Incluído pela Lei nº 13.655, de 2018)**
Art. 24. A revisão, nas esferas administrativa, controladora ou judicial, quanto à validade de ato, contrato, ajuste, processo ou norma administrativa cuja produção já se houver completado levará em conta as orientações gerais da época, sendo vedado que, com base em mudança posterior de orientação geral, se declarem inválidas situações plenamente constituídas. **(Incluído pela Lei nº 13.655, de 2018) (Regulamento)**
Parágrafo único. Consideram-se orientações gerais as interpretações e especificações contidas em atos públicos de caráter geral ou em jurisprudência judicial ou administrativa majoritária, e ainda as adotadas por prática administrativa reiterada e de amplo conhecimento público.
(...)

ou *interpretação*. Reitera-se que a proteção resguardada pela *novel* redação do Decreto-lei nº 4.657/1942 (LINDB) não representa uma previsão isolada e inédita no ordenamento jurídico. Pelo contrário, sempre se encontrou garantida, seja com amparo no artigo 2º, parágrafo único, inciso XIII, da Lei nº 9.784/99, seja com amparo no próprio Código Tributário Nacional (*ex vi* do mencionado artigo 146). A superveniência da Lei nº 13.655/18 somente reforçou esse entendimento, na medida em que dispôs *expressamente* que a *"jurisprudência majoritária"*, inclusive a administrativa, é considerada como *"orientação geral"* capaz de vedar a invalidação de atos que tenham sido nela pautados.

Com efeito, apesar da resistência inicial[45], não restam dúvidas quanto à aplicabilidade dos novos comandos, regulamentados pelo Decreto nº 9.830/2019, ao Direito Tributário, uma vez que a Lei de Introdução às Normas do Direito Brasileiro detém natureza de norma geral de hermenêutica e, como tal, se destina a orientar a interpretação conferida indistintamente a todas as leis integrantes do ordenamento jurídico.

De mais a mais, apesar de no lançamento por homologação ser o particular a atuar, este o faz como *longa manus* do Estado, praticando ato de constituição do crédito tributário, por natureza caracterizado como ato administrativo, no caso por delegação, como bem salientou o Professor Floriano de Azevedo Marques Neto[46], um dos autores da Lei nº 13.655, de 2018. Conclui assim o ilustre professor que "o ato jurídico sujeito ao processo revisional (lançamento por homologação) reveste-se da natureza de ato, contrato, e, até mesmo, de norma administrativa."

Afastar o primado constitucional da segurança jurídica, ao deixar de se aplicar o artigo 24, da LINDB e o artigo 146, do Código Tributário Nacional à situação ocorrida na vigência de orientação então pacificada

Art. 30. As autoridades públicas devem atuar para aumentar a segurança jurídica na aplicação das normas, inclusive por meio de regulamentos, súmulas administrativas e respostas a consultas. **(Incluído pela Lei nº 13.655, de 2018) (Regulamento)**

Parágrafo único. Os instrumentos previstos no caput deste artigo terão caráter vinculante em relação ao órgão ou entidade a que se destinam, até ulterior revisão. **(Incluído pela Lei nº 13.655, de 2018)**"

[45] Nesse sentido, citam-se como exemplo as seguintes decisões proferidas pelo Conselho Administrativo de Recurso Fiscais: acórdão nº 9202-006.996; acórdão nº 9202-007.145; acórdão nº 1301-003.284; acórdão nº 1402-003.605 e acórdão nº 1401-003.

[46] Conforme parecer inédito juntado aos autos do REsp nº 1.805.925/SP.

pela Câmara Superior de Recursos Fiscais, vai na contramão do próprio artigo 30, da LINDB, norma que reforça aos órgãos da Administração Pública o dever de "atuar para aumentar a segurança jurídica na aplicação das normas, inclusive [i.e., também e não apenas] por meio de regulamentos, súmulas administrativas e respostas a consultas".

Finalmente, apenas pontuando as questões por ora não examinadas, ainda que superada a alteração de critério jurídico e o prejuízo irreparável gerado pela surpresa e quebra na confiança do administrado, necessário o subsidiário exame acerca da exoneração dos encargos imputados aos contribuintes[47] que atuaram em conformidade com o entendimento à época pacificado pela próprio Tribunal Administrativo, novamente sobre o programa normativo veiculado pela leis em debate.

[47] Nesse sentido dispõe o artigo 100, do Código Tributário Nacional. Dentre outros comando normativos, lembramos também o artigo 76, inciso II, alínea "a", da Lei nº 4.502/1964 que afasta a aplicação da penalidade quando constatado que o contribuinte agiu conforme a jurisprudência administrativa consolidada à época dos fatos.

# 9. Juros sobre Capital Próprio, Incidência na Base de Cálculo do PIS e da COFINS. A Decisão do Resp 1.200.492-RS em Julgado Representativo da Controvérsia

Maria Dionne de Araújo Felipe

## Introdução

A Constituição da República Federativa do Brasil conferiu ao Superior Tribunal de Justiça a responsabilidade de uniformizar a interpretação da lei federal em todo o Brasil.

No cumprimento do seu mister constitucional, o STJ tem envidados esforços para consolidar uma jurisprudência que referencie os julgadores brasileiros de instâncias inferiores e garanta segurança jurídica aos jurisdicionados que procuram a Justiça para a solução de seus conflitos.

Não por outro motivo consta do site do Tribunal que a sua principal missão é: **Oferecer à sociedade prestação jurisdicional efetiva, assegurando uniformidade à interpretação da legislação federal.**

Em brilhante trabalho, publicado durante as comemorações dos 10 anos do STJ, o eminente advogado e professor Arruda Alvim foi muito feliz quando tratou da função primordial do Tribunal na estrutura do Poder Judiciário brasileiro:

> A função jurisdicional exercida pelo Superior Tribunal de Justiça representa a culminância e o fim da atividade judicante em relação à inteli-

> gência de todo o direito federal de caráter infraconstitucional. Significa sempre a última e definitiva palavra sobre o seu entendimento e a sua aplicação. O conhecimento do direito positivo federal infraconstitucional, na sua percepção final e última, é indesvinculável da casuística em que se estampa a interpretação do STJ.

Com a crescente litigiosidade e o acúmulo de processos a serem julgados foram pensadas diversas iniciativas com o objetivo de reduzir as demandas, e assim encontramos na Exposição de Motivos do projeto de lei n. 1.213/2007, que originou a lei 11.672/2008, a criação do recurso especial repetitivo, acatando sugestão do ex-Ministro da Corte, Athos Gusmão Carneiro. Nesse sentido, consta da Exposição de Motivos: "9. De acordo com a regulamentação proposta, verificando a multiplicidade de recursos especiais fundados na mesma matéria, o Presidente do Tribunal de origem poderá selecionar um ou mais processos representativos da controvérsia e encaminhá-los ao Superior Tribunal de Justiça, suspendendo os demais recursos idênticos até o pronunciamento definitivo dessa Corte. 10. Sobrevindo a decisão da Corte Superior, serão denegados os recursos que atacarem decisões proferidas no mesmo sentido. Caso a decisão recorrida contrarie o entendimento firmado no Superior Tribunal de Justiça, será dada oportunidade de retratação aos tribunais de origem, devendo ser retomado o trâmite do recurso, caso a decisão recorrida seja mantida".

Assim, o art. 543-C foi introduzido no Código de Processo Civil estabelecendo o procedimento para o julgamento de recursos especiais repetitivos.

Inicialmente, a afetação do recurso repetitivo provocava apenas o sobrestamento dos recursos interpostos perante os tribunais de segunda instância. Posteriormente, com a edição do novo CPC, o art. 1037, inciso II, ampliou os efeitos e determinou a suspensão do processamento de todos os processos pendentes, individuais ou coletivos, que versem sobre a questão e tramitem no território nacional.

Um dos julgados marcantes do Superior Tribunal de Justiça, que teve a participação da Ministra Regina Helena Costa, foi o do Recurso Especial n. 1.200.492-RS, considerado recurso representativo da controvérsia ali enfrentada, cujo acórdão foi submetido ao regime do art. 543-C do CPC e Resolução STJ 08/2008. Discorreremos sobre esse julgado tão relevante!

## 1. A discussão acerca da natureza dos juros sobre capital próprio. A tese do contribuinte.

Durantes anos, os principais foros judiciais do País sofreram com uma enxurrada de ações (especialmente mandados de segurança) em que o contribuinte pretendia assegurar o direito de não ser penalizado por não incluir na base de cálculos da contribuição ao PIS e a COFINS os valores relativos a juros sobre capital próprio.

Segundo a tese apresentada pelas empresas, os juros sobre capital próprio teriam natureza de dividendos e, portanto, não poderiam ser incluídos na base de cálculo do PIS e da COFINS, com base no art. 1º, §3º, inciso V, 'b', da Lei 10.637/2002 e art. 1º, §3º, inciso V, 'b', da Lei 10.833/2003.

Baseavam-se em parecer da lavra do eminente Professor Alberto Xavier[1], em que este foi contundente ao não aceitar a natureza de juros atribuída aos juros sobre capital próprio, afirmando:

> A determinação da verdadeira natureza jurídica deste instituto tem sido dificultada pela manifesta impropriedade da expressão juros sobre capital próprio'. Com efeito, a remuneração que a pessoa jurídica paga ao seu titular, sócio ou acionista, não tem a natureza de juro, pela singela razão que o conceito de juro (aliás consagrado no artigo 192 § 3o da Constituição Federal) é reservado a 'remunerações direta ou indiretamente referidas à concessão de crédito'. Ora, as remunerações em causa não têm a sua origem numa operação de crédito, assim entendidas aquelas em que existe uma obrigação de restituição de somas entregues a título de antecipação. E que assim é' resulta de os pretensos juros' serem calculados sobre o património líquido, que é conta do passivo não exigível da pessoa jurídica ('art. 178, § 2t 'b', da Lei das L.A.) e não sobre uma conta do passivo exigível, seja ele circulante ou a longo prazo, como sucederia se tivessem a natureza de juro.

A partir da conclusão de que a natureza jurídica dos juros sobre capital próprio seria o resultado da participação societária, e não juros, concluíam que, independentemente do regime a que estejam subme-

[1] Vide artigo intitulado "Natureza Jurídico-Tributária dos 'Juros sobre Capital Próprio' face à Lei Interna e aos Tratados Internacionais", publicado na Revista Dialética de Direito Tributário n 0 21 Editora Dialética, São Paulo, pgs. 7111.

tidas as pessoas jurídicas, seja ele o da cumulatividade ou da não-cumulatividade das contribuições para o PIS e para a COFINS, os resultados derivados de participações societárias deveriam ser sempre excluídos de base de cálculo desses tributos, não tendo relevância o método empregado para avaliar o respectivo investimento.

Afirmavam assim, ser ilegal o Decreto n. 5.164/04, por considerarem que este, sob o pretexto de regulamentar as leis nºs 9.718/98, 10.637/02 e 10.833/04, revogava as exclusões dos valores recebidos a título de juros sobre capital próprio da base de cálculo das contribuições para o PIS e para a COFINS.

Concluíam afirmando que o referido decreto não poderia dispor sobre a impossibilidade de exclusão dos Juros sobre capital próprio da base de cálculo do PIS e da COFINS se a inclusão dessas verbas no computo dessas contribuições jamais foi contemplada, logo, a vedação a que se refere o famigerado decreto não produziu e nem poderia produzir qualquer efeito, pela simples razão de que é impossível excluir da base de cálculo do PIS e da COFINS, algo que a lei jamais incluiu.

## 2. A discussão acerca da natureza dos juros sobre capital próprio. A tese do ente fazendário.

Segundo o ente fazendário, os juros sobre capital próprio não possuem natureza de lucro ou dividendo, mas sim, de receita financeira.

Sobre o assunto, Ricardo Mariz de Oliveira[2] observa que "a natureza jurídica de qualquer objeto é dada pelo regime jurídico que o direito lhe atribui, e assim também ocorre com os juros".

Com efeito, os Juros sobre Capital Próprio estão disciplinados pela Lei nº 9.249 de 1995. Eles são a forma de remunerar o acionista pelo valor investido no capital social, sendo inclusive dedutível do lucro tributável do Imposto sobre a Renda da Pessoa Jurídica.

Pela redação da Lei supracitada, em seu artigo 9º, encontramos a seguinte disposição:

> Art. 9º A pessoa jurídica poderá deduzir, para efeitos da apuração do lucro real, os juros pagos ou creditados individualizadamente a titular, sócios ou acionistas, a título de remuneração do capital próprio, cal-

[2] Juros de Remuneração do Capital próprio, Revista de Direito Tributário Atual, nº 15. São Paulo: Dialética, 1998, p. 114.

culados sobre as contas do patrimônio líquido e limitados à variação, *pro rata dia*, da Taxa de Juros de Longo Prazo – TJLP.

A IN SRF Nº 11/96, no artigo 29, §3º, trata essa modalidade de remuneração dos sócios como despesa financeira e determina que a pessoa jurídica beneficiária efetue o registro dos valores como despesa financeira (parágrafo 4º da mesma IN).

Tal norma tem como fundamento de validade o artigo 177 da Lei nº 6.404/76, bem como o art. 6º do Decreto-lei nº 1.598/77, segundo o qual o Lucro real é o lucro líquido do exercício ajustado pelas adições, exclusões ou compensações prescritas ou autorizadas pela legislação tributária.

Também no Decreto nº 5.442/2005, revogado pelo Decreto nº 8.426/2015, que reduzia a zero as alíquotas da Contribuição para o PIS/Pasep e da Cofins incidentes sobre as receitas financeiras auferidas pelas pessoas jurídicas sujeitas à incidência não cumulativa das referidas contribuições, extrai-se a mesma conclusão.

Pela tese fazendária, a legislação brasileira distanciou os juros sobre o capital próprio dos dividendos, conferindo a eles um regime próprio de juros. Assim, com o objetivo de confirmar esse tratamento distinto a Lei nº 9.249/95 determinou a tributação na fonte dos juros sobre capital próprio (alíquota de 15%) ao mesmo tempo em que conferiu isenção aos dividendos.

Asseverou a Fazenda Pública que para fins de exclusão do credito tributário a lei deve ser interpretada restritivamente, ao passo que não poderia desvirtuar a definição, o conteúdo e o alcance de institutos, conceitos e formas de direito privado (CTN, arts. 110 e 111).

Concluiu afirmando que os juros sobre capital próprio não podem ser equiparados aos dividendos, pois assumem a natureza de receita financeira.

## 3. A discussão acerca da natureza dos juros sobre capital próprio. A doutrina.

Na doutrina, preleciona Modesto Carvalhosa[3], *verbis*:

> O art. 9º, §7º, da Lei nº 9.249/95, que constitui norma de natureza tributária, não alterou a sistemática de dividendos prevista na Lei de

[3] CARVALHOSA, Modesto. Comentários à Lei de Sociedades Anônimas. Vol. 1. 6ª. Edição. São Paulo: Saraiva, 2011.

> Sociedades Anônimas, tanto é assim que referida norma faz referência expressa ao comando do art. 202 da Lei nº 6.404/76, que disciplina não só o dividendo obrigatório como também o dividendo mínimo anual a ser pago pelas companhias.
>
> (...)
>
> O que a lei n. 9.249/95 fez foi simplesmente permitir que a companhia inclua, dentro do valor devido como dividendo ao acionista, parcela referente a juros pagos ou creditados, a título de remuneração do capital próprio, para uma finalidade fiscal: deduzir tais juros para efeitos de aplicação do lucro real.
>
> (...)
>
> Os juros calculados sobre capital próprios pagos ou creditados ao acionista constituem inequivocamente distribuição de resultado, integrando o valor total pago como dividendos.

Alberto Xavier[4] também aproxima o instituto dos dividendos.

Percebe-se que, mesmo na doutrina, muito se divergiu sobre a natureza jurídica dos **juros sobre capital próprio**, especialmente em virtude de suas repercussões tributárias.

Em aplaudido estudo, Fábio Ulhôa Coelho[5] preleciona:

> 6.1. Juros sobre o Capital Próprio Não São Dividendos
>
> Parte da doutrina tem afirmado que os juros sobre o capital devem ser considerados uma espécie de dividendo (Carvalhosa, 1977, 1:139). Entretanto, duas razões demonstram o contrário.
>
> **Em primeiro lugar, a existência de norma legal autorizativa do seu cômputo, no montante correspondente aos dividendos obrigatórios (art. 9º, §7º, da Lei n. 9.249/95), a indicar que o legislador atribuiu aos juros natureza *diversa* da de dividendos. Claro, pois, se os juros sobre o capital fossem espécie de dividendos, não haveria neces-**

[4] Xavier, Alberto. Natureza juridio-tributária dos juros sobre capital próprio face à lei interna e aos tratados internacionais. Revista Dialética de Direito Tributário, São Paulo, n. 21, p. 7, 1997.

[5] Coelho, Fabio Ulhôa. Curso de Direito Comercial. Direito de Empresa. Volume II. São Paulo: Saraiva, 2012, p. 373/376).

**sidade do dispositivo em questão; eles já estariam, por definição, incluídos entre os obrigatórios.** Aliás, somente se pode imputar a determinada categoria contábil o que é estranho a ela. Pois bem, como a lei não possui termos inúteis, deve-se concluir que os juros sobre capital próprio correspondem a uma categoria de 'pagamentos em favor dos acionistas', distinta da dos dividendos, a uma forma *sui generis* de remuneração do investimento da empresa.

Em segundo, deve-se levar em conta o regime tributário diferenciado e o princípio constitucional da isonomia. Na mesma lei em que disciplinou os juros sobre capital próprio, o legislador isentou de imposto de renda o pagamento de dividendos (art. 10). Ora, como os juros são tributados à base de 15% na fonte (art. 9º, §2º), conclui-se que os dois pagamentos possuem necessariamente natureza distinta. Não se pode tratar, de modo diferente, sob o ponto de vista da tributação, duas situações idênticas (CF, art. 150, II). Ora, se os tratamentos tributários são díspares (isento um recebimento; tributado o outro), as situações correspondentes não podem ser juridicamente iguais. Tomar a remuneração dos acionistas representada pelos juros como parte dos dividendos é pôr em questão a constitucionalidade da diferenciação no tratamento.

**Ressalto, ademais, que a lei tributária, ao condicionar o pagamento de juros à existência de resultado ou lucro acumulado (Lei n. 9.249/95, art. 9º, §1º), não fixou preceito de que decorre necessariamente a afirmação de serem os juros espécie de dividendos.** A preocupação da lei, neste caso, foi apenas a de garantir a intangibilidade do capital social.

> ***Os juros sobre o capital próprio não podem ser considerados espécie de dividendos. Se os primeiros podem ser imputados aos últimos, como prevê a lei, então isso já demonstra tratar-se de institutos diversos. Além do mais, as diferenças tributárias impedem sejam considerados pagamentos do mesmo tipo, em vista do princípio constitucional da igualdade.***

Os juros sobre o capital próprio, com certeza, são um tipo de remuneração dos acionistas, feita em razão do investimento que eles realizam na atividade empresarial explorada pela companhia pagadora; mas uma remuneração de natureza diferente da dos dividendos. Em outros termos, o acionista, ao subscrever ou adquirir a ação, realiza na empresa explorada pela sociedade um investimento, e o faz, por evidente, visando a adequada remuneração dos recursos empregados. Tradicionalmente, essa remuneração foi definida como participação nos lucros gerados pela exploração da atividade, mediante o recebimento dos dividendos correspondentes. Após a disseminação do pagamento dos juros sobre o capital, contudo, a remuneração dos sócios da sociedade anônima, em razão do investimento, deve ser classificada em duas espécies. Uma delas continua sendo a participação nos lucros da companhia, e a outra é o pagamento dos juros.

*No plano conceitual, cada espécie remunera o investimento por motivos próprios.* ***Enquanto os juros remuneram o investidor pela indisponibilidade dos recursos, os dividendos remuneram-nos pelo particular sucesso do empreendimento social.*** *O acionista, ao subscrever ações, emprega dinheiro diretamente na companhia, pagando-lhe o preço de emissão, nas condições do boletim de subscrição. Ao adquirir ações, por outro lado, emprega também dinheiro na companhia, mas de forma – por assim dizer – indireta, na medida em que, desembolsando o valor de negociação ao alienante da participação societária, assume a titularidade dos recursos sociais correspondentes. De um modo ou de outro, o dinheiro empregado no investimento fica temporariamente indisponível, no sentido de que o acionista não pode, enquanto for o titular da ação subscrita ou adquirida, fazer outro uso dele. A limitação dos juros sobre o capital à TJLP, estabelecida pelo legislador tributário (Lei n. 9.249/95, art. 9º, caput), estabelece uma equivalência genérica entre essa espécie de remuneração do acionista e a que ele, normalmente encontraria no mercado, caso destinasse os mesmos recursos a investimento diverso.* ***Os dividendos representam, por sua vez, a remuneração proporcionada ao investimento, pelo sucesso da empresa explorada pela companhia.*** *Se a sociedade anônima, em determinado exercício, paga juros no limite legal da TJLP, e ainda, delibera a distribuição de dividendos,* ***os acionistas podem distinguir, com clareza, a parcela da remuneração de seu capital, que seria também obtida, em média, noutros investimentos oferecidos no mercado (juros), da parcela gerada de modo particular pela concreta alternativa de investimento por eles adotada (dividendos).***
***Note-se, ademais, que são diferentes os pressupostos da lei para admitir o pagamento de cada espécie de remuneração. Os juros somente podem ser pagos (ou creditados) se houver, pelo menos no dobro, lucros no exercício, computados antes da dedução dos juros, ou lucros acumulados.*** *Em outros*

> termos, o seu pagamento sujeita-se ao princípio da intangibilidade do capital social (Cap. 21, item 2.1). ***Já, os dividendos estão condicionados, em geral, apenas à existência de lucro líquido no exercício, podendo ser distribuídos aos acionistas até mesmo a sua totalidade, após o atendimento às normas sobre reservas.*** Por outro lado, os recursos da reserva de capital, quando autorizado estatutariamente podem servir ao pagamento de dividendo de preferencialista (LSA, art. 17, §6º), mas não ao de juros sobre o capital. Outra diferença diz respeito à base de cálculo. Os juros são calculados tomando-se por base as contas do patrimônio líquido, sobre os quais se aplica a alíquota, no máximo igual à da variação *pro rata* dia da TJLP. Os dividendos, por sua vez, calculam-se sobre o lucro líquido do exercício, descontados os juros sobre o capital, cabendo à assembleia geral ordinária deliberar a alíquota a incidir sobre essa base (observados os parâmetros estabelecidos pela cláusula estatutária do dividendo obrigatório e prioritário, feita eventual imputação dos juros nessas contas, e pelas regras legais ou estatutárias sobre reservas).
>
> A partir da delimitação das diferenças entre cada espécie de remuneração do investimento, em especial o objeto remunerado (indisponibilidade de capital ou sucesso particular da empresa), seguem-se duas importantes conclusões acerca dos direitos dos acionistas: os juros sobre o capital próprio remuneram o acionista pela indisponibilidade do dinheiro, enquanto investido na companhia. Os dividendos remuneram pelo particular sucesso da empresa explorada.

Constata-se, portanto, não obstante o rico debate na esfera acadêmica acerca da natureza jurídica dos **juros sobre capital próprio**, que a pacificação da matéria se deu por meio da jurisprudência firmada pelo STJ, como passaremos a discorrer.

## 4. A discussão acerca da natureza dos juros sobre capital próprio. O voto da Ministra Regina Helena Costa, no julgamento do Recurso Representativo da controvérsia Recurso Especial nº 1.200.492/RS

Sob o regime do art. 543-C do Código de Processo Civil, foi levado a julgamento na Primeira Seção, o Recurso Especial nº 1.200.492/RS, mediante o qual a parte Recorrente, Refinaria de Petróleo Ipiranga S/A, pretendia a exclusão, das bases de cálculo da contribuição ao PIS e a COFINS, dos valores recebidos a título de juros sobre capital próprio.

Em voto brilhante e bem fundamentado, proferido após vista dos autos, que tinha como Relator primitivo o Ministro Napoleão Nunes Maia Filho, a Ministra Regina Helena Costa, após analisar a moldura normativa na qual se inseria a questão, deu o provimento ao recurso para afastar a exigência das contribuições ao PIS/PASEP e da COFINS sobre os juros do capital próprio, a partir do seu entendimento acerca da natureza jurídica do instituto:

> Vista a disciplina básica acerca dos juros sobre o capital próprio, impõe-se perquirir sua natureza jurídica. De antemão, cabe relembrar a salutar advertência contida no art. 4º, inciso I, do Código Tributário Nacional, segundo o qual a denominação bem como as caraterísticas formais adotadas pela lei, são irrelevantes para determinar a natureza jurídica específica do tributo. A lição a ser extraída desse comando normativo emana da própria teoria geral do direito e preconiza que o rótulo atribuído pela lei a determinado instituto é desinfluente na identificação de sua natureza jurídica: o que importa para esse fim é o seu regime jurídico, isto é, o conjunto das normas que sobre ele recaem. Dito isso, convém anotar, por primeiro, que os juros remuneratórios, como instituto do direito privado, constituem, nos termos do art. 591 do Código Civil, a remuneração paga, no contexto do mútuo, pela utilização de capital de terceiros. Já a categoria em tela, contemplada na legislação do Imposto sobre a Renda, embora denominada de "juros", ostenta natureza bastante diversa, qual seja, a de remuneração pelo capital próprio. Sobre esse ponto, Sacha Calmon Navarro Coêlho e Eduardo Junqueira Coêlho pontuam: "Ora, nos negócios jurídicos, o pagamento de juros decorre de uma relação de crédito. Mas o acionista ou sócio beneficiário dos juros sobre capital próprio não detém um direito de crédito contra a sociedade, do qual nasceria seu direito ao recebimento dos juros sobre capital. Na verdade, os juros (JCP), neste caso, são pagos como remuneração da contribuição para a formação do capital social, tal como ocorre no pagamento de dividendos, em decorrência da titularidade das cotas ou ações representativas do patrimônio da sociedade. Tanto os dividendos quanto os juros sobre capital próprio só podem ser pagos caso haja acréscimo ao patrimônio da entidade (lucro), o que não ocorre com os juros em sen-

tido estrito". [1] Insta salientar, outrossim, que os juros sobre o capital próprio sujeitam-se a regime multidisciplinar, porquanto o instituto permeia tanto o direito societário quanto o direito tributário, o que resulta claro do exame da Lei n. 9.249/95, que define institutos de natureza societária e cuida igualmente dos respectivos efeitos tributários, no âmbito federal. Esse aspecto não passou despercebido pela 2ª Seção desta Corte, por ocasião do recente julgamento do REsp 1.373.438/RS, sob regime do art. 543-C, do Código de Processo Civil, em 11.06.2014, no qual concluiu pelo descabimento da inclusão dos dividendos ou dos juros sobre o capital próprio no cumprimento da sentença condenatória à complementação de ações sem expressa previsão no título executivo. Extrai-se do voto do Sr. Relator, Ministro Paulo de Tarso Sanseverino, que examinou a questão à vista do disposto no apontado art. 9º da Lei n. 9.249/95, que disciplina os juros sobre o capital próprio no regramento do Imposto sobre a Renda, o seguinte: O nome de "juros" e a referência à Taxa de Juros de Longo Prazo – TJLP sugere que estaríamos diante de uma modalidade de juros compensatórios, devidos como remuneração pela indisponibilidade do capital investido pelos acionistas na companhia. Porém, a condicionante da existência de lucro (§ 1º, supra) é incompatível com a noção de juros, fazendo-se supor que o JCP constituem, na verdade, parcela do lucro distribuído aos acionistas (a par dos dividendos), tendo como fundamento o êxito econômico da companhia, não a indisponibilidade do capital investido.
______________ [1] "PIS/COFINS: Não-incidência sobre valores recebidos a título de juros sobre capital próprio", Fundamentos do PIS e da COFINS e o regime jurídico de não cumulatividade, São Paulo, MP Editora, 2007, pp. 397-417 A natureza dos JCP tem consequências relevantes do ponto de vista tributário e societário. Do ponto de vista tributário, se os JCP são considerados juros, a contabilidade registrará a saída como despesa da companhia, reduzindo o lucro real, que é a base de cálculo do Imposto de Renda da Pessoa Jurídica – IRPJ e da Contribuição Social sobre o Lucro Líquido – CSLL (no caso de companhias de grande porte, para as quais não se admite a tributação pelo lucro presumido). Ao contrário, se os JCP forem considerados parcela do lucro a ser distribuída aos acionistas, entrarão na base de cálculo do IRPJ e da CSLL. Do ponto de vista societário, as diferenças também são evidentes. Se os JCP têm natureza de juros e, consequentemente, de despesa da companhia, eles

não entram na base de cálculo dos dividendos obrigatórios, pois estes, em regra, são calculados sobre o lucro líquido (cf. art. 202, inciso I, da Lei 6.404/76). O resultado é uma diminuição da parcela obrigatória dos dividendos. Diversamente, tendo natureza de lucro, os JCP são computados na base de cálculo dos dividendos obrigatórios. Daí a importância de se definir, como premissa desse voto, a natureza jurídica dos JCP. (...) A melhor solução, portanto, é a cisão dos efeitos produzidos pelo instituto jurídico para efeitos tributários e para efeitos societários. Mas, como pode um ente ter, ao mesmo tempo, duas naturezas opostas? Na verdade, ontologicamente, os JCP são parcela do lucro a ser distribuído aos acionistas. Apenas por ficção jurídica, a lei tributária passou a considerar que os JCP tem natureza de juros. Ressalte-se que o Direito Tributário não é avesso a ficções jurídicas, que alteram a natureza de institutos jurídicos. Efetivamente, a cumulação de dividendos e JCP não configura bis in idem, pois os dois institutos embora tenham a natureza jurídica semelhante do ponto de vista societário, não são idênticos, incidindo cada um sobre parcelas distintas dos lucros a serem distribuídos aos acionistas. Também não se vislumbra, na cumulação, possibilidade de ofensa ao princípio da intangibilidade do capital social, pois a própria Lei 9.249/95 (art. 9º, § 1º) condicionou o pagamento à existência de lucros equivalentes ao dobro dos JCP a serem pagos (destaques meus). Portanto, a 2ª Seção, em sede de recurso repetitivo, concluiu que os dividendos e os juros sobre o capital próprio, embora constituam institutos diferentes, assemelham-se, exatamente, por incidirem sobre os lucros a serem distribuídos aos acionistas. Sob a ótica tributária, a doutrina especializada conclui em consonância com a orientação adotada pela 2ª Seção desta Corte quanto à natureza jurídica dos chamados juros sobre o capital próprio. Ilustra a assertiva o pensamento de Luciano Amaro, que, ao analisar o instituto à luz do art. 9º da Lei n. 9.249/95, pondera: "Os JCP e os dividendos ostentam igualdade ontológica: ambos constituem lucros distribuíveis. A diferença, meramente acidental, não de essência, é que "enquanto o dividendo pode implicar a distribuição de todo o lucro (líquido de uma série de destinações, como, por exemplo, a reserva legal), os JCP só podem ser distribuídos se houver lucros em montante igual a pelo menos duas vezes os JCP que se pretende distribuir". "Os JCP nada mais são, em essência, do que dividendos, no sentido de que se prestam a remunerar o capital social e, por isso mesmo, são atribuídos aos acionistas". (...) Aliás, os juros sobre o capital próprio só têm esse nome por opção do legislador. Poderiam chamar-se dividendos com tratamento fiscal diferenciado, ou dividendos com dedutibilidade e restrita ou qualquer outra perifrase similar. Certamente, a designação de juros sobre o capital próprio, sem fugir à essência de que se trata de remuneração do capital aportado pelos sócios, apresenta um nome que se presta não a designar um instituto de diferente natureza ontológica, mas apenas um instituto que, sem perder a natureza de distribuição de lucros sociais, apresenta diferente tratamento fiscal, restrito e limitado a uma certa porção de lucros distribuíveis (...) E é o que basta dizer para evitar elucubrações sobre despesas de juros e receita financeira. Nem se cuida de despesa financeira, nem se trata de receita financeira. Os juros sobre o capital próprio são partes do lucro atribuídas aos seus sócios e, portanto, representam para estes receita com a mesma natureza dos dividendos, embora com tratamento fiscal diferente daquele que, em regra, costuma ser dado aos dividendos". 2 Posto isso, penso que a discussão relativa à natureza jurídica dos juros sobre o capital próprio – dividendos ou receita financeira – revela-se de fácil solução. A despeito da equivocada denominação recebida pela lei – "juros" que não são autênticos juros – e da natureza jurídica surpreendentemente "definida" pelos mencionados decretos disciplinadores das alíquotas da contribuição ao PIS/PASEP e da COFINS – "receita financeira" quando, em verdade, representam modalidades de lucros distribuíveis – dividendos e juros sobre o capital próprio constituem espécies de um mesmo gênero, qual seja, os lucros distribuíveis. III – DA CONSEQÜENTE NÃO ABRANGÊNCIA DOS JUROS SOBRE O CAPITAL PRÓPRIO PELAS BASES DE CÁLCULO DA CONTRIBUIÇÃO AO PIS E DA COFINS O faturamento, ao lado da receita, da folha de salários e do lucro, constituem as bases de cálculo expressamente autorizadas pela Constituição da República para a instituição de contribuições sociais para o financiamento da seguridade social (art. 195, I, a a c). Secundando esse dispositivo, as leis que disciplinam a contribuição ao PIS/PASEP e a COFINS, sob o regime não-cumulativo, assim indicam suas bases de cálculo: Lei 10.637/02 Art. 1 o A contribuição para o PIS/PASEP tem como fato gerador o faturamento mensal, assim entendido o total das receitas auferidas pela pessoa jurídica, independentemente de sua denominação ou classificação contábil (destaque meu). ____________ [2] "PIS/COFINS e Juros sobre o Capital Próprio", Revista Dialética de Direito Tributário n. 239, 2015, pp. 99-100, destaques meus. Lei 10.833/03 Art. 1 o A Contribuição para o Financiamento da Seguridade Social – COFINS, com a incidência não-cumulativa, tem como fato gerador o faturamento mensal, assim entendido o total das receitas auferidas pela pessoa jurídica, independentemente de sua denominação ou classificação contábil (destaque meu). Tais tributos ostentam, portanto, idêntica base de cálculo, qual seja, o faturamento mensal, equivalente ao total das receitas auferidas pela pessoa jurídica, independentemente de sua classificação contábil. Como não incidem sobre o lucro – base de cálculo que, diante das balizas constitucionais, enseja tão somente a incidência do Imposto sobre a Renda e de contribuição distinta, a Contribuição Social sobre o Lucro Líquido – CSLL – a contribuição ao PIS e a COFINS não podem recair sobre os juros sobre o capital próprio, dada a sua inequívoca natureza de parcela de lucros distribuíveis. Daí porque equivocada, em meu sentir, a afirmação segundo a qual seria necessária expressa previsão legal para "excluir" os juros sobre o capital próprio da base de cálculo dessas contribuições. Os juros sobre o capital próprio, como salientado, não pertencem ao universo do faturamento, são estranhos a ele e, desse modo, como decorrência lógica, dele não precisam ser "excluídos". Em consequência, os atos administrativos normativos que qualificam os juros sobre o capital próprio como receita financeira, são instrumentos inidôneos para efeito de inseri-los no conceito de faturamento e, assim, integrá-los à base de cálculo da contribuição ao PIS e da COFINS.

IV – CONCLUSÃO Isto posto, pedindo vênia aos que entendem diversamente, CONHEÇO PARCIALMENTE DO RECURSO e, nessa parte, DOU-LHE PROVIMENTO para afastar a exigência das contribuições ao PIS/PASEP e da COFINS sobre os juros de capital próprio, autorizando a compensação das quantias indevidamente recolhidas a esse título, preenchidos os requisitos legais.

Para efeito de recurso representativo de controvérsia, extrai-se a seguinte tese:

Os juros sobre o capital próprio constituem parcela de lucros distribuíveis, não integrando as bases de cálculo das

Ainda que não tenha sido este o entendimento adotado pelo STJ, como se verá adiante, o percuciente voto da Ministra Regina Helena chama a atenção para peculiaridades da natureza jurídica dos juros sobre capital próprio que justificam e fundamentam muito solidamente o seu respeitável entendimento.

## 5. A discussão acerca da natureza dos juros sobre capital próprio. A conclusão do julgamento do Recurso Representativo da controvérsia Recurso Especial nº 1.200.492/RS. O voto do Ministro Mauro Campbell Marques, Relator para o Acórdão.

Após intenso debate, a tese julgada para efeito do art. 543-C do Código de Processo Civil, concluiu-se que "não são dedutíveis da base de cálculo das contribuições ao PIS e a COFINS o valor destinado aos acionistas a título de juros sobre capital próprio, na vigência da Lei n. 10.637/2002 e da Lei n. 10.833/2003".

O voto do Ministro Mauro Campbell Marques inaugurou a divergência, uma vez que o voto do Ministro Relator era pelo provimento do recurso. Votaram com a divergência os Ministros Og Fernandes, Assuste Magalhaes, Sergio Kukina, Olindo Menezes e Herman Benjamin. Restaram vencidos os Ministros Napoleão Nunes Maias, o Relator, Ministro Benedito Gonçalves e a Ministra Regina Helena Costa.

Ao inaugurar a divergência o Ministro Mauro Campbell Marques, evidenciou a diferença da natureza jurídica dos juros sobre o capital próprio, como transcrevemos a seguir:

> Ora, em que pese os juros sobre o capital próprio, a exemplo dos lucros ou dividendos, serem destinações do lucro líquido, para fins tributários sua semelhança acaba aí, havendo uma série de tratamentos distintos na legislação que evidencia a diferença de sua natureza jurídica, a saber:
>
> LUCROS OU DIVIDENDOS:
>
> Em relação ao beneficiário: não estão sujeitos ao imposto de renda na fonte pagadora nem integram a base de cálculo do imposto de renda do beneficiário (art. 10, da Lei n. 9.249/95).
>
> Em relação à pessoa jurídica que paga: não são dedutíveis do lucro real (base de cálculo do imposto de renda).
>
> Obedecem necessariamente ao disposto no art. 202, da Lei n. 6.404/76 (dividendo obrigatório).

Têm limite máximo fixado apenas no estatuto social ou, no silêncio deste, o limite dos lucros não destinados nos termos dos arts. 193 a 197 da Lei n. 6.404/76.

Estão condicionados apenas à existência de lucros (arts. 198 e 202, da Lei n. 6.404/76).

JUROS SOBRE O CAPITAL PRÓPRIO:

Em relação ao beneficiário: estão sujeitos à incidência do imposto de renda na fonte na data do pagamento do crédito ao beneficiário (art. 9º, §2º, da Lei n. 9.249/95).

Em relação à pessoa jurídica que paga: quando pagos são dedutíveis do lucro real (art. 9º, caput, da Lei n. 9.249/95).

Obedecem necessariamente ao disposto no art. 202, da Lei n. 6.404/76 (dividendo obrigatório).

Podem, facultativamente, integrar o valor dos dividendos para efeito de a sociedade obedecer à regra do dividendo obrigatório (art. 202, da Lei n. 6.404/76).'

Têm limite máximo fixado apenas no estatuto social ou, no silêncio deste, o limite dos lucros não destinados nos termos dos arts. 193 a 197 da Lei n. 6.404/76.

Têm como limite máximo a variação da TJLP (art. 9º, caput, da Lei n. 9.249/95).

Estão condicionados à existência de lucros no dobro do valor dos juros a serem pagos ou creditados (art. 9º, §1º, da Lei n. 9.249/95).

Desse modo, ainda que se diga que os juros sobre o capital próprio não constituam receitas financeiras, não é possível simplesmente classificá-los para fins tributários como "lucros e dividendos" em razão da diferença de regimes aplicáveis, de modo que não incidem o art. 1º, §3º, V, "b", da Lei n. 10.637/2002 e o mesmo dispositivo da Lei n. 10.833/2003.

Também não é possível invocar a analogia a fim de alcançar isenção do crédito tributário (art. 111, do CTN).

Decerto, como categoria nova e autônoma, a sua exclusão da base de cálculo das ditas contribuições deveria ser explícita, a exemplo do que ocorre para o imposto de renda (art. 9º, da Lei n. 9.249/95), transcrevo:

Lei n. 9.249/95.

Art. 9º A pessoa jurídica poderá deduzir, para efeitos da apuração do lucro real, os juros pagos ou creditados individualizadamente a titular, sócios ou acionistas, a título de remuneração do capital próprio, calculados sobre as contas do patrimônio líquido e limitados à variação, pro rata dia, da Taxa de Juros de Longo Prazo – TJLP. [...]

No entanto, ao contrário disso, não faltam exemplos na legislação tributária de situações em que a inclusão de tais valores na base de cálculo das contribuições ao PIS e COFINS é reafirmada, in litteris:

Lei n. 10.637/2002

Art. 1 o A contribuição para o PIS/Pasep tem como fato gerador o faturamento mensal, assim entendido o total das receitas auferidas pela pessoa jurídica, independentemente de sua denominação ou classificação contábil.

[...]

Lei n. 10.833/2003 Art. 1 o A Contribuição para o Financiamento da Seguridade Social – COFINS, com a incidência não-cumulativa, tem como fato gerador o faturamento mensal, assim entendido o total das receitas auferidas pela pessoa jurídica, independentemente de sua denominação ou classificação contábil.

[...]

Decreto n. 5.164/2004

Art. 1 o Ficam reduzidas a zero as alíquotas da Contribuição para o PIS/PASEP e da Contribuição para o Financiamento da Seguridade Social – COFINS incidentes sobre as receitas financeiras auferidas pelas pessoas jurídicas sujeitas ao regime de incidência não-cumulativa das referidas contribuições.

Parágrafo único. O disposto no caput não se aplica às receitas financeiras oriundas de juros sobre capital próprio e as decorrentes de operações de hedge.

Decreto n. 5.442/2005

Art. 1 o Ficam reduzidas a zero as alíquotas da Contribuição para o PIS/PASEP e da Contribuição para o Financiamento da Seguridade Social – COFINS incidentes sobre as receitas financeiras, inclusive decorrentes de operações realizadas para fins de hedge, auferidas pelas pessoas jurídicas sujeitas ao regime de incidência não-cumulativa das referidas contribuições.

Parágrafo único. O disposto no caput:

I – não se aplica aos juros sobre o capital próprio;

[...]

Instrução Normativa SRF n. 11/1996

Art. 30. O valor dos juros pagos ou creditados pela pessoa jurídica, a título de remuneração do capital próprio, poderá ser imputado ao valor dos dividendos de que trata o art. 202 da Lei nº 6.404, de 15 de dezembro de 1976, sem prejuízo da incidência do imposto de renda na fonte.

Parágrafo único. Para efeito de dedutibilidade na determinação do lucro real, os juros pagos ou creditados, ainda que imputados aos dividendos ou quando exercida a opção de que trata o § 1º do artigo anterior, deverão ser registrados em contrapartida de despesas financeiras.

A este respeito, indiferente a classificação contábil dada pela CVM (Deliberação CVM n. 207, de 13 de dezembro de 1996), na medida em que, além de não poder suplantar decreto do Chefe do Poder Executivo, não tem competência para expedir normas complementares em matéria tributária, competência esta exercida pela Secretaria da Receita Federal.

Por fim, complemento que a jurisprudência deste STJ já está pacificada contra o pleito do contribuinte, impossibilitando a exclusão de tais valores da base de cálculo das contribuições ao PIS e COFINS na vigência da Lei n. 10.637/2002 e da Lei n. 10.833/2003, permitindo tal benesse apenas para a vigência da Lei n. 9.718/98. Cito para exemplo.

Precedentes da Primeira Turma: AgRg nos EDcl no REsp 983066 / RS, Rel. Min. Teori Albino Zavascki, julgado em 01.03.2011; AgRg no Ag 1209804 / RS, Rel. Min. Arnaldo Esteves Lima, julgado em 16.12.2010; REsp 1018013 / SC, Rel. Min. José Delgado, julgado em 08.04.2008; REsp 952566 / SC, Rel. Min. José Delgado, julgado em 18.12.2007; REsp 921269 / RS, Rel. Min. Francisco Falcão, julgado em 22.05.2007.

Precedentes da Segunda Turma: REsp 1212976 / RS, Rel. Min. Castro Meira, julgado em 9.11.2010; AgRg no Ag 1330134 / SP, Rel. Min. Herman Benjamin, julgado em 19.10.2010; REsp 956615 / RS, Rel. Min. Herman Benjamin, julgado em 13.10.2009; AgRg no REsp 964411 / SC, Rel. Min. Castro Meira, julgado em 22.09.2009.

> Com estas considerações, com vênias do eminente Relator, NEGO PROVIMENTO ao presente recurso especial. É como voto.

Enfim, após longa discussão, enriquecida pelo contundente e bem fundamentado voto divergente da Ministra Regina Helena, o STJ, cumprindo sua função de consolidar a jurisprudência em matéria infraconstitucional, firmou entendimento apontando a natureza jurídica dos juros sobre capital própria e equiparando-os à despesa financeira, para fins da incidência da contribuição para o PIS e da COFINS.

# 10. A Incidência do ICMS sobre TUSD/TUST: Uma Análise sobre o Julgamento do Resp N. 1.163.020/RS

Olívia Tonello Mendes Ferreira

## Introdução

Durante alguns anos, ambas as turmas de direito público do Superior Tribunal de Justiça entendiam que as Tarifas de Uso do Sistema de Distribuição (TUSD) e do Sistema de Transmissão (TUST) de energia não poderiam ser incluídas na base de cálculo do ICMS, por terem como objetivo a remuneração de uma atividade meio de "transporte de energia elétrica" que não seria fato gerador do tributo.[1]

Esse entendimento, todavia, foi alterado a partir do julgamento do Recurso Especial nº 1.163.020/RS[2], da relatoria do Ministro Gurgel de Farias, por uma maioria apertada de votos, em que restaram vencidos os Ministros Regina Helena Costa e Napoleão Nunes Maia Filho. Instaurou-se, assim, uma divergência entre as duas Turmas de Direito Público,

[1] DJe de 04.03.2011.; AgRg nos EDcl no REsp 1.267.162/MG, 2ª Turma, Rel. Min. Herman Benjamin, DJe de 24.08.2012; AgRg no REsp 1.278.024/MG, 1ª Turma, Rel. Min. Benedito Gonçalves, DJe de 14.02.2013; AgRg no REsp 1.014.552/MG, Rel. Ministro Mauro Campbell Marques, Segunda Turma, DJe 18.03.2013, e AgRg no REsp 1.075.223/MG, Relatora Ministra Eliana Calmon, Segunda Turma, DJe 11.06.2013.

[2] Em que pese o Recurso Especial em referência abordar apenas a TUSD, o mesmo entendimento se aplica à TUST, cabendo observar, inclusive, que a matéria foi submetida ao rito dos recursos repetitivos (Tema 986), abordando a incidência do IMCS sobre ambas as Tarifas.

o que culminou com a interposição de embargos de divergência contra o citado acórdão. Distribuído à primeira Seção, o processo foi encaminhado ao Ministro Herman Benjamin para relatoria, que propôs sua admissão, conjuntamente com os Recursos Especiais nºs 1.699.851/TO e 1.692.023/MT, como representativo da controvérsia de que trata o art. 1.036, § 5º do CPC/2015. A delimitação da tese controvertida foi proposta nos seguintes termos: "questão atinente à inclusão da Tarifa de Uso do Sistema Transmissão de Energia Elétrica (TUST) e da Tarifa de Uso do Sistema de Distribuição de Energia Elétrica (TUSD) na base de cálculo do ICMS."

Também em relação à afetação, a votação não foi unânime no âmbito da Primeira Seção. O Ministro Og Fernandes entendeu que o EREsp 1.163.020/RS não teria condições de ser afetado pois, no seu ponto de vista, não ultrapassaria a barreira do conhecimento. A Ministra Regina Helena Costa também divergiu do Relator pelos mesmos motivos e votou pela afetação apenas dos Recursos Especiais nºs 1.699.851/TO e 1.692.023/MT. Mas ela foi além: considerando deliberação prévia da primeira Seção no sentido de que, para afetação, seria necessário ao menos 2 processos de cada matéria afetada e considerando que um dos processos não abordava a TUST, propôs a) a alteração da tese delimitada para apreciação apenas da inclusão da TUSD na base de cálculo do ICMS; ou, b) a retirada de pauta dos recursos selecionados como representativos da controvérsia para reinclusão posterior, acrescido de outro recurso no qual se discuta a TUST, a fim de possibilitar o julgamento da tese tal como proposta pelo Relator.

Ao final do julgamento, a maioria dos Ministros[3] votou pela afetação dos três recursos ao rito dos repetitivos (tema 986), oportunidade em que ficou determinada, outrossim, a suspensão de todos os processos pendentes, individuais ou coletivos, que versem acerca da questão delimitada em trâmite no território nacional.

Sobreleva mencionar, contudo, que, em face das ponderações da Ministra Regina Helena Costa quanto à necessidade da TUSD e da TUST serem abordadas em pelo menos dois representativos da controvérsia,

[3] Votaram com o Relator, os Ministros Benedito Gonçalves, Sergio Kukina, Gurgel de Faria e Francisco Falcão. Divergiram os Ministros Og Fernandes, Regina Helena Costa, Napoleão Nunes Maia Filho e Assusete Magalhães.

o Ministro Relator aditou o seu voto para solicitar, ao colegiado, autorização para selecionar junto aos Tribunais Estaduais outros recursos que satisfaçam os requisitos para representarem a controvérsia, o que foi deferido.

Com isso, hoje a questão está sob o crivo da 1ª Seção do Superior Tribunal de Justiça e será analisada nos autos do EREsp 1.163.020/RS e também dos REsp 1.699.851/TO, REsp 1.692.023/MT, REsp 1.734.902/SP e REsp 1.734.946/SP. A Associação Brasileira de Grandes Consumidores Industriais de Energia e de Consumidores Livres – ABRACE e a Associação Brasileira de Energia Limpa, assim como diversos Estados foram admitidos no feito como *amicus curiae* e, atualmente, aguarda-se o julgamento dos citados recursos.

Quando convidada a elaborar um artigo para a presente obra em homenagem à Ministra Regina Helena Costa, me ocorreu que esse seria um bom tema para ser abordado, não só pela questão material – base de cálculo do ICMS incidente sobre a energia elétrica –, que apresenta grande relevância no âmbito do direito tributário, mas também porque o posicionamento da Ministra no julgamento da afetação demonstra a sua expressiva contribuição ao Egrégio Superior Tribunal de Justiça, que não se limita ao brilhantismo do seu conhecimento técnico, como também alcança pormenores essenciais à manutenção da Justiça. Tal trabalho, zeloso e atento, reflete uma atuação ímpar da Ministra no cargo que ocupa, e engrandece o Poder Judiciário como um todo.

Neste escrito, pretende-se, em um primeiro momento, traçar uma noção da comercialização da energia elétrica para, em seguida, relatar o julgamento que foi realizado pela Primeira Turma e que culminou com a mudança de seu posicionamento acerca da matéria, apresentando os fundamentos do voto vencedor e do voto vencido. Ato contínuo, analisaremos a legalidade ou não da incidência do ICMS sobre tais tarifas, sempre tendo por base a regra matriz de incidência tributária. Ao final, concluímos nosso artigo com algumas observações sobre as possibilidades que se avizinham com a definição da questão.

## 1. Uma noção acerca da comercialização da energia elétrica

Na década de 90, o Ministério de Minas e Energia promoveu o Projeto de Reestruturação do Setor Elétrico Brasileiro, em que foi apontada a necessidade de sua descentralização, como forma de impedir a concentração de atividades de geração, transmissão e distribuição. A ideia era incentivar a competição e construir um modelo mais justo, com o estabelecimento de (i) um órgão regulador estatal – Agência Nacional de Energia Elétrica - ANEEL; (ii) um operador privado para o Sistema Elétrico Nacional - o Operador Nacional do Sistema Elétrico -ONS; e, (iii) um ambiente para contabilização das transações de compra e venda de energia elétrica, que veio a ser a Câmara de Comercialização de Energia Elétrica - CCEE.

Esse novo modelo se diferencia dos anteriores por visar, ao mesmo tempo, a três dos principais alvos do serviço público de eletricidade: segurança no abastecimento, modicidade tarifária e universalização dos serviços de energia elétrica. Para isso, quatro grandes medidas foram adotadas: criação de dois ambientes de contratação e consequente modificação do modo de contratação de energia por parte das distribuidoras, retomada no planejamento do setor, criação de programas efetivos de universalização e reorganização institucional.[4]

O novo formato tomou como princípio o estímulo à competição onde possível - na geração e comercialização –, e a regulação onde necessário - na transmissão e na distribuição - já que ambas são consideradas um monopólio natural[5]. Uma das diferenças do novo modelo do setor elétrico para o antigo é que, se antes o sistema permitia sua verticalização, com uma mesma empresa realizando a geração e distribuição da energia, por exemplo, a reforma exigiu a cisão das companhias em geradoras, transmissoras e distribuidoras, com expressa proibição de uma empresa distribuidora atuar na geração e comercialização da energia elétrica[6]. As empresas verticalmente integradas passaram a ser vistas

[4] TOLMASQUIM, Maurício T. *Novo modelo do setor elétrico brasileiro*. Rio de Janeiro: Synergia; EPE: Brasília, 2011, p. 22.

[5] Na definição de Marçal Justen Filho, "Monopólio natural é uma situação econômica em que a duplicação de operadores é incapaz de gerar a redução do custo da utilidade. O monopólio natural envolve, geralmente, as hipóteses de custos fixos (atinentes à infra-estrutura necessária à produção de utilidade) muito elevados. A duplicação das infra-estruturas conduziria a preços unitários mais elevados do que a exploração por um único agente econômico" (*Curso de Direito Administrativo, 4ª Ed.* - São Paulo: Saraiva, 2009, p. 614).

[6] Lei 9.074/95

Art. 4º, § 5º As concessionárias, as permissionárias e as autorizadas de serviço público de distribuição de energia elétrica que atuem no Sistema Interligado Nacional - SIN não poderão desenvolver atividades: (Incluído pela Lei nº 10.848, de 2004)

como um obstáculo ao modelo competitivo, pois, além de representarem uma barreira à entrada de novos agentes, dificultavam a identificação de subsídios cruzados de segmentos regulados, como a distribuição, para segmentos competitivos, como a geração.

Para os fins do presente estudo, pretendemos apresentar, de forma resumida, como está estruturada a comercialização da energia elétrica no sistema elétrico brasileiro, considerando suas particularidades. O País conta com um sistema principal: o Sistema Interligado Nacional (SIN). Essa imensa "rodovia elétrica", também chamada de Rede Básica, abrange a maior parte do território brasileiro[7] e é composta pelas grandes linhas que ligam as diversas Regiões do País e pelos ativos de conexão das usinas e aqueles necessários às interligações internacionais. O Operador Nacional do Sistema Elétrico (ONS) é o responsável pela coordenação e controle da operação do SIN, realizada pelas companhias geradoras e transmissoras, sob a fiscalização e regulação da ANEEL.[8] A existência dessa extensa malha de transmissão que cobre o País é o que permite, por exemplo, que a energia gerada no centro-oeste possa ser consumida em qualquer outra região do País.

I – de geração de energia elétrica; (Incluído pela Lei nº 10.848, de 2004)

II – de transmissão de energia elétrica; (Incluído pela Lei nº 10.848, de 2004)

III – de venda de energia a consumidores de que tratam os arts. 15 e 16 desta Lei, exceto às unidades consumidoras localizadas na área de concessão ou permissão da empresa distribuidora, sob as mesmas condições reguladas aplicáveis aos demais consumidores não abrangidos por aqueles artigos, inclusive tarifas e prazos, ressalvado o disposto no § 13; (Redação dada pela Lei nº 13.360, de 2016)

IV – de participação em outras sociedades de forma direta ou indireta, ressalvado o disposto no art. 31, inciso VIII, da Lei no 8.987, de 13 de fevereiro de 1995, e nos respectivos contratos de concessão; ou (Incluído pela Lei nº 10.848, de 2004)

V – estranhas ao objeto da concessão, permissão ou autorização, exceto nos casos previstos em lei e nos respectivos contratos de concessão.

§ 7º As concessionárias e as autorizadas de geração de energia elétrica que atuem no Sistema Interligado Nacional – SIN não poderão ser coligadas ou controladoras de sociedades que desenvolvam atividades de distribuição de energia elétrica no SIN. (Incluído pela Lei nº 10.848, de 2004)

[7] O SIN abrange as regiões Sul, Sudeste, Centro-Oeste, Nordeste e parte do Norte.

[8] ANEEL. Atlas de energia elétrica do Brasil. 3ª ed. Brasília: ANEEL, 2008.

## 2. Os serviços de geração, transmissão e distribuição

O serviço de geração consiste na transformação em energia elétrica de qualquer outra forma de energia, seja qual for a sua origem[9]. São três basicamente os agentes produtores de energia elétrica:

(i) o concessionário do serviço público de geração de energia elétrica, que fornece a energia para as distribuidoras no mercado regulado, por meio da venda em leilão regulado pela CCEE;

(ii) o autoprodutor de Energia Elétrica, titular de concessão, permissão ou autorização para produzir energia elétrica destinada ao seu uso exclusivo[10], sendo que, para produzir energia nesse regime, é imprescindível a obtenção de concessão ou autorização do Poder Público[11], mediante a comprovação de que a energia produzida se destina a consumo próprio[12]; e,

(iii) o produtor independente de energia elétrica (PIE), pessoa jurídica ou empresas reunidas em consórcio que recebam concessão ou autorização do poder concedente, para produzir energia elétrica destinada ao comércio de toda ou parte da energia pro-

[9] Art. 3º do Decreto nº 41.019/1957.

[10] Conforme art. 1º, § 2º, inciso V, do Decreto nº 5.163/2004.

[11] São objeto de autorização a implantação de usinas termoelétricas de potência superior a 5.000 kW (cinco mil quilowatts) destinadas a uso exclusivo do autoprodutor e a produção independente de energia, bem como o aproveitamento de potenciais hidráulicos de potência superior a 5.000 kW (cinco mil quilowatts) e igual ou inferior a 50.000 kW (cinquenta mil quilowatts) destinados a uso exclusivo do autoprodutor e a produção independente de energia. O aproveitamento de potenciais hidráulicos e a implantação de usinas termoelétricas de potência igual ou inferior a 5.000 kW (cinco mil quilowatts) estão dispensados de concessão, permissão ou autorização, devendo apenas ser comunicados ao poder concedente.

[12] Decreto 2.003/1996

Art. 28. Mediante prévia autorização do órgão regulador e fiscalizador do poder concedente, será facultada:

I – a cessão e permuta de energia e potência entre autoprodutores consorciados em um mesmo empreendimento, na barra da usina;

II – a compra, por concessionário ou permissionário de serviço público de distribuição, do excedente da energia produzida;

III – a permuta de energia, em montantes economicamente equivalentes, explicitando os custos das transações de transmissão envolvidos, com concessionário ou permissionário de serviço público de distribuição, para possibilitar o consumo em instalações industriais do autoprodutor em local diverso daquele onde ocorre a geração.

duzida, por sua conta e risco[13], conforme prevê o art. 11 da Lei nº 9.074/95.

O serviço de transmissão de energia elétrica corresponde, por definição legal do art. 4º do Decreto 41.019/57, ao transporte desta energia do sistema produtor às subestações distribuidoras ou na interligação de dois ou mais sistemas geradores. As empresas de transmissão são responsáveis pela implantação e pela operação da rede que liga as usinas (fontes de geração) às instalações das companhias distribuidoras localizadas junto aos centros consumidores (tecnicamente chamados de centros de cargas).

A principal característica do segmento de transmissão é sua divisão em dois grandes blocos: o Sistema Interligado Nacional supracitado e que abrange quase a totalidade do território brasileiro, e os sistemas isolados, instalados principalmente na região Norte, em razão das suas características geográficas que dificultam a construção de linhas de transmissão de grande extensão que permitam a conexão ao SIN. Foquemos no primeiro, uma vez que a TUST é cobrada do consumidor final justamente para remunerar o uso do sistema de transmissão integrante do SIN.

Já o serviço de distribuição tem como objetivo levar a energia entregue pelo sistema de transmissão até os usuários finais (sejam eles residenciais, comerciais ou industriais). As distribuidoras funcionam, portanto, como elo entre o setor de energia elétrica e a sociedade, visto que suas instalações recebem das companhias de transmissão todo o suprimento destinado ao abastecimento no País.

As distribuidoras de energia atuam, portanto, no mercado regulado adquirindo a energia elétrica dos geradores/comercializadores e depois a repassando aos consumidores cativos, que podem ser divididos

[13] Atualmente, a venda de energia elétrica por produtor independente pode ser feita para as pessoas elencadas no art. 12 da Lei 9.074/95, quais sejam: concessionário de serviço público de energia elétrica; consumidores com carga igual ou superior a 2.000kW, atendidos em qualquer tensão, consumidores de energia elétrica integrantes de complexo industrial ou comercial, aos quais o produtor independente também forneça vapor oriundo de processo de co-geração, e qualquer consumidor que demonstre ao poder concedente não ter o concessionário local lhe assegurado o fornecimento no prazo de até cento e oitenta dias contado da respectiva solicitação.

em dois grandes grupos: Grupo A, relativo aos consumidores ligados em tensão igual ou superior a 2.3kV (geralmente são as indústrias e os grandes complexos comerciais); e, Grupo B, consumidores ligados em tensão inferior a 2,3kV e que é subdividido em residencial, rural, demais classes e iluminação pública. Tal operação, todavia, é fortemente regulada, de forma que a distribuidora não possui a liberdade de fixar as tarifas a serem cobradas, cuja definição compete à ANEEL.

Em relação aos consumidores livres, as distribuidoras limitam-se a exercer a função de provedores de rede e, por esse serviço, recebem valores definidos nas Tarifas de Uso do Sistema de Distribuição (TUSD).

## 2.1 A comercialização da Energia Elétrica

Em linhas gerais, a comercialização da energia elétrica pode ser descrita da seguinte forma: o gerador, ao colocar sua unidade de geração em funcionamento, deve providenciar um contrato de conexão com a concessionária de Transmissão/Distribuição, por meio do qual assume o compromisso de entregar a energia na qualidade estabelecida pelo Poder Concedente, representado pela ANEEL. Em assim procedendo, o Gerador tem a garantia de que a energia disponibilizada pela sua usina tem trânsito garantido no submercado ao qual está conectado. O gerador poderá, então, comercializar a energia assegurada de seu parque gerador. O comprador, por sua vez, ao firmar um contrato de compra e venda com o gerador, assina também o contrato de uso do Sistema de Transmissão com o ONS para ter a garantia que as quantidades contratadas serão disponibilizadas no ponto de conexão, havendo, ainda, a previsão de contrato de uso do sistema de geração, na hipótese em que o adquirente é consumidor do mercado livre.

Cumpridas as formalidades, o comprador receberá do Sistema a energia contratada e o Gerador receberá o valor correspondente. No entanto, não é possível identificar qual a origem da energia utilizada pelo consumidor. Afinal, todos os geradores entregam a energia no SIN e os compradores recebem a energia desse mesmo sistema. Assim, é possível identificar quanto foi produzido e quanto foi entregue ao Sistema, mas não de onde vem a energia consumida pelo consumidor. Isso porque os contratos registrados na CCEE não implicam, necessariamente, compromisso de entrega física de energia elétrica por parte dos agentes vendedores, de modo que ela pode ser entregue por outro agente da CCEE, ressalvando-se, para todos os efeitos, que a responsabilidade contratual pela entrega da energia continua sendo do agente vendedor referido no contrato[14], que deve possuir lastro para garantir a energia contratada.[15]

A comercialização de Energia Elétrica pode se dar em duas esferas de mercado: no Ambiente de Contratação Regulada (ACR) e no Ambiente de Contratação Livre (ACL). No ACR, participam as geradoras, as distribuidoras e as comercializadoras[16], sendo que a contratação será realizada por meio de leilões de energia promovidos pela CCEE, sob delegação da ANEEL. De posse da demanda apresentada pelas comercializadoras para atendimento do mercado cativo, os leilões serão organizados, sagrando-se vencedora a geradora ou comercializadora que ofertar a melhor tarifa. Há toda uma regulação por parte da ANEEL, sendo que a energia vendida será formalizada por meio de um instrumento próprio, o Contrato de Comercialização de Energia Elétrica no Ambiente Regulado (CCEAR)[17]. Essa energia contratada por meio dos leilões será distribuída aos consumidores cativos por intermédio da distribuidora, mas, para chegar às subestações distribuidoras, ela costuma transitar pelas instalações da Rede Básica, pelo que deve ser paga a Tarifa de Uso dos Sistemas de Transmissão – TUST e, eventualmente também a Tarifa de Uso dos Sistemas de Distribuição – TUSD, quando, por exemplo, é utilizada a rede de outra distribuidora. Todos esses valores são repassados no custo da tarifa de fornecimento faturada para o consumidor.

Já no ACL, participam as geradoras, comercializadoras, os consumidores livres e os especiais e toda a contratação da energia é estabelecida livremente entre as partes (compradores e vendedores), sem qualquer tipo de ingerência Estatal. As Distribuidoras não participam desse

[14] Art. 7º, §1º da Resolução Normativa ANEEL 109/2004 que institui a Convenção de Comercialização de Energia Elétrica.

[15] Veja o quanto disposto no Decreto nº 5.163/204: "Art. 2º Na comercialização de energia elétrica de que trata este Decreto deverão ser obedecidas, dentre outras, as seguintes condições: I – I – os agentes vendedores deverão apresentar lastro para a venda de energia para garantir cem por cento de seus contratos; (...) § 1º O lastro para a venda de que trata o inciso I do caput será constituído pela garantia física proporcionada por empreendimento de geração própria ou de terceiros, neste caso, mediante contratos de compra de energia.

[16] As Comercializadoras somente podem negociar energia nos leilões de energia existente, ao passo que as geradoras podem negociar também nos leilões de energia nova.

[17] Conforme art. 2º, §2º da Lei 10.848/2004.

ambiente, uma vez que toda a negociação é feita diretamente entre vendedor e comprador, inclusive a definição do preço a ser pago. Embora não haja ingerência do Estado, como a mercadoria precisa chegar até o consumidor, a Lei nº 9.074/95 tratou de assegurar aos fornecedores do mercado livre e seus respectivos contribuintes, por meio do § 6º do art. 15, "*livre acesso aos sistemas de distribuição e transmissão de concessionário e permissionário de serviço público, mediante ressarcimento dos custos de transporte envolvido, calculado com base em critérios fixados pelo poder concedente*".

A TUSD ou TUST são, portanto, tarifas previstas legalmente no art. 15, § 6º da Lei nº 9.074/95, cujas composições são definidas pela ANEEL[18], e que visam remunerar o acesso aos sistemas de distribuição e transmissão, que permitirão que a energia produzida pelo gerador chegue até o destinatário final, seja ele o consumidor cativo ou o livre.

## 2.2 A Cobrança da TUSD e da TUST

No que diz respeito à composição das tarifas, é de se ressaltar que o § 1º do art. 1º do Decreto nº 4.562/2002 determina que na definição do valor das tarifas para os contratos de conexão e de uso dos sistemas de transmissão ou distribuição, serão consideradas as parcelas apropriadas dos custos de transporte e das perdas de energia elétrica, bem como os encargos de conexão e os encargos setoriais de responsabilidade do segmento de consumo.

Assim, a ANEEL, ao atuar dentro da sua competência de definir as referidas tarifas TUSD e TUST não pode se furtar a seguir as diretrizes estabelecidas pela lei. Nesse sentido, fica muito evidente que, embora objetive remunerar o transporte da energia, tais tarifas não se limitam a reembolsar esses custos, mas abarca outros como encargos setoriais e mesmo perdas de energia elétrica. Assim o é, inclusive, que a Resolução Normativa ANEEL nº 166/2005 elenca uma série de encargos setoriais que integram a TUSD, além dos custos com as perdas elétricas e mesmo a Taxa de Fiscalização de Serviços de Energia Elétrica – TFSEE, o que será mais abordado no exame que faremos acerca da incidência do ICMS sobre tais Tarifas.

Assim como há uma previsão legal que atribui a ANEEL a competência para definição das Tarifas a serem pagas pelo uso dos sistemas

[18] Conforme art. 3º, inciso XVIII da Lei nº 9.427/96.

de distribuição e transmissão, a legislação também estabelece a forma como deve se dar essa contratação.

A esse propósito, o art. 9º da Lei nº 9.648/98 determina que "para todos os efeitos legais, a compra e venda de energia elétrica entre concessionários ou autorizados, deve ser contratada separadamente do acesso e uso dos sistemas de transmissão e distribuição", cabendo à ANEEL regular as tarifas e estabelecer as condições gerais de contratação do acesso e uso dos sistemas de transmissão e de distribuição de energia elétrica por concessionário, permissionário e autorizado, bem como pelos consumidores livres.

Também o Decreto nº 62.724/68, em seu art. 9º, com redação conferida pelo decreto nº 3.653/2000, estabelece que o fornecimento de energia elétrica a unidades consumidoras cativas do Grupo A deverá ser realizado mediante a celebração de contrato entre o concessionário ou permissionário de serviço público de energia elétrica e o respectivo consumidor, enquanto o fornecimento às unidades consumidoras do Grupo B será realizado sob as condições de contrato de adesão. O citado artigo estabelece, ainda, em seu § 1º, que os consumidores do Grupo A deverão celebrar contratos distintos para a conexão e uso dos sistemas de transmissão ou distribuição e para a compra de energia elétrica, o que também é reafirmado pelo art. 1º do Decreto nº 4.562/2002[19].

Podemos afirmar, portanto, em relação à cobrança da TUSD e TUST, que à exceção dos consumidores cativos do Grupo B, todos os outros agentes devem, por expressa determinação legal, firmar contratos autônomos e, portanto, desvinculados da tarifa de energia, havendo uma clara separação entre elas.

A figura abaixo[20] bem demonstra algumas das hipóteses de incidência da TUSD e da TUST, o que permite uma melhor compreensão da dinâmica envolvida: (i) a geradora paga a TUST quando utiliza a rede básica, assim como (ii) o consumidor livre irá recolher a mesma tarifa

[19] Art. 1º Os consumidores do Grupo "A", das concessionárias ou permissionárias de serviço público de geração ou de distribuição de energia elétrica deverão celebrar contratos distintos para a conexão, uso dos sistemas de transmissão ou distribuição e compra de energia elétrica, nos termos e condições firmados no art. 9º, do Decreto nº 62.724, de 17 de maio de 1968, com as alterações do Decreto nº 4.413, de 7 de outubro de 2002.

[20] Figura extraída do Atlas de Energia Elétrica do Brasil elaborado pela ANEEL.

quando contrata a energia do gerador e esta é transportada pela linha de transmissão; de igual modo (iii) a distribuidora também recolherá a TUST como forma de remunerar o uso das redes de transmissão, por meio das quais a energia adquirida da geradora chega até ela para ser distribuída aos consumidores cativos; e (iv) o consumidor livre pagará a TUSD quando, adquirindo a energia diretamente do gerador e/ou comercializador, utiliza a rede da distribuidora:

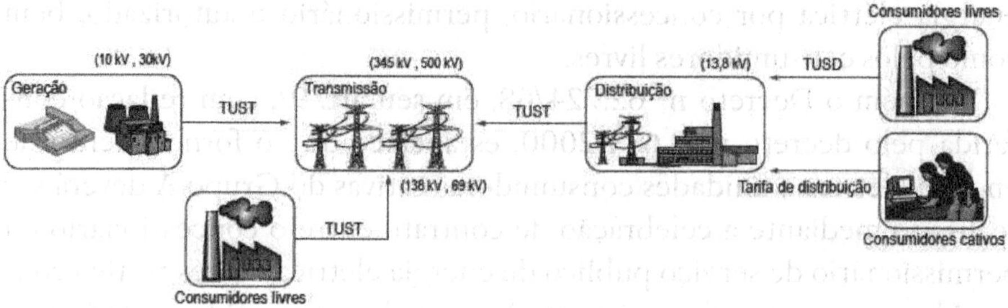


Note-se, por pertinente, que, embora no desenho acima, conste que os consumidores cativos pagam apenas a tarifa de distribuição à distribuidora, a TUSD também está embutida na referida tarifa. Isto porque a receita da concessionária é composta por duas parcelas: o custo de energia elétrica para revenda, também chamada de Tarifa de Energia (TE) e o custo da rede de distribuição – TUSD. Esta última reflete os custos da rede de distribuição e a remuneração da distribuidora pela prestação do serviço ao consumidor final, englobando, ainda, os encargos setoriais bem como custos operacionais, como a perda de energia. Ou seja, independente do consumidor, todos os encargos e perdas são repassados ao consumidor final dentro da Tarifa de Uso dos Sistemas de Distribuição.

Feito esse breve relato de como funciona a comercialização da energia elétrica, podemos tirar algumas conclusões que nos auxiliarão na análise a ser realizada acerca da incidência ou não do ICMS sobre a TUSD e TUST. São elas:

(i) no mundo factual, a circulação da energia elétrica se dá com a ocorrência simultânea de sua geração, transmissão, distribuição e consumo, mas, juridicamente, elas são tidas como atividades diferentes, inclusive na sua conceituação, regulamentação e operacionalização, sendo realizadas por sujeitos distintos;

(ii) de forma geral, verifica-se uma discrepância entre a energia comercializada, a efetiva geração e o consumo, pois representam fenômenos distintos. Assim o é que não é possível identificar quem efetivamente gerou a energia consumida pelo consumidor final.

(iii) por definição legal (art. 4º do Decreto 41.019/57 e § 6º do art. 15 da Lei 9.074/96), tanto a TUST quanto a TUSD tem por objetivo remunerar, respectivamente, as Transmissoras e Distribuidoras pelo "transporte" da energia;

(iv) na definição do valor das Tarifas TUSD e TUST devem ser considerados, além do custo do transporte, também as perdas de energia elétrica verificadas, bem como os encargos de conexão e setoriais de responsabilidade do segmento de consumo;

(v) o Uso dos Sistemas de Transmissão e Distribuição são contratados à parte do contrato de compra e venda de energia, tanto no mercado livre quanto em relação aos consumidores cativos do Grupo A;

(vi) em se tratando do mercado livre, existem, necessariamente, duas relações jurídicas distintas: uma de compra e venda de energia, firmada entre o gerador/comercializador e o consumidor do mercado livre; e, outra, de uso do sistema de transmissão/distribuição, entre o consumidor livre e o ONS (representando a transmissora) ou entre o consumidor livre e a distribuidora.

## 3. O julgamento do REsp nº 1.163.020

Feito um contexto do setor, cumpre-nos tecer um resumo do julgamento realizado pela Primeira Turma do Superior Tribunal de Justiça nos autos do REsp 1.163.020, que modificou o posicionamento até então adotado por aquela Turma.

No julgamento em referência, estava em discussão a legalidade da inclusão da TUSD na base de cálculo do ICMS. Votaram com o Ministro Relator Gurgel de Farias, os Ministros Benedito Gonçalves e Sergio Kukina. De acordo com o voto condutor do acórdão, em razão da sua peculiar realidade física, em se tratando de circulação da energia elétrica, "a geração, a transmissão e a distribuição formam o conjunto dos elementos essenciais que compõem o aspecto material do fato gerador, integrando o preço total da operação mercantil, não podendo qualquer um deles ser decotado da sua base de cálculo." A etapa da transmissão/distribuição não seria, nessa ótica, mera atividade meio, mas inerente ao próprio fornecimento de energia elétrica, sendo dele indissociável.

Os Ilustres Julgadores também entenderam que a Constituição da República, em seu art. 34, § 9º do Ato das Disposições Constitucionais Transitórias, ao tratar da responsabilidade tributária das concessionárias distribuidoras em relação aos consumidores "cativos", deixou claro que todas as etapas do processo de fornecimento de energia elétrica devem ser consideradas na composição do preço final da mercadoria, entendimento este que teria sido ratificado pela Lei Complementar nº 87/1996, em seu art. 9º, § 1º, II. Nessa linha, a abertura do mercado de energia elétrica, que veio a segmentar o setor, não teria o condão de infirmar a regra matriz de incidência do tributo, pois que ela apenas permitiria a atuação de mais de um agente econômico nas etapas necessárias (geração, transmissão e distribuição) para a concretização do negócio jurídico. Logo, o ICMS deve incidir sobre todo o processo de fornecimento de energia elétrica, tendo em vista a indissociabilidade das suas fases de geração, transmissão e distribuição, aí se incluindo a Tarifa de Uso do Sistema de Distribuição (TUSD).

Ainda de acordo com o voto vencedor, a exclusão dessa tarifa da base de cálculo do tributo implicaria violação ao princípio da igualdade, além de prejudicar a concorrência, o que seria vedado pelo art. 173, § 4º da Constituição. Isto porque, no seu entender, o consumidor cativo, que não tem a opção de escolha do fornecedor de energia elétrica, se veria obrigado a pagar o ICMS sobre o preço final da operação, que englobaria o custo de todas as fases, ao passo que o consumidor de mercado livre, além de poder barganhar um preço melhor das empresas geradoras, recolheria o tributo apenas sobre o preço dessa etapa da operação. Ademais, o mercado livre de energia elétrica estaria disponibilizado apenas para os grandes consumidores, o que evidenciaria que a exclusão do custo da transmissão/distribuição da base de cálculo do ICMS representaria uma vantagem econômica desarrazoada em relação às empresas menores que arcam com o tributo sobre o "preço cheio" constante de sua conta de energia.

Contrapondo-se ao posicionamento acima descrito, inaugurou a divergência a Ministra Regina Helena Costa, no que foi acompanhada pelo Ministro Napoleão Nunes Maia Filho. O voto divergente fez um levantamento dos contextos histórico e legislativo sobre o tema, contextualizando a existência de dois ambientes de contratação de energia – o Ambiente de Contratação Regulada (ACR) e o de Contratação Livre (ACL) – para, em seguida, analisar a regra matriz de incidência do ICMS sobre a energia elétrica, diferenciando a circulação física da circulação jurídica para fins de incidência do citado tributo. Nesse sentido, enquanto o voto do relator partiu da premissa de que as atividades de geração, transmissão e distribuição são indissociáveis, o voto divergente entendeu que os estágios de transmissão e distribuição da energia elétrica apresentam-se como elos na cadeia, interligando a geradora/produtora ao consumidor final, de modo que o aperfeiçoamento do fato gerador do ICMS só é efetivado no instante do consumo da energia elétrica; as etapas anteriores caracterizariam, portanto, mera circulação física da mercadoria. Foi apresentado, outrossim, um apanhado da jurisprudência do Superior Tribunal de Justiça sobre o tema, demonstrando que o ICMS incide sobre o consumo da energia, posicionamento este, aliás, que as duas turmas de direito público já tinham assentado há alguns anos.

A Ministra Regina Helena Costa ainda fez questão de ressaltar que além da LC 87/96 não ter previsto a inclusão de encargos tarifários na base de cálculo do ICMS, a PEC 285/04 previa a incidência do ICMS na transmissão e distribuição de energia elétrica, mas foi declarada prejudicada. Previsão semelhante estava contida no texto do Projeto de Lei Complementar 352/02, que deu origem à LC 138/10, sem, contudo, instituir tal previsão. Ao final de seu voto, fez consignar o seu entendimento pela adequação técnica do entendimento sufragado pelas Turmas de Direito Público do Superior Tribunal de Justiça, cuja orientação "prestigia a previsibilidade das relações e a segurança jurídica, valor maior do ordenamento, constituindo tanto um direito fundamental quanto uma garantia do exercício de outros direitos fundamentais."

## 4. A regra-matriz de incidência tributária do ICMS sobre energia elétrica e a inclusão da TUSD e da TUST na base de cálculo do ICMS

Estabelecidas as noções básicas do Setor Elétrico que nos permite compreender as diversas relações jurídicas que são formadas nesse mercado e uma vez contextualizado o julgamento realizado pela Primeira Turma do Superior Tribunal de Justiça, faz-se importante analisarmos a regra matriz de incidência tributária do ICMS incidente sobre a energia elétrica a fim de verificar se a base de cálculo do referido imposto comporta a inclusão da TUSD e da TUST, tal como pretendem os Estados.

### 4.1 A Regra Matriz de Incidência Tributária do ICMS sobre energia elétrica

O ICMS sobre operações relativas a energia elétrica encontra seu fundamento de validade na Constituição da República, mais precisamente no art. 155, II, § 2º, X, "b" e § 3º, que outorgou competência aos Estados para instituição do citado imposto sobre operações relativas a energia elétrica, ressalvando a não incidência sobre operações que a destinem a outros Estados e atribuindo à energia elétrica o *status* de mercadoria.

Conforme disposto na CF, em seu art. 155, II, o ICMS deve incidir sobre as operações relativas à circulação de mercadorias. Ou seja, o aspecto material do ICMS gravita em torno de três conceitos: operação, circulação e mercadoria, de modo que somente quando coexistentes os três, se poderá falar em incidência do citado imposto.

Operações, nas palavras de Geraldo Ataliba e Cléber Giardino[21], são atos jurídicos; atos regulados pelo Direito como produtores de determinada eficácia jurídica; são atos juridicamente relevantes. A circulação, por seu turno, é a passagem das mercadorias de uma pessoa para outra, sob o manto de um título jurídico, com a consequente mudança de patrimônio. Já o adjunto adnominal 'de mercadorias' indica que nem toda a circulação está abrangida no tipo proposto, mas unicamente aquelas que envolvam mercadorias.[22]

Ives Gandra da Silva Martins chama atenção para o fato de que "a palavra 'mercadoria' implica uma relação negocial, em que um dos polos, necessariamente, exerce com habitualidade a atividade de alienar bens com intuito negocial, ou seja, de obter lucros."[23]

[21] ATALIBA, Geraldo; GIARDINO, Cléber. Núcleo da definição constitucional do ICM – operações, circulação e saída. *Revista de Direito Tributário*, v. 25/26, ano 7. São Paulo: RT, 1983, p. 104.

[22] Carvalho, Paulo de Barros. *Direito tributário, linguagem e método. 5ª. ed.* São Paulo: Noeses, 2009, p. 730.

[23] MARTINS. Ives Gandra da Silva. A hipótese de imposição do ICMS nas operações com energia elétrica: Peculiaridades nas operações Interestaduais. In Revista Tributária e de Finanças *Públicas*. São Paulo: RT, n. 39, p. 237- 254, jul./ago. 2001, p. 244.

Assim, para que se possa falar em incidência do ICMS, é imprescindível que ocorra um negócio jurídico de caráter mercantil e que envolva a transferência da titularidade de uma mercadoria de uma pessoa a outra. Inclusive, a jurisprudência já pacificou o entendimento de que não há operação de circulação de mercadorias quando não se mostrar presente a transmissão da propriedade.[24]

Muito também já se discutiu acerca do fato gerador do ICMS, tendo em vista as diversas acepções que a "circulação de mercadoria" pode apresentar. Alguns doutrinadores defendiam que a operação seria caracterizada pela saída física da mercadoria, ao passo que outros entendiam que o imposto incidia sempre que houvesse circulação econômica da mercadoria. Fato é que a jurisprudência[25] consolidou o entendimento de que apenas a circulação jurídica, ou seja, aquela em que há efetiva transferência de domínio da mercadoria está apta a ensejar a incidência do ICMS.

Como bem observado pelo Ministro Edson Fachin ao proferir voto nos autos do RE 593824[26],

> A circulação de mercadoria apta a desencadear a tributação por meio de ICMS demanda a existência de um negócio jurídico oneroso que envolve a transferência da titularidade de uma mercadoria de um alienante a um adquirente. A operação, portanto, somente pode ser tributada quando envolve essa transferência, que não pode ser apenas física, mas sim jurídica e econômica.

Em se tratando da mercadoria *energia elétrica* e considerando suas particularidades, podemos afirmar que ela só é gerada e só circula quando há consumo. Esse ponto foi muito bem observado pelo Ministro Teori Zavascki, quando, ainda Ministro do Superior Tribunal de Justiça, relatou o REsp 960.476/SC, submetido à sistemática dos recursos repetitivos, no qual se discutia a incidência de ICMS sobre demanda contratada:

[24] O STJ já pacificou a questão ao julgar o REsp 1125133/SP, submetido à sistemática dos recursos repetitivos, e também por meio da Súmula 166.

[25] O STF já definiu isso em alguns julgados, como, por exemplo, no julgamento do RE nº 540.829/SP e RE593824/SC.

[26] Processo submetido à *sistemática* da repercussão geral, onde se discutiu a incidência do ICMS sobre a demanda contratada.

> (...)a energia elétrica é um bem insuscetível de ser armazenado ou depositado. Ela só é gerada para ser imediatamente consumida. Dito de outra forma: a anergia elétrica é gerada porque é consumida. Não há geração e nem circulação sem que haja consumo. Por isso mesmo, não se pode conceber a existência de fato gerador de ICMS sobre operações de energia elétrica sem que haja a efetiva utilização dessa especial 'mercadoria'.

Essa questão também já foi apreciada pelo Supremo Tribunal Federal[27], no julgamento dos RE 593824/SC, submetido à sistemática da repercussão geral e no qual se discutia a mesma tese debatida pelo Superior Tribunal de Justiça – incidência de ICMS sobre demanda contratada – tendo aquela Corte firmado posicionamento no sentido de que "*à luz do atual ordenamento jurídico, constata-se que não integram a base de cálculo do ICMS incidente sobre a energia elétrica valores decorrentes de relação jurídica diversa do consumo de energia elétrica*", posicionamento este que também é encampado por Roque Carrazza[28] e tantos outros doutrinadores.

Como bem observado pela Ministra Regina Helena Costa ao votar nos autos do REsp 1.163.020/RS, já "se consolidou o entendimento de que o fato gerador do ICMS sobre energia elétrica pressupõe o seu efetivo consumo, constituindo as etapas anteriores mera circulação física da mercadoria."

Tendo em vista a peculiar realidade física da energia elétrica, que pressupõe a ocorrência simultânea de geração, transmissão, distribuição e consumo, o Ministro Gurgel de Faria, ao analisar a questão, firmou posicionamento no sentido de que o aspecto material do fato gerador seria composto pela junção dessas três fases, não podendo qualquer uma delas ser decotada da sua base de cálculo. Assim, na sua concepção e também na dos Ministros que o acompanharam, a etapa de transmissão/distribuição não seria mera atividade meio, mas sim atividade inerente ao próprio fornecimento de energia elétrica, motivo pelo qual considerou legítima a incidência do ICMS sobre a TUSD.

[27] Colhe-se do voto condutor do acordão proferido pelo Ministro Edson Fachin: "*Dessa forma,.*"

[28] "Dentre essas alternativas, a legislação optou pela descrição de uma operação jurídica que possibilite o *consumo* de energia elétrica. Portanto, atualmente, a *hipótese de incidência* do ICMS-Energia Elétrica pe *consumir*, por força de um negócio jurídico, *energia elétrica*." Carrazza, Roque Antonio, ICMS. São Paulo: Malheiros, 2012, p. 311.

Não conseguimos, todavia, enxergar uma amplitude na hipótese de incidência tal qual a conferida pela maioria dos Ministros da Primeira Turma do Superior Tribunal de Justiça, até mesmo porque, se o fato gerador do ICMS – Energia Elétrica só se perfectibiliza com o consumo, não vemos como atribuir à transmissão e à geração o mesmo enquadramento. Assim, acompanhando o posicionamento já pacificado pelo Supremo Tribunal Federal e pelo Superior Tribunal de Justiça, entendemos que o critério material do ICMS – Energia Elétrica é o consumo da energia adquirida e é a partir dessa premissa que analisaremos a discussão.

Aliás, uma vez consolidado tal entendimento em sede de repetitivo e de repercussão geral, tal premissa deve ser adotada sempre que se tratar do ICMS-Energia Elétrica, em atenção ao princípio da segurança jurídica, valor maior do ordenamento jurídico, especialmente no que diz respeito à confiança nos atos do Poder Público, e na estabilidade das relações jurídicas, a que se refere a Ministra Regina Helena Costa.[29]

Sempre que se verificar a ocorrência da hipótese de incidência do ICMS – Energia Elétrica, ou seja, quando verificado que um determinado contribuinte consumiu a energia elétrica por ele contratada, nascerá o dever jurídico desse contribuinte recolher o ICMS sobre o valor da operação (art. 13, I da LC 87/96) ao Estado em que estiver localizado.

## 4.2 Sobre a inclusão da TUSD e da TUST na base de cálculo do ICMS

### 4.2.1 *Da Base de cálculo do ICMS – Energia Elétrica*

Assim como o Ministro Gurgel de Farias, também entendemos que a realidade física da energia elétrica é muito peculiar. Basta ver que, do mesmo modo que o consumo da energia elétrica, no plano factual, se dá simultaneamente à sua geração, transmissão e distribuição, não podemos garantir que a energia consumida é a energia que foi posta no sistema pelo fornecedor, já que todos os geradores estão conectados ao SIN e uma vez entregue a energia na Rede Básica, não é possível saber para onde ela será, efetivamente, direcionada.

Esse exemplo é importante para demonstrarmos que se levarmos em consideração apenas a circulação física da mercadoria energia, não con-

[29] Costa, Regina Helena. *Curso de Direito Tributário – Constituição e Código Tributário Nacional – 10ª ed.* – São Paulo: Saraiva Educação, 2020.

seguiremos comprovar que houve efetivamente o fato gerador. O exemplo apresentado é extremo, mas serve para comprovar que, se para fins de tributação do ICMS, devemos tomar por base a circulação jurídica e não a física, tal como pacificado pela jurisprudência, com mais razão ainda tal medida deve ser adotada em casos como o que ora se examina. Podemos afirmar, portanto, que enquanto a geração e o consumo são fenômenos físicos, a comercialização é um fenômeno contratual e contábil.

Nesse sentido, não se desconhece a essencialidade da transmissão e distribuição da energia elétrica para que ela chegue ao destinatário final. Ocorre que o critério material do ICMS – Energia Elétrica é a circulação da energia, que, como já vimos, só ocorre no momento em que o consumidor final utiliza a energia que lhe é disponibilizada. Ou seja, só se pode falar em operação jurídica relativa ao fornecimento de energia elétrica, passível de tributação por meio do citado imposto, no preciso instante em que o interessado, consumindo-a, vem a transformá-la em outra espécie de bem da vida (luz, calor, frio, força, movimento ou qualquer outro tipo de utilidade).[30] Daí porque o fato gerador é o consumo da energia elétrica e é este fato que a base de cálculo do tributo deve exprimir.

Como nos ensina Paulo de Barros Carvalho[31], a base de cálculo há de ter uma correlação lógica e direta com a hipótese de incidência do tributo. Ela terá o condão de confirmar, infirmar ou afirmar o verdadeiro critério material da hipótese tributária. Confirmando sempre que houver total sintonia entre o padrão da medida e o núcleo do fato dimensionado; infirmando quando houver manifesta incompatibilidade entre a grandeza eleita e o acontecimento que o legislador declara como a medula da previsão fáctica; e afirmando, na eventualidade, de ser obscura a formulação legal.

A base de cálculo tem de ser, portanto, uma circunstância inerente ao fato gerador, de modo a afigurar-se como sua verdadeira e autêntica expressão econômica, como há muito já ensinava Amílcar de Araújo Falcão[32]. Do contrário, a inadequação da base de cálculo pode representar

[30] Carrazza, Roque Antonio, *ICMS*. São Paulo: Malheiros, 2012, p. 312.

[31] Carvalho, Paulo de Barros. *Direito Tributário Linguagem e Método*. São Paulo: Noeses, 2013, p.626/627.

[32] Falcão. Amílcar de Araújo. *Fato gerador da obrigação tributária. 6ª Ed.*Rio de Janeiro: Forense, 2002, p. 78/79.

uma distorção do fato gerador e, assim, desnaturar o tributo. Isso significa que não é todo e qualquer valor que poderá integrar a base de cálculo do ICMS – Energia Elétrica, mas apenas o que efetivamente remunere a energia consumida. Qualquer outra importância que não recompense esse consumo não pode ser objeto de tributação, sob pena de infirmação da hipótese de incidência tributária.

O art. 2º, § 1º, inciso III[33] da LC 87/96 estabelece que o ICMS incidirá sobre a entrada da energia elétrica no estabelecimento consumidor, ao passo que o mesmo diploma legal dispõe, em seu art. 13[34] que a base de cálculo é o valor da operação e, caso ausente esse valor, o *preço corrente da energia elétrica*[35].

Diante de tais fatos, a hipótese de incidência tributária do ICMS – Energia Elétrica é consumir energia elétrica adquirida, a título oneroso, de um terceiro, e uma vez relatado em linguagem competente esse consumo, surgirá a relação jurídica obrigacional tributária por meio da qual o consumidor estará obrigado a recolher ICMS ao Estado em que estiver localizado, a ser apurado mediante a aplicação da alíquota fixada pelo Estado sobre o valor da operação em questão. E qual seria a operação? A compra da energia elétrica consumida.

Considerando, portanto, que a hipótese de incidência do ICMS – Energia Elétrica é o consumo da energia, não vemos como incluir em sua base de cálculo qualquer outra riqueza que não guarde correlação com o consumo, sob pena de descaracterização do próprio tributo. Nessa toada, entendemos prudente, examinar se as Tarifas de Uso dos Sistemas de Distribuição e Transmissão guardam relação com o consumo da

[33] § 1º O imposto incide também:
III – sobre a entrada, no território do Estado destinatário, de petróleo, inclusive lubrificantes e combustíveis líquidos e gasosos dele derivados, e de energia elétrica, quando não destinados à comercialização ou à industrialização, decorrentes de operações interestaduais, cabendo o imposto ao Estado onde estiver localizado o adquirente.

[34] Art. 13. A base de cálculo do imposto é:
I – na saída de mercadoria prevista nos incisos I, III e IV do art. 12, o valor da operação; (...)
VIII – na hipótese do inciso XII do art. 12, o valor da operação de que decorrer a entrada.

[35] Art. 15. Na falta do valor a que se referem os incisos I e VIII do art. 13, a base de cálculo do imposto é:
I – o preço corrente da mercadoria, ou de seu similar, no mercado atacadista do local da operação ou, na sua falta, no mercado atacadista regional, caso o remetente seja produtor, extrator ou gerador, inclusive de energia;

energia de modo a poder integrar a base de cálculo do ICMS sem que isso desnature o imposto.

A esse respeito, vale observar que, se em um primeiro momento, temos a concepção de que tais tarifas visam apenas o pagamento pelo uso da rede básica e da rede das distribuidoras, o que, a toda evidência, já não guarda relação com o consumo da energia, o Sistema Elétrico Brasileiro é muito mais complexo.

Além dos contratos de Uso dos Sistemas de Transmissão e Distribuição serem firmados à parte do contrato de energia, tanto em relação aos consumidores livres, quanto aos consumidores cativos do Grupo A (art. 1º do Decreto nº 4.562/2002), o que já é um sinal de que tais usos não se confundem com o consumo da energia elétrica, a própria legislação prevê que tais tarifas devem abarcar não só os custos de transporte, mas também as perdas de energia elétrica, bem como os encargos de conexão e os encargos setoriais de responsabilidade do segmento de consumo.

Ou seja, a TUSD não representa um valor fixado apenas para remunerar a distribuição da energia, mas, em verdade, é uma tarifa que contempla uma série de encargos, alguns dos quais não guardam relação sequer com a transmissão e distribuição da energia elétrica, quanto menos com o consumo da energia. Isso é o que se extrai da leitura do art.12 da Resolução Normativa ANEEL nº 166/2005, que apresenta a composição da Tarifa do Uso dos sistemas de distribuição, subdividida nos seguintes itens:

> a) TUSD – Fio A, corresponde ao custo do uso de redes de distribuição ou de transmissão de terceiros, será formada pelo valor do custo relativamente ao pagamento da TUST, do custo com a conexão à rede básica, do custo com o uso da rede de distribuição de outras concessionárias e as perdas elétricas da rede básica;
> b) TUSD – Fio B – corresponde ao custo do serviço prestado pela própria distribuidora, será formada pelo valor da remuneração dos ativos de distribuição de energia elétrica, quota de reintegração dos ativos em decorrência da depreciação e custo operacional;
> c) encargos do próprio sistema de distribuição, na forma da TUSD – Encargos do Serviço de Distribuição, que é composto pela quota da Reserva Global de Reversão – RGR, pela Taxa de Fiscalização de Serviços de Energia Elétrica – TFSEE, pela Pesquisa e Desenvolvimento – P& D e Eficiência Energética, além da contribuição para o ONS;

d) perdas elétricas técnicas e não técnicas, respectivamente, na forma TUSD – Perdas Técnicas e TUSD – Perdas Não Técnicas;
e) Conta de Consumo de Combustíveis – CCC do Sistema Interligado e também do Sistemas Isolados, na forma TUSD – CCC S/SE/CO, TUSD – CCC N/NE e TUSD – CCC Isolados, conforme o caso;
f) Conta de Desenvolvimento Energético – CDE, nas formas TUSD – CDE S/SE/CO e TUSD – CDE N/NE, conforme o caso; e,
g) Programa de Incentivo às Fontes Alternativas de Energia Elétrica – PROINFA.

Parte dos valores que compõem a TUSD não pode sequer ser considerada remuneração pela transmissão ou distribuição de energia. As importâncias referem-se, em linhas gerais, a encargos cobrados para financiar o desenvolvimento do Setor Elétrico Brasileiro e as políticas energéticas do Governo Federal, ou a perdas incorridas (como é a situação da energia perdida durante a transmissão) e até mesmo de tributo como é o caso da TFSEE, o que só confirma a completa impropriedade da cobrança pretendida!

Inexiste, por exemplo, qualquer relação entre a energia consumida no âmbito do Sistema Interligado Nacional com a CCC[36] dos sistemas isolados ou mesmo com a taxa de fiscalização. Para que fique claro o absurdo da questão, em se admitindo a incidência do ICMS sobre a TUSD, a base de cálculo do referido tributo comportará até mesmo a energia que não foi consumida, caracterizando, inequivocadamente, uma desnaturação do tributo, que passará a incidir sobre elementos estranhos à operação mercantil objeto de tributação.

Também a Tarifa de Uso dos Sistemas de Transmissão, paga pelo uso da Rede Básica, não guarda relação com o consumo da energia elétrica. Inclusive, a própria legislação que a regulamenta, atribui as Transmissoras a função de *transportadora da mercadoria energia* sendo certo que o

[36] "A Conta de Consumo de Combustíveis – CCC, constitui reserva financeira para cobertura do custo de combustíveis fosseis, funcionando como conta de compensação, através da qual se realiza o rateio dos ônus e das vantagens da geração térmica do respectivo sistema interligado. Dessa forma, as despesas referentes aos combustíveis fósseis utilizados na geração de energia elétrica nos sistemas interligados são reembolsadas com recursos da CCC." Carneiro, Daniel; Coli, Adriana; Dias, Fábio. PCHs Pequenas Centrais Hidrelétricas Aspectos jurídicos, Técnicos e Comerciais. 2ª ed – Rio de Janeiro: Synergia, 2017, p. 108.

valor pago a esse título é utilizado para remunerar coisa distinta do consumo. A parcela principal da TUST, a TUST-RB se refere às instalações de transmissão integrantes da Rede Básica, com nível de tensão igual ou superior a 230kV, e é utilizada para promover a otimização dos recursos elétricos e energéticos do sistema, sendo aplicável a todos os usuários. Já o serviço de transmissão prestado pelas unidades transformadoras previstas no art. 2º da REN nº 67/2004 é pago por distribuidoras que dele se beneficiam, mediante parcela específica da TUST denominada TUST-FR, que incorpora, ainda, os custos de transporte associados às Demais Instalações de Transmissões – DIT's compartilhadas entre as concessionárias de distribuição.[37]

Tais tarifas, TUSD e TUST, tanto não integram o preço da energia que elas são cobradas mesmo nas hipóteses em que não há incidência do tributo, como é o caso, por exemplo, do autoprodutor de energia. Ele produz para consumo próprio a energia, que é liberada no SIN e retorna a ele para seu consumo. Como na situação do autoprodutor não há a circulação da mercadoria, eis que inexiste alteração de titularidade, não há que se falar em incidência do ICMS. No entanto, ele deve recolher a TUSD e/ou TUST conforme o caso[38], o que bem comprova a relação de independência existentes entre o consumo e o transporte da energia, ao menos para fins de ICMS.

Se insistirmos na tese de que a transmissão e a distribuição também caracterizam o fato gerador do ICMS – Energia Elétrica, então seria forçoso admitir que o ICMS deve incidir sobre eventual TUSD ou TUST paga pelo autoprodutor ainda que não se verifique a comercialização de energia, o que demonstra o absurdo da questão.

Como bem ensina Roque Carrazza:

> Na verdade, não é possível inserir, na base de cálculo do ICMS, valor de fato econômico que não tipifica operação mercantil. Isto ensejaria a cobrança de um adicional de um novo imposto, que refoge à competência tributária do Estado-membro e, pior, invade a competência tributária de outra pessoa política, além de vulnerar direito fundamental

[37] Extraído do site da ANEEL em 20.07.2020.

[38] TUSD na hipótese de uso da linha de distribuição da concessionária e TUST na hipótese de uso da rede básica.

do contribuinte, qual seja, o de ser tributado na forma e nos limites da Constituição.[39]

Ademais, é de observar que, especificamente no caso dos consumidores do mercado livre, os contratos firmados pelo Uso dos Sistemas de Transmissão e/ou Distribuição são firmados com pessoas distintas (transmissor ou distribuidor) do fornecedor de energia (gerador ou comercializador), o que torna ainda mais evidente a impropriedade de se incluir na base de cálculo do ICMS "serviço" prestado por pessoa estranha à relação de compra e venda de energia.

Assim, em que pese considerarmos legítimo o repasse da TUST e da TUSD aos consumidores em função da forma como o Sistema elétrico está estruturado, não podemos compactuar com a incidência de ICMS sobre referidos importes, uma vez que o legislador selecionou como fato gerador do imposto o consumo de energia elétrica. E, fica claro que as Tarifas de Uso do Sistema de Distribuição e Transmissão não guardam qualquer relação com a hipótese de incidência tributária em comento. Assim, é preciso saber diferenciar o fenômeno físico da circulação de energia elétrica do fenômeno jurídico, sob pena de se admitir a tributação daquilo que a lei não estabeleceu como fato hábil a provocar o nascimento da relação jurídico tributária.

Isso fica bem evidente ao se examinar a legislação do Setor Elétrico Brasileiro, que fez questão de separar a geração, a transmissão e a distribuição da energia elétrica, segregando as atividades e, inclusive, as respectivas remunerações, definindo expressamente a parcela que remunera o consumo de energia, na qual não se inclui as Tarifas de uso dos sistemas de transmissão e distribuição.

### 4.2.2 *A impossibilidade de inclusão da TUSD e da TUST na base de cálculo do ICMS – Energia Elétrica por força das próprias definições da ANEEL*

O intérprete, ao aplicar o direito, deve buscar o sentido dos conceitos utilizados pela legislação na área do direito a que se refere, pois só assim será possível ter uma adequada compreensão do que se está examinando.

[39] CARRAZA, Roque Antônio. *Reflexões sobre a Obrigação Tributária*. São Paulo: Noeses, 2010, p. 103.

E isso, ao nosso ver, se aplica a todos os ramos do direito, inclusive o tributário. Afinal, como bem observado por Lucas Galvão de Britto[40]

> o que não se permite, seja ao legislador na exegese da norma de competência, seja ao intérprete na compreensão da lei instituidora de um tributo, é pressupor a existência de conceito novo (i.e. com proporções diversas das estabelecidas no 'sentido comum', na terminologia 'técnica' ou em outros domínios do ordenamento jurídico), sem apontar para enunciados de direito positivo que justifiquem esses distintos contornos definitórios.

Em outras palavras: para que se admita que a TUSD e a TUST integrem a base de cálculo do ICMS seria imprescindível que elas realmente fizessem parte da remuneração da energia elétrica, ao menos dentro da definição técnica conferida pela ANEEL, a Agência reguladora do setor. Mas não é isso o que se verifica.

A Resolução Normativa ANEEL 414/2010, responsável por estabelecer as Condições Gerais de Fornecimento de Energia Elétrica elenca, em seu art. 2º, uma série de definições que devem ser adotadas para os fins a que se propõe a Resolução em questão, dentre as quais mostra-se especialmente significativa, para o presente trabalho, a significação adotada para a Tarifa de Energia e a TUSD, o que bem ressalta uma diferenciação importante entre as duas. Vejamos:

> Art. 2º Para os fins e efeitos desta Resolução, são adotadas as seguintes definições:
> LXXV – tarifa: valor monetário estabelecido pela ANEEL, fixado em R$ (Reais) por unidade de energia elétrica ativa ou da demanda de potência ativa, base para a definição do preço a ser pago pelo consumidor e explicitado na fatura de energia elétrica, sendo: (Redação dada pela REN ANEEL 775, de 10.07.2017)
> a) **tarifa de energia – TE: valor monetário unitário determinado pela ANEEL, em R$/MWh, utilizado para efetuar o faturamento**

[40] BRITTO, Lucas Galvão de. *Tributar na era da técnica: como as definições feitas pelas agências reguladoras vêm influenciando a interpretação das normas tributárias. – 1ª ed.* São Paulo: Noeses, 2018, p. 131.

**mensal referente ao consumo de energia**; e (Redação dada pela REN ANEEL 775, de 10.07.2017) (destacamos)

b) **Tarifa de Uso do Sistema de distribuição – TUSD: valor monetário unitário determinado pela ANEEL, em R$/MWh ou em R$/kW, utilizado para efetuar o faturamento mensal de usuários do sistema de distribuição de energia elétrica pelo uso do sistema.** (Redação dada pela REN ANEEL 775, de 10.07.2017)

Como bem se vê, a Tarifa de fornecimento de energia para o consumidor cativo é subdividida em duas partes: uma, a tarifa de energia, que é utilizada para efetuar o faturamento mensal referente ao *consumo de energia;* e outra, que é a Tarifa de Uso do Sistema de distribuição – TUSD, cuja decomposição já apresentamos logo acima.

Cumpre ressaltar, por oportuno, que esse mesmo entendimento é encampado pela Resolução Normativa ANEEL nº 166/2005 ao definir a Tarifa de Fornecimento como sendo a "tarifa aplicável no faturamento mensal de energia elétrica dos consumidores cativos de concessionárias ou permissionárias de distribuição, homologadas pela ANEEL, correspondente aos valores relativos à tarifa de uso dos sistemas de distribuição e à tarifa de energia elétrica".

Registre-se, por oportuno, que essa definição é válida tanto para os Consumidores Cativos do Grupo A, quanto os do Grupo B. A única diferença é que os primeiros são obrigados a celebrar contrato distinto para o Uso dos Sistemas de Transmissão/Distribuição, ao passo que os demais já recebem a tarifa de fornecimento (monômia) com as duas variáveis (TE e TUSD) incluídas.

Também os consumidores do mercado livre e autoprodutores, a exemplo do que ocorrem com os Consumidores Cativos do Grupo A, firmam contratos específicos para remuneração da TUSD e da TUST, os quais são dissociados dos contratos de compra de energia firmado com o gerador ou comercializador, reafirmando o quanto exposto até o presente momento.

Ou seja, a própria ANEEL fez questão de separar a remuneração pelo consumo da energia (Tarifa de Energia) da TUSD e da TUST, de modo que sob nenhum ângulo, se vê elementos que justifiquem a inclusão de tal tarifa na base de cálculo do ICMS – Energia Elétrica. A Transmissão e a Distribuição, em verdade, são hipóteses de não incidência do tributo, cabendo ressaltar, por oportuno, que a própria legislação atribui a elas a condição de meras transportadoras da energia. E, como bem se sabe, em se tratando de energia elétrica, o fato gerador selecionado apto a ensejar a incidência do ICMS foi a circulação da mercadoria e não o seu transporte.

### 4.2.3 *Sobre o § 9º do Art. 34 do ADCT, replicado no art. 9º, §1º, II da LC 87/96*

E nem se argumente que o fato do § 9º do artigo 34 do Ato das Disposições Constitucionais Transitórias atribuir a responsabilidade às empresas distribuidoras de energia elétrica pelo pagamento do ICMS incidente sobre energia elétrica, *desde a produção ou importação até a última operação*, calculado o imposto sobre o preço então praticado na operação final, teria o efeito de autorizar a incidência do mencionado imposto sobre a produção, importação, transmissão ou distribuição da energia elétrica, se tais atos não se subsomem à hipótese de incidência tributária do citado imposto. Afinal, a Constituição, ao traçar o arquétipo constitucional do ICMS, estabeleceu que tal imposto somente pode incidir sobre as operações relativas à circulação de mercadoria. Se a circulação da energia está condicionada ao seu efetivo consumo, qualquer pretensão de tributar algo distinto disso será inconstitucional. De todo modo, entendemos que o preço praticado na operação final a que se refere o mencionado dispositivo é aquele relativo à comercialização da energia que será consumida eis que é o único que guarda relação com a hipótese de incidência referida.

Inclusive, vale mencionar que tal dispositivo e também o art. 9º, § 1º, II da LC 87/96 que o reproduziu não podem ser aplicados à hipótese de contratação da energia no mercado livre, uma vez que apenas quem está vinculado ao fato gerador é que, por estar próximo ao contribuinte e à revelação da riqueza tributada, pode ser chamado a colaborar com a administração como responsável tributário. No caso da compra e venda de energia no mercado livre, isso não se verifica, uma vez que a distribuidora sequer faz parte da relação jurídica ali instaurada e que foi firmada entre o gerador ou comercializador da energia e o consumidor final.

### 4.2.4 *As Inovações introduzidas pelos Convênios ICMS 117/04 e 77/2011*

A verdade é que a discussão sobre a incidência do ICMS sobre a TUSD e TUST ganhou corpo com a edição do Convênio CONFAZ ICMS 117/04 que, a pretexto de dispor sobre o cumprimento de obrigações tributárias em operações de transmissão e conexão de energia elétrica, criou nova hipótese de incidência tributária, que não estava prevista nem na Constituição Federal nem na LC 87/96, ao atribuir (i) ao Consumidor cativo a obrigação de recolher ICMS sobre as tarifas de conexão e encargos de uso do sistema de transmissão pagos às empresas transmissoras (cláusula primeira); bem como (ii) ao equiparar o autoprodutor ao consumidor cativo sempre que ele retirar energia elétrica da rede básica, impondo-lhe as mesmas obrigações.

Posteriormente, foi editado o Convênio CONFAZ ICMS 77/2011, direcionado aos consumidores do mercado livre, e que também instituiu a incidência de ICMS sobre os valores e encargos cobrados pelas empresas responsáveis pela operação da rede ou da linha de distribuição ou de transmissão a qual estiver conectado o destinatário e quaisquer outros valores e encargos inerentes ao consumo de energia elétrica, ainda que devidos a terceiros. (cláusula primeira, § 1º).

Alguns Estados passaram então a internalizar tais normas e, com isso, efetuar as cobranças do ICMS sobre tais tarifas, tanto dos consumidores do mercado cativo quanto dos consumidores do mercado livre.

Ocorre que o campo de atuação, constitucionalmente legítimo, dos convênios é o da formalização das deliberações dos Estados e do Distrito Federal concernentes à outorga de isenções, incentivos e benefícios fiscais (CF, art. 155, § 2º, XII, "g") e não à criação de nova hipótese de incidência. Se como bem demonstrado nas linhas acima, inexiste previsão legal para a inclusão de tais tarifas na base de cálculo do ICMS, não pode o Convênio fazê-lo, mormente em face do princípio da estrita legalidade (art. 150, I da CF/88).

Bem se vê, portanto, que não existe qualquer embasamento jurídico que justifique a incidência do ICMS sobre a TUSD e TUST.

### 4.2.5 *A Inexistência de violação aos princípios da igualdade e da livre concorrência*

Por fim, impende analisar um outro argumento trazido pelo Ministro Gurgel de Faria em seu voto: o de que a exclusão da TUSD da base de cálculo do ICMS implicaria violação ao princípio da igualdade, além de prejudicar a concorrência, o que seria vedado pelo art. 173, § 4º da Constituição Federal. No entender do Ministro, apenas os consumidores do mercado livre – restrito aos grandes consumidores – poderiam ser beneficiados com a exclusão da TUSD, o que representaria uma vantagem econômica desarrazoada em relação às empresas menores.

Tal argumento não se sustenta mais, todavia. Um primeiro ponto a ser ressaltado diz respeito ao fato de que também os consumidores cativos podem se beneficiar da exclusão da TUSD da base de cálculo do ICMS, pois que eles igualmente pagam referida tarifa. Inclusive, conforme demonstramos acima, o art. 9º do Decreto nº 62.724/68 é categórico no sentido de que os consumidores cativos do grupo A devem celebrar contratos distintos para uso dos sistemas de transmissão ou distribuição e para a compra de energia elétrica, de modo que, mesmo hoje em dia, essa segregação é de fácil visualização e operacionalização.

E mesmo os consumidores cativos do grupo B tem a TUSD embutida na tarifa paga à comercializadora, uma vez que a tarifa de fornecimento é composta pela Tarifa de Energia (TE) e pela TUSD. Ou seja, independentemente de quem seja o consumidor, não só é possível como é medida imprescindível a exclusão da TUSD da base de cálculo do ICMS – Energia Elétrica eis que ela não mede o consumo.

Não obstante o quanto já exposto, impende mencionar que, à época do julgamento do REsp 1.163.020/RS, a opção de compra no mercado livre estava limitada aos consumidores cuja carga fosse igual ou maior que 3.000 kW. Ocorre que a própria concepção do mercado livre já pressupunha sua abertura com o passar dos anos, fato este que é bem evidenciado pelo § 3º do art. 15 da Lei nº 9.074/95, que previa a possibilidade de diminuição dos limites de carga originalmente previstos.

Dentro dessa perspectiva, o Ministério das Minas e Energia publicou a Portaria nº 465, de 12 de dezembro de 2019, estabelecendo uma gradual abertura do mercado livre aos demais consumidores, de forma que a previsão é de que a partir de 01.01.2024, a compra de energia no mercado livre seja oportunizada a todos os consumidores, independentemente da sua carga. Assim, não há que se falar em violação ao princípio da igualdade e da livre concorrência.

Considerando, portanto, a abertura do mercado livre aos consumidores cativos, não mais tem razão de ser a preocupação com a livre concorrência e com eventual desigualdade constatada, até porque, como salientado, a TUSD é arcada por todos os consumidores, de modo que, independentemente do seu modo de cobrança, não há fundamento legal para a sua inclusão na base de cálculo do ICMS.

## Conclusões

Diante de tudo quanto exposto ao longo do presente trabalho, entendemos que não existe sequer embasamento legal a justificar a incidência do ICMS sobre a TUSD e TUST.

Tanto o STF quanto o STJ já assentaram o entendimento que o fato gerador do ICMS -Energia Elétrica é o seu consumo, ao passo que a TUSD e a TUST objetivam remunerar o transporte da energia do gerador até o consumidor final, fato alheio ao consumo e que, portanto, não pode integrar o critério quantitativo da regra matriz de incidência do citado imposto.

Ainda que assim não fosse, tais tarifas não se limitam a remunerar o transporte, mas objetivam também o ressarcimento dos custos com a perda de energia no sistema, bem como repassa os encargos setoriais e a taxa de fiscalização ao consumidor final, cabendo observar que muitos desses encargos são utilizados para financiar o desenvolvimento do Setor Elétrico Brasileiro e as políticas setoriais. Assim, embora concordemos que, em face do modo como o Sistema está estruturado, tais repasses sejam legítimos, isso não significa que eles podem ser incluídos na base de cálculo do ICMS – Energia Elétrica, pois valoram fatos econômicos que não tipificam operação mercantil.

No que diz respeito ao consumidor livre, é de observar que o contrato firmado para remunerar a transmissão ou a distribuição da energia o é com a transmissora, por intermédio do ONS, ou, com a distribuidora, ao passo que a compra e venda de energia é contratada diretamente com a geradora ou comercializadora. Ou seja, cuidam-se de distintas relações jurídicas, que tem objetos distintos e que, portanto, não podem ser incluídas sob uma mesma rubrica.

A diferenciação entre o Uso do Sistema de Transmissão e Distribuição e a compra de energia elétrica é tamanha que o próprio Setor Elétrico fez questão de separar esses fatos, inclusive, segregando, da tarifa de energia, os valores de TUSD e TUST. Basta ver que a própria ANEEL, define a Tarifa de Energia (TE) como sendo *"o valor monetário unitário* *determinado pela ANEEL, em R$/MWh, utilizado para efetuar o faturamento mensal referente ao consumo de energia*", ao passo que a TUSD é o valor monetário utilizado para efetuar o faturamento mensal de usuários do sistema de distribuição de energia elétrica pelo uso do sistema. Ou seja, o próprio Setor cuidou de excluir do cálculo da Tarifa de Energia – TE a TUSD, justamente porque ela não visa remunerar o consumo, este sim o fato gerador do citado tributo.

Assim, a transmissão e a distribuição são, ao nosso ver, hipóteses de não incidência do ICMS – Energia Elétrica, embora os custos sejam repassados ao consumidor final.

Em, verdade, o que se verifica é que os Convênios CONFAZ ICSM nºs 117/04 e 77/2011, a pretexto de disporem sobre o cumprimento de obrigações tributárias em operações de transmissão e conexão de energia elétrica, criaram novas hipóteses de incidência tributária, que não estavam previstas nem na Constituição Federal nem na LC 87/96, ao determinar o recolhimento de ICMS sobre a TUSD e TUST, em clara violação ao art. 155, §2º, XII, "g" da CF/88 e ao princípio da estrita legalidade previsto no art. 150, I da CF/88.

Por fim, tampouco há que se defender que a não incidência do ICMS sobre a TUSD e TUST provocará violação aos princípios da igualdade e da livre concorrência. Isso porque a cobrança é ilegítima independentemente do consumidor final, seja ele integrante do mercado livre ou do mercado cativo. E, como visto, a própria legislação segrega as cobranças, de modo que mesmo em se tratando do consumidor cativo do grupo B (único que não tem a obrigação de contratar o uso dos sistemas de transmissão e distribuição à parte da conta de energia), a exclusão da TUSD da base de cálculo do ICMS – Energia Elétrica é medida que se impõe.

Ademais, ainda que assim não fosse, impende notar que, se à época do julgamento do REsp 1.163.020/RS, a opção de compra no mercado livre estava limitada aos consumidores cuja carga fosse igual ou maior que 3.000 kW, mas, a partir de 2024, a compra será oportunizada a todos os consumidores independentemente da carga contratada. Ou seja, em questão de pouquíssimo tempo, essa discussão não mais existirá.

De todo modo, a matéria está submetida ao crivo da Primeira Seção do Superior Tribunal de Justiça, a quem caberá a palavra final. Nessa linha, a expectativa é de que a Primeira Seção ratifique o posicionamento da Segunda Turma, uma vez que, ao que parece, todos Ministros desta

Turma entendem pela não incidência, bem como os Ministros Regina Helena Costa e Napoleão Nunes Maia Filho, integrantes da Primeira Turma. Assim, em sendo mantidos os posicionamentos já externados, estima-se a manutenção da jurisprudência que, por vários anos, estava pacificada no âmbito do Superior Tribunal de Justiça.

Sobreleva mencionar, no entanto, que a matéria será objeto de exame em cinco processos submetidos à sistemática de recursos repetitivos, com participação das partes e da Sociedade, de modo que o Superior Tribunal de Justiça terá a possibilidade de se debruçar sobre o tema, escutando os mais diversos pontos de vista para chegar a uma conclusão, o que, invariavelmente comporta uma alteração de posicionamento por um ou mesmo por todos os Julgadores.

Vale observar que a matéria é de interesse de todos os Estados da Federação e do Distrito Federal, assim como de grande parte dos Consumidores, o que fez com que os Estados e também Associações representativas das categorias envolvidas (Associação Brasileira de Energia Limpa e Associação Brasileira de Grandes Consumidores Industriais de Energia e de Consumidores Livres – ABRACE) fossem admitidos como *Amicus Curiae*, o que, sem sombra de dúvida, enriquecerá, em muito, o debate, com a apresentação de argumentos para os dois lados.

Salientamos a necessidade de que a Primeira Seção, ao analisar a matéria em caráter definitivo, utilize as premissas já assentadas ao longo dos anos pelo próprio Poder Judiciário, especialmente quanto ao critério material do fato gerador – consumo de energia elétrica – já pacificado, ao menos desde 2009 como julgamento do REsp. 960.476/SC, submetido à sistemática dos recursos repetitivos, como forma de se garantir a aplicação do princípio da segurança jurídica, da não surpresa. Afinal, o ICMS sobre a Energia Elétrica é um só e não tem como o Superior Tribunal de Justiça adotar a cada momento um entendimento sobre a questão, sob pena de causar incerteza e instabilidade nas relações jurídicas, além de perpetuação das disputas legais.

Com a definição da questão pelo Superior Tribunal de Justiça a matéria deve ser pacificada, uma vez que, instado a analisar o RE 1041816, no qual se pretendia discutir a mesma questão no âmbito constitucional, o Supremo Tribunal Federal entendeu que a discussão seria de caráter infraconstitucional, rejeitando, portanto, a repercussão geral da matéria (Tema 956). Eventualmente a Corte pode rever o seu posicionamento, mas entendemos serem pequenas as chances de isso acontecer.

## Referências

ANEEL. *Atlas de energia elétrica do Brasil.* 3ª ed. Brasília: ANEEL, 2008.

Ataliba, Geraldo; Giardino, Cléber. *Núcleo da definição constitucional do ICM – operações, circulação e saída.* Revista de Direito Tributário, v. 25/26, ano 7. São Paulo: RT, 1983.

Britto, Lucas Galvão de. *Tributar na era da técnica: como as definições feitas pelas agências reguladoras vêm influenciando a interpretação das normas tributárias.* – 1ª ed. São Paulo: Noeses, 2018, p. 161.

Carneiro, Daniel; Coli, Adriana; DIAS, Fábio. 2ª *PCHs Pequenas Centrais Hidrelétricas Aspectos jurídicos, Técnicos e Comerciais* -Rio de Janeiro: Synergia, 2017, p. 108.

Carrazza, Roque Antonio, *ICMS.* 16ª Ed. São Paulo: Malheiros, 2012.

Carraza, Roque Antônio. *Reflexões sobre a Obrigação Tributária.* São Paulo: Noeses, 2010.

Carvalho, Paulo de Barros. *Direito tributário, linguagem e método. 5. ed.* São Paulo: Noeses, 2009.

Costa, Regina Helena. *Curso de Direito Tributário – Constituição e Código Tributário Nacional* – 10ª ed. – São Paulo: Saraiva Educação, 2020.

Falcão. Amílcar de Araújo. *Fato gerador da obrigação tributária.* 6ª Ed. Rio de Janeiro: Forense, 2002.

Justen Filho, Marçal. *Curso de Direito Administrativo,* 4ª Ed. – São Paulo: Saraiva, 2009.

Martins. Ives Gandra da Silva. A hipótese de imposição do ICMS nas operações com energia elétrica: Peculiaridades nas operações Interestaduais. In *Revista Tributária e de Finanças Públicas.* São Paulo: RT, n. 39, p. 237- 254, jul./ago. 2001.

Tolmasquim, Maurício T. *Novo modelo do setor elétrico brasileiro.* Rio de Janeiro: Synergia; EPE: Brasília, 2011.

# 11. A Jurisprudência do Superior Tribunal de Justiça sobre Modulação de Efeitos em Matéria Tributária

Glaucia M. Lauletta Frascino
Ariane Costa Guimarães

## Introdução

A modulação de efeitos em decisões proferidas pelo Superior Tribunal de Justiça é temática relativamente nova, mas deveras importante pela função da Corte como formadora de precedentes e, por esta razão, importante se faz analisar o marco normativo e acadêmico em que se contextualiza, bem como sejam examinadas as situações em que a Corte já se deparou com o tema e como reagiu e se posicionou diante dele.

Como cediço, a modulação compreende procedimento excepcional adotado pelas Cortes quando estabelecem, no tempo, os efeitos da decisão tomada nos casos julgados. O expediente tem nascedouro no controle de constitucionalidade, em especial na declaração de inconstitucionalidade. Neste caso, como regra, a consequência é a retirada da norma do ordenamento jurídico, sendo que todas as relações jurídicas a ela submetidas durante o período em que vigorou devem ser desfeitas.

Ocorre que, em algumas circunstâncias, verificou-se que a desconstituição das relações submetidas à legislação declarada inconstitucional pode ser mais prejudicial aos afetados do que manter a sua eficácia. Assim, seja por levar em conta consequências políticas, sociais, econômicas ou jurídicas, o ordenamento jurídico brasileiro prevê a possibilidade de modulação de efeitos das decisões do Supremo Tribunal Federal e, a partir do Código de Processo Civil de 2015, do Superior Tribunal de Justiça, evitando a desconstituição ou constituição de relações jurídicas num dado lapso temporal definido pelas Cortes. Assim, podem limitar os efeitos de sua decisão e firmar prazo inicial para a cassação dos efeitos da norma declarada inconstitucional, ou constitucional, que seja anterior ao julgamento e posterior à publicação da regra extirpada do ordenamento jurídico, bem como projetar os efeitos para momento futuro.

É por essa razão que a Lei 9.868/99 permitiu, pela primeira vez no direito positivo brasileiro, a modulação de efeitos das decisões do Supremo Tribunal Federal proferidas em Ações Direta de Inconstitucionalidade e Declaratórias de Constitucionalidade, em casos nos quais seja relevante preservar a "segurança jurídica" ou haja "excepcional interesse social". Dado impacto das decisões proferidas em Recursos Extraordinários com repercussão geral, a Corte passou, também, a avaliar e a aplicar a modulação de efeitos nas decisões proferidas nestes expedientes.

Atualmente, o Código de Processo Civil de 2015 prevê expressamente a modulação de efeitos das decisões como uma consequência de possível aplicação para os casos, inclusive por parte do juiz de primeiro grau ou tribunal, seja de segunda instância ou superior, quando ocorrer "alteração de jurisprudência dominante", com o propósito de atender a "segurança jurídica" ou o "interesse social".

O exame deste tema sob a ótica do direito tributário traz, para alguns, a conclusão de que "a manutenção dos efeitos de uma norma declarada inconstitucional somente será autorizada quando esses efeitos se produzirem em benefício do indivíduo"[1], ou seja, apenas os contribuintes poderiam ser contemplados com a modulação de efeitos, pois "o prejuízo de qualquer direito que a própria Constituição designe como fundamental jamais encontrará abrigo legítimo no art. 27 da Lei nº 9.868/1999". Não é esta, porém, a tônica jurisprudencial preponderante no STF, por exemplo, que já estabeleceu modulação de efeitos de suas decisões para proteção dos interesses fiscais, evitando pedidos

[1] ÁVILA, Ana Paula. **A modulação de efeitos temporais pelo STF no controle de constitucionalidade. Ponderação e regras de argumentação para a interpretação conforme a Constituição do artigo 27 da Lei nº 9.868/1999**. Porto Alegre: Livraria do Advogado, 2009. p. 70-71.

de restituição com base na alteração de jurisprudência em desfavor do Fisco (RE 593.849, Rel. Min. Edson Fachin).

No Superior Tribunal de Justiça, o assunto é novo, na medida em que apenas há pouco tempo (Código de Processo Civil de 2015) a Corte possui direcional normativo para modular os efeitos de suas decisões.

Neste contexto, este capítulo se propõe a explorar o sentido dos termos "segurança jurídica" e "interesse social" a permitirem a modulação de efeitos, especificamente aplicados a julgamentos de questões tributárias, e examinar, empírica e criticamente, os principais julgados do Superior Tribunal de Justiça a respeito do tema.

## 1. A "segurança jurídica", o "interesse social" e "mudança de jurisprudência dominante": os pressupostos para modulação de efeitos e a sua aplicação a julgamentos de questões tributárias

A modulação de efeitos é expediente inspirado no modelo que, primeiramente, previu, para casos específicos, a exceção do dogma da inconstitucionalidade da norma retroagir à data da edição do dispositivo questionado. A técnica utilizada na oportunidade foi a da anulabilidade como meio de salvaguardar outros direitos envolvidos, que poderiam ter sua aplicabilidade comprometida pelo emprego dos efeitos retroativos. O contexto é justamente a hipótese de *overruling*, ou seja, alteração da jurisprudência. A referência são os conhecidos casos Mapp v. Ohio (1961), "Linkletter" – Linkletter v. Walker (1965) e Stovall v. Denno (1967), em que se proclamou, a partir de determinados marcos temporais, considerando-se determinadas premissas e com apoio no aperfeiçoamento da técnica do "*prospective overruling*", a inaplicabilidade do novo precedente a situações então consolidadas.

A discussão de fundo no caso Mapp v. Ohio dizia respeito ao direito de privacidade e da imprescindibilidade de mandado de busca e apreensão para ingressar em imóvel particular. A Suprema Corte Norte-Americana superou a jurisprudência anterior permitia às leis estaduais que deixassem de observar a reserva de privacidade, mas, neste julgamento, foi reconhecida a imperatividade das Quarta e Quinta. No entanto, o segundo caso examinado, Linkletter v. Walker não teve a aplicação da mesma regra, pois a Suprema Corte entendeu por bem modular os efeitos para considerar inconstitucional apenas os casos decididos após 1961 e, como em Linkletter, o crime apurado ocorreu em 1959, não atraiu a aplicação do precedente novo, mas o antigo.

Nesse passo, a teoria da anulabilidade estatui que a norma inconstitucional é anulável, ou seja, "a 'norma antinorma' ou é apenas anulável, ou seja, uma norma válida até a sua anulação e, portanto, norma regular; ou é nula, e então, não é norma"[2]. É que se a norma possui vigência no ordenamento jurídico e produz seus efeitos, mesmo que ela seja conflitante com os preceitos constitucionais, é considerada constitucional, presumidamente, pelo simples fato de estar em vigor.

Isso significa que a norma, mesmo inconstitucional, produz efeitos e tais resultados devem ser considerados quando do questionamento de sua validade em um Tribunal Constitucional. Assim, se admite que, num exercício de ponderação, seja definido um marco temporal a partir de quando a declaração de inconstitucionalidade, em prol da segurança sistêmica.

Em linha com a teoria da anulabilidade, a concepção contemporânea constitucional considera os princípios como elementos de integração do sistema jurídico, em que as suas bases normativas e principiológicas passaram a ser meios de indicação dos parâmetros e adequações da aplicação do direito. Nesse contexto, conforme a perspectiva de direito como integridade, de Ronald Dworkin[3], todos os princípios constitucionais são *standards,* padrões adotados pelo sistema normativo e que devem ser seguidos sem exceções: isso significa, por exemplo, que o princípio da legalidade não pode ser excepcionado a fim de concretizar o princípio da solidariedade, pois o sentido mínimo das previsões constitucionais deve ser assegurado em todos os casos.

Dworkin opõe-se ao uso da discricionariedade dos juízos no julgamento dos casos complexos: na solução dos *hard cases,* os juízes devem utilizar padrões determinados a fim de encontrar algo que vincule o juiz a uma resposta correta, afastando o julgador do apelo à discricionariedade.

Neste particular, exsurgem a proporcionalidade e a razoabilidade como instrumentos e técnicas interpretativas para, levando em consideração todas as peculiaridades jurídicas e consequencialistas da deci-

[2] KELSEN, Hans. *Teoria pura do direito.* 9. ed. São Paulo: Revista dos Tribunais, 2013. p. 145.

[3] BOTELHO, Marcos César. A lei em Ronald Dworkin: breves considerações sobre a integridade no direito. *Revista Intertemas,* Brasília, ano 11, v. 13, nov. 2008. Acesso em: 26 ago. 2018.

são, seja possível acomodar concomitantemente as regras e os princípios jurídicos aplicáveis às relações tributárias questionadas judicialmente. Esses princípios são os principais embasamentos para a modulação de efeitos.

No Brasil, como regra, a declaração de inconstitucionalidade pelo Supremo Tribunal Federal gera a nulidade da norma objeto de deliberação jurisdicional. Isso significa que a norma inválida deve ser extirpada do ordenamento jurídico, assim como suprimidos os efeitos que produziu no mundo dos fatos[4]. A nulidade pressupõe a retroatividade dos efeitos que a norma implementou no mundo dos fatos enquanto ainda não declarada inconstitucional, isto é, há uma "exclusão dos efeitos da norma" desde a entrada em vigor da norma inválida no ordenamento[5].

No entanto, em sintonia com a tendência de preservar e respeitar os efeitos produzidos por uma norma ou por uma jurisprudência consolidada em determinado sentido, no Brasil, o contexto da modulação de efeitos reporta à Lei 9.869/99, que institui e disciplina as Ações Diretas de Inconstitucionalidade e Declaratórias de Constitucionalidade.

De acordo com o art. 27 da referida Lei, para assegurar a segurança jurídica e o excepcional interesse social, ainda que inconstitucionais, é possível preservar os efeitos da norma declarada inválida ou incompatível com o ordenamento jurídica:

> *art. 27. Ao declarar a* ***inconstitucionalidade*** *da lei ou ato normativo, e tendo em vista razões de segurança jurídica ou de excepcional interesse social, poderá o Supremo Tribunal Federal, por maioria de 2/3 (dois terços) de seus membros, restringir os efeitos daquela declaração ou* ***decidir que ela só tenha eficácia a partir do seu trânsito em julgado ou de outro momento que venha a ser fixado****.*

Antes mesmo da edição dessa lei, no entanto, a ponderação entre as consequências próprias da declaração de nulidade e a segurança jurídica para as decisões da Suprema Corte brasileira já havia sido enfrentada

[4] ÁVILA, Ana Paula. *A modulação* de efeitos temporais pelo STF *no controle de constitucionalidade, ponderação e regras de argumentação para a interpretação conforme constituição do artigo 27 da lei 9.868/99.* Porto Alegre: Livraria do Advogado, 2009. p. 38.

[5] ÁVILA, Ana Paula. *A modulação* de efeitos temporais pelo STF *no controle de constitucionalidade, ponderação e regras de argumentação para a interpretação conforme constituição do artigo 27 da lei 9.868/99.* Porto Alegre: Livraria do Advogado, 2009. p. 41.

pela Corte. Em 2002, por exemplo, o julgado do Supremo Tribunal Federal já empregou a ponderação expressamente para modular os efeitos de decisões, no RE 197.917:

> Configurando tal conflito entre o princípio da nulidade e o princípio da segurança jurídica, que, entre nós, tem status constitucional, a solução da questão há de ser, igualmente, levada a efeito em processo de complexa ponderação. Desse modo, em muitos casos, há de se proferir a declaração de inconstitucionalidade com efeitos restritivos à insegurança jurídica de uma declaração de nulidade, como demonstram os múltiplos exemplos do direito comparado e do nosso direito[6].

A questão de impacto levantada no caso foi a dos efeitos da declaração de inconstitucionalidade da composição legislativa municipal, que caso ocorresse, poderia trazer prejuízos na gestão política do Município de Mira Estrela.

A "segurança jurídica" e o "interesse social", autorizadores da modulação de efeitos, são categorias do gênero cláusulas gerais[7].

A cláusula geral é aquela que autoriza o magistrado, em um caso concreto, a recepcionar diversas interpretações da regra de conduta. O gigantesco lapso que se abre para o intérprete impõe a racionalidade para expressar certezas quanto ao conteúdo, sendo imprescindível a elucidação, pelo aplicador da norma, da consequência jurídica decorrente de sua aplicação. A cláusula geral, no entanto, não comporta qualquer sentido e, por isso, é importante que se estabeleça o sentido mínimo do que esses dois *standards* representam como circunstâncias autorizativas da modulação de efeitos. Segundo o constitucionalista português Jorge Miranda, "a cláusula da modulação dos efeitos da decisão funcionaria, portanto, como uma "válvula de segurança da própria finalidade e da efetividade do sistema de fiscalização"[8]".

[6] STF. Tribunal Pleno. RE 197.917, Rel. Ministro Maurício Corrêa. Trecho do voto do Ministro Gilmar Mendes. DJ de 07/05/2002.

[7] BARROSO, Luís Roberto. *Defesa da modulação de efeitos temporais em caso de mudança de jurisprudência pelo STF*. 20 ago. 2012. Disponível em: <https://www.youtube.com/watch?v=qTeyz3qIDWQ>. Acesso em: 26 ago. 2018.

[8] MIRANDA, Jorge. Manual de direito constitucional. 3. ed. Coimbra: Coimbra Editora, 1991. p. 501-502.

A "segurança jurídica" se relaciona com o padrão de previsibilidade, estabilidade e de calculabilidade. O poder é outorgado ao Estado, mas, em contrapartida, a Constituição assegura garantias mínimas de segurança quanto às consequências e às sanções a serem aplicadas diante das condutas levadas a efeito pelos particulares[9].

Para Humberto Ávila, a tarefa do Poder Judiciário na acomodação das expectativas legítimas é crucial para assegurar o Estado de Direito:

> também a jurisdição tem causado problemas de cognoscibilidade, de confiabilidade e de calculabilidade: de cognoscibilidade, em virtude da falta de fundamentação adequada das decisões ou, mesmo, da existência de divergências entre decisões, órgãos ou tribunais; de confiabilidade, em razão da modificação jurisprudencial de entendimento anteriormente consolidados com eficácia retroativa inclusive para aqueles que, com base no entendimento abandonado, praticaram atos de disposição de seus direitos fundamentais; e de calculabilidade, pela falta de suavidade das alterações de entendimento ou, mesmo, pela ausência de coerência na interpretação do ordenamento jurídico[10].

É por isso que a segurança jurídica ancora-se no atributo que produz

> clareza, racionalidade e transparência dos actos do poder; (2) de forma que em relação a eles o cidadão veja garantida a segurança nas suas disposições pessoais e nos efeitos jurídicos dos seus próprios actos. Deduz-se já que os postulados da segurança jurídica e da protecção da confiança são exigíveis perante 'qualquer acto' de 'qualquer poder' – legislativo, executivo e judicia[11].

A proteção da confiança guarda íntima relação com a segurança jurídica. Resulta de longa luta histórica contra mudanças bruscas e inesperadas operadas pelo Estado, que resultem em frustração de legítimas expectativas do cidadão, dotadas de confiabilidade, as quais se verifica

[9] Grau, Eros Roberto. *Por que tenho medo dos juízes*: a interpretação/aplicação do direito e dos princípios. 7 ed. São Paulo: Malheiros, 2016, p. 15.

[10] Ávila, Humberto Bergamo. *Segurança jurídica*: entre permanência, mudança e realização no Direito Tributário. 2 ed. Malheiros: São Paulo, 2012, p. 166.

[11] Canotilho, J. J. *Direito constitucional e teoria da Constituição.* Coimbra: Almedina, 2002, p. 257.

por aparente validade, força vinculante, alta pretensão de permanência no estado das regras e dos padrões de comportamento e de orientação jurídica[12].

Nessa perspectiva, a proteção da confiança se direciona ao particular, protegendo-o de surpresas por modificações legais ou na conduta do Estado que lhe frustre interesses ou expectativas, ainda que a manifestação estatal venha a ser considerada válida. Ou seja, mesmo um ato incompatível com a Constituição Federal, pelo princípio da segurança jurídica, pode gerar efeitos e esses efeitos deverão ser preservados aos contribuintes que confiaram na sua perenidade e na sua legitimidade.

Por sua vez, o termo "*excepcional interesse social*" foi empregado na Constituição Federal de 1988 no art. 184, *caput*, que trata da desapropriação para fins de Reforma Agrária. A adoção da expressão "social" revela o sentido de que será o interesse do administrado, protegido pelo ordenamento jurídico, não o interesse do Estado, não se aplicando aqui os conceitos clássicos de políticas de Estado e de Governo. Essa acepção exclui, portanto, o enquadramento do interesse típico do Estado como "excepcional interesse social", como, por exemplo, impacto financeiro-arrecadatório de uma decisão aos cofres públicos.

Em outros termos, pode-se afirmar que a modulação de efeito é o resultado da adição proposta pelas Cortes após uma equação em que se subtraem os malefícios dos benefícios produzidos pela extirpação de determinada regra do ordenamento jurídico e, evitando resultado negativo, preservam-se os efeitos produzidos pela norma inconstitucional.

O Novo Código de Processo Civil inaugurou novo marco normativo sobre a modulação de efeitos, estabelecendo expressamente as circunstâncias e os procedimentos de modulação de efeitos. No art. 927, § 3º., do Código,

> a hipótese de alteração de jurisprudência dominante do Supremo Tribunal Federal e dos tribunais superiores ou daquela oriunda de julgamento de casos repetitivos, pode haver mudança dos efeitos da alteração no interesse social e no da segurança jurídica.

Esta dicção normativa induz à interpretação que, diferentemente do que se admitia na legislação até então vigente, a modulação de efeitos

[12] YAMASHITA, Douglas. *Direito tributário*: uma visão sistêmica. São Paulo: Atlas, 2014, p. 89-98.

passa a não ser viável apenas na hipótese de declaração de inconstitucionalidade, mas, sim, diante de alteração de jurisprudência dominante e dos tribunais superiores. Há, portanto, requisito diferente para a modulação de efeitos, não mais atinente à "declaração de inconstitucionalidade de uma norma", mas, agora, ficada na "alteração de jurisprudência".

Sobre o tema, Fredie Diddier assinala que "o poder de modular a eficácia da decisão de *overruling* seja exercido quando estiver em jogo a alteração de qualquer precedente, jurisprudência ou enunciado de súmula, de qualquer Tribunal, desde que tenha eficácia normativa"[13].

Além disso, nem sempre há uma confiança a ser protegida com a alteração de jurisprudência. A confiança qualificada, a ser observada para a atribuição de modulação de efeitos, é aquela que, caso violada, frustrará a segurança jurídica e o interesse social legítimo. Conforme Luiz Marinoni, é necessário, ainda, "que façam ver que o precedente racionalmente merecia credibilidade à época em que os fatos se passaram"[14].

Sobre o assunto, Nelson Nery Junior[15] define que a alteração de jurisprudência será circunstância de modulação de efeitos obrigatória, não facultativa. Assim, a modificação de posicionamento jurisprudencial há de ter eficácia temporal prospectiva, de modo a proteger a expectativa do jurisdicionado sobre as consequências de suas condutas.

Assim, o que se pretende proteger é justamente a expectativa de confiança depositada na jurisprudência, assim como aquela expectativa de constitucionalidade inerente às leis, ainda que venham a ser declaradas inconstitucionais. No contexto atual, em que as decisões do Poder Judiciário geram cada vez mais expectativa nos jurisdicionados e sinalizam os padrões de condutas dos indivíduos, bem como da importância que assumem no atual ordenamento jurídico, é relevante que essa confiança depositada seja protegida.

Nessa linha, é também relevante lembrar que, desde o Código de Processo Civil de 2015, as decisões proferidas pelo Poder Judiciário passam a ter de observar os atributos da coerência e da estabilidade,

[13] Didier Jr., Fredie. *Curso de direito processual civil*: teoria da prova, direito probatório, decisão, precedente, coisa julgada e tutela provisória. 11. ed. Salvador: Juspodivm, 2016. p. 516.

[14] Marinoni, Luiz Guilherme. *O STJ enquanto Corte de Precedentes*. 2. ed. São Paulo: Revista dos Tribunais, 2014.

[15] Nery Junior, Nelson; Nery, Rosa Maria de Andrade. *Comentários ao Código de Processo Civil*. São Paulo: Revista dos Tribunais, 2015, p. 1843.

sendo que a primeira é ligada à uniformidade de soluções para casos semelhantes e a segunda à imposição de perenidade da posição jurisprudencial. Trata-se de verdadeiros standards conformadores de um sistema de precedentes, o que revela a força assumida no ordenamento jurídico das decisões judiciais. Atrelada aos atributos mencionados, está a integridade, relacionada com a consistência das decisões, a substância semântica e racional das diretrizes jurídicas.

Além de todos os argumentos que embasam a modulação de efeitos, registre-se que o Ministro Gilmar Mendes invocou, recentemente, o artigo 20 da LINDB:

> "enfim, penso que é pertinente fazer esse último registro, quanto às consequências deste julgamento, não como um elemento extrajurídico e, portanto, alheio a este momento, mas como uma questão que tem, sim, íntima conexão com o cerne do sistema tributário e com o papel institucional desta Corte. Deve-se especial atenção ao artigo 20 da Lei de Introdução às normas do Direito Brasileiro (LINDB), o qual expressamente determina que as consequências práticas das decisões judiciais sejam levadas em consideração pelo julgador" (RE 628.075, Rel. Min. Gilmar Mendes, DJe 02-10-2010).

Nesse contexto, examinam-se os principais casos de questionamento e aplicação da modulação de efeitos em discussões tributárias para definir os padrões enfrentados, acolhidos e rechaçados, para a atribuição prospectiva dos efeitos das decisões do STJ.

## 2. A modulação de efeitos em matéria tributária pelo STJ: a análise dos casos enfrentados

Em questões tributárias, o pedido de modulação de efeitos de uma decisão, seja ela a favor do contribuinte ou a favor do ente público, é frequente. Em síntese, as justificativas para a formulação dos pedidos ancoram-se na alteração de jurisprudência da Corte ou dos próprios tribunais e no impacto financeiro da decisão aos cofres públicos.

Em que pese o expediente de modulação de efeitos de decisões por alteração de jurisprudência tenha sido expresso apenas em 2015, com o Novo Código de Processo Civil, o Superior Tribunal de Justiça outorgou efeitos prospectivos a sua decisão ainda em 2012. O caso não era de matéria tributária: naquela oportunidade tratou-se do Agravo Regimental no Agravo em Recurso Especial nº 194.892/RJ, de relatoria do Ministro Mauro Campbell Marques, julgado na 1ª. Seção. Nesta oportunidade, se reconheceu que "legitimidade do Ministério Público Estadual para atuar perante esta Corte Superior de Justiça, na qualidade de autor da ação, atribuindo efeitos prospectivos à decisão".

Isso significa que esta legitimidade postulatória é reconhecida a partir da decisão do STJ sobre o assunto, sendo que o motivo para a virada jurisprudencial é "o entendimento proferido pelo Supremo Tribunal Federal, transcrito acima (Questão de Ordem no RE 593.727)", em que se atribuiu a constitucionalidade da realização de procedimento investigatório criminal pelo Ministério Público, sendo, portanto, o Ministério Público Estadual legitimado para atuar perante a Suprema Corte.

A alteração de jurisprudência da Corte foi, assim, o motivo para invocar a modulação de efeitos da nova decisão firmada sobre a legitimidade, atribuindo-se efeitos prospectivos à nova orientação de modo a não interferir nos casos já decididos pelo STJ quanto ao aspecto processual de expedientes processuais inaugurais ou recursais.

Outro caso, de cunho processual, recente em que a modulação de efeitos foi suscitada no âmbito do STJ é o da necessidade de comprovação do feriado de segunda-feira de carnaval como requisito de tempestividade recursal (RESP 1.813.684).

No entanto, a própria Corte reconheceu que, seria "necessário e razoável" que a nova jurisprudência sobre a obrigatoriedade desta comprovação se aplicasse aos recursos interpostos após a decisão da Corte Especial sobre o assunto, com base nos princípios da segurança jurídica, da proteção da confiança, da isonomia e da primazia da decisão de mérito, a teor do § 3º do art. 927 do CPC/2015, ou seja, após dia 18 de novembro de 2019.

As justificativas foram expostas pelos Ministros da Corte, invocando também a razoabilidade, pressuposto aceitável para prospectar a produção dos efeitos: "não me parece razoável alterar-se a jurisprudência já consolidada deste Superior Tribunal sem se atentar para a necessidade de garantir a segurança das relações jurídicas e as expectativas legítimas dos jurisdicionados" (Ministro Luis Felipe Salomão).

Em verdade, mudança jurisprudencial substancial, que representa manifestação da própria diretriz, tem alguns compromissos, tais como dever de fundamentação e de que seja "realizada de maneira estruturada e suave, servindo o princípio da segurança jurídica de critério norteador dessa alteração, de modo a não se perder de vista os efeitos que a inovação pode promover no mundo jurídico".

Segundo o Ministro Salomão, o novo Código de Processo Civil reconhece, legalmente, além da função de solucionar conflitos de interesses, outra tarefa para as Cortes ao proferirem as decisões judiciais, a de produção de "efeitos futuros por constituírem verdadeiros precedentes, servindo de pauta de conduta para o magistrado e para as partes em casos posteriores".

A confiança (Vertrauen), segundo a concepção de Niklas Luhmann, representa um dos principais mecanismos servientes a atenuar a complexidade das relações sociais, sendo capaz, sob o seu viés institucional, de infundir maior segurança às relações jurídicas[16].

Outra questão de caráter processual alcançada pela modulação de efeitos se refere às hipóteses de cabimento do agravo no âmbito do Novo Código de Processo Civil (RESP 1.704.520). Neste julgado, ficou definido que o agravo de instrumento é cabível nas circunstâncias descritas de forma exemplificativa no CPC, admitindo, portanto, que este recurso seja manejado em outras hipóteses, desde que a natureza da decisão seja interlocutória.

Nessa assentada, a Superior Tribunal de Justiça modulou os efeitos do precedente para que a tese jurídica fosse aplicada às decisões interlocutórias posteriores à publicação dos acórdãos dos repetitivos, ou seja, após 19 de dezembro de 2018. E assim foi definido porque o art. 23 da Lei de Introdução às Normas do Direito Brasileiro – LINDB, introduzido pela Lei nº 13.655/2018, expressamente prevê que "a decisão administrativa, controladora ou judicial que estabelecer interpretação ou orientação nova sobre norma de conteúdo indeterminado, impondo novo dever ou novo condicionamento de direito, deverá prever regime de transição quando indispensável para que o novo dever ou condicionamento de direito seja cumprido de modo proporcional, equânime e eficiente e sem prejuízo aos interesses gerais".

[16] FERREIRA, Patrícia Cândido Alves. O princípio da confiança: proteção e tópica jurisprudencial dos contratos de saúde suplementar. *Revista de Direito Civil Contemporâneo*. n. 2., v. 2, p. 87. São Paulo: Revista dos Tribunais, jan/mar, 2015.

Recentemente, a Quarta Turma do Superior Tribunal de Justiça deu provimento a ARESP 1.472.656 para atribuir nova interpretação ao assunto. Na ocasião, os Ministros retomaram as razões que levaram à modulação de efeitos, o que se deu com o propósito de proteger os litigantes que não haviam recorrido de decisões interlocutórias por acreditarem que o rol do dispositivo do CPC era taxativo; a modulação de efeitos não poderia, assim, ser utilizada para prejudicar aqueles que interpuseram recursos com supedâneo na diretriz que, posteriormente, veio a ser referendado pelo Superior Tribunal de Justiça. Desse modo, a melhor interpretação da modulação de efeitos é a de que os agravos de instrumento interpostos antes da decisão do STJ deveriam ser conhecidos, especialmente se o recurso estiver fundado na urgência.

Outro caso recente em que o Superior Tribunal de Justiça imprimiu a modulação de efeitos foi quanto à ausência de direito de viúva ao pagamento de seguro de vida em caso de suicídio de um do cônjuge (RESP 1.721.716). O tema de fundo, igualmente, não dizia respeito a questões tributárias.

Em 2015, o STJ mudou de posição e passou a entender que o suicídio não é coberto pelo seguro se ocorre nos dois anos iniciais do contrato, como estabelece literalmente o artigo 798. Com isso, o Tribunal de Justiça do Paraná deu provimento à apelação interposta pela seguradora. O novo entendimento do STJ deu origem à Súmula 610, editada em 2018 pela Segunda Seção.

Com fundamento na doutrina da superação prospectiva da jurisprudência (modulação dos efeitos), a viúva requereu, no recurso ao STJ, a aplicação do entendimento anterior, uma vez que os fatos e a sentença antecederam à mudança jurisprudencial, ou seja, que não fossem exigidos os dois anos de carência para o benefício.

A relatora do recurso, Ministra Nancy Andrighi, explicou que essa teoria é invocada nas hipóteses em que há alteração da jurisprudência consolidada dos tribunais. Segundo ela, "quando essa superação é motivada pela mudança social, é recomendável que os efeitos sejam para o futuro apenas – isto é, prospectivos –, a fim de resguardar expectativas legítimas daqueles que confiaram no direito então reconhecido como obsoleto".

Este recurso processual para acomodação da expectativa da confiança depositada na jurisprudência "deve ser utilizada com parcimônia, de forma excepcional e em hipóteses específicas, em que o entendimento superado tiver sido efetivamente capaz de gerar uma expectativa legítima de atuação nos jurisdicionados e, ainda, o exigir o interesse social envolvido".

Outro precedente que contou com a modulação de efeitos pelo Tribunal diz respeito ao REsp 1657156, em que foram definidos critérios para obrigar o poder público a fornecer medicamentos que não constam da lista do SUS. A preocupação sopesada pelo Tribunal dizia respeito aos impactos nas decisões já tomadas a respeito do assunto, seja para reduzir o escopo de critérios estabelecidos pela Corte ou para ampliá-los.

Em que pese tais casos elucidem a modulação de efeitos, a maior parte das oportunidades em que o tema veio à tona a decisão do STJ foi pela rejeição da modulação de efeitos. No julgamento, por exemplo, do AREsp 238.170, em 2017, deixou expresso o relator, Ministro Villas Bôas Cueva, definiu que "a alteração de entendimento jurisprudencial tem aplicação imediata aos recursos pendentes de apreciação, mesmo aos interpostos antes do julgamento que modificou a jurisprudência, já que caracteriza apenas interpretação da norma e não estabelecimento de nova regra que se submete ao princípio da irretroatividade ou do *tempus regit actum*".

Em matéria tributária, há três assuntos em que a modulação de efeitos foi refletida expressamente pela Corte, mas foi afastada em todos eles.

O primeiro deles é o RESP 1.340.553, em que a Corte definiu a sistemática para a contagem da prescrição intercorrente (após a propositura da ação) prevista no art. 40 e parágrafos da Lei da Execução Fiscal (Lei n. 6.830/80).

Uma série de aspectos foram estabelecidos neste julgado, sendo que o primeiro deles diz respeito ao termo inicial de um ano para fruição do prazo da prescrição intercorrente: intimação da Fazenda sobre a primeira tentativa frustrada de localização do executado ou de bens passíveis de penhora. Além disso, não depende do ato judicial para que este termo inicial se inicie. Caso não sejam localizados os bens e o prazo flua, portanto, o juiz poderá, de ofício, reconhecer a prescrição intercorrente, mas que deverá ouvir a Fazenda Pública para perfectibilização do ato. O ato judicial de intimação da Fazenda, assim, tem cunho declaratório, não constitutivo. Há, igualmente, a necessidade de fundamentação deste ato judicial declaratório, com esclarecimentos acerca do "período de suspensão do processo e a forma de contagem do prazo prescricional, de modo a esclarecer os marcos temporais considerados".

Houve enfrentamento da discussão sobre a modulação de efeitos, mas a Corte houve por bem não a acatar (acho que dá para melhorar essa frase), pois não havia jurisprudência anterior fixada de forma contrária ao julgado. Em outros termos, a modulação de efeitos, na visão do STJ, só deve ser endereçada quando a jurisprudência formada sobre determinado tema é "dominante" e seus efeitos terem sido protraídos no tempo e sistemicamente. Caso o rol de decisões anteriores não permita a caracterização de uma linha robusta da jurisprudência, os efeitos prospectivos não se darão.

No caso específico citado, o STJ ponderou que: "deve-se considerar que há cerca de 20 milhões de processos que serão atingidos pelo precedente. A aplicação da modulação afastaria de tais processos os efeitos da atual decisão, os quais permaneceriam suspensos sem qualquer perspectiva de solução". Além disso, "modular, significaria dizer que todos esses casos acumulados nesses 5 (cinco) anos, aqui e nas demais instâncias jurisdicionais, se submeteriam a um regramento que não se sabe qual é, posto que o próprio eminente Min. Herman Benjamin aponta não haver tese alguma a respeito da suspensão automática (opinião da qual discordo, com vênias, é claro!). Isso geraria insegurança jurídica, a mesma insegurança jurídica que o instituto da modulação busca evitar".

O outro em que a Corte enfrentou o tema da modulação de efeitos foi o REsp 1.495.146, em que se definiu a atualização monetária, remuneração do capital e a compensação de mora aplicáveis às condenações impostas à Fazenda Pública, independentemente de sua natureza, nos termos do art. 1º-F da Lei 9.494/97, com redação dada pela Lei 11.960/2009.

Segundo o STJ, a correção das condenações impostas à Fazenda Pública deve se basear em índices capazes de refletir a inflação ocorrida no período e não na remuneração das cadernetas de poupança, cuja aplicação foi rechaçada pelo STF ao julgar inconstitucional o artigo 1º-F da Lei nº 9.494/97, com posterior redação dada pela Lei nº 11.960/09.

Havia mais de 70 mil processos suspensos em outras instâncias sobre o assunto e a 1ª Seção fixou uma série de teses referentes à correção monetária e à aplicação dos juros nas condenações contra a Fazenda, tudo com base no julgamento do STF a respeito da temática.

Como o impacto da decisão é manifesto, especialmente aos cofres públicos, cogitou-se a modulação de efeitos. Decidiu que, embora o

CPC/2015 autorize a atribuição de efeitos prospectivos, não seria adequado aplicá-la ao caso, pois o STF já definiu os parâmetros dos efeitos da decisão sobre a inconstitucionalidade na Questão de Ordem referente às ADIs 4.357/DF e 4.425/DF, mantendo a validade dos precatórios expedidos ou pagos até 25 de março de 2015.

Por fim, o último caso em que se discutiu a modulação de efeitos foi no bojo dos RESP 1.548.456 e 1.192.556, em que ficou decidida a incidência de Imposto de Renda Pessoa Física (IRPF) sobre abono de permanência. Num primeiro momento, ficou definido que a decisão valeria apenas após 2010, quando a Corte definiu a incidência do imposto. No entanto, no segundo momento, foi afastada a modulação de efeitos, ainda que traga efeitos aos casos anteriormente decididos.

## Conclusões

A partir das análises feitas, o uso do efeito prospectivo é necessário a fim de concretizar e harmonizar os princípios que regem o ordenamento jurídico, a saber, os *standards* de validade de qualquer norma jurídica frente às cláusulas da segurança jurídica e do interesse social na previsibilidade da consequência dos atos e das condutas praticadas por toda a sociedade.

O expediente da modulação tem assento na declaração de inconstitucionalidade de dispositivos legais. Recentemente, o Código de Processo Civil expressamente admitiu a atribuição de efeitos prospectivos à alteração de jurisprudência, com base no fato de que o sistema brasileiro judicial tem privilegiado os precedentes, determinando que se mantenham coerentes, uniformes e consistentes. Portanto, a mudança deve ser acompanhada da análise de consequência e o expediente da modulação de efeitos é o instrumento para acomodar o depósito da confiança dos jurisdicionados num determinado precedente e a interpretação definida da legislação federal e da Constituição Federal.

No Superior Tribunal de Justiça, o assunto vem sendo ventilado em diversos casos, em especial quando há mudança de jurisprudência, critério este que autoriza a modulação de efeitos. Em alguns poucos casos, houve a atribuição de efeitos prospectivos, com a notória preocupação com as consequências aos jurisdicionados. É o que ocorreu com a mudança de jurisprudência sobre a necessidade de comprovação do feriado de segunda-

-feira de Carnaval, em que o STJ ponderou que a guinada se aplicasse apenas aos recursos interpostos após a tomada de decisão da Corte.

No entanto, em que pese tais casos elucidem a modulação de efeitos, a maior parte das oportunidades em que o tema veio à tona as decisões do STJ foram pela rejeição da modulação de efeitos. No julgamento, por exemplo, do AREsp 238.170, em 2017, deixou expresso o relator, Ministro Villas Bôas Cueva, que "a alteração de entendimento jurisprudencial tem aplicação imediata aos recursos pendentes de apreciação, mesmo aos interpostos antes do julgamento que modificou a jurisprudência, já que caracteriza apenas interpretação da norma e não estabelecimento de nova regra que se submete ao princípio da irretroatividade ou do *tempus regit actum*".

Na relação tributária, regida pelo princípio da legalidade, mas, igualmente, coordenada pelo Sistema Tributário Nacional, conjunto de garantias dos contribuintes asseguradas na Constituição Federal, a acomodação dos parâmetros normativos, dos precedentes judiciais e das decisões com a segurança jurídica e o interesse social revela-se fundamental para que os contribuintes e o Fisco tenham a certeza dos comportamentos a serem adotados em relação ao recolhimento de tributos.

Assim, a modulação de efeitos é expediente processual de extrema relevância para a ponderação entre a preservação do sentido das normas tributárias constitucionais e, ao mesmo tempo, da legítima expectativa gerada aos contribuintes (proteção à confiança legítima).

No entanto, o STJ ainda não utilizou esta ferramenta da modulação de efeitos em questões tributárias, seja porque não reconheceu que o conjunto de decisões anteriores não seria suficiente para qualificar como jurisprudência "suficiente" apta a ser preservada, como é o caso da prescrição intercorrente contra a Fazenda Pública na execução fiscal, seja porque o tema já havia sido deliberado no STF, como ocorreu com a correção monetária das dívidas contra o Poder Público.

Da análise, há dois fatores relevantes que devem ser colocados em evidência quanto à aplicação da modulação de efeitos pelo STJ em matéria tributária: o primeiro deles diz respeito à própria competência conjugada para análise de assuntos desta matéria com o Supremo Tribunal Federal, sendo que, nestes casos, a tendência é de que o Superior Tribunal de Justiça atribua àquela Corte a decisão a respeito dos efeitos da decisão; esta postura neste caso pode, em algum momento, enfraquecer o STJ, o que não deveria ocorrer; o segundo deles se refere ao reconhecimento, pelo STJ, da função que seus precedentes tem no sistema brasileiro, em especial de orientar significativamente a aplicação do direito federal no país.

O tema ainda é novo, sem sombra de dúvidas, em especial na Corte Superior, e necessita de mais estudos aprofundamento da matéria, mas trazer à tona a modulação de efeitos, a partir da digressão teórica e normativa da sua construção no direito, bem como da análise do conjunto de decisões do STJ sobre o tema, o que revela, ainda, a cautela e uma certa timidez quanto ao assunto.

# 12. Tributos, Comunicações e Mulheres – Um Fio Condutor para um Estudo de Caso

Graziela Rosal Honorato
Herta Rani Teles Santos

## Introdução

O convite para integrar esse livro nos encheu de alegria. Em um mundo marcardo pela ausência de representatividade das mulheres em cargos de maior expressão política, juridica ou econômica, tanto na iniciativa privada quanto na seara pública, uma homenagem a uma tributarista e Ministra do Superior Tribunal de Justiça muito nos honra.

Nossas primeiras palavras, portanto, são de agradecimento pelo convite e de elogios à iniciativa. A presença de mulheres nas funções cruciais dos poderes da República, em um mundo com tão poucas mulheres nos mais altos cargos, merece ser festejada, sobretudo quando ilustrada por uma trajetória acadêmica e profissional repleta de estudos e de dedicação, como é o caso da Ministra Regina Helena.

Infelizmente, quando o assunto é a representatividade da mulher na esfera pública, os inúmeros desafios que se apresentam levam à certeza de que ainda há um longo caminho a ser cursado.

Por mais que se constate um gradual avanço na participação das mulheres no poder público, inclusive na seara da Justiça, a sub-representatividade das magistradas ainda é uma realidade, sobretudo sentida na análise da composição das cortes superiores.

Se considerarmos as cortes superiores, vemos que a respectiva composição não reflete a realidade da população brasileira, já que, conforme dados recentes do IBGE, a população do país é formada por 51,6% de pessoas do sexo feminino e 48,4% de pessoas do sexo masculino (IBGE, 2019).

Note-se que a primeira instância do Poder Judiciário não revela um distanciamento tão significativo na representatividade entre homens e mulheres. Enquanto Juízas Substitutas do sexo feminino totalizam 41,9%, em todo o país, os Juízes do sexo masculino, também substitutos, equivalem a 45,7%.

É certo que um padrão mais equânime de representatividade já seria esperado na primeira instância, em razão da assunção ao cargo por concurso público, em igualdade de condições. A questão se sobreleva, – reforçamos –, quando do exame da composição das instâncias superiores.

De fato, a disparidade na representatividade da mulher é revelada à medida em que aumenta a hierarquia da função, entre os órgãos jurisdicionais. O percentual de magistradas brasileiras nos cargos de Desembargadoras, Corregedoras, Vice-Presidentes e Presidentes de Tribunais, embora tenha apresentado aumento na última década, ainda está no patamar de 25% a 30%. Pelo panorama dos fatos, a própria dinâmica democrática da sociedade brasileira é questionada, podendo-se mesmo verificar, nos últimos anos, uma retração do percentual de participação das mulheres convocadas para atuar nos tribunais – de 32,9% para 31,1% (CNJ, 2019).

Ao redor do globo, dados da Organização para Cooperação e Desenvolvimento Econômico – OCDE revelam um crescimento na participação das mulheres no Poder Judiciário, nos últimos anos – de 44% em 2010 para 50% em 2016 (OCDE, 2019). Todavia, e a exemplo do Brasil, a sub-representatividade da mulher é reforçada nas instâncias superiores, com uma ocupação feminina de cerca de apenas 30% das posições, em média, como dito.

Trata-se de um padrão mundial, explicado, como informa a OCDE, pelo viés patriarcal e pelos estereótipos de gênero que dissociam a imagem das mulheres, sobretudo as mais jovens, daquela que presumivelmente representaria a magistratura (em clara associação do Poder Judiciário aos parâmetros masculinos).

A simbologia do poder, apropriada pelo paradigma do homem, reflete-se na construção social da concepção de liderança. E embora a competência feminina não seja questionada (senão de forma velada), a figura de líder que se projeta nos assentos decisórios de proeminência jurídica é a da liderança tradicional, vinculada aos homens.

De forma contraditória, os mesmos países que mantêm os níveis de desigualdade de gênero nos assentos jurídicos, entre eles o Brasil, não deixam de reconhecer que um maior equilíbrio na representatividade entre os sexos enriqueceria a magistratura, possibilitando a combinação de diferentes vozes e perspectivas, na democratização do debate (OCDE, 2019).

Se a diversidade é capaz de "enriquecer" as discussões, expandindo os espaços de criatividade e visões, por que as estruturas de sub-representatividade da mulher são mantidas? Existiriam fatores condicionantes dessa desigualdade?

Enfim, inúmeras são as perguntas que levam à relfexão e ao debate. Vamos a eles.

## 1. Barreiras à ascensão das mulheres e as cortes brasileiras

Quando analisamos a questão da sub-representatividade da mulher na arena decisória, inclusive em nível global, percebemos que há algo como uma "barreira invisível", isto é, um obstáculo que parece dificultar ou obstar a escalada das mulheres a posições de maior expressividade.

Conhecido como "teto de vidro", este fenômeno não somente é empiricamente verificado, como também é compreendido como uma "exclusão vertical" da mulher (conceituação que se confunde com a própria denominação, em alguns livros). Explica-se que haveria uma divisão sexual do trabalho a definir trabalhos de homens e de mulheres e que, nesse contexto, o trabalho dos homens valeria mais que o das mulheres, de modo que os cargos com maior poder decisório, via de regra, seriam preenchidos por homens (Federici, 2016).

A "exclusão vertical" ou "teto de vidro", assim, representam justamente as expressões cunhadas para denominar os processos que se desenvolvem no ambiente de trabalho e que impedem a ascensão profissional das mulheres.

Para Ann Morrison (1992), o teto de vidro é uma barreira "tão sutil que chega a ser transparente, mas ainda assim tão forte, que evita que as mulheres avancem na hierarquia corporativa." As mulheres, do ponto em que estão, conseguem visualizar as posições corporativas de alto nível, mas por alguma razão, – que não compreendem – , não conseguem alcançar o topo da pirâmide institucional, costumeiramente ocupado por profissionais do sexo masculino (Morrison, 1992).

No entender de Morrison e outras autoras, o teto de vidro não seria apenas um óbice ou muro construído em face de alguma mulher em particular, como um teto individual eirigido por alguma incapacidade técnica, específica daquela determinada pessoa. Muito distante disso, a barreira é imposta coletivamente a todas as mulheres, que permanecem impedidas de avançar na hierarquia de suas carreiras apenas e tão somente pelo fato de pertencerem ao sexo feminino.

Este tipo de óbice pode ser constatado até mesmo em carreiras profissionais tradicionalmente ocupadas por mulheres. Mesmo nestas carreiras, a ascensão profissional da mulher é mais difícil. Justamente por isto a discrepância quanto ao número de mulheres em cargos altos encontra na ideia do "teto de vidro" uma incrível metáfora, apta a demonstrar a existência de obstáculos invisíveis e não perceptíveis, porém concretos e dificeis de ultrapassar, que impedem a ascensão das mulheres às posições profissionais mais privilegiadas. Trata-se de uma barreira impeditiva da escalada profissional, invisível e fundada exclusivamente em razão do fator gênero, não pelo mérito ou competência (Powell; Butterfield, 1994; MorrisoN, 1992).´

Nesse contexto, no que toca ao Poder Judiciário brasileiro, a figura abaixo ilustra bem a metáfora do "teto de vidro", como barreira invisível à ocupação de cargos mais altos, por parte das mulheres:

**Figura 3: Percentual de Magistradas por cargo no Poder Judiciário.**

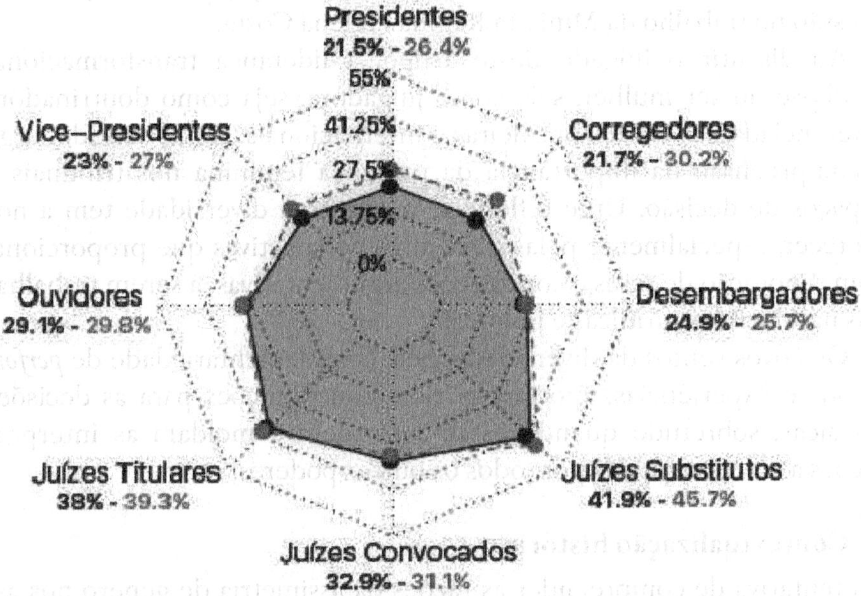


Fonte: Conselho Nacional de Justiça (2020)

Ainda quanto ao "teto de vidro", estudos mais recentes sugerem uma nova compreensão do fenômeno. Sob este outro enfoque, como já se faz possível, atualmente, que a mulher atinja posições mais elevadas na hierarquia das organizações e Poderes constituídos, a metáfora do *glass ceiling* (teto de vidro) é por vezes substituída pela figura do "labirinto institucional". Isto é, mesmo que a mulher consiga atingir postos mais altos em sua carreira, ela não o faz senão por caminhos longos e sinuosos (Eagly; Carli, 2007). Existem inúmeros obstáculos à ascensão da mulher, de modo que sua trajetória profissional mais se aproximaria dos caminhos de um labirinto.

Na esteira destes argumentos, a oportunidade de participar deste livro nos convida a refletir: a participação da mulher no poder público aumenta de forma paulatina, mas não consegue guardar proporcionalidade com o desenho da população brasileira.

No labirinto dos caminhos que a mulher percorre para alcançar voz à sua capacidade e talento, o exercício da jurisdição encontra justa expressão no trabalho da Ministra Regina Helena Costa.

Ao discutir o julgado deste artigo, a liderança transformacional revela-se no ser mulher, seja como julgadora, seja como doutrinadora referenciada nas Cortes brasileiras e internacionais. Nesse sentido, urge a compreensão da importância da presença feminina nos tribunais e espaços de decisão. Urge refletir-se o quanto a diversidade tem a nos oferecer, especialmente pelas diferentes perspectivas que proporciona, com renovação de teses e construções argumentativas, a serem trabalhadas nas decisões jurídicas e políticas.

Os novos ventos da diversidade, pela complementariedade de *performances* e experiências, aportariam ricas contribuições para as decisões jurídicas, sobretudo quando estas constroem e moldam as interpretações a serem seguidas por todos os outros poderes.

## 2. Contextualização histórica

Na tentativa de compreender as razões da assimetria de gênero nos assentos do Egrégio STJ, uma mirada na história do Tribunal mostrou-se interessante.

Voltando ao Decreto nº 848, de 11 de outubro de 1890, podemos observar que a Justiça Federal no Brasil foi instituida um ano após a Proclamação da República. A partir de então, cada Estado e o Distrito Federal mantiveram um Juiz de Seção, competente para processar e julgar, entre outros, as demandas baseadas em disposição constitucional, bem como as relativas a atos administrativos do governo federal, as contrárias à Fazenda Nacional ou as de natureza interestadual.

Em 1981, a Constituição da República dos Estados Unidos do Brasil conservaria essa organização, instituindo o controle difuso de constitucionalidade das leis em nosso país. Na oportunidade, previu-se a criação de Tribunais Federais, a serem difundidos e constituídos nacionalmente por decisão do Congresso.

Naquela época, enquanto as bases democráticas da República brasileira eram construídas, juntamente com o desenho de um Poder Judiciário, a posição social das mulheres ainda as distanciava de qualquer decisão política. Mulheres juízas? Nem pensar. As togas eram destinadas aos homens, que detinham a exclusividade dos papéis decisórios.

Somente em 25 de outubro de 1927 o movimento sufragista no Brasil alcançou sua primeira vitória: o reconhecimento do alistamento eleitoral feminino no estado do Rio Grande do Norte, com a sanção da Lei nº 660. O artigo 77 deste instrumento exibia a previsão de que todos os cidadãos que reunissem as condições exigidas poderiam votar e ser votados, sem distinção de sexo.

Paralelamente, a Justiça Federal se constituía sem qualquer presença feminina. Em 1936, o país vivia um momento histórico complicado política e democraticamente. Percebendo a necessidade de união na defesa da Constituição e do estado democrático de direito, os magistrados se organizaram para a criação da primeira entidade nacional da categoria, com registro em 10 de setembro de 1949. A entidade surgiu sem a presença de juízas mulheres, que só passariam a integrar o Poder Judiciário alguns anos mais tarde.

A trajetória histórica do Tribunal Federal de Recursos enfrentou dificuldades, caminhando lado a lado com o amadurecimento da democracia no Brasil. O Tribunal chegou a ser extinto pelo Estado Novo e só foi recriado, como ramo federal do Poder Judiciário, após a redemocratização, com a Constituição de 1946.

Naquele momento acenderam debates voltados à inserção da mulher nos espaços de decisão política e judicial. Mesmo assim, somente após importuno hiato, em 1954, Thereza Grisólia Tang tornou-se a primeira mulher Juíza no Brasil, ingressando na magistratura do estado de Santa Catarina. Na condição de única mulher no Judiciário estadual, Thereza manteve-se por quase 20 anos, até a nomeação de uma segunda juíza do estado, em 1973. Anos depois, ela também viria a ser a primeira desembargadora do país.

A história da constituição do Tribunal Federal de Recursos seguiu sem a presença de mulheres. Com a consolidação da democraria, o Tribunal passou a se organizar de forma mais sólida, e em 1947 a Lei nº 33, de 13 de maio de 1947, promoveu sua regulamentação, organizando-o em um tribunal pleno, duas turmas colegiadas e uma composição de 9 ministros. Posteriormente, com o Ato Institucional nº 2, de 27 de outubro de 1965, o número de membros aumentaria para 13, e, com a Emenda Constitucional nº 7, de 13 de abril de 1977, para 27 membros.

Imaginava-se que o novo tribunal iria desafogar o Supremo Tribunal Federal, já que algumas competências deste lhe foram transferidas, a exemplo da competência para julgar originariamente os mandados de segurança contra ato de Ministro de Estado e, em grau de recurso, as causas de interesse da União (STJ, 2020), bem como a competência de processar e julgar os conflitos de jurisdição entre juízes subordinados a tribunais diversos. Naquela época o Tribunal Federal de Recursos possuía dupla feição, a de Tribunal de segundo grau (função atualmente exercida pelos Tribunais Regionais Federais) e a de Tribunal nacional, e justamente nessa última atribuição receberia as atribuições antes pertencentes ao Supremo Tribunal Federal.

Essa pequeno relato histórico , enfim, é contado para que possamos compreender a profunda relação que um Poder Judiciário sólido tem com a democracia. A este respeito, a nota da relação institucional com a democracia encontrou eco recentemente, em abril de 2020, no discurso de posse do Advogado-Geral da União, José Levi Mello do Amaral: "Quando uma nação tem a inestimável fortuna de construir uma democracia, o desafio seguinte é buscar o aprimoramento dela, e isso só vem com fé nas instituições representativas. A democracia e a qualidade dela são diretamente ligadas à segurança jurídica".

O aprimoramento de uma democracia depende do aperfeiçoamento dos institutos que garantem a segurança jurídica, dentre eles a divisão e harmonia entre poderes e a própria estabilidade e qualidade do Poder Judiciário. Tanto é assim que a história do Poder Judiciário esteve todo o tempo intrinsecamente vinculada à história da democracia.

Bem de ver, o espírito da democracia, presente no Poder Judiciário e capaz de suprir a inexistência de um sufrágio eleitoral para a composição do órgão judiciário, advém justamente do prestígio público, de uma legitimidade emanada diretamente do respeito e da confiança que o Poder Judiciário é capaz de gerar e de suscitar na população. A questão é que essa legitimidade depende da autonomia, responsabilidade e bom serviço do órgão estatal e especificamente dos seus agentes públicos (Comparato, 2004).

Um Poder Judiciário democrático e de qualidade necessita, portanto, de uma organização e de um funcionamento que lhe propicie independência, responsabilidade e debates inclusivos e diversos; daí a importância de uma composição de tribunais a mais variada possível, inclusive com a ampla presença de mulheres. Até mesmo porque, nos moldes entendidos por Carol Giligan (1982), a mulher teria preceitos morais diversos dos masculinos, já que os homens decidiriam a partir da noção do direito como uma norma abstrata e as mulheres, por sua vez, teriam uma noção de ética da responsabilidade mais apurada, dispensando mais atenção aos efeitos concretos das decisões.

Ocorre que, apesar dessa importância, e justamente porque o Poder Judiciário caminha de mãos dadas com a sociedade, poucas foram até agora as mulheres que assumiram o posto de Ministra no Superior Tribunal de Justiça. Na época no Tribunal Federal de Recursos os ministros eram apenas homens e a situação não mudou muito ao longo dos anos.

De fato, no Poder Judiciário brasileiro, apenas nas últimas décadas os altos cargos dos tribunais superiores passaram a ser ocupados por vozes femininas.

Somente em 30 junho de 1999 a Ministra Eliana Calmon assumiu vaga como ministra do STJ pelo terço da magistratura, tornando-se a primeira mulher a ocupar um posto neste tribunal, chegando a ser Corregedora Nacional de Justiça e Diretora da Escola Nacional de Formação e Aperfeiçoamento de Magistrados Ministro Sálvio de Figueiredo (Enfam), entidade vinculada ao STJ para capacitar juízes em todo o país.

Um ano após, em 2000, Ellen Gracie Northfleet foi nomeada para a cadeira de Ministra do Supremo Tribunal Federal, entrando para a história brasileira como a primeira mulher neste cargo, e exercendo ainda a presidência da corte no biênio 2006-2008.

A história demonstra, infelizmente, que a ocupação dos altos espaços decisórios por presenças femininas ainda é recente, mantendo-se constante a presença do "teto de vidro".

## 3. A importância do Tribunal na construção do Direito Tributário

Como visto, a ausência de diversidade na composição dos tribunais é perceptível ao longo dos anos, e até os dias atuais não foi sanada. A homogeneidade de ministros pode inspirar pouca legitimidade democrática perante os cidadãos, além de gerar discussões com pontos de vistas muito assemelhados, em um tribunal que, acima de tudo, é responsável pela construção de interpretações legislativas.

Vale lembrar que o Direito Tributário, enquanto saber filosófico e prático, tenta explicar (e regular) determinado universo de possibilidades, assim como o Direito Penal. Mais que todos os outros ramos do Direito, o Direito Tributário verga-se à opção legislativa de explicação (e regulação) do mundo – a escolha segundo um arbítrio. Vale aquilo que legisladoras e legisladores afirmavam (Xavier, 1978).

O princípio da legalidade tributária, no entanto, ainda que pareça razoavelmente atender à segurança jurídica e à isonomia, recebeu uma dose de regressão ao infinito, no instante em que as comunidades epistêmicas, os diferentes atores que interpretam as leis tributárias (a começar pelos juristas), começaram a discordar, de modo veemente, a respeito do que cada vírgula poderia significar.

Nesse ponto, ressalta-se que os tribunais exercem uma força inovadora. Suas decisões podem ter várias nuances, dos mais variados tipos, capazes de gerar naturezas diversas de mudanças ou incrementos normativos, a depender da densidade de interferência daquela decisão na realidade de um ordenamento jurídico, especialmente no Direito Tributário.

Quando agem desse modo, os tribunais adicionam um degrau a mais na construção e validade de uma norma, e devem ser, portanto, os mais democráticos e justos que puderem, já que neste momento se aproximam do Poder Legislativo, ao colaborar na construção e controle da qualidade das leis.

Nos moldes expostos pelo Ministro do STF, Luis Roberto Barroso (2019), evidenciam-se duas espécies de decisões criativas e inovadoras que podem vir a serem emanadas de uma corte: as interpretativas e as construtivas. Naquelas, o Tribunal atribui ou afasta uma interpretação ou obsta uma incidência que poderia emanar do programa normativo da lei, tal como positivada pelo Poder Legislativo.

As decisões construtivas, por seu lado, são capazes de atribuir aos dispositivos interpretados significados que não podem ser diretamente extraídos do programa normativo da lei, mas que poderiam emanar diretamente da Carta Magna. Nesse caso, o Tribunal atua de forma a alterar significativamente o conteúdo na interpretação da norma, ao adicionar ou subtrair sentidos para aquele dispositivo normativo.

Na construção do alcance interpretativo da norma, os Tribunais devem se esmerar na produção de decisões de amplitude democrática, o que inclui a presença de interlocutores de sexo distinto e de origens, formações, contextos sociais e culturais diversos.

Analisemos agora uma dessas decisões, cujo caráter construtivo não pode prescindir de um debate inclusivo e diverso. As decisões que constroem os argumentos interpretarivos da lei, colocando "um tijolo a mais" no alcance ou na dimensão axiológica, devem respeitar o espírito democrático que permeia todos os poderes da república.

Trata-se de tema de profunda relevância, sobretudo na análise de uma legislação tributária pouco transparente. Entender os mecanismos dos impostos, das contribuições e das taxas do Poder Público (onde e quando quer que se considere) foi – e continua sendo – uma missão de "descriptografia".

A leitura difícil, intrincada e cheia de referências cruzadas, de um texto tributário, afasta o "cidadão comum" (empresário, trabalhador, comerciante, enfim, o verdadeiramente atingido pelas normas), e cria um nicho de intérpretes autorizados.

No final das contas, se a legislação já não traduz um consenso, em praticamente todas as batalhas hermenêuticas as decisões dos tribunais ganhariam relevância. Não por uma transferência da soberania do povo para o juiz, mas como uma transformação do sentimento de justiça (Garapon, 2009, pp. 45-46).

Daí a necessidade de avaliarmos o rumo dos debates que um Tribunal como o STJ toma em uma típica decisão.

## 4. O julgamento do RESP 1.772.678/DF

### 4.1 Compreendendo o caso

Naquela tarde de 21 de novembro de 2019, mais um caso se apresentava para julgamento ante a Primeira Turma do Superior Tribunal de Justiça.

O Ministro Gurgel de Faria, relator do processo, proferia seu voto em uma matéria com poucos antecedentes na Corte. Na mesma ocasião, a Ministra Regina Helena Costa, tributarista afeita ao estudo mais aprofundado das questões, manifesta opção pelo pedido de vista antecipada dos autos com o fim de examinar a matéria posta na lide.

Tratava-se, na origem, de ação declaratória ajuizada visando ao reconhecimento do direito, a partir de 19.10.1998, à não retenção do IRRF e ao não recolhimento da CIDE, instituída pela Lei 10.168/00, sobre as entregas efetuadas ao exterior a título de contraprestação de serviços internacionais de telecomunicações, denominadas remessas de 'tráfego sainte'.

E afinal, qual seria o litígio jurídico? Uma retomada histórica traria luz à questão.

Via de regra, empresas de telefonia brasileiras celebram contratos remunerados com operadoras estrangeiras detentoras dos meios de transmissão utilizados, para que as empresas internacionais possam completar e finalizar as chamadas iniciadas no Brasil. Essas avenças jurídicas, com amplo alcance mundial, são circunscrevidas em diversos Tratados e Convenções Internacionais, dentre os quais figuram a Convenção da União Internacional de Telecomunicações ("UIT") e o Regulamento Administrativo de Melbourne ("Tratado de Melbourne").

Este último instrumento, o "Tratado de Melbourne", foi celebrado com vistas a descomplicar a interconexão e a interoperabilidade, em escala mundial, dos meios de telecomunicações. O tratado visava ainda ao fortalecimento, ao desenvolvimento harmônico e à operação eficiente dos recursos técnicos, inclusive com o fim de facilitar o oferecimento de serviços de telefonemas internacionais ao público, no âmbito da prestação internacional de telecomunicações.

No mesmo tratado estaria contido um regramento de isenção tributária referente à remuneração pela prestação de serviços de comunicação internacional (interconexão). Em 1998, dito regramento restaria referendado, em princípio, pelo Decreto Legislativo nº 67/98 e, logo após, promulgado pelo Decreto Presidencial nº 2.962/99.

Apesar de a legislação tributária brasileira de então prever a retenção de Imposto de Renda retido na fonte à alíquota de 15% sobre as cifras enviadas ao exterior, além do recolhimento da CIDE-remessas à alíquota de 10%, o Regulamento Administrativo de Melbourne, – "Tratado de Melbourne" –, teria previsto uma isenção. Ao ser incorporado ao ordenamento jurídico pátrio, o tratado acionaria a norma contida no artigo 98 do CTN, de modo a afastar a incidência tributária sobre essas remessas.

Para alguns juristas, as letras dos artigos 49, I, e 84, VIII, da Constituição Federal de 1988 teriam sido estritamente observadas. Nesse sentido, o Decreto Legislativo nº 67/1998 e o Decreto Presidencial nº 2.962/1999 teriam incorporado validamente todas as regras veiculadas no Regulamento ao ordenamento jurídico brasileiro, incluindo a regra exonerativa contida no artigo 6º, item 6.1.3 do Regulamento. Esta conclusão, por si, já teria o condão de ensejar o reconhecimento do direito de as empresas não recolherem tais exações.

Por sua vez, outro grupo de estudiosos defendia que não seria exatamente este o contexto do caso e que o tratado não poderia gerar a isenção alegada. Para esta corrente, o documento não teria sido incorporado ao ordenamento jurídico nesse dispositivo, ou, ainda que tivesse sido devidamente integrado à legislação brasileira, sua interpretação deveria ser restritiva.

O ponto central da discussão, portanto, seria a validade ou não da isenção tributária dentro do Brasil, levando-se em consideração diversas questões constitucionais, legais e jurisprudenciais.

Uma interpretação que respaldaria a não aplicabilidade da isenção, no país, estaria contida no Parecer nº 01/2000 da Advocacia-Geral da União, e culminou na edição de ato declaratório interpretativo da Secretaria da Receita Federal. No entendimento do parecer, o Tratado de Genebra teria sido incorporado ao ordenamento jurídico brasileiro apenas de forma parcial, isto é, haveria uma exceção específica para o fragmento referente à isencão tributária. Isso porque o Regramento Internacional de Telecomunicações não havia sido anexado ao Tratado de Genebra, mas somente nele citado, de forma explícita. Por consequência, o Regramento Internacional de Telecomunicações nunca teria sido avaliado pelo Congresso Nacional, de conformidade com as balizas demandadas pelo artigo 49, inciso I, da Carta Magna Brasileira.

A Receita Federal do Brasil seguiria, na oportunidade, o entendimento jurídico da Advocacia Geral da União, de modo a externar, em diversas respostas às consultas formuladas pelas empresas de telecomunicações, a compreensão pela defesa da incidência do imposto sobre as remessas. O argumento repousava na ausência de recepção do Tratado, pela legislação interna brasileira, na parte em que este determinava a isenção, conforme posicionamento contido no Parecer nº 01/2000 da Advocacia-Geral da União (AGU).

Para a corrente contrária, todavia, o Tratado de Melbourne estaria, sim, em vigor no Brasil, eis que textualmente inserido no Tratado de Genebra, e regularmente incorporado ao ordenamento jurídico brasileiro pelo Decreto Legislativo nº 67, de 15.10.1998 e pelo Decreto Executivo nº 2.962, de 23.02.1999.

O debate estaria concentrado, assim, na compreensão do alcance da isenção tributária dentro do Brasil.

Na hipótese apreciada pela Ministra Regina Helena, perante o Superior Tribunal de Justiça, o MM. Juízo de origem julgara improcedente o pedido inicial, ao argumento de que a ausência de anexação do RTI ao Tratado de Genebra acarretaria a não incorporação da isenção tributária, nele prevista, ao ordenamento jurídico brasileiro.

Irresignada com a decisão de primeiro grau, a parte recorreria ao Egrégio Tribunal Regional Federal da 1ª Região, que, distanciando-se das razões postas, iria reconhecer a regular incorporação do Regulamento ao ordenamento jurídico brasileiro, mas concluiria que a isenção prevista no regulamento, ainda que incorporada ao arcabouço legislativo nacional, não seria aplicada às remessas ao exterior relativas à remuneracão por serviços de finalização de chamadas telefônicas internacionais.

O acórdão do caso, afinal, concluiu pelo afastamento da incidência tributária sobre **serviços** internacionais de telecomunicações prestados por operadoras nacionais a tomador estrangeiro (sobre serviços, esclareça-se). A decisão da Corte regional, então proferida, estaria amparada na interpretação das isenções previstas pelos artigos 96 e 111, do Código Tributário Nacional.

Na oportunidade demonstrou-se que a isenção estaria limitada aos tributos incidentes sobre serviços, como o ICMS, de forma que não seria extensível ao IRRF e à CIDE remessas. Vejamos a ementa:

> TRIBUTÁRIO. TRATADO DE MELBOURNE INCORPORADO PELO TRATADO DE GENEBRA. EXIGIBILIDADE DO IRPJ E DA CIDE-TECNOLOGIA. 1. O Regulamento Administrativo das Telecomunicações Internacionais (Melbourne) foi incorporado ao ordenamento jurídico brasileiro, quando restou referendada pelo Decreto Legislativo no 67, de 15/10/1998, e promulgada pelo Decreto federal nº 2.962, publicado em 24/02/1999, a Convenção de Genebra – Suíça, de 22/12/1992, emendada em Quioto – Japão, em 14/10/1994, por meio da qual se celebrou nova **Constituição e Convenção da União Internacional de Telecomunicações** (art. 54, itens 215.1 e 216.2), em substituição à Convenção de Nairobi (06/11/1982). 2. Mas a despeito disso, a isenção fiscal instituída no art. 6.1.3 do referido diploma legal (Regulamento de Melbourne) – a ser interpretada, restritivamente, nos termos do art. 111/II do CTN – não se aplica, indistintamente, a quaisquer tributos, uma vez que afasta apenas a incidência tributária sobre serviços internacionais de telecomunicações prestados por operadoras nacionais a tomador estrangeiro – como no caso do ICMS sobre as chamadas operações de "tráfego entrante" (em que as ligações são iniciadas no exterior

> e completadas no Brasil). 3. Considerando que a contribuição de intervenção no domínio econômica – Cide-Tecnologia incide sobre remessas realizadas por operadora nacional para o exterior, a título de remuneração de serviços de finalização de chamadas telefônicas internacionais, prestados por empresas estrangeiras de telecomunicações ("tráfego sainte") – o que consubstancia relação jurídica entre administrações distintas de telecomunicações –, não se aplica, neste caso, a citada regra de isenção fiscal, que, repisa-se, restringe-se à hipótese de tributo incidente sobre serviços. 4. Apelação das autoras desprovida.

Da conclusão do julgado, não estariam incluídos na isenção a incidência da CIDE-remessas, à alíquota de 10%, e a retenção de IRRF, à alíquota de 15%, sobre os valores pagos a domiciliados no exterior, a título de remuneração por serviços de finalização de chamadas internacionais.

Transcreve-se a seguir o dispositivo objeto do debate, qual seja, o artigo 60, item 6.1.3, do RTI:

> Artigo 60 Taxação e Contabilidade (...)
> 6.1.3 – Quando a legislação nacional de um país preveja a aplicação de uma taxa fiscal sobre a taxa de percepção para os serviços internacionais de telecomunicações, esta taxa fiscal só será normalmente cobrada pelos serviços internacionais facturados aos clientes deste país, a menos que outros acordos tenham sido celebrados para fazer face a circunstâncias especiais.

Para o Tribunal, ainda que este dispositivo tenha sido recebido e incorporado ao Brasil, o preceito de isenção que dele deriva não se aplicaria à retenção do IRRF e nem tampouco à incidência da CIDE-remessas instituída pela Lei no 10.168/00, em razão da referência expressa e direcionada às incidências tributárias sobre serviços.

No caso, a controvérsia cingia-se a dois pontos, a saber: 1) a incorporação ou não do Regramento ao ordenamento jurídico nacional, a partir de 19.10.1998 (Decreto Legislativo nº 67/98 e Decreto Executivo nº 2.962/99); e 2) a possibilidade ou não de extensão da regra de isenção estabelecida pelo Tratado a outras hipóteses de incidência, nos termos das disposições do Código Tributário Nacional.

A controvérsia se valia de diferentes argumentos. Os defensores da isenção invocavam a observância aos dispositivos que incorporaram o Tratado de Genebra, (e, junto deste, o RTI aprovado pelo Tratado de Melbourne), ao ordenamento jurídico brasileiro: quais sejam, o artigo 10, parágrafo único do Decreto Legislativo no 67/1998 e o artigo 10 do Decreto Presidencial nº 2.962/1999. Alertava-se também para a própria redação do artigo 98 do Código Tributário Nacional, com a previsão de que os tratados e convenções internacionais teriam o condão de revogar ou modificar a legislação tributária interna, devendo ser respeitados por toda e qualquer legislação que lhes fosse posterior.

Para essa corrrente, os Tratados Internacionais seriam incorporados ao ordenamento jurídico pátrio em condição de superioridade hierárquica em relação às leis ordinárias, de forma que qualquer tentativa de se afastar a isenção violaria as regras previstas no RTI em seu artigo 60, item 6.1.3. e, por via de consequência, os próprios artigos 96 e 111 do Código Tributário Nacional.

O entendimento alinhava-se a precedentes do Egrégio Tribunal Regional Federal da 2a Região, que reconheciam a extensão da regra de isenção às hipóteses de incidência da CIDE-remessas e de retenção do IRRF, com fundamento no artigo 98 do CTN:

> CONSTITUCIONAL E TRIBUTÁRIO - MANDADO DE SEGURANÇA - APOSENTADORIA DO DESEMBARGADOR RELATOR NA PENDÊNCIA DE JULGAMENTO SUSPENSO POR PEDIDO DE VISTA - ARTIGOS 143, § 12, E 161 DO RITRF-29 REGIÃO - IRF E CIDE - REMESSA AO EXTERIOR DOS VALORES RELATIVOS À PRESTAÇÃO DE SERVIÇOS DE TELEFONIA INTERNACIONAL - TRÁFEGO SAINTE - ISENÇÃO TRIBUTÁRIA - CONSTITUIÇÃO E CONVENÇÃO DA UNIÃO INTERNACIONAL DAS TELECOMUNICAÇÕES (UIT) - REGULAMENTO DE MELBOURNE - DECRETO LEGISLATIVO Nº 67/98 E DECRETO PRESIDENCIAL Nº 2.962/99 - ARTIGO 98 DO CTN - INEXISTÊNCIA DE DECLARAÇÃO INCIDENTAL DE INCONSTITUCIONALIDADE DE QUALQUER DISPOSITIVO FEDERAL A DETERMINAR A AFETAÇÃO DO JULGAMENTO AO PLENÁRIO NA FORMA DO ARTIGO 97 DA CARTA MAGNA E DO ARTIGO 481 DO CPC. (-) 2. A recepção de tratados internacionais em geral e dos acordos que o Brasil celebra depende da

aprovação pelo Congresso Nacional, mediante decreto legislativo, e da ratificação pelo Presidente da República, na qualidade de Chefe de Estado, com a sua promulgação através de decreto, para viabilizar a produção de efeitos na ordem interna. 3. A Constituição e Convenção da União Internacional de Telecomunicações, aprovadas em Genebra em 1992, e Quioto, em 1994, foram incorporadas ao ordenamento jurídico nacional através do Decreto Legislativo n° 67, de 15 de outubro de 1988, e do Decreto Presidencial n° 2.962, de 23 de fevereiro de 1999. 4. O parágrafo único do artigo 1° do Decreto Legislativo nº 67/98 dispõe que "são sujeitos à aprovação do Congresso Nacional quaisquer atos que alterem os referidos Protocolos, assim como quaisquer ajustes complementares que, nos termos do artigo 49, I, da Constituição Federal, acarretem encargos ou compromissos gravosos ao patrimônio nacional". 5. Por sua vez, conforme os artigos 4, item 29.1, e 6, item 37.1, da Convenção, os instrumentos da União Internacional das Telecomunicações são sua constituição, sua convenção e os regulamentos administrativos. 6. Já o artigo 54, nos itens 215.1 e 216.2, da Convenção estabelece que "os Regulamentos Administrativos mencionados no artigo 42 da presente Constituição são instrumentos internacionais obrigatórios e estarão sujeitos às disposições desta última e da Convenção"; e que "a ratificação, aceitação ou aprovação da presente Constituição e da Convenção ou a adesão às mesmas, em razão dos artigos 52 e 53 da presente Constituição, inclui também o consentimento de obrigar-se pelos Regulamentos Administrativos adotados pelas Conferências Mundiais competentes antes da data da assinatura da presente Constituição e da Convenção. Tal consentimento se entende como sujeição a toda reserva manifestada no momento da assinatura dos citados Regulamentos ou a qualquer revisão posterior dos mesmos, sempre e quando ele se mantenha no momento de depositar o correspondente instrumento de ratificação, de aceitação, de aprovação ou de adesão". 7. O Regulamento de Melbourne, de 1988, do qual o Brasil foi signatário sem qualquer reserva expressa quanto o teor da norma isentiva, é parte integrante da União Internacional de Telecomunicações, e, no artigo 45, item 6.1.3, prevê a isenção tributária sobre as despesas com o denominado "tráfego sainte", como se vê: "6.1.3 – Quando a legislação nacional de um país preveja a aplicação de um tributo sobre a tarifa de percepção, pelo provimento de serviços internacionais de telecomunicações, esse tributo 27 somente se aplicará aos serviços internacionais de telecomunicações faturados a clientes desse país, a menos que seja acordado o contrário, para atender circunstâncias especiais". 8. A conjugação de todos os dispositivos transcritos leva às seguintes ilações: a) A teor da Constituição e Convenção da União Internacional das Telecomunicações, os regulamentos vigentes à data de sua assinatura ficam automaticamente incorporados como normas complementares, tão vinculativas quanto o texto principal da própria Convenção; b) o Regulamento das Telecomunicações Internacionais (Regulamento de Melbourne), anterior à Constituição da União Internacional das Telecomunicações, é parte integrante desta, de modo que a aprovação, aceitação ou ratificação dela e da Convenção importa o consentimento pelo Estado Nacional em se obrigar pelo referido regulamento; c) Por essa razão, o exame do texto da Convenção de Genebra pelos órgãos constitucionalmente competentes neste país para realizar sua internalização supõe o exame e aprovação de todas as normas complementares expressamente referidas em seu texto; d) O parágrafo único do Decreto Legislativo nº 67/98 somente sujeitou à aprovação específica do Congresso Nacional atos futuros que alterem os referidos protocolos ou ajustes complementares que acarretem encargos ou compromissos gravosos ao patrimônio nacional, isto é, regulamentação posterior à internalização; e) Embora o Regulamento de Melbourne preveja isenção tributária, que importa renúncia de receita, gravosa ao patrimônio nacional, não é ajuste complementar, uma vez que é anterior à Constituição da UIT, que prevê a sua aplicação integral, de modo que não se sujeita à ressalva contida no parágrafo único do Decreto Legislativo nº 67/98 e tem vigência na ordem interna desde a incorporação da Constituição e Convenção da União Internacional de Telecomunicações, ou seja, desde a publicação do Decreto Presidencial nº 2.962/99; f) A isenção é aplicável por ter vigência na ordem interna e o CTN prescrever, no artigo 98, que os tratados e as convenções internacionais revogam ou modificam a legislação tributária interna, e serão observados pela que lhes sobrevenha. 9. Precedentes do TRF-2ª Região. 10. O provimento da apelação não deriva da declaração de inconstitucionalidade do parágrafo único do artigo 1º do Decreto Legislativo nº 67/98 ou de qualquer dispositivo da legislação federal, mas sim do reconhecimento da desnecessidade de aprovação específica do Regulamento de Melbourne, em razão de integrar a Constituição e Convenção da UIT.

> Logo, a apesar da constitucionalidade, da validade do parágrafo único do artigo 1º do Decreto Legislativo nº 67/98, em consonância com o artigo 49, inciso I, da Carta Magna, a ressalva nele contida não se aplica ao Regulamento de Melbourne, que é ajuste anterior e integrante da própria Convenção da UIT e, por isso, tem vigência na ordem interna desde a incorporação da Constituição e Convenção da União Internacional de Telecomunicações, ou seja, desde a publicação do Decreto Presidencial nº 2.962/99. 12. Assim, a hipótese não comporta a afetação do julgamento ao Plenário deste Tribunal, pois não há a incidência, na hipótese, do artigo 97 da CF/88 e do artigo 481 do CPC. 13. Apelação provida.

E a segunda corrente? Bem, esta, em oposição, ponderava que a isenção fiscal contida no art. 6.1.3 do Regulamento de Melbourne não poderia ser aplicada de forma indistinta a quaisquer tributos, referindo-se exclusivamente à incidência tributária sobre serviços internacionais de telecomunicações prestados por operadoras nacionais a tomador estrangeiro – a exemplo do ICMS sobre as chamadas operações de "tráfego entrante" (em que as ligações são iniciadas no exterior e completadas no Brasil).

A norma isentiva prevista no regulamento internacional ensejaria aplicação literal, a teor do disposto nos arts. 96 e 111, II do CTN. Neste cenário, como a CIDE-Tecnologia recai sobre remessas efetivadas por operadora nacional para o exterior, a título de remuneração de serviços de finalização de chamadas telefônicas internacionais, prestados por empresas estrangeiras de telecomunicações ("tráfego sainte"), ela não poderia atrair a citada regra de isenção fiscal: o fato gerador da CIDE se vincularia à remessa, enquanto que a isenção se direcionaria a serviços.

Para a temática foi editado o Ato Declaratório Interpretativo SRF nº 25/2004, no seguinte teor:

> Artigo 1º – As disposições do Regulamento de Melbourne, trazidas pelo Tratado de Melbourne, celebrado em 09 de dezembro de 1988, não foram legitimamente incorporadas ao Direito Brasileiro, não tendo eficácia no País no tocante ao Imposto sobre a Renda e à Contribuição de Intervenção no Domínio Econômico (Cide) incidentes sobre as remessas efetuadas por empresas de telecomunicações pela prestação de

serviços técnicos realizados em chamadas de longa distância internacional, iniciadas no país, ou em chamadas de longa distância nacional, em circunstâncias em que haja a utilização de redes de propriedade de não domiciliadas no Brasil. Artigo 2º – É devido o Imposto sobre a Renda Retido na Fonte, à alíquota de 15%, e a Contribuição de Intervenção no Domínio Econômico (CIDE), à alíquota de 10%, sobre o total dos valores pagos, creditados, entregues, empregados ou remetidos à empresas de telecomunicações domiciliadas no exterior, a título de pagamento pela contraprestação de serviços técnicos realizados em chamadas de longa distância internacional, iniciadas no Brasil, ou a chamadas de longa distância nacional, em que haja a utilização de redes de propriedade de empresas congêneres, domiciliadas no exterior (...).

## 4.2 A análise do tema pelo Superior Tribunal de Justiça

No âmbito do Superior Tribunal de Justiça, a questão se apresentou em outubro de 2018, por meio do Recurso Especial n. 1.772.678/DF, de relatoria do Excelentíssimo Ministro Gurgel de Faria.

O feito, levado à sessão da 1ª Turma, conformava-se no sentido de que a tributação da remessa do pagamento pelo IRPJ e pela CIDE não poderia desobedecer à regra do tratado internacional.

Para o Ministro Relator, inexistiria controvérsia a respeito da incorporação ou não do Regulamento Administrativo das Telecomunicações Internacionais ao ordenamento jurídico brasileiro .

Compreendia-se, contudo, que apesar de o regramento ter sido incorporado ao ordenamento interno, não se aplicaria à remessa de cifras ao exterior.

Ao discorrer sobre as normas responsáveis pela incorporação do Regulamento de Melbourne ao ordenamento jurídico, mais precisamente o artigo 1º do Decreto Legislativo n. 67/1998 e o artigo 1º do Decreto n. 2.962/1999, construiu-se o raciocínio de que a Constituição e a Convenção da União Internacional de Telecomunicações teriam sido perfeitamente incorporadas, com força de lei ordinária, ao ordenamento jurídico nacional.

Fundando-se em interpretação literal, o Relator conclui que a Constituição e a Convenção da União Internacional de Telecomunicações teriam sido devidamente incorporadas, e uma vez incorporadas, nos moldes do art. 98 do CTN (“*os tratados e as convenções internacionais revogam ou modificam a legislação tributária interna, e serão observados pela que lhes sobrevenha*"), deveriam prevalecer os regramentos do direito internacional sobre o direito interno infraconstitucional, já que a interpretação e aplicação da legislação brasileira não poderia excluir o sentido da norma de direito internacional.

O Relator assevera assim que, segundo a compreensão dos artigos 4º e 54 da Convenção da União Internacional de Telecomunicações, o Regulamento das Telecomunicações Internacionais – RTI seria ato complementar da Constituição e da Convenção e possuiria caráter obrigatório e vinculativo para todos os membros, inclusive porque a Constituição da UIT disporia, especificamente em seu artigo 54, item 216, que a ratificação do acordo abrangeria inclusive o consentimento de obrigar-se pelos regulamentos administrativos.

Além disso, o Ministro assegurou que a prestadora do serviço, no Brasil, importa o serviço da pessoa estrangeira para finalizar os telefonemas e que os tributos em debate estariam previstos no art. 7º da Lei n. 9.779/1999 e no art. 2º, §§ 2º e 3º, da Lei n. 10.168/2000: o primeiro a estabelecer a retenção, na fonte, do imposto de renda incidente sobre a remessa de dinheiro ao exterior para o pagamento de serviços e o segundo a instituir a contribuição de intervenção no domínio econômico sobre o referido pagamento.

Finalizando, o Relator relembrou que a regra do tratado internacional apenas diria respeito aos tributos incidentes sobre serviços importados, não interferindo em tributos submetidos a outras hipóteses de incidência, como o IRPJ e a CIDE, nos termos do art. 7º da Lei n. 9.779/1999 e do art. 2º da Lei n. 10.168/2000.

Após o pronunciamento do voto do Ministro Gurgel de Faria, a Ministra Regina Helena pediu vista antecipada, no intuito de analisar os argumentos expendidos.

### 4.3 A Ministra em seu voto – uma *performance* da mulher

O voto da Exma. Ministra Regina Helena foi proferido no dia 21/02/2020, com apresentação dos argumentos trazidos pelas partes e louvável fundamentação.

Com o elenco dos elementos necessários para o exame do feito, e após considerações sobre o tecido normativo que se vincula ao caso, a Ministra Regina Helena conclui seu entendimento, proferindo voto no sentido de que "o Regulamento nada dispõe sobre eventual afastamento da tributação nos casos de remessa de valores para o exterior, destinados a remunerar a prestação dos serviços". Note-se: houve o acolhimento da tese fazendária, que defendia a exação.

Vale destacar, neste caso, as razões traçadas pela Ministra para fundamentar seu voto.

A fundamentação eleita, de fato, surpreende pelas próprias características do princípio invocado, a um só tempo basilar e com plasticidade suficiente para intervir em aplicações complexas. Trata-se do princípio da isonomia, na conformação que lhe é dada no campo tributário.

Designado como princípio da generalidade da tributação e tão caro à constitucionalidade das decisões judiciais e à justiça fiscal, este foi o argumento escolhido para a resolução da questão.

Digno de nota a menção da Ministra ao postulado, principalmente no ponto em que assim dispõe:

> Em suma, exonerou-se a entrada, mas não a saída, para a qual há expressa previsão legal de incidência das apontadas exações. Assinale-se, por oportuno, que a outorga de isenção, além de ter sempre por fonte a lei (art. 150, § 6º, CR), deve ser necessariamente fundada em razões de interesse público, sob pena de **vulnerar-se o princípio da isonomia e, mais especialmente, uma de suas manifestações no campo tributário, qual seja, o princípio da generalidade da tributação, segundo o qual todo aquele que protagonizar determinada situação, descrita em lei como necessária e suficiente para deflagrar o nascimento de obrigação tributária, será sujeito passivo do tributo correspondente (art. 150, I, CR)**. Logo, não se extrai, do dispositivo regulamentar, a extensão pretendida pelas Recorrentes. (grifos não originais).

O voto da Ministra Regina Helena vai ao encontro do que a Procuradoria da Fazenda Nacional havia, inclusive, enfatizado em sua peça, no sentido que que a regra isentiva de tributo prevista no regulamento internacional deve ser aplicada literalmente, nos moldes expressos dos artigos 96 e 111, inciso II, do CTN:

> Art. 96. A expressão "legislação tributária" compreende as leis, os tratados e as convenções internacionais, os decretos e as normas comple-

> mentares que versem, no todo ou em parte, sobre tributos e relações jurídicas a eles pertinentes.
>
> [...]
>
> Art. 111. Interpreta-se literalmente a legislação tributária que disponha sobre:
>
> [...]
>
> II – outorga de isenção; (...)

O raciocínio seria justamente o de que o tributo incide sobre remessas realizadas por operadora nacional para o exterior, a título de remuneração de serviços de finalização de chamadas telefônicas internacionais, prestados por empresas estrangeiras de telecomunicações ("tráfego sainte") – o que consubstancia relação jurídica entre administrações distintas de telecomunicações –, não se aplicando, nesta hipótese, a citada regra de isenção fiscal, que se restringe aos casos de tributo incidente sobre serviços.

O postulado constitucional da isonomia e, mais especialmente, o princípio da generalidade da tributação, constituem relevantes fundamentos, destacados somente pela Ministra Regina Helena. Em seu Curso de Direito Tributário, a Ministra ensina:

> No campo tributário, a isonomia, como sabido, assume diversas feições, dentre as quais a que preconiza que, sendo todos iguais perante a lei, todos devem submeter-se à tributação. Assim é que o princípio da generalidade da tributação significa que todos aqueles que se encontrem na mesma situação descrtia na hipótese de incidência estarão, em consequência, sujeitos à mesma exigência fiscal.
>
> Tal noção rima com a **ideia de *justiça***, pois seria extremamente injusto que um sistema tributário, diante da mesma situação fática, autorizasse a exigência de imposto de alguns, eximindo outros do mesmo encargo, sem fundamento a legitimar a disparidade de tratamento. (Grifos não originais)

Ao aproximar o princípio da isonomia da ideia material de *justiça*, como se lê de seus ensinamentos, a Ministra exorta o senso humanista do princípio, aplicável com perfeição às lides tributárias e às situações sociais.

Ao final, o julgamento resultou no improvimento do recurso da parte, por unanimidade, após o voto-vista de sua Excelência, a Ministra Regina Helena – trata-se de um, dentre tantos outros casos, em que a oitiva da percepção da mulher no ambiente decisório resulta em soluções louváveis e criativas.

A Ministra, hoje homenageada, não somente por meio deste voto-vista, mas ao longo de toda sua atuação e história de vida, pôde contribuir decisivamente para o debate jurídico, inclusive por meio de argumentos construídos e explorados em sua cátedra.

## 5. Igualdade e Justiça

Retomando a questão da sub-representatividade tratada no artigo, indaga-se: com que frequência é viabilizada a atuação da mulher nos Tribunais, para que esta se manifeste sobre os feitos jurídicos e efetivamente componha o processo argumentativo e decisório? Há dificuldades que se apresentam para as Ministras do sexo feminino, pelo fato de serem mulheres?

O questionamento tangencia a própria essência do princípio isonômico invocado pela Ministra e reverbera: há isonomia na participação das mulheres no meio jurídico, no Poder Judiciário?

A respeito da isonomia, a Ministra ensina ainda que:

> A igualdade pode ser entendida em dupla acepção. Se nos referimos à igualdade no seu sentido *material* ou *substancial*, queremos significar o desejável tratamento equânime de todos os homens, proporcionando-lhes idêntico acesso aos bens da vida. Cuida-se, portanto, da igualdade em sua acepção ideal humanista, que jamais foi alcançada.

E mais: se o art. 5º, *caput*, da Constituição Federal, preceitua que todos são iguais perante a lei, sem distinção de qualquer natureza, e que homens e mulheres são iguais em direitos e obrigações, conforme a letra do inciso I do mesmo artigo, a sub-representatividade da mulher nos colegiados jurídicos é questão que merece constante questionamento.

Nas palavras da Ministra, a acepção da igualdade material, que realiza o caráter humanista do princípio, "jamais foi alcançada".

De fato, a desigualdade possui inúmeras vestes. Aqui considerou-se a assimetria da representação feminina nos órgãos judiciários.

Para alcance da igualdade, é preciso que a mulher esteja presente nos espaços decisórios, seja na elaboração de tratados internacionais, de leis ou na construção das decisões jurídicas. O respeito à sua presença e voz trará a legitimidade democrática necessária e a oxigenação de saberes, imprescindíveis à construção de sábias decisões e escolhas.

Como vimos, o cuidado da Ministra Regina Helena em registrar seu voto-vista, assim como em participar ativamente dos debates no colegiado, sobretudo em um caso sem precedentes no Tribunal, confere ao cidadão comum a segurança necessária de que a instituição, ainda quando traça decisões construtivistas do direito, assegura a voz e o espaço a todos os julgadores, independentemente de serem homens ou mulheres.

Infelizmente, a participação feminina nem sempre ascende aos espaços de decisão, que por vezes oportunizam mais silêncio que vozes às mulheres.

Que os bons ventos tragam mais vozes femininas aos debates, sempre. E que a mulher se compreenda como precursora de um movimento capaz de mudar os parâmetros atuais.

Como defendia Simone de Beauvoir, é preciso que as mulheres avancem e digam "nós"; que a alteridade não assuste, mas se edifique sob a complementariedade.

## Referências

BARROSO, L. R.; MELLO, P. *A atuação criativa dos tribunais e suas técnicas de decisão*. Dezembro, 2019. Disponível em: https://www.migalhas.com.br/depeso/316771/a-atuacao-criativa-dos-tribunais-e-suas-tecnicas-de-decisao. Acesso em 05 de mar. 2020.

BEAUVOIR, S de. *O segundo sexo: fatos e mitos*. Tradução Sérgio Milliet. 5ª Ed., Rio de Janeiro: Nova Fronteira, 2019.

BRASIL. Conselho Nacional de Justiça. *Diagnóstico da participação feminina no Poder Judiciário*. Disponível em: <https://www.cnj.jus.br/wp-content/uploads/conteudo/arquivo/2019/05/cae277dd017bb4d4457755febf5eed9f.pdf>. Acesso em: 13 ago. 2020.

BRASIL. Instituto Brasileiro de Geografia e Estatística. *População do Brasil*. Disponível em: <https://www.ibge.gov.br/apps/populacao/projecao/index.html?utm_source=portal&utm_medium=popclock> Acesso em: 11 set. 2020.

BRASIL. Superior Tribunal de Justiça. *História*. Disponível em: <http://www.stj.jus.br/sites/portalp/Institucional/Historia/Antecedentes>. Acesso em: 19 ju. 2020.

COMPARATO, F. K. *O Poder Judiciário no regime democrático*. Estud. av. vol.18 n.51 São Paulo May/Aug. 2004. Disponível em: <https://www.scielo.br/ scielo.php?script=sci_arttext&pid=S0103-40142004000200008>. Acesso em: 15 ago. 2020.

COSTA, Regina Helena. **Curso de Direito Tributário**. 9ª ed. São Paulo: Saraiva Educação, 2019.

EAGLY, A.; CARLI, L. Women and the labyrinth of leadership. **Harvard Business Review**, v. 85, nº 9, set., 2007. Disponível em: <https://hbr.org/2007/09/women-and-the-labyrinth-of-leadership>. Acesso em: 10 ago. 2020.

FEDERICI, S. *O ponto zero da revolução: trabalho doméstico, reprodução e luta feminista*. Editora Elefante, 2016.

GILLIGAN, C. *In a different voice: Psychological theory and women's development*. Harvard University Press. 1982.

KEHL, M. R.. *Deslocamentos do Feminino*. Editora: Boitempo. 2016.

MORRISON, A. *The new leaders*. San Francisco, Jossey-Bass, 1992.

OCDE – Organização para a Cooperação e o Desenvolvimento Econômico. Government at a Glance. *Gender equality in public sector employment*. Disponível em:https://www.oecd-ilibrary.org/governance/government-at-a-glance-2019_9735a9f2-en. Acesso em: 26 mar. 2020.

POWELL, G.; BUTTERFIELD, D. A. *Investigation the glass ceiling phenomenon: an empirical study of actual promotions to top management*. Academy of Management Journal, v.37, n.1, p. 68-86, 1994.

# 13. Exclusão do ICMS da Base de Cálculo da Contribuição ao PIS e da COFINS – Evolução da Jurisprudência

Gabriela Silva de Lemos

## Introdução

O presente artigo tem como propósito analisar a evolução da jurisprudência relativa à exclusão do ICMS na base de cálculo da Contribuição ao PIS e da COFINS, especialmente sob o atento e consistente olhar da Ministra Regina Helena Costa.

A discussão que se arrasta há mais de 20 anos no Judiciário vem sendo tratada com impressionante consistência pela Ministra, que mantem seu entendimento pela impossibilidade de que o ICMS esteja contemplado na base de cálculo das contribuições, desde quando atuava como Desembargadora Federal na Sexta Turma do Tribunal Regional Federal da Terceira Região.

Em extensa análise das decisões colegiadas proferidas nos julgamentos nos quais a Ministra participou, fica nítida sua atuação para contribuir ativamente para as discussões realizadas e, em contrapartida, sua postura de aceitar entendimento firmado em sede de recursos repetitivos contrários a sua posição, respeitando assim a eficácia das decisões judiciais e viabilizando a segurança jurídica e a confiança depositada pelo jurisdicionado no Judiciário.

## 1. O julgamento do caso representativo da controvérsia no Supremo Tribunal Federal

Após quase 20 anos de intensa discussão judicial, o Supremo Tribunal Federal encerrou, em março de 2017, a controvérsia relacionada à exclusão do ICMS da base de cálculo da Contribuição ao PIS e da COFINS. Deveras, no julgamento do RE nº 574.706, submetido ao rito da repercussão geral, o Supremo Tribunal Federal fixou a seguinte tese: *"O ICMS não compõe a base de cálculo para a incidência do PIS e da Cofins"*.

Em face do acórdão proferido nesse julgamento, a União opôs embargos de declaração, buscando, dentre outros objetivos, a modulação de efeitos do citado julgado, bem como esclarecer qual o montante do ICMS que deverá ser excluído da base de cálculo das contribuições (o ICMS efetivamente pago ou o ICMS destacado na nota fiscal).

A nosso ver, contudo, ambos os argumentos apresentados para justificar a oposição dos embargos de declaração têm o propósito de postergar a definição do tema e alongar o momento em que o contribuinte poderá satisfazer-se de seu direito.

Nesse ponto, vale destacar que a posição do STF firmada em março de 2017 apenas ratificou o entendimento do mesmo Plenário do STF por ocasião do julgamento do RE 240.785.

Tal julgamento teve início em 1999 com apenas um voto favorável ao contribuinte, sucedido de pedido de vista e foi retomado sete anos depois, em 24.08.2006, momento em que foi formada a maioria em favor dos contribuintes (6 votos favoráveis à exclusão e 1 contrário), mas o julgamento foi novamente suspenso, por um novo pedido de vista.

Retomado o julgamento do RE nº 240.785/MG, em 08.10.2014, foi confirmado o entendimento da maioria do Plenário da Corte pela exclusão do ICMS da base de cálculo do PIS/COFINS, conclusão esta que, na prática, já havia sido obtida 8 anos antes, quando formada a maioria do Pleno de forma favorável aos contribuintes.

A despeito dessa posição do Supremo Tribunal Federal, tanto o Superior Tribunal de Justiça quanto os Tribunais Regionais Federal mantinham posicionamento divergente, em geral, eram rejeitados os recursos do contribuinte e determinava-se a inclusão do ICMS na base de cálculo da Contribuição ao PIS e da COFINS.

Com esse breve retrospecto do julgamento do caso representativo da controvérsia no Supremo Tribunal Federal, partiremos à análise das decisões da Ministra Regina Helena Costa sobre o tema ao longo dos anos.

## 2. As decisões da Ministra Regina Helena Costa sobre o tema

Os acórdãos da Sexta Turma do Tribunal Regional Federal da Terceira Região tratando da exclusão do ICMS da base de cálculo da Contribuição ao PIS e da COFINS por vezes eram concluídos apenas por maioria. A posição divergente da então Desembargadora Regina Helena Costa nunca foi silenciada pela Corte.

Com efeito, a despeito do entendimento daquela Turma já estar há muito firmado em sentido desfavorável à pretensão do contribuinte, há diversos acórdãos de 2012 e 2013 em que seu voto vencido era eloquente ao afirmar que *"faturamento, na redação original do mencionado dispositivo constitucional, em síntese, é a riqueza obtida pelo contribuinte no exercício de sua atividade empresarial, sendo inadmissível a inclusão de receitas de terceiros ou que não importem, direta ou indiretamente, ingresso financeiro"* (Apelação/Reexame Necessário nº 0019-05.2008.403.6112, publicado em 10.06.2013).

Ia ainda além, ao afirmar que *"o ICMS é um imposto indireto, ou seja, é destacado na nota fiscal e tem seu ônus financeiro transferido para o contribuinte de fato, que é o consumidor final. O sujeito passivo do ICMS recolhe o valor correspondente ao Estado, sem que a respectiva quantia destinada aos cofres públicos integre sua receita."*

Como se vê, a posição da hoje Ministra Regina Helena Costa, segue a premissa de que o ICMS destacado na nota fiscal tem seu ônus financeiro transferido para o contribuinte de fato e portanto, jamais poderia compor o faturamento ou a receita tributável pela Contribuição ao PIS e pela COFINS.

Veja-se que muito antes que fosse instaurada a atual discussão sobre a extensão do ICMS a ser excluído da base de cálculo da Contribuição ao PIS e da COFINS, em razão do julgamento do caso representativo da controvérsia no Supremo Tribunal Federal, as decisões da hoje Ministra já seguiam a linha de que o ICMS destacado na nota fiscal não pode compor a base de cálculo do PIS e da COFINS[1].

Posteriormente, em julgamento de 10 de março de 2015, quando já compunha a Primeira Turma do Superior Tribunal de Justiça, o tema foi

[1] Registre-se que esse entendimento (exclusão do ICMS destacado da base de cálculo do PIS/COFINS) vem sendo reiteradamente aplicado pelo Judiciário ao analisar casos em que o Fisco pretende a limitação do ICMS a ser excluído da base de cálculo do PIS/COFINS àquele que tenha sido efetivamente pago.

colocado em pauta para análise daquele Colegiado, ocasião em que foi revisitado o entendimento anterior quanto à matéria, em razão de consistente provocação da já Ministra Regina Helena Costa.

Naquela assentada, diante de voto do Relator do caso, Ministro Sérgio Kukina, pela inclusão do ICMS na base de cálculo do PIS/COFINS, a Ministra Regina Helena Costa pediu vênia para divergir e trouxe voto fundamentado e em linha com seu posicionamento que já manifestava no âmbito do Tribunal Regional Federal.

Naquela ocasião foi acompanhada pelos Ministros Benedito Gonçalves e Napoleão Nunes Maia, que ratificou a importância da divergência levantada pela Ministra, inclusive no julgamento que ainda seria realizado no âmbito do Supremo Tribunal Federal no caso representativo da controvérsia:

> "Tenho certeza, também, Senhor Ministro Sérgio Kukina, de que os nossos julgamentos, principalmente os proferidos pela Senhora Ministra Regina Helena Costa, influenciarão o entendimento nos futuros julgamentos naquela Corte. Porque, nesse julgamento, realmente, a composição do Tribunal está radicalmente alterada. 2. Disse V. Exa. muito bem. Mas as lições da Douta Ministra Regina Helena Costa são lições, digamos assim, já tradicionalizadas na doutrina jurídica tributária brasileira. Isso vem sendo repetido pelos Juízes Federais há muito tempo. Podemos ter certeza de que essa decisão de hoje, se ela for favorável ao contribuinte, influenciará naquela Corte, porque é uma matéria nitidamente subconstitucional."

E assim, com esse julgamento, a posição sobre o tema na Primeira Turma do Superior Tribunal de Justiça foi revista, atualizando assim a jurisprudência até então pautada nas Súmulas 68 e 94 do STJ, superficialmente firmadas no início da década de 90, a partir de reiteração da jurisprudência trazida do Tribunal Federal de Recursos por meio da Súmula 258 (para o PIS) e de sua analogia (para o FINSOCIAL).

Oportunamente, o tema foi afetado pela sistemática dos recursos repetitivos, tendo sido identificado o RESP nº 1.144.469/PR como o representativo da controvérsia para ser julgado pela Primeira Seção do Superior Tribunal de Justiça, em regime cujo desfecho do julgamento deveria ser replicado pelos Tribunais, nos termos do artigo 927, III do Código de Processo Civil.

Assim, em 10 de agosto de 2016, anteriormente ao julgamento da matéria no Supremo Tribunal Federal, a posição da Ministra Regina Helena Costa e endossada pelo Ministro Napoleão Maia Nunes restou vencida, tendo sido consolidado – agora em sede de recurso repetitivo – a posição do Superior Tribunal de Justiça pela inclusão do ICMS na base de cálculo do PIS e da COFINS.

Com a definição do tema pelo Superior Tribunal de Justiça, viu-se, pela primeira vez, em 17 de novembro de 2016, no julgamento do AgRg no AGRAVO EM RECURSO ESPECIAL Nº 310.507 – SP, a alteração da postura da Ministra Regina Helena Costa.

Nessa oportunidade, tanto a Ministra Regina Helena Costa, quanto o Ministro Napoleão Nunes Maia mudaram sua posição para curvarem-se ao entendimento consolidado pela Primeira Seção do Superior Tribunal de Justiça em recurso processado sob o rito dos repetitivos.

Essa posição, longe de significar uma alteração nas convicções da Ministra, apenas revela sua preocupação e respeito aos primados da segurança jurídica, eficiência das decisões judiciais e às regras processuais que impõem a aplicação de entendimentos firmados em julgamento de processos afetados ao rito dos recursos repetitivos.

Ora a Segurança Jurídica é dos princípios de maior relevância de nosso ordenamento jurídico, cláusula pétrea de nossa Constituição Federal. E é ela que deve nortear a atuação do Judiciário.

E foi buscando esse norte que sua atuação na matéria persistiu.

Após o julgamento do recurso extraordinário representativo da controvérsia no Supremo Tribunal Federal (RE nº 574.706), mais uma vez houve uma reversão do entendimento do Superior Tribunal de Justiça.

Por ocasião do julgamento do AgInt nos EDcl nos EDcl no AgRg no Agravo de Instrumento Nº 1.063.262 - SC, em 04 de abril de 2017, a mesma Primeira Turma da qual a Ministra Regina Helena Costa faz parte alinhou-se ao entendimento do Supremo Tribunal Federal e, à unanimidade, afastou a incidência da Contribuição ao PIS e da COFINS sobre o ICMS contemplado nas operações de circulação de mercadorias.

E, a partir de então, são reiteradas as decisões do Superior Tribunal de Justiça endossando o entendimento defendido pela Ministra Regina Helena Costa há quase 10 anos.

Com esse desfecho, espera-se que tenha chegado ao fim uma das disputas mais longas e mais relevantes em matéria tributária no Brasil.

A única ressalva que se faz é quanto à atuação das autoridades fiscais, que insistem em rejeitar a conclusão do Judiciário sobre o tema e criar novas teses e subterfúgios para postergar o exercício do direito do contribuinte à recuperação dos valores recolhidos no passado a título da inconstitucional e ilegal exação.

## Conclusões

A conclusão inexorável do presente estudo é que não se pode esmorecer. Cada qual dentro dos limites de sua atuação.

A persistência da Ministra Regina Helena Costa em emitir suas opiniões bem fundamentadas e manter-se firme em suas crenças, certamente conduziu o Judiciário – seja o Tribunal Regional Federal, o Superior Tribunal de Justiça e o Supremo Tribunal Federal – a uma discussão quanto à composição da base de cálculo da Contribuição ao PIS e da COFINS mais técnica e profunda.

Sua perseverança em conferir à discussão a melhor interpretação legislativa acabou, ao final, por contribuir para a melhor prestação jurisdicional, alinhando a interpretação da norma ao Texto Constitucional.

# 14. Corrigindo a Rota da Cobrança de Crédito Tributário de Devedor em Recuperação Judicial ou Falência

Mônica Lima
Rita Dias Nolasco

## Introdução

É fato que a execução fiscal se tornou a ação clássica promovida pelo Fisco com o intuito de ver recolhido aos cofres públicos os valores que lhe são devidos, os quais devem ser destinados à sociedade para o atendimento das necessidades de seus cidadãos. Contudo, a ação de viés executório, a depender da situação, vem deixando de protagonizar como meio de arrecadação de recursos nos últimos anos.

A execução fiscal, prevista na Lei nº 6.830/80 e pensada como um instrumento garantidor de posição privilegiada no sistema jurídico, haja vista o direito creditório por ela tutelado, em tudo relacionado ao interesse público, acabou se tornando um instrumento muitas vezes inócuo, especialmente nos casos em que os contribuintes devedores foram submetidos à falência e à recuperação judicial.

Em regra, a partir do momento em que decretada a falência do contribuinte ou deferido o pedido de recuperação judicial, a União se vê obstada de cobrar o crédito devido quando mantém a estratégia processual de ajuizamento da ação de execução fiscal.[1]

[1] "(...) sobrevindo a quebra, o representante da Fazenda Pública deve formular o pedido de penhora no rosto dos autos do processo falimentar, não sendo válida a realização da

Embora as execuções fiscais possam ser ajuizadas na hipótese de decretação de falência e recuperação judicial, diversos são os posicionamentos jurisprudenciais firmados ao longo do tempo que, na prática, impedem a satisfação do crédito público.

De acordo com os artigos 6º, § 7º, da Lei 11.101/2005 e 29 da Lei 6.830/1980, a cobrança judicial do crédito público não se sujeita à recuperação judicial ou à falência, bem como o deferimento da recuperação judicial ou da falência não suspende o processamento autônomo da execução fiscal.

Prevalecia no âmbito do Superior Tribunal de Justiça o entendimento de que a realização de atos constritivos na execução fiscal, em face de empresa em recuperação judicial inviabilizaria o plano de recuperação. A discussão é relevante porque impedir a efetivação de atos de constrição na execução fiscal impossibilita a satisfação do crédito público.[2]

A primeira Seção do Superior Tribunal de Justiça, por unanimidade, afetou os Recursos Especiais 1.694.316, 1.712.484 e 1.694.261 como representativos da controvérsia repetitiva no Tema 987: "possibilidade da prática de atos constritivos, em face de empresa em recuperação judicial, em sede de execução fiscal de dívida tributária e não tributária".[3]

Para muitos operadores do direito, o simples fato de a Fazenda Pública possuir um instrumento próprio de cobrança de seus créditos representa uma vantagem tamanha que chega a ser impensável permitir que outros meios processuais possam ser adotados.

Na seara da cobrança de créditos contra devedores falidos, os defensores desse posicionamento obstativo citam os artigos 29 da Lei nº 6.830/80[4]

penhora dos bens da empresa falida." (Nolasco, Rita Dias e Garcia, Victor Menezes. Execução fiscal à luz da jurisprudência: Lei 6.830/1980 comentada artigo por artigo: de acordo com o novo CPC, p. 429).

[2] Ver: Nolasco, Rita Dias e Garcia, Victor Menezes. Execução fiscal à luz da jurisprudência: Lei 6.830/1980 comentada artigo por artigo: de acordo com o novo CPC, pp. 139-140.

[3] ProAfR no REsp 1.712.484 – SP, Relator Ministro Mauro Campbell Marques, Primeira Seção, julgado em 20/02/2018. DJe: 27/02/2018. Posteriormente, o tema foi delimitado para incluir "execução fiscal de dívida não tributária", julgamento em 13/03/2019, DJe: 10/05/2019.

[4] Art. 29. A cobrança judicial da Dívida Ativa da Fazenda Pública não é sujeita a concurso de credores ou habilitação em falência, concordata, liquidação, inventário ou arrolamento.

e 187 do Código Tributário Nacional[5] como fundamento legal para impedir a habilitação do crédito na falência, quando, na verdade, os dispositivos em questão apenas afastam a submissão da Fazenda Pública ao concurso de credores.

É mister refutar a ideia que se tem acerca da existência de uma modalidade exclusiva de cobrança disponibilizada à Fazenda Pública, bem como da sua efetividade contra o devedor falido ou em recuperação judicial. A realidade é bem distante disso.

Primeiramente, convém mencionar que, em se tratando de ação de execução fiscal ajuizada antes da decretação da falência, a Fazenda Pública se depara com o entendimento consolidado no Poder Judiciário de que os frutos da alienação de bem penhorado no feito executório devem ser repassados aos cuidados do juízo universal para apuração e pagamento dos credores.

Tal situação demonstra, por si só, a desvantajosa posição da Fazenda Pública, pois de nada adianta prosseguir com a execução fiscal quando o resultado do trabalho empregado para a satisfação do crédito tributário acabará sendo revertido para o pagamento de direitos outros[6].

Chama a atenção o resultado de estudo empírico sobre as recuperações judiciais em São Paulo, revelando que apenas 5% dos processos efetivamente encerram com o resultado esperado: o saneamento das dívidas e o cumprimento do plano:

> (...) a quantidade de empresários ou sociedades empresárias que tiveram suas recuperações judiciais encerradas por cumprimento do plano e soergueram suas atividades é baixa, quando comparado ao total de pedidos de processamento, pois percentualmente representa apenas 5,02% do total dos pedidos de processamento.[7]

[5] Art. 187. A cobrança judicial do crédito tributário não é sujeita a concurso de credores ou habilitação em falência, recuperação judicial, concordata, inventário ou arrolamento.

[6] "o dinheiro resultante da alienação de bens penhorados deve ser entregue ao juízo da falência, para que se incorpore ao monte e seja distribuído, observadas as preferências e as forças da massa" (REsp 188.148/RS, Rel. Ministro Humberto Gomes de Barros, Corte Especial, julgado em 19.12.2001, DJ 27.5.2002).

[7] OLIVEIRA, Rafael Alves. Recuperação Judicial: uma análise empírica dos processos de recuperação distribuídos junto à 2ª Vara de Falências e Recuperações do Foro Cível da Comarca da Capital do Estado de São Paulo, com ênfase nas recuperações judiciais encerradas por cumprimento. Fundação Getúlio Vargas, São Paulo, 2015, p. 93, In https://

Especificamente nos casos de decretação de falência, ao observar a dura realidade da cobrança da dívida ativa, coube à Procuradoria da Fazenda Nacional identificar novas estratégias processuais que permitissem a satisfação do crédito público de maneira mais exitosa.

Antes dessa iniciativa, quando apenas eram ajuizadas as ações de execuções fiscais, a Fazenda Nacional ocupava um espaço totalmente alheio ao que se passava no decorrer do processo falimentar.

A União, costumeiramente uma das principais credoras da massa falida, era alijada dos tramites processuais, de modo que não se sabia se e quando seu crédito viria a ser satisfeito. Restava à Fazenda Nacional requerer ao juízo da execução fiscal a penhora no rosto dos autos do processo falimentar[8] e aguardar a apuração dos ativos e pagamentos dos credores pelo juízo universal.

Ocorre que a simples penhora no rosto dos autos, na realidade, não garante qualquer tratamento privilegiado. Aliás, a penhora no rosto dos autos e o distanciamento da Fazenda Nacional do processo falimentar faziam com que o crédito público fosse sistematicamente ignorado pelos juízos universais e administradores judiciais.

Se não bastasse a atuação deveras limitada na ação de execução fiscal, o cenário ficou ainda pior quando surgiram decisões judiciais repudiando a possibilidade de penhora no rosto dos autos do processo falimentar, o que desprestigiava em absoluto a cobrança do crédito público frente ao particular[9].

A identificação de novas estratégias de cobrança em tudo se compatibiliza com o princípio constitucional da eficiência, previsto no artigo 37 da Constituição Federal. Podemos até mesmo afirmar que cabia à Procuradoria-Geral da Fazenda Nacional identificar novas estratégias de cobrança do crédito público, naturalmente de acordo com o ordenamento jurídico pátrio.

Estratégia processual a ser utilizada pela Fazenda Pública deve ser definida de acordo com o cenário específico enfrentado no caso concreto.

bibliotecadigital.fgv.br/dspace/bitstream/handle/10438/13642/Rafael%20Alves%20de%20Oliveira%20-%20Disserta%c3%a7%c3%a3o.pdf?sequence=1&isAllowed=y, acesso em 26.02.2020.

[8] O que permite ao administrador judicial da massa falida a oposição de embargos à execução fiscal, como determina o artigo 76 da Lei nº 10.101/05.

9 AgInt no CC 150.065/GO, Rel. Ministro Antonio Carlos Ferreira, Segunda Seção, julgado em 24/05/2017, DJe 30/05/2017.

Há mais de uma década, a Fazenda Nacional da 3ª Região vem habilitando, nos processos falimentares, o crédito inscrito em dívida ativa da União. Institucionalmente, a orientação geral sobre a estratégia oscilou na medida em que foram proferidos acórdãos no âmbito do Superior Tribunal de Justiça acerca do tema. Hoje essa é a postura nacionalmente observada, mas não necessariamente obrigatória.

Contudo, não tardou para que surgissem críticas à essa estratégia de habilitação do crédito na falência. A principal delas, conforme já mencionado, é a de que a Lei nº 6.830/80 constituiria meio próprio de cobrança do crédito pela Fazenda Pública, não sendo possível adotar outras posturas processuais para tanto.

Somado a isso, alegam os críticos que o artigo 187 do Código Tributário Nacional e o artigo 29 da Lei nº 6.830/80, ao preverem que a cobrança judicial do crédito público não se sujeita a concurso de credores ou habilitação em falência, estabeleceu que a Fazenda Pública, ilusoriamente privilegiada, não poderia se valer do processo falimentar para atender aos seus próprios interesses.

Outros argumentos contrários surgiram justamente quando da análise dos pedidos de habilitação de crédito apresentados pela Fazenda Nacional nos processos falimentares. Em suma, os juízes apontam que a Fazenda Nacional não possui interesse processual na habilitação do crédito na hipótese em que não desiste da execução fiscal já ajuizada. Há, ainda, outro argumento no sentido de a habilitação representar um *bis in idem* contra a massa falida, quando concomitante à existência de uma execução fiscal.

A adoção dos argumentos em questão tem como consequência a extinção sem julgamento do mérito do pedido de habilitação de crédito pela Fazenda Nacional. E esse foi justamente um dos principais entraves sofridos pela União na persecução do seu direito creditório.

De fato, quando o Poder Judiciário passou a aceitar a habilitação do crédito público, superando a tese de que os artigos 187 do Código Tributário Nacional e 29 da Lei nº 6.830/80, impediriam a habilitação do crédito no processo falimentar, impôs como condição a renúncia ao ajuizamento da execução fiscal[10]. Isso porque a concomitância da habili-

[10] "Precedentes citados: REsp 402.254-RJ, DJe 30/6/2008; REsp 988.468-RS, DJ 29/11/2007; REsp 185.838-SP, DJ 12/11/2001, e REsp 287.824-MG, DJ 20/2/2006". (REsp 1.103.405-MG,

tação no processo falimentar e da execução fiscal representaria uma dupla garantia em favor da Fazenda Pública.

O entendimento acima tem origem no Recurso Especial 185.838/SP, de 2001, por meio do qual o Superior Tribunal de Justiça considerou que, na hipótese de penhora em execução fiscal, não haveria como cogitar reserva de numerário, no juízo da concordata, pois estaríamos diante de uma garantia dúplice.

Naturalmente que a Fazenda Nacional prosseguiu com a discussão diante da negativa dos juízes falimentares. Porém, no Tribunal de Justiça de São Paulo, também foi imposta resistência à habilitação do crédito público, de modo que não restou alternativa à Procuradoria da Fazenda Nacional que não fosse a de levar a discussão ao Superior Tribunal de Justiça.

Conforme veremos a seguir, essa situação, que passou a ser recorrente nos últimos anos nos juízos falimentares de São Paulo, foi devidamente analisada no Recurso Especial 1.848.957/SP[11], de relatoria da Ministra Regina Helena Costa.

Rel. Min. Castro Meira, julgado em 2/4/2009). (Nolasco, Rita Dias e GARCIA, Victor Menezes. Execução fiscal à luz da jurisprudência: Lei 6.830/1980 comentada artigo por artigo: de acordo com o novo CPC, p. 432).

[11] Ementa: "TRIBUTÁRIO. PROCESSUAL CIVIL. CÓDIGO DE PROCESSO CIVIL DE 2015. APLICABILIDADE. VIOLAÇÃO AO ART. 1.022 DO CPC. INEXISTÊNCIA. PEDIDO DE HABILITAÇÃO DE CRÉDITO TRIBUTÁRIO NO JUÍZO UNIVERSAL. COEXISTÊNCIA COM A EXECUÇÃO FISCAL DESPROVIDA DE PENHORA. POSSIBILIDADE. DUPLA GARANTIA. INOCORRÊNCIA. I – Consoante o decidido pelo Plenário desta Corte na sessão realizada em 09.03.2016, o regime recursal será determinado pela data da publicação do provimento jurisdicional impugnado. In casu, aplica-se o Código de Processo Civil de 2015. II – O tribunal de origem apreciou todas as questões relevantes apresentadas com fundamentos suficientes, mediante apreciação da disciplina normativa e cotejo ao posicionamento jurisprudencial aplicável à hipótese. Inexistência de omissão, contradição ou obscuridade. III – A ação executiva fiscal não representa, por si só, uma garantia para o credor, porquanto essa salvaguarda somente se concretiza com a penhora ou a indisponibilidade de bens e direitos. Precedentes. IV – Revela-se cabível a coexistência da habilitação de crédito em sede de juízo falimentar com a execução fiscal desprovida de garantia, desde que a Fazenda Nacional se abstenha de requerer a constrição de bens em relação ao executado que também figure no polo passivo da ação falimentar. Precedente. V – Recurso especial parcialmente provido, reformando o acórdão recorrido para determinar o processamento do incidente de habilitação de crédito no juízo falimentar, nos termos da fundamentação."

## 1. A representatividade do REsp 1.848.957/SP no cenário de cobrança de créditos públicos contra empresas falidas e em recuperação judicial

Muito embora a Ministra Regina Helena Costa não tenha sido a primeira a analisar a celeuma no âmbito do Superior Tribunal de Justiça[12], percebe-se que o caminho adotado no julgamento do Recurso Especial 1.848.957/SP estabelece premissas que vão além da simples habilitação do crédito público no processo falimentar.

O acórdão em questão descreve o difícil panorama da cobrança do crédito público contra empresas sujeitas à falência e à recuperação judicial. Ao citar as discussões correlatas existentes, inclusive no âmbito do Superior Tribunal de Justiça, abordando importantes questões sobre o tema, tanto aquelas pacificadas quanto as demais que ainda serão objeto de amplo debate pelo Poder Judiciário.

A Ministra Regina Helena Costa contextualizou os diversos instrumentos adotados pela Fazenda Pública na cobrança de seus créditos e reconhece que a execução fiscal representa a via primária na persecução de créditos públicos. Sem desmerecer o instituto, elencou as demais estratégias complementares de cobrança adotadas pela Fazenda Nacional, tais como o protesto de certidões de dívida ativa, a celebração de negócios jurídicos processuais e a realização de transação tributária.

Ressaltamos que a transação tributária, recentemente regulamentada pela Lei 13.988/2020, notadamente diante dos impactos econômicos decorrente da pandemia causada pelo coronavírus (COVID-19), tem se mostrado um instrumento efetivo colocado à disposição dos contribuintes para implementação de planos de recuperação fiscal, de maneira a auxiliar no enfrentamento da crise visando a manutenção da fonte produtora e geradora de emprego. A possibilidade de transação tributária[13] abrange o devedor: a) com falência decretada; b) em processo de recuperação judicial ou extrajudicial; c) em liquidação judicial; d) em intervenção ou liquidação extrajudicial.

[12] REsp 1.815.825/SP, Rel. Ministro Herman Benjamin, Segunda Turma, julgado em 01/10/2019, DJe 18/10/2019; REsp 1.857.055/SP, Rel. Ministra Nancy Andrighi, Terceira Turma, julgado em 12/05/2020, DJe 18/05/2020, REsp 1.831.186/SP, Rel. Ministro Napoleão Nunes Maia, Primeira Turma, julgado em 26/05/2020, DJe 19/06/2020)

[13] Dentre as modalidades existentes, destacamos a **transação extraordinária** (Portaria n. 9.924, de 14 de abril de 2020) e a **transação excepcional** (Portaria n. 18.731, de 06 de agosto de 2020).

Conforme bem apontado no Recurso Especial 1.848.957/SP, o cenário da recuperação do crédito tributário atravessa um período de significativas mudanças, o que evidencia a relação de complementariedade que existe entre a execução fiscal e outras estratégias de cobrança previstas no ordenamento pátrio. O acórdão estabelece como premissa básica que a ação de execução fiscal não representa uma especialidade excludente de outras modalidades de cobrança.

Como não poderia ser diferente, a Ministra Regina Helena Costa ressalta o quão polêmica é a discussão acerca da cobrança de crédito público contra a massa falida, bem como contra empresas sujeitas à recuperação judicial, situação na qual o que mais se defende é o princípio da manutenção da empresa e da preservação dos empregos, como justificativa para evitar ao máximo a satisfação do crédito público.

Tão grave quanto o impedimento para a habilitação de crédito público no processo falimentar são as sucessivas recuperações judiciais concedidas a empresas que não estão regulares com o Fisco, não obstante a Lei nº 11.101/05 prever com clareza, em seu artigo 57[14], a necessidade de certidão de regularidade fiscal e a possibilidade, para tanto, de um parcelamento especial[15].

Até 2014 não havia um parcelamento especial para dívidas tributárias das empresas em recuperação judicial, assim, vinha sendo defendida a impossibilidade de exigência de Certidão Negativa de Débito (CND), reconhecendo que a primeira coisa que uma empresa em dificuldade financeira faz é deixar de pagar os tributos devidos, como se fosse correto socializar os prejuízos decorrentes do insucesso empresarial.

A Lei 13.043 foi publicada em 14.11.2014, incluindo o artigo 10-A na Lei 10.522/2002, dispositivo que prevê modalidade especial de parcelamento de débitos tributários para empresas em recuperação judicial.

[14] Art. 57. Após a juntada aos autos do plano aprovado pela assembléia-geral de credores ou decorrido o prazo previsto no art. 55 desta Lei sem objeção de credores, o devedor apresentará certidões negativas de débitos tributários nos termos dos **arts. 151, 205, 206 da Lei nº 5.172, de 25 de outubro de 1966** - Código Tributário Nacional.

[15] Art. 68. As Fazendas Públicas e o Instituto Nacional do Seguro Social – INSS poderão deferir, nos termos da legislação específica, parcelamento de seus créditos, em sede de recuperação judicial, de acordo com os parâmetros estabelecidos na **Lei nº 5.172, de 25 de outubro de 1966 – Código Tributário Nacional.**

A partir da publicação dessa lei passou a ser exigida a regularidade fiscal para o deferimento da recuperação judicial.[16]

A análise macro feita pela Ministra Regina Helena Costa também engloba a relevante discussão consubstanciada no Tema 987 de teses repetitivas do Superior Tribunal de Justiça. O assunto foi afetado para que se chegasse à conclusão sobre a possibilidade ou não de atos constritivos em face de empresa em recuperação judicial, em sede de execução fiscal, de dívida ativa tributária e não tributária.[17]

Na ocasião em que afetados os recursos especiais, veio a ordem de suspender o processamento de todos os feitos pendentes, individuais ou coletivos, que versem sobre a questão e tramitem no território nacional, de acordo com o que permite o artigo 1.037, inciso II do Código de Processo Civil. O que de início é visto como providência salutar para a garantia da isonomia e da segurança jurídica, em um segundo momento se revelou como desmerecedor do princípio da prevalência do interesse público sobre o privado.[18]

É cediço que o Superior Tribunal de Justiça possui entendimento sumulado no sentido de o juízo da recuperação judicial não ser competente para decidir sobre a constrição de bens não abrangidos pelo plano de recuperação da empresa[19], bem como que os artigos 187 do Código Tributário Nacional e 29 da Lei nº 6.830/50 deixam expresso que a cobrança judicial do crédito tributário não se sujeitam à recuperação judicial. Entretanto, na realidade, a Fazenda Pública se vê impedida de colocar em prática os atos que, em tese, contribuiriam para a satisfação do crédito público.

[16] https://valor.globo.com/legislacao/noticia/2020/09/11/decisao-do-supremo-exige-certidao-fiscal-de-empresa-em-recuperacao.ghtml

[17] Os recursos especiais afetados são os de número 1.649.261, 1.694.316 e 1.712.484.

[18] "Desse modo, observa-se que a jurisprudência nacional afasta-se ligeiramente do modelo legal previsto para a questão do crédito fiscal na recuperação judicial para, além de dispensar a regularização fiscal da interessada na benesse legal, permitir um prosseguimento apenas formal do executivo fiscal, com a imposição de óbices quase intransponíveis à efetivação de atos de constrição e alienação patrimonial, resultando, por vezes, na satisfação primeira de credores privados em detrimento do crédito público, o que não se conforma aos valores consagrados na ordem jurídica brasileira". (MENEGAT, Bruno; FOLADOR, Rafael. "Da cobrança de créditos fiscais de empresas em recuperação judicial: custos, experiências internacionais e análise crítica da jurisprudência brasileira." (Revista da PGFN. Ano VII, Número 10, 2017, p. 215).

[19] Súmula 480 STJ, Segunda Seção, julgado em 27/06/2012

Infelizmente, os efeitos deletérios da suspensão determinada em tudo prejudica os interesses da Fazenda Pública. Isso porque a suspensão efetivamente representa um impedimento à cobrança do crédito público, enquanto a recuperação judicial segue no estabelecimento de um plano de pagamento de credores, o qual não inclui União, Estados e Municípios. O resultado disso é uma verdadeira inversão de valores, na qual créditos de natureza privada são satisfeitos em detrimento dos créditos públicos.

Se não bastasse, há situações em que os juízos da execução fiscal simplesmente interpretam a afetação do tema como se todos os feitos executórios envolvendo uma empresa sob recuperação judicial, de uma maneira geral, tivessem que ser suspensos enquanto o Superior Tribunal de Justiça não se posiciona sobre o assunto definitivamente. Cita-se, como exemplo, o caso em que a execução fiscal é redirecionada aos demais responsáveis que não estão sujeitos à recuperação judicial.

Basicamente, a União não consegue efetivamente responsabilizar terceiros pelo pagamento do crédito tributário, sendo necessário enfrentar mais uma batalha no intuito de distinguir o assunto objeto do Tema 987 de outros inseridos no cenário de cobrança no qual estão incluídas empresas em recuperação judicial.

O Recurso Especial 1.848.957/SP não resolve todos os problemas relacionados à cobrança do crédito público, mas sem dúvida desata um dos nós do imbróglio existente, que se refere ao reconhecimento do legítimo direito de a Fazenda Nacional habilitar o seu crédito no processo falimentar, sem a necessidade de desistir da execução fiscal.

A Ministra Regina Helena Costa, com a coragem que lhe é peculiar, aponta a omissão existente nos julgados relativos à inexistência de constrição de bens na execução fiscal e o equívoco na aplicação do entendimento original do Superior Tribunal de Justiça, consubstanciado no Recurso Especial 185.838/SP, de 2001. A adoção desse precedente é equivocada justamente na medida em que o Poder Judiciário se recusa a observar que, não obstante a Fazenda Pública não desista da execução fiscal quando da habilitação do crédito em falência, ela também não promove atos constritivos no feito executório contra a massa falida, tampouco mantém naquela seara penhoras anteriormente realizadas como garantia de pagamento do crédito tributário.

A mensagem mais importante do Recurso Especial 1.848.957/SP é, sem dúvida, de que não há o que se falar em dupla garantia na hipótese em que a Fazenda Nacional habilita o seu crédito tributário no processo falimentar e não desiste de execução fiscal desprovida de penhora. Isso porque, a ação executiva fiscal não representa, por si só, uma garantia para o credor público, haja vista que esta se concretiza tão somente quando ocorrer a penhora ou a indisponibilidade de bens e direitos.

O Recurso Especial 1.848.957/SP deixa claro que a Fazenda Nacional não promove a cobrança do crédito tributário contra a falida por dois meios distintos e de forma concomitante, razão pela qual possui a prerrogativa de identificar qual a melhor estratégia de cobrança do seu direito creditório, sem precisar desistir da execução fiscal. E ressalta que entendimento diverso reduz o campo de atuação da Fazenda Pública no âmbito do processo falimentar, impedindo o ente público de participar efetivamente dos trâmites do juízo universal.

Sem dúvida, a adoção da estratégia processual defendida em tudo se coaduna com o princípio da efetividade da prestação jurisdicional.

## 2. Desistir, por quê? Quando a exigência imposta se revela um risco ao direito à cobrança do crédito público

De forma coerente, a Fazenda Nacional indaga qual seria o problema na realização da habilitação do crédito tributário se a execução fiscal é imediatamente suspensa, não representando um *bis in idem* contra a massa falida. Aliás, a Fazenda Nacional renuncia à eventual penhora no rosto dos autos, na hipótese em que pede a habilitação de seu crédito.

No REsp 1.848.957/SP, a Ministra Regina Helena Costa enfrentou de forma clara e objetiva, analisou o ponto fulcral da polêmica discussão acerca do motivo pelo qual a Fazenda Púbica insiste no ajuizamento da execução fiscal ao requerer a habilitação do seu crédito no processo falimentar. Reconheceu que a tramitação da ação executiva fiscal não representa, por si só, uma garantia para o credor, pois a garantia só se concretiza com a efetiva constrição de bens.

A subsistência da execução fiscal é providência benéfica para a própria massa falida, pois será perante o juízo executivo que serão opostos embargos à execução ou a exceção de pré-executividade, em respeito à competência do juízo para análise da matéria tributária. Significa dizer que a execução fiscal é uma garantia à ampla defesa e ao contraditório da massa falida. De certa forma, a habilitação em falência e a ação de execução fiscal se completam, protegendo tanto os interesses da Fazenda Pública quanto os da massa falida.

Outro ponto relevante no ajuizamento da execução fiscal de crédito habilitado no processo falimentar é uma questão bastante sensível, qual seja, a responsabilidade dos gestores da falida. Não é raro o encerramento do processo falimentar sem que tenham sido satisfeitos os créditos habilitados. Em hipóteses tais, é dever da Fazenda Nacional, diante da indisponibilidade do crédito público, prosseguir com a execução fiscal diante dos coobrigados nas situações prescritas pela legislação.

Portanto, exigir a extinção da execução fiscal na habilitação do crédito tributário significa exigir que a Fazenda Nacional deixe de responsabilizar os gestores da empresa falida.

## 3. O Projeto de Lei nº 6.229/05

Atualmente, tramita pelo Congresso Nacional o Projeto de Lei nº 6.229/05, iniciativa que vem ganhando destaque, sobretudo depois de aprovado, em agosto de 2020, pela Câmara dos Deputados.

Importante notar que o projeto em questão surgiu no mesmo ano em que promulgada a Lei nº 11.101/05, o que reforça a ideia de que o normativo realmente não estava adequado a todas as necessidades no âmbito da recuperação e da falência, inclusive na seara da cobrança dos créditos públicos.

Inicialmente, o Projeto de Lei nº 6.229/05 tinha por objeto alterar especialmente o atual §7º do artigo 6º [20], submetendo todos os créditos tributários à recuperação judicial. Contudo, após intensos debates que contaram com a participação da Procuradoria-Geral da Fazenda Nacional[21], o projeto foi alterado, passando a prever diversas modificações na Lei nº 11.101/05.

Se a redação atual do Projeto de Lei nº 6.229/05 for aprovada, a legislação passará a consolidar os avanços conquistados pela Fazenda Pública, por meio da jurisprudência, bem como significará a superação de óbices, representando um grande avanço no cenário de cobrança de créditos públicos nas hipóteses de devedores sujeitos à falência ou à recuperação judicial.

[20] Art. 6º, § 7º: "As execuções de natureza fiscal não são suspensas pelo deferimento da recuperação judicial, ressalvada a concessão de parcelamento nos termos do Código Tributário Nacional e da legislação ordinária específica".

[21] Representada, especialmente, pelos Procuradores Flávia Coelho, Filipe Aguiar de Barros e Esdras Boccato.

Dentre os avanços que merecem destaque, citamos a alteração da redação do artigo 52, inciso V da Lei nº 11.101/05, que insere a Fazenda Pública, antes isolada, no processamento da recuperação judicial. As Fazendas Públicas federal, estaduais, distrital e municipais em que o devedor tiver estabelecimento, não só serão intimadas acerca do processamento da recuperação judicial, como também poderão informar eventuais créditos perante o devedor, para divulgação aos demais interessados. Ou seja, a Fazenda Pública não mais será tida como figura alienígena na recuperação judicial, pois poderá ter uma atuação ativa e inclusiva.

No bojo da recuperação judicial, a empresa contará com mais opções de parcelamento dos seus débitos com a União Federal (com prazos estendidos e parcelas reduzidas), além da possibilidade de transação tributária. As opções previstas no Projeto de Lei nº 6.229/05[22], com condições mais benéficas para que a empresa pague seus débitos com a União, devem fazer com que seja superada a alegação de que o parcelamento hoje existente é insuficiente para garantir a regularidade fiscal, dispensando, como consequência, a respectiva certidão.

Em se tratando de falência, o projeto de lei prevê a inclusão do artigo 7º-A na Lei nº 11.101/05, o qual estabelece a habilitação do crédito público por meio da instituição de um incidente de classificação, oportunidade em que caberá à Fazenda Pública credora a apresentação de uma relação completa de seus créditos inscritos em dívida ativa. Os créditos não definitivamente constituídos, não inscritos em dívida ativa ou com a exigibilidade suspensa poderão ser informados em momento distinto.

É importante ressaltar que o crédito tributário poderá ser objeto das execuções fiscais, nos termos como defendido no presente artigo, até porque compete ao respectivo juízo decidir sobre a existência, a exigibilidade e o valor do crédito.

Ademais, na fase de realização do ativo, será obrigatória a intimação da Fazenda Pública, em todas as suas esferas, sob pena de nulidade. Sem dúvida, a intimação em comento possibilitará o acompanhamento da formação do montante destinado ao pagamento dos credores, permitindo que a Fazenda Pública tenha conhecimento acerca de todos os trâmites.

[22] O art. 5º do Projeto de Lei nº 6.229/05 modifica a redação do art. 10-A da Lei 10.522/02 e acrescenta os arts. 10-B e 10-C à mesma lei.

Não se pode negar que o ano de 2020, embora mundialmente turbulento, foi significativo para a consolidação da mudança de perspectiva na cobrança dos créditos públicos, tendo em vista o acórdão proferido no Recurso Especial 1.848.957/SP e a tramitação, no Congresso Nacional, do Projeto de Lei nº 6.229/05.

## Conclusões

É interessante observar que, **se por um lado** a habilitação do crédito no processo falimentar não representa um excesso de cobrança, porque a Fazenda Nacional não promove atos nesse sentido na execução fiscal, **por outro**, a extinção da execução fiscal pode representar a impossibilidade de cobrança do crédito tributário.

Afinal, a quem interessa exigir a extinção da execução fiscal? Aos demais credores não é porque a ordem de pagamento será obedecida. À empresa falida também não porque dela somente será exigido o valor que puder ser pago. Fato é que a extinção da execução fiscal atenderia exclusivamente aos interesses de terceiros que podem eventualmente ser responsabilizados mediante o redirecionamento do feito.

Na verdade, a impossibilidade de ajuizar a execução fiscal contraria até mesmo os interesses da massa falida, pois sem o feito executório, resta impossível a oposição de embargos perante o juízo competente para apreciar a matéria relacionada à dívida exigida. E a partir do momento em que os envolvidos sequer estão preocupados com a defesa da massa falida nas execuções fiscais, é de se suspeitar que realmente não há interesse em pagar os créditos públicos.

Felizmente, o Superior Tribunal de Justiça sedimentou o seu posicionamento sobre a matéria com chave de ouro, qual seja, o Recurso Especial 1.848.957/SP, de Relatoria da Ministra Regina Helena Costa, que não só consolidou os julgados até então existentes, como também amarrou todas as pontas que ainda restavam soltas e contextualizou o seu acórdão no difícil panorama da cobrança do crédito público frente a empresas sujeitas à recuperação judicial e à falência.

Se não bastasse, a Lei nº 11.101/05 está em vias de ser aperfeiçoada, em especial no que diz respeito aos pontos abordados no presente artigo, indo ao encontro do posicionamento estabelecido no Recurso Especial 1.848.957/SP, o que certamente garantirá mais segurança jurídica na cobrança de créditos públicos.

# 15. Disputa sobre a Exclusão das Tarifas de Uso do Sistema de Transmissão e Distribuição (TUST e TUSD) da Base de Cálculo do ICMS sobre o Consumo de Energia Elétrica

ANDREA MASCITTO

Na qualidade de cofundadora[1] do *Women in Tax Brazil* ("WIT"), grupo criado por advogadas e professoras para fomentar o protagonismo das mulheres tributaristas no nosso país, sinto-me honrada em participar desta obra coletiva em homenagem à Ilustre Ministra Regina Helena Costa, uma mulher inspiradora e que muito contribui para a evolução do direito tributário no Brasil; enfim, um exemplo para todas nós.

O que motivou minha escolha de tema foi a lucidez e precisão com que a ilustre Ministra Regina Helena Costa trata deste assunto controverso, o qual impacta toda a população (vez que somos todos consumidores de energia elétrica e, o que afeta seu preço afeta a todos) e que já conta com mais de 100.000 processos sobrestados[2] aguardando o

[1] Cofundadoras: Andréa Mascitto, Catarina Rodrigues, Daniela Lara, Fernanda Pazello, Raquel Preto, Renata Cubas e Tathiane Piscitelli.

[2] Conforme dados do próprio STJ: http://www.stj.jus.br/sites/portalp/Paginas/Comunicacao/Noticias/Temas-repetitivos-com-impacto-em-milhoes-de-processos-estao-na-pauta-do-STJ-em-2020.aspx

desfecho que se espera para este ano de 2020 em relação ao tema 986 de recursos repetitivos pela 1ª Seção do Superior Tribunal de Justiça ("STJ").

## 1. Contexto da discussão

De acordo com a legislação infraconstitucional em vigor[3], o ICMS deve ser apurado sobre o valor total da operação de circulação de mercadorias e serviços de transporte interestadual e intermunicipal e de comunicação, cuja competência é outorgada pelo artigo 155, inciso II, da Constituição Federal, sem qualquer discriminação.

Ocorre que o preço de venda da energia elétrica contempla não apenas a energia consumida em si, mas também outras rubricas, tais como as tarifas para remunerar a uso das redes de transmissão e a distribuição de energia elétrica, conhecidas pelas siglas "TUST" e "TUSD", respectivamente.

Muito embora essas tarifas não se confundam com a mercadoria (que é a energia), os Estados têm incluído a TUST e a TUSD na base de cálculo do ICMS, com fundamento nos Convênios ICMS nºs 117/2004 (e posteriores alterações) e 95/2005, incorporado em suas legislações estaduais.

Tais normas determinam que o consumidor é quem deve pagar pelo ICMS devido na transmissão e distribuição dos serviços de fornecimento de energia elétrica, ficando as distribuidoras de energia elétrica responsáveis por levar o tributo aos cofres públicos estaduais, em atenção ao que dispõe a legislação estadual (ICMS incidente sobre o valor total da operação) e os Convênios ICMS que autorizam a inclusão das tarifas na base de cálculo do ICMS.

Existem, porém, fortes argumentos tanto de ordem legal como constitucional para questionar a inclusão da TUST e da TUSD na base de cálculo do ICMS, já veiculados nas milhares de ações ajuizadas em todos os Estados do país requerendo a exclusão dessas tarifas da base de cálculo do imposto.

O STJ ainda não pacificou o entendimento sobre a (i)legalidade da inclusão da TUST e da TUSD na base de cálculo do ICMS, havendo decisões conflitantes das Turmas em ambos os sentidos, razão pela qual

[3] A título exemplificativo: artigo 425, parágrafo 1º, alínea "1", do Decreto 45.490 (Regulamento do ICMS de São Paulo).

se espera uma definição do tema 986 pela 1ª Seção, sob a relatoria do Ministro Herman Benjamin.

## 2. Argumentos de parte a parte

Em apertada síntese, o argumento dos Estados é de que TUSD e TUST remuneram o uso da rede e são indispensáveis e indissociáveis do consumo de energia elétrica. Assim, integram a operação relativa ao fornecimento de energia e são parcelas do preço pago pelo adquirente final; portanto, devem compor a base de cálculo do ICMS.

Sustentam que a base de cálculo do imposto estadual é valor da operação, e não apenas o custo de aquisição da energia. Se a distribuição e a transmissão são elementos essenciais para que ocorra a circulação da mercadoria (fornecimento de energia elétrica) e se aperfeiçoe o fato gerador, não há fundamento para que as tarifas correspondentes sejam excluídas da base de cálculo.

Já os contribuintes sustentam que:

(i) a exigência do ICMS depende da existência de uma mercadoria e da transferência de sua propriedade em caráter negocial, nos termos do artigo 155, inciso II, da Constituição Federal;

(ii) a energia elétrica foi considerada mercadoria para fins de incidência do ICMS pela Constituição Federal e, nos termos da Lei Complementar nº 87/96, a incidência ocorre na efetiva transferência de sua titularidade com a respectiva entrega definitiva ao seu destinatário; contudo, os Estados tem exigido o ICMS sobre uma base de cálculo superior àquela legal e constitucionalmente prevista, uma vez que o imposto não está sendo cobrado tão somente sobre o valor da mercadoria (energia elétrica), mas também sobre negócios alheios e os custos relativos ao fornecimento da energia elétrica afeitos do direito regulatório (encargos determinados pela ANEEL), que não podem compor a base de cálculo do tributo porque não integram o conceito de mercadoria nem lhe podem ser equiparados;

(iii) a transmissão e distribuição da energia são etapas anteriores na cadeia de fornecimento da mercadoria que é a energia elétrica em si (e com ela não se confundem), sendo clara e aplicável a Súmula nº 166, do STJ, que diz não constituir "fato gerador do

ICMS o simples deslocamento de mercadoria de um para outro estabelecimento do mesmo contribuinte"; e

(iv) ainda que se entenda que são serviços acessórios e essenciais ao fornecimento de mercadoria, não se trata de serviço caracterizador do fato gerador do imposto estadual por absoluta falta de previsão legal. Trata-se de parcelas estranhas ao valor da operação que, além de não estarem previstos nos dispositivos legais e constitucionais que tratam do ICMS, são objeto de contratos autônomos e dispensáveis à formação do preço de venda da energia elétrica, nos termos da Lei 9.648/98[4].

## 3. Evolução jurisprudencial

Ao longo dos anos, e dada a pluralidade de decisões conflitantes em segunda instância, o STJ já teve a oportunidade de analisar o tema; contudo, como já dito, sem pacificá-lo, sendo necessário que o entendimento das Turmas fosse levado à Seção.

Inicialmente, o STJ determinou ser ilegal a inclusão da TUST e da TUSD na base de cálculo do ICMS (a título exemplificativo: AgRg no REsp 1.408.485 / AgRg no REsp 1.075.223 / AgRg no REsp 1.135.984). O principal fundamento dessas decisões do STJ é justamente o de que "*não existe previsão legal e constitucional para cobrança do ICMS no 'serviço de transporte de energia'.*

Apesar do entendimento favorável até então e da emissão de parecer favorável do Sr. Subprocurador Geral da República[5], no julgamento do REsp 1.163.020 (à época sob a relatoria do Ministro Gurgel de Faria) concluído em 21.3.2017, a Primeira Turma do STJ entendeu ser legal a

[4] **Art. 9º**. Para todos os efeitos legais, a compra e venda de energia elétrica entre concessionários ou autorizados, deve ser contratada separadamente do acesso e uso dos sistemas de transmissão e distribuição.

[5] Parecer no REsp 1.163.020:

"(...) No mérito, merece prevalecer o entendimento, estribado em sedimentada jurisprudência do Egrégio Superior Tribunal de Justiça, no sentido de que não compõem a base de cálculo do ICMS a Taxa de Uso do Sistema de Transmissão de Energia Elétrica – TUST e a Taxa de Uso do Sistema de Distribuição de Energia Elétrica – TUSD, tendo em vista que o fato gerador ocorre tão somente no momento em que a energia sai do estabelecimento fornecedor e é efetivamente consumida; dessarte, a tarifa cobrada na fase anterior do sistema de distribuição não compõe o valor da operação de saída da mercadoria entregue ao consumidor, (...)

inclusão da TUSD na base de cálculo do ICMS incidente sobre as faturas de grandes consumidores adquirentes diretos de geradoras de energia elétrica porque o imposto estadual deveria ser calculado sobre o preço total do fornecimento de energia elétrica.

Nesse contexto, a questão foi levada à Primeira Seção do STJ (composta por ministros da Primeira e Segunda turmas) para que seja uniformizada a jurisprudência a respeito da questão. Os casos que estão pendentes para julgamento sobre o tema são os Embargos de Divergência em EREsp 1.163.020 (que deverão ser julgados conjuntamente com os recursos especiais 1.692.023 e 1.699.851), afetados como repetitivos sobre o tema sob a relatoria do Ministro Herman Benjamin, com previsão de julgamento até o final deste ano.

## 4. A contribuição da Ministra Regina Helena Costa para este tema

Na "virada jurisprudencial" de 2017 acima referida contra os contribuintes, o relator do caso, Ministro Gurgel de Faria, destacou que a inovação no entendimento derivaria da intenção de se preservar a isonomia e a livre concorrência entre consumidores livres (que podem comprar diretamente da geradora e arcam com os custos da transmissão e distribuição da energia de forma apartada) e cativos (que obrigatoriamente recebem a energia das distribuidoras e têm esses encargos embutidos no preço), dizendo que a geração, distribuição e transmissão devem ser vistas como uma atividade fim única para a efetiva comercialização da energia mesmo na hipótese tratada no caso em concreto, que é de um consumidor livre; sendo inadequada a segregação da atividade de geração e transmissão como atividades meio anteriores.

A posição do relator gerou intenso debate na 1ª Turma do STJ, porém acabou prevalecendo por maioria de votos (3 x 2), restando vencidos os Ministros Napoleão Maia e Regina Helena Costa, tendo a Ministra ressaltado se tratar de inovação no entendimento que vinha sido manifestado pelo STJ e com a qual não poderia concordar.

Com coerência e propriedade, a Ministra destacou que a transmissão e distribuição da energia pelo sistema é uma circulação física que caracte-

Com efeito, a tarifa cobrada pelo uso do sistema de distribuição, bem como a tarifa correspondente aos encargos de conexão, não se referem ao pagamento decorrente do consumo de energia elétrica, motivo pelo qual não integram a base de cálculo do ICMS.(...)"

riza atividade meio para o nascimento do fato gerador do ICMS previsto tanto na Constituição Federal, como em Lei Complementar, que é o efetivo consumo do bem (isto é, a circulação jurídica da energia). Em não se confundindo com fato gerador, o seu custo não poderia ser tributado.

Ao estruturar seu raciocínio, a Ministra traçou interessante paralelo com a disputa havida anos antes sobre a tentativa dos Estados cobrarem ICMS sobre a atividade de provimento de acesso à internet, o que foi afastado pelo STJ. Naquela oportunidade, restou esclarecido que o provimento em si não estabelecia comunicação, já que isso demandava a infraestrutura que era fornecida pelas operadoras de telecomunicações, cujas operações eram devidamente tributadas. Em não caracterizando comunicação, não nascia o fato gerador e, portanto, não haveria incidência tributária.

No caso em questão, entende ela que a situação seria similar: não havendo operação de circulação jurídica de energia, a parcela que remunera o mero serviço de entrega física do bem não deve ser tributada.

Finalmente, a Ministra ainda lembrou de tentativas legislativas prévias de tributação da transmissão e distribuição de energia, mas que não vingaram (PEC 285/04 e PLC 352/02), o que confirmaria a ausência de previsão legal para se impor a tributação.

## Conclusões

Muito embora a decisão de 2017 acima comentada seja desfavorável à disputa enfrentada pelos contribuintes, deve-se levar em conta que se trata de decisão proferida por uma das Turmas do STJ em processo individual (que, portanto, não afeta os demais contribuintes) e que ainda não reflete o posicionamento final daquele Tribunal Superior sobre o tema, o que se espera seja dado pela 1ª Seção este ano, com a importante participação da Ilustre Ministra Regina Helena Costa.

Compartilho do entendimento da Ministra no sentido de que a TUSD e a TUST não devem compor a base de cálculo do ICMS e aqui acrescento outras analogias além daquela relacionada à não incidência do imposto estadual sobre o provimento de acesso à internet para nossa reflexão, ainda que o Supremo Tribunal Federal ("STF") tenha por maioria declarado a inexistência de repercussão geral para esta discussão (Tema 956) por conceber que a violação à Constituição Federal é apenas reflexa. Trata-se de outros 2 temas já julgados pelo Supremo:

(i) *Exclusão do ICMS da base de cálculo do PIS e COFINS* (Tema 69 de repercussão geral – RE 574.706), sinalizando que a base de cálculo dos tributos não deve ser alargada pela indevida inclusão de custos atrelados à composição de preços. Ou seja, a discussão ali se ateve ao conceito de faturamento tributável pelo PIS e pela COFINS e aqui a discussão diz respeito ao conceito de mercadoria tributável pelo ICMS, havendo um traço em comum que é justamente investigar a amplitude do critério eleito pelo legislador como base de cálculo do tributo estadual; e

(ii) *Não incidência do ICMS sobre a demanda contratada de energia elétrica* (Tema 176 de repercussão geral – RE 593.824, e que já havia sido apreciado e julgado pelo STJ no REsp 960.476), embasado em boa parte nas lições do Professor Roque Carrazza, transcritas no acórdão e também relevantes para este tema, de modo que passo a reproduzi-las:

> Só há falar em operação jurídica relativa ao fornecimento de energia elétrica passível de tributação por meio do ICMS, no preciso instante em que o interessado, consumindo-a, vem a transformá-la em outra espécie de bem da vida ("luz, calor, frio, força, movimento ou qualquer outro tipo de utilidade).[6]

---

> Não é possível considerar base de cálculo do ICMS-Energia Elétrica, valores que decorrem de relação diversa, como, por exemplo, a que envolve a concessionária e a empresa geradora de energia elétrica. Isso ensejaria a cobrança de uma exação adicional, que refugiria à competência tributária da Unidade Federada.
>
> (...)
>
> Evidentemente, o valor da operação de fornecimento de energia elétrica é o realmente praticado entre fornecedor e consumidor. De fato, na base de cálculo do tributo não devem ser inseridos elementos estranhos (v.g. 'tarifas de fio') à relação jurídica entre o concessionário e o consumidor da mercadoria.[7]

[6] In ICMS, 16ª ed. São Paulo: Malheiros, 2012, pp. 310-312.

[7] In ICMS, 16ª ed. São Paulo: Malheiros, 2012, pp. 322.

Extrai-se do raciocínio indicado no acórdão que, *mutatis mutandis*, a atribuição de responsabilidade ao contribuinte de arcar com o imposto sobre base alargada (que contempla ônus da relação entre os *players* do setor elétrico) por Convênio e legislação estadual não é algo autorizado pelo sistema tributário brasileiro, de modo que compete aos Tribunais Superiores o exercício desse controle.

Nesse mesmo sentido são as lições do Professor José Eduardo Soares de Melo, no sentido de que os contratos de conexão e uso do sistema de transmissão estão fora do campo de incidência do ICMS:

> O novo sistema elétrico nacional possibilita a realização de diversos negócios jurídicos, que implicam a incidência do ICMS (contrato de compra e venda de energia elétrica); ou se encontram fora do campo da tributação estadual (contratos de compartilhamento de instalações, conexão ao sistema de distribuição, de constituição de garantia, de uso do sistema de distribuição, de conexão ao sistema de transmissão, de uso do sistema de transmissão, de intermediação na compra e venda)[8]

Por todo o brevemente exposto neste breve, penso que os contribuintes ainda possuem bons fundamentos para buscar no Poder Judiciário a exclusão da TUST e da TUSD da base de cálculo do ICMS (até em razão do risco de eventual modulação da decisão em razão da "virada jurisprudencial").

[8] In ICMS – Teoria e Prática, 7ª edição, São Paulo: Ed. Dialética, 2004, pp.195.

# 16. Creditamento de PIS/COFINS na ZFM: O Resp 1.259.343/AM e seus Impactos Constitucionais

Rebeca Drummond de Andrade Müller

## Introdução

Isenção, incidência de alíquota zero, não-cumulatividade e a sistemática de creditamento. Essas são palavras-chave, para além da imunidade, corriqueiras quando o assunto é tributação na Zona Franca de Manaus.

O Recurso Especial nº 1.259.343/AM, apreciado pela 1ª Turma do Superior Tribunal de Justiça, trouxe para análise a (im)possibilidade de empresas estabelecidas na ZFM se creditarem das contribuições do PIS e da Cofins sobre insumos isentos adquiridos de fornecedores fora da zona de livre comércio, cujas etapas internas são posteriormente tributadas.

A discussão surgiu após modificação inserida pela Lei nº 10.996/2004, que passou a afastar a isenção antes prevista nesse tipo de operação para então prever a incidência de alíquota zero das contribuições e, por fim, estabelecer a vedação ao creditamento.

O julgamento do caso foi conduzido pelo voto divergente da Ministra Regina Helena Costa. Valendo-se da interpretação das normas tributárias, a ministra entendeu pela prevalência do art. 3º, §2º, II das Leis nºs 10.637/2002 e 10.833/2003, isto é, havendo incidência tributária na cadeia seguinte, a aquisição daria ensejo aos créditos pelas pessoas jurídicas.

Na árdua tarefa de aplicação das leis, os ensinamentos da Ministra Regina Helena lançam luzes sobre o Direito Tributário. Seus posicionamentos, sempre brilhantes, não elegem personagens favoritos – Fisco ou contribuinte –, mas, em verdade, prezam pelo bom direito, pela técnica e pela interpretação das leis, fatos que demonstram a sua inegável liderança enquanto julgadora e jurista.

Dessa forma, o presente artigo, em uma tentativa de fazer jus à biografia da homenageada, rememora esse importante julgado ocorrido no âmbito do Superior Tribunal de Justiça, cujo tema deve alcançar o Supremo Tribunal Federal.

Para essa tarefa, iniciamos com um breve contexto que envolve a Zona Franca de Manaus e seu conjunto normativo, o qual lhe confere proteção sobretudo com base na tributação, para então passarmos ao caso concreto, incluindo as balizas fixadas pelo tribunal de segunda instância. Por fim, pontuamos as principais questões, sem o intuito de esgotá-las, com potencial para que o debate ainda se alongue junto ao Poder Judiciário.

## 1. Breve contextualização sobre a zona franca de Manaus e seus incentivos fiscais

Um esforço conjunto dos entes federados, decorrentes de uma escolha política aperfeiçoada ao longo dos anos, baseada no interesse nacional, desencadeou o surgimento da Zona Franca de Manaus (ZFM) – um polo que, por meio de incentivos de natureza tributária, teve como objetivo o desenvolvimento da Amazônia[1].

Preservando essa intenção, o constituinte, em 1988, dedicou o art. 40 dos Atos das Disposições Transitórias (ADCT) para moldar, em um projeto transitório[2], a Zona Franca como uma "área de livre comércio, de exportação e importação, e de incentivos fiscais".

Apesar de identificarmos as salvaguardas normativas que antecederam às da Constituição Federal de 1988 em atos como a Lei

[1] Ataliba, Geraldo; Giardino. Cléber. Isenção para vendas para a ZFM – Finsocial e imposto sobre transportes. *Revista de Direito Tributário*. n. 41, 1999, p. 207.

[2] A Constituição Federal de 1988 previu inicialmente o prazo de 25 anos de vigência da Zona Franca de Manaus. Contudo, houve prorrogação desse prazo pela Emenda Constitucional nº 42/2003 e, posteriormente, pela EC nº 83/2014, que, ao acrescentar o art. 92-A ao ADCT, acresceu 50 anos ao prazo de vigência antes estabelecido pela EC nº 42/2003.

nº 1.806/1953, sancionada pelo ex-presidente Getúlio Vargas; a Lei nº 3.173/1957, assinada pelo então presidente Juscelino Kubitschek; a Lei nº 5.173/1966 e o ainda vigente Decreto-lei nº 288/1967, ambos sob a presidência de Castello Branco, é bem verdade que a valorização da região amazônica já constara da Constituição dos Estados Unidos do Brasil de 1946[3], nada obstante tenha sido o Decreto-lei mencionado o responsável por instituir a região como uma zona de livre comércio.

A Zona Franca de Manaus, portanto, segundo o DL nº 288/1967, é (i) uma área de livre comércio; (ii) de importação e exportação; (iii) e de incentivos fiscais especiais. Esse conjunto de pilares foram escolhidos para dar sustentação ao projeto de criação de uma Amazônia industrialmente desenvolvida.

Os benefícios tributários representam um dos principais laços na busca do objetivo desenhado. Nesse aspecto, tributos federais, como o Imposto de Importação (II); Imposto sobre Produtos Industrializados (IPI); Imposto de Renda (IR); o Programa de Integração Social (PIS) e Financiamento da Seguridade Social (Cofins), e Estaduais, como o Imposto sobre a Circulação de Mercadorias e Serviços (ICMS), sofrem isenções ou reduções para a indústria instalada na ZFM, os quais se estendem, em determinados casos, aos seus fornecedores.

Junto com os incentivos, vieram acirradas disputas, sobretudo na esfera do contencioso judicial, com destaque para os Tribunais Superiores. É comum que tais embates com a Fazenda Pública se originem da obtenção de créditos oriundos do pagamento dos tributos, tal como ocorreu no REsp nº 1.259.343/AM, objeto do presente estudo.

Em fevereiro de 2020, por exemplo, a 1ª Seção do Superior Tribunal de Justiça aprovou a Súmula nº 640[4], para sedimentar o entendimento de que as vendas destinadas à Zona Franca são equiparadas a exportações, autorizando, assim, que as empresas se beneficiem do Reintegra,

[3] Conforme referência feita pela Min. Rosa Weber, em seu voto no RE 592.891/SP, confira-se FURLAN, Valéria. Fundamentos Constitucionais da Zona Franca de Manaus. *In*: MARTINS, Ives Gandra da Silva; RAMOS FILHO, Carlos Alberto de Moraes; PEIXOTO, Marcelo Magalhães (Orgs.) *Tributação na Zona Franca de Manaus*. MP editora: São Paulo, 2008, p. 28-32.

[4] "O benefício fiscal que trata do Regime Especial de Reintegração de Valores Tributários para as Empresas Exportadoras (Reintegra) alcança as operações de venda de mercadorias de origem nacional para a Zona Franca de Manaus, para consumo, industrialização ou reexportação para o estrangeiro."

programa que permite a devolução dos créditos tributários e tem o objetivo de reduzir a tributação das mercadorias exportadas.

A súmula, construída a partir de casos julgados pelas Turmas de Direito Público do STJ, teve destaque a partir do debate reacendido em 2019 pela 1ª Turma, com o placar de 3 votos a 2. A tese vencedora, e convergente com o verbete aprovado pela 1ª Seção, foi liderada pela Ministra Regina Helena, relatora do REsp nº 1.679.681/SC.

Além do STJ, no Supremo Tribunal Federal ganhou destaque mais recente, em abril de 2019, a disputa na qual o Plenário reconheceu, no julgamento conjunto do RE nº 592.891/SP (Tema nº 322 da Repercussão Geral) e do RE nº 596.614/SP, o direito ao creditamento de IPI na entrada de matérias primas de insumos oriundos da Zona Franca de Manaus.

Com esse breve panorama, e para o objetivo do presente estudo, o DL nº 288/1967 assume um papel de relevância na análise dos incentivos tributários relacionados à ZFM. É nele onde iremos encontrar as isenções previstas para impostos como o II e o IPI, além da previsão de que as vendas efetuadas para empresas localizadas nessa região de livre comércio serão, para todos os efeitos fiscais, equiparadas à exportação. Nas palavras de Ataliba e Giardino[5]:

> Qual é o efeito dessa equiparação? É atribuir ao ato equiparado o mesmo regime jurídico do equiparante. Assim, a operação da remessa de mercadorias à ZFM tem, desde então, para fins fiscais, os efeitos de uma exportação brasileira para o exterior.

Portanto, em busca da preservação e desenvolvimento da região amazônica, a tributação, seja por meio do seu afastamento ou de sua redução, foi utilizada como uma ferramenta de estímulo para dirigir os investimentos tanto de empresas lá instaladas como também daquelas que operam fora, mas destinam bens, mercadorias e serviços para o local.

Em dezembro de 2004, com a vigência da Lei nº 10.996, esse cenário de preservação da região sofreu impacto decorrente das mudanças aplicadas ao PIS e à Cofins. Com a nova norma, reduziu-se a zero as alíquotas incidentes nas vendas de mercadorias destinadas à industrialização

[5] Ataliba, Geraldo; Giardino, Cléber. ICM – ZFM – Remessa de produtos in natura para a Zona Franca de Manaus – Equiparação a exportação. *Revista de Direito Tributário*, n. 43, 1988, p. 84.

ou ao consumo de empresas estabelecidas na Zona Franca, impactando no direito aos créditos provenientes dessa operação.

## 2. A tributação do PIS e da COFINS na zona franca de Manaus e a inovação trazida pela lei nº 10.996/2004

Com a vigência do DL nº 288/1967 e a equiparação de mercadorias nacionais vendidas para empresas na ZFM à exportação, o Superior Tribunal de Justiça foi instado a reafirmar, em mais de um momento, que as vendas destinadas à zona amazônica de livre comércio não poderiam ser incluídas na base de cálculo do PIS e da Cofins, após a Receita Federal lançar mão de interpretações em sentido contrário[6]. Podemos citar, como exemplo, casos como o REsp nº 652.784/PR[7] e o REsp nº 1.276.540/AM[8]. Neste último, a 2ª Turma do STJ estendeu o benefício às operações realizadas dentro da própria região, partindo da finalidade com a qual a ZFM fora concebida. Na ocasião, foi registrado o seguinte:

> O benefício fiscal também alcança as empresas sediadas na própria Zona Franca de Manaus que vendem seus produtos para outras na mesma localidade. Interpretação calcada nas finalidades que presidiram a criação da Zona Franca, estampadas no próprio DL 288/67, e na observância irrestrita dos princípios constitucionais que impõem o combate às desigualdades sociorregionais.

Portanto, produtos destinados à Zona Franca fariam jus à isenção de PIS/Cofins, tal como ocorre com as exportações para outros países[9].

[6] Como bem lembrado pela Recorrente, em sua peça inicial, além da interpretação conferida, ao tempo, pela Receita Federal, houve a tentativa do Poder Executivo de pôr fim à isenção prevista pelo DL nº 288/2967 com a edição da MP 2.037-24/2000 e de seu art. 14, §2º, o qual trouxe disposição expressa para afastar a isenção de PIS e Cofins sobre as receitas com as vendas efetuadas para empresas da Zona Franca de Manaus. Entretanto, o Plenário do STF, ao referendar cautelar concedida pelo Min. Marco Aurélio, relator da ADI nº 2348/DF, suspendeu a eficácia de tal previsão, preservando a isenção antes conferida.

[7] Rel. Ministro Luiz Fux, 1ª Turma, DJ 25.04.2005.

[8] Rel. Ministro Castro Meira, 2ª Turma, DJe 05.03.2012.

[9] Recorda-se que, em que pese as referências ao termo "isenção", ou a redução da alíquota a zero, dada pelo próprio legislador infraconstitucional, é de se ponderar que as receitas decorrentes de vendas de mercadorias e serviços ao exterior eram isentas do PIS e da Cofins desde 1991, conforme previsão do art. 7º da LC 70/1991. Posteriormente, a EC nº 33/2001 inseriu o §2º ao art. 149 da CF/1988 para determinar a não incidência de contribuições so-

Vale lembrar, todavia, que até aquele momento não se discutia o direito aos créditos decorrentes da operação, uma vez que a reformulação da sistemática dessas contribuições e, com ela, a inauguração da não-cumulatividade – e, consequentemente, da possibilidade de, evitando-se o "efeito cascata", obtenção de créditos com base na tributação incidente na etapa anterior –, vieram somente em 2002 e 2003, com as Leis nº 10.637/2002 e nº 10.833/2003[10].

As mencionadas leis, ao mesmo tempo em que permitiram o regime da não-cumulatividade ao PIS e à Cofins, instituíram exceção a essa regra, ao prever, no inciso II do §2º do art. 3º, a vedação à manutenção do crédito de valores provenientes da aquisição de bens ou serviços sujeitos à isenção, "quando revendidos ou utilizados como insumo em produtos ou serviços sujeitos à alíquota 0 (zero), isentos ou não alcançados pela contribuição". Portanto, não seria possível o creditamento quando não ocorresse a tributação na etapa posterior, seja em razão de isenção, seja pela incidência sob alíquota zero.

Essa vedação, porém, não atingiria as empresas estabelecidas na Zona Franca de Manaus, nada obstante o fato de as vendas, a elas destinadas, feitas por estabelecimentos fora da região, não serem tributadas em razão da equiparação às exportações. É que elas se encaixariam na exceção prevista, uma vez que, conforme §5º do art. 2º da Lei nº 10.833/2003 e §4º do art. 2º da Lei nº 10.637/2002, as vendas internas são tributadas e, desse modo, estariam fora da limitação feita pelo legislador. Veja-se, novamente, que ele vedou os créditos apenas para a hipótese de a cadeia seguinte revender ou utilizar esses bens ou produtos, adquiridos com isenção, como insumo em produtos ou serviços igualmente não alcançados pelo PIS e pela Cofins.

Nesse mesmo período, conforme relembra Mary Elbe Queiroz e Elmo Queiroz, a Lei nº 10.865/2004, que dispõe sobre PIS/Cofins-Importação, suspendeu, no art. 14, §1º, referidas contribuições quando incidentes sobre operação com importação realizada através da ZFM, para "bens a serem empregados na elaboração de matérias-primas, pro-

ciais e de intervenção no domínio econômico sobre receitas auferidas com a exportação. Entendemos que ela foi elevada, portanto, ao *status* de imunidade constitucional.

[10] Vale lembrar que a Constituição Federal, em seu art. 195, §12, inserido pela EC nº 42/2003, delega ao legislador a definição dos setores de atividade econômica para os quais as contribuições ao PIS e à Cofins (art. 195, incisos I, *b* e IV do *caput*) serão não cumulativas.

dutos intermediários e materiais de embalagem destinados a emprego em processo de industrialização por estabelecimentos ali instalados", mantendo, por outro lado, o direito aos créditos nas aquisições.

Ainda em 2004, poucos meses depois de publicada, foi inserido o art. 14-A para estender a suspensão de PIS/Cofins às importações realizadas pelas empresas na ZFM sobre "matérias-primas, produtos intermediários e materiais de embalagem para emprego em processo de industrialização por estabelecimentos industriais instalados na Zona Franca de Manaus". O creditamento, mais uma vez, foi igualmente preservado.[11]

Mal sabiam os contribuintes, porém, que no fim daquele mesmo ano outra alteração, dessa vez com a edição de uma Medida Provisória, posteriormente convertida em lei, das regras envolvendo tributação pelo PIS/Cofins e o direito ao creditamento no âmbito da Zona Franca de Manaus passaria a ter o viés restritivo, distanciando-se do ideal pelo qual a região fora criada e protegida.

Assim, em 15 de dezembro de 2004 foi publicada a Lei nº 10.996 e com ela vieram o art. 2º e seus §§1º e 2º. Esse novo artigo determinou, no *caput*, a redução a zero das alíquotas de PIS/Cofins incidentes sobre as receitas de vendas de mercadorias destinadas ao consumo ou à industrialização na ZFM, "por pessoa jurídica estabelecida fora da ZFM". O §2º, complementando-o, aplicou a vedação à utilização de créditos, constantes nas Leis nº 10.637/2002 e nº 10.833/2003[12].

A Lei nº 10.996/2004 foi resultado da conversão da MP 202/2004. Na exposição de motivos da Medida Provisória, é possível identificar a intenção do Poder Executivo ao introduzir a mudança. Consta o objetivo

[11] QUEIROZ, Mary Elbe e Elmo. Incentivos fiscais e o creditamento de PIS/COFINS na Zona Franca de Manaus. *In Regime Jurídico dos Incentivos Fiscais*. Hugo de Brito Machado (coord.). São Paulo: Ed. Malheiros. 2015, p. 439.

[12] Art. 2º Ficam reduzidas a 0 (zero) as alíquotas da Contribuição para o PIS/PASEP e da Contribuição para o Financiamento da Seguridade Social – COFINS incidentes sobre as receitas de vendas de mercadorias destinadas ao consumo ou à industrialização na Zona Franca de Manaus – ZFM, por pessoa jurídica estabelecida fora da ZFM.

§ 1º Para os efeitos deste artigo, entendem-se como vendas de mercadorias de consumo na Zona Franca de Manaus – ZFM as que tenham como destinatárias pessoas jurídicas que as venham utilizar diretamente ou para comercialização por atacado ou a varejo.

§ 2º Aplicam-se às operações de que trata o caput deste artigo as disposições do inciso II do § 2º do art. 3º da Lei nº 10.637, de 30 de dezembro de 2002, e do inciso II do § 2º do art. 3º da Lei nº 10.833, de 29 de dezembro de 2003.

de não apenas prever que as mercadorias remetidas à ZFM sejam submetidas à alíquota zero, mas sobretudo o de impedir a geração de créditos de PIS/Cofins não cumulativas pelas empresas situadas na região. Foi, ainda, arrematado que:

> Obtém-se, com essa medida, tratamento isonômico e neutralidade tributária, compatível com o sistema não cumulativo de cobrança da Contribuição para o PIS/PASEP e da COFINS, que tem por pressuposto o creditamento do valor das contribuições efetivamente pago na etapa anterior.

Na sequência, em 29 de dezembro de 2004, foi publicada a Lei nº 11.051. O seu art. 8º tratou da conversão da suspensão de PIS/Cofins-Importação para incidência de alíquota zero, à semelhança do regime não cumulativo aplicável às alíquotas internas, tratado acima[13]. Nas palavras de Mary Elbe e Elmo Queiroz:

> Apesar de parecer uma alteração inócua, pois, ao final, em tese continuaria não havendo sacrifício financeiro para os contribuintes, na verdade foi a forma encontrada para contornar o benefício fiscal da ZFM, no sentido de impor a vedação ao creditamento.

É interessante notar que, na linha do assinalado por Mary Elbe e Elmo, uma primeira interpretação nos conduz a enxergar essas alterações como benéficas para os contribuintes – afinal, trata-se de incidência de alíquota zero. Entretanto, a aparente boa intenção se mostrou, em verdade, uma alternativa para atingir o objetivo de encerrar a possi-

[13] Art. 8º A suspensão da exigibilidade da Contribuição para o PIS/Pasep e da Cofins incidentes sobre a importação de bens, na forma dos arts. 14 e 14-A da Lei nº 10.865, de 30 de abril de 2004, será convertida em alíquota zero quando esses bens forem utilizados:
I – na elaboração de matérias-primas, produtos intermediários e materiais de embalagem destinados a emprego em processo de industrialização por estabelecimentos industriais instalados na Zona Franca de Manaus e consoante projetos aprovados pelo Conselho de Administração da Superintendência da Zona Franca de Manaus – Suframa;
II – como matérias-primas, produtos intermediários e materiais de embalagem em processo de industrialização por estabelecimentos industriais instalados na Zona Franca de Manaus e consoante projetos aprovados pelo Conselho de Administração da Superintendência da Zona Franca de Manaus – Suframa.

bilidade de créditos com a operação. A cronologia legislativa delimitada até aqui bem pode demonstrar o que se afirma.

Com a mudança legislativa e a vedação aos créditos de PIS/Cofins sobre os montantes decorrentes da aquisição de insumos de empresas fora da ZFM, a consequência imediata foi o aumento da carga tributária para as empresas estabelecidas na região.

Essa relação de "causa e efeito", isto é, a mudança na sistemática de créditos de PIS/Cofins e a majoração da carga tributária de contribuintes inseridos em uma região em busca de crescimento, protegida pela Constituição, entregou ao intérprete a tarefa de analisar o conjunto normativo considerando, também, a sua finalidade e qual o bem deve ser protegido[14].

Tal tarefa foi realizada com maestria pela Ministra Regina Helena tanto em casos outros que igualmente trataram de benefícios tributários e a Zona Franca de Manaus, como no Recurso Especial em análise. Por isso, o próximo tópico é a ele dedicado.

## 3. O recurso especial nº 1.259.343/AM

O Recurso Especial, julgado pela 1ª Turma do Superior Tribunal de Justiça, teve como origem Mandado de Segurança impetrado pela empresa Refeições Puras RID Ltda., estabelecida na Zona Franca de Manaus, cujas atividades são voltadas ao fornecimento de refeições coletivas. No outro polo da relação, estava a Fazenda Nacional.

As violações apontadas pela Recorrente, no que diz respeito ao mérito, foram as dos arts. 3º, §2º, I das Leis nºs 10.637/2002 e 10.833/2003.

O objetivo central da demanda, em resumo, era o restabelecimento do direito da empresa aos créditos de PIS e Cofins em razão da aquisição de insumos vendidos por fornecedores fora da zona de livre comércio e não utilizados, posteriormente, em produtos ou serviços sujeitos à

[14] Sobre interpretação das leis, as lições de Aharon Barack são atuais e valem ser recordadas. Para o jurista israelense, em uma tradução literal, "os valores básicos de um sistema jurídico são mais do que apenas o pano de fundo para um ato legislativo; eles também são o propósito pelo qual a legislação é feita para alcançar. Essas é a justificativa para que se interprete cada pedaço de legislação de uma maneira que os valores básicos do sistema sejam atualizados". *In* BARAK, Aharon. *Purposive Interpretation in Law*. Trad. Sari Bashi. Princeton and Oxford: Princeton University Press, 2005, p. 339.

alíquota zero, de maneira que, afastando-se a Lei nº 10.996/2004, fosse aplicado o art. 3º das Leis nºs 10.637/2002 e 10.833/2003.

Após o voto do relator, Ministro Sérgio Kukina, negando provimento ao Recurso Especial, pediu vista, em 19.11.2019, a Ministra Regina Helena. Em 03.03.2020, a ministra trouxe o seu voto para dar provimento ao recurso da contribuinte, tendo sido acompanhada pelos Ministros Gurgel de Faria, Napoleão Nunes Maia Filho e Benedito Gonçalves.

### 3.1 O entendimento do TRF1 e algumas considerações necessárias

O Tribunal Regional da 1ª Região, ao reverter a sentença que concedeu parcialmente a segurança[15], deu provimento ao recurso de apelação da Fazenda Nacional para, sem maiores digressões, autorizar a manutenção da vedação ao benefício perquirido pela contribuinte, nos moldes da Lei nº 10.996/04 e das Lei nº 10.637/2002 e nº 10.833/2003.

A unanimidade dos componentes da 7ª Turma do TRF1, liderada pelo relator, Desembargador Federal Luciano Tolentino Amaral, entendeu que a impossibilidade de que as empresas na Zona Franca de Manaus lançassem mão de créditos não era uma novidade trazida somente em 2004 pela Lei nº 10.996.

Para o colegiado, o fato de as receitas das vendas aos estabelecimentos serem isentas (pois comparadas à exportação ao exterior) impediria, mesmo antes de 2004, a obtenção dos créditos sobre os montantes gastos com a aquisição pelo estabelecimento localizado na ZFM.

O entendimento foi assim fixado com base nas Leis nºs 10.637/2002 e 10.833/2003, no sentido de que ambas as normas vedaram o direito ao crédito quando os bens ou serviços, sujeitos à isenção, são revendidos ou utilizados como insumo em produtos ou serviços sujeitos à alíquota zero (art. 3º, §2º, II das Leis nº 10.637/2002 e nº 10.833/2003).

A premissa que prevaleceu no tribunal foi a de que toda a hipótese de creditamento a que faz jus um contribuinte enseja, necessariamente, a tributação na etapa anterior. Não havendo cobrança de tributo nesse

[15] A concessão parcial, pela sentença, havia sido dada para "afastar a vedação de creditamento decorrente das disposições do art. 2º da Lei nº 10.996/04,desde 15 de dezembro de 2004, tão somente quanto aos bens e serviços adquiridos não sujeitos ao pagamento de PIS e COFINS, concernentes às operações sujeitas à alíquota zero, que não sejam objeto de revenda ou utilização como insumo em produtos ou serviços sujeitos à alíquota a zero, isentos ou não alcançados pela contribuição".

elo da cadeia, não poderia a etapa seguinte ensejar créditos. Para dar suporte a esse raciocínio, citou-se jurisprudência do STF na qual se afastou a possibilidade de creditamento de IPI "visto que nada teria sido 'cobrado' na operação de entrada de insumos isentos, não tributados ou sujeitos à alíquota zero".[16]

Por fim, ao dar provimento à apelação da Fazenda Nacional, reformando a sentença do juízo de origem, o TRF1 sinalizou que as previsões constitucionais que resguardam a Zona Franca de Manaus, previstas pelos arts. 40 e 92 do ADCT, não dispõem sobre "forma de creditamento, benefício ou isenção", mas, tão somente, prorrogam o prazo de vigência enquanto zona de livre comércio.

Aqui, vale pontuar algumas críticas com relação ao entendimento que prevalecera na 2ª instância. Primeiro, quanto a premissa inicial de que a isenção vigente antes da Lei nº 10.996/2004 e a vedação a créditos constantes das Leis nºs 10.637/2002 e nº 10.833/2003 seriam aplicáveis às operações de venda de insumos por empresas fora da ZFM para aquelas dentro da região.

É que nada foi ponderado sobre a tributação do PIS e da Cofins nas vendas internas, realizadas entre empresas da Zona Franca. A limitação ao crédito imposta pelo art. 2º, II das Leis nºs 10.637/2002 e nº 10.833/2003, como dito no tópico anterior, abarca a aquisição de bens ou serviços não isentos quando revendidos ou utilizados como insumo em produtos ou serviços sujeitos à alíquota zero, isentos ou não alcançados pela contribuição. Desse modo, a premissa do direito, ou não, ao creditamento não refletiu o direito aplicável ao caso concreto.

De outro lado, a jurisprudência do STF mencionada pelo acórdão tratou de obtenção de créditos dentro da sistemática do IPI, a qual difere da concedida ao PIS e à Cofins. A Constituição Federal, no art. 153, §3º, II, determina a não-cumulatividade do imposto, "compensando-se o que for devido em cada operação com o montante cobrado nas anteriores".

Todavia, para as contribuições ao PIS e à Cofins, o constituinte delegou à lei a previsão para a não-cumulatividade, e, por consequência, a concessão de créditos (art. 195, §12). Nesse sentido, não é possível equiparar uma sistemática à outra, pois, para impostos como o IPI, a própria

[16] RE nº 372.005, Rel. Min. Eros Grau, 2ª Turma, DJe 16.05.2008.

Constituição, de antemão, assumiu a premissa de que a etapa anterior da cadeia deve necessariamente ensejar tributação, mas, para as contribuições sociais, a assertiva não é verdadeira, ficando a critério do legislador delimitar as nuances nesse aspecto.

Também não houve um sopesamento que contrastasse a Lei nº 10.996/2004 com o art. 5º, I da Lei nº 10.637/2002 e o art. 6º, I da Lei nº 10.833/2003, os quais determinam que o PIS e a Cofins não incidirão sobre as receitas decorrentes das operações de exportação de mercadorias para o exterior.

O último ponto a ser observado é quanto a afirmação de que o ADCT apenas previu a prorrogação da ZFM. É verdade que o seu art. 92, de fato, acresceu tempo de vigência. Entretanto, o art. 40, apesar de não expressar formas de creditamento, indicou o comando, a ser obrigatoriamente observado, de que os incentivos fiscais deveriam ser mantidos.

Como se sabe, a tributação é um importante vetor para o desenvolvimento de regiões. Ao mesmo tempo em que expressa cidadania, o seu excesso ou avanço pode representar consequências negativas; não à toa John Marshall, então Presidente da Suprema Corte dos EUA, em 1819, no caso McCulloch v. Maryland, alertou que "o poder de tributar envolve o poder de destruir".

A Ministra Regina Helena, em sentido semelhante, nos recorda sobre o "princípio da não-obstância do exercício de direitos fundamentais por via da tributação", arrematando que:

> se o ordenamento jurídico constitucional ampara determinados direitos, não pode, ao mesmo tempo, compactuar com a obstância ao seu exercício, mediante uma atividade tributante desvirtuada. A atividade tributante do Estado deve conviver harmonicamente com os direitos fundamentais, não podendo conduzir, indiretamente, à indevida restrição ou inviabilização de seu exercício.[17]

Embora não estejamos diante de um "direito fundamental à Zona Franca de Manaus", o que se pretende demonstrar aqui é a influência e o impacto que os tributos e as mudanças que vão de encontro à intenção

[17] COSTA, Regina Helena. *Imunidades Tributárias: teoria e análise da jurisprudência do STF.* 2ª Ed. São Paulo: Malheiros Editores, 2006, p. 79.

explícita do poder constituinte podem causar nas relações jurídicas e no desenvolvimento econômico pretendido, como no presente caso.

O art. 40 do ADCT é expresso ao elencar como objetivo para o desenvolvimento da região amazônica a manutenção dos incentivos fiscais, não sendo possível que o intérprete deixe de levar em conta essa intenção. Conforme recorda Celso Ribeiro Bastos:

> O objetivo último é beneficiar a região com o desenvolvimento que se espera venha a ocorrer por fruto dos benefícios fiscais criados. As zonas francas encontram-se, pois, em regiões pouco desenvolvidas, e são marcadas por dificuldades que as regiões normalmente aquinhoadas não ostentam. É por isto que os benefícios fiscais criados, em regra, não podem ser subtraídos antes que aquele que para lá foi, atraídos por esses incentivos, tenha tempo de amortizar os seus investimentos. As referidas zonas criam, portanto, benefícios fiscais que não são gratuitos, no sentido de trazer um incentivo sem contraprestação por parte do beneficiado. Pelo contrário, este arcará com o pesadíssimo ônus de investir capitais numa área que, se não fora o beneficiamento jurídico-tributário, seria absolutamente desprezível para o investimento'"[18]

Bastos, reforçando a tarefa do hermeneuta, também destaca o status constitucional da Zona Franca de Manaus, tornando-se "um direito consagrado com força própria da supremacia constitucional, o que repele qualquer normatividade que a ofenda e até mesmo a interpretação que não leve em conta as diretrizes básicas da hermenêutica".[19]

No emblemático REsp nº 1.276.540/AM, que serviu como paradigma à interpretação do DL nº 288/67 e a equiparação à exportação das mercadorias destinadas à ZFM, o STJ, inclusive, sinalizou que o art. 4º do Decreto-Lei, cuja leitura dever ser cumulativa com o art. 40 do ADCT (uma vez que este determina a preservação dos incentivos fiscais, vale lembrar, e o DL nº 288 é anterior à CF/88), e os incentivos fiscais[20]:

[18] BASTOS, Celso Ribeiro. Incentivos Fiscais – Zona Franca de Manaus –Parecer. *Revista Tributária e de Finanças Públicas*. São Paulo: Revista dos Tribunais, v. 22, p. 168, jan./1998.

[19] Idem.

[20] O STF, no julgamento da ADI nº 310/AM (Rel. Min. Cármen Lúcia, Plenário, DJe 09.09.2014), ao analisar o alcance do art. 40 do ADCT, definiu que a norma permitiu a recepção do elenco pré-constitucional de incentivos à Zona Franca de Manaus.

> visam à neutralização das disparidades sócio-econômicas entre as regiões sul e sudeste e a região amazônica, buscando reduzir as desigualdades regionais e sociais, o que representa um dos objetivos da República Federativa do Brasil (art. 3º, III, da CF/88) e, também, um dos princípios constitucionais ligados à Ordem Econômica (art. 170, VII, da CF/88)

Ora, ao inserir os incentivos fiscais como um dos meios de sustentação da ZFM, uma análise detida com apoio da cronologia das mudanças ocorridas nas legislações – e a evidente tentativa de inserir, em mais de uma ocasião, um novo comando que passasse a proibir o aproveitamento de créditos, logrando êxito, no fim, a Lei nº 10.996/2004, cuja consequência inevitável é o aumento da carga tributária –, o art. 40 do ADCT pavimenta o caminho que poderia nos levar à conclusão de que a lei teria, além de tudo, afrontado a Constituição.

## 4.2 O julgamento pelo Superior Tribunal de Justiça

A relatoria do Recurso Especial ficou a cargo do Ministro Sérgio Kukina, integrante da 1ª Turma do STJ. Antes da análise pelo colegiado, o ministro relator proferiu decisão monocrática para dar parcial provimento ao recurso, tão somente a fim de afastar a multa aplicada pelo TRF1, que entendeu a oposição dos Embargos de Declaração na origem como protelatória. Com relação ao mérito, a aplicação da Súmula 284/STF[21] foi revertida pela Turma, submetendo, posteriormente, o apelo especial a julgamento.

No dia 3 de março de 2020, a Turma finalizou o julgamento, iniciado em 19 de novembro de 2019, com a apresentação do voto da Ministra Regina Helena que, ao divergir do relator e ser seguida pelos demais ministros, deu provimento ao Recurso Especial da contribuinte. O cerne do entendimento da ministra, para além da lei vigente, se resume à independência, em termos de creditamento, que o PIS e a Cofins têm quanto as etapas anteriores da operação.

O Ministro Sérgio Kukina, em seu voto vencido, reconheceu a jurisprudência sobre a equiparação, das vendas de bens e produtos para a

[21] "É inadmissível o recurso extraordinário, quando a deficiência na sua fundamentação não permitir a exata compreensão da controvérsia."

ZFM, à exportação, à luz do art. 4º do DL nº 288/1967, assim quanto a tais operações serem isentas de PIS e Cofins, nos termos do art. 5º, I da Lei nº 10.637/2002 e art. 6º, I da Lei nº 10.833/2003 e a teor de julgamentos como o REsp nº 1.718.890/AM (Rel. Min. Herman Benjamin, 2ª Turma, DJe 02.08.2018) e o AgRg no Ag nº 1.420.880/PE (Rel. Min. Napoleão Nunes, 1ª Turma, DJe 12.06.2013).

Contudo, entendeu que a Lei nº 10.996/2004 teria promovido, de forma válida no âmbito infraconstitucional, alteração nesse cenário ao determinar a incidência de alíquota zero na venda de bens ou produtos para empresas da Zona Franca e ao vedar expressamente a obtenção de créditos, pela adquirente, decorrentes dessa operação.

A divergência bem inaugurada pela Ministra Regina Helena, por outro lado, se desenvolveu com o apoio do DL nº 288/1967 e a interpretação de que a operação é isenta de PIS e Cofins, pois, conforme a jurisprudência sedimentada do STJ, é ela equiparada à "exportação de produto brasileiro para o estrangeiro", sendo, inclusive, os julgados que subscreveram a equiparação posteriores à vigência da Lei nº 10.996/2004[22]. Portanto, reconhecida a manutenção da isenção, por decorrência lógica não seria possível que se falasse em incidência de alíquota, ainda que reduzida a zero.

Isso, por si só, já seria argumento suficiente para garantir o direito aos créditos com as aquisições de produtos vendidos por empresas fora da Zona Franca de Manaus, nos termos do art. 3º, §2º, II das Leis nº 10.637/2002 e nº 10.833/2003.

De qualquer maneira, a manutenção ao crédito é sustentada também com base na premissa de não vinculação do creditamento à etapa anterior quando estamos diante do PIS e da Cofins.

Essa é uma razão de decidir que merece grande destaque, pois a Ministra Regina Helena foi uma das precursoras nesse entendimento, conforme o emblemático julgamento do AgInt no REsp nº 1.051.634/CE, no qual, após divergência levantada pela ministra, prevaleceu, na 1ª Turma do STJ, a tese da possibilidade de obtenção de créditos nos casos de incidência de PIS e Cofins no regime monofásico, ou seja, quando a responsabilidade pelo tributo devido pela cadeia é concentrado em um

[22] Conforme AgInt. no AREsp nº 691.708/AM, 1ª Turma, Rel. Min.Gurgel de Faria, DJe 06.10.2016; REsp nº 1.718.890/AM, 2ª Turma, Rel. Min. Herman Benjamin, DJe 02.08.2018.

único contribuinte, sendo as etapas de revenda posteriores tributadas à alíquota zero.

Essa "não-vinculação" com a etapa anterior, nos casos de PIS e Cofins, além de prevista pela Constituição Federal (art. 195, §12), é comprovada, naquele caso, pelo art. 17 da Lei nº 11.033/2004, conhecida como "Lei do REPORTO", que previu o direito ao crédito, pelos revendedores ou varejistas, ainda que houvesse suspensão, isenção, alíquota zero ou não incidência das contribuições. [23] Em outras palavras, o ordenamento jurídico, a seu critério, pode conceder o direito à obtenção de créditos independentemente de tributação na etapa anterior. Trata-se de uma verdadeira política pública.

Portanto, no REsp nº 1.259.343/AM, foi reconhecido que as empresas estabelecidas na Zona Franca teriam direito aos créditos de PIS e Cofins decorrentes da aquisição de produtos vendidos por empresas de fora da Zona Franca, quando enquadradas na exceção prevista pelo art. 3º, §2º, II das Leis nºs 10.637/2002 e 10.833/2003, ou seja, a vedação a esse benefício ocorrerá apenas nos casos em que o bem for revendido ou utilizado como insumo em produtos sujeitos à alíquota zero, isentos ou não alcançados pelas contribuições.

Desse modo, o primoroso voto da Ministra Regina Helena baseou-se no tripé segundo o qual (i) no PIS/Cofins, o direito ao crédito não pressupõe tributação na etapa anterior; (ii) o ordenamento e a jurisprudência reconhecem a equiparação à exportação das vendas destinadas à Zona Franca de Manaus, sendo, portanto, isentas de PIS/Cofins; (iii) as Leis nºs 10.637/2002 e 10.833/2003, que instituíram o regime não-cumulativo das contribuições em referência, não vedou o creditamento nas hipóteses de isenção como a do caso concreto.

## 4. Caminhos ainda abertos da discussão

No Superior Tribunal de Justiça, a princípio, não há casos semelhantes que tenham sido julgados pela 2ª Turma envolvendo a alteração da Lei nº 10.996/2004. Caso o colegiado aprecie em sentido diferente a do REsp nº 1.259.343/AM, poderá haver espaço para que a discussão chegue até a 1ª Seção, a fim de que a matéria seja sedimentada.

[23] Art. 17. As vendas efetuadas com suspensão, isenção, alíquota 0 (zero) ou não incidência da Contribuição para o PIS/PASEP e da COFINS não impedem a manutenção, pelo vendedor, dos créditos vinculados a essas operações.

De qualquer sorte, entendemos que o posicionamento inaugurado pela Ministra Regina Helena é o que deveria prevalecer, pois reflexo da interpretação do conjunto normativo atualmente vigente.

Todavia, é de se reconhecer a possibilidade de debate quanto a aplicação desse racional aos créditos que decorrerem da receita proveniente da prestação de serviços. É que, apesar de as Leis nºs 10.637/2002 e 10.833/2003 citarem aquisição de bens e serviços, o DL nº 288/1967 menciona apenas a entrada de mercadorias na Zona Franca de Manaus para efeitos de equiparação à exportação.

Fora do campo da legalidade, vislumbramos a possibilidade de o debate alcançar a aferição da constitucionalidade das mudanças decorrentes do art. 2º, *caput* e de seu §2º, da Lei nº 10.996/2004. A redução à zero das alíquotas de PIS e Cofins incidentes sobre as receitas de vendas de mercadorias destinadas ao consumo ou à industrialização na ZFM, por pessoa jurídica estabelecida fora dela, somada a aplicação da regra do art. 3º, §2º, II das Leis nºs 10.637/2002 e 10.833/2003, que vedam o crédito em tais hipóteses, indicam contrariedade ao que previu o art. 40 do ADCT.

É que, segundo a Constituição Federal, os incentivos fiscais são uma das bases de sustentação para o desenvolvimento da região amazônica – são eles "o principal instrumento para dar consequência prática à vontade política do Estado brasileiro de desenvolver aquela região com atração de investimentos privados"[24].

Para o raciocínio, importante resgatarmos a cronologia em torno da criação e manutenção da Zona Franca de Manaus. A preocupação com os aspectos das incidências tributárias teve início em 1957, com o art. 5º da Lei nº 3.173, que afastou a incidência de "direitos alfandegários ou quaisquer outros impostos federais, estaduais ou municipais" sobre as mercadorias de procedência estrangeira desembarcadas na região.

Após, com o DL nº 288/1967, veio a expressa menção de que a exportação de mercadorias de origem nacional para a ZFM seria equiparada, para todos os efeitos fiscais, à exportação para o exterior, fato chancelado pelo STF e STJ, conforme vimos.

[24] QUEIROZ, Mary Elbe e Elmo. Incentivos fiscais e o creditamento de PIS/COFINS na Zona Franca de Manaus. *In Regime Jurídico dos Incentivos Fiscais.* Hugo de Brito Machado (Coord.). Malheiros. 2015, p. 433.

Veja-se também que a isenção ao PIS/Pasep foi resguardada pelo art. 7º da LC nº 70/1991[25], que, ao tempo, afastava a contribuição das receitas com as vendas de mercadorias ou serviços para o exterior. O dispositivo não enquadrava expressamente a ZFM, contudo, como é assente, seja pela literalidade do art. 4º do DL nº 288/1967, seja pela jurisprudência do STJ (*e.g.* REsp nº 1.276.540/AM), a equiparação à exportação das vendas para empresas, o comando inevitavelmente se estendia a tal situação.

Essa amostragem de legislações permite que visualizemos como os princípios e intenções com a ZFM já eram protegidos antes mesmo da Constituição de 1988 e permaneceram por ela preservados.

Não foi à toa que o Pleno do STF, ao julgar, em 19.02.2014, nos autos da ADI nº 310/AM, de relatoria da Ministra Cármen Lúcia, o alcance do art. 40 do ADCT, formalizou o entendimento de que o Texto Constitucional recepcionou o elenco pré-constitucional de incentivos à Zona Franca de Manaus e que, portanto, a equiparação feita pelo art. 4º do DL nº 288/1967 permanecia também vigente.

O que se conclui, pois, é que todo o arcabouço dessa política de Estado tem como pilar de sustentação os incentivos fiscais, os quais foram mantidos ainda que desenhados antes da Constituição Federal de 1988, e reforçados após ela, adequando-se à conjuntura econômica do tempo, justamente para manter sólida a ideia de fomento àquela região. Conforme consta no voto da Ministra Cármen Lúcia:

[25] Art. 7º São também isentas da contribuição as receitas decorrentes:

I – de vendas de mercadorias ou serviços para o exterior, realizadas diretamente pelo exportador;

II – de exportações realizadas por intermédio de cooperativas, consórcios ou entidades semelhantes;

III – de vendas realizadas pelo produtor-vendedor às empresas comerciais exportadoras, nos termos do Decreto-lei nº 1.248, de 29 de novembro de 1972, e alterações posteriores, desde que destinadas ao fim específico de exportação para o exterior;

IV – de vendas, com fim específico de exportação para o exterior, a empresas exportadoras registradas na Secretaria de Comércio Exterior do Ministério da Indústria, do Comércio e do Turismo;

V – de fornecimentos de mercadorias ou serviços para uso ou consumo de bordo em embarcações ou aeronaves em tráfego internacional, quando o pagamento for efetuado em moeda conversível;

VI – das demais vendas de mercadorias ou serviços para o exterior, nas condições estabelecidas pelo Poder Executivo.

> Para preservar o projeto desenvolvimentista concebido sob a vigência da ordem de 1967 para a região setentrional do país, o poder constituinte originário tornou expressa a manutenção, por tempo determinado, da disciplina jurídica existente, afirmando a finalidade de apoio ou fomento para a criação de um centro industrial, comercial e agropecuário na região da Zona Franca de Manaus.

A relatora, seguida pelos demais ministros, foi ainda além para deixar claro que as normas de incentivos à ZFM pré-Constituição de 1988 "foi alçada à estrutura constitucional pelo art. 40 do ADCT, adquirindo, por força dessa regra transitória, natureza de imunidade tributária". Sobre esse mesmo viés, as palavras do Ministro Carlos Velloso, relembradas pelo Ministro Marco Aurélio no julgamento da Medida Cautelar na ADI 1.799/DF, realizado em 18.03.1998 pelo Pleno do STF, são importantes. Nesse sentido:

> Demonstra, entretanto, o artigo 40 a preocupação do constituinte com essa zona de livre comércio; demonstra a preocupação do constituinte em manter e proteger essa zona de livre comércio da ação do legislador ordinário.

O Ministro Carlos Velloso finaliza a intervenção transcrita com a afirmação de que "Isso tem que pesar no julgamento". Ou seja, não há dúvidas de que a ZFM é não só fruto de muito debate, como de um consenso quanto à intenção de sua proteção fiscal e econômica, o que inclui, nesse cômputo, a necessidade de afastar as tentativas do legislador de reduzir o alcance de medidas que afetam esse arcabouço.

Aqui, um parêntese nos parece necessário no que tange a equiparação à exportação. É que a afirmação feita no bojo da ADI nº 310 afasta as incertezas quanto a se tratar de imunidade (art. 149, §2º, I da CF) ou isenção, a exemplo do RE nº 612.537, Rel. Min. Fux, 1ª turma, DJe 17.06.2011; RE nº 512.632, Rel. Min. Lewandowski, 2ª Turma, DJe 06.09.2011; AgRg no RE nº 501.885, Rel. Min. Cármen Lúcia, 2ª Turma, DJe 05.10.2011; AgInt no RE nº 640.653, Rel. Min. Gilmar Mendes, 2ª Turma, DJe 30.09.2011, nos quais prevaleceu a conclusão de que se trataria de isenção[26]. Nos parece restar claro que estamos diante, em verdade, de regras de imunidade, protegidas pela Constituição[27].

[26] Conforme ensina Ives Gandra da Silva Martins, "Na imunidade, o Poder Tributante não tem qualquer poder. Não abdica do exercício de nenhum direito, porque não tem nenhum

A premissa é importante para jogar luz sobre a impossibilidade de uma lei mudar as regras, resguardadas pela imunidade, para passar a prever a incidência, ainda que à alíquota zero, pois, nessa hipótese, inexiste a competência para tributar. Desse modo, o art. 2º da Lei nº 10.996/2004 contém vício por esse aspecto.

Reforçando o caráter de imunidade, e retomando o foco anterior, é crucial adentrarmos no propósito do art. 40 do ADCT e de seus efeitos. A conclusão imediata, corroborada pelo que prevaleceu na ADI nº 310/AM, é a de que ele incorporou o regime que antes existia quanto à Zona Franca de Manaus, o que inclui as limitações ao poder de tributar.

Somente com a extinção dessa regra transitória é que a proteção alcançará o seu fim, mas jamais por ação do legislador ordinário. A ele, a Constituição possibilitou tão somente a modificação de critérios sobre a aprovação de projetos naquela região (parágrafo único do art. 40 do ADCT), e o STF já se posicionou no sentido de que tais projetos não permitem a supressão de incentivos fiscais.[28]

direito à imposição" e, sobre alíquota zero, "a última forma desonerativa de expressão é a que diz respeito à alíquota zero. Nesta forma, nascem obrigação tributária e crédito fiscal, mas tanto uma quanto o outro estão reduzidos à sua nenhuma expressão". *In* IPI: Distinção entre imunidade, isenção, não-incidência e alíquota zero – remessas de insumos com suspensão de IPI para outro estabelecimento da mesma empresa produtora de mercadoria incidida, na operação subsequente, por alíquota zero – legalidade do procedimento – Parecer. *Direito empresarial: pareceres. 2.ed.* Rio de Janeiro: Forense, 1986, p. 308.

[27] O posicionamento é corroborado pelo ilustre jurista Ives Gandra que, em parecer, ao analisar o art. 4º do DL nº 288/67, afirmou que as mercadorias enviadas à ZFM e aquelas lá produzidas ou comercializadas, foram, por força do art. 40 do ADCT, transmudadas de isenções para imunidades, "visto que as vedações constitucionais ao poder de tributar constituem imunidades". Cf. MARTINS, Ives Gandra da Silva. Mercadorias fabricadas e comercializadas dentro da Zona Franca de Manaus – imunidade constitucional da COFINS e do PIS – artigo 40 do ADCT da CF – Parecer. *Revista Dialética de Direito Tributário*, n. 205, 2012, p. 84.

[28] Conforme é possível extrair do Informativo nº 103 do STF, referente ao julgamento da Medida Cautelar na ADI nº 1.799/DF, de relatoria do Min. Marco Aurélio, em 18.03.1998, o Pleno manifestou sobre "a lei federal poder modificar os critérios que disciplinaram ou venham disciplinar a aprovação dos projetos da Zona Franca de Manaus", entretanto, "não permite a supressão dos incentivos fiscais garantidos no caput do mesmo artigo [art. 40 do ADCT], sob pena de esvaziamento deste". Para o relator, o parágrafo único do art. 40 citado tem "o sentido exclusivo de jungir, a lei federal, a modificação de critérios disciplinadores da aprovação de projetos, ou seja, é norma reveladora de abertura, ao legislador ordinário, da fixação de aspectos estritamente formais a serem observados por aqueles que desejem ver aprovados projetos".

Por isso, as restrições ao crédito de PIS e Cofins sobre as aquisições de mercadorias na ZFM vão de encontro ao quadro normativo mantido pela CF, e guardam, inclusive, semelhança com as delimitações da ADI nº 310.

Isso porque, ao recorrermos à moldura fática lá contida, encontraremos que a ADI tratou de Convênios que passaram a determinar a incidência de ICMS sobre a remessa de determinados produtos para comercialização ou industrialização na Zona Franca, assim como cancelaram a manutenção de créditos com a remessa de mercadoria nacional para a região.

Para o Plenário do STF, a situação ensejaria a "redução da eficácia real do art. 40 do Ato das Disposições Constitucionais Transitórias", dispositivo que, repita-se, expressamente manteve, de forma específica e transitória, o quadro fiscal anterior.

Ainda antes do julgamento da ADI referida, em 1998, no julgamento da MC na ADI nº 1.799, que tratou da suspensão de dispositivos da MP nº 1.602/1996, a qual suprimiu incentivos de IPI na região amazônica, o relator, Min. Marco Aurélio, ressaltou que o art. 40 do ADCT manteve a íntegra da ZFM, incluindo os seus incentivos fiscais, de tal maneira que a interpretação sistemática e teleológica conduziria à conclusão de que o legislador ordinário não poderia restringir incentivos fiscais.

Assim, até aqui parece claro o plexo de delimitações da Zona Franca, assim como as inúmeras iniciativas do legislador com o intuito de diminuir o alcance conferido pelo constituinte.

Em um viés, há uma área com tratamento diferenciado desde antes da Constituição de 1988, um projeto que evoluiu e se transformou em política de Estado, não de governo. E esse tratamento visa o desenvolvimento e o progresso econômico, a ser atingido por meio de uma das maiores ferramentas disponíveis para atração de investimentos: os incentivos fiscais[29].

[29] Ives Gandra nos ensina, em mais uma oportunidade, que a iniciativa do art. 40 do ADCT "objetivou, entre outras razões, demonstrar a relevância da região, permitir a implantação de um sólido pólo empresarial capaz de gerar desenvolvimento tecnológico, atrair capitais e técnicos experientes e, principalmente, pelo progresso que propiciaria à região, fortalecer a presença nacional naquelas terras sempre cobiçadas por governos de outros países, interessados em universalizar a Amazônia". Cf. prefácio constante da obra Tributação na Zona

Na outra ponta, a confirmação, em controle concentrado, pelo STF, em mais de uma oportunidade, de que o mesmo art. 40 do ADCT veio com o propósito de manter incólume o projeto ZFM, sobretudo por meio da manutenção dos incentivos fiscais antes em vigor e ainda que fossem eventualmente incompatíveis com as regras permanentes do Texto Constitucional[30]. Portanto, o legislador infraconstitucional não possui margem de manobra para reduzir o alcance fixado, o que inclui recortes nos tratamentos tributários concedidos.

Transformar a imunidade (ou ainda que se tratasse de isenção) sobre a exportação em incidência de alíquota zero nas operações de saídas de mercadorias para a ZFM, e quase como um ensaio para que tal alíquota seja posteriormente majorada, nada obstante a jurisprudência já consolidada, vedando-se a utilização de créditos de PIS e da Cofins pelo adquirente, mitiga, pela via ordinária, o alcance do art. 40 do ADCT.

Essa mitigação ocorre seja pela incompetência do legislador ordinário de reverter benefícios fiscais no âmbito da região, se considerarmos como imunidade e pela equiparação às exportações, seja pela própria vedação de créditos representar restrição de direito e aumento no custo da transação, o que vai de encontro, novamente, à intenção da Constituição, que é a de fomentar, em caráter provisório, a ZFM, por meio do pilar da baixa ou nenhuma tributação, visando o seu desenvolvimento econômico.

Mary Elbe e Elmo Queiroz alertam que, na prática, a vedação ao creditamento elimina o benefício fiscal para os produtos comercializados na Zona Franca de Manaus, "pois, com isso, na verdade só se estará diferindo a tributação"[31].

Franca de Manaus – Comemoração aos 40 anos da ZFM", coordenada pelo jurista em conjunto com Carlos Alberto de Moraes Ramos Filho e Marcelo Magalhães Peixoto.

[30] Nesse sentido, Marco Aurélio Greco explica que "Novos conceitos introduzidos pela parte permanente da CF de 1988 e que impliquem em diminuição ou restrição à amplitude dos incentivos anteriormente existentes, não são aplicáveis às operações com destino à ZFM em razão da ressalva contida no tantas vezes mencionado art. 40 do ADCT" *In Cadernos de Direito Tributário e Finanças Públicas*, n. 3, São Paulo: Revista dos Tribunais, abril-junho/1993, p. 110. A menção constara também do voto da Min. Cármen Lúcia, relatora da ADI nº 310.

[31] QUEIROZ, Mary Elbe e Elmo. Incentivos fiscais e o creditamento de PIS/COFINS na Zona Franca de Manaus. *In Regime Jurídico dos Incentivos Fiscais*. Hugo de Brito Machado. (Coord.). São Paulo: Ed. Malheiros, 2015, p. 447.

À exceção dos casos em que a mercadoria adquirida sem a tributação e é revendida ou utilizada como insumo em produtos sujeitos à alíquota zero ou isentos (art. 2º, §5º das Leis nºs 10.637/2002 e 10.833/2003), situação na qual o creditamento poderia reduzir a carga tributária de forma indesejada, a vedação aos créditos nas situações em que as etapas seguintes são tributadas abala a sistemática da não-cumulatividade, implicando na majoração dessa carga e, por consequência, torna sem efeito a isenção antes concedida[32].

Daí, inclusive, o acerto da ressalva feita pela Ministra Regina Helena em seu voto no REsp nº 1.259.343/AM, de que o creditamento, nessa hipótese, não é possível quando há revenda dos bens ou serviços, ou sejam eles utilizados como insumo em produtos ou serviços sujeitos à alíquota zero, isentos ou não alcançados pelo PIS e pela Cofins.

Com base em tudo o que vimos, desde as tentativas de leis ordinárias que buscaram a incidência, antes não prevista, de determinados tributos ou a vedação aos créditos decorrentes da operação, chegando até o Supremo Tribunal Federal, que, em mais de uma oportunidade, traduziu o sentido e o alcance da Constituição Federal de 1988, face a Zona Franca de Manaus, a mudança e a restrição contidas no art. 2º, *caput*, em conjunto com o seu §2º, da Lei n 10.996/2004, avançaram sobre a Carta Magna, reduzindo a eficácia do quadro fiscal mantido pelo art. 40 do ADCT, ao resultar na majoração da carga tributária.

## Conclusões

No Superior Tribunal de Justiça, o debate sobre a manutenção dos créditos de PIS/Cofins decorrentes da aquisição de mercadorias pelas em-

[32] Veja-se, nesse sentido, as lições de André Mendes Moreira: "Apenas na hipótese de a revenda do bem isento ser também isenta, não-tributada ou tributada à alíquota zero, ou então desse mesmo bem ser utilizado como insumo em produtos ou serviços sem tributação (por qualquer razão), inexistirá direito ao creditamento". E prossegue, complementando que: "se as duas incidências seguidas forem *intercalares* – é dizer, não representarem as derradeiras etapas do processo de circulação do bem ou serviço – a norma será inconstitucional. Isso porque a isenção *intercalar* nos tributos não-cumulativos majora o *quantum* a pagar. Assim, a isenção somente alcançará seus fins se a operação for considerada tributada, gerando direito ao desconto de créditos". Cf. *Não-cumulatividade tributária na Constituição e nas leis (IPI, ICMS, PIS/COFINS, impostos e contribuições residuais)*. 2009. Tese (Doutorado em Direito Econômico e Financeiro) – Faculdade de Direito, Universidade de São Paulo, São Paulo, 2009, p. 390.

presas da Zona Franca de Manaus ganhou força por meio dos ensinamentos da Ministra Regina Helena, tal como ocorrera em tantos outros casos tributários de relevância, os quais foram, após divergências lideradas pela ministra, direcionados a um novo rumo. Um desses exemplos se deu no julgamento sobre a possibilidade do creditamento no regime monofásico do PIS e da Cofins, cuja motivação também veio à lume no Recurso Especial que analisamos.

Como é intrínseco à hermenêutica, certamente o caminho ainda estará aberto para novas indagações sobre a matéria, a exemplo do questionamento sobre se os serviços, para além das mercadorias, de fato serão encampados à sistemática de créditos das contribuições com base no art. 3º, §2º, II das Leis nºs 10.637/2002 e 10.833/2003, nada obstante o DL nº 288/1967 fazer menção apenas às mercadorias.

No campo da constitucionalidade da Lei nº 10.996/2004, que inaugurou a incidência de alíquota zero, em detrimento da isenção, e, na sequência, vedou a possibilidade de manutenção de créditos na operação, nos parece que a avenida é ampla e ainda comportará ponderações e reafirmações pelo Supremo Tribunal Federal quanto ao alcance do art. 40 do ADCT.

A verdade é que, seja pelo lado da análise da legislação, seja sob o manto da Constituição Federal, a tarefa exige uma dedicação à interpretação das normas e, sobretudo, do contexto no qual a Zona Franca de Manaus foi criada, assim como o que permaneceu preservado, quanto à proteção dessa região, pela norma transitória da Carta Magna.

Nesse tema, algumas premissas já foram reconhecidas e bem sedimentadas pela Suprema Corte, com destaque para o julgamento da ADI nº 310/AM. Não há dúvidas sobre o projeto de Estado, mantido por diferentes governos, em torno da ZFM e a busca de pilares como o do desenvolvimento econômico e o da redução de desigualdades (art. 3º, III e art. 170, VII, ambos da CF/88), os quais se sustentarão, até que o seu fim seja atingido, com a preservação de incentivos fiscais previstos antes mesmo da Constituição de 1988.

Portanto, a julgar pelas tentativas do legislador ordinário em reduzir o alcance desse quadro de tratamentos fiscais favorecidos, mantidos pela CF – e a Lei nº 10.996/2004 é uma dessas demonstrações –, não nos parece haver dúvidas de que, se a consequência da norma acarretar o aumento da tributação, ela é incompatível com o art. 40 do ADCT.

Assim, se a vedação aos créditos de PIS e Cofins decorrentes da aquisição, pelas empresas localizadas na Zona Franca de Manaus, de produtos isentos ou submetidos à alíquota zero – e tributados nas etapas seguintes –, reduz a eficácia dos incentivos, pois tem como resultado final a majoração tributária, haverá, então, o desvirtuamento de uma regra constitucional, da nítida intenção do constituinte e dos precedentes formados pelo STF.

De um jeito ou de outro, fato é que a hermenêutica segue como uma das ferramentas do intérprete no universo jurídico, sobretudo quando uma norma conflita com outra em vigor, não estando ela dissociada da esfera tributária, em que pese ser comum unir essa área à completa rigidez da lei.

O debate mantido no REsp nº 1.259.343/AM e suas possíveis consequências constitucionais, ao colocar sobre a mesa normas conflitantes, quais sejam o art. 2º da Lei nº 10.996/2004 em face do art. 3º, §2º, II das Leis nºs 10.637/2002 e 10.833/2003, além do DL 288/1967 e, no fim, o art. 40 do ADCT, é, sem dúvidas, uma dessas grandes demonstrações.

## Referências


ATALIBA, Geraldo; GIARDINO, Cléber. ICM – ZFM – Remessa de produtos in natura para a Zona Franca de Manaus – Equiparação a exportação. *Revista de Direito Tributário*, n. 43, 1988.

ATALIBA, Geraldo; GIARDINO, Cléber. Isenção para vendas para a ZFM – Finsocial e imposto sobre transportes. *Revista de Direito Tributário*, n. 41/206-220, 1999.

BARAK, Aharon. *Purposive Interpretation in Law*. Trad. Sari Bashi. Princeton and Oxford: Princeton Unviersity Press, 2005, 339.

BASTOS, Celso Ribeiro. Incentivos Fiscais – Zona Franca de Manaus – Parecer. *Revista Tributária e de Finanças Públicas*. São Paulo: Revista dos Tribunais, v. 22, p. 167 e ss., jan./1998.

COSTA, Regina Helena. *Imunidades Tributárias: teoria e análise da jurisprudência do STF*. 2. Ed. São Paulo: Malheiros Editores, 2006.

GRECO, Marco Aurélio. ICMS – Operações com destino à Zona Franca de Manaus – Interpretação do art. 40 do ADCT – Caráter conservativo e caráter dinâmico. *Cadernos de Direito Tributário e Finanças Públicas, n. 3,* São Paulo: Revista dos Tribunais, abril-junho/1993, p. 103-118.

MARTINS, Ives Gandra da Silva. IPI: distinção entre imunidade, isenção, não-incidência e alíquota zero – remessas de insumos com suspensão de IPI para outro estabelecimento da mesma empresa produtora de mercadoria incidida, na operação subsequente, por alíquota zero – legalidade do procedimento – Parecer. *Direito empresarial: pareceres*. 2.ed. Rio de Janeiro: Forense, 1986, p. 289-317.

___________. Mercadorias fabricadas e comercializadas dentro da Zona Franca de Manaus – imunidade constitucional da COFINS e do PIS – artigo 40 do ADCT da CF – Parecer. *Revista Dialética de Direito Tributário*, n. 205, outubro/2012, p. 54-69.

___________; Ramos Filho, C. A. M.; Peixoto, M. M. (Orgs). *Tributação na Zona Franca de Manaus (Comemoração aos 40 anos da ZFM)*. São Paulo: MP Editora, 2008.

Moreira, Andre Mendes. *Não-cumulatividade tributária na Constituição e nas leis (IPI, ICMS, PIS/COFINS, impostos e contribuições residuais). 2009.* Tese (Doutorado em Direito Econômico e Financeiro) – Faculdade de Direito, Universidade de São Paulo, São Paulo, 2009. doi:10.11606/T.2.2009.tde-27012011-135439. Acesso em: 2020-05-02.

Queiroz, Mary Elbe e Elmo. Incentivos fiscais e o creditamento de PIS/COFINS na Zona Franca de Manaus. *In Regime Jurídico dos Incentivos Fiscais*. Hugo de Brito Machado. (Coord.). São Paulo: Ed. Malheiros, 2015.

## 17. A Incidência da Contribuição Previdenciária sobre o Terço Constitucional de Férias e a Jurisprudência do Supremo Tribunal Federal

Carla Mendes Novo
Mariana Coutinho Vilela

**Introdução**

A discussão sobre o afastamento da exigência das contribuições previdenciárias (quota patronal e RAT) e devida a terceiros sobre o terço constitucional de férias ganhou repercussão com o julgamento do recurso extraordinário ("RE") nº 1.072.485/PR, representativo de controvérsia do Tema 985 da repercussão geral, pelo Plenário do Supremo Tribunal Federal ("STF").

Afetado em 23/2/2018, o Tema em questão teve por objetivo analisar "à luz dos arts. 97, 103-A, 150, § 6º, 194, 195, inc. I, al. a e 201, *caput* e § 11, da Constituição da República, a natureza jurídica do terço constitucional de férias, indenizadas ou gozadas, para fins de incidência da contribuição previdenciária patronal".

Passados pouco mais de dois anos, em sessão virtual o STF deu parcial provimento ao recurso extraordinário da União para, por maioria dos votos, se reconhecer "legítima a incidência de contribuição social sobre o valor satisfeito a título de terço constitucional de férias", contrariando não apenas a jurisprudência firmada no Superior Tribunal de Justiça ("STJ") em sede de recursos repetitivos, como da própria Corte Suprema.

O acórdão proferido pelo Plenário foi objeto de embargos de declaração opostos pelo contribuinte, parte recorrida, e pelos *amici curiae* admitidos nos autos, pugnando o saneamento de vícios capazes de alterar o sentido do julgamento ou, ao menos, a modulação dos efeitos da decisão judicial, em prol da segurança jurídica e do interesse público.

Neste artigo abordaremos, sem a pretensão de exaurir o tema, os principais aspectos do julgamento do RE nº 1.072.485/PR e da necessária modulação dos efeitos da decisão.

## Binômio habitualidade e contraprestatividade para definição de salário

O artigo 195, inciso I, alínea 'a' da Constituição Federal determina que a Seguridade Social será financiada, dentre outras receitas, pelo recolhimento de contribuições incidentes sobre a folha de salários e sobre demais rendimentos do trabalho.

Sobre essa matéria base imponível se debruçam as doutrinas tributária e previdenciária, com vistas a compreender fenômenos como salário, remuneração, contraprestatividade e habitualidade, e delimitar o fato gerador da contribuição previdenciária e, consequentemente, as rubricas que se submetem à sua incidência.

A jurisprudência também não se furta da análise detida dessa grandeza. No julgamento do Recurso Especial ("REsp") 1.230.957, submetido à sistemática dos recursos repetitivos, o STJ consignou ser ilegal a incidência da contribuição previdenciária patronal sobre o terço constitucional de férias e outras rubricas, ao fundamento de que a natureza dos pagamentos não correspondia à contraprestação do trabalho realizado habitualmente.

A Corte Suprema, por sua vez, tem interpretado que o fato gerador da contribuição previdenciária patronal é o ato de **remunerar o trabalho, conjugando esse axioma**, decorrente da dicção do art. 195, I, "a", da CF **com o art. 201, § 11**, também da Constituição, que estabelece a incorporação dos ganhos habituais do empregado ao salário para efeito de contribuição previdenciária.

A doutrina e a jurisprudência consolidada, do STJ e do próprio STF, historicamente atrelam o campo de incidência das contribuições previdenciárias à presença do binômio **"verbas remuneratórias e adimplidas com habitualidade", conforme se infere do julgamento** do RE 186.062/RS, de relatoria do Min. Celso de Mello:

> (...) **A norma inscrita no art. 195, I, da Carta Política, por referir-se à contribuição social incidente sobre a folha de salários – expressão esta que apenas alcança a remuneração paga pela empresa em virtude da execução de trabalho subordinado, com vínculo empregatício.**" (grifos nossos)

**Analisando o julgamento do Tema 985 por esse prisma**, o Ministro Relator adotou como pressupostos para a incidência da contribuição previdenciária sobre o terço de férias, a necessidade da coexistência de dois critérios: **"a natureza remuneratória e a habitualidade da verba"**.

Assim, num primeiro momento, considerou corretamente, que somente há tributação pela contribuição previdenciária, nos moldes previstos nos **art. 195, I, "a"**, da CF e do art. 28, I, da Lei 8.212/91, quando o pagamento tiver **natureza remuneratória**, e em casos que tal pagamento seja efetuado de **forma habitual**, consistindo, por outro lado, em ganho também habitual do empregado, nos moldes do **parágrafo 11 do art. 201 da CF/88**.

Nesse sentido, o acórdão é enfático ao fundamentar que **"excetuam-se as verbas nitidamente indenizatórias, porquanto destinadas a recompor o patrimônio jurídico do empregado, em razão de alguma perda ou violação de direito"**.

Contudo, mesmo admitindo a necessidade da configuração desse "binômio" (retributividade e habitualidade), em consonância com a lei, a doutrina e a jurisprudência firmada pelo STF no julgamento do Tema 20, do Tema 72[1] e no RE nº 478.410/SP[2], o **acórdão adotou como fundamento (único), a habitualidade**.

[1] "(...) **por não se tratar de contraprestação pelo trabalho** ou de retribuição paga diretamente pelo empregador ao empregado em razão do contrato de trabalho, [o salário-maternidade] **não se adequa ao conceito de folha de salários**, e, por consequência, **não compõe a base de cálculo da contribuição social** a cargo do empregador uma vez que a prestação não está inserida nas materialidades econômicas expostas no art. 195, I, a, da Constituição da República". (Ministro Relator Luís Roberto Barroso) Página 3.

[2] Debate entre os Excelentíssimos Ministros durante a sessão do RE nº 478.410/SP – incidência das contribuições previdenciárias sobre o vale-transporte em pecúnia:

A decisão é pautada no inciso XVII do art. 7º. da CF[3] e no §11 do art. 201 da Constituição, os quais dão ênfase apenas à habitualidade, olvidando do "requisito contraprestacional", decorrente do art. 195, I, "a" da mesma Constituição e contrariando as diversas manifestações exaradas pelo STF, no sentido de que a habitualidade não se sustenta, apenas ela, a embasar a incidência de contribuição sobre a folha.

Os precedentes do STF sinalizam que as verbas pagas pelo empregador sem natureza remuneratória, mesmo que pagas com habitualidade, não se tornam salariais apenas por serem pagas com recorrência. É o que se extrai do julgamento sobre as contribuições previdenciárias incidente sobre o vale-transporte em pecúnia[4] e da redação do §9º do artigo 28 da Lei nº 8.212/91, que expressamente exclui da incidência das contribuições previdenciárias as importâncias que não se enquadrarem no binômio "retributividade e habitualidade".

"Min. Ayres Britto: A natureza é indenizatória e não remuneratória. (...) E cobrar tributos sobre uma verba que não é salarial. Tem caráter indenizatório, tanto que não integra os benefícios do trabalhador quando da aposentadoria nem a pensão dos seus dependentes. (...)
Min. Joaquim Barbosa: Mesmo à margem da lei, incide, a meu ver, o artigo 201, §11, da Constituição.
Min. Ayres Brito: Ganho é remuneração.
Min. Cezar Peluso: Ganho tem sentido genérico. O que muda é só o instrumento.
Min. Cármen Lúcia: (...) **aqui se tem uma situação em que rigorosamente não há um ganho**. A lei proíbe o ganho a qualquer título. **Aqui não é ganho**. Aqui é o **recebimento de um determinado valor** para que ele possa ter esse transporte sem que o seu ganho, que **este sim é a contraprestação pelo trabalho**, possa ser onerado.
Min. Lewandowski: (...) o vale-transporte, ainda que pago em dinheiro, **tem natureza indenizatória, não remuneratória** – aliás, o Ministro Ayres Britto já feriu esse tema –; portanto, **ele não integra o salário para efeito do cálculo da contribuição previdenciária, ainda que pago habitualmente**. (...)
Min. Ayres Britto: O vale-transporte – a ajuda ou o dinheiro em si – se destina a ressarcir despesas com transporte, e a **Ministra disse-o bem: não é ganho; o vale-transporte é para desonerar o ganho; é para que o ganho habitual do trabalhador não seja comprometido com transporte** – pelo menos na totalidade.
Min. Ayres Britto: a natureza da verba não é remuneratória, é indenizatória." (*grifos nossos*) Página 3.

[3] "Atentem para a natureza do terço constitucional de férias, cuja previsão está no artigo 7º, inciso XVII, da Constituição Federal. Trata-se de verba auferida, periodicamente, como complemento à remuneração" (p. 9/28) Página 4.

[4] RE nº 478.410/SP Página 4.

Considerando esse contexto, nota-se que no julgamento do Tema 985, o STF se afastou do seu próprio entendimento no sentido de que o conceito de folha de salários requer a conjugação dos arts. 195, I, "a" e 210, §11, da CF, vale dizer, dos conceitos de habitualidade e retributividade inerentes à relação jurídica entre empregador e empregado.

**Natureza jurídica da verba e o art. 7º, XVII da Constituição Federal**

No julgamento do RE nº 593.068, Tema 163 da repercussão geral, o STF entendeu que o terço constitucional de férias **não** integra o fato gerador da contribuição previdenciária: "**não incide contribuição previdenciária** sobre verba não incorporável aos proventos de aposentadoria do **servidor público**, tais como **terço de férias**, serviços extraordinários, adicional noturno e adicional de insalubridade".

Apesar desse caso se referir à incidência de contribuição previdenciária no âmbito do regime especial da previdência, aplicável aos servidores públicos em caráter contributivo e solidário (art. 40 da CF), **não prestigia a integridade e a coerência do sistema de precedentes (art. 926 do CPC) que determinada rubrica tenha natureza indenizatória apenas baseada na qualidade jurídica de quem está no polo (ativo ou passivo) da relação jurídica tributária ou do regime de previdência a que estiver filiado.**

Como se sabe, os requisitos para tributação de dada rubrica contêm elementos objetivos – retributividade, habitualidade e até mesmo a sua destinação, que é elemento fundamental na caracterização da contribuição social e previdenciária. A despeito do STF ter se empenhado em fazer um "recorte", como salientado em alguns votos no referido caso, para julgar apenas o aspecto da incorporação dos benefícios do terço de férias aos proventos de aposentadoria, entendemos que a interpretação do precedente do Tema 163 deve ser aplicada ao Tema 985, sobretudo em virtude de o STF, naquela decisão, ter proferido sua decisão com fundamento no art. 7º, XVII da CF[5].

[5] "Art. 7º São direitos dos trabalhadores urbanos e rurais, além de outros que visem à melhoria de sua condição social:
XVII – gozo de férias anuais remuneradas com, pelo menos, um terço a mais do que o salário normal;"

O referido artigo **não** faz distinção entre os regimes da Previdência, sendo o conceito para o adicional constitucional de férias aplicável tanto para o Regime Geral da Previdência como para o Regime Próprio. A Constituição Federal, ainda que traga textualmente a obrigatoriedade do acréscimo à remuneração paga ou creditada no período de férias, não definiu sua natureza jurídica, tampouco a CLT, responsável pela regulação do contrato de emprego.

Cabe aqui destaque para o entendimento manifestado pelo STF ao analisar a existência de repercussão geral do Tema 908[6], que tratava da mesma verba, sob o viés da incidência da contribuição previdenciária devido pelo empregado: à época, o STF decidiu pela inexistência de repercussão geral[7].

Ainda no tocante à análise da natureza da verba, cabe trazer aqui duas regulamentações: a Portaria da Receita Federal do Brasil nº 754/2018 e a Lei nº 13.485/2017. Os normativos deram tratamento de verba "indenizatória" ao terço constitucional de férias, mesmo se tratando de pagamento realizado no âmbito do Regime Geral da Previdência, o que contraria o julgamento do Tema 985 e traz repercussão para o ente público "devedor de tais contribuições".

A referida Portaria trata do encontro de contas entre débitos e créditos previdenciários dos Municípios e do Regime Geral de Previdência Social e a Lei dispõe sobre o parcelamento de débitos com a Fazenda Nacional relativos às contribuições previdenciárias de responsabilidade dos Estados, do Distrito Federal e dos Municípios, e sobre a revisão da dívida previdenciária dos Municípios pelo Poder Executivo federal. Contudo, ambas trazem basicamente o mesmo texto que prevê que: **"os valores referentes às verbas de natureza indenizatória, indevida-**

[6] Tema 908 – Incidência de contribuição previdenciária a cargo do empregado. Definição da natureza jurídica de parcelas pagas ao empregado, para fins de enquadramento ou não na base de cálculo de contribuição previdenciária, conforme o art. 28 da Lei 8.212/1991.

[7] EMENTA: RECURSO EXTRAORDINÁRIO. TRIBUTÁRIO. INCIDÊNCIA DE CONTRIBUIÇÃO PREVIDENCIÁRIA A CARGO DO EMPREGADO. ADICIONAL DE FÉRIAS. AVISO PRÉVIO INDENIZADO. DÉCIMO TERCEIRO PROPORCIONAL. AUXÍLIO-DOENÇA. HORAS EXTRAS. NATUREZA JURÍDICA DAS VERBAS. SALÁRIO DE CONTRIBUIÇÃO. ENQUADRAMENTO. INTERPRETAÇÃO DA LEI 8.212/1991, DA LEI 8.213/1991 E DO DECRETO 3.038/1999. MATÉRIA INFRACONSTITUCIONAL. TEMA 908. AUSÊNCIA DE REPERCUSSÃO GERAL. Página 5.

**mente incluídas na base de cálculo para incidência das contribuições previdenciárias, tais como: a) terço constitucional de férias".**

Nota-se aqui um paradoxo a ser enfrentado pelo STF: **como uma mesma verba, ou seja, com a mesmíssima natureza jurídica, pode sofrer incidência da contribuição previdenciária a depender do contribuinte responsável pelo seu pagamento?** Se o contribuinte for um empregado público ou privado, no que tange a sua contribuição, não há incidência (Tema 908 e Tema 163); se for ente público também não há que se falar em incidência (extensão do entendimento do Tema 163, Portaria nº 754/2018 e Lei 13.485/2017), porém, se for uma empresa privada, estará sujeita à exação.

Cabe aqui esclarecer, que a Constituição Federal não proíbe o tratamento diferenciado, mas impõe que haja fundamento em sua adoção e que este não configure arbítrio ou mera liberalidade do legislador, ou do aplicador do Direito. Logo, para que a lei possa conceder tratamento diferenciado a situações, pessoas ou coisas, é necessário que haja coerência em relação ao que se pretende discriminar com o tratamento concedido em virtude da referida discriminação.

Ainda, o tratamento diferenciado não pode ser singularizado, de tal forma que se atinja determinada pessoa e, assim, a norma seja criada apenas para atendê-la, tal qual ocorre na Portaria nº 754/2018 e na Lei 13.485/2017, nas quais visivelmente há um benefício em favor do ente público, mesmo quando se fala do Regime Geral da Previdência Social (RGPS).

Essa diferenciação de tratamento, sem que haja respaldo legal ou coerência com as próprias decisões recentes do Tribunal Supremo, fere o princípio constitucional da igualdade, o que nos leva a entender como inquestionável a unicidade da natureza jurídica da verba fundada no art. 7º, inc. XVII da CF para todos os contribuintes e regimes da Previdência, o STF deve suprimir a contradição apontada e dê aplicação à sua própria jurisprudência, afastando a incidência do terço constitucional de férias da incidência da tributação da folha de salários.

## Infraconstitucionalidade da discussão sobre a natureza jurídica da verba

A infraconstitucionalidade da análise da natureza jurídica do terço constitucional de férias para fins de incidência da contribuição previdenciária a cargo do empregado foi corroborada e definitivamente analisada no julgamento do RE nº 892.238 (Tema 908) pelo STF, como a Embargante já expôs no tópico anterior.

O voto do Ministro Edson Fachin, de maneira prudente, ressaltou o caráter infraconstitucional da matéria debatida, e destacou "que eventual ofensa à Constituição, se existente, seria reflexa, tendo em conta a necessidade de análise da legislação infraconstitucional aplicável à espécie, de modo a inviabilizar o processamento do apelo extremo", entendimento consolidado pelo STF[8], chamou atenção ainda ao fato de que "no plano infraconstitucional, a Primeira Seção do Superior Tribunal de Justiça, no bojo do REsp 1.062.530 AgRg, de relatoria do então Ministro Castro Meira, DJe 10.05.2010, assentou entendimento pelo afastamento da incidência da contribuição previdenciária sobre o terço constitucional de férias ante sua natureza eminentemente indenizatória.

Ademais, diversas decisões de Ministros da Corte Suprema não enfrentaram a natureza jurídica do terço de férias em virtude de sua natureza infraconstitucional[9].

No sistema jurídico brasileiro, os Tribunais Superiores não configuram instâncias. Enquanto o STF, salvo nas jurisdições primárias, cuida da interpretação da Constituição Federal, confirmando ou infirmando pretensões aderentes ou não aos seus enunciados, o STJ responde pela hermenêutica das leis, dizendo do significado dos seus enunciados. Assim, cada qual participa nos limites da sua competência, focando a lide a partir de seu espectro de decisão.

Ademais, observamos que o acórdão do terço de férias se baseia no art. 201, parágrafo 11, o qual preceitua que os ganhos habituais do empregado serão incorporados ao salário nos casos e na forma da lei.

[8] RE 924.19 – AgR, Rel. Min. Roberto Barroso, Primeira Turma, DJe 04.11.2016; RE 945.513-AgR, Rel. Min. Rosa Weber, Primeira Turma, DJe 04.05.2016; No CARF Acórdãos n.2202-005.246, 2202-005.193 e 2202-006.843 Página 7.

[9] – Min. Edson Fachin: ARE nº 954.317; ARE nº 962.270; ARE nº 969.461, ARE nº 972.062; ARE nº 972.432; ARE nº 973.762; ARE nº 981.778, ARE nº 1.073.802; RE nº 944.020, RE nº 949.275; RE nº 960.556; RE nº 967.314; RE nº 1.011.020; RE nº 1.01.3951; RE nº 1.020.275;
– Min. Roberto Barroso: ARE nº 927.918; ARE nº 968.110; RE nº 822.762; RE nº 862.855; RE nº 869.484; RE nº 908.812, RE nº 908.949; RE nº 927.760, RE nº 956.964; RE nº 1.093.388;
– Min. Alexandre de Moraes: RE nº 1.007.212; RE nº 1.011.818;
– Min. Rosa Weber: ARE nº 1.017.500, RE nº 1.040.122. Página 7.

Essa norma infraconstitucional, no caso do terço de férias, está explicitada, dentre outras, no art. 28, parágrafo 9º, "d", da Lei nº 8.212/91.

Ainda nesse sentido, tivemos em 2020, duas decisões do STF que corroboram o entendimento trazido no Tema 20 e no Tema 908.

Nos Temas 482 e 1100[10], que tratam respectivamente, da possível natureza jurídica indenizatória dos 15 primeiros dias de afastamento para o auxílio-doença e das horas extras, o Plenário Virtual entendeu pela inexistência da repercussão geral, ficando a cargo do STJ a definição acerca da incidência da contribuição previdenciária. Ou seja, resultaram, a princípio, em uma análise totalmente oposta à do presente tema, sobre a competência acerca da definição da incidência da contribuição previdenciária.

Emerge claro que qualquer interpretação acerca do assunto, que está na lei e, no máximo por via reflexa, fere a norma constitucional, é de ordem infraconstitucional, não estando vinculado à competência do STF determinar se há ou não incidência de contribuição previdenciária.

Caso os Tribunais Superiores não sigam rigorosamente esta premissa, que estabelece a competência de cada um deles conforme o texto constitucional, estaríamos diante da possibilidade de um aumento da litigiosidade, visando a reabertura de discussões já consolidadas nestas Cortes.

No Tema 985, a ementa afirma que "é legítima a incidência de contribuição social", pode-se interpretar que o STF, apesar de ter entendido pela sua competência para analisar a repercussão geral do terço de férias para o empregador a despeito do Tema 908, apenas focou sua análise na constitucionalidade da cobrança, cabendo assim, ao Superior Tribunal de STJ, a incumbência, já vastamente sedimentada nos julgados da Corte Suprema[11], de analisar se há ou não a incidência da contribuição previdenciária sobre a verba.

Caso tenha sido essa a pretensão dos Ministros e não houve a intenção de conflito com o que já foi estabelecido pelo STJ em sede recurso

[10] Tema 482 – Incidência de contribuição previdenciária sobre os valores pagos pelo empregador ao empregado nos primeiros quinze dias de auxílio-doença. Página 8.
Tema 1100 – Definição individualizada da natureza jurídica de verbas percebidas pelo empregado, bem como de sua respectiva habitualidade, para fins de incidência da contribuição previdenciária a cargo do empregador sobre a folha de salários e demais rendimentos conforme o art. 22, I, da Lei nº 8.212/1991.

[11] A exemplo do Tema 908, Tema 1100 e Tema 482. Página 8.

repetitivo para a matéria, faz-se necessário o esclarecimento da abrangência do conceito trazido com a frase: "**é legítima a incidência de contribuição social**, a cargo do empregador, sobre os valores pagos ao empregado a título de terço constitucional de férias gozadas".

Inclusive, tal entendimento corroboraria o que já tem sido determinado pela Corte em matéria de repercussão geral do ponto de vista da infraconstitucionalidade, assegurando que a decisão final acerca da incidência da exação caberia ao STJ, quando da análise da legalidade e reforçando, por consequência, o instituto dos procedentes e prestigiando a segurança jurídica.

Contudo, **caso a pretensão dos Ministros tenha sido de afirmar categoricamente que a contribuição previdenciária sobre o adicional de férias é devida**, a despeito do entendimento do STJ em sede de recurso repetitivo e da própria jurisprudência do STF, faz-se necessário o devido esclarecimento acerca da infraconstitucionalidade da natureza jurídica de verba, tal qual os julgamentos de repercussão geral para os Temas 908, 482 e 1100,

**Finalidade da criação do pagamento do terço constitucional de férias**

Antes da Carta Magna em vigor, não havia previsão de pagamento do terço de férias[12], sendo essa rubrica uma inovação da atual ordem constitucional.

Nesse contexto, tem-se que o constituinte **Gastone Righi**, nos **trabalhos da Assembleia Nacional Constituinte**, mencionado no voto da lavra do Exmo. Ministro Edson Fachin, trata do terço de férias expondo as mazelas do trabalhador e a necessidade da criação deste instituto como "uma fórmula (...) alternativa razoável" com escopo de possibilitar aos trabalhadores brasileiros "um lazer condigno, que eles bem merecem, pelo esforço despendido", trazendo à luz a verdadeira ratio do Poder Constituinte ao instituir o terço de férias, com natureza compensatória/indenizatória em termos tributários.

[12] Anteriormente à sua inclusão no texto constitucional, a CLT previa apenas o abono pecuniário. Mesmo após a sua inclusão no texto constitucional, não houve a correspondente adaptação da legislação infraconstitucional, como é o caso da CLT, que ainda mantém a redação da época em que não havia previsão quanto ao terço de férias. Página 9.

O terço constitucional de férias é, desde sua origem, apenas um reforço financeiro para que as férias do trabalhador atinjam seu escopo.

Sendo assim, a natureza jurídica do terço constitucional de férias **não é contraprestativa ou remuneratória dos serviços prestados pelo trabalhador, mas é apenas compensatória** para que este usufrua, em sua plenitude, das férias a ele concedidas.

Tanto é assim que o STJ e os Tribunais Regionais Federais já alinharam seu entendimento no sentido da inexigibilidade da exação, tendo em vista seu caráter eminentemente compensatório. É o que se denota, por exemplo, no Recurso Especial nº 1.230.957/RS[13], acima mencionado. Ou seja, não havendo qualquer prestação de serviço, seja ela efetiva ou em potencial, fica descaracterizada a hipótese de incidência das contribuições previdenciárias, principalmente no que se refere à sua materialidade.

Quando se fala de contribuições sociais, e mais especificamente de contribuição previdenciária, a finalidade para a qual ela foi criada está ligada direta e intrinsecamente à destinação da contribuição. Não sobeja

[13] PROCESSUAL CIVIL. RECURSOS ESPECIAIS. TRIBUTÁRIO. CONTRIBUIÇÃO PREVIDENCIÁRIA A CARGO DA EMPRESA. REGIME GERAL DA PREVIDÊNCIA SOCIAL. DISCUSSÃO A RESPEITO DA INCIDÊNCIA OU NÃO SOBRE AS SEGUINTES VERBAS: TERÇO CONSTITUCIONAL DE FÉRIAS; SALÁRIO MATERNIDADE; SALÁRIO PATERNIDADE; AVISO PRÉVIO INDENIZADO; IMPORTÂNCIA PAGA NOS QUINZE DIAS QUE ANTECEDEM O AUXÍLIO-DOENÇA. [...]

1.2 Terço constitucional de férias.

No que se refere ao adicional de férias relativo às férias indenizadas, a não incidência de contribuição previdenciária decorre de expressa previsão legal (art. 28, § 9º, "d", da Lei 8.212/91 – redação dada pela Lei 9.528/97).

Em relação ao adicional de férias concernente às férias gozadas, tal importância possui natureza indenizatória/compensatória, e não constitui ganho habitual do empregado, razão pela qual sobre ela não é possível a incidência de contribuição previdenciária (a cargo da empresa). A Primeira Seção/STJ, no julgamento do AgRg nos EREsp 957.719/SC (Rel. Min. Cesar Asfor Rocha, DJe de 16.11.2010), ratificando entendimento das Turmas de Direito Público deste Tribunal, adotou a seguinte orientação: "Jurisprudência das Turmas que compõem a Primeira Seção desta Corte consolidada no sentido de afastar a contribuição previdenciária do terço de férias também de empregados celetistas contratados por empresas privadas". [...]

Acórdão sujeito ao regime previsto no art. 543-C do CPC, c/c a Resolução 8/2008 – Presidência/STJ.

(REsp 1230957/RS, Rel. Ministro Mauro Campbell Marques, PRIMEIRA SEÇÃO, julgado em 26/02/2014, DJe 18/03/2014). Página 10.

lembrar que **a finalidade e a destinação são elementos fundamentais conformadores do perfil e da natureza de dada contribuição social.**

A tributação da folha de salários, não pode, assim, ser um cheque em branco para o Estado apontar para a sua materialidade e dela extrair a parcela que melhor lhe aprouver, nem mesmo em busca da concretização do princípio da solidariedade, que comporta reflexões com critérios objetivos, dentre eles o da **destinação da contribuição**. A busca deste mister pelo Estado não pode se dar sem o atendimento dos requisitos previstos pelo ordenamento jurídico e em desarmonia com a **destinação objetivada pela própria contribuição social.**

Sobre este último aspecto, de suma importância, vale lembrar os estudos precursores e exaurientes realizados por Marco Aurélio Greco acerca da especial e singular importância da destinação nas contribuições sociais, ao atribuir a este aspecto (destinação) a função de **elemento componente de seu próprio arquétipo tributário, a lhe definir especial feição e requisitos validadores, distintos da dos demais tributos, que apenas levam em consideração o binômio fato gerador/base de cálculo.**

Observamos, ainda, que este aspecto não trata apenas da definição da intenção do legislador ou da *mens legislatoris*, como eventuais princípios de hermenêutica. Para muito além disso, ele trata de descortinar o "**para quê**" da contribuição sobre o terço de férias, a causa validadora da sua instituição e de perquirir, pela análise de sua **destinação jurídica**, qual a sua natureza jurídica, no caso, se salarial ou indenizatória.

Se a discussão gira em torno justamente de **definir a natureza como salarial ou compensatória/indenizatória, como deixar de analisar e se omitir sobre a sua instituição e os motivos determinantes que levaram ao seu surgimento no ordenamento constitucional atual**?

Por isso, num exame de direito material, atrelado à destinação da contribuição incidente sobre o terço de férias, **é imprescindível examinar se a incidência tributária pretendida está em linha com a finalidade prevista no ordenamento jurídico para a sua criação.** Será essa adequação que fixará a natureza do pagamento e a qual regime jurídico ela deverá estar vinculada, sob pena de ilicitude.

## Modulação de efeitos da decisão judicial

É preciso reconhecer o cenário jurídico e social consolidado sobre o tema até que fosse concluído o julgamento pela Corte.

Nesse sentido: (i) houve abrupta mudança de orientação jurisprudencial estabilizada; (ii) é preciso proteger a legítima confiança que o contribuinte deposita no Estado para tomar suas decisões e organizar seus negócios; (iii) existem decisões com efeitos vinculantes do STJ, em sede de recursos repetitivos; (iv) haverá impacto econômico sobre milhares de contribuintes munidos de decisões já transitadas em julgados ou compensações realizadas e reconhecidas em resultados econômicos das companhias; e (v) há um especial interesse social que permeia o tema, sobretudo em época de profunda crise de saúde e sobre crise econômica e de emprego que assola o país.

Em virtude de todos esses aspectos que se assomam na conformação de preocupante potencial de dano, jurídico e econômico, para os contribuintes pátrios, **nos moldes já realizados em casos anteriores e atendidos os requisitos previstos no art. 27 da Lei nº 9.868/99, no parágrafo 3º do art. 927 do CPC e no art. 24 da Lei 13.655/18, vinculadas a razões primaciais de segurança jurídica e proteção da confiança no sistema jurídico e judicial brasileiros, exigem a modulação dos efeitos do acórdão.**

Acaso mantido, a fim de que se restrinja os efeitos da decisão a fatos geradores e relações jurídicas ocorridos apenas a partir da publicação do acórdão, não se aplicando a fatos ou situações jurídicas ocorridas em período anterior.

A necessidade de aplicação de efeitos modulatórios decorre do fato de que o julgado (caso não seja reformado) adotou de forma abrupta tese contrária à jurisprudência e doutrina que vinham sendo construídas ao longo dos anos[14]. Cumpre ponderar ainda que, em relação à tão prestigiada segurança jurídica, o art. 926[15] do CPC direcionou o Poder Judiciário na construção e manutenção do chamado sistema de precedentes,

[14] A exemplo dos julgamentos do AI nº 603.537/DF pelo STF e REsp nº 1.230.957 pelo STJ Página 12.

[15] *"Art. 926. Os tribunais devem uniformizar sua jurisprudência e mantê-la estável, íntegra e coerente".* Página 12

de forma a: i) uniformizar a jurisprudência, ii) manter essa jurisprudência estável, íntegra e coerente.

A estabilidade da jurisprudência remete à confiança, ou seja, pressupõe-se a previsibilidade, de forma a permitir que, de antemão, os sujeitos de direito em determinada situação conheçam a consequência dos seus atos e, diante das possibilidades, adotem os procedimentos que se mostrem mais adequados. Por outro lado, a coerência e integridade são postulados hermenêuticos e estão vinculados à uniformização, impondo a aplicação do precedente jurisprudencial diante da similitude fática com o caso concreto, concebendo relação harmônica e nexo entre as decisões.

O Estado Democrático de Direito parte da premissa da confiança dos sujeitos de direito no Sistema Jurídico e, neste contexto, o § 3º do art. 927[16] do CPC ampliou a técnica da modulação prevista nos artigos 27[17] e 11[18] das Leis nºs 9.868/99 e 9.882/99, respectivamente, tanto para legitimar outros Tribunais além do STF, como igualmente a fim de atingir decisões distintas daquelas de controle concentrado de constitucionalidade das leis.

E nos termos dos § 3º e § 4º do art. 927 do CPC, todos os Tribunais, e não exclusivamente o STF, podem relativizar os efeitos material ou temporal dos julgados que proferem, garantindo a estabilidade e confiabilidade legítima do Sistema Jurídico.

[16] *"Art. 927. Os juízes e os tribunais observarão:*
*(...)*
*§ 3º Na hipótese de alteração de jurisprudência dominante do Supremo Tribunal Federal e dos tribunais superiores ou daquela oriunda de julgamento de casos repetitivos, pode haver modulação dos efeitos da alteração no interesse social e no da segurança jurídica.*
*§ 4º A modificação de enunciado de súmula, de jurisprudência pacificada ou de tese adotada em julgamento de casos repetitivos observará a necessidade de fundamentação adequada e específica, considerando os princípios da segurança jurídica, da proteção da confiança e da isonomia.»* Página 12

[17] *"Art. 27. Ao declarar a inconstitucionalidade de lei ou ato normativo, e tendo em vista razões de segurança jurídica ou de excepcional interesse social, poderá o Supremo Tribunal Federal, por maioria de dois terços de seus membros, restringir os efeitos daquela declaração ou decidir que ela só tenha eficácia a partir de seu trânsito em julgado ou de outro momento que venha a ser fixado."* Página 12

[18] *"Art. 11. Ao declarar a inconstitucionalidade de lei ou ato normativo, no processo de argüição de descumprimento de preceito fundamental, e tendo em vista razões de segurança jurídica ou de excepcional interesse social, poderá o Supremo Tribunal Federal, por maioria de dois terços de seus membros, restringir os efeitos daquela declaração ou decidir que ela só tenha eficácia a partir de seu trânsito em julgado ou de outro momento que venha a ser fixado."* Página 12

É imperiosa a necessidade de **modulação dos efeitos** da decisão quando esta representa a modificação do entendimento antecessor, **a fim de resguardar o interesse social e a segurança jurídica**, principalmente, quando estamos diante de um entendimento que significaria o mesmo que a criação de um novo tributo.

Neste contexto, importante reiterar que não há como fechar os olhos ao fato de que sobre o amparo dos precedentes do STF, do STJ e do TST, provavelmente muitos empregadores deixaram de incluir o adicional de férias na base de cálculo da contribuição previdenciária. Decisão coerente à época, pois, além de adequada à eficiência fiscal, estava aderente à jurisprudência consolidada nos três tribunais superiores competentes para definir a base de cálculo do tributo social e com a legislação, como se observa do art. 24 da LINDB[19].

A alteração provocada pelo julgamento do Tema 985, notadamente diante do seu efeito multiplicador, certamente implica instabilidade jurídica e abalo à confiança e à certeza nas estruturas de controle do Poder Judiciário. Não há como negar que os precedentes jurisprudenciais são a principal fonte utilizada pelos contribuintes para definição da base de cálculo, sobretudo porque a ambiguidade do inc. I do art. 22 da Lei nº 8.212/91 não confere certeza.

Sobre o tema, há precedentes do STF, notadamente no RE nº 377.457, onde ao votar asseverou a Ministra Cármen Lúcia que:

> "a ideia de modular feitos deve ter alguns parâmetros que a jurisprudência, ao longo do tempo, haverá de fixar. Penso que haverá de ser demonstrada a excepcionalidade da situação, a possibilidade de insegurança jurídica, quando se encaminhava a sociedade a acreditar numa jurisprudência num determinado sentido (...)".

Quanto ao adicional de férias, **não há nenhum comando legal que tenha inserido tal verba na base de cálculo da contribuição previdenciária.** Pelo contrário. Como trazido anteriormente, algumas nor-

[19] "Art. 24. A revisão, nas esferas administrativa, controladora ou judicial, quanto à validade de ato, contrato, ajuste, processo ou norma administrativa cuja produção já se houver completado levará em conta as orientações gerais da época, sendo vedado que, com base em mudança posterior de orientação geral, se declarem inválidas situações plenamente constituídas." Página 13.

mas expressamente, trataram o terço de férias como verba indenizatória para o Regime Geral da Previdência Social[20]. Trata-se de efeito decorrente, única e exclusivamente, da hermenêutica que – anteriormente ao advento do RE nº 1.072.485 – justificava sua exclusão.

Nesse sentido e privilegiando o sistema de precedentes, o próprio o Conselho Administrativo de Recursos Fiscais ("CARF") em seus julgamentos passou a trazer o entendimento exarado pelo STJ acerca da matéria em sede de recurso repetitivo para o terço de férias[21].

Nesse contexto, espera-se do Poder Judiciário seja prestigiada a intenção de redução da litigiosidade tributária, que tantos e tão danosos efeitos têm causado à sociedade. É o que se verifica, por exemplo, do RE 593.849/MG:

> "Em matéria tributária, mudança de jurisprudência consolidada equivale à criação de um novo tributo. Acho isso doutrinariamente, quer dizer, hoje em dia, o Direito vive sob a premissa de que a norma é a norma interpretada. Você tem um relato abstrato no livro, você tem a realidade fática e você tem um tribunal que pronuncia o sentido da norma aplicável às situações concretas. Esta é verdadeiramente a norma. De modo que mudar uma interpretação consolidada, em matéria tributária, que vigore há mais de dez anos, como é o caso aqui, eu entendo que corresponda a uma mudança da norma tributária. E consequentemente, como regra geral, se impõe a modulação."

Por todo o exposto, em nosso entendimento é indispensável a modulação dos efeitos da decisão do RE nº 1.072.485, não apenas pelo impacto que causará aos contribuintes que adotaram outra escolha senão a ali declarada, mas sobretudo pelo impacto sobre a credibilidade dos precedentes, que é utilizada como única ferramenta apta a mitigar a ambiguidade do inc. I do art. 22 da Lei nº 8.212/91.

Se tal providência não ocorrer, certamente o caos se instaurará, porque todos os parâmetros adotados a partir de precedentes estarão sob perene questionamento, criando instabilidade nas escolhas dos contribuintes.

[20] Portaria da Receita Federal do Brasil nº 754/2018 e a Lei nº 13.485/2017. Página 14

[21] Ex.vi. Processo nº 10166.727505/201147. 2403002.69, 4ª Câmara, 3ª Turma Ordinária, sessão 09 de setembro de 2014 Página 14

A exemplo do que provavelmente se presenciará, caso o STF não decida pelos efeitos modulatórios, podemos citar a elevada quantidade de ações rescisórias que deverão ser distribuídas pela Fazenda Nacional, visando reverter as decisões transitadas em julgadas para o tema.

O Conselho Nacional de Justiça ("CNJ"), por sua vez, indica estarem sobrestados 69.77 processos nos Tribunais Regionais aguardando a resolução do presente tema.[22] Além disso, como podemos inferir dos dados que obtivemos via lei de acesso à informação dos Tribunais Regionais Federais da 3ª e da 4ª Região (docs.1 e 2), que possuem respectivamente, **3.871 e 2.957 processos eletrônicos, em trâmite sobre especificamente o tema "1/3 de férias"**.

Além disso, como a classificação do assunto é realizada pelo advogado, quando da distribuição da ação, é sabido o uso "equivocado" das opções mais genéricas que constam no sistema de peticionamento eletrônico para cadastramento, tais como a "contribuições previdenciárias" e "contribuições sobre a folha de salários".

Nesse cenário, o número de ações poderia aumentar consideravelmente. Sendo que nesta projeção, sequer estariam os processos físicos, tampouco os que já transitaram em julgado.

**Assim, faz-se necessária a reflexão sobre a quantidade de ações que já transitaram em julgado e que serão objeto de nova apreciação pelo Judiciário, corroborando ainda mais para o aumento da litigiosidade.**

**Sem dizer que, provavelmente, o contribuinte não mais depositará confiança no sistema de precedentes, tendendo a judicializar ainda mais qualquer discussão em matéria tributária e previdenciária, o que vai totalmente contra ao objetivo trazido pela sistemática analisada aqui.**

Dessa forma, a observância e delimitação da modulação de efeitos na medida em que a decisão traz em si impacto e abrangência que impõem seja sua eficácia lançada "pro futuro", com efeitos "ex nunc".

Ressalte-se, por fim, que o recurso repetitivo julgado no STJ (REsp 1.230.957) adotou como fundamento a própria jurisprudência do STF sobre a natureza do terço constitucional de férias, reforçando a necessi-

[22] https://paineis.cnj.jus.br/QvAJAXZfc/opendoc.htm?document=qvw_l%2FPainelCNJ.qvw&host=QVS%40neodimio03&anonymous=true&sheet=STF Página 15.

dade de proteção à segurança jurídica, já defendida por diversos Ministros quando de seus votos em outros julgamentos[23].

[23] "[Sobre as hipóteses de modulação, presentes não apenas quando há declaração de inconstitucionalidade:] "Só para, se eu puder organizar, você tem três situações: quando você quer modular que declarou a lei inconstitucional em ação direta, possibilidade um; modular quando declarou a lei inconstitucional incidentalmente, possibilidade dois; e quando você apenas mudou a jurisprudência sem declaração de inconstitucionalidade".
"Eu inclusive sustento que, nesta terceira hipótese, basta a maioria absoluta, que só se exigem os dois terços quando se modula em casos de declaração de inconstitucionalidade. Se for mudança de jurisprudência, não. Tanto que eu cheguei a propor isso ao Ministro Fachin. Só que ele noticiou, com razão, que aqui, neste caso, ele está declarando incidentalmente a inconstitucionalidade da lei mineira. Portanto, em relação à lei de Minas, para modular, é preciso dois terços. Porém, pode parecer uma complexidade, mas é importante: em relação aos estados que não têm lei, e que, portanto, nós estamos tratando apenas de mudança de jurisprudência.
Aí, o meu entendimento é que bastaria maioria absoluta. Portanto, para o caso concreto, exigir-se-ia dois terços. Mas, para os demais casos, se prevalecer o ponto de vista que me parece o melhor, bastaria a maioria absoluta para os outros estados, mas não para Minas, como bem observou o Ministro Fachin.
A estabilidade e a previsibilidade das relações jurídicas devem sempre ser levadas em conta na fixação dos efeitos temporais do novo entendimento. Em matéria tributária, particularmente, tenho sustentado que, como regra, a mudança da jurisprudência da Corte equivale verdadeiramente à criação de direito novo e, por tal razão, não pode operar efeitos retroativos" **(Trecho do voto do Ministro Luís Roberto Barroso no RE 593.849 – Julgamento em 5/4/2017).**
"Dessa forma, quanto ao ponto em questão, sublinho que a modulação de efeitos da declaração direta de inconstitucionalidade de dispositivo normativo é um poder conferido ao STF pelo art. 27 da Lei 9.868/1999, condicionado à presença de interesse social e à necessidade de garantir a segurança jurídica aos jurisdicionados.
Tal instituto busca evitar que a decisão proferida por esta Corte afete, de forma negativa e relevante, importantes valores sociais, especialmente os princípios da boa-fé e da confiança legítima, que, no caso, respaldam os atos praticados e o eventual tratamento favorável concedido aos contribuintes beneficiados com base nas normas impugnadas, desde a sua edição em 2002, até o julgamento definitivo da matéria por esta Corte em 2019.
Tratando-se de atos normativos que vigeram e produziram efeitos por mais de 17 (dezessete) anos, com a presunção de sua constitucionalidade pelos contribuintes do tributo, a situação enseja a necessária proteção das expectativas legitimamente criadas". **(Trecho do voto do Ministro Gilmar Mendes na ADI 4.985 ED/PB– Julgamento em 15/4/2020)**
"A segurança jurídica impõe a modulação dos efeitos da declaração de inconstitucionalidade da lei complementar objurgada, a fim de que a sanatória de um vício não propicie o surgimento de panorama igualmente inconstitucional, máxime porque a norma possibilitou ao Poder Executivo estadual a utilização de percentual dos recursos em finalidades não previstas na legislação federal, que poderiam ficar desamparadas pela aplicação fria da regra da nulidade retroativa.
**(Trecho do voto do Ministro Luiz Fux na ADI 5455. Julgamento em 20/11/2019)**

# 18. O Regime Constitucional dos Incentivos às Exportações e os Benefícios para o Desenvolvimento Nacional: Uma Opção de Política Fiscal que Deve Ser Perpetuada

Renata Andréa Joner Parry

**Introdução**

Este estudo busca apresentar um diagnóstico do tratamento fiscal conferido pela Constituição Federal de 1988 às exportações brasileiras e demonstrar como a desoneração dessas operações está atrelada ao alinhamento do Brasil com as práticas internacionais (princípio do destino), além de elucidar os benefícios para a economia nacional, que transcendem os interesses de um ou de outro segmento.

Para tanto, será inicialmente trazida uma fotografia da desoneração das exportações promovida pelo texto constitucional em relação às contribuições sociais e contribuições de intervenção no domínio econômico (artigo 149, § 2º, inciso I, da CF/1988), assim como em relação ao ICMS (artigo 155, §2º, X, "a", CF/88) e ao IPI (artigo 153, § 3º, CF/88).

Na sequência serão ilustrados os valores que a implementação das imunidades visou resguardar e o seu caráter objetivo. Na etapa subsequente, será explicitado como se opera a prática internacional em operações semelhantes e os impactos do fomento às exportações para a economia interna e no desenvolvimento nacional.

Por fim, serão comentadas as principais propostas de Emenda à Constituição que visam restringir ou até mesmo extinguir algumas das imunidades que beneficiam as exportações, como o assunto está sendo tratado nos projetos da chamada "Reforma Tributária" e a importância da máxima de que não se deve exportar tributos, defendida pela Ministra Regina Helena Costa.

## 1. O regime constitucional de desoneração das exportações

As linhas seguintes se ocuparão da apresentação do tratamento fiscal das exportações à luz de dispositivos gravados no próprio texto da Constituição Federal de 1988, com o propósito de elucidar cada uma das imunidades como autêntica fotografia do regime jurídico em vigor. Não serão trazidos, nesse momento, aspectos controvertidos e comentários a respeito das imunidades, que serão tratados nos capítulos seguintes.

A primeira dentre as imunidades abordadas neste estudo é a estipulada no artigo 149, § 2º, inciso I, da CF/1988, que excluiu as "receitas de exportação" do campo de incidência das contribuições sociais e de intervenção no domínio econômico. Veja-se:

> Art. 149. Compete exclusivamente à União instituir contribuições sociais, de intervenção no domínio econômico e de interesse das categorias profissionais ou econômicas, como instrumento de sua atuação nas respectivas áreas, observado o disposto nos arts. 146, III, e 150, I e III, e sem prejuízo do previsto no art. 195, § 6º, relativamente às contribuições a que alude o dispositivo.
> [...]
> § 2º As contribuições sociais e de intervenção no domínio econômico de que trata o *caput* deste artigo: (Incluído pela Emenda Constitucional nº 33, de 2001)
> I – não incidirão sobre as receitas decorrentes de exportação; (Incluído pela Emenda Constitucional nº 33, de 2001)

Interessante notar que o dispositivo em questão não constava do texto original da Carta promulgada em 1998, tendo sido inserido pela Emenda Constitucional nº 33/2001.

Para a exata compreensão sobre a abrangência da imunidade prevista no artigo 149, § 2º, inciso I, da CF/1988 é necessário compreender, em termos práticos, quais são (dentre as diversas espécies de contribuições previstas em nosso ordenamento) as contribuições sociais e de intervenção no domínio econômico. Essa classificação é importante na medida em que revela o regime jurídico aplicável a cada uma das contribuições existentes à luz da própria Constituição Federal de 1988.

Existem algumas variações na doutrina a respeito da categorização e nomenclatura para as categorias de contribuições sociais e de intervenção no domínio econômico, que são estabelecidas apenas para fins didáticos, mas que não impactam no tratamento jurídico de tais contribuições.

Adotaremos neste estudo a classificação proposta pelo Ministro Carlos Velloso no julgamento do Recurso Extraordinário n. 138.284/ /CE[1] e do Recurso Extraordinário 396.266/SC[2], para quem o gênero

[1] "As diversas espécies tributárias, determinadas pela hipótese de incidência ou pelo fato gerador da respectiva obrigação (CTN, art. 4º), são as seguintes: a) os impostos (C.F., arts. 145, I, 153, 154, 155 e 156); b) as taxas (C.F., art. 145, II); **c) as contribuições**, que podem ser assim classificadas: **c.l. de melhoria** (C.F., art. 145, III); **c.2. parafiscais** (C.F., art. 149), que são: **c.2.1. sociais**, c.2.1.1.de seguridade social (C.F., art. 195, I, II, III), C.2.1.2. outras de seguridade social (C.F., art. 195, parág. 4º), c.2.1.3. sociais gerais (o FGTS, o salário-educação, C.F., art. 212, parág. 5º, contribuições para o SESI, SENAI, SENAC, C.F., art. 240); **c.3. especiais**: c.3.1. de intervenção no domínio econômico (C.F., art. 149) e c.3.2. corporativas (C.F., art. 149). Constituem, ainda, espécie tributária: d) os empréstimos compulsórios (C.F., art. 148)." BRASIL. Supremo Tribunal Federal. **RE 138.284/CE**, Rel. Ministro Carlos Velloso, Brasília, DF, julgado em 01.07.1992, DJe de 28.08.1992.

[2] "EMENTA: CONSTITUCIONAL. TRIBUTÁRIO. CONTRIBUIÇÃO: SEBRAE: CONTRIBUIÇÃO DE INTERVENÇÃO NO DOMÍNIO ECONÔMICO. Lei 8.029, de 12.4.1990, art. 8º, § 3º. Lei 8.154, de 28.12.1990. Lei 10.668, de 14.5.2003. C.F., art. 146, III; art. 149; art. 154, I; art. 195, § 4º. I. – As contribuições do art. 149, C.F. – contribuições sociais, de intervenção no domínio econômico e de interesse de categorias profissionais ou econômicas – posto estarem sujeitas à lei complementar do art. 146, III, C.F., isto não quer dizer que deverão ser instituídas por lei complementar. A contribuição social do art. 195, § 4º, C.F., decorrente de "outras fontes", é que, para a sua instituição, será observada a técnica da competência residual da União: C.F., art. 154, I, ex vi do disposto no art. 195, § 4º. A contribuição não é imposto. Por isso, não se exige que a lei complementar defina a sua hipótese de incidência, a base imponível e contribuintes: C.F., art. 146, III, a. Precedentes: RE 138.284/CE, Ministro Carlos Velloso, RTJ 143/313; RE 146.733/SP, Ministro Moreira Alves, RTJ 143/684. II. – A contribuição do SEBRAE – Lei 8.029/90, art. 8º, § 3º, redação das Leis 8.154/90 e 10.668/2003 – é contribuição de intervenção no domínio econômico, não obstante a lei a ela se referir como adicional às alíquotas das contribuições sociais gerais relativas às entidades de que trata o art. 1º do D.L. 2.318/86, SESI, SENAI, SESC, SENAC. Não se inclui, portanto, a contribuição do SEBRAE, no rol do art. 240, C.F. III. – Constitucionalidade da contri-

"contribuições" é classificado em três grandes grupos, quais sejam: (i) as contribuições de melhoria, art. 145, III, CF/88; (ii) as contribuições parafiscais, art. 149, CF/88; (iii) e as contribuições especiais, art. 149, CF/88. Dessas categorias, apenas os grupos indicados nos itens (ii) e (iii) são disciplinados pelo art. 149 da CF/88. Daí já temos que as contribuições de melhoria não estão contempladas pela imunidade elencada no artigo 149, § 2º, inciso I, da CF/1988

As contribuições do item (ii), que foram chamadas de "parafiscais" pelo Ministro Carlos Velloso (denominação merece algumas ressalvas explicitadas na nota explicativa abaixo[3]), foram subdivididas em **contribuições sociais** de:

- **Seguridade social**: São as únicas contribuições para as quais a Constituição Federal apresentou "disciplina exaustiva de suas hipóteses de incidência"[4], consoante o disposto no art. 195, incisos I ao VI, CF/88.
- **Outras de seguridade social**: São as contribuições que poderão ser instituídas por lei complementar para além das hipóteses descritas nos incisos I ao IV do art. 195, desde que observadas as exigências do art. 154, inciso I, CF/88.
- **Sociais gerais**: São as que foram discriminadas no voto do Min. Carlos Veloso como as destinadas ao FGTS, o salário-educação (art. 212, §5º, CF/88) e as contribuições para o SESI, SENAI,

buição do SEBRAE. Constitucionalidade, portanto, do § 3º, do art. 8º, da Lei 8.029/90, com a redação das Leis 8.154/90 e 10.668/2003. IV. - R.E. conhecido, mas improvido.

BRASIL. Supremo Tribunal Federal. RE 396.266/SC, Rel. Ministro Carlos Velloso, Brasília, DF, julgado em 21.11.2003, DJe de 27.02.2004.

[3] **Nota explicativa**: Interessante notar que o Ministro Carlos Velloso denominou o gênero dentro do qual estão as espécies de contribuições sociais do art. 149, da CF/88 de "parafiscais". O conceito de parafiscalidade no direito tributário remete à circunstância em que a pessoa política que instituiu o tributo delega a um terceiro a competência para arrecadação e fruição das receitas tributárias daquela exação. No entanto, nem todas as contribuições sociais são necessariamente parafiscais.

Nas palavras de Roque Carrazza "a parafiscalidade é simplesmente a cobrança por terceiro, em seu próprio benefício, de um tributo". CARRAZZA, Roque Antônio. *Curso de Direito Constitucional Tributário. 30ª Ed.* São Paulo: Malheiros Editores, 2015, p. 675.

[4] CARVALHO, Paulo de Barros. *Curso de Direito Tributário*. 22. Ed. São Paulo: Saraiva, 2010, p. 77.

SENAC (art. 240, CF/88), e que são destinadas à atuação da União no campo social.[5]

No grupo das contribuições **especiais** segundo a classificação do Ministro Carlos Velloso estão as contribuições:

- **De intervenção no domínio econômico** (art. 149, caput): São as instituídas com o propósito de "regular determinada atividade econômica desenvolvida pela iniciativa privada [...]" e que atuem em setores específicos do mercado para os quais seja justificável a regulação estatal.[6]
- **Corporativas** (que correspondem às contribuições "interesse das categorias profissionais ou econômicas" do caput do art. 149, da CF/88): São as contribuições cujo escopo da arrecadação é o custeio determinadas entidades representantes de categorias profissionais (públicas ou privadas). Segundo Carraza são assim consideradas as contribuições instituídas por Sindicatos, pela OAB de advogados e pelos Conselhos de Medicina.[7]

Outra parcela da doutrina se refere a esses mesmos agrupamentos de contribuições do art. 149, da CF/88 como espécies de contribuições: (i) social; (ii) interventiva (de intervenção no domínio econômico); e (iii) corporativa (de interesse das categorias profissionais).[8]

Diante disso, a imunidade do artigo 149, § 2º, inciso I, da CF/1988 abarca, em tese: (i) todas as espécies de contribuições sociais, tais como as contribuições para Programa de Integração Social e o Programa de Formação do Patrimônio do Servidor Público – PIS/PASEP e a Contri-

[5] Barreto, Paulo Ayres. *Contribuições. Regime Jurídico, destinação e controle.* 3ª Ed. rev. e atual. São Paulo, Noeses, 2020, p. 100.

[6] Carrazza, Roque Antônio. *Curso de Direito Constitucional Tributário. 30ª Ed.* São Paulo: Malheiros Editores, 2015, p. 698-699.

[7] Carrazza, Roque Antônio. *Curso de Direito Constitucional Tributário. 30ª Ed.* São Paulo: Malheiros Editores, 2015, p. 708-709.

[8] Nesse sentido:
Barreto, Paulo Ayres. *Contribuições. Regime Jurídico, destinação e controle. 3ª Ed. rev. e atual.* São Paulo, Noeses, 2020, p 97.
Carvalho, Paulo de Barros. *Curso de Direito Tributário. 22. Ed.* São Paulo: Saraiva, 2010, p. 76.
Carrazza, Roque Antônio. *Curso de Direito Constitucional Tributário. 30ª Ed.* São Paulo: Malheiros Editores, 2015, p. 679.

buição para o Financiamento da Seguridade Social – COFINS; (ii) e as contribuições de intervenção do domínio econômico, como a chamada CIDE-Combustíveis (art. 177, § 4º, CF/88).

Não foram contempladas pela imunidade do artigo 149, § 2º, inciso I, da CF/1988 as contribuições de interesse das categorias profissionais.

As exportações também estão fora do campo de incidência do Imposto Sobre Circulação de Mercadorias – ICMS, à luz do art. 155, § 2º, X, "a", da CF/88, com a seguinte redação:

> Art. 155. Compete aos Estados e ao Distrito Federal instituir impostos sobre: (Redação dada pela Emenda Constitucional nº 3, de 1993)
> [...]
> II – operações relativas à circulação de mercadorias e sobre prestações de serviços de transporte interestadual e intermunicipal e de comunicação, ainda que as operações e as prestações se iniciem no exterior; (Redação dada pela Emenda Constitucional nº 3, de 1993)
> (...)
> § 2º O imposto previsto no inciso II atenderá ao seguinte: (Redação dada pela Emenda Constitucional nº 3, de 1993)
> [...]
> X – não incidirá:
> a) sobre operações que destinem mercadorias para o exterior, nem sobre serviços prestados a destinatários no exterior, assegurada a manutenção e o aproveitamento do montante do imposto cobrado nas operações e prestações anteriores; (Redação dada pela Emenda Constitucional nº 42, de 19.12.2003)

O referido dispositivo estabelece, como visto, a não incidência de ICMS de maneira irrestrita sobre todas as operações que destinem mercadorias ao exterior e também sobre os serviços de transporte e telecomunicação prestados a destinatários no exterior, assegurando textualmente, ainda, a manutenção dos créditos do referido imposto acumulados nas etapas que anteriores à exportação. Isso significa que todo o valor do ICMS que incidiu nas etapas anteriores à exportação deve ser contabilizado para aproveitamento posterior.[9]

[9] JOBIM, Eduardo de Sampaio Leite. A tributação sobre o consumo na experiência europeia e a tributação das exportações no Brasil: o tratamento dado ao ICMS e ao IPI. *Revista Fórum de Direito Tributário,* Belo Horizonte, v. 17, n. 100, p. 147-188, jul./ago. 2019, p. 176.

O direito ao crédito decorrente das operações de exportação, conforme alerta Alberto Xavier, em nada pode ser confundido com a regra da não-cumulatividade prevista no art. 155, § 2ª, inciso II, da CF/88, que impede a utilização de créditos apurados na etapa antecedente se na etapa posterior não for tributada.[10]

Isso significa que mesmo com a saída imune, para a implementação da desoneração integral do produto exportado, é necessário assegurar a devolução de todo o ICMS cobrado nas fases antecedentes[11], conforme previsto no art. 25, § 1º, incisos I e II, e no art. 32, inciso I, da LC n. 87/1996.

Nos termos do art. 25, § 1º, incisos I e I, da LC n. 87/1996, o aproveitamento desses créditos poderá se dar mediante compensação pelo próprio contribuinte ou por meio de transferência dos saldos acumulados para outros contribuintes do mesmo Estado.

No entanto, nem sempre foi assim. A redação atualmente em vigor da alínea "a" foi resultado da alteração implementada pela Emenda Constitucional n. 42, de 19.12.2003. Antes disso, o texto da Constituição Federal de 1988 estabelecia imunidade tão somente para "operações que destinem ao exterior produtos industrializados, excluídos os semi-elaborados definidos em lei complementar;"[12] Ou seja, a imunidade das operações de exportação atingia como regra apenas produtos industrializados.

Para a Ministra Regina Helena Costa, andou bem o constituinte derivado ao editar a EC n. 42/2003. Isso porque a redação original do art. 155, § 2º, X, "a", da CF/88 remetia à Lei Complementar a incumbência de definir o conceito de produtos semielaborados, conferindo ao legis-

[10] Xavier, Alberto. Regime Constitucional das isenções e incentivos fiscais às exportações: o caso do ICMS. Do direito à utilização integral de saldo acumulado de créditos de ICMS como corolário da imunidade das exportações. *In*: TORRES, Heleno Taveira (Coord.). *Tratado de Direito Constitucional Tributário: estudos em homenagem a Paulo de Barros Carvalho.* São Paulo: Saraiva, 2005, p. 608.

[11] Xavier, Alberto. Regime Constitucional das isenções e incentivos fiscais às exportações: o caso do ICMS. Do direito à utilização integral de saldo acumulado de créditos de ICMS como corolário da imunidade das exportações. *In*: Torres, Heleno Taveira (Coord.). *Tratado de Direito Constitucional Tributário: estudos em homenagem a Paulo de Barros Carvalho.* São Paulo: Saraiva, 2005, p. 610-612.

[12] Texto original da CF/88. https://www2.camara.leg.br/legin/fed/consti/1988/constituicao-1988-5-outubro-1988-322142-publicacaooriginal-1-pl.html

lador infraconstitucional enorme discricionariedade sobre a real extensão da regra imunizante, o que não parece ser a melhor técnica. O texto atualmente em vigor, por sua vez, "deixou mais claros os contornos da norma imunizante, bem como promoveu a ampliação de seu campo eficacial, para incluir a prestação de serviços ao exterior." [13]

Ao mesmo tempo em que a EC n. 42/2003 implementou uma oportuna ampliação da desoneração do ICMS em relação às exportações e elevou ao nível constitucional a isenção até então prevista no art. 32, inciso I, da Lei Complementar n. 87/1996 (que já exonerava do ICMS todas as exportações), retirou dos Estados e do Distrito Federal uma valorosa fonte de arrecadação de ICMS.

Para Roque Carrazza, ao reduzir a competência tributária atribuída aos Estados e ao Distrito Federal a EC n. 42/2003 incidiu em ofensa ao pacto federativo (art. 60, § 4º, I, da CF/88). Em contrapartida, segundo o referido autor, essa inconstitucionalidade terminou sendo superada pelos mecanismos compensatórios estabelecidos no âmbito da Lei Complementar n. 87/1996.[14]

Sucede que, no decorrer dos anos, houve um aumento nas dificuldades de equilíbrio das contas públicas e boa parte dos Estados passaram a sentir falta dos recursos que deixaram de ser arrecadados a título de ICMS com tais operações, o que desencadeou a propositura de uma série de projetos de Emenda à Constituição com o objetivo de rever a regra imunizante, como será visto em detalhes no capítulo 4.

No âmbito federal, o texto constitucional também contempla a desoneração das exportações para o Imposto sobre Produtos Industrializados na forma do art.153, §3º, inciso III, da CF/1988, com a seguinte redação:

> Art. 153. Compete à União instituir impostos sobre:
>
> [...]
>
> IV – produtos industrializados;
>
> [...]
>
> § 3º – O imposto previsto no inciso IV:

[13] Costa, Regina Helena. *Imunidades Tributárias. Teoria e Análise da Jurisprudência do STF. 3ª Ed, revista, atualizada e ampliada.* São Paulo: Malheiros, 2015, p. 215-216.

[14] Carrazza, Roque Antônio. Curso de Direito Constitucional Tributário. 30ª Ed. São Paulo: Malheiros Editores, 2015, p. 967-968.

[...]
III – não incidirá sobre produtos industrializados destinados ao exterior.

A norma assegura, dessa forma, que todo e qualquer produto industrializado produzido no Brasil que seja destinado à exportação não poderá ser atingido pela incidência de IPI.

Ao contrário do que foi observado em relação às Contribuições e ao ICMS, cujo formato atualmente em vigor é decorrente de emendas constitucionais editadas após a promulgação da CF/88, a imunidade do IPI, além de já ter sido contemplada na redação original da CF/88, vigora no Brasil desde a Emenda 18/1965[15] e, aparentemente, sem maiores discussões.

No tocante ao regime de créditos, o regramento do IPI também se distancia do ICMS em virtude da ausência de previsão, no texto constitucional, que assegure a devolução o tributo que incidiu nas operações anteriores. Isso significa que eventuais saldos de créditos de IPI poderão ser aproveitados exclusivamente pelo próprio contribuinte, não havendo a possibilidade de transferência para outra pessoa jurídica, como ocorre em relação ao ICMS.[16]

A regulamentação da desoneração IPI pode ser encontrada no Regulamento do IPI (Decreto 7.212/2020), que exige, corretamente, a comprovação da saída do produto do território nacional, como condição para a fruição da imunidade (art. 18, II, §1º e §2º do RIPI).

Por fim, vale mencionar que embora a regra prevista no art. 156, § 3º, inciso II, da CF/88 também tenha como finalidade viabilizar a desoneração no âmbito da exportação dos serviços da incidência do Imposto sobre Serviços de qualquer natureza – ISS, a norma apenas estabelece a possibilidade de que essa desoneração venha a ser implementada por meio de Lei Complementar. Ou seja, a Constituição não estabelece uma imunidade em si, mas apenas apresenta as coordenadas iniciais para a instituição de uma isenção. Por essa razão, diante do

[15] JOBIM, Eduardo de Sampaio Leite. A tributação sobre o consumo na experiência europeia e a tributação das exportações no Brasil: o tratamento dado ao ICMS e ao IPI. *Revista Fórum de Direito Tributário*, Belo Horizonte, v. 17, n. 100, p. 147-188, jul./ago. 2019, p. 189.

[16] JOBIM, Eduardo de Sampaio Leite. A tributação sobre o consumo na experiência europeia e a tributação das exportações no Brasil: o tratamento dado ao ICMS e ao IPI. *Revista Fórum de Direito Tributário*, Belo Horizonte, v. 17, n. 100, p. 147-188, jul./ago. 2019, p. 189.

recorte proposto neste estudo, a norma não será abordada neste e nos demais capítulos.

Em resumo, portanto, identificamos que a Constituição Federal de 1988 estabelece textualmente que as exportações brasileiras estão fora do campo de incidência das Contribuições Sociais e de Intervenção no Domínio Econômico, (art. 149, §2º, I), do o ICMS (art. 155, §2º, X, "a") e do IPI (art. 153, §3º, III). Em adição, como visto, para impedir a inclusão de tributos no preço final do produto exportado, a Constituição Federal também prevê o direito ao crédito do imposto pago nas operações anteriores em relação ao ICMS.

## 2. A finalidade das imunidades sobre as exportações

Tendo sido ilustradas as imunidades instituídas pela Constituição Federal para desonerar as exportações de produtos e serviços nacionais, resta saber quais os valores e direitos que a sua implementação visou resguardar ou estimular.

Para tanto, é necessário um rápido parêntese para demarcar o que são as imunidades. Segundo o conceito proposto pela Ministra Regina Helena Costa, a imunidade pode ser entendida como:

> a exoneração, fixada constitucionalmente, traduzida em norma expressa impeditiva da atribuição de competência tributária ou extraível, necessariamente, de um ou mais princípios constitucionais, que confere direito público subjetivo a certas pessoas, nos termos por ela delimitados, de não se sujeitarem à tributação.[17]

A partir da definição acima transcrita, destaca-se de um lado o "aspecto formal" da imunidade, que repercute retirando a competência para a incidência tributária e, de outro, o "aspecto material ou substancial" atrelado ao direito de pessoas, bens ou situações não serem submetidos à tributação.[18]

A seleção dessas pessoas, bens ou situações que serão beneficiados pelas regras imunizantes é eminentemente política, de modo que a sua

[17] Costa, Regina Helena. *Imunidades Tributárias. Teoria e Análise da Jurisprudência do STF. 3ª Ed, revista, atualizada e ampliada.* São Paulo: Malheiros, 2015, p. 58.

[18] Costa, Regina Helena. *Imunidades Tributárias. Teoria e Análise da Jurisprudência do STF. 3ª Ed, revista, atualizada e ampliada.* São Paulo: Malheiros, 2015, p. 58-59.

inclusão no texto constitucional pressupõe a existência de um interesse público em estimular determinados setores econômicos ou atividades ou até mesmo de proteção à direitos fundamentais pela via tributação, assegurando que o exercício de direitos constitucionalmente protegidos não sejam inviabilizados como decorrência de imposições tributárias.[19]

Em outras palavras, as imunidades são instrumentos de materialização de direitos fundamentais e de proteção de interesses da sociedade, "dotadas de forte carga axiológica", conforme nos lembrou Roque Carrazza, fazendo referência às lições da Ministra Regina Helena Costa.[20]

Daí porque, a interpretação das imunidades sobre as exportações também deverá ser realizada conjugando com a mesma intensidade o aspecto formal de abstenção legislativa e o aspecto material de preservação dos valores considerados por ocasião de sua implementação.

Conforme pontuado por Gilmar Mendes no voto proferido por ocasião do julgamento do RE 474.132/SC, é impróprio falar em interpretação restritiva ou ampliativa das imunidades. A sua interpretação deve ser realizada de forma a conferir-lhe a máxima efetividade de acordo com os objetivos visados pela norma quando editada. Nas palavras do Ministro Gilmar Mentes:

> Por conseguinte, na definição do conteúdo semântico de um enunciado normativo que veicule uma imunidade tributária, deve-se perquirir sobre a finalidade constitucional que deu ensejo a sua instituição. Somente por intermédio desse esforço interpretativo, é possível definir se determinado fato está ou não excluído da competência impositiva do ente.
>
> Revela-se, pois, impróprio afirmar-se genericamente que as imunidades sempre deverão ser interpretadas de forma ampla ou restrita.
>
> [...]
>
> Assim, a admissão de uma interpretação ampla das normas de imunidade dependerá do contexto normativo e das circunstâncias do caso. Também devem ser ponderadas as finalidades e os princípios que a regra

[19] COSTA, Regina Helena. *Imunidades Tributárias. Teoria e Análise da Jurisprudência do STF. 3ª Ed, revista, atualizada e ampliada.* São Paulo: Malheiros, 2015, p. 44-45 e 58-59.

[20] CARRAZZA, Roque Antônio. *Curso de Direito Constitucional Tributário.* 30ª Ed. São Paulo: Malheiros Editores, 2015, p. 837-839.

> desonerativa busca resguardar com outros princípios e interesses também consagrados no texto constitucional.[21]

Ou seja, para a exata significação das imunidades, conforme bem pontuado nas passagens acima, deve ser abandonada a acepção superficial de que a interpretação deverá ser ampliativa ou restritiva. As imunidades devem ser compreendidas de acordo com a finalidade almejada por meio de sua instituição, respeitando sempre os valores que a sua implementação pretendeu salvaguardar.

Essa percepção das imunidades alinha-se com a manifestação de Liam Murphy e Thomas Nagel ao escreveram que: "Numa economia capitalista, os impostos não são um simples método de pagamento pelos serviços públicos e governamentais: são também o instrumento mais importante por meio do qual o sistema político põe em prática uma determinada concepção de justiça econômica ou distributiva".[22]

No caso da desoneração que retira do campo de incidência das Contribuições Sociais e de Intervenção no Domínio Econômico, (art. 149, §2º, I), do ICMS (art. 155, §2º, X, "a") e do IPI (art. 153, §3º, III) as receitas e operações de exportação, passa-se a demonstrar qual foi finalidade almejada com cada uma delas.

Ao comentar as alterações promovidas pela Emenda Constitucional n. 33/2001, de onde emanou a imunidade prevista no art. 149, § 2º, inciso I, da CF/1988, que desonerou as receitas de exportação das contribuições sociais e das contribuições de intervenção no domínio, a Ministra Regina Helena Costa salientou que:

> A nova exoneração tributária vem ao encontro da máxima segundo a qual 'não se deve exportar tributos', e, por isso, revela-se benéfica às exportações, à exemplo de outras noras constitucionais nesse sentido (art. 153, § 3º, III, 155, § 2º, X, a; e 156, § 3, II).\'b"
>
> Essa imunidade objetiva, em nosso sentir, afasta a possibilidade de exigência das aludidas contribuições sobre as 'receitas' decorrentes de exportações. Logo, parece-nos, que o conceito há de ser entendido em

[21] BRASIL. Supremo Tribunal Federal. RE 474.132/SC, Rel. Ministro Gilmar Mendes, Brasília, DF, julgado em 12.08.2010, DJe de 01.12.2010.

[22] MURPHY, Liam; NAGEL, Thomas. *O Mito da Propriedade: os impostos e a justiça. Trad. Marcelo Brandão Cipolla.* São Paulo: Martins Fontes, 2005, p. 05.

> seu sentido amplo, a abranger, inclusive, as bases de cálculo consistentes no *faturamento* e no *lucro*, (art. 195, "b" e "c") sob pena de frustrar-se o desígnio constitucional.[23]

São duas as premissas condensadas dos comentários acima. A primeira é de que a imunidade do artigo 149, § 2º, inciso I, da CF/1988 reflete o desejo estampado no texto constitucional de obstar a exportação de tributos. A segunda é de que, sendo uma imunidade objetiva (e não subjetiva), a sua incidência não está ligada às características pessoais do contribuinte ou de determinado seguimento, mas sim ao objeto sobre a qual recai.[24]

Apoiando-se nessas mesmas concepções é que o Plenário do Supremo Tribunal Federal, por ocasião do julgamento do RE 627.815/PR,[25] concluiu, por unanimidade, pela inconstitucionalidade da incidência do PIS e da Cofins sobre a receita decorrente de variação cambial positiva obtida nas operações de exportações de produtos, por afronta ao artigo 149, § 2º, inciso I, da CF/88.

Ao decidir pela inexigibilidade do PIS e da Cofins sobre tais receitas o voto condutor do acórdão, da lavra da eminente Ministra Rosa Weber, salientou que a intepretação da norma deve prestigiar a vontade constitucional de desonerar por completo as exportações, afastando a incidência de tributos que recairiam sobre tais operações, ainda que de forma indireta, para que as "empresas brasileiras não sejam coagidas a exportarem os tributos".[26]

A mesma interpretação do artigo 149, § 2º, inciso I, da CF/1988 foi reproduzida pelo Plenário do STF no julgamento do RE 759.244/SP (Tema 674[27]) e da ADI 4735, conforme se extrai do voto do Ministro

[23] Costa, Regina Helena. *Imunidades Tributárias. Teoria e Análise da Jurisprudência do STF. 3ª Ed, revista, atualizada e ampliada*. São Paulo: Malheiros, 2015, p. 246-247.

[24] Costa, Regina Helena. *Imunidades Tributárias. Teoria e Análise da Jurisprudência do STF. 3ª Ed, revista, atualizada e ampliada*. São Paulo: Malheiros, 2015, p. 246-247.

[25] Brasil. Supremo Tribunal Federal. RE 627815/PR, Rel. Ministra Rosa Weber, Brasília, DF, julgado em 23.05.2013, DJe de 30.09.2013.

[26] Brasil. Supremo Tribunal Federal. RE 627815/PR, Rel. Ministra Rosa Weber, Brasília, DF, julgado em 23.05.2013, DJe de 30.09.2013.

[27] Tema 674: "Aplicabilidade da imunidade referente às contribuições sociais sobre as receitas decorrentes de exportação intermediada por empresas comerciais exportadoras ('trading companies').

Alexandre de Moraes, para quem o propósito da referida imunidade é afastar a "indesejada exportação de tributos, de modo a tornar mais competitivos os produtos nacionais, contribuindo para geração de divisas e o desenvolvimento nacional."[28]

Não obstante a irretocável a orientação adotada nos julgados acima citados, a definição da real abrangência do conceito de "receitas de exportação" gera controvérsias. Para a Ministra Regina Helena Costa, se a imunidade em questão deve operar como forma de evitar a exportação de tributos, não é admissível outra a interpretação do artigo 149, § 2º, inciso I, da CF/1988 senão a de que expressão "receitas de exportação" contemple também as grandezas faturamento e lucro, do art. 195, inciso I, alíneas "b" e "c" da CF/88.[29]

É o que também defende Roque Carrazza quando propugna que "interpretar um texto normativo, mais do que simplesmente entender-lhe as palavras, é captar o seu conteúdo, suas e suas aplicações práticas". Dessa forma, para Roque Carrazza a acepção do termo receita, utilizado pelo artigo 149, § 2º, inciso I, da CF/1988 "não exclui o *lucro* e vice-versa. [...] já que o *lucro* – sob os ângulos econômico, contábil e sobretudo tributário – nada mais é do que a *receita depurada*, isto é, a receita de teve expungidos os custos e despesas necessários à sua obtenção." [30]

Entretanto, no julgamento dos RREE n. 474.132 e n. 564.413 o STF entendeu que a regra constante do inciso I do § 2º do art. 149 da CF/88 não abrange a contribuição social sobre o lucro líquido – CSLL (insti-

Recurso extraordinário em que se discute, à luz do art. 149, § 2º, I, da Constituição federal, a constitucionalidade de instrução normativa que determinou a incidência de contribuição social sobre as receitas decorrentes de exportações, quando realizadas de forma indireta, ou seja, efetuadas por intermédio de "trading companies" BRASIL. Supremo Tribunal Federal. RE 759244/SP, Rel. Ministro Edson Fachin, Brasília, DF, julgado em 12.02.2020, DJe de 25.03.2020.

[28] Voto do Min. Alexandre no RE 759244 / SP e na ADI 4735/DF com mesma redação. (Brasil. Supremo Tribunal Federal. RE 759244/SP, Rel. Ministro Edson Fachin, Brasília, DF, julgado em 12.02.2020, DJe de 25.03.2020; BRASIL. Supremo Tribunal Federal. ADI 4735, Rel. Ministro Alexandre de Moraes, Brasília, DF, julgado em 12.02.2020, DJe de 25.03.2020.)

[29] Costa, Regina Helena. *Imunidades Tributárias. Teoria e Análise da Jurisprudência do STF. 3ª Ed, revista, atualizada e ampliada*. São Paulo: Malheiros, 2015.

[30] Carrazza, Roque Antônio. *Curso de Direito Constitucional Tributário. 30ª Ed.* São Paulo: Malheiros Editores, 2015, p.743.

tuída conforme art. 195, I, "c", da CF/88) e a extinta contribuição provisória sobre a movimentação financeira – CPMF.

Prevaleceu o entendimento capitaneado pelo Ministro Marco Aurélio de que a interpretação da imunidade prevista no art. 149, § 2º, I, da CF/88 deve ser realizada privilegiando-se a diferença semântica dos conceitos de receita e lucro, motivo pelo qual a imunidade não poderá atingir tributos outros além dos que adotem "receitas" como base de cálculo, e que tais receitas sejam decorrentes de exportações.[31]

No que diz respeito a imunidade do ICMS, ao discorrer sobre as alterações promovidas pela Emenda Constitucional n. 42/2003, a Ministra Regina Helena Costa salientou, na mesma toada, que a finalidade da alteração legislativa também foi, indiscutivelmente, estimular as exportações e, por essa razão, a sua materialização deverá atingir "não somente os exportadores, mas todos aqueles que contribuem para que a exportação seja efetivada".[32] Essa também é a opinião de Roque Carrazza, Heleno Torres e Alberto Xavier[33].

Roque Carrazza defende que as imunidades tributárias devem receber interpretação que lhes confira a máxima eficácia e que "a desoneração em tela alcança não só o exportador imediato da mercadoria ou do serviço, como todas as pessoas que tornaram possível a exportação." [34]

[31] Como decorrência do julgamento do RE 564.413/SC foi posteriormente firmada a seguinte tese de repercussão geral: "A Contribuição Social sobre o Lucro Líquido – CSLL incide sobre o lucro decorrente das exportações. A imunidade prevista no artigo 149, § 2º, inciso I, da Constituição Federal, com a redação dada pela Emenda Constitucional nº 33/2001, não o alcança. Obs: Redação da tese aprovada nos termos do item 2 da Ata da 12ª Sessão Administrativa do STF, realizada em 09/12/2015."

[32] Costa, Regina Helena. *Imunidades Tributárias. Teoria e Análise da Jurisprudência do STF. 3ª Ed, revista, atualizada e ampliada.* São Paulo: Malheiros, 2015, p. 216.

[33] Nesse sentido: Carrazza, Roque Antônio. *Curso de Direito Constitucional Tributário.* 30ª Ed. São Paulo: Malheiros Editores, 2015, p. 968.

Torres, Heleno Taveira. O IVA na experiência estrangeira e a tributação das exportações no direito brasileiro. *Revista Fórum de Direito Tributário.* v. 3, n. 16, jul./ago., 2005, p. 47.

Xavier, Alberto. Regime Constitucional das isenções e incentivos fiscais às exportações: o caso do ICMS. Do direito à utilização integral de saldo acumulado de créditos de ICMS como corolário da imunidade das exportações. *In*: TORRES, Heleno Taveira (Coord.). *Tratado de Direito Constitucional Tributário: estudos em homenagem a Paulo de Barros Carvalho.* São Paulo: Saraiva, 2005, p. 610.

[34] Carrazza, Roque Antônio. *Curso de Direito Constitucional Tributário. 30ª Ed.* São Paulo: Malheiros Editores, 2015, p. 966.

Em reforço a esse raciocínio, a Alberto Xavier sublinhou que a imunidade em questão não é um incentivo ao exportador. A sua finalidade é retirar integralmente o produto destinado ao exterior do campo de incidência do ICMS, motivo pelo qual não é apenas o exportador direto que deve ser beneficiado, deixando de recolher o valor que lhe caberia, "mas sim o bem quando exportado, e portanto, todo o ICMS sobre ele cobrado nas anteriores fases do processo econômico."[35]

Em outras palavras, a imunidade conferida às exportações em relação ao ICMS, assim como a imunidade prevista no artigo 149, § 2º, inciso I, da CF/1988 é de natureza objetiva. Como consequência, a sua implementação, em termos práticos, deve desonerar a operação de exportação como um todo, e não apenas o exportador. Assim, se o beneficiário da imunidade é o produto exportado, a incidência do ICMS deverá ser banida em todas as fases anteriores à exportação, via manutenção e restituição dos respectivos créditos.[36]

Essa orientação constou na ementa do acórdão proferido no julgamento do RE 606107/RS, Tema 283 da Repercussão Geral[37], veja-se:

> IV – O art. 155, § 2º, X, "a", da CF – cuja finalidade é o incentivo às exportações, desonerando as mercadorias nacionais do seu ônus econômico, de modo a permitir que as empresas brasileiras exportem produtos, e não tributos –, imuniza as operações de exportação e assegura "a manutenção e o aproveitamento do montante do imposto cobrado nas

[35] Xavier, Alberto. Regime Constitucional das isenções e incentivos fiscais às exportações: o caso do ICMS. Do direito à utilização integral de saldo acumulado de créditos de ICMS como corolário da imunidade das exportações. *In*: Torres, Heleno Taveira (Coord.). *Tratado de Direito Constitucional Tributário: estudos em homenagem a Paulo de Barros Carvalho*. São Paulo: Saraiva,2005, p. 610.

[36] Xavier, Alberto. Regime Constitucional das isenções e incentivos fiscais às exportações: o caso do ICMS. Do direito à utilização integral de saldo acumulado de créditos de ICMS como corolário da imunidade das exportações. *In*: TORRES, Heleno Taveira (Coord.). *Tratado de Direito Constitucional Tributário: estudos em homenagem a Paulo de Barros Carvalho*. São Paulo: Saraiva, 2005, p. 610-611.

[37] Tema 283: "Incidência do PIS e da COFINS não-cumulativos sobre valores recebidos a título de transferência de ICMS." Tese: É inconstitucional a incidência da contribuição ao PIS e da COFINS não cumulativas sobre os valores recebidos por empresa exportadora em razão da transferência a terceiros de créditos de ICMS. BRASIL. Supremo Tribunal Federal. RE 606107/RS, Rel. Ministra Rosa Weber, Brasília, DF, julgado em 22.05.2013, DJe de 22.11.2013.

operações e prestações anteriores". Não incidem, pois, a COFINS e a contribuição ao PIS sobre os créditos de ICMS cedidos a terceiros, sob pena de frontal violação do preceito constitucional.

No âmbito do RE 606107/RS o STF decidiu, de forma irrepreensível, que os créditos acumulados pelos exportadores que não possam ser utilizados para dedução de seus próprios débitos e sejam comercializados com terceiros, conforme autorizado pelo art. 25, § 1º, inciso da LC n. 87/96 (como forma de evitar que o acúmulo desses créditos onere as exportações), obviamente não podem ser considerados receitas tributáveis para fins de incidência do PIS e da Cofins, sob pena de se impedir que a regra imunizante desonere integralmente o produto exportado.

Na contramão dessa orientação, no entanto, está a posição que foi adotada pelo STF no julgamento do RE 754.917/RS, tema 475 da Repercussão Geral, realizado em ambiente inteiramente virtual, de Relatoria do Ministro Dias Toffoli, em que foi firmada a seguinte tese: "A imunidade a que se refere o art. 155, § 2º, X, "a", da CF não alcança operações ou prestações anteriores à operação de exportação".

A tese firmada desconsidera uma premissa crucial para a adequada compreensão da imunidade para as exportações, que inclusive já havia sido prestigiada em julgamentos anteriores do próprio STF, no sentido de que imunidade em questão não é um benefício para o exportador.

A referida imunidade, como se verá em detalhes no capítulo 3, permite que os produtos nacionais sejam introduzidos no mercado internacional com preços mais atraentes e foi inspirada em modelos em vigor em outros países concorrentes, estando em consonância com a autorização conferida pelo GATT/OMC para da desoneração fiscal de tributos indiretos sobre exportações.[38]

A norma refletiu "a opção política do Brasil de garantir a competitividade de seus produtos e serviços no mercado internacional, com – também nesse caso – a neutralização do tributo cobrado mas prestações e operações anteriores (internas)." [39]

[38] Carrazza, Roque Antônio. *Curso de Direito Constitucional Tributário. 30ª Ed.* São Paulo: Malheiros Editores, 2015, p. 965.

[39] Carrazza, Roque Antônio. *Curso de Direito Constitucional Tributário. 30ª Ed.* São Paulo: Malheiros Editores, 2015, p. 966.

Para Misabel Derzi a ampliação da imunidade do ICMS para exportações representa a vontade de estabelecer de forma duradoura políticas que inibam ou ao menos minimizem a exportação de impostos "que afetam a competitividade e na obtenção de divisas e o equilíbrio da balança de pagamentos"[40]

Por fim, examinando a lógica que recai sobre a imunidade dos produtos industrializados destinados à exportação em relação ao IPI, prevista no art. 153, § 3º, inciso III, da CF/88, observa-se, assim como as demais, que a sua instituição teve o propósito de impulsionar as exportações e, nas palavras da Ministra Regina Helena Costa, "efetivar a máxima universal segundo a qual 'deve-se exportar produto, não tributo'." [41]

Uma vez mais, invoca-se o magistério de Roque Carrazza, para quem a concretização do desejo constitucional e político de desoneração só será efetivo por meio de interpretação que assegure a fruição da imunidade por todos aqueles que de alguma forma contribuíram do processo produtivo da mercadoria destinada ao exterior. Pensa também esse jurista que:

> Em suma, o que estamos tentando deixar em evidência é que absolutamente não se pode restringir a diretriz constitucional de favorecer, com a imunidade ao IPI, as exportações de produtos industrializados. Assim, o contribuinte que comprovar que o produto industrializado com o qual está praticando a operação jurídica irá, a final, para o exterior tem o direito subjetivo de não pagar o imposto específico.[42]

A interpretação em sentido diverso, segundo a Ministra Regina Helena Costa acarretará uma mutilação do dispositivo constitucional, "amesquinhando" a benesse constitucionalmente assegurada ao fomento da exportação de produtos industrializados.[43]

[40] BALEEIRO, Aliomar. *Limitações Constitucionais ao Poder de Tributar. Atualizada por Misabel Abreu Machado Derzi. 8ª ed.* Rio de Janeiro: Forense, 2010, p. 680.

[41] COSTA, Regina Helena. *Imunidades Tributárias. Teoria e Análise da Jurisprudência do STF. 3ª Ed, revista, atualizada e ampliada.* São Paulo: Malheiros, 2015, p. 212.

[42] CARRAZZA, Roque Antônio. *Curso de Direito Constitucional Tributário. 30ª Ed.* São Paulo: Malheiros Editores, 2015, p. 962.

[43] COSTA, Regina Helena. *Imunidades Tributárias. Teoria e Análise da Jurisprudência do STF. 3ª Ed, revista, atualizada e ampliada.* São Paulo: Malheiros, 2015, p. 213.

Diante de tudo o que foi acima exposto, é incontroverso que a desoneração das exportações promovida pelo texto constitucional em relação às contribuições sociais e contribuições de intervenção no domínio econômico (artigo 149, § 2º, inciso I, da CF/1988), assim como em relação ao ICMS (artigo 155, §2º, X, "a", CF/88) e ao IPI (artigo 153, § 3º, CF/88) teve a mesma finalidade, qual seja: evitar a exportação de tributos e com isso assegurar neutralidade e igualdade, e por conseguinte, competitividade aos produtos nacionais.

Após a identificação dos efeitos concretos da desoneração das exportações, é indispensável esclarecer também como o tratamento fiscal das exportações se opera no âmbito internacional e como se materializam os benefícios para o desenvolvimento nacional decorrentes do fomento às exportações, do que se ocupará o capítulo seguinte.

## 3. O Princípio do Destino e a desoneração das exportações como medida de desenvolvimento nacional

Ao desonerar as exportações para estimular a competitividade dos produtos nacionais, o Brasil visou seguir um padrão já implementado em todos os países da Comunidade Europeia desde 1977 em relação aos impostos sobre consumo, representado por um regime jurídico cuja tributação é concentrada no país de destino.[44]

Assim, as imunidades acima descritas consagram a adoção pelo Brasil do "princípio do destino" ou "princípio do país de destino", que no âmbito do comércio internacional pressupõe que a tributação de mercadorias e serviços ocorra apenas no país de destino (importador), desonerando esses produtos e serviços sejam no país de origem, como forma de inibir a chamada exportação de tributos.[45]

[44] JOBIM, Eduardo de Sampaio Leite. A tributação sobre o consumo na experiência europeia e a tributação das exportações no Brasil: o tratamento dado ao ICMS e ao IPI. *Revista Fórum de Direito Tributário*, Belo Horizonte, v. 17, n. 100, p. 147-188, jul./ago. 2019, p.155-157.

[45] Nesse sentido: BALEEIRO, Aliomar. *Limitações Constitucionais ao Poder de Tributar. Atualizada por Misabel Abreu Machado Derzi. 8ª ed.* Rio de Janeiro: Forense, 2010, p. 797-798.

CARRAZZA, Roque Antônio. *Curso de Direito Constitucional Tributário.* 30ª Ed. São Paulo: Malheiros Editores, 2015, p. 966.

TORRES, Heleno Taveira. O IVA na experiência estrangeira e a tributação das exportações no direito brasileiro. *Revista Fórum de Direito Tributário.* v. 3, n. 16, jul./ago., 2005, p. 20.

Nas palavras de Alberto Xavier:

> O sistema assim descrito – adotando o princípio do "país do destino" – permite, pela eliminação da dupla tributação e da evasão fiscal, evitar perturbações nas condições de concorrência, conduzindo a que um mesmo consumo ou uma mesma transação sejam tributados apenas uma vez e as mercadorias estrangeiras suportem o mesmo encargo fiscal que as mercadorias nacionais.
>
> [...]
>
> O objetivo fundamental do princípio do país do destino – que a transação internacional seja tributada *apenas uma vez* no país importador com a conseqüente *exoneração absoluta* das imposições já sofridas no país de origem correspondentes aos estágios anteriores à exportação – foi entre nós atingido [...].[46]

Além de preconizar que os bens e serviços não sejam tributados quando de sua saída para o exterior, o princípio do destino pressupõe que caberá ao país de origem a restituição dos tributos que foram recolhidos nas etapas anteriores à exportação, de maneira que a exportação esteja "livre de impostos" para permitir que a tributação ocorra unicamente no estado de destino.[47]

Segundo Eduardo Jobim, princípio do destino também é atualmente adotado por todos os países membros da OCDE (exceto Estados Unidos) e o seu emprego é de importância ímpar no comércio internacional, uma vez que viabiliza uma uniformidade do tratamento fiscal das exportações de proporções mundiais.[48]

[46] XAVIER, Alberto. Regime Constitucional das isenções e incentivos fiscais às exportações: o caso do ICMS. Do direito à utilização integral de saldo acumulado de créditos de ICMS como corolário da imunidade das exportações. *In*: TORRES, Heleno Taveira (Coord.). *Tratado de Direito Constitucional Tributário: estudos em homenagem a Paulo de Barros Carvalho*. São Paulo: Saraiva, 2005, p. 609.

[47] JOBIM, Eduardo de Sampaio Leite. *A tributação sobre o consumo na experiência europeia e a tributação das exportações no Brasil: o tratamento dado ao ICMS e ao IPI. Revista Fórum de Direito Tributário,* Belo Horizonte, v. 17, n. 100, p. 147-188, jul./ago. 2019, p.157.

[48] JOBIM, Eduardo de Sampaio Leite. A tributação sobre o consumo na experiência europeia e a tributação das exportações no Brasil: o tratamento dado ao ICMS e ao IPI. *Revista Fórum de Direito Tributário,* Belo Horizonte, v. 17, n. 100, p. 147-188, jul./ago. 2019, p.167.

É o que preconiza Roque Carrazza a desoneração das exportações não é uma medida que visa proteger o exportador, mas as exportações em si, fazendo com que os produtos nacionais sejam oferecidos no mercado internacional com preços mais competitivos.[49]

As imunidades em comento devem ser consideradas "imunidades técnicas, pois se dirigem ao aprimoramento da racionalidade do sistema tributário". Ou seja, não estão relacionadas com o direito fundamental de um ou de outro contribuinte, mas operam como forma "de harmonizar o país aos demais sistemas tributários de outros países, impingindo no comércio internacional regras que evitam a dupla tributação internacional ou não tributação por dois países, no caso, exportadores e importadores sobre a mesma materialidade".[50]

Assim, ao privilegiar a aplicação do princípio do destino nas exportações, o Brasil "ajusta-se às demais economias do planeta"[51] e adere a um tratamento jurídico para as exportações que é compatível com o *General Agreement on Tariffs and Trade* – GATT (ratificado pelo Brasil por meio do Decreto Legislativo nº 30/1994 e promulgado pelo Decreto nº 1.355/1994), e que adota o princípio da tributação no país do destino para os impostos sobre o consumo (art. XVI).[52]

Mais recentemente, ao discorrer sobre os contornos da imunidade do art. 149, § 2º, I, da CF/88, no julgamento do RE 759.244/SP (por meio do qual o STF assegurou a não incidência de contribuições sociais sobre as receitas decorrentes de exportação intermediada por empresas comerciais exportadoras) o Min. Edson Fachin ressaltou a imprescindibilidade da observância das práticas internacionais, em especial do respeito ao princípio do destino. Veja-se:

> Nesse sentido, visando à neutralidade fiscal no fluxo internacional de bens e serviços, compreendo que prevalece o princípio do destino em

[49] Carrazza, Roque Antônio. Curso de Direito Constitucional Tributário. 30ª Ed. São Paulo: Malheiros Editores, 2015, p. 966.

[50] Jobim, Eduardo de Sampaio Leite. A tributação sobre o consumo na experiência europeia e a tributação das exportações no Brasil: o tratamento dado ao ICMS e ao IPI. *Revista Fórum de Direito Tributário*, Belo Horizonte, v. 17, n. 100, p. 147-188, jul./ago. 2019, p. 173.

[51] Baleeiro, Aliomar. *Limitações Constitucionais ao Poder de Tributar. Atualizada por Misabel Abreu Machado Derzi. 8ª ed.* Rio de Janeiro: Forense, 2010, p. 787

[52] Torres, Heleno Taveira. O IVA na experiência estrangeira e a tributação das exportações no direito brasileiro. *Revista Fórum de Direito Tributário*. v. 3, n. 16, jul./ago., 2005, p. 17.

> função da mercadoria/produto destinada ao exterior nas imunidades tributárias versadas no art. 149, §2º, I, do Texto Constitucional.
> Nesse âmbito, fixo como premissa ao meu voto a compreensão segundo a qual a desoneração dos tributos que influa no preço de bens e serviços deve estruturar-se, a princípio, em formato direcionado à garantia do objeto, e não do sujeito passivo tributário, de modo que restrições à fruição do regime de imunidade tributária em decorrência da interposição de terceiros cujo objetivo único na cadeia é o agenciamento de mercadorias a adquirentes internacional fora do âmbito territorial do Brasil deve ser contemporizado em relação à finalidade das exonerações constitucionais e ao esforço exportador (*export-drive*) do potencial contribuinte.[53]

Na linha do que foi esclarecido pelo Ministro Edson Fachin, o principal objetivo do princípio do destino é, portanto, assegurar a neutralidade fiscal dos produtos remetidos para o exterior. Em termos práticos, a neutralidade permite que um produto seja consumido no exterior com o mesmo custo fiscal, já que sem a interferência do estado as variações de preços decorrerão exclusivamente de fatores inerentes a própria atividade produtiva, conforme explica Heleno Torres.[54]

Como consequência dessas medidas, "garante-se simplesmente uma eficiência na produção, para obter vantagem competitiva, sem qualquer afetação estatal ou algum privilégio atribuído." [55]

Ao retirar a carga tributária que recai sobre as exportações, o constituinte oportuniza a oferta de produtos nacionais no mercado internacional com preços mais competitivos. Com isso, os produtos nacionais ganham espaço em outros mercados, resultando em um aumento de demanda que acarretará a ampliação da produção interna, estimulando a empregabilidade e o crescimento global da economia.[56]

[53] BRASIL. Supremo Tribunal Federal. RE 759244/SP, Rel. Ministro Edson Fachin, Brasília, DF, julgado em 12.02.2020, DJe de 25.03.2020.

[54] TORRES, Heleno Taveira. O IVA na experiência estrangeira e a tributação das exportações no direito brasileiro. *Revista Fórum de Direito Tributário*. v. 3, n. 16, jul./ago., 2005, p. 17.

[55] TORRES, Heleno Taveira. O IVA na experiência estrangeira e a tributação das exportações no direito brasileiro. *Revista Fórum de Direito Tributário*. v. 3, n. 16, jul./ago., 2005, p. 17.

[56] TORRES, Heleno Taveira. Revisão de incentivos à exportação não pode afetar competitividade. *Consultor Jurídico*, 16 nov.2016. Disponível em: <https://www.conjur.com.br/2016-nov-16/revisao-incentivos-exportacao-nao-afetar-competitividade.> Acesso em 25 jul.2020.

Nota-se, dessa forma, que as medidas de estímulo às exportações desencadeiam benefícios para toda a economia nacional, na medida em estimulam o setor produtor, o que automaticamente repercute não apenas no aumento do volume produzido, mas na qualidade e eficiência do que se produz.

Essas também foram as impressões de Arnoldo Wald ao explicar que o fomento das exportações acarreta impactos positivos que irradiam na economia do país como um todo. Confira-se:

> "as estatísticas revelam a existência de um incontestável paralelismo entre crescimento do produto interno bruto dos países em vias de desenvolvimento e a evolução de suas exportações. Na realidade o aumento das exportações, especialmente de produtos manufaturados, é uma garantia de crescimento da economia nacional, pois além de assegurar as divisas necessárias para a realização das importações de bens e serviços e know-how indispensáveis ao desenvolvimento, permite uma melhor utilização de vários fatores de produção. Evita-se, assim, que a reduzida capacidade de importar – decorrente da falta de divisas – possa constituir entrave ao crescimento do País, como já aconteceu em determinadas fases da história. Os meios de garantis o equilíbrio do balanço de pagamento diante da necessidade importar consistem no recebimento de investimentos, nos empréstimos externos e nas exportações. Estas últimas se revestem da maior importância pois levam à ampliação do mercado produtor, aumentando o número de empregos e introduzindo a utilização de técnicas e escalas mais adequadas. Consequentemente, os produtos melhoram em qualidade e podem baixar em preço. [57]

Tal perspectiva demonstra a importância do comércio internacional como forma de se impulsionar o desenvolvimento científico e tecnológico, aumentar as opções de consumo e a geração de empregos. Ao exportar, o país assegura a entrada de divisas que viabilizam a obtenção de recursos para importar bens e serviços que por algum motivo não consegue produzir[58].

[57] Wald, Arnold. Trading Companies. *Revista do Serviço Público*, Brasília, v. 109, n. 1, p. 89-100, jan./mar. 1974, p. 89-90.

[58] Poyer, Maria da Graça. Roratto, Renato Paulo. *Introdução ao comércio exterior.* UnisulVirtual, 2017, p. 09-15.

Uma interessante contextualização da relevância das exportações para a economia interna encontra-se na obra de José Lopes Vasques, da qual merece transcrição a seguinte passagem:

> [...] a exportação é a atividade que proporciona a abertura do país para o mundo. É uma forma de se confrontar com os demais parceiros e, principalmente, frequentar a melhor escola de administração, já que, lidando com diferentes países, o país exportador assimila técnicas e conceitos a que não teria acesso em seu mercado interno[59].

Ao analisar de forma sistemática as imunidades sobre as receitas de exportações o Min. Alexandre de Moraes[60] também ressaltou:

> Ao contrário, cuida-se apenas de garantir ao instituto uma aplicação conectada com a sua própria razão de ser, a partir de um critério teleológico/finalístico.
>
> Vale lembrar que a Constituição Federal adota o desenvolvimento nacional como um dos objetivos fundamentais da República Federativa do Brasil (art. 3º, II, da CF).

Como visto, são incontestáveis as vantagens concretas para a economia interna como decorrência das regras imunizantes acima explicitadas, estando entrelaçadas com o disposto no art. 3º, inciso II, da CF/88, que estabelece como um dos objetivos da República Federativa do Brasil a garantia do desenvolvimento nacional.[61]

Nesse contexto, as imunidades instituídas com o propósito de desonerar os produtos remetidos ao exterior não apenas devem ser mantidas como opção de política fiscal, na medida em que promovem o desenvolvimento nacional e estão alinhadas com as práticas adotadas no âmbito internacional, como também devem ser interpretadas pelos tribunais brasileiros com foco em sua máxima efetividade.

[59] VAZQUEZ, José Lopes. *Comércio exterior brasileiro*. 8. ed. São Paulo: Atlas, 2007, p. 177.

[60] Voto do Min. Alexandre de Moraes no RE 759244 / SP e na ADI 4735 / DF. (BRASIL. Supremo Tribunal Federal. ADI 4735, Rel. Ministro Alexandre de Moraes, Brasília, DF, julgado em 12.02.2020, DJe de 25.03.2020; BRASIL. Supremo Tribunal Federal. RE 759244/SP, Rel. Ministro Edson Fachin, Brasília, DF, julgado em 12.02.2020, DJe de 25.03.2020.)

[61] BRASIL. Supremo Tribunal Federal. RE 474132/SC, Rel. Ministro Gilmar Mendes, Brasília, DF, julgado em 12.08.2010, DJe de 01.12.2010.

Aliás, a principal diferença entre o modelo brasileiro e os modelos da União Europeia e de outros países que adotam o princípio do destino, está relacionado com os mecanismos de devolução de créditos, que no Brasil não estão alinhados com a perspectiva de máxima efetividade. Neste estudo, tendo em conta o recorte originalmente proposto, não serão trazidos maiores detalhes sobre os problemas relacionados ao aproveitamento de créditos, os quais, em sua maioria envolvem questões a respeito da regulamentação no âmbito infraconstitucional.

Mesmo assim, é válida uma rápida digressão sobre o tema. No Brasil, segundo Heleno Torres (i) os mecanismos de devolução de créditos são reduzidos e combatidos; (ii) a aplicação do princípio da não cumulatividade é limitada; (iii) são restituídos apenas créditos físicos, salvo algumas exceções, o que provoca um desequilíbrio entre o imposto pago e o que é devolvido.[62]

Tais deficiências geram uma grave cumulatividade e a manutenção de tributos na composição dos preços dos produtos exportados, com impacto direto na "competitividade nacional, contenção do balanço de pagamentos favorável e, por conseguinte, prejuízos ao crescimento econômico, à empregabilidade e ao desenvolvimento nacional."[63]

Nas palavras de Heleno Torres

> Do ponto de vista econômico, de há muito, a trajetória tributária brasileira conspira contra nosso comércio exterior. Em alguns setores, o volume de resíduos tributários de créditos (valor de impostos que foram pagos, mas não compensados no curso da cadeia) vão de 5% a 20%. O exportador brasileiro, em geral, não pede privilégio ou vantagem, como ocorre em outras isenções ou incentivos. Pede apenas o que se passa em todo o mundo, em todos os países: que sejam devolvidos os créditos acumulados ao longo da cadeia de produção. Isso não é renúncia fiscal. Na prática, é o mesmo mecanismo que está em vigor na União Europeia (IVA), na China e em outros países (tax rebate) e que independem da isenção (no nosso caso "imunidade" às exportações).

[62] TORRES, Heleno Taveira. O IVA na experiência estrangeira e a tributação das exportações no direito brasileiro. *Revista Fórum de Direito Tributário*. v. 3, n. 16, jul./ago., 2005, p. 21.

[63] TORRES, Heleno Taveira. O IVA na experiência estrangeira e a tributação das exportações no direito brasileiro. *Revista Fórum de Direito Tributário*. v. 3, n. 16, jul./ago., 2005, p. 21.

> Seu fundamento é devolver o resíduo de impostos acumulados ao longo da cadeia produtiva. Não exportar tributos, portanto.[64]

Em um modelo ideal de desenvolvimento industrial e estímulo às exportações é necessário que sejam implementados mecanismos que viabilizem a restituição integral dos tributos que incidiram sobre os produtos exportados "sem que isso se confunda com qualquer espécie de incentivo fiscal ou similar."[65]

Isso significa que a desoneração das exportações somente proporcionará uma real neutralidade fiscal dos produtos exportados se, além da desoneração em si, for assegurada "(ii) a manutenção dos créditos referentes a operações anteriores; e (iii) o pleno aproveitamento dos créditos acumulados que não puderam ser obtidos ou compensados em operações subsequentes".[66]

Na União Europeia, por exemplo, ao lado dos mecanismos de desoneração das exportações foi implementado um eficiente regime de reconhecimento e devolução de créditos de tributos que incidiram sobre o produto exportado. Com isso "os países exportadores não aplicam nenhum imposto e, ao mesmo tempo, devolvem todo o volume de IVA que tenha sido assumido pelo sujeito passivo, em reconhecimento do princípio do destino".[67]

Mas não é só. Os países europeus resguardam o direito à restituição integral dos tributos que incidiram em alguma medida nas operações anteriores à exportação. Segundo Heleno Torres, podem ser encontradas sistemáticas semelhantes de devolução de créditos em países vizinhos como Argentina, Bolívia, Colômbia, Equador México, Paraguai,

[64] TORRES, Heleno Taveira. Revisão de incentivos à exportação não pode afetar competitividade. *Consultor Jurídico,* 16 nov.2016. Disponível em: <https://www.conjur.com.br/2016-nov-16/revisao-incentivos-exportacao-nao-afetar-competitividade.> Acesso em 25 jul.2020.

[65] TORRES, Heleno Taveira. O IVA na experiência estrangeira e a tributação das exportações no direito brasileiro. *Revista Fórum de Direito Tributário.* v. 3, n. 16, jul./ago., 2005, p. 09.

[66] XAVIER, Alberto. Regime Constitucional das isenções e incentivos fiscais às exportações: o caso do ICMS. Do direito à utilização integral de saldo acumulado de créditos de ICMS como corolário da imunidade das exportações. *In*: TORRES, Heleno Taveira (Coord.). *Tratado de Direito Constitucional Tributário: estudos em homenagem a Paulo de Barros Carvalho.* São Paulo: Saraiva, 2005, p. 623.

[67] TORRES, Heleno Taveira. O IVA na experiência estrangeira e a tributação das exportações no direito brasileiro. *Revista Fórum de Direito Tributário.* v. 3, n. 16, jul./ago., 2005, p. 10.

Peru, Uruguai e Venezuela, além de Estados Unidos México, Japão e Canadá, ressaltando que assim o fazem buscando justamente a preservação da competitividade de seus produtos no mercado internacional.[68]

Nesse contexto, para uma real neutralidade da tributação que incide sobre as exportações, o sistema brasileiro demanda aperfeiçoamentos. Essas mudanças serão revertidas em crescimento e desenvolvimento, conforme ficou acima demonstrado.

## 4. Diagnóstico e análise crítica das Propostas de Emenda à Constituição de revogação das imunidades para as exportações

Como visto, a compreensão que se extrai da doutrina majoritária e até mesmo da jurisprudência é no sentido de que as imunidades instituídas com o objetivo de desonerar as exportações possuem um desígnio maior, não apenas de alinhamento do Brasil com as práticas internacionais (princípio do destino), mas com a repercussão tais desonerações na economia nacional, na medida em que aumentam a quantidade e qualidade dos produtos produzidos e viabilizam maior equilíbrio na entrada e saída de capital estrangeiro no país.

A despeito disso, a concepção de que as imunidades previstas no art. 149, § 2º, inciso I, da CF/1988 (Contribuições Sociais e de Intervenção no Domínio Econômico), no art. 155, § 2º, X, "a", da CF/88 (ICMS) e no art.153, §3º, inciso III, CF/88 (IPI) não são subjetivas e de que não representam um benefício ao exportador, mas sim à produção e ao desenvolvimento nacional, ainda não foi assimilada com a clareza necessária por toda comunidade jurídica e nem mesmo pela sociedade.

A assertiva é confirmada pela surpreendente quantidade de Propostas de Emenda à Constituição ("PEC") em tramitação no Congresso Nacional por meio das quais pretende-se revogar ou alterar as regras de desoneração das exportações. Dentre as imunidades, a que está prevista no art. 155, § 2º, X, "a", da CF/88 para o ICMS é a que causou o maior inconformismo sendo alvo de uma grande quantidade de PEC´s que aspiram a sua revogação/alteração.

Nesse contexto, o objetivo deste capítulo será trazer um panorama das principais propostas de Emenda à Constituição que visam restringir

[68] Torres, Heleno Taveira. O IVA na experiência estrangeira e a tributação das exportações no direito brasileiro. *Revista Fórum de Direito Tributário*. v. 3, n. 16, jul./ago., 2005, p. 17.

ou até mesmo extinguir algumas das imunidades que beneficiam as exportações. Em face dessa delimitação não serão trazidas considerações a respeito de outras desonerações sobre as exportações previstas na legislação e eventuais projetos de lei correlatos.

Podemos considerar que a principal das PEC's é a de n. 8/2015, à qual foram posteriormente apensadas as PEC's n. 361/2017, n. 35/2019, n. 90/2019 e a n. 201/2019. A **PEC nº 08/2015,** de autoria do Deputado Arnaldo Jordy, busca a alteração do art. 155 da CF/88 para reinstituir a tributação do ICMS sobre bens minerais primários e sobre produtos semielaborados deles derivados destinados à exportação, por meio da inclusão do § 7º no art. 155 da CF/88, com a seguinte redação:

> § 7o O disposto nos incisos X, 'a' e XII, 'e' do § 2o do art. 155, não se aplica às operações que destinem ao exterior, bens minerais primários ou produtos semielaborados que os utilizem como matéria prima preponderante, nos termos de lei complementar.[69]

No texto da exposição de motivos, aponta-se que a revogação da desoneração de ICMS para bens minerais primários e sobre produtos semielaborados deles derivados seria recomendável como forma de se "tributar a atividade de forma inteligente, o que não vem mais acontecendo no Brasil por força do que ficou estabelecido pela Lei Kandir". Além disso o deputado aponta a primordialidade de "preservação das riquezas naturais do país e a necessidade de que o Governo estabeleça".[70]

Na mesma toada está a **PEC nº 361/2017,** apresentada em 20.09.2017 pelo Deputado Reginaldo Lopes que, por sua vez, contempla uma medida ainda mais radical, que é a exclusão integral da imunidade do art. 155, § 2ª, X, "a", da CF/88. A proposição possui apenas um único artigo com a seguinte redação: "Art. Único. Fica suprimida a alínea a), do inciso X do § 2º do art.155 da Constituição Federal"[71]

[69] Brasil. Câmara dos Deputados. Proposta de Emenda à Constituição n. 08 de 11 de março de 2015. Brasília, 2015. Disponível em: <https://www.camara.leg.br/proposicoesWeb/fichadetramitacao?idProposicao=996609&ord=1>. Acesso em: 05 set. 2020.

[70] Brasil. Câmara dos Deputados. Proposta de Emenda à Constituição n. 08 de 11 de março de 2015. Brasília, 2015. Disponível em: <https://www.camara.leg.br/proposicoesWeb/fichadetramitacao?idProposicao=996609&ord=1>. Acesso em: 05 set. 2020.

[71] Brasil. Câmara dos Deputados. Proposta de Emenda à Constituição n. 361 de 20 de setembro de 2017. Brasília, 2017. Disponível em: <https://www.camara.leg.br/proposicoesWeb/fichadetramitacao?idProposicao=2152458>. Acesso em: 05 set. 2020.

A justificativa apresentada pelo Deputado Reginaldo Lopes demonstra que a proposta representou o interesse de Governadores de diversos Estados à época (Acre, Mato Grosso, Piauí, Rio Grande do Norte, Rondônia e Sergipe) como medida para "superação do momento dramático para as finanças estaduais".[72] O Deputado explica que o Governo Federal havia se comprometido a implementar medidas compensatórias às perdas de arrecadação com o ICMS decorrentes da desoneração das exportações, mas que essas medidas nunca foram implementadas e causaram graves prejuízos aos cofres dos Estados. [73]

Com textos e objetivos semelhantes à **PEC n. 08/2015** e à **PEC n. 361/2017** identificamos também em tramitação no Congresso Nacional as seguintes proposições:

- **PEC n. 35/2019**: Apresentada em 27.03.2019 pelo Deputado Lafayette de Andrada, com a proposta de acrescentar no texto constitucional dispositivo que autoriza os Estados e o Distrito Federal a implementar ou não no âmbito de seus respectivos territórios a imunidade prevista no art. 155, § 2ª, X, "a", da CF/88. Em sua justificativa o Deputado reconhece a importância do incentivo às exportações como medida que favorece a balança comercial brasileira, mas aponta que nas últimas décadas a medida causou "efeitos bem distintos sobre os 27 membros da Federação, o que vem provocando conflitos entres os estados e a União." O Deputado destaca, sobretudo, que embora o Brasil tenha conseguido com essa desoneração ampliar as exportações, a repercussão para alguns Estados foi de uma "cruel diminuição de arrecadação de ICMS sem qualquer compensação.[74]A PEC n. 35/2019 foi apensada à PEC nº 361/2017 em 03.04.2019.
- **PEC n. 90/2019:** Apresentada em 04.06.2019 pelo Deputado Júlio Delgado, propõe a alteração da redação do art. 155, § 2ª, X,

[72] Brasil. Câmara dos Deputados. Proposta de Emenda à Constituição n. 361 de 20 de setembro de 2017. Brasília, 2017. Disponível em: <https://www.camara.leg.br/proposicoesWeb/fichadetramitacao?idProposicao=2152458>. Acesso em: 05 set. 2020.

[73] Brasil. Câmara dos Deputados. Proposta de Emenda à Constituição n. 361 de 20 de setembro de 2017. Brasília, 2017. Disponível em: <https://www.camara.leg.br/proposicoesWeb/fichadetramitacao?idProposicao=2152458>. Acesso em: 05 set. 2020.

[74] Brasil. Câmara dos Deputados. Proposta de Emenda à Constituição n. 35 de 27 de março de 2019. Brasília, 2019. Disponível em: <https://www.camara.leg.br/proposicoesWeb/fichadetramitacao?idProposicao=2195675>. Acesso em: 05 set. 2020.

"a", da CF/88 para excluir do campo de incidência da imunidade sobre os "produtos primários de minerais metálicos". Na exposição de motivos da proposta aponta-se que com o fim da desoneração o Brasil deixará de ser um exportador de commodities e passará a ser um "potencial destino de investimentos internacionais em industrialização"[75]. A PEC n. 90/2019 está apensada à PEC n. 08/2015 desde 10.06.2019

- **PEC 201/2019:** Apresentada em 21.11.2019 pelo Deputado Paulo Abi-Akel, com o mesmo objetivo de modificar o texto da alínea "a" do art. 155, § 2ª, X, da CF/88, para que "produtos primários e produtos industrializados semielaborados" não sejam beneficiados pela imunidade que atinge a exportações. O Autor da proposta indica como motivo para a alteração no texto constitucional a perda de arrecadação sofrida pelos estados como decorrência da EC 42/2003 e pela LC 87/96 (Lei Kandir). Nas palavras do Deputado Paulo Abi-Akel "desoneração de tributo de competência estadual, impactando, portanto, negativamente na arrecadação de receita dos estados, porquanto, a compensação prevista em lei não foi capaz de ressarcir de forma devida os estados exportadores"[76] Está apensada à PEC nº 08/2015 desde 26.11.2019
- **PEC 42/2019** – Apresentada em 04.04.2019 pelo Senador Antônio Anastasia em conjunto com outros 28 Senadores[77], cuja proposta também visa excluir os produtos não-industrializados e se-

[75] BRASIL. Câmara dos Deputados. Proposta de Emenda à Constituição n. 90 de 04 de junho de 2019. Brasília, 2019. Disponível em: <https://www.camara.leg.br/proposicoesWeb/fichadetramitacao?idProposicao=2206373>. Acesso em: 05 set. 2020.

[76] BRASIL. Câmara dos Deputados. Proposta de Emenda à Constituição n. 201 de 21 de novembro de 2019. Brasília, 2019. Disponível em: <https://www.camara.leg.br/proposicoesWeb/fichadetramitacao?idProposicao=2230253 >. Acesso em: 05 set. 2020.

[77] Quais sejam: Senador Alessandro Vieira (CIDADANIA/SE), Senador Alvaro Dias (PODEMOS/PR), Senador Carlos Viana (PSD/MG), Senadora Daniella Ribeiro (PP/PB), Senador Elmano Férrer (PODEMOS/PI), Senador Esperidião Amin (PP/SC), Senador Irajá (PSD/TO), Senador Jaques Wagner (PT/BA), Senador Jayme Campos (DEM/MT), Senador Jorge Kajuru (PSB/GO), Senadora Juíza Selma (PSL/MT), Senadora Kátia Abreu (PDT/TO), Senador Lasier Martins (PODEMOS/RS), Senadora Leila Barros (PSB/DF), Senadora Maria do Carmo Alves (DEM/SE), Senador Otto Alencar (PSD/BA), Senador Paulo Paim (PT/RS), Senador Plínio Valério (PSDB/AM), Senador Randolfe Rodrigues (REDE/AP), Senador Rodrigo Pacheco (DEM/MG), Senador Romário (PODEMOS/RJ), Senadora Rose de Freitas (PODEMOS/ES), Senadora Simone Tebet (MDB/MS), Senador Styvenson Valen-

> mielaborados da desoneração prevista no art. 155, § 2ª, X, "a", da CF/88. Assim como nos projetos anteriormente explicitados, para Senadores a alteração do texto constitucional é necessária como medida para compensar as perdas de arrecadação dos Estados, já que a União "não nunca ressarciu a contento os Estados das perdas dela decorrentes" da desoneração das exportações. Para os Autores do projeto a medida é a "única forma de preservar a autonomia federativa dos Estados".[78]

Além das PEC's acima descritas, que tratam da imunidade relacionada ao ICMS, também tramita no Senado Federal a **PEC n. 133/2019,** que é conhecida como "PEC Paralela" à reforma da previdência e cujo principal objetivo é a fixação um novo regime jurídico para a previdência dos Estados, Municípios e Distrito Federal, mas que busca em alguma medida reduzir o campo de incidência da imunidade prevista no art. 149, § 2ª da CF/88, para as contribuições sociais e de intervenção no domínio econômico.

Pelo que se extrai da exposição de motivos da PEC n. 133/2019, a finalidade pretendida pela proposição é afastar a imunidade das receitas de exportação de *commodities* agrícolas.

Percebe-se, desde logo, que o que as Propostas de Emenda à Constituição acima descritas possuem em comum é que são previsões que tratam, a grosso modo, da extinção total da imunidade dos produtos destinados à exportação, ou mesmo a tributação de produtos não-industrializados ou semielaborados (como as *commodities* e minérios), como forma de resolver problemas estruturantes de nosso ordenamento, tais como questões envolvendo: (i) a regulamentação da exploração de recursos naturais; (ii) uma melhor distribuição das receitas de tributos arrecadados no país entre União, Estados e Municípios, que desatam problemas extremamente complexos relacionados ao pacto federativo;

tim (PODEMOS/RN), Senador Tasso Jereissati (PSDB/CE), Senador Vanderlan Cardoso (PP/GO), Senador Zequinha Marinho (PSC/PA)
Fonte: BRASIL. Senado Federal. Proposta de Emenda à Constituição n. 42 de 04 de abril de 2019. Brasília, 2019. Disponível em: <https://www25.senado.leg.br/web/atividade/materias/-/materia/136165>. Acesso em: 05 set. 2020.

[78] BRASIL. Senado Federal. Proposta de Emenda à Constituição n. 42 de 04 de abril de 2019. Brasília, 2019. Disponível em: <https://www25.senado.leg.br/web/atividade/materias/-/materia/136165>. Acesso em: 05 set. 2020.

(iii) e a necessidade de políticas de incentivo ao desenvolvimento tecnológico e industrial nacional.

Os problemas acima exemplificados representam demandas absolutamente legítimas que exigem respostas por parte do Estado. Não nos opomos à legítima preocupação com a importância de um melhor regramento sobre a exploração dos recursos naturais do país, com o a falta de iniciativas para fomentar o desenvolvimento tecnológico ou mesmo à implementação de medidas compensatórias para os Estados como decorrência da perda de arrecadação provocada pela imunidade conferida às exportações.

O que estamos sustentando é que tributar a produção nacional não parece ser o melhor caminho para a resolver nenhum desses impasses. A extinção total da imunidade dos produtos destinados à exportação, ou mesmo a tributação de produtos não-industrializados ou semielaborados (como as *commodities*), revela que as PEC's em tramitação na Câmara dos Deputados e no Senado Federal apresentam uma solução simplista e superficial para problemas extremamente complexos, em especial no que diz respeito aos conflitos atrelados ao pacto federativo.

É perfeitamente compreensível a insatisfação dos Estados quando apontam que a imunidade em comento lhes privou de valorosas fontes de recursos e que isso reduziu de maneira significativa a sua arrecadação, e isso não se discute. O que aqui se propõe é que a solução desse impasse não é a tributação das exportações, que deverão permanecer desoneradas, inclusive para produtos não-industrializados ou semielaborados.

O que as proposições acima mencionadas parecem desconsiderar é a premissa defendida ao longo deste estudo no sentido de que desoneração das exportações não é um benefício fiscal para o setor exportador. Tais imunidades transcendem os interesses de um ou de outro setor e significam crescimento e desenvolvimento para todo o país, uma vez que permitem a concretização da máxima de que não se deve exportar tributos, defendida pela Ministra Regina Helena Costa e de forma unânime pela doutrina. A desoneração das exportações aumenta a competitividade dos produtos nacionais o que assegura "as divisas necessárias para a realização das importações de bens e serviços e know-how indispensáveis ao desenvolvimento."[79]

[79] Wald, Arnold. Trading Companies. *Revista do Serviço Público*, Brasília, v. 109, n. 1, p. 89-100, jan./mar. 1974, p. 89-90.

Em outras palavras, para que um país em desenvolvimento como o Brasil possa estimular a produção e industrialização interna, precisa, antes disso, importar de outros países a tecnologia necessária para modernização e ampliação de seu parque industrial e tecnológico, ao mesmo tempo que também deve atrair investimentos para a expansão de novas tecnologias em território nacional.

Se o volume de exportações do país não for suficiente para o equilíbrio da balança comercial, o país não terá divisas para importar bens de capital e novas tecnologias. Com isso, a modernização da indústria nacional dependerá exclusivamente de investimentos ou empréstimos externos, reduzindo a sua capacidade de crescimento.[80]

As críticas à envergadura do papel das *commodities* agrícolas na balança comercial brasileira, no sentido de que a desoneração das exportações desses produtos representaria um óbice ao desenvolvimento tecnológico nacional, são igualmente rasas.

Segundo dados do Ministério da Agricultura, Pecuária e Abastecimento – MAPA, graças ao uso da tecnológica, nos últimos 40 anos a produção agrícola brasileira cresceu em torno de 386%, enquanto a área ocupada pelas culturas aumentou apenas 33%.[81] Ou seja, em virtude de um intenso processo de modernização a foi possível um aumento vigoroso da produtividade sem que a ocupação do solo aumentasse na mesma proporção, o que demonstra alto grau de eficiência dos produtores brasileiros, viabilizado pelo uso da tecnologia.

Essa assertiva é corroborada por um estudo da Embrapa divulgado em 2018 que confirma: "a tecnologia explica, em grande parte, essa evolução da produtividade". A análise da pesquisa Embrapa revela que no período compreendido entre os anos de 1975 e 2015 "a tecnologia foi responsável por 59% do crescimento do valor bruto da produção, enquanto terra e trabalho explicam 25% e 16% (Projeções..., 2017), respectivamente, do crescimento da produção."[82]-[83]

[80] WALD, Arnold. Trading Companies. *Revista do Serviço Público*, Brasília, v. 109, n. 1, p. 89-100, jan./mar. 1974, p. 89-90

[81] BRASIL. Ministério da Agricultura, Pecuária e Abastecimento. Retrospectiva 2019. Sustentabilidade e inovação. Disponível em: <https://www.gov.br/agricultura/pt-br/campanhas/retrospectiva2019/sustentabilidade-e-inovacao.> Acesso em 12 set. 2020.

[82] EMPRESA BRASILEIRA DE PESQUISA AGROPECUÁRIA – EMBRAPA. *Visão 2030: o futuro da agricultura brasileira*. Brasília, DF: Embrapa, 2018, p. 16. Disponível em: https://www.embrapa.br/visao-2030. Acesso em 12 set. 2020.

A tecnologia empregada na produção de alimentos no Brasil é o que existe de mais moderno no mundo, com utilização de equipamentos e máquinas agrícolas "inteligentes (que) são acionadas remotamente ou de forma autônoma" além de "utilização sinergética da nanotecnologia da biotecnologia, da tecnologia da informação e da ciência cognitiva (NBIC)."[84]

Um último dado interessante a respeito da correlação ente o crescimento das exportações de *commodities* agrícolas e o avanço tecnológico são dos dados do mapeamento de *Startups* do Agronegócio que identificou em 2019 a existência de 1.125 empresas que trazem soluções inovadores e tecnologia de ponta para o setor.[85]

Ainda que os dados acima não fossem suficientes para demonstrar a relação intrínseca entre o aumento das exportações e o desenvolvimento tecnológico do país, a tributação das exportações, inclusive de produtos primários e semielaborados, não é o que resolverá a necessidade de estabelecimento de políticas públicas que estimulem a indústria nacional.

Ora, prejudicar a competitividade de produtos nacionais no exterior, onerando-os com uma tributação que está na contramão do que é adotado como regra em termos de política fiscal internacional em relação ao princípio do destino, definitivamente não é o que romperá com a carência iniciativas que estimulem o desenvolvimento tecnológico nacional.

Se exportar tributos fosse efetivamente a melhor saída para resolver problemas de estímulo e desenvolvimento industrial e tecnológico, certamente o princípio do destino não seria adotado todos os países da Comunidade Europeia desde 1977.

[83] O levantamento da Embrapa também revela que de 1990 à 2017 "o saldo da balança agrícola do País aumentou quase dez vezes, alcançando, nesse último ano, US$ 81,7 bilhões, valores que têm contribuído para o equilíbrio das contas externas do País". EMPRESA BRASILEIRA DE PESQUISA AGROPECUÁRIA – EMBRAPA. *Visão 2030: o futuro da agricultura brasileira.* Brasília, DF: Embrapa, 2018, p. 17. Disponível em: https://www.embrapa.br/visao-2030. Acesso em 12 set. 2020.

[84] EMPRESA BRASILEIRA DE PESQUISA AGROPECUÁRIA – EMBRAPA. *Visão 2030: o futuro da agricultura brasileira.* Brasília, DF: Embrapa, 2018, p. 135. Disponível em: https://www.embrapa.br/visao-2030. Acesso em 12 set. 2020.

[85] STARAGRO. Radar AgTech 2019: *Maior mapeamento de startups do Agro Lista 1125 empresas.* Staragro, 20 de agosto de 2019. Disponível em: http://www.startagro.agr.br/radar-agtech-2019-maior-mapeamento-de-startups-do-agro-lista-1125-empresas/. Acesso em Acesso em 12 set. 2020.

A equalização decorrente da perda de arrecadação dos Estados ocasionada pela imunidade das exportações é imprescindível e deve ser buscada pelos Estados, que estão cobertos de razão quando defendem a implementação de medidas de compensação para o equilíbrio do Pacto Federativo, mas esse equilíbrio não passa pela oneração das exportações. O assunto é da mais alta complexidade e por isso não existe uma solução pronta e acabada. Uma resposta eficiente e justa exigirá esforço e dedicação para que seja encontrada uma saída à altura, e que não signifique prejudicar a competitividade das exportações brasileiras.

Por outro lado, essa consciência a respeito da real dimensão da desoneração das exportações está sendo observada nas PEC's n. 45/2019, n. 110/2019 e n. 128/2019, conhecidas como as PEC's da "Reforma Tributária", que tratam essencialmente de uma unificação da tributação sobre o consumo.

Os comentários a seguir trazem ligeiras considerações respeito das mudanças em relação aos tributos que atualmente são contemplados pelas imunidades prescritas no art. 149, § 2º, inciso I, da CF/1988 (Contribuições Sociais e de Intervenção no Domínio Econômico), no art. 155, § 2º, X, "a", da CF/88 (ICMS) e no art. 153, §3º, inciso III, CF/88 (IPI), da redação original das Propostas de Emenda à Constituição chamadas de "Reforma Tributária".

No âmbito da **PEC n. 45/2019**, proposta em 03.04.2019 pelo Deputado Baleia Rossi, busca-se a substituição de cinco tributos pelo imposto único sobre bens e serviços, o IBS, sob a justificativa de simplificação o sistema tributário brasileiro. O IBS substituirá o (i) imposto sobre produtos industrializados (IPI); (ii) imposto sobre operações relativas à circulação de mercadorias e sobre prestações de serviços de transporte interestadual e intermunicipal e de comunicação (ICMS); (iii) imposto sobre serviços de qualquer natureza (ISS); (iv) contribuição para o financiamento da seguridade social (Cofins); e (v) contribuição para o Programa de Integração Social (PIS).[86]

Em sua exposição de motivos o Deputado descreveu algumas deficiências do modelo atual e apontou que o IBS: "não onerará os investi-

[86] BRASIL. Câmara dos Deputados. Proposta de Emenda à Constituição n. 45 de 03 de abril de 2019. Brasília, 2019. Disponível em: <https://www.camara.leg.br/proposicoesWeb/fichadetramitacao?idProposicao=2196833>. Acesso em: 05 set. 2020.

mentos, já que crédito instantâneo será assegurado ao imposto pago na aquisição de bens de capital;" [87]

Prosseguindo em suas explicações o Autor da PEC n. 45 destacou expressamente que a desoneração das exportações e os mecanismos para uma rápida recuperação de eventuais créditos vistam a observância do princípio do país de destino, que evita a oneração dos setores produtivos e desloca a tributação para o consumo. Veja-se[88]:

> No tocante ao tratamento do comércio exterior, de vez que visam tributar o consumo final, os IVAs são cobrados de acordo com o princípio do destino, o que significa que o IBS não será cobrado nas exportações, mas se devolverão rápida e integral- mente os créditos acumulados pelos exportadores. Por outro lado, o IBS incidirá nas importações, seja por pessoa física ou jurídica, gerando crédito no caso de importação feita por contribuinte sujeito ao imposto.
>
> O modelo de tributação no destino – caracterizado pela desoneração das exportações e tributação das importações – tem duas características importantes. A primeira é que este modelo não distorce o comércio exterior, ou seja, a tributação é a mesma para o bem ou serviço produzido internamente ou importado. A segunda é que o imposto pertence ao país de destino, o que é essencial em um tributo cujo objetivo é tributar o consumo, e não a produção.

A **PEC n. 110/2019** de iniciativa do Senado Federal e apresentada pelo Senador Davi Alcolumbre em 09.07.2019, propõe um modelo bastante semelhante ao da **PEC n. 45/2019,** de instituição de um imposto único também denominado IBS, com a diferença de que esse imposto substituirá 09 (nove) tributos atualmente existentes, são eles: o imposto sobre produtos industrializados (IPI); a Contribuição para o Financiamento da Seguridade Social (Cofins); as contribuições para o Programa de Integração Social e para o Programa de Formação do Patrimônio do

[87] Brasil. Câmara dos Deputados. Proposta de Emenda à Constituição n. 45 de 03 de abril de 2019. Brasília, 2019. Disponível em: <https://www.camara.leg.br/proposicoesWeb/fichadetramitacao?idProposicao=2196833>. Acesso em: 05 set. 2020.

[88] Brasil. Câmara dos Deputados. Proposta de Emenda à Constituição n. 45 de 03 de abril de 2019. Brasília, 2019. Disponível em: <https://www.camara.leg.br/proposicoesWeb/fichadetramitacao?idProposicao=2196833>. Acesso em: 05 set. 2020.

Servidor Público (PIS/Pasep); o imposto sobre operações financeiras (IOF); o salário-educação; Cide Combustíveis; o imposto sobre operações relativas à circulação de mercadorias e sobre prestações de serviços de transporte interestadual e intermunicipal e de comunicação (ICMS); e o imposto sobre serviço de qualquer natureza (ISS).[89]

A proposta também prevê a instituição de um Imposto Seletivo (IS), cuja cobrança recairá sobre energia, telecomunicações, veículos e derivados do petróleo e do tabaco, bem como sobre outros produtos e serviços que que poderão ser abarcados por meio de Lei Complementar.[90]

A referida proposta estabelece a não incidência tanto do IBS quanto do IS sobre as exportações, conforme se verifica pela redação dos seguintes dispositivos prevista no texto apresentado pelo Senador Davi Alcolumbre:

> Art. 153. Compete à União instituir impostos sobre:
> VIII – operações com bens e serviços;
> § 6º O imposto de que trata o inciso VIII do caput será instituído e disciplinado por lei complementar e atenderá ao seguinte:
> **IV – Não incidirá:**
> **a) sobre as exportações, ainda que fictas, garantidos a manutenção e o aproveitamento do imposto cobrado nas operações anteriores;**
> VII – lei complementar poderá estabelecer regimes aduaneiros que permitam estímulo à exportação, caso em que não se aplica a vedação prevista no inciso V.
> Art. 154. A União poderá instituir:
> III – impostos seletivos, com finalidade extrafiscal, destinados a desestimular o consumo de determinados bens, serviços ou direitos, vedada a incidência que onere insumos da cadeia produtiva
> Parágrafo único. O imposto de que trata o inciso III do caput:
> **III – não incidirá na exportação de bens e serviços, estabelecendo a lei a forma de devolução do imposto que a onerar;**

[89] Brasil. Senado Federal. Proposta de Emenda à Constituição n. 110 de 09 de setembro de 2019. Brasília, 2019. Disponível em: <https://www25.senado.leg.br/web/atividade/materias/-/materia/137699>. Acesso em: 05 set. 2020.

[90] Brasil. Senado Federal. Proposta de Emenda à Constituição n. 110 de 09 de setembro de 2019. Brasília, 2019. Disponível em: <https://www25.senado.leg.br/web/atividade/materias/-/materia/137699>. Acesso em: 05 set. 2020.

> Art. 155-A. Lei complementar, apresentada nos termos do art. 61, §§ 3º e 4º, instituirá imposto sobre operações com bens e serviços, cuja competência será compartilhada pelos Estados, pelo Distrito Federal e pelos Municípios. § 1º O imposto de que trata o caput atenderá ao seguinte:
> **a) sobre as exportações, ainda que fictas, garantidos a manutenção e o aproveitamento do imposto cobrado nas operações anteriores;** (grifo nosso)

Por fim, vale mencionar uma terceira proposta de Emenda à Constituição com o objetivo de promover uma "reforma" no sistema tributário nacional, cuja proposição se deu em 16.08.2019. Trata-se da **PEC n. 128/2019** de autoria do Deputado Luiz Miranda, que aproveita parte das premissas estabelecidas na PEC n. 45/2019 mas busca "equacionar alguns dos principais entraves que dificultam a obtenção de consenso para avançarmos na reforma tributária, além de balancear o mix tributário entre as bases de consumo e renda, como já mencionado" conforme consta em sua exposição de motivos.[91]

A principal diferença em relação às PEC n.45/2019 é que o IBS é previsto como tributo federal no qual será incluído também o imposto sobre operações financeiras (IOF) e a sua instituição em conjunto com um tributo de competência dos estados e dos municípios, batizado de "IVA dual". O texto proposto na referida PEC também resguarda a desoneração das exportações. Confira-se:

> Art. 152-A. Lei complementar instituirá imposto sobre bens e serviços, que será uniforme em todo o território nacional, cabendo aos Estados, ao Distrito Federal e aos Municípios exercer sua competência exclusivamente por meio da alteração de suas alíquotas.
> §1º O imposto sobre bens e serviços:
> [...]
> V – não incidirá sobre:
> a) exportações, assegurada a manutenção dos créditos; e

[91] Brasil. Câmara dos Deputados. Proposta de Emenda à Constituição n. 128 de 16 de outubro de 2019. Brasília, 2019. Disponível em: <https://www.camara.leg.br/proposicoesWeb/fichadetramitacao?idProposicao=2215866>. Acesso em: 05 set. 2020.

> Art. 153.....................................................................................................
>
> ...................................................................................................................
>
> ...
>
> VIII – bens e serviços;
>
> § 6º Observado o disposto nos §§ 7º e 8º, o imposto previsto no inciso VIII do caput:
>
> [...]
>
> IV – não incidirá sobre as exportações, assegurada a manutenção dos créditos;

Como se vê, as PEC's n. 45/2019, 110/2019 e 128/2019 ("Reforma Tributária") contemplam desde a sua gênese a premissa de que não se pode exportar tributos. Embora as aludidas PEC's já tenham recebido inúmeras propostas de emenda, sendo provável os textos primitivos sofram alterações significativas até a efetiva aprovação, não deixa de ser um importante prenúncio a circunstância de que a desoneração das exportações, bem como possibilidade de recuperação de créditos, foi trazida nas três proposições desde o princípio.

Nota-se que o discernimento a respeito do espírito que deve reger a tributação das exportações foi prestigiado pelas PEC's n. 45/2019, n. 110/2019 e n. 128/2019, as quais caminham em sentido diametralmente oposto ao que ensejou a propositura das PEC's n. 08/2015, n. 361/2017, n. 35/2019, n. 90/2019, n. 201/2019 e n. 42/2019, as quais provavelmente ficarão prejudicadas com a aprovação das PEC's da chamada "Reforma Tributária".

Alguns ajustes serão naturalmente necessários, em especial na sistemática de aproveitamento de créditos, como por exemplo a necessidade de que sejam trazidas soluções para os créditos de ICMS registrados e acumulados na sistemática atualmente em vigor pelas empresas exportadoras.[92]

Independentemente disso, é louvável que as PEC's n. 45/2019, n. 110/2019 e n. 128/2019 tenham nascido com a consciência da premissa que deve nortear o tratamento fiscal das exportações, de que a deso-

[92] Pontes, Helenilson Cunha. As exportações e a reforma tributária. *Consultor Jurídico*, 25 de setembro de 2019. Disponível em: https://www.conjur.com.br/2019-set-25/consultor-tributario-impacto-reforma-tributaria-setor-exportador . Acesso em 25 jul.2020.

neração de tais operações não é um benefício fiscal, mas a maneira de assegurar a neutralidade fiscal a todo o setor produtivo nacional, garantindo o mesmo tratamento que já é conferido aos seus concorrentes no exterior.

O exportador deve ser visto, nesse contexto, como "um parceiro da nação em seu desenvolvimento e crescimento econômico", motivo pelo qual a falta de implementação de uma sistemática que viabilize os melhores resultados para o fomento às exportações poderá ser um "grave erro histórico"[93].

**Conclusões**

As razões acima revelam que ao instituir imunidades elencadas no art. 149, § 2º, inciso I, da CF/1988 (Contribuições Sociais e de Intervenção no Domínio Econômico), no art. 155, § 2º, X, "a", da CF/88 (ICMS) e no art.153, §3º, inciso III, CF/88 (IPI), o legislador constituinte buscou conferir às exportações brasileiras tratamento jurídico similar ao que é praticado no âmbito internacional, prestigiando o princípio do destino, como forma de assegurar a neutralidade e competitividade dos produtos nacionais.

Identificou-se, além disso, a natureza objetiva das aludidas imunidades, o que significa que a desoneração das exportações não é uma medida que visa proteger o setor exportador ou um sujeito passivo em especial, mas as exportações em si. Ao retirar a carga tributária que recai sobre as exportações, o constituinte viabiliza que os produtos nacionais sejam oferecidos no exterior com mesmo o custo fiscal de seus concorrentes, isto é, sem a interferência do Estado. Assim, a diferença entre os preços praticados no comércio internacional decorrerá exclusivamente dos custos da própria atividade produtiva, sem qualquer impacto da carga tributária.

Ademais, é essencial enfatizar que as medidas de estímulo às exportações desencadeiam benefícios para toda a economia nacional, uma vez que estimulam o setor produtor, o que automaticamente repercute não apenas no aumento do volume produzido, mas na qualidade do que se produz, gerando empregos e aperfeiçoamento dos processos produtivos.

[93] Torres, Heleno Taveira. O IVA na experiência estrangeira e a tributação das exportações no direito brasileiro. *Revista Fórum de Direito Tributário*. v. 3, n. 16, jul./ago., 2005, p. 25-26.

Isto é, as imunidades em comento transcendem os interesses de um ou de outro segmento e proporcionam crescimento e desenvolvimento para todo o país.

Verificou-se ainda que ao fomentar as exportações também é assegurada a existência de divisas necessárias para que o Brasil, na qualidade de país em desenvolvimento, possa importar de outros países a tecnologia necessária para modernização e ampliação de seu parque industrial e tecnológico. Se o volume de exportações do país não for suficiente para o equilíbrio da balança comercial, não terá divisas para importar bens de capital e novas tecnologias, de modo que a modernização da indústria nacional dependerá exclusivamente de investimentos ou empréstimos externos, reduzindo a sua capacidade de crescimento.

Apesar disso, as vantagens do incentivo às exportações para o desenvolvimento nacional ainda não foram assimiladas com a clareza necessária, conforme se extrai das PEC's n. 8/2015 n. 361/2017, n. 35/2019, n. 90/2019, n. 201/2019 e da n. 133/2019, que tratam, a grosso modo, da extinção total da imunidade dos produtos destinados à exportação, ou mesmo a tributação de produtos não-industrializados ou semielaborados (como as *commodities* e minérios), como forma de resolver problemas estruturantes do nosso ordenamento.

Ora, prejudicar a competitividade de produtos nacionais no exterior, inclusive de produtos primários e semielaborados, onerando-os com uma tributação que está na contramão do que é adotado como regra em termos de política fiscal internacional em relação ao princípio do destino, definitivamente não é o que resolverá a falta de estímulo ao desenvolvimento tecnológico nacional, ou mesmo questões federativas atreladas à necessidade de compensação dos Estados pela desoneração de ICMS nas exportações.

Se exportar tributos fosse efetivamente a melhor saída para resolver problemas de estímulo e desenvolvimento industrial e tecnológico, certamente o princípio do destino não seria adotado todos os países da Comunidade Europeia desde 1977.

Por outro lado, essa consciência a respeito da real dimensão e do espírito que devem reger a tributação das exportações parece estar sendo observada nas PEC's n. 45/2019, n. 110/2019 e n. 128/2019, conhecidas como as PEC's da "Reforma Tributária" ao prescreverem a desoneração total para as exportações desde a sua gênese.

Espera-se que esse discernimento siga norteando o legislador para que não apenas seja mantido o alinhamento do Brasil com as melhores práticas internacionais, evitando-se o desastroso retrocesso que representaria prejudicar a competitividade dos setores produtivos nacionais, mas também que o tratamento fiscal das exportações evolua para corrigir as distorções que atualmente impedem a existência de uma neutralidade efetiva, como o estabelecimento de mecanismos que propiciem o pleno aproveitamento dos créditos.

## Referências


BALEEIRO, Aliomar. *Limitações Constitucionais ao Poder de Tributar. Atualizada por Misabel Abreu Machado Derzi.* 8ª ed. Rio de Janeiro: Forense, 2010, p. 680.

BARRETO, Paulo Ayres. *Contribuições. Regime Jurídico, destinação e controle. 3ª Ed. rev. e atual.* São Paulo, Noeses, 2020, p. 100.

BRASIL. Ministério da Agricultura, Pecuária e Abastecimento. *Retrospectiva 2019. Sustentabilidade e inovação.* Disponível em: <https://www.gov.br/agricultura/pt-br/campanhas/retrospectiva2019/sustentabilidade-e-inovacao.> Acesso em 12 set. 2020.

BRASIL. Câmara dos Deputados. **Proposta de Emenda à Constituição n. 08 de 11 de março de 2015**. Brasília, 2015. Disponível em: < https://www.camara.leg.br/proposicoesWeb/fichadetramitacao?idProposicao=996609&ord=1>. Acesso em: 05 set. 2020.

BRASIL. Câmara dos Deputados. **Proposta de Emenda à Constituição n. 361 de 20 de setembro de 2017**. Brasília, 2017. Disponível em: <https://www.camara.leg.br/proposicoesWeb/fichadetramitacao?idProposicao=2152458>. Acesso em: 05 set. 2020.

BRASIL. Câmara dos Deputados. **Proposta de Emenda à Constituição n. 35 de 27 de março de 2019**. Brasília, 2019. Disponível em: <https://www.camara.leg.br/proposicoesWeb/fichadetramitacao?idProposicao=2195675>. Acesso em: 05 set. 2020.

BRASIL. Câmara dos Deputados. **Proposta de Emenda à Constituição n. 90 de 04 de junho de 2019**. Brasília, 2019. Disponível em: <https://www.camara.leg.br/proposicoesWeb/fichadetramitacao?idProposicao=2206373>. Acesso em: 05 set. 2020.

BRASIL. Câmara dos Deputados. **Proposta de Emenda à Constituição n. 201 de 21 de novembro de 2019**. Brasília, 2019. Disponível em: <https://www.camara.leg.br/proposicoesWeb/fichadetramitacao?idProposicao=2230253>. Acesso em: 05 set. 2020.

BRASIL. Senado Federal. **Proposta de Emenda à Constituição n. 110 de 09 de setembro de 2019**. Brasília, 2019. Disponível em: <https://www25.senado.leg.br/web/atividade/materias/-/materia/137699>. Acesso em: 05 set. 2020.

BRASIL. Câmara dos Deputados. **Proposta de Emenda à Constituição n. 128 de 16 de outubro de 2019**. Brasília, 2019. Disponível em: <https://www.camara.leg.br/proposicoesWeb/fichadetramitacao?idProposicao=2215866>. Acesso em: 05 set. 2020.

BRASIL. Senado Federal. **Proposta de Emenda à Constituição n. 42 de 04 de abril de 2019**. Brasília, 2019. Disponível em: <https://www25.senado.leg.br/web/atividade/materias/-/materia/136165>. Acesso em: 05 set. 2020.

BRASIL. Câmara dos Deputados. **Proposta de Emenda à Constituição n. 45 de 03 de abril de 2019**. Brasília, 2019. Disponível em: <https://www.camara.leg.br/proposicoesWeb/fichadetramitacao?idProposicao=2196833>. Acesso em: 05 set. 2020.

BRASIL. Supremo Tribunal Federal. RE 396.266/SC, Rel. Ministro Carlos Velloso, Brasília, DF, julgado em 21.11.2003, DJe de 27.02.2004.

BRASIL. Supremo Tribunal Federal. RE 474.132/SC, Rel. Ministro Gilmar Mendes, Brasília, DF, julgado em 12.08.2010, DJe de 01.12.2010.

BRASIL. Supremo Tribunal Federal. RE 627815/PR, Rel. Ministra Rosa Weber, Brasília, DF, julgado em 23.05.2013, DJe de 30.09.2013.

BRASIL. Supremo Tribunal Federal. RE 606107/RS, Rel. Ministra Rosa Weber, Brasília, DF, julgado em 22.05.2013, DJe de 22.11.2013.

BRASIL. Supremo Tribunal Federal. RE 759244/SP, Rel. Ministro Edson Fachin, Brasília, DF, julgado em 12.02.2020, DJe de 25.03.2020.

BRASIL. Supremo Tribunal Federal. ADI 4735, Rel. Ministro Alexandre de Moraes, Brasília, DF, julgado em 12.02.2020, DJe de 25.03.2020.

CARRAZZA, Roque Antônio. *Curso de Direito Constitucional Tributário. 30ª Ed.* São Paulo: Malheiros Editores, 2015, p. 675.

CARVALHO, Paulo de Barros. *Curso de Direito Tributário. 22. Ed.* São Paulo: Saraiva, 2010, p. 77.

CARVALHO, Paulo de Barros. **Curso de Direito Tributário**. 22. Ed. São Paulo: Saraiva, 2010, p. 76.

COSTA, Regina Helena. *Imunidades Tributárias. Teoria e Análise da Jurisprudência do STF. 3ª Ed, revista, atualizada e ampliada.* São Paulo: Malheiros, 2015, p. 215-216.

EMPRESA BRASILEIRA DE PESQUISA AGROPECUÁRIA – EMBRAPA. *Visão 2030: o futuro da agricultura brasileira.* Brasília, DF: Embrapa, 2018, p. 16. Disponível em: https://www.embrapa.br/visao-2030. Acesso em 12 set. 2020.

EMPRESA BRASILEIRA DE PESQUISA AGROPECUÁRIA – EMBRAPA. *Visão 2030: o futuro da agricultura brasileira.* Brasília, DF: Embrapa, 2018,

p. 135. Disponível em: https://www.embrapa.br/visao-2030. Acesso em 12 set. 2020.

GAZZONI, Décio Luiz; CATTELAN, Alexandre José; NOGUEIRA, Marco Antonio. *O aumento da produção brasileira de soja representa uma ameaça para a floresta amazônica?* Londrina: Embrapa Soja, 2019, p. 15-17. Disponível em: https://www.embrapa.br/busca-de-publicacoes/-/publicacao/1111915/o-aumento-da-producao-brasileira-de-soja-representa-uma-ameaca-para-a-floresta-amazonica. Acesso em Acesso em 12 set. 2020.

JOBIM, Eduardo de Sampaio Leite. A tributação sobre o consumo na experiência europeia e a tributação das exportações no Brasil: o tratamento dado ao ICMS e ao IPI. *Revista Fórum de Direito Tributário, Belo Horizonte*, v. 17, n. 100, p. 147-188, jul./ago. 2019, p. 176.

MURPHY, Liam; NAGEL, Thomas. *O Mito da Propriedade: os impostos e a justiça. Trad. Marcelo Brandão Cipolla.* São Paulo: Martins Fontes, 2005, p. 05.

PONTES, Helenilson Cunha. As exportações e a reforma tributária. *Consultor Jurídico*, 25 de setembro de 2019. Disponível em: <https://www.conjur.com.br/2019-set-25/consultor-tributario-impacto-reforma-tributaria-setor-exportador. Acesso em 25 jul.2020.

POYER, Maria da Graça. RORATTO, Renato Paulo. *Introdução ao comércio exterior.* UnisulVirtual, 2017, p. 09-15.

STARAGRO. Radar AgTech 2019: *Maior mapeamento de startups do Agro Lista 1125 empresas*. Staragro, 20 de agosto de 2019. Disponível em: http://www.startagro.agr.br/radar-agtech-2019-maior-mapeamento-de-startups-do-agro-lista-1125-empresas/. Acesso em Acesso em 12 set. 2020.

TORRES, Heleno Taveira. O IVA na experiência estrangeira e a tributação das exportações no direito brasileiro. *Revista Fórum de Direito Tributário.* v. 3, n. 16, jul./ago., 2005, p. 47.

TORRES, Heleno Taveira. Revisão de incentivos à exportação não pode afetar competitividade. *Consultor Jurídico*, 16 nov.2016. Disponível em: <https://www.conjur.com.br/2016-nov-16/revisao-incentivos-exportacao-nao-afetar-competitividade.> Acesso em 25 jul.2020.

VAZQUEZ, José Lopes. *Comércio exterior brasileiro. 8. ed.* São Paulo: Atlas, 2007, p. 177.

XAVIER, Alberto. Regime Constitucional das isenções e incentivos fiscais às exportações: o caso do ICMS. Do direito à utilização integral de saldo acumulado de créditos de ICMS como corolário da imunidade das exportações. *In*: TORRES, Heleno Taveira (Coord.). *Tratado de Direito Constitucional Tributário: estudos em homenagem a Paulo de Barros Carvalho.* São Paulo: Saraiva, 2005, p. 608.

WALD, Arnold. Trading Companies. *Revista do Serviço Público*, Brasília, v. 109, n. 1, p. 89-100, jan./mar. 1974, p. 89-90.

# 19. Direito aos Créditos de PIS e COFINS: Não-Cumulatividade e Regime Monofásico

Fernanda Ramos Pazello

No dia 30 de abril de 2019, Dia Nacional da Mulher, foi fundada a Associação independente e sem fins lucrativos denominada *Women in Tax Brazil,* tendo como um dos seus pilares o aumento do protagonismo das mulheres tributaristas em seus ambientes profissionais: escritórios de advocacia, associações, empresas, universidades e setor público. Desde o início o movimento se mostrou um sucesso, unindo muitas mulheres tributaristas que viram nesta iniciativa um canal de conexão e integração com força de transformação estrutural cujo foco primordial é a efetiva equidade de gênero através de ações afirmativas.

A esperança que nutre este movimento tem origem em mulheres inspiradoras do Direito Tributário, sendo a Ministra Regina Helena Costa uma das nossas expoentes. Tive o privilégio de ser sua aluna na graduação da Pontifícia Universidade Católica de São Paulo (PUC/SP) e suas aulas magistrais fizeram com que a minha paixão pelo Direito Tributário aumentasse de forma exponencial, especialmente quando compreendido através da lente do Direito Constitucional, com seus princípios e valores inerentes, norteadores da relação Fisco e contribuinte.

Saiba, Ministra, que sua presença marcante no meio acadêmico e na magistratura, sendo citada em livros, artigos e decisões judiciais e, hoje, fazendo a jurisprudência deste País, a tornou uma referência para todas nós mulheres e um incentivo para que buscássemos lugares de destaque.

O convite das coordenadoras – e também mulheres incríveis e que inspiram – Glaucia Maria Lauletta Frascino e Ariane Costa Guimarães para que eu contribuísse nesta obra em homenagem à mulher Regina Helena Costa é um presente que recebo com extrema alegria e entusiasmo.

O tema que escolhi congrega a análise da natureza das contribuições sociais do Programa de Integração Social (PIS) e Financiamento da Seguridade Social (COFINS) e a aplicação do princípio da não-cumulatividade, tendo como vetor as normas constitucionais, especialmente os artigos 149 e 195 da Constituição Federal de 1988 (CF/88); os artigos 97 e 111 do Código Tributário Nacional (CTN) e a legislação do PIS e da COFINS, mais especificamente as Leis nºs 10.637/2002, 10.833/2003, 11.033/2004, 11.196/2006 e 11.727/2008.

Analisaremos o julgado da Primeira Turma do Superior Tribunal de Justiça (STJ), no AgRg no Recurso Especial 1.051.634/CE, cujo voto vencedor da Ministra Regina Helena Costa alterou a posição daquela Turma, com o reconhecimento do direito aos créditos de PIS e COFINS na aquisição de produtos sujeitos ao regime monofásico, posteriormente revendidos, por distribuidores/comerciantes.

A reflexão feita pela jurista sobre a aplicação da legislação tributária, o princípio da não-cumulatividade para o PIS e a COFINS, o regime monofásico e o princípio da capacidade contributiva nos incentivaram a tratar deste tema nesta obra e, assim, exaltar a brilhante mente de uma mulher que não se acanha e se mostra incansável no debate jurídico.

## 1. O PIS E A COFINS: sistemática não-cumulativa e o regime monofásico

O PIS e a COFINS são duas contribuições sociais inicialmente instituídas pela Lei Complementar nº 7, de 7.9.1970 ("LC 7/70") e pela Lei Complementar nº 70, de 30.12.1991 ("LC 70/91") e que foram disciplinadas pelas Leis nº 9.715, de 25.11.1998 ("Lei 9.715/98") e nº 9.718, de 27.11.1998 ("Lei 9.718/98"), para que sua cobrança fosse feita de forma cumulativa. Desde 1998, portanto, essa regra era aplicável a todas as pessoas jurídicas de direito privado.

Desde 2000, diversos produtos foram inseridos no denominado regime de tributação monofásico, como, por exemplo: (i) os produtos de perfumaria, higiene pessoal e bucal, toucador, cosméticos e correlatos com da publicação da Lei nº 10.147, de 21.12.2000 ("Lei nº 10.147/00)[1]; (ii) gasolina, óleo diesel, gás liquefeito de petróleo – GLP e demais atividades das refinarias de petróleo pela Lei nº 9.990/2000[2]; e (iii) máquinas, implementos, autopeças e veículos

[1] "(...) Art. 1º A Contribuição para os Programas de Integração Social e de Formação do Patrimônio do Servidor Público – PIS/PASEP e a Contribuição para o Financiamento da Seguridade Social – COFINS devidas pelas pessoas jurídicas que procedam à industrialização ou à importação dos produtos classificados nas posições 30.01; 30.03, exceto no código 3003.90.56; 30.04, exceto no código 3004.90.46; e 3303.00 a 33.07, exceto na posição 33.06; nos itens 3002.10.1; 3002.10.2; 3002.10.3; 3002.20.1; 3002.20.2; 3006.30.1 e 3006.30.2; e nos códigos 3002.90.20; 3002.90.92; 3002.90.99; 3005.10.10; 3006.60.00; 3401.11.90, exceto 3401.11.90 Ex 01; 3401.20.10; e 9603.21.00; todos da Tabela de Incidência do Imposto sobre Produtos Industrializados – TIPI, aprovada pelo Decreto nº 7.660, de 23 de dezembro de 2011, serão calculadas, respectivamente, com base nas seguintes alíquotas:
(...)
I – incidentes sobre a receita bruta decorrente da venda de: (...)
b) produtos de perfumaria, de toucador ou de higiene pessoal, classificados nas posições 33.03 a 33.07, exceto na posição 33.06, e nos códigos 3401.11.90, exceto 3401.11.90 Ex 01, 3401.20.10 e 96.03.21.00: 2,2% (dois inteiros e dois décimos por cento) e 10,3% (dez inteiros e três décimos por cento); (...)" (não destacado no original)

[2] Art. 3º Os arts. 4º, 5º e 6º da Lei nº 9.718, de 27 de novembro de 1998, passam a vigorar com a seguinte redação:
"Art. 4º As contribuições para os Programas de Integração Social e de Formação do Patrimônio do Servidor Público – PIS/Pasep e para o Financiamento da Seguridade Social – Cofins, devidas pelas refinarias de petróleo serão calculadas, respectivamente, com base nas seguintes alíquotas:" (NR)
"I – dois inteiros e sete décimos por cento e doze inteiros e quarenta e cinco centésimos por cento, incidentes sobre a receita bruta decorrente da venda de gasolinas, exceto gasolina de aviação;» (AC)*
"II – dois inteiros e vinte e três centésimos por cento e dez inteiros e vinte e nove centésimos por cento, incidentes sobre a receita bruta decorrente da venda de óleo diesel;» (AC)
"III – dois inteiros e cinqüenta e seis centésimos por cento e onze inteiros e oitenta e quatro centésimos por cento incidentes sobre a receita bruta decorrente da venda de gás liqüefeito de petróleo – GLP;" (AC)
"IV – sessenta e cinco centésimos por cento e três por cento incidentes sobre a receita bruta decorrente das demais atividades.» (AC)
"Parágrafo único. Revogado."
"Art. 5º As contribuições para os Programas de Integração Social e de Formação do Patrimônio do Servidor Público – PIS/Pasep e para o Financiamento da Seguridade Social – Cofins devidas pelas distribuidoras de álcool para fins carburantes serão calculadas, respectivamente, com base nas seguintes alíquotas:" (NR)
"I – um inteiro e quarenta e seis centésimos por cento e seis inteiros e setenta e quatro centésimos por cento, incidentes sobre a receita bruta decorrente da venda de álcool para fins carburantes, exceto quando adicionado à gasolina;» (AC)

classificados em determinados códigos da Tabela do Imposto sobre Produtos Industrializados ("TIPI") pela Lei nº 10.485/2002[3].

A inserção deste regime se dá no contexto do interesse do Fisco em "simplificar" o procedimento fiscalizatório e tornar mais eficaz a arrecadação de tributos devidos ao longo de uma determinada cadeia econômica, tendo como fundamento constitucional o artigo 149, § 4º, da Constituição Federal:

> Art. 149. Compete exclusivamente à União instituir contribuições sociais, de intervenção no domínio econômico e de interesse das categorias profissionais ou econômicas, como instrumento de sua atuação nas respectivas áreas, observado o disposto nos arts. 146, III, e 150, I e III, e sem prejuízo do previsto no art. 195, § 6º, relativamente às contribuições a que alude o dispositivo. (...)
>
> § 4º A lei definirá as hipóteses em que as contribuições incidirão uma única vez

No regime monofásico, a legislação determina que **(i)** os industriais/importadores recolham o PIS e a COFINS com base nas alíquotas majoradas; **(ii)** e as vendas realizadas pelos distribuidores/comerciantes atacadistas e varejistas sejam tributadas à alíquota zero de PIS e

"II – sessenta e cinco centésimos por cento e três por cento incidentes sobre a receita bruta decorrente das demais atividades.» (AC)
"Parágrafo único. Revogado.»
"Art. 6º O disposto no art. 4º desta Lei aplica-se, também, aos demais produtores e importadores dos produtos ali referidos.» (NR)
"Parágrafo único. Na hipótese de importação de álcool carburante, a incidência referida no art. 5º dar-se-á na forma de seu:» (NR)
"I – inciso I, quando realizada por distribuidora do produto;» (NR)
"II – inciso II, nos demais casos.» (NR)

[3] Art. 1º As pessoas jurídicas fabricantes e as importadoras de máquinas, implementos e veículos classificados nos códigos 73.09, 7310.29, 7612.90.12, 8424.81, 84.29, 8430.69.90, 84.32, 84.33, 84.34, 84.35, 84.36, 84.37, 87.01, 87.02, 87.03, 87.04, 87.05, 87.06 e 8716.20.00 da Tabela de Incidência do Imposto sobre Produtos Industrializados – Tipi, aprovada pelo Decreto nº 7.660, de 23 de dezembro de 2011, relativamente à receita bruta decorrente de venda desses produtos, ficam sujeitas ao pagamento da contribuição para o Programa de Integração Social e de Formação do Patrimônio do Servidor Público – PIS/Pasep e da Contribuição para o Financiamento da Seguridade Social – Cofins, às alíquotas de 2% (dois por cento) e 9,6% (nove inteiros e seis décimos por cento), respectivamente. (Redação dada pela Lei nº 12.973, de 2014)

COFINS[4]. Esta técnica traz praticidade tributária pois o Fisco Federal deve fiscalizar apenas as empresas industriais e importadoras quanto ao PIS e à COFINS devida sobre estes produtos.

Com a entrada em vigor da Lei nº 10.637/02, a partir de 1.12.2002, e da Lei nº 10.833/03, a partir de 1.2.2004, foi instituída a **sistemática não cumulativa** para o PIS e para a COFINS. Essa sistemática não abrangeu todas as pessoas jurídicas, tampouco todas as receitas por elas auferidas.

Para algumas empresas apenas parte de suas receitas de venda foi incluída nessa nova sistemática, pois a própria lei havia excluído da base de cálculo as receitas advindas dos produtos integrantes do regime monofásico. Confira-se a redação original do artigo 1º, § 3º, inciso IV, das Lei nºs. 10.637/02 e 10.833/03, a saber:

> Art. 1º A contribuição para o PIS/Pasep tem como fato gerador o faturamento mensal, assim entendido o total das receitas auferidas pela pessoa jurídica, independentemente de sua denominação ou classificação contábil.
>
> § 3º Não integram a base de cálculo a que se refere este artigo, as receitas:
> IV – de venda dos produtos de que tratam as Leis nº 9.990, de 21 de julho de 2000, nº 10.147, de 21 de dezembro de 2000, e nº 10.485, de 3 de julho de 2002, ou quaisquer outras submetidas à incidência monofásica da contribuição
>
> -----------------------------------------------------------------------------------
>
> Art. 1º A Contribuição para o Financiamento da Seguridade Social – COFINS, com a incidência não-cumulativa, tem como fato gerador o faturamento mensal, assim entendido o total das receitas auferidas pela pessoa jurídica, independentemente de sua denominação ou classificação contábil.
>
> § 3º Não integram a base de cálculo a que se refere este artigo as receitas:
> IV – de venda dos produtos de que tratam as Leis nºs 9.990, de 21 de julho de 2000, 10.147, de 21 de dezembro de 2000, 10.485, de 3 de julho

[4] Art. 2º São reduzidas a zero as alíquotas da contribuição para o PIS/Pasep e da Cofins incidentes sobre a receita bruta decorrente da venda dos produtos tributados na forma do inciso I do art. 1º, pelas pessoas jurídicas não enquadradas na condição de industrial ou de importador.

de 2002, e 10.560, de 13 de novembro de 2002, ou quaisquer outras submetidas à incidência monofásica da contribuição

A sistemática não cumulativa autorizou os contribuintes a descontarem da base de cálculo do PIS e da COFINS créditos calculados em relação a diversos custos, despesas e encargos incorridos no desenvolvimento de suas atividades, mediante a aplicação das alíquotas dessas contribuições sobre os valores pagos (artigo 3º das mencionadas leis). **Por consequência lógica, as receitas excluídas da sistemática não cumulativa – como as receitas decorrentes do regime monofásico – não davam direito à apuração de créditos.**

No que se refere aos produtos sujeitos ao regime monofásico, este cenário foi alterado com a publicação da Lei nº 10.865, de 30 de abril de 2004 ("Lei nº 10.865/04"), que expressamente incluiu as receitas decorrentes da venda dos produtos sujeitos ao monofásico na base de cálculo do PIS e da COFINS da sistemática não-cumulativa, substituindo o denominado "regime monofásico" pelo atual "regime de alíquotas concentradas"[5].

A partir dessa mudança, a receita decorrente de produtos do regime monofásico passou a estar sujeita ao PIS e à COFINS pela sistemática não cumulativa, mas com alíquotas diferenciadas devidas **unicamente** pelo fabricante/importador, sendo que para os demais participantes

[5] "(...) Art. 21. Os arts. 1º, 2º, 3º, 6º, 10, 12, 15, 25, 27, 32, 34, 49, 50, 51, 52, 53, 56 e 90 da Lei nº 10.833, de 29 de dezembro de 2003, passam a vigorar com a seguinte redação:
"Art. 1º........................................................................................................................................
§ 3º Não integram a base de cálculo a que se refere este artigo as receitas:
IV – de venda dos produtos de que tratam as Leis nºs 9.990, de 21 de julho de 2000, 10.147, de 21 de dezembro de 2000, 10.485, de 3 de julho de 2002, e 10.560, de 13 de novembro de 2002, ou quaisquer outras submetidas à incidência monofásica da contribuição;
IV – de venda de álcool para fins carburantes; (Redação dada pela Lei nº 10.865, de 2004)
........................................................................................................................................" (NR)
Art. 2º........................................................................................................................................
§ 1º Excetua-se do disposto no caput deste artigo a receita bruta auferida pelos produtores ou importadores, que devem aplicar as alíquotas previstas:
(...)
II – no inciso I do art. 1º da Lei nº 10.147, de 21 de dezembro de 2000, e alterações posteriores, no caso de venda de produtos farmacêuticos, de perfumaria, de toucador ou de higiene pessoal, nele relacionados (...)

(atacadistas/varejistas) da cadeia essa receita passou a ser tributada à alíquota zero.

Assim, permitiu-se a tomada de créditos de PIS e COFINS, nos termos do artigo 3º das Leis nºs 10.637/02 e 10.833/03, exceção feita aos revendedores atacadistas/varejistas em relação ao valor de aquisição dos produtos inseridos no regime de tributação monofásico, nos termos dos artigos 3º, inciso I, alínea "b" e § 2º, inciso II, da mencionada legislação, a saber:

> Lei nº 10.637/02
> "(...) Art. 3º Do valor apurado na forma do art. 2º a pessoa jurídica poderá descontar créditos calculados em relação a:
> I – bens adquiridos para revenda, exceto em relação às mercadorias e aos produtos referidos: (Redação dada pela Lei nº 10.865, de 2004)
> ~~b) no § 1º do art. 2º desta Lei; (Incluído pela Lei nº 10.865, de 2004)~~
> (...)
> § 2º Não dará direito a crédito o valor: (Redação dada pela Lei nº 10.865, de 2004)
> II – da aquisição de bens ou serviços não sujeitos ao pagamento da contribuição, inclusive no caso de isenção, esse último quando revendidos ou utilizados como insumo em produtos ou serviços sujeitos à alíquota 0 (zero), isentos ou não alcançados pela contribuição. (Incluído pela Lei nº 10.865, de 2004) (...)"
>
> **Lei nº 10.833/03**
> "(...) Art. 3º Do valor apurado na forma do art. 2º a pessoa jurídica poderá descontar créditos calculados em relação a:
> I – bens adquiridos para revenda, exceto em relação às mercadorias e aos produtos referidos:
> ~~b) no § 1º do art. 2º desta Lei; (Incluído pela Lei nº 10.865, de 2004)~~
> (...)
> § 2º Não dará direito a crédito o valor:
> II – da aquisição de bens ou serviços não sujeitos ao pagamento da contribuição, inclusive no caso de isenção, esse último quando revendidos ou utilizados como insumo em produtos ou serviços sujeitos à alíquota 0 (zero), isentos ou não alcançados pela contribuição. (Incluído pela Lei nº 10.865, de 2004) (...)"

Em dezembro de 2004, foi publicada a Lei nº 11.033 ("Lei nº 11.033/04") que, em seu artigo 17, expressamente previu a manutenção pelo vendedor atacadista/varejista dos créditos de PIS e COFINS vinculados às vendas efetuadas com suspensão, isenção, alíquota zero ou não incidência do PIS e da COFINS, a saber:

> Art. 17. **As vendas efetuadas com** suspensão, isenção, **alíquota 0 (zero)** ou não incidência da Contribuição **para o PIS/PASEP e da COFINS não impedem a manutenção, pelo vendedor, dos créditos vinculados a essas operações**" (não destacado no original)

O debate que se instaurou inicialmente era se o artigo 17 aplicar-se-ia somente às empresas submetidas ao Regime Tributário para Incentivo à Modernização e à Ampliação da Estrutura Portuária ("REPORTO"), uma vez que a lei em questão direcionava-se às pessoas jurídicas sujeitas ao REPORTO; ou, por outro lado, a regra aplicar-se-ia a todas as pessoas jurídicas, tendo ocorrido a revogação dos artigos 3º, inciso I, alínea "b" e, § 2º, inciso II, das Leis nºs 10.637/02 e 10.833/03.

O Fisco Federal expôs sua posição em norma infralegal, no caso a Instrução Normativa nº 594, de 26.12.2005 ("IN nº 594/05"), expressamente vedando a apuração de créditos de PIS e COFINS decorrentes da aquisição para revenda de bens inseridos no regime monofásico[6].

Por conta disso, os contribuintes ingressaram em juízo pleiteando o direito aos créditos de PIS e COFINS decorrentes da aquisição de produtos sujeitos ao regime monofásico (ou de alíquotas concentradas), tendo em vista a aplicação do artigo 17 da Lei nº 11.033/2004 e a ilega-

[6] "(...) Art. 26. Na determinação da Contribuição para o PIS/Pasep e da Cofins a pagar no regime de não-cumulatividade, a pessoa jurídica pode descontar, do valor das contribuições decorrente de suas vendas, créditos relativos a: (...)

§ 5º Não gera direito a créditos o valor:

I – de mão-de-obra pago a pessoa física;

II – de aquisições de bens ou serviços não alcançadas pela incidência das contribuições ou sujeitas à alíquota de 0% (zero por cento);

III – de aquisições de bens ou serviços efetuadas com isenção, quando revendidos ou utilizados como insumo em produtos ou serviços sujeitos à alíquota de 0% (zero por cento), isentos ou não alcançados pela incidência da Contribuição para o PIS/Pasep e da Cofins; e

IV – da aquisição no mercado interno, para revenda, dos produtos relacionados no art. 1º, ressalvado o disposto no art. 27. (...)"

lidade da instrução normativa. Além disso, outros contribuintes tiveram seus créditos glosados pela Receita Federal e, portanto, estão discutindo na esfera administrativa.

### 1.2 O julgado a ser analisado.

Em abril de 2017, a Primeira Turma do STJ, no AgRg no Recurso Especial 1.051.634/CE, relatado pelo Ministro Sérgio Kukina, alterou o entendimento da Turma sobre o direito aos créditos de PIS e COFINS na aquisição de produtos sujeitos ao regime monofásico, posteriormente revendidos, a partir do voto divergente da Ministra Regina Helena Costa. O acórdão possui a seguinte ementa:

> PROCESSUAL. CIVIL. TRIBUTÁRIO. AGRAVO REGIMENTAL NO RECURSO ESPECIAL. PIS E COFINS. TRIBUTAÇÃO PELO SISTEMA MONOFÁSICO. APROVEITAMENTO DE CRÉDITOS. POSSIBILIDADE. BENEFÍCIO FISCAL CONCEDIDO PELA LEI N. 11.033/04, QUE INSTITUIU O REGIME DO REPORTO. EXTENSÃO ÀS EMPRESAS NÃO VINCULADAS A ESSE REGIME. CABIMENTO. I – O sistema monofásico constitui técnica de incidência única da tributação, com alíquota mais gravosa, desonerando-se as demais fases da cadeia produtiva. Na monofasia, o contribuinte é único e o tributo recolhido, ainda que as operações subsequentes não se consumem, não será devolvido.
>
> II – O benefício fiscal consistente em permitir a manutenção de créditos de PIS e COFINS, ainda que as vendas e revendas realizadas pela empresa não tenham sido oneradas pela incidência dessas contribuições no sistema monofásico, é extensível às pessoas jurídicas não vinculadas ao REPORTO, regime tributário diferenciado para incentivar a modernização e ampliação da estrutura portuária nacional, por expressa determinação legal (art. 17 da Lei n. 11.033/04).
>
> III – O fato de os demais elos da cadeia produtiva estarem desobrigados do recolhimento, à exceção do produtor ou importador responsáveis pelo recolhimento do tributo a uma alíquota maior, não é óbice para que os contribuintes mantenham os créditos de todas as aquisições por eles efetuadas. IV – Agravo Regimental provido.

Antes, essa questão tributária já havia sido analisada diversas vezes pelas 2 (duas) Turmas do E. STJ, que haviam concluído, de forma resumida, que (i) o artigo 17 da Lei 11.033/2004 aplicar-se-ia somente às pessoas jurídicas submetidas ao regime tributário do REPORTO; e, independentemente disso, (ii) as empresas não teriam direito ao crédito de PIS e COFINS almejado, uma vez que:

> o aproveitamento de crédito da entrada é incompatível com a incidência monofásica da contribuição ao PIS e à COFINS porque não há, nesse caso, cumulatividade a ser evitada (AgRg no Resp 1.221.142/PR, Ministro Ari Pargendler, Primeira Turma do STJ, julgado em 18.12.2012; AgRg no Resp. 1.227.544/PR, Ministro Napoleão Nunes Maia Filho, Primeira Turma do STJ, DE 17.12.2012 e AgRg no Resp 1.241.354/RS, Ministro Castro Meira, Segunda Turma do STJ, de 10.5.2012)
>
> a incidência monofásica do PIS e da COFINS não se compatibiliza com a técnica do creditamento" (AgRg no RESP n. 1.256.107, Ministro Arnaldo Esteves Lima, Primeira Turma, julgado em 10.5.2012)

A posição dominante baseava-se no voto da então Ministra Eliana Calmon, no RESP n. 1.140.723/RS, julgado em 2010, que pode ser assim sintetizado:

> *a técnica do creditamento é incompatível com a incidência monofásica porque não há cumulatividade a ser evitada, razão maior da possibilidade de que o contribuinte deduza da base de cálculo destas contribuições (faturamento ou receita bruta) o valor da contribuição incidente na aquisição de bens, serviços e produtos relacionados à atividade do contribuinte. Permitir a possibilidade do creditamento destas contribuições na incidência monofásica, além de violar a lógica jurídica da adoção do direito à não-cumulatividade, implica em ofensa à isonomia e ao princípio da legalidade, que exige lei específica (cf. art. 150, § 6o da CF/88) para a concessão de qualquer benefício fiscal. E sem dúvida a permissão de creditamento de PIS e da COFINS em regime de incidência monofásica é concessão de benefício fiscal.*

Trataremos, a seguir, do voto da Ministra Regina Helena Costa, trazendo de forma didática os argumentos desenvolvidos por ela e os demais argumentos que reforçam a posição no sentido de reconhecer o direito aos créditos de PIS e COFINS nesta situação.

## 2. A visão da Ministra Regina Helena Costa

O debate jurídico perpassa, primeiramente, pela aplicação ampla ou restrita do artigo 17 da Lei nº 11.033/2004 e, em um segundo momento, pela possibilidade de aproveitamento dos créditos de PIS e COFINS no regime monofásico. Embora nossa compreensão seja o de que a definição sobre o primeiro aspecto prejudica a análise do segundo, para fins metodológicos, analisaremos o voto da Ministra considerando estes 2 (dois) pontos, os quais foram habilmente analisados pela magistrada.

### 2.1. Aplicação do artigo 17 da Lei 11.033/2004

As primeiras análises feitas pelo E. STJ levaram a conclusão dos Ministros de que o artigo 17 aplicar-se-ia somente às operações realizadas pelos beneficiários do REPORTO. Felizmente, esta posição foi posteriormente alterada pelas 2 (duas) Turmas do Tribunal Superior, a saber:

> (...) RECURSO ESPECIAL. TRIBUTÁRIO. PIS/PASEP E COFINS. CREDITAMENTO. ART. 17 DA LEI 11.033/2004, C/C ART. 16, DA LEI N. 11.116/2005. INCIDÊNCIA QUE NÃO SE RESTRINGE AO REPORTO. NECESSIDADE DE REVISÃO DA JURISPRUDÊNCIA DO STJ QUANTO AO PONTO. (...)
>
> **1. O art. 17, da Lei 11.033/2004, e o art. 16, da Lei n. 11.116/2005, não são de aplicação exclusiva ao Regime Tributário para Incentivo à Modernização e à Ampliação da Estrutura Portuária – REPORTO. Necessidade de revisão da jurisprudência do STJ**, pois equivocados quanto ao ponto os precedentes: AgRg no REsp. n. 1.226.371 / RS, Segunda Turma, Rel. Min. Humberto Martins, julgado em 03.05.2011; REsp. n. 1.217.828 / RS, Segunda Turma, Rel. Min.Mauro Campbell Marques, julgado em 12.04.2011; REsp. n. 1.218.561 / SC,
>
> Segunda Turma, Rel. Min. Mauro Campbell Marques, julgado em 07.04.2011;
>
> AgRg no REsp. n. 1.224.392 / RS, Primeira Turma, Rel. Min. Hamilton Carvalhido, julgado em 22.02.2011; AgRg no REsp. n. 1.219.450 / SC, Segunda Turma, Rel. Min. Herman Benjamin, julgado em 17.02.2011; REsp. n. 1.140.723 / RS, Segunda Turma, Rel. Min. Eliana Calmon, julgado em 02.09.2010. (...) (REsp 1.267.003/RS, Segunda Turma, Rel. Ministro Mauro Campbell Marques, DJe 4.10.2013) (não destacado no original)

Nesse ponto, desde já, vale a pena destacar o voto da Ministra que, ao interpretar o artigo 17, assevera que este dispositivo legal

> assegura a manutenção dos créditos existentes de contribuição ao PIS e da COFINS, ainda que a revenda não seja tributada. Desse modo, permite-se àquele que efetivamente adquiriu créditos dentro da sistemática da não cumulatividade não seja obrigado a estorná-los ao efetuar vendas submetidas à suspensão, isenção, alíquota zero ou não incidência da contribuição ao PIS e da COFINS.

Assim, em seu sentir, a norma deixaria claro a possibilidade de o contribuinte utilizar créditos no caso de vendas efetuada no regime monofásico.

Partindo desta intepretação, teria ocorrido a revogação tácita da vedação prevista nas Leis nº 10.637/2002 e 10.833/2003 com fundamento do artigo 2º, § 1º, da Lei de Introdução às Normas de Direito Brasileiro (LINDB)[7]. Confira-se:

> (...) Desse modo, a análise conjunta do art. 3º, § 2º, II, de ambas as Leis ns. 10.637/2002 e 10.833/2003, com o comando contido no art. 17 da Lei n. 11.033/2004, impõe a conclusão segundo a qual este, por tratar-se de dispositivo legal posterior e que regula inteiramente a matéria de que cuidam aqueles, revogou-os tacitamente, a teor do art. 2º, § 1º, da Lei de Introdução às Normas do Direito Brasileiro – LINDB.
> Assim, a vedação legal então existente para a utilização de créditos na tributação monofásica foi afastada por dispositivo legal que expressamente autoriza o crédito de contribuição ao PIS e da COFINS na hipótese. (...)

A aplicação irrestrita do artigo 17 é coerente com as seguintes constatações: **(i)** a ementa da Lei nº 11.033/04 faz referência a vários temas, como aspectos gerais do PIS e da COFINS; e **(ii)** a exposição de motivos da Medida Provisório nº 206, que originou o artigo 17 da Lei

[7] Art. 2º Não se destinando à vigência temporária, a lei terá vigor até que outra a modifique ou revogue.
§ 1º A lei posterior revoga a anterior quando expressamente o declare, quando seja com ela incompatível ou quando regule inteiramente a matéria de que tratava a lei anterior.

nº 11.033/04, consigna que suas disposições "visam esclarecer dúvidas relativas à interpretação da legislação da Contribuição ao PIS/PASEP e da COFINS". Fica claro, portanto, seu caráter de norma geral e não específica para o REPORTO.

Com efeito, a interpretação do artigo 17 da Lei nº 11.033/04 não poderia conduzir a uma restrição para parte dos produtos que também estão inseridos no regime não cumulativo e sujeitos à alíquota zero (caso dos produtos submetidos ao regime monofásico), uma vez que o dispositivo legal não faz qualquer distinção e/ou limitação com relação à forma de tributação da operação anterior e que originou o crédito.

Em linha com este entendimento destaca-se a Lei nº 11.727/08, fruto da conversão da Medida Provisória nº 413/2008. A lei excluiu os artigos 14 e 15 da MP que expressamente impediam a fruição do benefício previsto no artigo 17 da Lei nº 11.033/04 pelos **comerciantes atacadistas/varejistas** de produtos inserido no regime monofásico[8]. Ou seja, o próprio legislador pretendeu trazer novamente a vedação, mas não o fez.

[8] Confira-se:
Medida Provisória 413/2008:
"(...) Art. 14. Os arts. 2º e 3º da Lei nº 10.637, de 30 de dezembro de 2002, passam a vigorar com a seguinte redação: (...)
"Art. 3º (...)
§ 14. Excetuam-se do disposto neste artigo os distribuidores e os comerciantes atacadistas e varejistas das mercadorias e produtos referidos no § 1º do art. 2º desta Lei, em relação aos custos, despesas e encargos vinculados a essas receitas, não se aplicando a manutenção de créditos de que trata o art. 17 da Lei nº 11.033, de 21 de dezembro de 2004." (NR)

Art. 15. Os arts. 2º e 3º da Lei nº 10.833, de 29 de dezembro de 2003, passam a vigorar com a seguinte redação: (...)
Art. 3º (...)
§ 22. Excetuam-se do disposto neste artigo os distribuidores e os comerciantes atacadistas e varejistas das mercadorias e produtos referidos no § 1º do art. 2º desta Lei, em relação aos custos, despesas e encargos vinculados a essas receitas, não se aplicando a manutenção de créditos de que trata o art. 17 da Lei nº 11.033, de 21 de dezembro de 2004." (NR) (...)"
Lei nº 11.727/08:
"(...) Art. 14. Os arts. 2º e 3º da Lei nº 10.637, de 30 de dezembro de 2002, passam a vigorar com as seguintes alterações: (...)
"Art. 2º
§ 1º-A. Excetua-se do disposto no caput deste artigo a receita bruta auferida pelos produtores, importadores ou distribuidores com a venda de álcool, inclusive para fins carburantes, à

Notem que esta posição, por si só, já seria suficiente para assegurar o direito aos créditos de PIS e COFINS na situação especificada, uma vez que se trata de aplicação de preceito legal. Ao Fisco Federal cabe observar a lei e, da mesma forma, ao magistrado aplicá-la se não ofende normas e princípios.

Ora, conforme já exaltado em diversos precedentes judiciais e administrativos, a não-cumulatividade do PIS e da COFINS foi traçado pelo legislador ordinário, já que a Carta Magna não se preocupou em impor regras tal como o fez para o IPI e o ICMS. Portanto, se o artigo 17 não se restringe ao REPORTO, logo resta assegurado legalmente o direito ao creditamento do PIS e da COFINS pelos comerciantes na aquisição de produtos sujeitos ao regime monofásico posteriormente revendidos. Notem que o artigo 17 tinha por objetivo trazer coerência ao sistema, permitindo-se a manutenção dos referidos créditos, inclusive para compensação com outros tributos federais na forma do artigo 16 da Lei nº Lei nº 11.116/05[9].

A considerar que ao legislador ordinário foi dado definir as situações em que o contribuinte teria direito aos créditos de PIS e COFINS (exemplo do artigo 3º da legislação do PIS e da COFINS), é evidente, portanto, que a relação jurídica do crédito é distinta da relação jurídica do débito.

qual se aplicam as alíquotas previstas no caput e no § 4º do art. 5º da Lei nº 9.718, de 27 de novembro de 1998.

Art. 15. Os arts. 2º e 3º da Lei nº 10.833, de 29 de dezembro de 2003, passam a vigorar com as seguintes alterações: (...)
Art. 2º
§ 1º-A. Excetua-se do disposto no caput deste artigo a receita bruta auferida pelos produtores, importadores ou distribuidores com a venda de álcool, inclusive para fins carburantes, à qual se aplicam as alíquotas previstas no caput e no § 4º do art. 5º da Lei nº 9.718, de 27 de novembro de 1998. (...)"

[9] Art. 16. O saldo credor da Contribuição para o PIS/Pasep e da Cofins apurado na forma do art. 3º das Leis nºs 10.637, de 30 de dezembro de 2002, e 10.833, de 29 de dezembro de 2003, e do art. 15 da Lei no 10.865, de 30 de abril de 2004, acumulado ao final de cada trimestre do ano-calendário em virtude do disposto no art. 17 da Lei nº 11.033, de 21 de dezembro de 2004, poderá ser objeto de:
I – compensação com débitos próprios, vencidos ou vincendos, relativos a tributos e contribuições administrados pela Secretaria da Receita Federal, observada a legislação específica aplicável à matéria; ou
II – pedido de ressarcimento em dinheiro, observada a legislação específica aplicável à matéria.

Este ponto restou muito bem destacado no voto do Ministro Dias Toffoli do Supremo Tribunal Federal (STF), ao julgar o tema 337 em repercussão geral (RE nº 607.642/RJ[10]). Confira-se trechos do seu voto:

> No momento em que surgiu a não cumulatividade do PIS/Cofins, não havia nenhum indicativo constitucional quanto ao perfil e à amplitude do mecanismo. Marco Aurélio Greco[1] anota que a não cumulatividade estabelecida pelas Leis nºs 10.637/02 e 10.833/03 é criação puramente legal. Para ele, embora seja possível reconhecer terem tais leis se inspirado em algumas características do modelo constitucional (art. 153, § 3º, II, e art. 155, § 2º, I, CF), não cabe um transplante para o PIS/Cofins de características e conclusões extraídas do âmbito do IPI e do ICMS.
>
> (...)
>
> Sob a minha óptica, o § 12 do art. 195 da Constituição autoriza a coexistência dos regimes cumulativo e não cumulativo. Ademais, o texto da EC 42/03, ao cuidar da matéria quanto ao PIS/Cofins, referiu, apenas, que a lei definirá os setores de atividade econômica para os quais as contribuições serão não cumulativas, deixando de registrar a fórmula que serviria de ponto de partida à interpretação do regime. Diferentemente do IPI e do ICMS, não há no texto constitucional a escolha dessa ou daquela técnica de incidência da não cumulatividade das contribuições sobre o faturamento ou a receita.
>
> (...)
>
> Parece ser consenso, na doutrina, que as Leis nºs 10.637/02 e 10.833/03 criaram um critério próprio de operacionalização da não cumulatividade que não corresponde, na íntegra, a nenhum dos métodos tradicionais de cálculo da não cumulatividade dos tributos sobre o valor agregado (base sobre base ou tributo sobre tributo). Embora a maioria dos doutrinadores extraia das leis instituidoras a intenção de adotar uma técnica próxima da "base sobre base", é recorrente a assertiva de que o legislador, na técnica de apuração não cumulativa da base de cálculo das contribuições PIS/Cofins, inaugura um regime todo novo, autônomo em relação tanto à forma preexistente de cálculo dessas contribuições como aos modelos de não cumulatividade por todos nós conhecidos e empregados na circulação plurifásica do IPI e do ICMS, superando o regime do crédito escritural (...).

10 O julgamento foi paralisado com pedido de vista do Ministro Marco Aurélio.

Há exemplo na própria legislação do PIS e da COFINS que denotam a dissociação entre a relação jurídica do crédito e a relação jurídica do débito, tal como a aquisição de produtos de fornecedores/vendedores que se encontram no SIMPLES NACIONAL[11], uma vez que o crédito a ser calculado pelo adquirente que recolhe com base na sistemática não--cumulativa considera as alíquotas-padrão, desconsiderando o fato de que a alíquota do PIS/COFINS utilizada pelo fornecedor foi inferior.

Assim, assumindo a postura acima, outra conclusão não poderia existir senão a de que a vedação do artigo 26 da Instrução Normativa nº 594/05 quanto aos créditos de PIS e COFINS dos produtos sujeitos ao regime monofásico traz uma limitação não prevista em lei, em clara afronta ao princípio da legalidade dos artigos 97 do CTN e 150, inciso I, da CF/88. Às normas secundárias não é dado transcender os limites legais ou contrariar suas disposições, inclusive quando o intuito é restringir o aproveitamento de créditos, já que necessariamente implica majoração de tributo.

Embora a conclusão pareça lógica, ou seja, se há lei – no caso o artigo 17 da Lei 11.033/2004 – permitindo o creditamento em análise não poderia a Administração Tributária e mesmo o Poder Judiciário impor limites, o fato é que os precedentes contrários aos contribuintes do E. STJ reconhecem sim a aplicação irrestrita do artigo 17 mas negam o crédito mediante a análise da compatibilidade da sistemática não-cumulativa e do regime monofásico do PIS e da COFINS. Neste ponto, novamente, a Ministra Regina Helena Costa mostrou-se brilhante em suas colocações para, *a contrario sensu*, admitir o crédito.

## 2.2. Compatibilidade entre a sistemática não cumulativa e o regime monofásico do PIS e da COFINS

Não se abalando com uma jurisprudência praticamente consolidada, a Ministra Regina Helena Costa analisou detidamente o assunto e, trazendo pontos que serão expostos a seguir, concluiu que o contribuinte teria direito ao crédito de PIS e COFINS nesta situação.

[11] Simples Nacional é um regime tributário facilitado e simplificado para micro e pequenas empresas, que permite o recolhimento de todos os tributos federais, estaduais e municipais em uma única guia. A alíquota é diferenciada conforme o faturamento, separado em faixas até a receita bruta anual de até R$ 3,6 milhões e que chegará a R$ 4,8 milhões em 2018, em atendimento à Lei Complementar nº 155, de outubro de 2016

O princípio da não cumulatividade foi inicialmente previsto na Constituição Federal de 1988 apenas para o IPI, ICMS e para os impostos de competência residual da União Federal, para assegurar aos contribuintes um claro direito de "abatimento". Sua introdução para o PIS e a COFINS se deu com a Emenda Constitucional nº 42, de 31.12.2003, ao acrescentar o § 12º ao artigo 195[12] da CF/88.

Como muito bem destacado pela Ministra, a não-cumulatividade do PIS e da COFINS posta na CF/88 não traz regramento preestabelecido como o fez para o ICMS e o IPI, havendo, portanto, maior margem de liberdade do legislador infraconstitucional para definir os parâmetros. No cálculo do PIS e da COFINS não cumulativos, os contribuintes podem descontar créditos em relação a diversos custos, despesas e encargos para o desenvolvimento de suas atividades, em síntese, mediante a aplicação das alíquotas dessas contribuições (1,65% – PIS e 7,6% – COFINS) sobre os valores dos bens, serviços e despesas incorridos. Portanto, para tal creditamento, irrelevante o fato de as entradas terem se sujeitado a alíquotas inferiores, superiores ou sequer terem sofrido a incidência desses tributos nas etapas anteriores do ciclo.

A não-cumulatividade deve ser vista como uma medida que visa garantir maior justiça fiscal aos contribuintes, em respeito ao princípio constitucional da capacidade contributiva (artigo 145[13], § 1º, da CF/88), "visando impedir que o tributo torne-se um gravame cada vez mais oneroso nas várias operações de circulação do produto ou mercadoria, de prestação dos aludidos serviços e de industrialização de produtos, deixando-os proibitivos".

[12] Art. 195. A seguridade social será financiada por toda a sociedade, de forma direta e indireta, nos termos da lei, mediante recursos provenientes dos orçamentos da União, dos Estados, do Distrito Federal e dos Municípios, e das seguintes contribuições sociais: (...)

§ 12. A lei definirá os setores de atividade econômica para os quais as contribuições incidentes na forma dos incisos I, b; e IV do caput, serão não-cumulativas. (Incluído pela Emenda Constitucional nº 42, de 19.12.2003)

[13] Art. 145. A União, os Estados, o Distrito Federal e os Municípios poderão instituir os seguintes tributos: (...)

§ 1º Sempre que possível, os impostos terão caráter pessoal e serão graduados segundo a capacidade econômica do contribuinte, facultado à administração tributária, especialmente para conferir efetividade a esses objetivos, identificar, respeitados os direitos individuais e nos termos da lei, o patrimônio, os rendimentos e as atividades econômicas do contribuinte.

Assim, assumindo que a não-cumulatividade do PIS e da COFINS possui feições diversas do IPI e do ICMS, a Ministra reconhece a aplicação de um sistema distinto, de "base sobre base" às contribuições sociais, a saber:

> "(...) Com efeito, cuidando-se de contribuições cuja base de cálculo é a receita bruta ou faturamento, e que, portanto, não têm conexão direta com determinada operação que tenha por objeto produto ou mercadoria, a técnica de não cumulatividade a ser observada é de "base sobre base", isto é, o valor do tributo é apurado mediante a aplicação da alíquota sobre a diferença entre as receitas auferidas e aquelas necessariamente consumidas pela fonte produtora (despesas necessárias) (...)"

Embora a redação original das Leis nºs. 10.637/02 e 10.833/03 apresentasse determinação expressa no sentido de que as receitas decorrentes da comercialização de produtos inseridos no regime monofásico estavam excluídas da sistemática não cumulativa, em 2004 esse cenário foi substancialmente alterado, com a entrada em vigor da Lei nº 10.865/04, com a inclusão dos produtos sujeitos ao regime monofásico do PIS e da COFINS na sistemática não cumulativa dessas contribuições.

Desde então, os produtos submetidos ao regime monofásico não mais seriam excluídos obrigatoriamente da não cumulatividade. A nosso ver, essa alteração legislativa deixa evidente a compatibilidade entre o regime monofásico e a sistemática não cumulativa de apuração do PIS e da COFINS.

A própria Secretaria da Receita Federal ratificou esse entendimento ao admitir que as pessoas jurídicas sujeitas ao regime monofásico apurassem créditos de PIS e COFINS da não-cumulatividade. Confira-se:

> (...) REGIME DA NÃO-CUMULATIVIDADE. INCIDÊNCIA MONOFÁSICA. A pessoa jurídica sujeita a incidência monofásica deve apurar seus créditos tendo por base as alíquotas e procedimentos próprios do regime da não-cumulatividade." (Solução de Consulta nº 27, de 26.1.2007)

> (...) Incidência não-cumulativa. No caso de indústria farmacêutica que apure imposto de renda com base no lucro real, as receitas auferidas decorrentes da venda dos produtos farmacêuticos de que trata a Lei

nº 10. 147, de 2002, foram incluídas na sistemática não-cumulativa da Cofins em 01/08/2004. A partir desta data, tais pessoas jurídicas puderam usufruir de regime especial de utilização de crédito presumido, previsto na norma legal citada, sem prejuízo do creditamento contemplado no artigo 3º da Lei nº 10.833, de 2003." (Solução de Consulta nº 27, de 13.2.2007)

(...)REGIME NÃO-CUMULATIVO. CRÉDITOS. INCIDÊNCIA MONOFÁSICA. Em relação aos fatos geradores ocorridos anteriormente à vigência da nova redação do inciso IV do § 3º do art. 1º da Lei nº 10.833, de 2003, dada pelo art. 21 da Lei nº 10.865, de 2004, não dão direito a crédito da Cofins, nos termos do art. 3º da Lei nº 10.833, de 2003, os custos, despesas ou encargos vinculados à receita de vendas, no mercado interno ou externo, de produtos de que trata a Lei nº 10. 485, de 2002. Isso não prejudica o direito da pessoa jurídica, em relação às receitas de exportação desses produtos auferidas no período, ao crédito presumido do IPI, como ressarcimento da contribuição para o PIS/Pasep e da Cofins, incidentes sobre as respectivas aquisições, no mercado interno, de matérias-primas, produtos intermediários e material de embalagem, para utilização no processo produtivo, nos termos da Lei nº 9.363, de 1996, ou da Lei nº 10.276, de 2001, a que faz jus a empresa produtora e e exportadora de mercadorias nacionais. (Solução de Consulta nº 286, de 27.8.2004)

Além da permissão legal expressa e do entendimento administrativo acima, é importante destacar que eventual impossibilidade de aproveitamento dos créditos de PIS e COFINS decorrentes da aquisição de bens para revenda inseridos no regime monofásico violaria o princípio constitucional da não cumulatividade (artigo 195, § 12º, da CF/88) e o princípio constitucional da isonomia tributária (artigos 150, inciso II, da CF/88).

Isso porque a liberalidade concedida pela Constituição Federal ao legislador ordinário diz respeito apenas aos setores da economia que serão não cumulativos. A partir do momento que o legislador optou por inserir na sistemática não cumulativa os bens com incidência monofásica, não há que se admitir distinções e/ou limitações, inclusive em hipótese em que claramente o comerciante atacadista ou varejista suportou a carga tributária de PIS/COFINS decorrente da operação anterior em razão da alíquota especial aplicada e recolhida pelo industrial/importador e que reflete sobre toda a cadeia.

Estes aspectos foram muito bem explorados no voto da Ministra Regina Helena Costa que, ao buscar a verdadeira exegese da norma interpretada, destacou que a finalidade da norma e sua intepretação estariam em consonância com os princípios da não-cumulatividade e da capacidade contributiva, a saber:

> "De fato, não se pode negar que a partir da vigência do art. 17 da Lei n. 11.033/2004 os contribuintes atacadistas ou varejistas de quaisquer dos produtos sujeitos à tributação monofásica fazem jus ao crédito relativo à aquisição desses produtos, em sintonia com a regra constitucional da não cumulatividade aplicável às contribuições, estampada no art. 195, § 12, que há de ser prestigiada, dela extraindo-se sua máxima eficácia.
>
> Se, no regime monofásico, todos os demais elos da cadeia produtiva, à exceção do produtor ou importador – que são responsáveis pelo recolhimento do tributo a uma alíquota mais gravosa – ficam desobrigados do recolhimento porque, sobre a receita por eles auferida, aplica-se a alíquota zero, tal fato não obsta que tais contribuintes mantenham os créditos de todas as aquisições por eles efetuadas, como expressamente assegura o art. 17 da Lei n. 11.033/2004.
>
> E tal orientação, sublinhe-se, é consentânea, igualmente, com o teor do princípio da capacidade contributiva (art. 145, § 1º, CR), aplicável às contribuições cuja materialidade revista a natureza de imposto, como é o caso do PIS e da COFINS. (...)"

Partindo deste raciocínio, o nosso entendimento é de que o direito aos créditos de PIS e COFINS na situação em análise é decorrência da aplicação dos princípios da legalidade tributária, da não-cumulatividade e da isonomia tributária. Ainda que se interprete literalmente a legislação tributária, concluir-se-á pela manutenção do direito aos créditos de PIS e COFINS na aquisição de produtos sujeitos ao regime monofásico posteriormente revendidos por distribuidores/comerciantes em razão do texto cristalino da lei (artigo 17).

Note-se que, após este julgamento em 2017, a C. Primeira Turma do STJ passou a julgar favoravelmente aos contribuintes, como se percebe no RESP n. 1.346.181/PE, julgado em junho de 2017; e no ARESP n. 569.688, julgado em janeiro de 2018. Até a elaboração deste artigo a situação era a seguinte: **(i)** a questão aguarda uniformização da jurisprudência do E. STJ em Embargos de Divergência perante a Primeira Seção (ERESP n. 1.221.142/PR – Min. Francisco Falcão; ERESP 1.768.224 – Min. Gurgel de Faria; e ERESP 1.109.354 – Min. Gurgel de Faria); e **(ii)** é considerada de cunho infraconstitucional[14], não havendo recurso extraordinário pendente de julgamento e/ou repercussão geral sobre a matéria.

É importante destacar que a divergência primeiramente restou configurada pelo fato de que as Turmas tinham entendimentos contrários quanto à aplicação do artigo 17 da Lei 11.033/2004. No entanto, atualmente ambas as Turmas do STJ concordam com a aplicação irrestrita do dispositivo legal, mas divergem quanto à compatibilidade do regime monofásico com o creditamento do PIS e da COFINS, em que pese as premissas iniciais que, a nosso ver, prejudicariam esta análise.

No caso, a C. Segunda Turma, desconsiderando a intenção do legislador no artigo 17, assevera que "a incidência monofásica do PIS e da COFINS não se compatibiliza com a técnica do creditamento" (Agravo Interno no Agravo em Recurso Especial n. 1.109.354/SP, relator Ministro Mauro Campbell Marques, de 5.9.2017). Além disso, o entendimento da Ministra Regina Helena é confrontado pelo Ministro Gurgel de Faria, que é voto vencido na Primeira Turma do STJ.

A questão, portanto, será dirimida pela C. Primeira Seção do E. STJ sendo que a Ministra Regina Helena Costa a compõe, juntamente com os Ministros Francisco Falcão; Herman Benjamin; Napoleão Nunes Maia Filho; Og Fernandes; Mauro Campbell Marques; Benedito Gonçalves; Assussete Magalhães; Sérgio Kukina e Gurgel de Faria.

A considerar a aplicação da LINDB e o princípio da legalidade, outra não poderá ser a conclusão senão a de que o contribuinte tem direito aos créditos de PIS e COFINS na aquisição de produtos sujeitos ao regime monofásico posteriormente revendidos pelos comerciantes, já que o artigo 17 é claro ao assegurar a manutenção dos créditos nesta situação.

Assim, esperamos ter contribuído para o debate que se travará na Primeira Seção e que poderá reverberar ao Supremo Tribunal Federal, caso

[14] ARE 1159957; RE 840151, RE 734090; RE 1109860; RE 784322, RE 632516

se entenda tratar de matéria constitucional. A nosso ver, a definição sobre o direito ao creditamento nesta situação colaborará para outras controvérsias vividas entre o Fisco Federal e o contribuinte que anseiam pela correta aplicação do princípio da não-cumulatividade e interpretação da legislação tributária nas situações que envolvem o PIS e a COFINS.

## Conclusões

Nossa conclusão baseia-se integralmente nos ensinamentos da Ministra Regina Helena Costa e que são magistralmente refletidos em seus votos. Ela nos ensinou primordialmente que o Direito Tributário Brasileiro é disciplinado pela nossa Constituição Federal e, portanto, seus parâmetros e limitações foram esculpidos pelo legislador constituinte originário ou derivado; e que as leis tributárias devem ser interpretadas e aplicadas tendo como vetores os princípios constitucionais tributários.

Sendo fiel a essas premissas, ao interpretar a legislação tributária e aplicar a LINDB, exaltamos o posicionamento da Ministra no sentido de que o artigo 17 da Lei nº 11.033/2004 aplicar-se-ia a todas as pessoas jurídicas de direito privado e que este dispositivo legal teria revogado a vedação que existia nas Leis nºs 10.637/2002 e 10.833/2003 o que nos conduz ao reconhecimento do direito à manutenção dos créditos de PIS e COFINS na aquisição de produtos sujeitos ao regime monofásico posteriormente revendidos por distribuidores/comerciantes.

Sua aplicação irrestrita já geraria a validação dos créditos de PIS e COFINS na situação analisada. Não obstante isso, a Ministra vai além e reconhece a compatibilidade da sistemática não-cumulativa com o regime monofásico, seja em razão da inclusão das receitas decorrentes dos produtos monofásicos na sistemática não-cumulativa pela Lei nº 10.865/2004, seja porque a possibilidade de creditamento estaria em linha com os princípios da não-cumulatividade, da capacidade contributiva e da isonomia tributária.

Com maestria e habilidade, como era de se esperar da nossa professora e jurista, a Ministra Regina Helena Costa mudou o posicionamento da maioria dos componentes da sua turma e esperamos que se consolide na Primeira Seção pois representa a melhor aplicação do nosso Direito Tributário. O seu protagonismo e a coragem pelo debate alimentam nós mulheres tributaristas.

# 20. O Direito Fundamental à Educação e o Princípio da não Obstância do Exercício de Direitos Fundamentais por via da Tributação: A Inconstitucionalidade da Estipulação de Limite de Dedução do Imposto sobre a Renda

Elaine Perez

## Introdução

Em meio à pandemia da COVID-19, em que o distanciamento social nos permitiu refletir mais a fundo sobre questões relacionadas à desigualdade social e à reforma tributária como medida de enfrentamento da enfermidade coletiva, sinto-me honrada com o convite para endossar essa mais que merecida homenagem à Regina Helena Costa.

Inicialmente, peço licença para parafrasear o saudoso professor Geraldo Ataliba no Prefácio do livro "Princípio da Capacidade Contributiva[1]" para quem "Regina Helena Costa não teme desafios, nem foge aos problemas. A todos dá tratamento adequado, coerente com os princípios e reverente às exigências sistemáticas pertinentes".

[1] Costa, Regina Helena. *Princípio da Capacidade Contributiva*, 1ª ed., Ed. Malheiros: São Paulo, 1993.

Recém formada e residindo em São Paulo, conheci Regina Helena através de uma das suas obras mais renomadas, "Imunidades Tributárias – Teoria e Análise da Jurisprudência do STF", na qual aborda o que batizou de "princípio da não observância do exercício de direitos fundamentais por via da tributação[2]".

Esse princípio resume sua recorrente preocupação com a tensão permanente entre a imposição de tributos pelo Estado e o exercício de direitos fundamentais, dentre os quais o direito à educação (art. 6º e 205 da CF/88), que figura dentre os direitos sociais que demanda forte atuação prestacional positiva pelo Estado e, por vezes, a intervenção judicial para assegurar a sua concretização.

Segundo tal princípio, se a Constituição assegura o exercício de determinados direitos que qualifica como fundamentais, não se pode compactuar que a tributação, também constitucionalmente regulada, inviabilize o seu exercício.

A reflexão não é nova mas é oportuna, considerando o texto de reforma tributária apresentado pelo governo federal, além dos projetos de lei já em discussão no Congresso Nacional[3], que primam pela neutralidade das alíquotas dos tributos, pela desejada simplificação dos tributos relacionados ao consumo de bens e serviços, mas que pecam na aplicação da justiça tributária.

Com relação ao imposto sobre a renda (153, III, CF/88 e 42 a 45, CTN), cujo critério material da regra matriz de incidência é a aquisição da disponibilidade de acréscimo patrimonial, a capacidade contributiva (145, §1º, CF/88) talvez seja o mais importante dos princípios assecuratórios da justiça tributária, por possibilitar ao legislador a tributação da riqueza do cidadão na medida da sua capacidade econômica e evitar que o encargo tributário o impeça de arcar com as despesas essenciais, dentre as quais os gastos com educação.

Sendo assim, se renda é acréscimo patrimonial e se educação é direito fundamental, o limite anual individual de dedução das despesas com educação da base de cálculo do imposto de renda estabelecido no art. 8, II, 'b' da Lei nº 9.250/95, com redação atualmente dada pela Lei

[2] Costa, Regina Helena. *Imunidades* tributárias. 3. ed. São Paulo: Malheiros, 2015, p. 87.

[3] Especialmente a PEC 45/2019 e a PEC 110/2019.

nº 13.149/15, não só atenta contra os fins colimados pela própria Constituição, como peca na almejada prática da justiça fiscal.

Em sua obra Imunidades, Regina Helena é precisa ao afirmar, a esse respeito, que "as despesas com a educação, do contribuinte e de seus dependentes, **não podem integrar a renda tributável,** sob pena de violar-se direito fundamental, uma vez constituírem autênticas despesas necessárias à manutenção das pessoas físicas"[4]. Com a mesma coerência vem se posicionando ativamente como juíza federal na Capital de São Paulo, como Desembargadora do Tribunal Regional Federal da 3ª Região e desde 2013 como Ministra do Superior Tribunal de Justiça.

Realmente, a inconstitucionalidade do art. 8, II, 'b', da Lei nº 9.250/95 merece reflexão, tanto que atualmente é objeto de Ação Direta de Inconstitucionalidade nº 4927/DF, que aguarda pronunciamento pelo Supremo Tribunal Federal.

## 1. Conceito Constitucional de Renda

Embora estabeleça no art. 153, III, competir à União "instituir impostos sobre: (...) III – renda e proventos de qualquer natureza", a Constituição Federal não trouxe um conceito expresso do que seria renda. Assim, coube ao legislador infraconstitucional disciplinar sobre o imposto de renda e proventos de qualquer natureza nos artigos 43 e 44 do CTN[5] e art. 3º da Lei 7.713/88[6], tendo por dever respeitar todos os princípios constitucionais tributários.

Grande parte da doutrina defende que o conceito de renda deve ser extraído diretamente da Constituição brasileira, ainda que implicitamente, a qual, acompanhando a tendência internacional da positivação dos direitos humanos, estabeleceu um conjunto de direitos e garantias dirigidas aos contribuintes e refletidas em princípios norteadores da

[4] Op. cit., p. 89.

[5] Art. 43. O imposto, de competência da União, sobre a renda e proventos de qualquer natureza tem como fato gerador a aquisição da disponibilidade econômica ou jurídica: I – de renda, assim entendido o produto do capital, do trabalho ou da combinação de ambos; II – de proventos de qualquer natureza, assim entendidos os acréscimos patrimoniais não compreendidos no inciso anterior.
Art. 44. A base de cálculo do imposto é o montante, real, arbitrado ou presumido, da renda ou dos proventos tributáveis.

[6] Art. 3º. O imposto incidirá sobre o rendimento bruto, sem qualquer dedução, ressalvado o disposto nos arts. 9º a 14 desta Lei.

tributação, tais como o da igualdade e seu consectário, o da capacidade contributiva[7].

A corroborar esse entendimento, é o ensinamento de José Artur Lima Gonçalves[8] no livro "Imposto Sobre a Renda. Pressupostos constitucionais" de que "o conceito de renda não pode ficar – e não fica – à disposição do legislador infraconstitucional e que, por outro lado, o conceito de renda não está explicitado no texto constitucional, impõe-se deduzir um conceito de renda pressuposto pela Constituição". Na mesma obra, o autor identifica alguns termos na Constituição que influem no conceito de renda, tais como "faturamento", "patrimônio", "capital", "lucro", "ganho", a partir dos quais define que:

> Renda haverá, portanto, quando houver sido detectado um acréscimo, um *plus*; tenha ele, ou não, sido consumido; seja ele, ou não, representado por instrumentos monetários, direitos, ou por bens, imateriais ou físicos, móveis ou imóveis, agora não importa (...)
>
> Para que haja renda, deve haver um acréscimo patrimonial – aqui entendido como incremento (material ou imaterial, representado por qualquer espécie de direitos ou bens, de qualquer natureza – o que importa é o valor em moeda do objeto desses direitos) – ao conjunto líquido de direitos de um dado sujeito[9].

Roberto Quiroga Mosquera partilha da mesma opinião, prelecionando em dissertação publicada em livro[10] que "Os conceitos existentes no

[7] Segundo Regina Helena da Costa na edição comemorativa dos 25 anos do Superior Tribunal de Justiça em texto intitulado "Tributação e Direitos Fundamentais": *"Peculiaridade do direito brasileiro é o fato de o sistema tributário estar delineado essencialmente na própria Constituição, diversamente do que se dá na maioria dos países, nos quais o texto fundamental dedica pouca atenção à disciplina da tributação, regrada, primordialmente, pela legislação infraconstitucional. Vejam-se, por exemplo, as Constituições da Argentina (1853), da Espanha (1978), da França (1958) e da Itália (1947), que dedicam apenas dois ou três artigos ao trato de matéria tributária"* Disponível em <https://ww2.stj.jus.br/publicacaoinstitucional/index.php/Dout25anos/article/view/70/50>. Acesso em nov/2020.

[8] Imposto Sobre a Renda. Pressupostos constitucionais. 1ª ed. São Paulo: Malheiros, 2002, p. 174.

[9] Op. cit., p. 180.

[10] Renda e Proventos de Qualquer Natureza. O imposto e o conceito constitucional, Ed. Dialética: São Paulo, 1996, pp. 40/41.

artigo 43 do CTN devem necessariamente adequar-se ao conceito constitucional de ´renda´ e ´proventos de qualquer natureza´ extraídos da Carta Maior". Nesse sentido, cita Celso Antônio Bandeira de Mello:

> Bandeira de Mello aponta que as normas infraconstitucionais não podem conferir aos termos 'renda' e 'proventos' uma conotação ou denotação transbordantes do sentido admissível na intelecção normal e daqueles demarcados constitucionalmente. Ressalta ainda o ilustre jurista que, caso fosse negada essa assertiva, de que as significações das normas jurídicas de hierarquia inferior devem adequar-se às significações de 'renda' e 'proventos' presentes no Texto Supremo, os preceptivos constitucionais teriam valência nula, isto é: 'não se prestam a cumprir sua única e específica função: demarcar, na qualidade de regras superiores, o campo de liberdade do legislador, assim como de todos os regramentos, atos e intelecções sucessivos. Deveras, se o legislador ou o aplicador da regra pudessem delinear, a seu talante, o campo de restrições a que estão submetidos, através da redefinição das palavras constitucionais, assumiriam, destarte, a função de constituinte.

Discorrendo em sua obra sobre a significação do art. 43 do CTN atribuída pela legislação constitucional, o autor conclui que:

> O imposto sobre a renda e proventos de qualquer natureza incide sobre o elemento patrimonial que se constitui numa majoração de patrimônio, isto é, incide sobre a riqueza nova, renda e proventos de qualquer natureza são elementos patrimoniais que não existiam antes no conjunto de direitos pré-existentes das pessoas e que não representam uma mera reposição de elementos patrimoniais ou permuta. Acréscimo, incremento ou majoração de elementos patrimoniais (riqueza nova) não se confunde com ingresso, entrada ou reposição de direitos patrimoniais (riqueza velha)[11].

No mesmo sentido, Paulo Ayres Barreto[12] sustenta que a expressão renda e proventos de qualquer natureza deve ser interpretada como um acréscimo a um dado conjunto de bens e direitos (patrimônio),

[11] Op. cit., p. 118.

[12] Imposto Sobre a Renda e Preços de Transferência, Ed. Dialética, São Paulo, 2001, p. 73.

pertencentes a uma pessoa (física ou jurídica), observado um lapso temporal necessário para que se realize o cotejo entre certos ingressos, de um lado, e determinados desembolsos, de outro. Sobre o art. 43 do CTN o autor explica que:

> O conteúdo do enunciado prescritivo veiculado pelo CTN, em seu art.43, não desborda o conceito constitucional de renda. Deveras, a referência a proventos de qualquer natureza, como acréscimos patrimoniais não compreendidos no inciso anterior, impõe a seguinte conclusão: nos termos do CTN os acréscimos patrimoniais sujeitos à incidência do imposto sobre a renda são os enunciados no inciso I do art. 43 ou quaisquer outros. Vale dizer, por analogia, as cores escolhidas para colorir esta superfície são preto, branco, cinza ou qualquer outra.

Sedimentando a jurisprudência dos tribunais pátrios em torno do tema, o Supremo Tribunal Federal decidiu por unanimidade no julgamento do Recurso Extraordinário nº 117.887-6/SP[13] que a expressão "renda e provento de qualquer natureza" significa sempre "acréscimo patrimonial" e como forma de enfatizar esse viés, o Min. Carlos Velloso, ao relatar o recurso, bem asseverou que *"não me parece possível a afirmativa no sentido de que possa existir renda ou provento sem que haja acréscimo patrimonial"*.

Nesse sentido, a palavra "renda", utilizada no texto constitucional (art. 153, III), está ligada a uma ideia de aquisição de riqueza nova, conceito que está implícito no texto constitucional, de sorte que nenhuma lei ordinária poderá contrariá-la.

Em outras palavras, não possui o legislador infraconstitucional ampla margem de liberdade para definir o conceito de renda para fins de tributação, somente podendo fazer incidir o gravame sobre os valores remanescentes após as deduções relacionadas às despesas com o atendimento das necessidades básicas da pessoa, sobretudo aquelas que o próprio Estado se incumbe de prover, como é o caso das despesas com educação.

[13] RE nº 117.887-6/SP, Rel. Min. Carlos Velloso, Tribunal Pleno, julgado em 11.02.93. Disponível em: <http://redir.stf.jus.br/paginadorpub/paginador.jsp?docTP=AC&docID=206951>. Acesso em nov/2020.

## 2. Conexão entre o Direito Fundamental à Educação e a Tributação da Renda

Universalmente, vem se afirmando uma visão humanista da tributação, de que essa atividade estatal busca não só gerar recursos para o custeio de serviços públicos, como também viabilizar o exercício de direitos públicos subjetivos.

Isso porque, a tributação é valioso instrumento para atingir os objetivos fundamentais da República, como a construção de uma sociedade livre, justa e solidária, o desenvolvimento nacional, a erradicação da pobreza e da marginalização e a redução das desigualdades sociais e regionais, da promoção do bem de todos, sem preconceitos de origem, raça, sexo, cor, idade e quaisquer outras formas de discriminação (art. 3º, I a IV).

No que importa à presente reflexão, a Constituição Federal assegura a todos, indistintamente, o direito à educação, alçando-o à categoria de direito social fundamental, estabelecendo no art. 6º que *"São direitos sociais a educação, a saúde, a alimentação, o trabalho, a moradia, o lazer, a segurança, a previdência social, a proteção à maternidade e à infância, a assistência aos desamparados, na forma da Constituição"*, reforçando o compromisso do Estado no art. 7º, IV[14] com relação às necessidades vitais básicas de todos os trabalhadores, urbanos e rurais.

Além disso, a Constituição também prevê a educação como um dever de todos (Estado, família e sociedade) fazendo registrar no art. 205 que *"será promovida e incentivada com a colaboração da sociedade, visando o pleno desenvolvimento da pessoa, seu preparo para o exercício da cidadania e sua qualificação para o trabalho"*.

No art. 208, a Constituição consagra a obrigatoriedade e a gratuidade do ensino fundamental e médio em estabelecimentos oficiais, característica tradicional do sistema educacional pátrio e que deriva, também, de princípio aclamado como direito fundamental do homem, nos

[14] Art. 7º. São direitos dos trabalhadores urbanos e rurais, além de outros que visem à melhoria de sua condição social: (...) IV – salário mínimo, fixado em lei, nacionalmente unificado, capaz de atender a suas necessidades vitais básicas e às de sua família com moradia, alimentação, educação, saúde, lazer, vestuário, higiene, transporte e previdência social, com reajustes periódicos que lhe preservem o poder aquisitivo, sendo vedada sua vinculação para qualquer fim;

termos do art. 26 da Declaração Universal dos Direitos Humanos, subscrita pelo Brasil. Eis o teor dos aludidos dispositivos:

> Art. 208. O dever do Estado com a educação será efetivado mediante a garantia de:
> I. ensino fundamental obrigatório e gratuito, assegurada, inclusive, sua oferta gratuita para todos os que a ele não tiverem acesso na idade própria;
> [...]
> § 1º O acesso ao ensino obrigatório e gratuito é direito público subjetivo.
> § 2º O não-oferecimento do ensino obrigatório pelo poder público, ou sua oferta irregular, importa responsabilidade da autoridade competente.
> § 3º Compete ao poder público recensear os educandos no ensino fundamental, fazer-lhes a chamada e zelar, junto aos pais ou responsáveis, pela frequência à escola.
>
> Art. 26 da Declaração Universal dos Direitos Humanos:
> 1. Toda a pessoa tem direito à educação. A educação deve ser gratuita, pelo menos a correspondente ao ensino elementar fundamental. O ensino elementar é obrigatório. O ensino técnico e profissional dever ser generalizado; o acesso aos estudos superiores deve estar aberto a todos em plena igualdade, em função do seu mérito.
> 2. A educação deve visar à plena expansão da personalidade humana e ao reforço dos direitos do Homem e das liberdades fundamentais e deve favorecer a compreensão, a tolerância e a amizade entre todas as nações e todos os grupos raciais ou religiosos, bem como o desenvolvimento das atividades das Nações Unidas para a manutenção da paz.
> 3. Aos pais pertence a prioridade do direito de escolher o gênero de educação a dar aos filhos.

Conquanto a educação seja um direito de todos e dever do Estado, diante da impossibilidade de garantir a todos a efetiva prestação de ensino gratuito em estabelecimento público, a Constituição permitiu sua exploração pela iniciativa privada, mediante o atendimento dos requisitos previstos no art. 209 da Constituição, *in verbis*:

> Art. 209. O ensino é livre à iniciativa privada, atendidas as seguintes condições:
> I. cumprimento das normas gerais da educação nacional;
> II. autorização e avaliação de qualidade pelo Poder Público.

O interessado em frequentar instituições particulares de ensino deve, naturalmente, efetuar a contraprestação pelos serviços educacionais, mediante pagamento de mensalidades, além de arcar com as demais despesas inerentes ao ensino. Em contrapartida, a legislação possibilita aos que utilizam a rede privada de ensino a dedução das despesas realizadas com a instrução própria e de seus familiares por meio da técnica de abatimento dos gastos com educação da base de cálculo do imposto de renda de pessoa física.

Longe de se tratar de favor fiscal sujeito ao alvedrio do legislador, trata-se de medida que atende aos interesses da própria política educacional estatal, porquanto desonera o ensino público e propicia à Administração melhor alocação de recursos para a educação.

Nesse particular, o art. 8º, II, 'b", da Lei nº 9.250/95, com a última redação da Lei nº 13.149/15, ao estabelecer limite de dedução de despesas com educação, que constituem decréscimos patrimoniais (efetiva perda econômica), corrompe não só o critério material da regra matriz de incidência do imposto, como o próprio conceito constitucional de renda, associados à aquisição da disponibilidade de acréscimo patrimonial produto do capital, do trabalho, da combinação de ambos (renda) ou de qualquer outra causa (proventos). Confira-se:

> Art. 8º A base de cálculo do imposto devido no ano-calendário será a diferença entre as somas:
>
> [...] II – das deduções relativas:
>
> [...] b) a pagamentos de despesas com instrução do contribuinte e de seus dependentes, efetuados a estabelecimentos de ensino, relativamente à educação infantil, compreendendo as creches e as pré-escolas; ao ensino fundamental; ao ensino médio; à educação superior, compreendendo os cursos de graduação e de pós-graduação (mestrado, doutorado e especialização); e à educação profissional, compreendendo o ensino técnico e o tecnológico, até o limite anual individual de:
>
> [...] 10. R$ 3.561,50 (três mil, quinhentos e sessenta e um reais e cinquenta centavos), a partir do ano-calendário de 2015.

Mas não foi sempre assim. Analisando as informações oficiais disponibilizadas no site da Receita Federal do Brasil acerca da legislação do imposto de renda (de 1924 a 2017)[15] é possível perceber que a partir de 1960 foi incluído o abatimento integral de despesas com instrução, situação que perdurou até 1988, quando o legislador infraconstitucional, com a edição da Lei nº 7.713/88, passou a estabelecer limites de abatimento das despesas de instrução, o que, consoante lição de Roque Antônio Carrazza,[16] resulta flagrantes inconstitucionalidades:

> Feriu a nosso ver, o princípio da capacidade contributiva, a Lei 7.713/88, que previu apenas duas alíquotas progressivas para o imposto de renda (pessoa física) (...).
>
> Como se isto não bastasse, a lei em questão, a pretexto de facilitar o cumprimento de deveres instrumentais tributários (p. ex., o dever de fazer a declaração anual de rendimentos), desconsiderou as condições pessoais do contribuinte, já que eliminou praticamente todos os abatimentos e deduções de despesas necessárias com encargos de família, tratamento de saúde, gastos com educação, moradia e etc., que, segundo a legislação anterior, eram possíveis. Eliminando ou, quando menos, reduzindo sensivelmente os abatimentos e deduções de despesas necessárias, equiparou, de fato, a renda líquida à renda bruta, impedindo, assim, a individualização da renda e transformando o tributo num imposto impessoal. Inconstitucionalidades flagrantes, por burla manifesta ao art. 145, §1º, da CF.
>
> A Lei 8.134/90 mitigou tais inconstitucionalidades, mas não as eliminou de todo. De fato, ela permite deduções necessárias à mantença do contribuinte e seus dependentes, mas não autoriza outras, além de, absurdamente, haver adiado sua eficácia para 1992.

No mesmo sentido, Regina Helena Costa[17]:

> O direito à saúde, direito de todos e dever do Estado, assegurado pelo art. 196 da Lei Maior,[18] deve ser tutelado pela tributação, não podendo,

[15] https://receita.economia.gov.br/sobre/institucional/memoria/imposto-de-renda/legislacao/calculo-do-imposto-de-1924-a-2017-1.pdf

[16] Curso de Direito Constitucional Tributário, ed. 5, Ed. Malheiros: São Paulo, 1993, p. 66.

[17] Op. cit. p. 89.

[18] Cf. art. 196 da Constituição Federal, *"A saúde é direito de todos e dever do Estado, garantido mediante políticas sociais e econômicas que visem à redução do risco de doença e de outros agravos e ao acesso universal e igualitário às ações e serviços para sua promoção, proteção e recuperação"*.

por exemplo, os valores referentes às despesas médicas e ao seguro-saúde integrar a renda tributável para efeito de Imposto sobre a Renda. A educação, por sua vez, "direito de todos e dever do Estado e da família, será promovida e incentivada com a colaboração da sociedade, visando ao pleno desenvolvimento da pessoa, seu preparo para o exercício da cidadania e sua qualificação para o trabalho" (art. 205).
Do mesmo modo, as despesas com a educação, do contribuinte e seus dependentes, não podem integrar a renda tributável, sob pena de violar-se direito fundamental, uma vez constituírem autênticas despesas necessárias à manutenção das pessoas físicas.

Com efeito, enquanto o legislador ordinário reconhece o direito fundamental à saúde e permite que despesas desse tipo sejam integralmente deduzidas da base de cálculo do imposto de renda, estipula, contraditoriamente, um limite de dedução de gastos com educação, a despeito de também tratar-se de direito constitucionalmente assegurado[19].

Assim, ao limitar a dedução de gastos com educação, o legislador ordinário ofendeu o que Regina Helena Costa denominou "princípio da não obstância do exercício de direitos fundamentais por via da tributação",[20] segundo o qual os direitos e liberdades devem conviver harmonicamente com a atividade tributante do Estado que de forma alguma poderá impedir o seu legítimo exercício.

Não apenas, referida lei também ofende o princípio da capacidade contributiva, porque as deduções avaliam a possibilidade de pagar tributos, levando-se em conta não só os rendimentos brutos, mas também os gastos essenciais com a educação.

Isso porque, o imposto de renda não pode ser transformado num mero imposto sobre rendimentos, o que ocorre quando a lei não permite abatimentos de despesas necessárias do contribuinte. Ao contrário, a lei deve, em atenção ao princípio da capacidade contributiva, garantir que a renda tributável seja obtida subtraindo-se, da renda global, os gastos necessários do contribuinte, especialmente os representados por seus encargos familiares.

[19] Desde 2015, o limite de dedução de despesas com educação é correspondente a R$ 3.561,50 (três mil, quinhentos e sessenta e um reais e cinquenta centavos) (cf. Lei nº 13.149/15).

[20] Op. cit. p. 89.

### 1.3. Princípio da Capacidade Contributiva aplicável ao Imposto de Renda

O princípio da capacidade contributiva traduz-se pela previsão no art. 145, §1º, da CF/88 de graduação dos impostos de acordo com a capacidade econômica do contribuinte, segundo a qual,

> sempre que possível, os impostos terão caráter pessoal e serão graduados segundo a capacidade econômica do contribuinte, facultando à administração tributária, especialmente para conferir efetividade a esses objetivos, identificar, respeitados os direitos individuais e nos termos da lei, o patrimônio, os rendimentos e as atividades econômicas do contribuinte.

Significa dizer que a Constituição estabelece o dever do Estado exigir a contribuição das pessoas para as despesas públicas de acordo com sua capacidade, ou seja, de acordo com a aptidão concreta de cada indivíduo tolerar a tributação, sem implicar em confisco para ninguém e preservando-se o mínimo vital.

Tal princípio tem como principal consequência propiciar a realização da justiça fiscal, onerando aqueles que manifestem maior capacidade contributiva e desonerando a renda utilizada para fazer frente às despesas necessárias à vida digna.

Consoante discorre Regina Helena em sua obra integralmente dedicada ao princípio da capacidade contributiva, há uma distinção entre capacidade contributiva objetiva, que é aquela que se traduz na eleição de eventos que demonstrem aptidão para concorrer às despesas pública, e a capacidade econômica subjetiva, que afere o sujeito individualmente e "expressa aquela aptidão de contribuir na medida das possibilidades econômicas de determinada pessoa. Nesse plano, presente a capacidade contributiva in concreto, aquele potencial sujeito passivo torna-se efetivo, apto, pois, a absorver o impacto tributário"[21].

A partir dessa acepção, para o caso do imposto sobre a renda de pessoa física, há uma distinção entre a parcela da renda auferida que traduz verdadeira manifestação de riqueza, daquele montante do qual não se pode dispor livremente, porque afetado com o atendimento de suas necessidades básicas.

[21] Op. cit., p.26.

Trata-se da chamada "renda consumida" que deve ser excluída para fins de aferição de capacidade contributiva, para que ao indivíduo seja garantido o mínimo existencial. Assim, ofende a capacidade contributiva a limitação ou a proibição à dedução das despesas com educação da base de cálculo do imposto de renda, pois as deduções são técnicas de aferição da possibilidade econômica de pagar tributos sob o aspecto subjetivo, levando-se em conta não só os rendimentos brutos, mas também os gastos necessários com educação.

Definitivamente, a garantia constitucional ao cidadão e à sua família a uma vida digna só é alcançada através de leis infraconstitucionais que excluam do campo de incidência da tributação a referida "renda consumida" com as despesas necessárias para uma vida digna.

Com efeito, num Estado democrático de direito é vedado que o só fato de determinado indivíduo manifestar potencialidade econômica autorize a tributação dos rendimentos, sem que sejam afastados os gastos relacionados à sua manutenção e de sua família.

É no Imposto sobre a Renda que é possível, de maneira mais eficaz, observar o direito fundamental do cidadão a uma existência digna, respeitando-se a capacidade contributiva que tem como limite mínimo o mínimo existencial, vinculado à dignidade da pessoa humana, e como limite máximo a vedação da cobrança de tributo com efeito de confisco, garantia essa decorrente do direito de propriedade.

Decorrendo diretamente do princípio da igualdade no âmbito tributário e funcionando como legítimo critério de distinção entre pessoas que se encontram em situações jurídicas diferentes, Regina Helena igualmente aborda com precisão as implicações decorrentes do princípio da capacidade contributiva, destacando tratar-se

> de regra geral e abrangente que vem condicionar toda a atividade legiferante no campo tributário, quer na eleição das hipóteses de incidência (no nosso sistema, observadas as regras-matrizes já postas pela Constituição), quer no estabelecimento dos limites mínimo e máximo dentro dos quais a tributação pode atuar, quer, ainda, na graduação dos impostos atendendo às condições pessoas dos sujeitos passivos[22].

[22] Op. cit., pp. 32 e 49/50.

E embora não esteja elencada dentre as imunidades constitucionais, a intributabilidade do mínimo existencial é também uma imunidade implícita que decorre da observância do princípio da capacidade contributiva, pois este só se realiza em sua plenitude se for afastada da tributação sobre a renda necessária à satisfação das necessidades básicas e essenciais para uma vida digna. A esse respeito Misabel Abreu Machado Derzi[23] leciona:

> Entretanto, convém observar que há certas imunidades que, por serem logicamente dedutíveis de princípios fundamentais irreversíveis como a forma federal de Estado e a igualdade – capacidade contributiva, independem de consagração expressa na Constituição. É o caso das imunidades recíprocas das pessoas estatais e das instituições de educação e assistência social sem finalidade lucrativa, por exemplo. É o caso das imunidades recíprocas das pessoas estatais e das instituições de educação e assistência social sem finalidade lucrativa, por exemplo. Por essa razão é que as imunidades, como regra geral, contemplam impostos. Eventualmente, por razões de política econômica, a Constituição consagra imunidade mais ampla, abrangendo qualquer espécie tributária (art. 155, §3º), ou, por imperativo de justiça, a Constituição consagra imunidade daqueles reconhecidamente pobres, em relação a certas taxas e emolumentos (art. 5º, LXXIV, LXXVI). Mas as hipóteses são excepcionais.

Eis porque os valores despendidos com o atendimento de necessidades básicas, principalmente aquelas constitucionalmente assim elegidas e garantidas pela Constituição mediante a imposição do dever jurídico do Poder Público em prestá-las, não podem servir de parâmetro para a incidência do imposto de renda.

Despesas com educação são deveres do Estado e quando suportadas pelo contribuinte devem ser integralmente dedutíveis do imposto sobre a renda, haja vista que a tributação incidente sobre esse custo se traduz em concreta afronta ao princípio da capacidade contributiva.

[23] BALEEIRO, Aliomar. Direito Tributário Brasileiro. 11ª ed., ver. E complementada, à luz da Constituição de 1988 até a Emenda Constitucional nº 10/96, por Misabel Abreu Machado Derzi. Rio de Janeiro: Forense, 1999, p. 115.

Daí porque o art. 8º, II, da Lei nº 9.250/95 vem sendo declarado inconstitucional pelo Poder Judiciário, por decisões que visam assegurar a concretização da justiça fiscal.

## 4. Atuação do Poder Judiciário para a concretização do direito à educação

Em sentença publicada na RTDP 21/247-256, São Paulo, Malheiros Editores, janeiro-março de 1998 acerca da ação civil pública ajuizada pelo Ministério Público Federal contra a União (processo nº 97.0009850-8), Regina Helena Costa analisou, na qualidade de magistrada, a relação entre a tributação e o direito à educação, concluindo que a lei não pode obstar ao legítimo exercício desse direito, impedindo a dedução de todas as despesas efetuadas com instrução do contribuinte e de seus dependentes.

Quinze anos depois, como Desembargadora do Tribunal Regional Federal da 3ª Região, Regina Helena trouxe novamente o tema à tona, suscitando a arguição de inconstitucionalidade do art. 8º, II, alínea 'b' da Lei nº 9.250/95 ao C. Órgão Especial daquele Tribunal que, ao final, foi provida por maioria de votos, conforme o acórdão a seguir ementado:

> TRIBUTÁRIO. IMPOSTO DE RENDA PESSOA FÍSICA. DESPESAS RELATIVAS À EDUCAÇÃO. DEDUÇÃO. LIMITE ANUAL INDIVIDUAL PREVISTO NO ART. 8º, INCISO II, ALÍNEA B, DA LEI N. 9.250/95. ARGUIÇÃO DE INCONSTITUCIONALIDADE. ART. 172 E SEGUINTES DO RITRF-3ª REGIÃO E ART. 97, DA CONSTITUIÇÃO FEDERAL.
>
> I – O conceito de renda encontra-se delimitado constitucionalmente, traduzindo acréscimo patrimonial, riqueza nova, que vem se incorporar a patrimônio preexistente, num determinado período de tempo (art. 153, III, da Constituição Federal e arts. 43 a 45, do CTN).
>
> II – Ao vedar ao contribuinte o abatimento da integralidade das despesas com instrução própria e de seus dependentes, impedindo-o de deduzir qualquer importância que exceda o limite legal autorizado, o legislador ordinário acabou por subverter o conceito constitucional de renda, sendo de rigor, por conseguinte, a declaração de inconstitucionalidade do art. 8º, II, b, da Lei 9.250/90.
>
> III – A proibição de dedução integral das despesas de instrução efetivamente incorridas pelo contribuinte revela-se incompatível com o dever

> imposto ao Poder Público, pela Carta da República de 1988, de promover e incentivar a educação, visando ao pleno desenvolvimento da pessoa, seu preparo para o exercício da cidadania e sua qualificação para o trabalho.
> IV - Deve ser reconhecida a inconstitucionalidade incidenter tantum da expressão "até o limite anual individual de R$ 1.700,00 (um mil e setecentos reais)", contida na alínea "b", do II, do art. 8º da Lei 9.250/95, para, por conseguinte, excluir a limitação de deduções com gastos em educação da base de cálculo do Imposto de Renda Pessoa Física.
> V - Incidente de argüição de inconstitucionalidade acolhido, a teor do art. 97, da Constituição Federal, art. 481 e seguintes do Código de Processo Civil, bem como do art. 172 e seguintes do RITRF-3 ª Região.
> (Tribunal Regional Federal da 3ª Região, Sexta Turma, Apelação Cível n. 0005067-86.2002.4.03.6100, Relator Desembargador Federal Lazaro Neto, Julgado em 16.11.2011.)

Por sua expressão e lucidez, transcreva-se o voto de Regina Helena naquele julgamento:

> Inicialmente, reitero os termos da minha manifestação de fls. 240/241, mediante a qual suscitei o incidente de arguição de inconstitucionalidade do art. 8º, inciso II, alínea *b*, da Lei n. 9.250/95 perante a 6ª Turma, por ofensa ao princípio constitucional da capacidade contributiva (art. 145, §1º) e, também, ante a violação ao exercício do direito fundamental à educação, cujo dever de promoção incumbe, também, ao estado, nos termos do art. 205, da Constituição da República.
> Aduzo constituir diretriz do regime jurídico do Imposto sobre a Renda a dedução das despesas necessárias à manutenção da pessoa, seja física, seja jurídica.
> E, induvidosamente, as despesas efetuadas com a educação do contribuinte e de seus dependentes enquadram-se no conceito de despesas necessárias, como expressamente o afirma a Constituição da República ao arrolar as necessidades vitais básicas para efeito de fixação do salário-mínimo, incluindo, dentre elas, a educação (art. 7º, inciso IV).
> Isto posto, acompanho o Senhor Desembargador Federal Relator para julgar procedente a arguição de inconstitucionalidade suscitada.

A questão não é nova para o Poder Judiciário, conforme se verifica da decisão proferida em 2016 pelo juiz federal Heraldo Garcia Vitta, da 21ª Vara Federal de São Paulo, no processo 0021916-79.2015.403.6100, que reacendeu reflexões dentre os operadores do direito.

Naquele caso, foi reconhecido pelo magistrado o direito da Associação dos Procuradores do Estado de São Paulo (Apesp) e de seus filiados à dedução integral das despesas com educação própria e de seus dependentes na declaração de ajuste anual do imposto de renda, abarcando, também, gastos com educação infantil, ensino fundamental, médio e superior, cursos de graduação e pós-graduação e ensino técnico.

O limite de dedução, na ótica da associação, seria inconstitucional na medida em que o Estado, como provedor da educação, ao atuar de forma insuficiente ou não satisfatória, delega tal encargo aos cidadãos que, noutro giro, não podem ter esse gasto tributado.

O Supremo Tribunal Federal tem manifestado o entendimento de que seria vedado ao Poder Judiciário atuar como legislador positivo estabelecendo isenções tributárias não previstas em lei, tendo neste sentido assentado que:

> a discussão relativa à limitação da dedução, na declaração de ajuste anual do imposto de renda, dos valores pagos a título de educação, na forma da Lei 9.250/95, insere-se no âmbito infraconstitucional, sendo certo, ainda, que eventual ofensa à Constituição, caso ocorresse, dar-se-ia de forma reflexa ou indireta.
> (AI 724817 AgRg, Rel. Min. Dias Toffoli, 1ª Turma, DJe 09-03-2012).

Inobstante, é legítima a atuação do Poder Judiciário por meio de julgados que não inauguram a ordem jurídica, mas apenas suprimem do ordenamento normas que, como a em questão, são inconstitucionais, uma vez que a incidência do imposto sobre gastos com educação vulnera o conceito constitucional de renda.

Regina Helena foi percursora do debate, que atualmente é objeto da Ação Direta de Inconstitucionalidade nº 4.927 ajuizada em 2013 pelo Conselho Federal da Ordem dos Advogados do Brasil (CFOAB) com relação ao inciso II, alínea 'b', do art. 8º da Lei nº 9.250/95, que como se disse, impôs limites reduzidos à dedutibilidade das despesas com educação da base de cálculo do imposto de renda.

A questão aguarda pronunciamento final na Suprema Corte, no qual espera-se que sejam debatidas questões relacionadas à justiça tributária, como a ofensa ao limite de dedutibilidade de despesas educacionais ao conceito de renda (art. 153, III), à capacidade contributiva (art. 145, § 1º), ao não-confisco tributário (art. 150, IV) e ao direito social fundamental à educação (arts. 6º, *caput*, 23, V, 205, 208, 209 e 227).

## Conclusões

Tributo não é apenas um valor em dinheiro a ser entregue ao Fisco, porque dentre outras repercussões, atinge, direta e necessariamente, direitos fundamentais do sujeito passivo.

Assim, não se pode pensar em tributo, dissociando-se essa prestação do contexto constitucional em que ela se insere e de sua convivência harmônica com os direitos fundamentais, dentre os quais o direito à educação.

Dito de outro modo, direitos dessa estatura não podem ter seu exercício tolhido mediante a adoção, pelo Estado, de instrumentos de propósito puramente arrecadatório, por configurar-se inescusável vulneração a direitos fundamentais.

A norma constitucional que acolhe o princípio da capacidade contributiva deve gozar de eficácia plena e dirige-se diretamente ao legislador infraconstitucional que deve, assim, considerar a efetiva aptidão para contribuir, bem assim observar a preservação do mínimo vital.

A base de cálculo do imposto de renda deve reportar-se à capacidade contributiva e ao conceito constitucional de renda, razão pela qual o Poder Judiciário tem se manifestado pela inconstitucionalidade do art. 8, II, 'b', da Lei nº 9.250/95 que estipula um limite de dedução das despesas com educação, fazendo incidir o imposto sobre a renda da pessoa física sobre o decréscimo patrimonial.

Dizer que o Poder Judiciário não pode se imiscuir em questões dessa magnitude, é esquivá-lo de sua missão constitucional de proteção da Constituição Federal de 1988.

## Referências

BALEEIRO, Aliomar. *Direito Tributário Brasileiro. 11ª ed., ver. E complementada, à luz da Constituição de 1988 até a Emenda Constitucional nº 10/96, por Misabel Abreu Machado Derzi.* Rio de Janeiro: Forense, 1999.

Barreto, Paulo Ayres. *Imposto Sobre a Renda e Preços de Transferência.* São Paulo: Ed. Dialética. 2001.

Brasil. Constituição Federal de 1988. Disponível em: <http://www.planalto.gov.br/ccivil_03/constituicao/constituicao.htm>. Acesso em nov/2020.

__________. Lei nº 5.172, de 25 de outubro de 1966. Dispõe sobre o Sistema Tributário Nacional e institui normas gerais de direito tributário aplicáveis à União, Estados e Municípios. Disponível em: <http://www.planalto.gov.br/ccivil_03/leis/l5172compilado.htm>. Acesso em nov/2020.

__________. Lei nº 9.250, de 26 de dezembro de 1995. Altera a legislação do imposto de renda das pessoas físicas e dá outras providências. Disponível em: <http://www.planalto.gov.br/ccivil_03/leis/l9250.htm#:~:text=Altera%20a%20legisla%C3%A7%C3%A3o%20do%20imposto,f%C3%ADsicas%20e%20d%C3%A1%20outras%20provid%C3%AAncias.&text=Art.&text=2%C2%BA%20Os%20valores%20expressos%20em,1%C2%BA%20de%20janeiro%20de%201996.>. Acesso em nov/2020.

__________. Lei nº 13.149, de 21 de julho de 2015. Altera as Leis n os 11.482, de 31 de maio de 2007, para dispor sobre os valores da tabela mensal do Imposto sobre a Renda da Pessoa Física, 7.713, de 22 de dezembro de 1988, 9.250, de 26 de dezembro de 1995, e 10.823, de 19 de dezembro de 2003. Disponível em: <http://www.planalto.gov.br/ccivil_03/_ato2015-2018/2015/lei/l13149.htm>. Acesso em nov/2020.

__________. Decreto nº 19.841, de 22 de outubro de 1945. Promulga a Carta das Nações Unidas, da qual faz parte integrante o anexo Estatuto da Corte Internacional de Justiça, assinada em São Francisco, a 26 de junho de 1945, por ocasião da Conferência de Organização Internacional das Nações Unidas. Disponível em: <http://www.planalto.gov.br/ccivil_03/decreto/1930-1949/d19841.htm>. Acesso em nov/2020.

Carrazza, Roque Antônio. *Curso de Direito Constitucional Tributário,* ed. 5. São Paulo: Ed. Malheiros. 1993.

Costa, Regina Helena. *Princípio da Capacidade Contributiva, 1ª ed.* São Paulo: Ed. Malheiros. 1993.

Costa, Regina Helena. *Imunidades tributárias. 3. ed.* São Paulo: Malheiros, 2015.

Gonçalves, José Artur Lima. *Imposto Sobre a Renda. Pressupostos constitucionais. 1ª ed.* São Paulo: Malheiros, 2002.

Mosquera, Roberto Quiroga. *Renda e Proventos de Qualquer Natureza. O imposto e o conceito constitucional.* São Paulo: Ed. Dialética, 1996.

## 21. Atividade Fiscal – Reflexões sobre o Abuso de Autoridade e o Excesso de Exação no Direito Tributário

ROSANE ROSOLEN

Dentre os princípios que norteiam o procedimento administrativo tributário, tem-se o da legalidade e o da verdade material, pelos quais é de rigor siga a autoridade fiscal as regras e normas aplicáveis durante o exercício de seu *munus* público.

A atuação do agente fiscal é vinculada às normas do Código Tributário Nacional (Lei n. 5.172/66), da Constituição Federal, em seu art. 5º., inciso LV, e a normas gerais, Resoluções e Portarias da Receita Federal do Brasil. Em todos os níveis dos entes Federados (Federal, Estatual ou Municipal), deve o auditor agir com respeito aos fundamentos específicos, para o fim de regular e validar o procedimento, desde o início ao seu encerramento.

Em todas as esferas de Governo, como na Secretaria da Receita Federal, o planejamento das atividades fiscais, sejam elas do controle aduaneiro do comércio exterior ou dos demais tributos, é regrado pela Portaria RFB 6.478/2017.

De um lado, a legislação tributária busca reprimir condutas infracionais dos contribuintes, como a inserção da norma antielisiva, inserida no § único do art. 116, e da responsabilidade de terceiros, prevista nos artigos 134 e 135, todos do Código Tributário Nacional, no caso a desconsideração da personadildade jurídica e desconstituição dos negócios jurídicos praticados com a finalidade de dissimular a ocorrência do fato gerador do tributo ou a natureza dos elementos constitutivos da obrigação tributária.

De outro modo, a lei criou mecanismos para coibir desvios (concussão ou corrupção passiva) e abusos por parte dos agentes públicos, como no caso dos auditores fiscais suscetíveis à incidência do tipo penal constante do §1º., do art. 316, do Decreto-Lei nº 2.848/1940 (Código Penal).

Relativamente à conduta ilícita própria praticada pelo agente público, no caso de abuso na atividade fiscalizatória, o Código Penal prevê a tipificação nesse caso como crime de excesso de exação, incorrendo o auditor nas penas previstas no art. 316 da Lei nº 2.848/1940 (Código Penal), em razão da cobrança de tributos indevidos ou **quando o agente emprega na cobrança meio vexatório ou gravoso não autorizado por lei.**

O Colendo Superior Tribunal de Justiça entende pela aplicação do §1º do art. 316 do Código Penal, nos casos de condutas irregulares e com excesso de exação do agente fiscal, transcrevo entendimento da Turma, de relatoria do Excelentíssimo Ministro Felix Fischer, Resp. Nº 899.486/RJ, *in verbis:*

> Penal e Processual Penal. Recurso Especial. Art. 316, §1º. do Código Penal. Lei nº 8.137/90. Nova Redação do Dispositivo em Análise. Extirpados de seu Texto os Termos Taxas e Emolumentos. Incluídos os Elementos Normativos do Tipo Tributo e Contribuição Social. Discussão à Respeito da Natureza Jurídica das Custas e Emolumentos Concernentes aos Serviços Notariais e Registrais. Natureza Jurídica de Tributo. Condenação Mantida.
>
> I – O crime previsto no art. 316, §1º. do Código Penal (excesso de exação) de tributo ou contribuição social que sabe ou deveria saber indevido.
>
> II – A Lei N. 8.137/90 ao dar nova redação ao dispositivo em análise extirpou de sua redação os termos taxas e emolumentos, substituindoõs e contribuição social.
>
> III – De acordo com a jurisprudência desta Corte e do Pretório Excelso as custas e os emolumentos concernentes aos serviços notariais e registrais possuem natureza tributária, qualificando-se como taxas remuneratórias de serviços públicos. (Precedentes do STJ e do STF e Informativo n. 461/STF).

> IV – Desta forma, comete o crime de excesso de exação aquele que exige custas e emolumentos que sabe ou deveria saber indevido.

A aplicação da penalidade não se restringe apenas aos agentes fiscais, mas também a funcionários públicos ou quem esteja exercendo função pública temporária, os quais, da mesma forma, ajam ou participem do desvio ou excesso de exação.

A Lei de Abuso de Autoridade (Lei **nº 13.869/2019**), por sua vez, prevê que os agentes públicos estão sujeitos a sansões, "quando no exercício de suas funções ou a pretexto de exercê-las, abuse do poder que lhe tenha sido atribuído".

O confronto entre o disposto no §1º., do art. 316, do Código Penal (redação dada pela Lei nº 8.137, de 27.12.1990), "se o funcionário exige tributo ou contribuição social que sabe ou deveria saber indevido, ou, quando devido, emprega na cobrança meio vexatórios ou garvoso, que a lei não autoriza", e o artigo 1º da Lei de Abuso de Autoridade (Lei Federal de nº 13.869/2019) "as condutas descritas nesta lei constituem crime de abuso de autoridade quando praticadas pelo agente com a finalidade específica de prejudicar outrem ou beneficiar a si mesmo ou a terceiro, ou, ainda, por mero capricho ou satisfação pessoal." conduz a elemento subjetivo no mínimo semelhante.

Quando apresentado o Projeto de Lei (PLS 280, de 2016), previu-se a revogação do artigo 316 do Código Penal, mas este dispositivo não estaria integralmente revogado, se considerado o confronto entre a redação das normas e sua interpretação, porquanto, apenas no que tange ao seu parágrafo 1º., no que se refere ao meio abusivo como perpetrada a fiscalização, poderia ocorrer revogação.

Com efeito, não obstante tenham redações diferentes, os dois dispositivos trazem elementos subjetivos constitutivos do tipo coincidentes, a condição de funcionário público e a conduta violadora fora das condições estabelecidas em lei ou sem autorização judicial.

Tratando-se de conduta que caracterize abuso de autoridade, deve ser aplicada a lei específica e não o Código Penal. De igual forma, deve-se capitular e individualizar de forma precisa, a fim de não gerar *bis in idem*, bem como identificar se há crime de concussão cumulado com o de abuso de autoridade.

Quanto à caracterização do crime de excesso de exação, por exemplo, nos casos de inscrição direta em dívida ativa do crédito tributário, com a constituição de título executivo unilateralmente, sem o prévio lançamento ou possibilidade de defesa e recursos adminitrativos, a autoridade fiscal age *per saltum*, ou seja, em excesso, pois exclui do contribuinte, em ato abusivo, fases do procedimento a que teria direito de apresentar suas razões.

Outra hipótese, também a título de exemplo, seria a do arbitramento em sede de fiscalização, do valor em excesso na autuação e lançamento de crédito tributário, o que, diante da arbitrariedade na avaliação e interpretação em excesso, desafia a autoridade da lei e extrapola os limites entre o poder de tributar e o dever de pagar tributos, e nesse compasso acentua a relevância ao direito tributário e constitucional.

Com isto, não se aplicaria o disposto no §2º., do artigo 1º., de que "a divergência na interpretação de lei ou na avaliação de fatos e provas não configura abuso de autoridade", pois esta estaria prejudicada em virtude de outro degrau saltado pela autoridade ao restringir, por ato arbitrário e abusivo, o direito do contribuinte de ver realizada avaliação por expert contábil ou de refutar previamente à autuação os fundamentos e a base documental e critério utilizados para o cálculo.

Muitas foram as irresignações contra dispositivos da novel lei, sendo o dispositivo mais questionado o do artigo 27, que criminaliza a conduta de "requisitar instauração ou instaurar procedimento investigatório de infração penal ou administrativa, em desfavor de alguém, à falta de qualquer indício da prática de crime, de ilícito funcional ou de infração administrativa".

A cominação de penas da antiga lei de abuso de autoridade é bastante inferior se comparada àquelas cominadas a condutas análogas praticadas por particulares. Assim, criticava-se sua "benevolência corporativa com os funcionários e autoridades públicas, não atendendo à complexidade da atual vida democrática brasileira pós-Constituição Cidadã de 1988" (Paula, 2005, p. 200).

Com efeito, é preciso reconhecer que muitas das instituições da República não foram submetidas a sanções por abuso, desde a transição democrática, trazendo a nova lei o preenchimento da lacuna de forma perfetitamente harmônica ao Estado Democrático, pois sanciona atos abusivos de instituições até então não puníveis e equilibra a relação jurídico-processual, primando pelos princípios e garantias previstos na Constituição de 1988.

Conforme aponta Flavianne Nóbrega (2006, p. 90): "Com o fim da ditadura militar, a violência policial não restou, no entanto, banida (...) Uma espécie de 'vigilantismo', que a própria sociedade aceitou pacificamente, na qual suspeitos de crimes comuns são dizimados sem o devido processo legal".

No sistema de justiça, o qual engloba a fase fiscalizatória como pré-judicial, ocorrem práticas autoritárias por parte de agentes estatais, parciais e abusivas, muitas vezes dissimuladas, como já verificadas por parte desde a Polícia Federal, da Receita Federal, passando pelo Ministério Público Federal e culminando no Judiciário.

Não há dúvida para quem pesquisa e/ou atua no sistema de justiça fiscal-tributária que abusos estatais sempre ocorreram, atualmente até com certa espetacularização midiática do abuso, pois muitas operações conjuntas da Receita com a Polícia Federal expõem de forma indevida o investigado, sem a culpa formada, em nome de um pretenso combate à sonegação de impostos e necessidade de aumentar a arrecadação.

Não somente ocorrem os abusos por parte de autoridades na fiscalização, mas também quando acompanham operações na esfera criminal, como buscas e apreensões, conduções coercitivas, prisões cautelares, o que incentivou a atualização da Lei de Abuso de Autoridade.

A Lei de Abuso de Autoridade é objeto de questionamento por argumentos lançados em Ações Diretas de Inconstitucionalidade. Afinal,

> *o debate sobre a imposição de limites às autoridades e às práticas palacianas que marcam a cultura jurídica brasileira é urgente, o que se demonstra pela reação das corporações do sistema de Justiça contra o debate legislativo sobre o tema"* (IBCCRIM, 2019).

Assim, este artigo aborda, outrossim, outras reflexões acerca dos principais dispositivos questionados, pois a Lei nº 13.869/2019, ao definir "os crimes de abuso de autoridade, cometidos por agente público, servidor ou não, que, no exercício de suas funções ou a pretexto de exercê-las, abuse do poder que lhe tenha sido atribuído" (artigo 1º, caput), estando a atividade da exação fiscal, quando abusiva, subsumida em diversas condutas vedadas.

Aludida lei está dividida em 8 (oito) capítulos: (i) disposições gerais; (ii) dos sujeitos do crime; (iii) da ação penal; (iv) dos efeitos da condenação e das penas restritivas de direitos; (v) das sanções de natureza civil e administrativa; (vi) dos crimes e das penas; (vii) do procedimento; e (viii) disposições finais.

O artigo 1º. da nova Lei de Abuso de Autoridade, repita-se, em seu § 1º, determina o elemento subjetivo de todos os seus tipos penais, qual seja o **dolo específico** de "prejudicar outrem ou beneficiar a si mesmo ou a terceiro, ou, ainda, por mero capricho ou satisfação pessoal". Com isso, afastou-se uma das grandes críticas formuladas, em torno à suposta criminalização do "exercício da hermenêutica jurídica" ou da "intepretação divergente".

E, para deixar ainda mais claro que a Lei não criminaliza a atividade jurisdicional, o § 2º, do artigo 1º, dispõe: "A divergência na interpretação de lei ou na avaliação de fatos e provas não configura abuso de autoridade".

Pelo disposto no artigo 2º, podem ser sujeitos ativos deste crime "qualquer agente público, servidor ou não, da administração direta, indireta ou fundacional de qualquer dos Poderes da União, dos Estados, do Distrito Federal, dos Municípios e de Território". Destarte, os crimes de abuso de autoridade são **crimes próprios**, pois só determinados sujeitos se enquadram na legitimidade passiva da investigação ou da ação penal.

Considera-se agente público "todo aquele que exerce, **ainda que transitoriamente** ou sem remuneração, por eleição, nomeação, designação, contratação ou qualquer outra forma de investidura ou vínculo, mandato, cargo, emprego ou função em órgão ou entidade abrangidos pelo caput deste artigo" (§ único, art. 2º). Equipara-se a agente público, portanto, quem trabalha em entidade paraestatal ou "empresa prestadora de serviço contratada ou conveniada para a execução de atividade típica da Administração Pública" (Camargo, 2019, p. 13).

O Código Penal admite participação e coautoria de outros sujeitos nos crimes próprios, desde que esses terceiros tenham consciência da condição de agente público do outro sujeito com quem concorrem para a prática do crime. Destarte, mesmo sem ser agente público, concorre para que um agente público pratique o abuso.

Em seu artigo 3º, a Lei é expressa ao definir que os crimes previstos são de ação penal pública incondicionada e que "será admitida ação privada se a ação penal pública não for intentada no prazo legal" (§ 1º).

O prazo para oferecimento da denúncia, segundo o artigo 46 do Código de Processo Penal, é de 5 dias, para denunciado preso; e 15 dias, para denunciado em liberdade, ambos contados da data em que o Ministério Público receber os autos do inquérito. A ação privada subsidiária, por sua vez, deverá ser apresentada no prazo de 6 (seis) meses, "contado da data em que se esgotar o prazo para oferecimento da denúncia" (§ 2º).

O artigo 4º trata dos efeitos da condenação. O primeiro efeito seria desnecessário constar da lei, pois já é efeito automático de toda condenação criminal, previsto no inciso I, do artigo 91, do Código Penal: "tornar certa a obrigação de indenizar o dano causado pelo crime" (I). Quanto aos outros dois, são efeitos condicionados à reincidência em crime de abuso de autoridade e "não são automáticos, devendo ser declarados motivadamente na sentença": inabilitação para o exercício do cargo pelo período de 1 (um) a 5 (cinco) anos (II) ou perda do cargo (III).

A norma constante do artigo 92, II, "a", do Código Penal, ao dispor que "a perda do cargo será efeito da condenação quando aplicada pena igual ou superior a 1 (um) ano, nos crimes praticados com abuso de poder" estaria em conflito quando confrontada com o artigo 4º. da Lei de Abuso de Autoridade, todavia, considerando o princípio da especialidade, aplicar-se-á a norma especial, em detrimento da regra geral do Código.

O artigo 5º da nova Lei de Abuso de Autoridade elenca penas restritivas de direitos: prestação de serviço à comunidade (desnecessário mencionar, já que prevista no Código Penal) e "suspensão do exercício do cargo, da função ou do mandato, pelo prazo de 1 (um) a 6 (seis) meses, com a perda dos vencimentos e das vantagens", efeitos estes da condenação em caso de reincidência.

As restritivas de direitos são aplicáveis quanto às condenações a penas que não excedam 4 (quatro) anos (artigo 44 do Código Penal) e para crimes sem violência ou grave ameaça à pessoa. Não poderá haver reincidência em crime doloso (a menos que não seja reincidência específica e a medida seja socialmente recomendável) e, por fim, as circunstâncias judiciais (culpabilidade, antecedentes, conduta social, personalidade, motivos e circunstâncias do crime) indicarem que essa substituição seja suficiente.

O capítulo VI ("Dos crimes e das penas" - artigos 9º a 38) representa a parte principal da lei. O primeiro tipo penal trata-se de um crime que atinge autoridades judiciárias que decretarem "medida de privação da liberdade em manifesta desconformidade com as hipóteses legais", bem como as que deixarem de, dentro do prazo razoável, "relaxar prisão manifestamente ilegal"; "substituir a prisão preventiva por medida cautelar diversa ou de conceder liberdade provisória, quando manifestamente cabível"; e "deferir liminar ou ordem de habeas corpus, quando manifestamente cabível". Com pena de 1 (um) a 4 (quatro) anos.

O artigo 350 do Código Penal já tipificava a conduta de "Ordenar ou executar medida privativa de liberdade individual, sem as formalidades legais ou com abuso de poder", e foi revogado pelo artigo 4º da antiga Lei de Abuso de Autoridade[1]. A criminalização dada pela nova lei define o que seria a decretação com abuso de poder, o que o tipo penal anterior deixava em aberto. A pena anterior, por sua vez, era substancialmente menor: de 1 (um) mês a 1 (um) ano.

O artigo 13 está voltado para situações de abuso em relação ao preso, quando se lhe constrange, mediante violência, grave ameaça ou redução de sua capacidade de resistência, a: "I – exibir-se ou ter seu corpo ou parte dele exibido à curiosidade pública; II – submeter-se a situação vexatória ou a constrangimento não autorizado em lei; III – produzir prova contra si mesmo ou contra terceiro...".

[1] Nestes termos:
Art. 4º Constitui também abuso de autoridade:
a) ordenar ou executar medida privativa da liberdade individual, sem as formalidades legais ou com abuso de poder;
b) submeter pessoa sob sua guarda ou custódia a vexame ou a constrangimento não autorizado em lei;
c) deixar de comunicar, imediatamente, ao juiz competente a prisão ou detenção de qualquer pessoa;
d) deixar o Juiz de ordenar o relaxamento de prisão ou detenção ilegal que lhe seja comunicada;
e) levar à prisão e nela deter quem quer que se proponha a prestar fiança, permitida em lei;
f) cobrar o carcereiro ou agente de autoridade policial carceragem, custas, emolumentos ou qualquer outra despesa, desde que a cobrança não tenha apoio em lei, quer quanto à espécie quer quanto ao seu valor;
g) recusar o carcereiro ou agente de autoridade policial recibo de importância recebida a título de carceragem, custas, emolumentos ou de qualquer outra despesa;
h) o ato lesivo da honra ou do patrimônio de pessoa natural ou jurídica, quando praticado com abuso ou desvio de poder ou sem competência legal;
i) prolongar a execução de prisão temporária, de pena ou de medida de segurança, deixando de expedir em tempo oportuno ou de cumprir imediatamente ordem de liberdade.

Os agentes públicos, após o advento da lei, devem ter atenção plena para evitar a exposição à mídia de presos, o que se lê também quanto ao contribuinte objeto de operação conjunta da Receita com a Polícia, prática comum e vexatória vista em várias notícias e opiniões publicadas.

Especificamente aos auditores ou agentes públicos, o termo "vexatório" é adotado pela norma no que se refere à atividade fiscal ou procedimento administrativo, assim como já consta do parágrafo primeiro do artigo 316 do Código Penal.

O Estado não pode constranger o preso, mediante violência ou grave ameaça, a produzir prova contra si (LEVORIN, 2019). Este inciso, entretanto, segue sob discussão de constitucionalidade levantada pela ADI nº 6.266 (ADPF), sob o mesmo fundamento de veto presidencial não adotado: sustentando não haver direito absoluto a não produzir prova contra si, como no caso da identificação criminal por datiloscopia e biometria ou mesmo submissão obrigatória de perfil genético (DNA).

O artigo 22 tutela a inviolabilidade do domicílio (artigo 5º, inciso XI, da Constituição), de forma mais ampla e especial em relação ao artigo 150 do Código Penal, o qual permanece parcialmente vigente, posto ter sido revogado pela nova lei o seu parágrafo 2º., em razão de a conduta do funcionário público passar a ser regulada pela lei especial.

A lei determinou um horário em que o cumprimento de mandado de busca e apreensão seria abusivo (entre 21h e 5h). Tal horário não parece estar em consonância com a Constituição Federal, pois o artigo 5º, XI, determina deva o cumprimento ser realizado "durante o dia". "O entendimento majoritário é de que o mandado de busca não deve ser realizado entre 18h e 6h. Assim, o crime ocorrerá quando a busca for cumprida entre 21h e 5h, mas a partir das 18h e até às 6h o cumprimento segue sendo ilegal" (Pereira Neto e Masiero).

O artigo 23 da nova Lei de Abuso de Autoridade trata de fraude processual (artigo 347 do Código Penal), dispondo que:

> Inovar artificiosamente, no curso de diligência, de investigação ou de processo, o estado de lugar, de coisa ou de pessoa, com o fim de eximir-se de responsabilidade ou de responsabilizar criminalmente alguém ou agravar-lhe a responsabilidade: Pena – detenção, de 1 (um) a 4 (quatro) anos, e multa. Parágrafo único. Incorre na mesma pena quem pratica a conduta com o intuito de: I – eximir-se de responsabilidade civil ou

> administrativa por excesso praticado no curso de diligência; II – omitir dados ou informações ou divulgar dados ou informações incompletos para desviar o curso da investigação, da diligência ou do processo.

O tipo penal introduzido pelo artigo 25 dispõe que "as provas ilícitas, além de inadmissíveis no processo, ensejarão a responsabilização criminal daquele que procede à sua obtenção, desde que com o dolo específico necessário a todos os crimes da Lei" (com pena de 1 a 4 anos). As ADI's 6.238 (CONAMP/ANPT/ANPR), 6.239 (AJUFE), com argumento de já existirem normas dispondo sobre a mesma conduta de forma específica.

A Lei de Abuso de Autoridade incluiu parágrafo único ao artigo 10 da Lei 9.296/1996, para equiparar ao crime a conduta da "autoridade judicial que determina a execução de conduta prevista no caput deste artigo com objetivo não autorizado em lei".

O artigo 27 traz uma infração de menor potencial ofensivo para o agente que "Requisitar instauração ou instaurar procedimento investigatório de infração penal ou administrativa, em desfavor de alguém, à falta de qualquer indício da prática de crime, de ilícito funcional ou de infração administrativa".

Somente quem tem competência para requisitar instauração de investigação criminal é a autoridade judiciária e o Ministério Público (o ofendido, por meio de advogado ou não, requer a instauração de investigação). "Requisitar", diferente de "requerer", implica uma obrigação por parte de quem a recebe.

Este é o artigo mais questionado nas ADI's, estando em cinco das sete propostas: 6.234 (ANAFISCO), 6.236 (AMB), 6.238 (CONAMP/ANPR/ANPT), 6.240 (ANFIP).

Para a Associação Nacional dos Auditores Fiscais de Tributos dos Municípios e Distrito Federal (ANAFISCO) e a Associação Nacional dos Auditores Fiscais da Receita Federal do Brasil (ANFIP) tal dispositivo restringe o exercício do cargo de auditor fiscal tributário, todavia a primeira ação foi julgada extinta por ilegitimidade de parte e a segunda aguarda decisão.

Na ADI da Associação dos Magistrados Brasileiros (AMB), a inconstitucionalidade decorreria da indeterminação do elemento "qualquer indício". Há temor por parte da entidade dos magistrados, de que:

> Diante de qualquer requisição de instauração de procedimento investigatório de infração penal ou administrativa, se, ao final do processo, chegar-se a conclusão de que não havia "qualquer indício", estará o magistrado que determinou a instauração do procedimento, passível de responder uma ação penal.

Porém, o crime não implica conserto posterior da conduta, pois trata do momento da requisição da instauração. É inconcebível admitir ao magistrado requisitar instauração de investigação ante a ausência de qualquer indício da prática de crime.

As Associações de membros do Ministério Público alegam ser norma com palavras ocas do tipo penal, bem como argumentam violação ao direito fundamental à segurança pública, eis que obstaria o regular desenvolvimento das atividades investigatórias do Ministério Público.

O artigo 29, muito questionado por agentes fiscais, dispõe que "Prestar informação falsa sobre procedimento judicial, policial, fiscal ou administrativo com o fim de prejudicar interesse de investigado", objeto de inconformismo nas ADI's 6.234 (ANAFISCO - esta já extinta) e 6.240 (ANFIP), não havendo motivo plausível para tal irresignação, pois é óbvio não competir aos órgãos de fiscalização tributária prestar informação falsa.

Dar início ou proceder à persecução penal, civil ou administrativa sem justa causa fundamentada ou contra quem sabe inocente (artigo 30 da Lei), representa conduta punível com pena de detenção de 1 a 4 anos. Crime com pena inferior ao do crime análogo previsto no Código Penal, que passa a ser cometido somente por particular - denunciação caluniosa - punido com reclusão de 2 a 8 anos.

A conduta de negar acesso dos autos à defesa é grave e atentatória às garantias fundamentais, tais como o contraditório e a ampla defesa. Está tipificada no artigo 32. As ADI's 6.236 (AMB), 6.238 (CONAMP/ANPR/ANPT) e 6.266 (ADPF) questionam sua constitucionalidade.

A Associação dos Magistrados Brasileiros sustenta ser descnecessária a criminalização por poder ensejar nulidade e recurso para instância superior (com matéria, inclusive, em súmula vinculante nº 14) e que já existe sanção disciplinar para inibir a conduta.

O artigo 31 trata da conduta de "estender injustificadamente a investigação, procrastinando-a em prejuízo do investigado ou fiscalizado", o que atinge práticas adotadas com frequência por agentes fiscais, os quais deverão cumprir os prazos conforme estatuído na legislação, sem deixar a destempo trâmite de procedimento, o que caracteriza constrangimento ao contribuinte. O mesmo se deve ao fato de a autoridade repetidas vezes demorar para decidir sobre pedidos do contribuinte e retardar por mais de 30 (trinta) dias, o que tem ensejado a impetração de mandados de segurança, com jurisprudência farta em favor da celeridade.

O artigo 31 é objeto das ADI's 6.234 (ANAFISCO), 6.238 (CONAMP/ANPR/ANPT) e 6.240 (ANFIP), por entender seja o artigo "extremamente aberto e vago", além de oprimir o livre exercício da função do fiscal e do investigador.

O tipo penal introduzido pelo artigo 33 da Nova Lei possui redação aberta, de difícil interpretação e aplicação:

> Exigir informação ou cumprimento de obrigação, inclusive o dever de fazer ou de não fazer, sem expresso amparo legal. Parágrafo único. Incorre na mesma pena quem se utiliza de cargo ou função pública ou invoca a condição de agente público para se eximir de obrigação legal ou para obter vantagem ou privilégio indevido."(ADI's 6.236 (AMB) e 6.238 (CONAMP/ANPR/ANPT).

O artigo 36 institui o crime de decretar, em processo judicial, a indisponibilidade de ativos financeiros em quantia que extrapole exacerbadamente o valor estimado para a satisfação da dívida da parte e, ante a demonstração, pela parte, da excessividade da medida, deixar de corrigi-la, aplicável a autoridades judiciárias que extrapolem em seu decreto de indisponibilidade de bens, em qualquer processo judicial (seja civil, trabalhista, tributário ou penal).

A indisponiblização de bens e ativos tem sido banalizada, seja judicialmente, seja com medidas constritivas extrajudiciais realizadas pela Receita Federal e seus auditores fiscais, como arrestos indevidos, gravames em matrículas imobiliárias sem ordem judicial, ou arrolamento sem a devida inscrição definitiva em dívida ativa, sob pretexto indevido de cumprimento do princípio da publicidade e garantia de cumprimento do pagamento de um suposto crédito tributário.

Os magistrados, de igual forma, têm determinado bloqueios indiscrimados de bens e recursos via BACEN-JUD, sem se atentar à certeza do valor do bem a ser afetado pelo gravame e determinação específica, porquanto as decisões são genéricas e buscam de forma indiscriminada, sem a oitiva da parte, o valor apontado pelo órgão fiscal ou acusador, gravando todo o patrimônio *ab initio*, muitas vezes com a indevida desconsideração da personalidade jurídica, como se já houvesse consolidação da condenação.

Em diversos casos, os valores apontados não refletem a realidade, bem como determinados autos de infração quedam-se insubsistentes, o que causa prévio estado de condenação sem culpa definida e prejuízo ao contribuinte em virtude do engessamento de sua atividade, de sua pessoa física e das pessoas jurídicas afetadas pela constrição, o que implicará, outrossim, desemprego, recuperações judiciais e falências.

O órgão fiscalizador, as Procudorias da Fazenda, o Ministério Público e o Magstrado devem zelar pela manutenção da atividade econômica, em razão de seu constitucional desiderato de função social, e não inviabilizar sua atividade com atos prejudiciais, inclusive bloqueios de contas bancárias e investimentos sem respaldo, essenciais à sobrevida da complexa atividade empresarial.

Nessa hipótese, é necessária interpretação adequada do tipo, seja em seus elementos objetivos, seja no subjetivo, pois depende do dolo específico, podendo o Juízo, na hipótese de ser demonstrado o excesso pela parte, determinar a correção.

O último tipo penal previsto na lei está no artigo 38, a conduta de "antecipar o responsável pelas investigações, por meio de comunicação, inclusive rede social, atribuição de culpa, antes de concluídas as apurações e formalizada a acusação". Este dispositivo tem sua aplicação mais voltada para atos da polícia judiciária e do Ministério Público. Todavia, em operações que envolvam necessidade de representação fiscal para fins penais, os agentes da fiscalização podem incorrer na mesma conduta, o que implicaria contra estes a incidência da norma por participação ou concurso.

O crime do artigo 38 não impede a publicidade de investigações em andamento, se não estiverem cobertas pelo sigilo; o que impede é a atribuição de culpa antes mesmo do oferecimento da denúncia ou finalizada a caracterização de culpa quanto à sonegação fiscal e omissão de documentos fiscais ou de receita, quando suspensa a ação penal ou investigação em razão de parcelamento do débito.

As ADI's 6.238 (CONAMP/ANPR/ANPT) e 6.266 (ADPF) aduzem violação ao princípio da proporcionalidade e da publicidade, como se o tipo penal impedisse o agente público "de informar a sociedade civil acerca dos andamentos das investigações" em liberdade de expressão. Na verdade, o que se vislumbra é evitar excessos dolosos por parte dos agentes públicos, impedidos que estão de atribuir culpa antes de finalizadas as investigações.

Quanto ao procedimento, o artigo 39 aclara a aplicação, no que couber, do Código de Processo Penal e a a lei dos juizados especiais (Lei nº 9.099/1995), inexistindo procedimento especial para a Lei de Abuso de Autoridade, como havia na lei anterior.

Por tratar-se de crimes funcionais, aplicar-se-á o procedimento especial previsto no Código de Processo Penal – do processo e do julgamento dos crimes de responsabilidade dos funcionários públicos (artigos 513 a 518 do Código) com a possibilidade de se apresentar resposta preliminar em momento anterior ao recebimento da denúncia.[2]

[2] Art. 89. Nos crimes em que a pena mínima cominada for igual ou inferior a um ano, abrangidas ou não por esta Lei, o Ministério Público, ao oferecer a denúncia, poderá propor a suspensão do processo, por dois a quatro anos, desde que o acusado não esteja sendo processado ou não tenha sido condenado por outro crime, presentes os demais requisitos que autorizariam a suspensão condicional da pena (art. 77 do Código Penal).

§ 1º Aceita a proposta pelo acusado e seu defensor, na presença do Juiz, este, recebendo a denúncia, poderá suspender o processo, submetendo o acusado a período de prova, sob as seguintes condições:

I – reparação do dano, salvo impossibilidade de fazê-lo;

II – proibição de freqüentar determinados lugares;

III – proibição de ausentar-se da comarca onde reside, sem autorização do Juiz;

IV – comparecimento pessoal e obrigatório a juízo, mensalmente, para informar e justificar suas atividades.

§ 2º O Juiz poderá especificar outras condições a que fica subordinada a suspensão, desde que adequadas ao fato e à situação pessoal do acusado.

§ 3º A suspensão será revogada se, no curso do prazo, o beneficiário vier a ser processado por outro crime ou não efetuar, sem motivo justificado, a reparação do dano.

§ 4º A suspensão poderá ser revogada se o acusado vier a ser processado, no curso do prazo, por contravenção, ou descumprir qualquer outra condição imposta.

§ 5º Expirado o prazo sem revogação, o Juiz declarará extinta a punibilidade.

§ 6º Não correrá a prescrição durante o prazo de suspensão do processo.

§ 7º Se o acusado não aceitar a proposta prevista neste artigo, o processo prosseguirá em seus ulteriores termos.

A Lei promove alterações importantes em outros diplomas legais, como no caso da Lei da Prisão Temporária em que se estabeleceu ao mandado de prisão condição de conter o período de duração da prisão, bem como o dia em que o preso deverá ser libertado; determinou que a autoridade responsável pela custódia deverá soltar imediatamente, se não houver prorrogação, o que deve ser revisto em prazos de 90 (noventa) dias, bem como ser comunicada prorrogação da prisão ou conversão em preventiva; e, deixou claro que se inclui o dia do cumprimento do mandado de prisão no cômputo do prazo da temporária.

Na "Lei da Interceptação Telefônica" incluiu-se no crime ali previsto também as condutas de "promover escuta ambiental" "sem autorização judicial ou com objetivos não autorizados em lei" e da "autoridade judicial que determina a execução de conduta prevista no caput[3] *deste artigo com objetivo não autorizado em lei*".

No Estatuto da Advocacia, incluiu-se tipo penal para a conduta de violar direito ou prerrogativa de advogado, notadamente da inviolabilidade do escritório/local de trabalho, seus instrumentos, correspondência escrita, eletrônica, telefônica e telemática, todos relativos ao exercício da advocacia; de comunicar-se com seus clientes, pessoal e reservadamente, mesmo sem procuração; de ter a presença de representante da OAB, em caso de prisão em flagrante, por motivo ligado ao exercício da advocacia; e de recolher-se preso em sala de Estado Maior, com instalações e comodidades condignas, e, na sua falta, em prisão domiciliar[4].

Tal artigo, entretanto, está com sua constitucionalidade questionada pelas ADI's 6.236 (AMB), 6.238 (CONAMP/ANPR/ANPT) e 6.266 (ADPF). Afinal, não há muito que se questionar quanto à natureza constitucional e objeto de lei federal das prerrogativas da defesa, sendo no mínimo razoável tenha sido a conduta dolosa passível de criminalização.

[3] Art. 10. Constitui crime realizar interceptação de comunicações telefônicas, de informática ou telemática, promover escuta ambiental ou quebrar segredo da Justiça, sem autorização judicial ou com objetivos não autorizados em lei.

[4] Dispositivo inicialmente vetado pela Presidência da República, mas promulgado pelo Congresso Nacional.

## Conclusões

No momento atual não há espaço para desmedidas atitudes da força estatal em detrimetno ao livre exercício da atividade econômica privada. O contribuinte tem direito constitucionalmente garantido a um devido processo justo, legal e em tempo razoável, isento de condutas punitivistas em excesso e garantidor da ordem pública.

A nova Lei de Abuso de Autoridade torna condutas funcionais dolosas puníveis criminalmente, antes sancionadas como infrações disciplinares, estando os agentes fiscais sujeitos a servero regime legal, continuando o excesso de exação tipificado pelo artigo 316 do Código Penal, sendo que, com relação ao parágrafo 1º., há aplicação da nova lei especial, inclusive com pena mais branda.

Muitas condutas formais de autoridades são praticadas de forma inquisitória em nome da lei e da ordem, todavia, quando o excesso é doloso, o abuso de poder e autoridade é tipificado criminalmente.

A Declaração dos Princípios Básicos Relativos às Vítimas da Criminalidade e de Abuso de Poder (ONU, 1985):

> todo e qualquer tipo de abuso de poder ou de autoridade é passível de responsabilidade administrativa, civil e penal, cabendo ao Estado indenizar as vítimas e ofendidos diretos e indiretos, ante o dever de assegurar a inviolabilidade da intimidade, da imagem da vida privada e da honra das pessoas.

Diante de todo o exposto neste artigo, as condutas dolosas raticadas por agentes públicos na fiscalização, constituição do crédito tributário, da Polícia, Ministério Público e Julgadores no processo administrativo e judicial cível e penal tributário estão sujeitas aos ditames da Lei de Abuso de Autoridade, sem prejuízo da aplicação de outras normas do Código Penal e lei específicas, que não conflitem com seus dispositivos.

## Referências

AZEVEDO, André Boiani e. "Comentários ao artigo 22". In: MOREIRA FILHO, Guaracy (coord.). *Nova lei do abuso de autoridade*: comentada artigo por artigo. São Paulo: Rideel, 2019, p. 74-79.

________. "Comentários aos artigos 34 a 36". In: MOREIRA FILHO, Guaracy (coord.). *Nova lei do abuso de autoridade*: comentada artigo por artigo. São Paulo: Rideel, 2019, p. 101-104.

CAMARGO, Juliana Moreira. "Comentários ao artigo 2º". In: MOREIRA FILHO, Guaracy (coord.). *Nova lei do abuso de autoridade*: comentada artigo por artigo. São Paulo: Rideel, 2019, p. 12-15.

INSTITUTO BRASILEIRO DE CIÊNCIAS CRIMINAIS - IBCCRIM. "Editorial: Nova lei de abuso de autoridade e democratização do sistema de justiça criminal". In: *Boletim do IBCCRIM*. São Paulo, n. 323, out./2019.

GORGA, Maria Luiza. "Os abusos e as violências do Estado contra o indivíduo: conceituação, presente e futuro". In: *Revista Liberdades*, edição nº 26, jul./dez. 2018.

KOSOVSKI, Ester. "Abuso de poder: nuevas medidas contra la prepotencia". In: *Revista do ILANUD*, San José de Costa Rica, n. 27, p. 61-74, 2006.

LEVORIN, Marco Polo. "Comentários: Artigo 13". In: MOREIRA FILHO, Guaracy (coord.). *Nova lei do abuso de autoridade*: comentada artigo por artigo. São Paulo: Rideel, 2019, p. 48-53.

NETO, Cândido Furtado Maia. "Ética e moralidade pública versus abuso de poder e de autoridade - negação de justiça ou desrespeito aos direitos humanos". In: *Revista jurídica UNIGRAN*, Dourados, v. 12, n. 23, p. 11-28, 2010.

NÓBREGA, Flavianne Fernanda Bitencourt. "Ministério público como agência de *accountability*: cifras brancas da impunidade e interrupção do sistema de justiça". In: *Revista direito e liberdade*, Mossoró, v. 2, n. 1, p. 90-104., jan./jun. 2006

PAULA, Gauthama Carlos Colagrande Fornaciari de. "A necessária tipificação penal da violação das prerrogativas do advogado". In: *Revista do Instituto dos Advogados de São Paulo*, vol. 16, p. 190-203, jul./dez. 2005.

PEREIRA NETO, Miguel e MASIERO, Clara Moura. "A nova Lei de Abuso de Autoridade (nº. 13.869;2019) e seus questionamentos perante o STF: há criminalização do "exercício da hermenêutica jurídica?"; 2020.

SOUZA, Luciano Anderson de. "Nova lei de abuso de autoridade: uma necessidade da democracia". Disponível em: https://www.jota.info/opiniao-e-analise/artigos/nova-lei-de-abuso-de-autoridade-uma-necessidade-da-democracia-29112016.

# 22. Evolução da Jurisprudência do STJ quanto ao Conceito de Resultado para Fins de Isenção do ISS na Exportação de Serviços e a Atividade de Gestão de Fundos de Investimentos

Renata Silva e Souza

## Introdução

A Constituição Federal, em seu artigo 156, inciso III, e o artigo 2º da Lei Complementar n. 116/2003 foram claros ao afastar a incidência de ISS sobre as exportações de serviços para o exterior do País. Todavia, quando o parágrafo único do referido dispositivo legal, com o propósito de inibir a evasão fiscal relacionada a servicos prestados e fruídos no país e apenas pagos por residentes no exterior, prevê que tal isenção não alcança os serviços desenvolvidos no Brasil, cujo resultado aqui se verifique, faz surgir uma grande discussão quanto ao conceito de resultado. Doutrina e jurisprudência divergem sobre o tema, pois ora consideram resultado como o local onde o serviço é concluído (teoria do resultado-consumação), ora como o local onde o serviço é ou poderia ser fruído pelo tomador (teoria do resultado-utilidade).

Nos últimos anos o Superior Tribunal de Justiça mudou seu entendimento para adotar a teoria do resultado-utilidade, todavia, ainda assim a questão ainda gera controvérsias, pois, a aplicação desse entendimento depende da análise, caso a caso, de cada serviço prestado e da exata compreensão da utilidade pretendida e obtida pelo tomador ao contratar o serviço, a fim de verificar se o resultado se verificou no exterior e afastar a incidência do ISS. Em julgamento iniciado recentemente e ainda não concluído o Superior Tribunal de Justiça se propôs a examinar especificamente a atividade de gestão de fundos de investimento.

Assim, o presente artigo se propõe a examinar o conceito de resultado para fins de afastar a incidência do ISS sobre exportação de serviço, a evolução da jurisprudencia do Superior Tribunal de Justiça sobre o tema e, por fim, o entendimento que vem sendo firmado pelo STJ quanto à atividade de gestão de fundos de investimentos, a fim de verificar, a partir da identificação da finalidade almejada pelo tomador, se o resultado desse serviço se verifica onde os ativos da carteira de investimentos valorizam individualmente ou onde ocorre a valorização do patrimônio do fundo como um todo.

## 1. Teoria do resultado-consumação x Teoria do resultado-utilidade

A Constituição Federal, em seu artigo 156, inciso III, outorgou aos Municípios a competência para instituir imposto sobre serviços de qualquer natureza, delegando à lei complementar retirar do campo de incidência as receitas decorrentes de exportações de serviços para o exterior, conforme prevê o § 3º, inciso II do citado dispositivo constitucional.

Assim o fez o artigo 2º da Lei Complementar n. 116/2003, ao afastar a incidência de ISS sobre as exportações de serviços para o exterior do País, ressalvando em seu parágrafo único que tal isenção não alcança os serviços desenvolvidos no Brasil, cujo resultado aqui se verifique, ainda que o pagamento seja feito por residente no exterior.

A primeira dificuldade em identificar quais serviços foram retirados do campo de incidência do ISS reside no fato de que exportar consiste em remeter mercadoria produzida no país ao exterior e, conforme ensina Sérgio Pinto Martins (2006, p. 69), "serviços não podem ser exportados e até mesmo transportados, pois são bens imateriais". Ou seja, no caso dos serviços não há bem corpóreo a ser remetido, mas sim uma atividade realizada pelo prestador e uma utilidade almejada e fruída pelo tomador.

Assim, a controvérsia se formou em torno do conceito de 'resultado' da prestação de serviço para fins de aplicação da norma de não incidência do

ISS sobre valores advindos da exportação de serviços, inserta no artigo 2º, inciso I, da Lei Complementar nº 116/03. Enquanto os fiscos municipais defendem que o resultado se verifica no local onde o serviço é realizado e concluído pelo prestador (Teoria do Resultado-consumação), os contribuintes defendem que o resultado se verifica no local onde ocorre a utilidade almejada e fruída, onde há o aproveitamento do serviço pelo tomador (Teoria do Resultado-utilidade).

Para solucionar tal controvérsia é importante considerar a real finalidade da norma em questão, qual o objetivo que o Estado pretende alcançar ao editá-la, conforme leciona Regina Helena Costa (2015, p. 182-183) ao indicar esse como o método interpretativo que confere maior eficácia social à norma.

No caso da norma de não incidência do ISS sobre valores advindos da exportação de serviços, inserta no artigo 156, § 3º, inciso II, da Constituição Federal e no artigo 2º, inciso I, da Lei Complementar nº 116/03, a *mens legis* é desonerar de tributos as exportações de modo a tornar o produto nacional mais competitivo no mercado internacional e incentivar o ingresso de divisas do exterior.

Nesse sentido foi o voto proferido pelo Ministro Napoleão Nunes no julgamento do ARESP N. 1150353, iniciado na sessão da Primeira Turma do STJ de 19/05/2020 e ainda não concluído, ao constatar que a referida norma é mecanismo para a atração de investimentos para a economia brasileira, um tipo de exoneração fiscal com propósito de tornar mais benéfico e atrativo o mercado nacional, razão pela qual "a interpretação que se deve fazer dessa regra, por causa de seu propósito, é aquela que assegure a fruição do benefício e não aquela que frustre ou impeça a fruição do benefício."

Assim, a ressalva contida no parágrafo único do artigo 2º da Lei Complementar nº 116/03, como norma que visa coibir a evasão fiscal, deve ser interpretada para impedir casos de serviços prestados e tomados em território nacional que são apenas pagos pelo exterior com o objetivo de afastar a incidência do imposto, mas não pode ser interpretada de modo tão restritivo que acabe por frustrar a finalidade da norma isentiva, limitando ao ponto de inutilizar a isenção da exportação de serviços e impedir a fruição do benefício.

A interpretação do termo 'resultado' deve ser coordenada com a finalidade da exoneração da exportação de serviços e, para isso, é importante ter em mente que para que os serviços sejam retirados do campo de incidência do ISS pela Constituição Federal e Lei complementar, eles precisam estar nesse campo de incidência, de modo que se não houvesse a regra de exclusão eles seriam tributados. Assim, necessariamente, a atividade realizada pelo prestador sempre ocorrerá no território nacional, caso contrário não haveria sequer competência tributária dos municípios brasileiros para cobrar ISS.

Ocorre, que, caso fosse adotada a teoria do resultado-consumação, que considera ocorrido o resultado no local onde a atividade é realizada pelo prestador e o serviço é concluído, nunca haveria exportação de servicos e isenção, pois, ou o serviço é concluído em outro país e não há competência tributária dos municípios para cobrar ISS, ou o serviço é concluído no Brasil, o resultado seria verificado aqui e não haveria isenção. Ou seja, a teoria do resultado-consumação frustra totalmente a fruição do benefício, inutilizando a norma isentiva.

Assim, o conceito de 'resultado', para definição da incidência ou não do ISS, deve partir, não da verificação de onde a atividade é realizada e concluída pelo prestador, mas sim da análise da utilidade almejada e fruída pelo tomador, se ela ocorrer em território nacional incide ISS, se ocorrer no exterior, está afastada a incidência, sendo importante compreender a finalidade da atividade para alcançar qual seria a utilidade por ela pretendida e gerada.

A esse respeito leciona o professor Roque Antônio Carrazza (2005, p. 36-37), ao explicitar que, entende-se por 'resultado' o local onde ocorre (ou pode vir a ocorrer) a fruição do serviço, o local onde ele é efetivamente utilizado, ou pode vir a ser, nos seguintes termos:

> Mas, afinal, quando se dá a exportação do serviço?
>
> A nosso ver, sempre que tomador do serviço, sendo um não-residente, satisfazer, no exterior, a necessidade que o levou a contratar o prestador [...] não haverá incidência, porque o resultado da prestação se fez sentir no exterior.
>
> Apenas haverá incidência quando uma prestação de serviços avençada entre um nacional e um estrangeiro (pessoa domiciliada ou sediada no exterior) irradie os seus efeitos no Brasil. E isto por uma razão muito simples: é que, neste caso, não terá havido uma operação de exportação de serviço, já que ele terá sido fruído (consumido) – embora por não-residente – em nosso país.

> V – De consequência, sempre mais confirmamos que a expressão 'cujo resultado aqui se verifique' tem acepção de local onde ocorre a fruição do serviço, ou seja, o local onde ele é utilizado. [...] O que, em resumo, estabelece o parágrafo único do art. 2º da Lei Complementar 116/2003 é que haverá incidência de ISS caso o serviço venha a ser consumido ou utilizado (pelo tomador) no Brasil, ainda que pago por não-residente.

Partindo desse entendimento, conclui-se que 'serviços desenvolvidos no Brasil, cujo resultado aqui se verifique' são aqueles que trazem utilidade para o tomador no território nacional, ainda que o pagamento seja feito por residente no exterior, não havendo exportação nesse caso, já que o resultado do serviço é experimentado no Brasil, e, por outro lado, há exportação e não incidência de ISS quando o serviço for desfrutado (ou desfrutável) no exterior (Teoria do resultado-utilidade).

## 2. Evolução da jurisprudência do Superior Tribunal de Justiça

Na primeira oportunidade que o Superior Tribunal de Justiça apreciou a questão atinente ao conceito de 'resultado' para fins afastar a incidência do ISS sobre exportação de serviço, em julgamento ocorrido perante a Primeira Turma em 2006 – REsp 831.124/RJ, examinou-se operações de retificação, reparo e revisão de motores e turbinas de aeronaves, contratadas por empresas aéreas do exterior.

Na ocasião, o termo 'resultado' foi interpretado como objetivos da contratação e da prestação. Assim, o resultado do serviço corresponderia ao exaurimento das atividades que constituem o objetivo da contratação (reparo / retifica/ revisão) e, considerando que ela ocorreu no território de município brasileiro, ainda que o seu aproveitamento tenha ocorrido no exterior (com a instalação e utilização das turbinas retificadas), não se caracterizou a exportação de serviço.

Porém, o voto-vencido do Ministro Teori Zawascki, sem fazer menção aos termos, adotou a compreensão de resultado como fruição ou aproveitamento do serviço pelo seu tomador no exterior, independentemente de suas etapas terem sido concluídas no território brasileiro, conforme evidenciam os trechos do voto abaixo transcritos:

> Estamos falando de exportação de serviço. Só se pode falar de exportação de serviço nos casos em que ele é prestado no Brasil. Quanto a isso

> não há dúvida. Não se pode falar em exportação de serviço se for prestado no exterior. Exportação de serviço é serviço prestado no Brasil para alguém que o contrata de fora, pagando-o aqui ou lá. A lei diz que esses serviços são isentos, a não ser quando o resultado se opera aqui. Se o resultado se opera fora, há isenção. Essa é a questão. [...] Penso que não se pode confundir resultado da prestação de serviço com conclusão do serviço. Não há dúvida nenhuma que o serviço é iniciado e concluído aqui. Não há dúvida nenhuma que o teste na turbina faz parte do serviço. O fato de ser testado aqui foi o fundamento adotado pelo juiz de Primeiro Grau e pelo Tribunal para dizer que o teste é o resultado. Mas essa conclusão não é correta: o teste faz parte do serviço e o serviço é concluído depois do teste. Depois disso, a turbina é enviada ao tomador do serviço, que a instala no avião, quando então, se verificará o resultado do serviço. O resultado, para mim, não pode se confundir com conclusão do serviço. Portanto, o serviço é concluído no País, mas o resultado é verificado no exterior, após a turbina ser instalada no avião.

Assim, em 2006 o Superior Tribunal de Justiça adotou a Teoria do Resultado-consumação para concluir pela inexistência de exportação de serviço e manter a incidência do ISS, ressalvado o posicionamento do Ministro Teori Zawascki, que adotava a Teoria do Resultado-utilidade.

Dez anos depois, em 2016, a Primeira Turma do Superior Tribunal de Justiça voltou a enfrentar a questão no julgamento do AREsp 587.403/RS, agora para examinar se há exportação de serviço na remessa de projeto de engenharia ao exterior. Na ocasião, o Ministro Relator Gurgel de Faria esclareceu que, a remessa de projetos de engenharia ao exterior poderá configurar exportação quando se puder extrair do seu teor, bem como dos termos do ato negocial, a intenção de sua execução no território estrangeiro, ou seja, quando a finalidade de execução do projeto são obras que somente poderiam ser executadas no exterior.

Com isso, o STJ passou a adotar a teoria do resultado-utilidade ao concluir que, "embora o projeto tenha sido finalizado em território nacional, não se tem dúvidas de que o contratante estrangeiro está interessado, especificamente, na importação do serviço a ser prestado pela pessoa brasileira para, posteriormente, executá-lo."

Recentemente, no julgamento do AREsp 1446639/SP, sob a relatoria do Ministro Mauro Campbell, a Segunda Turma do Superior Tribunal de Justiça reconheceu expressamente a existência de duas correntes interpretativas relacionadas ao parágrafo único do art. 2º da LC n. 116/03 e encampou o entendimento mais recente da Primeira Turma ao adotar a Teoria do resultado-utilidade para resolver a controvérsia ao atestar que "o ponto central deste debate examina se o resultado do serviço prestado pela recorrente, assim entendido como a utilidade que ele visa criar ao contratante, efetivamente ocorreu no exterior, conforme sustenta a contribuinte, ou em território nacional [...]."

No referido caso examinou-se contrato internacional de transporte de bens para sua utilização em eventos sediados no território brasileiro e o Ministro Mauro Campbell adotou a teoria do resultado-utilidade para manter a incidência do ISS, por entender que toda a atividade desenvolvida pela contratada (transporte internacional, importação em regime aduaneiro especial de admissão temporária, transporte interno, armazenamento, devolução do bem ao exterior e outras atividades), importou em fruição no território brasileiro, já que o objetivo era disponibilizar à contratante meios e estrutura logística para a realização dos eventos musicais em solo brasileiro. Veja-se:

> Pautado pelo conceito de resultado-utilidade, depreende-se em face da natureza do serviço desenvolvido pela contribuinte, que a execução e fruição dos serviços tomados pela contratante ocorreram majoritariamente em solo brasileiro, pois a finalidade essencial da obrigação de fazer, consistia no transporte de equipamentos até os locais designados para a realização de eventos musicais, previamente definidos pela tomadora. [...] Portanto, a fruição e gozo do contrato pelo tomador do serviço surtiu resultado prático em território brasileiro, pois conforme se verificou, a tomadora do serviço dependia destes equipamentos para a realização dos eventos pelos quais fora contratada. [...] Inegavelmente o interesse econômico, subjacente ao contrato, sobre o qual recaiu a obrigação de fazer, esteve localizado no Brasil e não no exterior, sendo que o envio dos equipamentos para o país de origem da tomadora do serviço foi uma mera etapa de exaurimento do contrato.

O referido julgamento serviu para evidenciar que quando se adota a Teoria do Resultado-utilidade não basta que o serviço tenha sido contratado por estrangeiro, se o resultado útil do contrato para o tomador ocorreu no Brasil, não há exportação de serviço, pois somente quando a fruição do serviço ocorrer no exterior é que será afastada a incidência do ISS, dando efetividade à norma isentiva prevista no art. 2º, I, da Lei Complementar n. 116/03, sem deixar de observar a norma ante evasão fiscal contida no parágrafo único do mesmo artigo.

O mesmo não se verifica quando adotada a Teoria do Resultado-consumação, já que ou o serviço é concluído em outro país e não há competência tributária dos municípios para cobrar ISS, ou o serviço é concluído no Brasil, o resultado seria verificado aqui e não haveria isenção, o que frustra totalmente a fruição do benefício e inutiliza a norma isentiva.

## 3. Serviço de gestão de fundo de investimento

Os precedentes mais recentes do Superior Tribunal de Justiça evidenciam que prevaleceu a Teoria do Resultado-utilidade para solução da controvérsia sobre o conceito de 'resultado'. Todavia, ainda assim, a Corte Superior precisa examinar, caso a caso, cada atividade realizada, a fim de compreender a sua finalidade para alcançar qual seria a utilidade pretendida e gerada ao tomador, pois só assim é possivel identificar onde ocorreu (ou pode vir a ocorrer) a fruição, o resultado do serviço e se houve exportação.

Especificamente sobre a atividade de gestão de fundos de investimentos, a Segunda Turma do Superior Tribunal de Justiça iniciou a análise da questão no bojo do ARESP n. 1150353, ainda não concluída.

A Instrução CVM nº 555, artigo 2º, inciso XXX, caracteriza gestor como a "pessoa natural ou jurídica autorizada pela CVM para o exercício profissional de administração de carteiras de valores mobiliários, contratada pelo administrador em nome do fundo para realizar a gestão profissional de sua carteira." Já o artigo 1.368-C do Código Civil define fundo de investimento como "uma comunhão de recursos, constituído sob a forma de condomínio de natureza especial, destinado à aplicação em ativos financeiros, bens e direitos de qualquer natureza."

A atividade de gestão de fundos de investimento consiste na alocação dos recursos para obter o melhor rendimento possível para os fundos, mas a contratação do gestor não é uma exigência da legislação brasileira e sim uma faculdade do administrador do fundo, que adota tal medida especialmente quando pretende investir em ativos localizados em outros mercados, que um gestor local possuiria mais conhecimento e capacidade para tomar decisões de alocação desse patrimônio do fundo.

Assim, a atividade do prestador é realizada em território nacional, até porque se não fosse não haveria sequer competência do município brasileiro para cobrar ISS, mas é preciso verificar a finalidade almejada, a utilidade pretendida pelo tomador ao contratar tal serviço e onde ele será fruído a fim de identificar onde de fato ocorreu o resultado do serviço.

A finalidade almejada pelo tomador ao contratar o prestador não é a valorização individual dos ativos da carteira de investimento, pois isso independe de quem tomou a decisão de negociá-los, mas sim a valorização do patrimônio do fundo, pois essa sim decorre da decisão do gestor ao realizar a alocação, ou seja, a utilidade pretendida com a contratação do serviço é a obtenção de rendimentos pelo fundo de investimento como um todo e isso se opera exclusivamente no exterior, uma vez que o reconhecimento do ganho ou perda decorrente dos investimentos realizados pela gestora refletirá no próprio fundo de investimento e sua administradora, ambos com domicílio fiscal no exterior.

Nesse sentido foi o voto proferido pelo Ministro Napoleão Nunes no julgamento do ARESP n. 1150353, iniciado na sessão da Primeira Turma do STJ de 19/05/2020, ao entender que a negociação de ativos ou títulos mobiliários representa mera atividade-meio do serviço de gestão e o resultado não será verificado onde está cada ativo investido, mas sim onde está o fundo, já que o aproveitamento que o serviço pode proporcionar ao tomador ocorre com a valorização do patrimônio do fundo em território estrangeiro. Veja-se:

> Para que se configure exportação de serviço, com consequente exoneração de ISS é necessário que a atividade seja desenvolvida no Brasil e tenha seu resultado fora do país. Portanto, os resultados parciais ou os resultados instrumentais ou os resultados auxiliares, não são relevantes para definição dessa conclusão, pois a condição para isenção de ISS está concentrada no fato de que todo o resultado do serviço, seus benefícios ou aproveitamento que possa proporcionar, ocorre em território estrangeiro, onde está o fundo. No Brasil só ocorrem os resultados instrumentais para auxiliar aquele resultado que sempre irá repercutir no exterior. [...] Os resultados favoráveis não são fruídos por ninguém no Brasil, o que poderá haver fruído no Brasil é simplesmente o pagamento

> de alguma retribuição devida a essa intermediação que não se compara absolutamente com nenhuma corretagem. [...] É uma regra de incentivo e exceção da tributação e deve ser interpretada para privilegia a sua finalidade que é de conceder a não incidência, portanto, o serviço prestado no caso é um serviço que se exporta, não estando submetido a incidência do ISS.

Todavia, esse não foi o entendimento manifestado pelo ministro relator do recurso, Gurgel de Faria, o qual entendeu que o resultado do serviço de gestão de fundos, prestado por empresa no território nacional, ocorre onde está o estabelecimento prestador, já que "os efeitos dos serviços prestados pelo gestor brasileiro sobre alteração patrimonial do fundo estrangeiro, núcleo de sua atividade empresarial, são sentidos imediatamente no território nacional, de onde partiram as ordens de investimentos [...]."

Já a Ministra Regina Helena Costa, ao proferir voto na sessão do dia 23/06/2020, acompanhou o relator por fundamentos diversos, menos amplos, tendo esclarecido que julgou o caso exclusivamente com base na moldura fática delineada pelo acórdão do Tribunal de origem, de modo que sua posição nesse caso *não antecipa sua reflexão em relação a outras hipóteses provenientes do diversificado universo de mercado de capitais.*

O trecho do acórdão do Tribunal de origem transcrito pela Ministra Regina Helena, que serviu para definir sua posição no caso concreto, assevera que teria havido a entrada no Brasil de capitais estrangeiros provenientes da tomadora, esses valores teriam sido administrados pela empresa prestadora do serviço e os rendimentos desses capitais ocorreram em território nacional e, após registro no Banco Central, foram remetidos à tomadora estrangeira.

> Não vou ler tudo o que o tribunal de origem assinalou no acordão, vou extrair um trecho: "Assim, verifica-se que a atividade da autora, envolve a entrada de capitais estrangeiros provenientes da tomadora, que serão administrados pela empresa sediada no município de São Paulo, mediante a realização de operações financeiras, cujo resultado dos serviços, ou seja, o rendimento desses capitais, ocorre no território nacional, devendo inclusive ser registrado no Banco Central do Brasil, para posterior remessa a tomador estrangeira, conforme lei 4131/62 nos dispositivos abaixo transcritos". Isso tudo extraído do acórdão do tribunal de origem.

A partir dessa moldura fática, a ministra concluiu que o fato de o pagamento pelo serviço ser realizado por fundo sediado no exterior é "incapaz de alterar o resultado da decisiva atuação operacional da recorrente com gestora de ativos mobiliários, porquanto esse perfaz-se com a valorização do patrimônio gerido, sendo tal incremento verificado no Brasil."

Como reiterou diversas vezes em seu voto, a conclusão da ministra sobre a inocorrência de exportação de serviço de gestão de fundo de investimentos se limita unicamente à situação dos autos e não repercute sobre todo e qualquer serviço de gestão de fundos.

Pertinente a ressalva da ministra, especialmente considerando que a moldura fática delineada pelo Tribunal de origem está equivocada e não poderia impactar toda a definição da tese. Ao contrário do afirmado pelo Tribunal *a quo*, o capital do fundo de investimento não ingressa todo no território brasileiro para ser investido e devolvido ao exterior e os ativos nos quais investido o patrimônio do fundo também não estão todos no Brasil.

Os recursos financeiros do fundo estão concentrados em conta junto a instituição financeira e são transferidos para a conta do fundo no Brasil na medida que investimentos são feitos aqui, ou seja, apenas o capital proporcional aos investimentos realizados neste país ingressa no Brasil.

Quando o investimento é feito em outro país, o dinheiro não ingressa no Brasil, pois sairá diretamente da conta do fundo no exterior para o país onde localizados os ativos investidos. A empresa prestadora do serviço de gestão no Brasil não realiza custódia e intermediação da compra e venda de ativos, pois o fundo contrata instituições autorizadas a realizar tais atividades.

Assim, conforme dados informados pela autora da ação judicial, apesar de ser responsável pela gestão de 100% do patrimônio do fundo, nem todo o capital disponível é investido no Brasil, já que essa alocação é dinâmica e, em 30/06/2020, por exemplo, representava 18,66% no Brasil, 8,30% na Argentina, 9,94% no Estados Unidos, 13,60%, 2,10% na Colômbia, 44,50% no México e 2,90% na Espanha. Ou seja, se fosse considerar que o resultado do serviço de gestão ocorreu onde se deu a valorização ou desvalorização dos ativos nos quais investido o patrimônio do fundo, em 30/06/2020, a maior parte deste resultado (81,34%) ocorreu fora do território brasileiro.

Isso evidencia que o ingresso do capital estrangeiro no Brasil e o local onde estão os ativos negociados não podem ser os critérios definidores do local onde se verifica o resultado do serviço de gestão de fundos de investimentos, pois, em muitas situações esses recursos sequer ingressam no Brasil e, a considerar o local onde estão os ativos e a valorização individual desses ativos da carteira de investimento como o do resultado do serviço, se a maior parte não está no Brasil o resultado também não estaria integralmente aqui.

Dessa forma, o resultado do serviço de gestão de fundos não pode estar atrelado ao local onde os ativos da carteira de investimentos valorizam individualmente, devendo ser considerada a finalidade almejada pelo tomador e o resultado do serviço será a valorização do patrimônio do fundo como um todo, que se opera exclusivamente no exterior, onde está situado o fundo de investimento.

O Superior Tribunal de Justiça não concluiu o julgamento da questão no bojo do ARESP n. 1150353, pois, após voto-vista da Ministra Regina Helena Costa, a parte desistiu do recurso, mas o pedido foi indeferido e, atualmente, está pendente apresentação de voto-vista dos Ministro Benedito Gonçalves e Sérgio Kukina quanto ao mérito da questão.

## Conclusões

Como serviços são bens imateriais, não há bem corpóreo a ser remetido ao exterior, mas sim uma atividade realizada pelo prestador e uma utilidade almejada pelo tomador. Assim, para constatar se houve exportação de serviço e afastar a incidência do ISS, conforme previsto no artigo 2º da Lei Complementar n. 116/2003, é preciso definir o conceito de resultado, já que foi esse o termo utilizado pelo parágrafo único do citado dispositivo legal.

O conceito de resultado passa pela verificação da real finalidade da norma, método interpretativo que lhe confere maior eficácia social e a *mens legis* do artigo 2º da Lei Complementar n. 116/2003 é desonerar de tributos as exportações de modo a tornar o produto nacional mais competitivo no mercado internacional e incentivar o ingresso de divisas do exterior.

Assim, adotar a teoria do resultado-consumação e considerar que o resultado se verifica no local onde a atividade é realizada e o serviço é concluído equivaleria a inutilizar a norma isentiva, pois para que os serviços sejam retirados do campo de incidência do ISS, eles precisam estar nesse campo de incidência. A atividade realizada pelo prestador sempre ocorrerá no território nacional, caso contrário não haveria sequer competência tributária dos municípios brasileiros para cobrar ISS. Ou seja, a atividade sempre será realizada e concluída em território nacional e, a partir da teoria do resultado-consumação, nunca haveria exportação de serviço e sempre incidiria ISS, tornando inócua a norma isentiva.

Em um primeiro momento o Superior Tribunal de Justiça chegou a adotar a Teoria do resultado-consumação, considerando ocorrido o resultado no local em que foi concluída a atividade realizada pelo prestador. Todavia, os julgados mais recentes da Corte Superior evidenciam a superação desse entendimento, pois passou a adotar a Teoria do resultado-utilidade, que busca compreender a finalidade da contratação para alcançar qual seria a utilidade pretendida e gerada ao tomador, pois só assim é possivel identificar onde ocorreu (ou pode vir a ocorrer) a fruição, o resultado do serviço e se houve exportação.

Ainda que o Superior Tribunal de Justiça tenha pacificado entendimento quanto ao conceito de resultado a ser adotado, que considera o local em que o tomador irá fruir o serviço, é necessário investigar, caso a caso, a finalidade da contratação, pois só assim será possivel verificar a utilidade almejada pelo tomador.

Ocorre que, ao iniciar tal análise em relação à atividade de gestão de fundos de investimentos nos autos do ARESP n. 1150353, os Ministros Gurgel de Faria e Regina Helena Costa se ativeram aos critérios: i) entrada no Brasil de capital estrangeiro, rendimentos desse capital e remessa ao tomador estrangeiro; ii) local onde os ativos da carteira de investimentos valorizam individualmente.

Todavia, esses critérios não permitem a correta verificação do resultado do serviço (utilidade/fruição), pois deixam de considerar que: i) os recursos sequer ingressam integralmente em território nacional, pois saem diretamente da conta do fundo no exterior para o país onde localizados os ativos investidos, ou seja, ingressa no Brasil apenas o capital proporcional aos investimentos aqui realizados; ii) a alocação do capital é dinâmica e em muitos casos a maior parte dos ativos sequer está no Brasil. Ou seja, o ingresso do recurso no Brasil e o local onde os ativos valorizam individualmente não são critérios hábeis a concluir pela ocorrência do resultado em território nacional.

Assim, considerada a finalidade almejada pelo tomador ao contratar serviço de gestão de fundo de investimentos, o critério a ser observado para verificação do resultado deve ser a valorização do patrimônio do fundo como um todo, que se opera exclusivamente no exterior, onde está situado o fundo. Nesse caso, há exportação de serviço e deve ser observado o disposto no artigo 2º da Lei Complementar n. 116/2003 para afastar a incidência do ISS sobre tal atividade.

## Referências

______. **Superior Tribunal de Justiça.** ARESP N. 1150353/SP. Relator Ministro Gurgel de Faria. Data do julgamento: 19/05/2020. Disponível em: <https://www.youtube.com/?hl=pt&gl=BR>. Acesso em 06 de dezembro de 2020.

______. **Superior Tribunal de Justiça.** ARESP N. 1150353/SP. Relator Ministro Gurgel de Faria. Data do julgamento: 23/06/2020. Disponível em: <https://www.youtube.com/?hl=pt&gl=BR>. Acesso em 06 de dezembro de 2020.

______. **Superior Tribunal de Justiça.** REsp 831.124/RJ, Relator Ministro José Delgado, PRIMEIRA TURMA, Data do julgamento: 15/08/2006, DJ 25/09/2006, p. 239. Disponível em <https://scon.stj.jus.br/SCON/>. Acesso em 06 de dezembro de 2020.

______. **Superior Tribunal de Justiça.** AREsp 587.403/RS, Relator Ministro Gurgel De Faria, PRIMEIRA TURMA, Data do julgamento: 18/10/2016, DJe 24/11/2016. Disponível em <https://scon.stj.jus.br/SCON/>. Acesso em 06 de dezembro de 2020.

______. **Superior Tribunal de Justiça.** AgInt no AREsp 1446639/SP, Relator Ministro Mauro Campbell Marques, SEGUNDA TURMA, Data do julgamento: 19/09/2019, DJe 24/09/2019. Disponível em <https://scon.stj.jus.br/SCON/>. Acesso em 06 de dezembro de 2020.

Carrazza, Roque Antonio. *ISS – Serviços de reparação de turbinas de aeronaves, para destinatários no exterior – não-incidência – exegese do art. 2º, I, e seu parágrafo único, da Lei Complementar n. 116/2003*, Malheiros, RDT, p. 36-37, n. 93, 2005.

Costa, Regina Helena. *Curso de Direito Tributário. Constituição e Código Tributário Nacional. 5 ed. São Paulo: Saraiva, 2015.*

Martins, Sergio Pinto. *Manual do Imposto sobre Serviços.* 7ª edição. Editora Atlas, 2006.

# 23. Coerência Interpretativa, Segurança Jurídica e Além… Lições e Perspectivas do ERESP 1517492/PR

Dayana de Carvalho Uhdre

Com muita satisfação recebi o convite para fazer parte de homenagem, mais que merecida, à Ministra Regina Helena Costa. Maior satisfação ainda em fazer coro juntamente a colegas tão significativas no ambiente jurídico brasileiro. Dentre os inúmeros contributos da Ministra para o sistema jurídico-tributário, seja enquanto doutrinadora, professora ou julgadora, selecionei um caso em que, como relatora, exitosamente restabeleceu a necessária (e esperada) harmonia interpretativa, em prol da (infelizmente) desgastada segurança jurídica.

Refiro-me ao quanto decidido no EREsp nº 1517492/PR. Tratou-se de discussão relativa à inclusão, na base de cálculo do Imposto de Renda Pessoa Jurídica (IRPJ) e da Contribuição Social sobre o Lucro Líquido (CSLL), de créditos presumidos de Imposto sobre Circulação de Mercadoria e Prestação de Serviços de Transporte Interestadual e Intermunicipal e de Comunicação (ICMS). À época havia dissenso, entre as Turmas do E. STJ, relativamente à conformação desses benefícios fiscais, concedidos pelos Estado-Membros, ao conceito de «lucro», um dos componentes da renda tributável pelo IRPJ e CSLL.

O resultado tendia favorável à Fazenda Nacional. No entanto, em razão de voto-vista da Excelentíssima Ministra Regina Helena Costa, em que foram adequadamente analisadas as categorias jurídicas conexas ao debate, o desfecho acabou favorável aos contribuintes. No entanto, mais do que uma vitória dos contribuintes (sob a ótica de uma disputa bilateral), entendo que a maior contribuição do julgamento desse caso parece ser à segurança jurídica e à Federação.

E é com esse olhar que pretendo «revisitar» a sua *ratio decidendi* a fim de reforçar e/ou contextualizar os principais argumentos exarados. E tal trilhar tem por objetivo justamente demonstrar como julgamentos coerentes ao sistema jurídico, tais como esse, constituem próprio sustentáculo às relações sociais – e mormente econômico-sociais. Em um contexto de necessária e urgente retomada do crescimento econômico, perpetrado pela atual pandemia da COVID-19, reforçar-se a confiança dos cidadão na correta e harmônica aplicação do sistema jurídico é medida que se impõe. Que esse julgado sirva de estímulo aos julgamentos doravante proferidos, de alerta a investidas do Fisco de cariz meramente arrecadatórios e contrários ao ordenamento em sua totalidade, e quiçá incentivo ao erigimento de relações Fisco-contribuintes mais transparentes e cooperativas.

## 1. Harmonia interpretativa enquanto imperativo da segurança jurídica

### 1.1 Sobre segurança jurídica

Evocar-se o postulado da "segurança jurídica» tornou-se mesmo quase uma panacéia que a tudo parece conferir uma áurea de «legitimidade», ainda quando não possua nenhuma[1]. Daí ser necessário uma breve incursão quanto ao que se pretende "defender" ao se invocar tal princípio-garantia, para que assim, se o não banalize. Tal assunto foi muito bem tratado por Heleno Taveira Torres que nos lembra que no constitucionalismo do Estado Democrático de Direito, em que inseridos, a segurança jurídica é incorporada ao ordenamento jurídico como verdadeira garantia constitucional, fim e eficácia do sistema, assumindo um cariz tanto formal quanto material. Formal enquanto garantidor da certeza do direito e por conseguinte de sua estrutura sistêmica. Material enquanto meio de efetividade dos direitos e liberdades fundamentais.

[1] TORRES, Heleno Taveira. Direito Constitucional Tributário e Segurança Jurídica. Metódica da Segurança Jurídica do Sistema Constitucional Tributário. 2ª ed. rev., atualizada e ampliada. Revista dos Tribunais, 2012, p. 184.

Tanto uma quanto outra faceta estão intrinsecamente conexas, sendo, no jargão popular, como que «dois lados de uma mesma «moeda». Daí que, no que tange à matéria tributária, segurança jurídica pressupõe garantir-se a estrutura do sistema jurídico-tributário (formal) de forma a influir na conformação mesmo da relação fisco-contribuinte, para que se possibilite, nessa interação relacional, a máxima concretização possível dos direitos e garantias fundamentais (material). A observância do postulado demanda mesmo um *novo* modelo hermenêutico e de aplicação do sistema normativo, em que o sistema de competências do federalismo e das limitações que asseguram direitos interage com os demais princípios a fim de "construir" em cada ato de aplicação o princípio da segurança jurídica[2].

Assim é que a segurança jurídica não é um fim único do ordenamento, estanque. Muito pelo contrário, é na funcionalidade que lhe é inerente que reside sua relevância. Ao ser decorrência da efetividade do sistema em sua unidade de valores interagentes que evitam o arbítrio e erigimento de normas eivadas de excessiva indeterminação[3]. No Estado Constitucional, a segurança jurídica deixa de ser examinada como "mero princípio geral de direito" (ideal estanque), densificando-se na funcionalidade que lhe é atribuída, no momento de aplicação mesmo do direito. Proteção da confiança, proibição de excesso, proporcionalidade, ponderação de princípio, eis algumas funções chaves que o princípio-matriz "segurança jurídica" exerce na estrutura do sistema jurídico hodierno[4].

Assim é que segurança jurídica deve ser compreendida como princípio-matriz de cariz funcional, garantista do bom funcionamento do ordenamento jurídico e de confiança na previsibilidade e na conduta dos órgãos e autoridades estatais. Dentro dessa visão funcionalista, merece transcrição a síntese do professor Heleno Taveira Torres, com foco no sistema tributário, de que segurança jurídica tributária poder ser compreendida como princípio-garantia constitucional que tem por finalidade proteger direitos decorrentes das expectativas de confiança legítima na criação ou aplicação das normas tributárias, mediante certeza jurídica,

[2] Torres, Heleno Taveira. Direito Constitucional Tributário e Segurança, p. 184-185.

[3] Torres, Heleno Taveira. Direito Constitucional Tributário e Segurança, p. 186.

[4] Torres, Heleno Taveira. Direito Constitucional Tributário e Segurança, p. 187.

estabilidade do ordenamento ou efetividade de direitos e liberdades fundamentais[5].

Complementarmente, e olhando já a o papel dos agentes de poderes na acomodação dessas expectativas legítimas, própria condição de realização do Estado Democrático de Direito, José Gomes Canotilho sustenta mesmo que *os postulados da* segurança jurídica e proteção da confiança são exigíveis perante "qualquer acto" de " qualquer poder"- legislativo, executivo e judicial[6]. E é com esse foco que a decisão, capitaneada pela Ministra Regina Helena Costa, proferida no EResp nº 1517492/PR deve ser analisada. É no momento de aplicação do sistema jurídico-tributário que se dá vida à concretização desse cabedal de princípios, e se garante a estabilidade do ordenamento. Daí a relevância do papel desempenhado pelos nossos julgadores, mormente os das instâncias superiores, qual seja o de verdadeiros garantidores da segurança jurídica, cujo intento só é atingido mesmo nesse momento de aplicação.

## 2.2 olhando a *ratio decidendi* mais de perto

As discussões trazidas a E. Corte, pelo EResp nº 1517492/PR, tinham por pano de fundo a definição da «natureza» dos benefícios concedidos pelos Estados e pelo Distrito Federal, isto é, se de subvenção para investimento ou para custeio[7] se tratava, bem como da forma de contabilização e os efeitos fiscais das referidas subvenções para fins de tributação pelo IRPJ e CSLL. É que relativamente às subvenções para custeio, a legislação tributária, bem como as normas contábeis, determinam que sejam computadas na determinação do lucro operacional[8]. Com relação às subvenções para investimento, o artigo 443 do RIR/99 (vigente à época do julgamento), dispunha que as mesmas não seriam computadas na determinação do lucro real, devendo ser registradas como reserva de

[5] Torres, Heleno Taveira. Direito Constitucional Tributário e Segurança, p. 193.

[6] Canotilho, José J. Gomes. Direito Constitucional e Teoria da Constituição. Coimbra: Almeida, 2002, p. 257.

[7] De acordo com o Parecer Normativo (PN) CST nº 112/1978, subvenções para custeio seriam aquelas destinadas a suprir as despesas correntes das empresas e manter suas operações. Já as subvenções para investimento são aquelas que se destinam a estimular a implantação ou a expansão de empreendimentos econômicos.

[8] Artigo 442 do RIR/2018, anterior artigo 392, I do RIR/99.

capital e que somente poderiam ser utilizadas para absorver prejuízos ou serem incorporadas ao capital social[9].

O acórdão proferido pela 1ª Turma do STJ, e que fora objeto dos Embargos de Divergência apresentados pelo Fisco federal, considerara não ser possível a incidência do IRPJ e da CSLL sobre o incentivo fiscal, em virtude da vedação aos entes federativos de instituir impostos sobre patrimônio, renda ou serviços, uns dos outros. No entanto, em suas razões recursais, a Procuradoria da Fazenda Nacional argumentara no sentido de que "[...] os benefícios decorrentes de créditos presumidos de ICMS constituem subvenção governamental de custeio, pois são incentivos fiscais, espécie de auxílio à empresa. Por essa razão, compõem o resultado operacional da pessoa jurídica". E, por justamente compor o resultado operacional, tal subvenção governamental "integra a base de cálculo do IRPJ e da CSLL"[10]. Ademais, e consoante restara assente no arresto utilizado como paradigma pela Fazenda Pública, "mesmo que se entenda que o crédito presumido do ICMS não configure receita, a base de cálculo do IRPJ e da CSLL corresponderia a lucro da sociedade empresári*a*". É que "ao configurar diminuição de custos e despesas, o sistema de crédito presumido aumentaria indiretamente o lucro tributável e, portanto, tais valores deveriam o compor a base de cálculo do IRPJ e da CSLL"[11].

A divergência suscitada no caso residiu, portanto, no fato de que enquanto o acórdão paradigma manifestara o entendimento de que o incentivo fiscal, por implicar redução da carga tributária, acarretaria indiretamente acréscimo patrimonial passível de tributação pelo IRPJ e pela CSLL, o acórdão proferido pela 1ª Turma do STJ considera não ser possível a incidência do IRPJ e da CSLL sobre o incentivo fiscal, em virtude da imunidade constitucional recíproca. O Ministro Relator tinha proferido voto no sentido de reconhecer sim a subsunção do crédito de ICMS no conceito de "lucro" passível de tributação pelo IRPJ e CSLL. Em voto-vista, a Ministra Regina Helena Costa estabelece entendimento oposto, inaugurando divergência que acabou por ser seguido pela maio-

[9] Atualmente, o artigo 523 do RIR/2018 prevê que as subvenções para investimento, inclusive mediante isenção ou redução de imposto, também não serão computadas na determinação do lucro real, desde que registradas na conta Reserva de Incentivos Fiscais.

[10] STJ. EResp. nº 1517492/PR, Voto-Vista da Ministra Regina Helena Costa, p. 2.

[11] STJ. EResp. nº 1517492/PR Voto-Relator do Ministro OG Fernandes, p. 3.

ria dos demais Ministros julgadores. Salientara a E. Ministra que ao considerar tal incentivo fiscal como lucro, a União Federal acabava por esvaziar ou reduzir os efeitos do incentivo fiscal concedido pelo Estado no exercício de sua competência tributária, o que consubstancia clara ofensa ao princípio federativo (artigo 150, VI, "a", da CF/88). Ademais, suscitara a aplicabilidade, ao caso analisado, do quanto decidido pelo STF no RE. 574.706/PR, julgado pela sistemática da repercussão geral, em que restara assente a inconstitucionalidade da inclusão do ICMS na base de cálculo do PIS e da COFINS. Entendeu o E. STF, nesse caso, que o ICMS não se incorporaria ao patrimônio do contribuinte, por ser mero ingresso, não constituindo então receita da pessoa jurídica. Pelas mesmas razões, os créditos presumidos de ICMS não representariam renda ou lucro da pessoa jurídica, não constituindo receita tributável.

Em síntese, o que restou decidido foi que os créditos de ICMS não fariam parte da base de cálculo seja do IRPJ, seja da CSLL, primeiro porque se o permitisse, dar-se-ia autorização para que a União se imiscuísse, por via oblíqua, em campo que refoge à sua competência. Ora, por estarmos em um Estado Federal, a competência tributária, assunto umbilicalmente conexo a essa forma estatal, fora detidamente tipificada na Constituição Federal. Assim, são aos Estados-Membros e ao Distrito Federal a quem incumbe estatuir o ICMS, assim como isenções e eventuais benefícios ou incentivos fiscais à esse tributo correlatos. A concessão de créditos presumidos, espécie de benefício fiscal, configura renuncia de receita do Estado, que o faz com vistas a implementação de eventuais políticas públicas em seu território. Daí que interpretar tais renúncias como subvenções de custeio aptas a integrarem o lucro operacional das empresas, e por conseguinte as bases de cálculos do IRPJ e da CSLL, configuraria verdadeira «apropriação» desses valores pela União, o que, além de ofender a vedação constitucional de se tributar por meio de impostos o patrimônio, bens e serviços do entes federados, retiraria todo o efeito prático intentado pelo Estado concedente. É dizer, consubstanciaria, nesse último caso, verdadeira intervenção inconstitucional do ente central na política dos Estados-Membros. De todo modo, seja por uma ou outra via interpretativa, o que vislumbramos é ofensa ao pacto federativo, verdadeira pedra angular do nosso sistema constitucional.

Em segundo lugar, e em prol da coerência interpretativa, entendeu-se por se aplicar ao caso em análise a *ratio decidendi* do RE. 574.706/PR, julgado pelo regime de repercussão geral. Restara assente pelo E. STF que o ICMS é, em última análise, patrimônio pertencente ao Estado, não constituindo, portanto, receita da empresa, mas mero ingresso contábil, razão pela qual não poderia integrar a base de cálculos das contribuições para o PIS/COFINS. *Ubi eadem ratio, ibi idem jus*, eventual crédito presumido de ICMS é "patrimônio" do Estado, "valores" a ele pertencentes – e por ele renunciados –, e que, portanto, não compõe receita da empresa, e muito menos lucro ou base tributável do IRPJ e da CSLL. Esse aliás é o mesmo raciocínio que fundamentara – como vimos no parágrafo anterior – a compreensão de que utilizar crédito presumido de ICMS para fins de tributação por meio do IRPJ e CSLL consubstanciaria ofensa à imunidade constitucional recíproca. E mais, é esse o mesmo raciocínio que em última análise fundamentou a compreensão de que o recolhimento de ICMS, por parte dos empresários relativamente às operações que realizam, sem a conseguinte destinação desses valores aos cofres públicos a pode consubstanciar o tipo penal de "apropriação indébita" (HC 399.109/STJ).

E, nem poderia ser diferente. Ao se interpretar um evento jurídico, a ele indicando a catalogação jurídica (isto é, aplicando-lhe o direito, incidindo-o ao caso concreto[12]), tal identificação pode ocasionar a aplicabilidade de inúmeras normas jurídicas, irradiando inúmeros efeitos jurídicos. Mas, a categorização é de um único fato jurídico, fato esse que pode subsumir-se a mais de uma hipótese normativa, dando nascimento a mais uma relação jurídica. Daí que, por exemplo, a realização de uma operação de compra e venda de mercadorias entre contribuintes do ICMS dá nascimento tanto à obrigação jurídico-tributária relacionada ao dever de pagar o imposto, quanto à relação jurídica obrigacional de crédito, em favor do adquirente, relativamente ao valor daquele ICMS.

Relatar um mesmo evento[13] ora como um fato ora como outro é que seria no mínimo problemático, e mesmo ofensivo ao postulado de coerência do sistema jurídico. Daí que identificadas as categorias jurídicas em que enquadráveis o evento, erigimos o fato jurídico que pode dar nascimento a variadas relações jurídicas – sejam elas pertencentes

[12] Partimos das categorias metodológicas constructivismo lógico-semântico.

[13] Utilizamo-nos dos termos "evento" e "fato" tal qual categorizado por Paulo de Barros Carvalho com fulcro no constructivismo lógico-semântico. CARVALHO, Paulo de Barros. Direito Tributário. Linguagem e Método. 4ª ed. rev. e ampl. Noeses: São Paulo, 2011.

a um ou mais ramos jurídicos. Mas, repita-se é de um mesmo fato jurídico que se está a tratar. Eis a harmonia e coerência sistêmica, condições essas necessárias a salvaguarda da própria segurança jurídica. Certeza e previsibilidade, dois postulados centrais à segurança jurídica, só se tornam factíveis caso a identificação denotativamente realizada de um fato jurídico, conotativamente descrito na hipótese normativa, não mude ao bel prazer do intérprete. Eis a estabilidade do ordenamento, outro postulado a que direcionado o princípio-matriz da segurança jurídica. Afinal, não por outra razão as hipóteses de incidência encontram-se previamente descritas em preceitos normativos. Fluidez interpretativo, e mudanças de catalogações jurídicas (subsunções normativas) sem quaisquer fundamento é insegurança – ou mesmo arbitrariedade.

Daí que o voto-vista proferido pela Ministra Regina Helena Costa no EResp nº 1517492/PR, e que acabou por ser o condutor do julgamento, ao adequadamente enquadrar os eventos subjacentes em categorias jurídicas, firmando a premissa, e dar-lhes os efeitos jurídicos decorrentes, teve grande contribuição na reafirmação do postulado da segurança jurídica – e no reforço ao pacto federativo. Certeza e previsibilidade só são factíveis com coerência, harmonia, e estabilidade interpretava. Que tal *decisium* sirva de inspiração aos julgamentos doravante proferidos a fim de se reforçar a confiança dos administrados na coerente e harmonia aplicação do Direito. E mais, que sirva ainda de alerta a investidas do Fisco de cariz meramente arrecadatórios e contrários ao ordenamento em sua totalidade, e quiçá incentivo ao erigimento de relações Fisco-contribuintes mais transparentes e cooperativas.

## 3. Epílogo. Sobre a necessária mudança na relação fisco-contribuinte

O quanto dito no último parágrafo do tópico antecedente nos conecta a outro assunto que deveria permear a ordem do dia. Por isso se propõe trazê-lo, ainda que à titulo de mera provocação nessa última parte do artigo. Trata-se da discussão relativa à mudança paradigmática no relacionamento Fisco-contribuinte. Tem-se vivenciado momentos de intensas mudanças sociais. O acelerar da globalização perpetrado, nos último anos, pelo desenvolvimento tecnológico, tem desafiado as administrações fazendárias de todo o mundo, desvelando a inadequação das estruturas normativas vigentes.

Atualmente, a relação entre Fisco e contribuintes é, para além de marcadamente conflituosa, ineficiente. E, tal ineficiência é posta à prova ante o progresso, em escala exponencial, das novas tecnologias – em grande parte disruptivas. É a própria estrutura estatal[14] que está sendo desafiada, o que impacta todas as relações sociais nessa estrutura erigidas. E, como se já não bastassem esses desafios impostos às administrações fazendárias, o atual surto epidêmico causado pela COVID-19 parece ter colocado mais "lenha na fogueira". Primeiro porque o distanciamento social, imposto como medida de enfrentamento à pandemia, acelerou a crescente tendência de digitalização da economia[15]. Afinal, apenas os empreendimentos que já estão na era digital têm chances de sobreviver em um contexto de transações não presenciais. Segundo porque, em razão da clausura imposta, a economia em todo o mundo praticamente parou, principiando o que já é considerada a maior crise econômica desde a Grande Depressão de 1929[16].

Assim, o momento se mostra em todo profícuo para se rediscutir o papel do Estado, bem como o próprio relacionamento Administração e administrado – mormente na área fiscal, que nos interessa mais de perto. É certo que grandes avanços têm sido feitos no debate relativo a novas formas de resoluções (mais adequada) dos conflitos entre Administração Pública e contribuintes[17]. No entanto, nos parece igualmente importante voltar-se o olhar a momento anterior à própria eclosão

[14] Beck, Ulrich. A metamorfose do mundo. Rio de Janeiro: Editora Zahar, 2018.

[15] Se é que é possível se estabelecer um marco limítrofe entre a economia "tradicional" e "economia digital".

[16] O próprio Fundo Monetário Internacional (FMI) afirma que 2020 será o pior ano para a economia mundial desde a Grande Depressão de 1929. Vide: World Economic Outlook Reports. The Great Lockdown. Disponível em: <https://www.imf.org/en/Publications/WEO/Issues/2020/04/14/weo-april-2020>, acesso em 20.04.2020.

[17] Gonçalves, Claudio Cairo. Acordos Administrativos: Transação Tributária e Cláusula Compromissória de Arbitragem em Incentivos Fiscais. In: Oliveira, Gustavo Justino de (coord.). Acordos Administrativos no Brasil. Teoria e Prática. São Paulo: Almedina, 2020, p. 405-441; Piscitelli, Tathiane et al. Arbitragem Tributária. Desafios Institucionais Brasileiros e a Experiência Portuguesa. São Paulo: Thompson Reuters Brasil, 2018; Escobar, Marcelo. Arbitragem no Brasil. São Paulo: Almedina, 2017; Mancuso, Rodolfo de Camargo. O plano piloto de conciliação em segundo grau de jurisdição, do Egrégio Tribunal de Justiça do Estado de São Paulo, e sua possível aplicação aos feitos da Fazenda Pública. Revista dos Tribunais, ano 93, n. 820, p. 11-49, fev. 2004; Torres, Heleno Taveira. Transação, Arbitragem e Conciliação Judicial como Medidas Alternativas para Resolução de Conflitos entre

dessas desavenças, investindo na estruturação de um convívio diuturno mais harmonioso, deixando para as vias judiciais ou arbitrais apenas os conflitos que de fato se mostrem incontornáveis.

Arrecadar tributos coloca em cheque dois interesses inicialmente antagônicos e inconciliáveis à primeira vista: o do Fisco em arrecadar receitas financeiras necessárias às suas atividades, e o dos contribuintes em maximizar seus lucros. No entanto, ampliando-se o espectro de análise, é possível perceber que para além de o Estado ser necessário (do ponto de vista individual do contribuinte) para garantir as condições necessárias à pactuação e observância dos negócios jurídicos, ambos os atores (Administração e Administrado) são co-responsáveis em atender aos objetivos republicanos colacionados em nossa Carta Política de 1988.

E, muito há a se fazer, pelo esforço de ambos, para que o país assuma a rota do desenvolvimento, promovendo, de modo solidário, o bem de todos, sem discriminações de qualquer natureza – seja por excesso ou por redução indevida no *quantum debeatur*[18]. Daí que é possível se afirmar existir uma verdadeira preservação recíproca (ambivalente) entre Fisco e contribuinte, de modo a ser de interesse de ambos estabelecer um relacionamento com o mínimo de atrito, e custos possíveis. Nesse sentido, ganha relevância o chamado *cooperative compliance,* verdadeira mudança paradigmática da forma de relacionamento Fisco-contribuinte, erigida na confiança recíproca entre esses atores.

Tal mudança de relacionamento (de altamente conflituoso para cooperativo) é no mínimo desafiadora. Sobretudo em um contexto, como o nosso, em que a tônica desse relacionamento é a beligerância, e a desconfiança mútua. No Brasil, a implantação de uma relação mais amigável entre Fisco e contribuinte ainda é bastante tímida[19], para se não dizer um "sonho distante". De fato, a relação entre o Fisco (de todas as esferas federadas) e os contribuintes tem sido marcada pela desconfiança

Administração e Contribuinte – Simplificação e Eficiência Administrativa. In: Revista Fórum de Direito Tributário, ano 1, n.2 mar/abr 2003. São Paulo: Dialética, 2003.

[18] Almeida, Carlos Otávio Ferreira de. *Compliance* cooperativo: uma nova realidade entre administração tributária e contribuintes. Revista Direito Tributário Internacional Atual. nº 02, p. 61.

[19] Em que pese já ser possível noticiar algumas iniciativas visando implementar um relacionamento mais cooperativo entre Administração fazendária e contribuintes. Referimo-nos aos programas "nos conformes" e "pró-conformidade", iniciativas dos erários do Estado de São Paulo e da União, respectivamente.

de ambas as partes. Pela lente da administração, veem-se sonegadores a mancheias, enquanto pela dos contribuintes identificam-se autoridades vingativas e oportunistas, sempre à espreita para produzir novas interpretações da norma que resultem em autuações fiscais[20]. É a própria corporificação da insegurança jurídica, levada ao Judiciário, e que por vezes lá acaba por ser reforçado, por interpretações vascilantes, ou por vezes desarmônicas se considerarmos o sistema de forma global[21].

Relatório da OCDE (Tax Administration), de 2015, relativo ao tema de contencioso tributário revela que o Brasil além de ser, dentre os países pesquisados, o segundo com maior número de processos pendentes de julgamento, é o que tem, proporcionalmente ao PIB (Produto Interno Bruto), maiores valores em discussão. Mais especificamente, representam 2,4% do PIB[22] os valores dos créditos em discussão, seja na esfera administrativa ou na judicial[23]. Ainda, relativamente ao contencioso administrativo, levantamento efetuado pela RFB em 31/03/2017, demonstra que somente no âmbito da Receita Federal do Brasil, 63,4% (R$ 1,06 trilhão de reais) do total dos créditos ativos (que perfaziam R$ 1,67 trilhão) estão com exigibilidade suspensa em decorrência de processo administrativo[24].

[20] ALMEIDA, Carlos Otávio Ferreira de. *Compliance* cooperativo: uma nova realidade entre administração tributária e contribuintes. Revista Direito Tributário Internacional Atual. nº 02, p. 73.

[21] Nesse sentido Humberto Àvila afirma que a "a jurisdição tem causado problemas de cognoscibilidade, de confiabilidade de calculabilidade: de cognoscibilidade, em virtude da falta de fundamentação adequada das decisões ou, mesmo, da existência de divergências entre decisões, órgãos ou tribunais; de confiabilidade, em razão da modificação jurisprudencial de entendimento anteriormente consolidados com eficácia retroativa inclusive para aqueles que, com base no entendimento abandonado, praticaram atos de disposição de seus direitos fundamentais; e de calculabilidade, pela falta de suavidade das alterações de entendimento ou, mesmo, **pela ausência de coerência na intepretação do ordenamento jurídico**" (grifou-se). ÁVILA, Humberto Bergamo. Segurança Jurídica: entre permanência, mudança e realização no Direito Tributário. 2ª ed. São Paulo: Malheiros, 2012, p. 166.

[22] Na maioria dos países pesquisados, essa proporção fica abaixo de 1%.

[23] LOPES, Ana Teresa Lima Rosa; CAMPEDELLI, Laura Romano. Dados do Contencioso Tributário no Brasil e o Novo Código de Processo Civil: a importância da pesquisa empírica para o aprimoramento da atividade jurisdicional. In: Bossa, Gisele Barra et alli. Medidas de Redução do Contencioso Tributário e o CPC/2015. São Paulo: Almedina, 2017, p. 86-87.

[24] Levantamento feito por ocasião da MP 783/2017 (PERT). Disponível em: <http://www.planalto.gov.br/ccivil_03/_ato2015-2018/2017/Exm/Exm-MP-783-17.pdf>, acesso em 22.04.2020.

Quanto à celeridade de julgamentos, tampouco se têm dados positivos. Segundo o Relatório "Justiça em Números", do Conselho Nacional de Justiça (CNJ), os processos de execução fiscal perfazem aproximadamente 38% do total de casos pendentes, e 75% dos casos de execução, sendo os principais responsáveis pela alta taxa de congestionamento do Poder Judiciário, que é de 91%. É dizer, consoante indicado no Relatório, de cada 100 processos de execução fiscal que tramitaram no ano de 2016, apenas 9 foram baixados[25].

Ademais, muitos outros problemas decorrem da natureza de uma relação adversarial. Excesso de burocracia, altos custos de conformidade[26], intermináveis litígios administrativos ou judiciais[27], elevado volume de créditos tributários insatisfeitos, planejamentos tributários agressivos e corrupção são alguns exemplos. É de se questionar, assim, se diante de tão indesejáveis consequências, prejudiciais a ambas as partes, não seria mais racional reduzir o ambiente conflitivo e torná-lo mais harmônico? A resposta parece ser positiva, afinal todos, e principalmente o país, têm a ganhar com o desenvolvimento de uma relação mais cooperativa entre Fisco e contribuinte.

No entanto, a consagração de tal relacionamento cooperativo não parece ser simples. Além de exigir do fisco a implementação de medidas que redundem na modificação da mentalidade reinante na administração, este novo paradigma exigiria também a implantação de amplo e efetivo programa de educação fiscal, dotando o cidadão brasileiro de consciência contributiva. Ainda, é de se reconhecer que olhar apenas a via dos ingressos não é suficiente. A reiterada irresponsabilidade nos gastos públicos acabam por frustrar os esforços de agentes arrecadadores e contribuintes pagadores.

Entendo, contudo, ser possível melhorar a relação de confiança entre fisco e contribuinte e desencadear outros fatores positivos quanto à conformidade, num autêntico ciclo virtuoso, de estímulo econômico ao país. A garantia de que movimentos – por parte do Fisco – de intuito

[25] Brasil. CONSELHO NACIONAL DE JUSTIÇA. Justiça em números, disponível na URL: <http://www.cnj.jus.br/programas-e-acoes/pj-justica-em-numeros>

[26] The World Bank. Doing business: measuring business regulations. 2019. Disponível em: <http://www.doingbusiness.org/rankings>, acesso em 26.04.2020.

[27] IMF/OECD. Tax certainty: report for the G20 finance ministers. 2017, p. 32. Disponível em: <http://www.oecd.org>, acesso em 26.04.2020.

unicamente arrecadatórios não serão tolerados pelo controle judicial é um primeiro passo. Tal barreira pode estimular o erigimento de medidas que conduzam a maior diálogo e transparência no trato diuturno entre as parte envolvidas. E, nesse intento, a tecnologia *blockchain* tem se mostrado bastante promissora justamente por tocar no ponto fundamental do erigimento dessa nova relação: a confiança.

Tratar mais a fundo de que forma tal ferramental tecnológico pode auxiliar na construção de um novo paradigma nessa relação jurídica Fisco-contribuinte não tem espaço nesse momento. De qualquer forma, trata-se de perspectiva de médio e longo prazo, e convergente à ideia de recolhimento automático e contemporâneo a ocorrência dos fatos tributários. Nesse entremeio, reforçar as barreiras judiciais, interpretando-se de forma coerente e harmônica o sistema jurídico, e não se dando espaço a investidas meramente arrecadatórias do Estado, tal qual o voto-vista proferido pela Ministra Regina Helena Costa, é um bom começo em prol da segurança jurídica, e do desestímulo a comportamentos não leais...

## Referências


ÁVILA, Humberto Bergamo. *Segurança Jurídica: entre permanência, mudança e realização no Direito Tributário.* 2ª ed. São Paulo: Malheiros, 2012

ALMEIDA, Carlos Otávio Ferreira de. *Compliance* cooperativo: uma nova realidade entre administração tributária e contribuintes. *Revista Direito Tributário Internacional Atual. nº 02.* 2017, p. 58-82.

BECK, Ulrich. *A metamorfose do mundo.* Rio de Janeiro: Editora Zahar, 2018.

BOSSA, Gisele Barra et alli. *Medidas de Redução do Contencioso Tributário e o CPC/2015.* São Paulo: Almedina, 2017.

BRASIL. CONSELHO NACIONAL DE JUSTIÇA. Justiça em números, disponível na URL: <http://www.cnj.jus.br/programas-e-acoes/pj-justica-em-numeros>

CANOTILHO, José J. Gomes. *Direito Constitucional e Teoria da Constituição.* Coimbra: Almeida, 2002.

CARVALHO, Paulo de Barros. Direito Tributário. Linguagem e Método. 4ª ed. rev. e ampl. Noeses: São Paulo, 2011.

ESCOBAR, Marcelo. *Arbitragem no Brasil.* São Paulo: Almedina, 2017.

GONÇALVES, Claudio Cairo. Acordos Administrativos: Transação Tributária e Cláusula Compromissória de Arbitragem em Incentivos Fiscais. In: OLIVEIRA, Gustavo Justino de (coord.). *Acordos Administrativos no Brasil. Teoria e Prática.* São Paulo: Almedina, 2020, p. 405-441.

IMF/OECD. Tax certainty: report for the G20 finance ministers. 2017, p. 32. Disponível em: <http://www.oecd.org>.

_____. The Great Lockdown. Disponível em: <https://www.imf.org/en/Publications/WEO/Issues/2020/04/14/weo-april-2020>.

LOPES, Ana Teresa Lima Rosa; CAMPEDELLI, Laura Romano. Dados do Contencioso Tributário no Brasil e o Novo Código de Processo Civil: a importância da pesquisa empírica para o aprimoramento da atividade jurisdicional. In: BOSSA, *Gisele Barra et alli. Medidas de Redução do Contencioso Tributário e o CPC/2015*. São Paulo: Almedina, 2017.

MANCUSO, Rodolfo de Camargo. O plano piloto de conciliação em segundo grau de jurisdição, do Egrégio Tribunal de Justiça do Estado de São Paulo, e sua possível aplicação aos feitos da Fazenda Pública. *Revista dos Tribunais, ano 93, n. 820,* p. 11-49, fev. 2004.

PISCITELLI, Tathiane et al. Arbitragem Tributária. *Desafios Institucionais Brasileiros e a Experiência Portuguesa.* São Paulo: Thompson Reuters Brasil, 2018.

THE WORLD BANK. Doing business: measuring business regulations. 2019. Disponível em: <http://www.doingbusiness.org/rankings>

TORRES, Heleno Taveira. *Direito Constitucional Tributário e Segurança Jurídica. Metódica da Segurança Jurídica do Sistema Constitucional Tributário. 2ª ed. rev., atual. e ampliada.* São Paulo: Editora Revista dos Tribunais, 2012.

_____. Transação, Arbitragem e Conciliação Judicial como Medidas Alternativas para Resolução de Conflitos entre Administração e Contribuinte – Simplificação e Eficiência Administrativa. In: *Revista Fórum de Direito Tributário, ano 1, n.2* mar/abr 2003. São Paulo: Dialética, 2003.

# 24. Prescrição Intercorrente e o Prazo para Redirecionamento da Execução Fiscal para Pessoas Físicas, Jurídicas e Grupos Econômicos

Maria Rita Ferragut

## Introdução

O redirecionamento da execução fiscal é tema que ainda enseja muitas dúvidas: o que é redirecionamento? Quando é possível redirecionar? Em qual prazo? Há diferença para as pessoas físicas e jurídicas? Existe alguma particularidade, ao tratarmos de grupos econômicos? Sócio que voluntariamente paga dívida da empresa torna-se corresponsável por outros débitos, autorizando o redirecionamento?

Nesse universo de questões, a contribuição da Ministra Regina Helena Costa é muito significativa, o que torna, também por isso, grande a nossa alegria em poder homenageá-la. Professora rigorosa e fonte de inspiração para seus alunos. Magistrada corajosa, técnica, sensível e que muito nos orgulha.

Nesse artigo trataremos do Recurso Especial n. 1.201.993, escolhido como representativo de controvérsia (Tema 444), assim como das demais hipóteses aplicáveis às pessoas físicas e aos grupos econômicos não tratadas na decisão.

Referido recurso especial tratou do redirecionamento no caso de dissolução irregular da sociedade, responsabilizando sócios pessoas físicas. Grande foi a contribuição da Ministra Regina Helena Costa na discussão do tema e na construção da decisão, que por sua vez representa grande avanço na definição das regras aplicáveis à prescrição intercorrente no redirecionamento da execução fiscal. Embora a controvérsia tenha se restringido à definição do termo inicial da prescrição para o redirecionamento na hipótese de dissolução irregular após a citação da pessoa jurídica, diversas premissas constantes do acórdão são plenamente aplicáveis às demais hipóteses.

Nesse recurso especial, a Fazenda do Estado de São Paulo pretendeu redirecionar a execução fiscal para o sócio administrador da empresa, diante da constatação de que, ao longo da tramitação do feito (após a citação da pessoa jurídica, concessão de parcelamento do crédito tributário, penhora de bens e leilões negativos), sobreveio a dissolução irregular. Sustentou a Fazenda que, nessa hipótese, o prazo prescricional de cinco anos não poderia ser contado da data da citação da pessoa jurídica.

Para fins dos arts. 1.036 e seguintes do CPC, ficou assim resolvida a controvérsia repetitiva:

(i) o prazo de redirecionamento da Execução Fiscal, fixado em cinco anos, contado da diligência de citação da pessoa jurídica, é aplicável quando o referido ato ilícito, previsto no art. 135, III, do CTN, for precedente a esse ato processual;

(ii) a citação positiva do sujeito passivo devedor original da obrigação tributária, por si só, não provoca o início do prazo prescricional quando o ato de dissolução irregular for a ela subsequente, uma vez que, em tal circunstância, inexistirá, na aludida data (da citação), pretensão contra os sócios-gerentes (conforme decidido no REsp 1.101.728/SP, no rito do art. 543-C do CPC/1973, o mero inadimplemento da exação não configura ilícito atribuível aos sujeitos de direito descritos no art. 135 do CTN). O termo inicial do prazo prescricional para a cobrança do crédito dos sócios-gerentes infratores, nesse contexto, é a data da prática de ato inequívoco indicador do intuito de inviabilizar a satisfação do crédito tributário já em curso de cobrança executiva promovida contra a empresa contribuinte, a ser demonstrado pelo Fisco, nos termos do art. 593 do CPC/1973 (art. 792 do novo CPC – fraude à execução), combinado com o art. 185 do CTN (presunção de fraude contra a Fazenda Pública); e,

(iii) em qualquer hipótese, a decretação da prescrição para o redirecionamento impõe seja demonstrada a inércia da Fazenda Pública, no lustro que se seguiu à citação da empresa originalmente devedora (REsp 1.222.444/RS) ou ao ato inequívoco mencionado no item anterior (respectivamente, nos casos de dissolução irregular precedente ou superveniente à citação da empresa), cabendo às instâncias ordinárias o exame dos fatos e provas atinentes à demonstração da prática de atos concretos na direção da cobrança do crédito tributário no decurso do prazo prescricional.

Isto posto, passemos agora a tratar do redirecionamento e da prescrição intercorrente para pessoas físicas e jurídicas nas hipóteses não abarcadas pelo Recurso Especial n. 1.201.993, e que permanecem sem definição do Egrégio Superior Tribunal de Justiça.

## 2. Redirecionamento da execução fiscal

Segundo a Ministra Regina Helena Costa[1], "o redirecionamento da execução fiscal, na prática processual, consiste no expediente mediante o qual o Fisco pleiteia, em ação executiva originalmente proposta contra a empresa contribuinte, o seu prosseguimento em relação aos sócios gestores, com fundamento no art. 135, III do CTN. Noutras palavras, significa a possibilidade de alcançar-se, no curso da execução fiscal endereçada à pessoa jurídica contribuinte, o patrimônio de pessoas físicas que, inicialmente, não figuravam como rés, em razão destas terem praticado ato com excesso de poderes ou infração à lei ou aos atos constitutivos daquela."

Portanto, entende-se por redirecionamento da execução fiscal a inclusão do administrador da pessoa jurídica no polo passivo da ação, passando ele a responder solidariamente pelos débitos tributários imputados pela Fazenda ao devedor contribuinte. Faz-se possível nos casos em que ficar demonstrada a prática de ato eivado de excesso de poderes ou infração à lei, contrato social ou estatuto, ou de dissolução irregular da pessoa jurídica, conforme já assentado pelo STJ, em sede de recurso repetitivo (RESP 1.371.128/RS)

[1] Resp 1.201.993.

Ademais, pode ocorrer na inclusão de pessoas jurídicas na hipótese de sucessão tributária ou na formação de grupo econômico, hipótese última que, rigorosamente, trata somente de desconsideração da personalidade jurídica, tendo em vista a responsabilidade exclusivamente patrimonial do grupo, que não se confunde com sujeição passiva.

Por fim, consideramos ilegal que, diante da inexistência de bens suficientes para a quitação do débito, seja deferido o redirecionamento em face do administrador, execução essa originalmente promovida contra a pessoa jurídica.[2] Normalmente esse procedimento não é realizado com base em qualquer ato investigatório prévio de apuração da causa de insuficiência de bens.

O redirecionamento, nos termos ora colocados, é ilegal porque a Fazenda deveria, primeiro, investigar o motivo pelo qual não existem bens suficientes para, somente se detectado o desfazimento fraudulento, decorrente de decisão imputável ao administrador, redirecionar a execução. Faz-se mister, portanto, provar que, por decisão do administrador, os bens foram transferidos da sociedade, com o intuito de se evitar que a dívida fosse com eles quitada.

Esclareça-se apenas que, neste caso, não estamos tratando de dissolução irregular dolosa da sociedade, e sim de insuficiência de bens de sociedade devidamente localizada, razão pela qual a única consequência jurídica prevista e autorizada em nosso ordenamento é a da suspensão da execução fiscal, conforme disposto no art. 40 da Lei de Execuções Fiscais.

## 3. Prescrição intercorrente no redirecionamento da execução fiscal para pessoas físicas

O art. 174, parágrafo único, inciso I, do CTN, com a redação dada pela Lei Complementar 118/2005, trata da interrupção da prescrição ordinária (aplicável aos sujeitos passivos indicados na CDA), que se dá com o despacho do juiz que ordenar a citação. Referido despacho, por sua

[2] Parte da jurisprudência também tem o mesmo entendimento: "Ajuizada execução fiscal contra sociedade por cotas de responsabilidade limitada, e não localizados bens desta suficientes para o adimplemento da obrigação, pode o processo ser redirecionado contra o sócio-gerente, hipótese em que este deve ser preliminarmente citado em nome próprio para se defender da responsabilidade imputada, cuja causa o credor deve traduzir em petição clara e precisa." (STJ, 2ª Turma, REsp 7.397-MT, Rel. Min. Ari Pargendler, j. 04.09.1995, v.u).

vez, retroagirá à data da distribuição da ação, nos termos já firmados pela jurisprudência do STJ (REsp nº 1.120.295/SP, submetido ao rito do art. 543-C do CPC/73), exclusivamente para os fins de interrupção da prescrição ordinária.

Além disso, como para o STJ a responsabilidade do administrador é solidária, a ela aplica-se o disposto no art. 125, III, do CTN, por força do qual a interrupção da prescrição a favor ou contra um dos obrigados favorece ou prejudica os demais.

Portanto, a prescrição quinquenal, quando interrompida em desfavor da pessoa jurídica, também será interrompida em relação aos administradores com poderes de gerência, responsáveis pelo débito fiscal em razão dos atos ilícitos alegadamente praticados, e cujos nomes constam da CDA.

Ocorre que como ainda é incomum que o nome do administrador conste das CDAs,[3] sobretudo na hipótese de créditos estaduais e municipais, a inclusão do responsável no polo passivo da execução acaba se efetivando mediante pedido formulado pelo credor, e deferido pelo juiz. Trata-se de típica hipótese de redirecionamento da execução fiscal.

E é neste contexto que a prescrição intercorrente se insere: até quando o redirecionamento é possível, tendo em vista que, salvo as exceções constitucionais não aplicáveis ao caso (art. 5º, incisos XLII e XLIV e art. 37, § 5º), nenhuma pessoa pode permanecer indefinidamente sujeita a uma obrigação?

São duas as possibilidades. A primeira diz respeito àquelas situações conhecidas antes da distribuição da execução fiscal (como é o caso de uma pessoa física que tenha integrado o lançamento por alegadamente violar o art. 135 do CTN, e cujo nome não conste da CDA). Nessa situação, a Fazenda possui cinco anos, a contar do despacho que determina a citação da pessoa jurídica, para requerer o redirecionamento.

Este é o marco inicial da prescrição intercorrente, posto que o ilícito foi praticado antes da causa interruptiva (despacho que ordenou a

[3] REsp 1096444/SP, Rel. Ministro Teori Zavascki, DJe 30.03.2009:
"[...] 2. Sob o aspecto processual, mesmo não constando o nome do responsável tributário na certidão de dívida ativa, é possível, mesmo assim, sua indicação como legitimado passivo na execução (CPC, art. 568, V), cabendo à Fazenda exequente, ao promover a ação ou ao requerer o seu redirecionamento, indicar a causa do pedido, que há de ser uma das hipóteses da responsabilidade subsidiária previstas no direito material."

citação), sujeitando-se a hipótese ao critério fixado no citado art. 125, III, do CTN, já que a pessoa física, embora não conste da CDA, é coobrigada por ter integrado o lançamento na qualidade de sujeito passivo.

Entendemos que não pode haver outro prazo, pois o fato autorizador da responsabilidade foi um só: prática de infrações tipificadas segundo o art. 135 do CTN, e devidamente descritas e provadas no lançamento tributário. Ou seja, encontram-se presentes tanto a demonstração do ilícito quanto a possibilidade de se requerer o redirecionamento.

Com base no ora exposto, concluiu a Ministra Regina Helena Costa no supra referido recurso especial: "o ato ilícito praticado pelo(s) sócio(s) administrador(es), com excesso de poder ou ofensa à lei ou aos atos constitutivos da pessoa jurídica contribuinte, revela-se anterior à citação da Executada e, sendo eles responsáveis tributários solidários com a empresa devedora, como exposto, o prazo prescricional para o Fisco perseguir a cobrança de seu crédito é único em relação a todos os devedores."

Há de se observar, entretanto, que pode ocorrer de o ilícito se dar em momento (i) anterior à distribuição da execução fiscal, mas posterior ao lançamento, hipótese não tratada no Resp 1.201.993, ou (ii) posterior à distribuição da execução fiscal. Para essas situações, duas correntes tratam dos limites temporais.

**Primeira corrente** – A citação do sócio deverá ser realizada em até cinco anos a contar do despacho que determinar a citação da empresa executada, sendo inaplicável o disposto no art. 40 da Lei 6.830/1980, que, além de se referir ao devedor e não ao responsável tributário (REsp 205.887), deve harmonizar-se com o disposto no art. 174 do CTN, de modo a não tornar imprescritível a pretensão de cobrança da dívida fiscal. Esse é o entendimento construído no REsp 1.090.958/SP, REsp 751.508/RS, REsp 769.152/RS, dentre outros.

Não concordamos com essa linha, pois contrariamente à primeira possibilidade acima tratada (conhecimento do ilícito previamente à distribuição da execução fiscal/lançamento em face também da pessoa física), o despacho do juiz é fato desvinculado da inércia do credor, e, para que haja prescrição, faz-se imperiosa a presença de dois elementos, quais sejam, transcurso de prazo e inércia.

Assim, se somente podemos falar em prescrição se houver inércia do titular do direito, como poderemos iniciar a contagem de um prazo prescricional se a situação jurídica que enseja o redirecionamento do feito executivo sequer pode ter ocorrido e, portanto, ainda não assistia ao credor o direito de redirecionar? Onde está a inércia?

Esse é um critério objetivo suscetível de violar o direito da Fazenda Pública, razão pela qual deve ser afastado.

**Segunda corrente** – Trata-se da Teoria da *Actio Nata*. De acordo com ela, a prescrição inicia-se quando o titular do direito violado toma conhecimento do fato relevante e da extensão de suas consequências. Como a norma foi concebida para sancionar a inércia do titular da pretensão, que não a exerceu no tempo devido, seu início deve-se dar quando o titular adquire o direito de reivindicar.

Foi nesse sentido a decisão proferida no já referido recurso especial (REsp nº 1.201.993). Confira-se, mais uma vez, o posicionamento da Ministra Regina Helena Costa:

> "Desse modo, considerando constituírem a empresa contribuinte e os sócios administradores infratores devedores solidários, a teor do art. 135, III do CTN, bem como que atos praticados em fraude à execução não produzem efeitos em relação à Exequente, é a data da prática de tais atos que há de ser considerada como termo inicial para a deflagração do prazo prescricional para a cobrança do crédito tributário do(s) sócio(s) administrador(es), na hipótese de o ato infracional ocorrer após a citação positiva desta (segunda tese). Como decorrência desse raciocínio, a prescrição para a cobrança do crédito tributário do sócio administrador infrator, nos termos do art. 135, III do CTN, começa a fluir, pelo prazo de cinco anos, contados da data do ato de alienação ou oneração de bem ou renda do patrimônio da pessoa jurídica contribuinte ou do patrimônio pessoal do(s) sócio(s) administrador(es) infrator(es), ou seu começo, a ser demonstrada pelo Fisco, nos termos do art. 593 do CPC (fraude à execução), combinado com o art. 185 do CTN (presunção de fraude contra a Fazenda Pública)."

Portanto, a Primeira Seção do STJ definiu o marco inicial do prazo de cinco anos para redirecionamento da execução fiscal de acordo com a Teoria da *Actio Nata*.

- **Critérios objetivos para a definição do termo *a quo* na Teoria da *Actio Nata***

Como vimos, o cômputo inicial da prescrição intercorrente tem que coincidir com o momento em que o fato autorizador da responsabilidade torna-se passível de conhecimento, tendo em vista que somente a partir deste instante surge o direito de o Fisco exigir do responsável o crédito tributário, e a inércia pode ser atribuída ao credor.

Esse entendimento não implica defender que, em última análise, o início da contagem do prazo prescricional estaria a critério do Fisco, quando este decidisse carrear aos autos provas da responsabilidade do terceiro. De forma alguma.

É certo que cabe ao Fisco produzir a prova e levá-la ao conhecimento do juiz, mas este seu direito não é ilimitado no tempo. O início da contagem do prazo prescricional, para fins de redirecionamento, não é determinado de acordo com a vontade do sujeito ativo. À Fazenda não assiste o direito de "tomar conhecimento dos fatos relevantes" quando melhor lhe aprouver, resultando no controle do termo a quo da prescrição intercorrente.

É a disponibilização da informação relevante a circunstância que interessa para fins de identificação do marco zero da prescrição intercorrente, e não o momento em que o credor leva aos autos tal informação. Defender o contrário do ora exposto seria advogar a imprescritibilidade do redirecionamento em diversas situações.

Nesse contexto, a principal dificuldade que se coloca é a identificação de quando a informação da ocorrência do fato autorizador do redirecionamento estaria disponível. A força dos exemplos é inconteste, e na tabela abaixo elencamos alguns:

| FATO RELEVANTE | MOMENTO DA DISPONIBILIDADE DA INFORMAÇÃO (PUBLICIDADE DOS ATOS) |
|---|---|
| Dissolução irregular | - Certidão do oficial de justiça atestando a não localização do devedor.<br>- Devolução de AR pelo Correio, somada a outras diligências que demonstrem a não localização da empresa devedora.<br>- Termo de Constatação Fiscal, em que o auditor atesta que a sociedade executada encontra-se desaparecida.<br>- Mandado judicial de constatação de atividade empresarial.<br>- Reconhecimento da dissolução irregular em outro processo da mesma jurisdição. |
| Inaptidão do CNPJ | - Publicação de despacho que declara a inaptidão. |
| Art. 135 do CTN | - Termo de Verificação Fiscal que descreva as condutas ilícitas.<br>- Ofício da Justiça do Trabalho, Cível ou Criminal.<br>- Prova emprestada de processo judicial ou administrativo, de natureza tributária ou não, relacionada especificamente ao fato que repercute no segundo processo.<br>- Ofício do Banco Central, CVM, COAF.<br>- Troca de informações fiscais entre outras Administrações Tributárias, nacionais ou estrangeiras. |

## 4. Prescrição intercorrente no redirecionamento da execução fiscal para grupos econômicos

Ao tratarmos da prescrição intercorrente para os grupos econômicos, duas questões se colocam. A primeira é se o redirecionamento da execução fiscal para empresas que compõem o mesmo grupo econômico submete-se ou não ao prazo prescricional, uma vez que, segundo entendimento manifestado em algumas decisões judiciais, elas comporiam um "único negócio", e assim não haveria de se falar em prazo para inclusão de "terceiro". E a segunda diz respeito ao termo inicial da contagem, caso a prescrição intercorrente seja cabível.

No que diz respeito à primeira questão, analisemos a seguinte decisão da lavra do Tribunal Regional Federal da Primeira Região, na mesma linha do Tribunal da Segunda Região:

> PROCESSUAL CIVIL E TRIBUTÁRIO. AGRAVO DE INSTRUMENTO. EXECUÇÃO FISCAL. REDIRECIONAMENTO. PRESCRIÇÃO. TERMO INICIAL. CITAÇÃO DA PESSOA JURÍDICA. INAPLICÁVEL PARA A EMPRESA CONTRA QUEM SE RECONHECE A SUCESSÃO EMPRESARIAL. RESPONSABILIDADE TRIBUTÁRIA. SUCESSÃO EMPRESARIAL. ART. 133 DO CTN. GRUPO ECONÔMICO. SOLIDARIEDADE. INEXISTÊNCIA.

> [...] 2. A citação da empresa em decorrência do reconhecimento da formação de grupo econômico não configura redirecionamento da execução fiscal, mas alcance da execução a uma extensão da mesma pessoa executada, razão pela qual não se opera a prescrição pelo transcurso de mais de cinco anos entre as citações das empresas. (AG 0018272-52.2015.4.01.0000)

A partir da leitura da íntegra da decisão, constatamos que embora o acórdão faça referência a "grupo econômico", de grupo não se trata. E esse equívoco nos leva a construir conclusão que não decorre das premissas e dos fundamentos da decisão.

O que na verdade se tem é sociedade cujo sócio era uma interposta pessoa, que após contrair dívida fiscal de enorme monta junto ao Fisco, foi irregularmente dissolvida, sendo sucedida informalmente por outra sociedade, que recontratou a maioria dos empregados demitidos pela primeira, continuando a atividade empresarial no mesmo endereço comercial e permitindo a continuidade da atividade empresarial.

Assim, apesar do acerto do mérito, a ementa conduz a uma outra situação, de que a prescrição intercorrente é inaplicável aos grupos econômicos. E definitivamente não é isso.

Ao analisar o caso concreto, faz-se necessário distinguir se estamos diante de um grupo econômico de fato ou de simulação de separação das personalidades jurídicas (grupo econômico "irregular").

Se de grupo econômico se tratar, o redirecionamento da execução fiscal deverá submeter-se aos limites da prescrição intercorrente, pois todas as sociedades envolvidas existem e são autônomas, independentemente de se submeterem a uma administração unitária.

Não é o caso de um negócio único, de simulação. As sociedades não são fictícias e possuem autonomia patrimonial, laboral etc. E por serem empresas unidas por um vínculo de direção que não lhes retira a existência autônoma, a prescrição intercorrente tem cabimento: um terceiro passará a integrar a lide tributária.

Igual raciocínio aplica-se ao caso de sucessão empresarial que, apesar de distinto dos grupos econômicos, é muitas vezes a eles equiparado pela jurisprudência. Seja na sucessão decorrente de atos societários lícitos (incorporação e aquisição de estabelecimento, por exemplo), seja na decorrente de atos ilícitos (esvaziamento patrimonial e transferência de fato do negócio para uma outra pessoa jurídica), estaremos diante de duas sociedades que existem ou existiram efetivamente, e, portanto, sujeitam-se às regras aplicáveis ao redirecionamento da execução fiscal, dentre elas o prazo prescricional para o exercício de tal direito.

Para as situações aqui tratadas, não procede o entendimento segundo o qual não se configura redirecionamento da execução fiscal a citação de empresas que compõem um mesmo grupo econômico, mas tão somente "alcance da execução a uma extensão da mesma pessoa executada", a fim de se concluir que por essa razão não se operaria a prescrição intercorrente. Grupos econômicos não equivalem a uma única pessoa jurídica. São sociedades necessariamente distintas, unidas por vínculos societários ou somente direção comum.

A outra possibilidade acima referida diz respeito às sociedades apenas formalmente distintas, e que na verdade constituem-se em uma mesma pessoa jurídica, em um único negócio.

O ilícito que autorizaria a corresponsabilidade consiste na simulação de autonomia jurídica, e não no interesse comum ou na atuação conjunta das empresas para fraudar o pagamento dos tributos. Neste caso, *e somente neste caso*, é que seria sustentável reconhecer o não cabimento da prescrição intercorrente no redirecionamento da execução fiscal, tendo em vista a simulação da separação societária que, se reconhecida, implicaria a conclusão de que se trata de uma única pessoa jurídica.

Outra tendência jurisprudencial que merece nossa atenção encontra-se corporificada na decisão a seguir. Nela, o Tribunal Regional Federal da Primeira Região decidiu que a prescrição intercorrente deve ser afastada porque, em havendo abuso de personalidade jurídica, estaríamos diante de uma única sociedade, não se aplicando o entendimento jurisprudencial firmado no AgRg nos EREsp 761.488-SC, no sentido de que "há prescrição intercorrente se decorridos mais de cinco anos entre a citação da empresa e a citação pessoal dos sócios, de modo a não tornar imprescritível a dívida fiscal". Confira-se:

> Não se tratando de redirecionamento de execução fiscal contra sócio-gerente (CTN, art. 135/III), senão de reconhecimento de formação de grupo econômico de fato para fins de responsabilidade tributária por abuso da personalidade jurídica, não se aplica o entendimento jurisprudencial firmado no AgRg nos EREsp 761.488-SC, r. Ministro Hamilton Carvalhido, 1ª Seção/STJ para pronúncia da prescrição intercorrente. (AG 0049272-07.2014.4.01.0000/PA)

Ora, o abuso de personalidade jurídica pode ocorrer entre empresas que detêm ou não autonomia jurídica e operacional, e, a depender do caso, a prescrição intercorrente será ou não cabível. No mesmo sentido a confusão patrimonial que, a depender da gravidade e da frequência, afasta apenas provisoriamente a autonomia das sociedades envolvidas, tanto é que desconsideram a personalidade jurídica, mas não pressupõem que as empresas sejam fictícias. Não o sendo, precisam ser citadas dentro de um período de prazo válido. Por isso, data vênia, equivoca-se a decisão.

Assim podemos concluir que:

1) É incorreto equiparar membros de um grupo econômico a "uma única pessoa jurídica", à "própria executada", como entendem alguns magistrados. Não podemos perder de vista que se estivermos diante de um grupo econômico, necessariamente haverá de existir ao menos duas sociedades distintas. Por outro lado, se a confusão patrimonial for em tal grau que implicar ausência de autonomia jurídica, financeira e patrimonial dos envolvidos, de grupo de não se trata, e sim de simulação de separação societária.
2) Se estivermos diante de um grupo econômico (de direito ou de fato por relação societária ou presunção), o redirecionamento válido submete-se à prescrição intercorrente. Trata-se de pessoas jurídicas distintas que não se equivalem.
3) Na sucessão empresarial, também é cabível a prescrição intercorrente pois as sociedades envolvidas são distintas, ainda que o esvaziamento patrimonial tenha sido de tal monta que lesou terceiros e implicou a transferência do negócio.
4) Se estivermos diante de simulação de autonomia jurídica (sociedades apenas formalmente distintas, mas que se constituem em uma única pessoa), não se opera a prescrição intercorrente.

Por fim, se a prescrição intercorrente for cabível, o cômputo inicial do prazo deve ser o momento em que o fato autorizador da responsabilidade torna-se passível de conhecimento, tendo em vista que somente a partir deste instante surge o direito de o Fisco exigir do responsável o crédito tributário, e a inércia pode ser atribuída ao credor. Trata-se da aplicação da Teoria da *Actio Nata*, analisada acima.

# 25. DPVAT sua Natureza Jurídica e outras Questões Controvertidas

Jersilene de Souza Moura

## Introdução

O presente artigo pretende abordar a natureza jurídica do Seguro Obrigatório de Danos Pessoais causados por veículos automotores de via terrestre a pessoas transportadas ou não (DPVAT), a recente Medida Provisória nº 904, de 11 de novembro de 2019, e suas implicações jurídicas práticas.

Os valores arrecadados pelo DPAVT possuem natureza de recursos públicos ou privados? A depender do entendimento jurídico alcançado, sua utilização e destinação terão implicações diversas, altamente relevantes sob o ponto de vista da política pública e gestão do dinheiro arrecadado.

Para este estudo, usaremos uma metodologia de pesquisa documental, abordando a origem do Seguro DPVAT e seus aspectos históricos, passando para a análise de sua natureza jurídica, decisões judiciais de maior relevo acerca do tema, finalizando com suas recentes tramitações legislativas.

Ao final, apresentaremos as conclusões do nosso estudo, apontando possíveis soluções jurídicas para os valores excedentes arrecadados.

## 2. Histórico (breve arcabouço legal)

O Seguro Obrigatório de Danos Pessoais causados por veículos automotores de via terrestre (DPVAT) teve origem no Decreto-lei nº 73, de 21 de novembro de 1966, com a seguinte redação:

> Art 20. Sem prejuízo do disposto em leis especiais, são obrigatórios os seguros de:
> (...) b) responsabilidade civil dos proprietários de veículos automotores de vias terrestre, fluvial, lacustre e marítima, de aeronaves e dos transportadores em geral;

Interessante trazer aqui também a regra do art. 21, do referido Decreto-lei:

> Art 21. Nos casos de seguros legalmente obrigatórios, o estipulante equipara-se ao segurado para os eleitos de contratação e manutenção do seguro.
> § 1º Para os efeitos dêste decreto-lei, estipulante é a pessoa que contrata seguro por conta de terceiros, podendo acumular a condição de beneficiário.
> § 2º Nos seguros facultativos o estipulante é mandatário dos segurados.

A regulamentação dos seguros obrigatórios se deu pelo **Decreto nº 61.867, de 11 de Dezembro de 1967**, ficando o seu Capítulo II, com a disciplina dos seguros obrigatórios de responsabilidade civil dos proprietários de veículos automotores de via terrestre, prevendo:

> Art. 5º As pessoas físicas ou jurídicas, de direito público ou privado, proprietárias de quaisquer veículos relacionados nos **artigos 52** e 63, da Lei número 5.108, de 21 de setembro de 1966, referente ao Código Nacional de Trânsito, ficam obrigadas a segurá-los, quanto à responsabilidade civil decorrente de sua existência ou utilização. (Vide Decreto-Lei nº 814, de 1969)
>
> Art. 6º O seguro obrigatório de responsabilidade civil a que se refere o artigo anterior garantirá os danos causados pelo veículo e pela carga transportadora a pessoas transportadas ou não, e a bens não transportados.
>
> Art. 7º O seguro de que trata êste Capítulo garantirá, no mínimo:

> I – Por pessoa vitimada, indenização de seis mil cruzeiros novos, no caso de morte; de até seis mil cruzeiros novos, no caso de invalidez permanente, e de até seiscentos cruzeiros novos, no caso de incapacidade temporária.
>
> II – Por danos materiais, indenização de até cinco mil cruzeiros novos, acima de cem cruzeiros novos, parcela essa que sempre correrá por conta do proprietário do veículo.

Em suas disposições gerais e transitórias, por sua vez, há menção as seguintes regras:

> Art. 28. Nenhum veículo a que se refere o artigo 5º deste Decreto poderá ser licenciado, a partir de 1º de janeiro de 1968, sem que fique comprovada a efetivação do seguro ali previsto.
>
> Art. 29. As autoridades políticas prestarão à SUSEP, ao IRB e às sociedades seguradoras, tôda colaboração necessária ao levantamento da estatística, registro e apuração de responsabilidade dos acidentes que envolvam qualquer veículo a que se refere êste Decreto.

Vale mencionar, neste histórico de sua disciplina, o Decreto-lei nº 814, de 4 de setembro de 1969, que dispôs especificamente sobre o Seguro Obrigatório de Responsabilidade Civil dos Proprietários de Veículos Automotores de Vias Terrestres.

O referido Decreto foi revogado, posteriormente, pela Lei nº 6.194, de 19 de dezembro de 1974.

A Lei nº 6.194, de 19 de dezembro de 1974, que passou a regular o Seguro Obrigatório de Danos Pessoais causados por veículos automotores de via terrestre, ou por sua carga, a pessoas transportadas ou não, é a norma específica e vigente sobre o referido seguro.

Posteriormente, a Lei nº 8.441, de 13 de julho de 1992, veio a alterar alguns de seu dispositivos, o mesmo fazendo a Lei nº 11.482, de 31 de maio de 2007 e a Lei nº 11.945, de 4 de junho de 2009. Relevante mencionar o tópico 28 da exposição de motivos, desta última lei:

> 26. Nesse contexto, propõe-se principalmente mitigar o risco de pagamento das indenizações indevidas, de forma a acelerar a recomposição do equilíbrio econômico-financeiro do seguro. Vale ressaltar que **o DPVAT, dado seu cunho social, é ramo de seguro amplamente**

**regulamentado pelo Conselho Nacional de Seguros (CNSP), inclusive no que se refere à margem de lucro das seguradoras que o operam** (fixada em 2% do valor dos prêmios).

Vale mencionar, por fim, sob o aspecto da legislação, o que dispõe o § 3º, do art. 12, da Lei nº 6.194, de 19 de dezembro de 1974, incluído pela Lei nº 11.945, de 4 de junho de 2009:

> § 3º O CNSP estabelecerá anualmente o valor correspondente ao custo da emissão e da cobrança da apólice ou do bilhete do Seguro Obrigatório de Danos Pessoais causados por veículos automotores de vias terrestres.

A Resolução nº 371, de 13 de dezembro de 2018, da Superintendência de Seguros Privados – SUSEP, alterou o artigo 49 e seu § 1º, da Resolução CNSP nº 332, de 2015, que trata dos percentuais dos prêmios, passando a vigorar com a seguinte redação:

> Art. 49. Os percentuais de repasse dos prêmios tarifários arrecadados, na forma da legislação vigente, ficam estabelecidos conforme tabela a seguir:

| Componentes | Percentuais (%) |
|---|---|
| SUS | 45,00 |
| DENATRAN | 5,00 |
| Despesas Administrativas | 11,87 |
| Margem de Resultado | 2,00 |
| Corretagem média: categorias 3 e 4 (0,01%) e demais categorias (0,01% Fundo de Desenvolvimento Educacional do Seguro, art. 19 da Lei nº 4.594/1964 | 0,01 |
| Prêmio puro + IBNR | 36,12 |

> §1º. O valor a ser acumulado mensalmente a título de Provisão de Sinistros Ocorridos e Não Avisados – IBNR, para as categorias de que trata o caput, será equivalente à diferença entre a parcela de 36,12% sobre os prêmios tarifários arrecadados e o somatório dos sinistros efetivamente pagos.
>
> §2º (...)

Verifica-se, assim, que os valores pagos possuem percentuais com destinação específica, inclusive destinação pública para o SUS e DENATRAN.

De todos os dispositivos retromencionados, observa-se que o seguro DPVAT tem cunho social, limita o lucro das seguradoras que o operam, tem caráter obrigatório na sua contratação, e possui o valor correspondente ao custo de emissão e cobrança definido pelo Conselho Nacional de Seguros Privados.

Cabe indagar se estas características desnaturam sua característica de seguro de direito privado.

## 1. Da Natureza jurídica do DPVAT

Pela teoria geral dos contratos de direito civil, o seguro obrigatório DPVAT, indubitavelmente, se afasta, eis que suas características e obrigatoriedade lhe tira o princípio essencial da contratação privada que é autonomia de vontades.

> Princípio da autonomia da vontade. A liberdade contratual funda-se na autonomia da vontade, consistindo no poder de estipular livremente, como melhor lhes convier, mediante acordo de vontades, a disciplina de seus interesses, suscitando efeitos tutelados pela ordem jurídica. (Diniz, 2014, p. 216)

De outra banda, a compulsoriedade e destinação específica parece lhe dar o contorno de obrigação legal, com um valor fixo definido pelo Conselho Nacional de Seguros Privados, que é um órgão integrado por agentes públicos, nos termos do art. 33, do Decreto-lei nº 73, de 21 de novembro de 1966:

> Art 33. O CNSP será integrado pelos seguintes membros: (Artigo alterado pela Lei 10.190/01). I – Ministro de Estado da Fazenda, ou seu representante; II – representante do Ministério da Justiça; III – representante do Ministério da Previdência e Assistência Social; IV – Superintendente da Superintendência de Seguros Privados - SUSEP; V – representante do Banco Central do Brasil; VI – representante da Comissão de Valores Mobiliários – CVM. § 1º O CNSP será presidido pelo Ministro de Estado da Fazenda e, na sua ausência, pelo Superintendente da SUSEP.

Portanto, sendo uma imposição legal com valor e destinação específica, inclusive com rateio destinado ao SUS e DENATRAN, sua natureza evidentemente transborda a de um seguro comum, que se caracteriza por sua bilateralidade, onerosidade, aleatoriedade, consensualidade, razão pela qual sua natureza jurídica é assunto bastante controvertido.

Conforme já ressaltamos, os donos de veículos pagam o prêmio do seguro em um valor pré-definido e sem nenhuma liberalidade, descaracterizando-o do contrato de seguro comum.

Acrescente-se que o Superior Tribunal de Justiça, em sede do Recurso Especial nº 1.635.398 – PR, afastou a aplicação do Código de Defesa do Consumidor por se tratar de obrigação imposta por lei, em Acórdão assim ementado:

> RECURSO ESPECIAL. AÇÃO DE COBRANÇA DE SEGURO OBRIGATÓRIO (DPVAT). OBRIGAÇÃO IMPOSTA POR LEI. AUSÊNCIA DE QUALQUER MARGEM DE DISCRICIONARIEDADE NO TOCANTE AO OFERECIMENTO E ÀS REGRAS DA INDENIZAÇÃO SECURITÁRIA PELAS RESPECTIVAS SEGURADORAS, NÃO HAVENDO SEQUER A OPÇÃO DE CONTRATAÇÃO, TAMPOUCO DE ESCOLHA DO FORNECEDOR E/OU DO PRODUTO PELO SEGURADO. INEXISTÊNCIA DE RELAÇÃO DE CONSUMO. IMPOSSIBILIDADE DE INVERSÃO DO ÔNUS DA PROVA COM BASE NO CÓDIGO DE DEFESA DO CONSUMIDOR. RECURSO DESPROVIDO.
>
> 1. Diversamente do que se dá no âmbito da contratação de seguro facultativo, as normas protetivas do Código de Defesa do Consumidor não se aplicam ao seguro obrigatório (DPVAT).
>
> 1.1. **Com efeito, em se tratando de obrigação imposta por lei, na qual não há acordo de vontade entre as partes, tampouco qualquer ingerência das seguradoras componentes do consórcio do seguro DPVAT nas regras atinentes à indenização securitária** (extensão do seguro; hipóteses de cobertura; valores correspondentes; dentre outras), **além de inexistir sequer a opção de contratação ou escolha do produto ou fornecedor pelo segurado,** revela-se ausente relação consumerista na espécie, ainda que se valha das figuras equiparadas de consumidor dispostas na Lei n. 8.078/90. 2. (*Grifamos*)
>
> Recurso especial desprovido.

Nesta ocasião, ressaltou o Eminente Relator Ministro Marco Aurélio Bellizze:

> Em se tratando de obrigação imposta por lei, não há, por conseguinte, qualquer acordo de vontade e, principalmente, voluntariedade entre o proprietário do veículo (a quem compete providenciar o pagamento do "prêmio") e as seguradoras componentes do consórcio do seguro DPVAT (que devem efetivar o pagamento da indenização mínima pelos danos pessoais causados à vítima do acidente automobilístico), o que, por si, evidencia que não se trata de contrato.
>
> Note-se que a estipulação da indenização securitária em favor da vítima do acidente, assim como as específicas hipóteses de cabimento (morte, invalidez permanente, total e parcial, e por despesas de assistência médica e suplementares – art. 3º da Lei n. 6.194/74) decorrem exclusivamente de imposição legal, e, como tal, não comportam qualquer temperamento das partes envolvidas.
>
> Aliás, ainda que não haja sequer o pagamento do "prêmio" por parte do proprietário do veículo, a indenização securitária remanesce devida à vítima do sinistro pelas Seguradoras integrantes do consórcio, conforme dispõe o enunciado n. 257 da Súmula do STJ – "A falta de pagamento do prêmio do seguro obrigatório de Danos Pessoais Causados por Veículos Automotores de Vias Terrestres (DPVAT) não é motivo para a recusa do pagamento da indenização" –, tudo a demonstrar que as partes envolvidas não detêm qualquer liberdade para disciplinar seus interesses, segundo um acordo de vontades, elemento, é certo, básico de qualquer contrato.

Neste mesmo sentido é o escólio do Sergio Cavalieri Filho:

> Em razão de suas características, pode-se, ainda, afirmar que não há contrato nesse seguro, mas sim uma obrigação legal; um seguro imposto por lei, de responsabilidade social; para cobrir os riscos da circulação dos veículos em geral. Tanto é assim que a indenização é devida, nos limites legais, mesmo que o acidente tenha sido provocado por veículo desconhecido ou não identificado e ainda que tenha havido culpa exclusiva da vítima. A Lei nº 8.441/1992 foi ainda mais longe, incluindo entre as hipóteses em que a indenização é devida mais dois casos: veículo com

> seguro não realizado ou vencido, vale dizer, veículos identificados e comprovadamente sem seguro. A nossa lei, como se vê, adotou também aqui a responsabilidade fundada no risco integral (p. 161, *grifamos*)

A partir do entendimento acima plasmado, o seguro obrigatório se aproximaria da categoria de contribuição parafiscal?

De acordo com o artigo 3º do Código Tributário Nacional, tributo *é* toda prestação pecuniária compulsória, *em moeda ou cujo valor nela se possa exprimir, que não constitua sanção de ato* ilícito, *instituída em lei e cobrada mediante atividade administrativa plenamente vinculada.*

Se considerarmos o DPVAT como contribuição parafiscal, significa dizer que estamos lhe dando natureza tributária, e, neste aspecto, o fato de ser cobrado e administrado por seguradoras privadas, parece desnaturar a atividade administrativa plenamente vinculada exigida quando se trata tributo, já que apenas pessoas jurídicas de direito público podem figurar como sujeito ativo da obrigação tributária (art. 3º, do CTN), o que não é o caso do consórcio de seguradoras privadas, representada pela Seguradora Líder.

Assim, em que pese sua natureza jurídica gerar algumas controvérsias, parece que continua latente seu caráter de seguro obrigatório imposto por lei. Neste sentido, se pronuncia o Superior Tribunal de Justiça, conforme ementas abaixo transcritas:

> CIVIL. DPVAT. PRESCRIÇÃO.
> 1 – O DPVAT exibe a qualidade de seguro obrigatório de responsabilidade civil e, portanto, prescreve em 3 anos a ação de cobrança intentada pelo beneficiário.
> 2 – Recurso especial não conhecido.
> (REsp 1071861/SP, Rel. Ministro LUIS FELIPE SALOMÃO, Rel. p/ Acórdão Ministro FERNANDO GONÇALVES, SEGUNDA SEÇÃO, julgado em 10/06/2009, DJe 21/08/2009)

> PROCESSUAL CIVIL E CIVIL. SEGURO DPVAT. CONFIGURAÇÃO DA OMISSÃO INJUSTIFICADA DO RECORRENTE NAS INSTÂNCIAS ORDINÁRIAS. REEXAME DO CONTEÚDO FÁTICO-PROBATÓRIO. INCIDÊNCIA DA SÚMULA 7/STJ. AGRAVO REGIMENTAL A QUE SE NEGA PROVIMENTO.

1. O DPVAT tem natureza de seguro obrigatório de responsabilidade civil, com prescrição da pretensão de cobrança em 3 (três) anos, nos termos do art. 206, parágrafo 3º, IX, do Código Civil. Precedente da 2ª Seção.
2. Quanto ao termo inicial para a contagem da prescrição, não é cabível a interposição de recurso especial com fulcro em violação de súmula, por se tratar de enunciados que não se enquadram no conceito de lei federal a sofrer o controle de legalidade desta Corte.
3. O marco inicial para contagem da prescrição não pode depender privativamente da vontade da vítima, o que contraria a segurança jurídica.
4. Agravo regimental a que se nega provimento.
(AgRg no AREsp 45.439/MT, Rel. Ministro LUIS FELIPE SALOMÃO, QUARTA TURMA, julgado em 20/10/2011, DJe 26/10/2011)

RECURSO ESPECIAL. AÇÃO CIVIL PÚBLICA. ASSOCIAÇÃO DEMANDANTE QUE TEM POR OBJETO A PROTEÇÃO DOS DIREITOS DO CONSUMIDOR. AÇÃO QUE TEM POR OBJETO A CONDENAÇÃO DAS DEMANDAS (SEGURADORAS) A INDENIZAR AS VÍTIMAS DE DANOS PESSOAIS OCORRIDOS COM VEÍCULOS AUTOMOTORES, BENEFICIÁRIAS DO DPVAT, NOS MONTANTES FIXADOS PELO ART. 3º DA LEI N.6.194/1974. AUSÊNCIA DE PERTINÊNCIA TEMÁTICA. RECONHECIMENTO.
EXTINÇÃO DO PROCESSO, SEM JULGAMENTO DE MÉRITO, ANTE A AUSÊNCIA DE LEGITIMIDADE ATIVA AD CAUSAM DA ASSOCIAÇÃO AUTORA. NECESSIDADE.
RECURSO ESPECIAL PROVIDO.
1. O seguro DPVAT **não tem por lastro uma relação jurídica contratual estabelecida entre o proprietário do veículo e as seguradoras que compõem o correlato consórcio.**
Trata-se, pois, de **um seguro obrigatório por força de lei**, que tem por escopo contemporizar os danos advindos da circulação de veículos automotores – cujos riscos são naturalmente admitidos pela sociedade moderna –, que impactam sobremaneira, econômica e socialmente, as pessoas envolvidas no acidente e, reflexamente, ao Estado e à sociedade como um todo, a quem incumbe financiar a Seguridade Social. A partir de sua finalidade precípua, já se pode antever, com segurança, que o funcionamento hígido do sistema de seguro DPVAT consubstancia

interesse que, claramente, transcende ao do beneficiário, sendo, em verdade, de titularidade de toda a sociedade, considerada como um todo.
2. **Em se tratando de uma obrigação imposta por lei, não há, por conseguinte, qualquer acordo de vontades e, principalmente, voluntariedade, entre o proprietário do veículo (a quem compete, providenciar o pagamento do "prêmio") e as seguradoras componentes do consórcio seguro DPVAT** (que devem efetivar o pagamento da indenização mínima pelos danos pessoais causados à vítima do acidente automobilístico), o que, por si, evidencia, de contrato, não se cuidar. Cuida-se, a toda evidência, de hipótese de responsabilidade legal objetiva, vinculada à teoria do risco, afigurando-se de todo desinfluente a demonstração, por parte do beneficiário (vítima do acidente automobilístico), de culpa do causador do acidente.
3. Diversamente do que se dá no âmbito da contratação de seguro facultativo (esta sim, de inequívoca incidência da legislação protetiva do consumidor), a atuação das seguradoras integrantes do consórcio do seguro DPVAT, adstrita à lei de regência, não é concorrencial, tampouco destinada à obtenção de lucro, na medida em que a respectiva arrecadação possui destinação legal específica.
4. Tampouco seria possível falar-se em vulnerabilidade, na acepção técnico-jurídica, das vítimas de acidente de trânsito e muito menos do proprietário do veículo a quem é imposto o pagamento do "prêmio" do seguro DPVAT perante a seguradoras, as quais não possuem qualquer margem discricionária para efetivação do pagamento da indenização securitária, sempre que presentes os requisitos estabelecidos na lei. Aliás, a Lei n.6.194/74, em atendimento a sua finalidade social, é absolutamente protetiva à vítima do acidente, afigurando-se de todo impróprio invocar, para tal escopo, também o CDC, quando ausente relação de consumo.
5. Ausente, sequer tangencialmente, relação de consumo, não se afigura correto atribuir a uma associação, com fins específicos de proteção ao consumidor, legitimidade para tutelar interesses diversos, como é o caso dos que se referem ao seguro DPVAT, sob pena de desvirtuar a exigência da representatividade adequada, própria das ações coletivas. A ausência de pertinência temática é manifesta.
Em se tratando do próprio objeto da lide, afinal, como visto, a causa de pedir encontra-se fundamentalmente lastreada na proteção do consu-

> midor, cuja legislação não disciplina a relação jurídica subjacente, afigura-se absolutamente infrutífera qualquer discussão quanto à possibilidade de prosseguimento da presente ação por outros entes legitimados.
> 6. Recurso especial provido para extinguir o processo sem julgamento de mérito, ante a ausência de legitimidade ativa ad causam da associação demandante, restando prejudicadas as questões remanescentes.
> (REsp 1091756/MG, Rel. Ministro Marco Buzzi, Rel. p/ Acórdão Ministro Marco Aurélio Bellizze, SEGUNDA SEÇÃO, julgado em 13/12/2017, DJe 05/02/2018) *Grifamos*

Este também é o entendimento de notáveis juristas brasileiros, dentre eles, Heleno Torres:

> A *compulsoriedade* do DPVAT não diz respeito ao pagamento da prestação (prêmio), mas ao ato de contratar, à *universalidade da cobertura.* A obrigação imposta pela lei é de fazer, de contratar o seguro. Ainda que seja cobrado junto com a taxa de licenciamento de veículos, como técnica de praticidade, isso não o converte em tributo. O preço é consequência do contrato de seguro obrigatório. (...) Quanto à destinação do valor do *prêmio* do contrato de direito privado, de um lado temos as *receitas públicas* destinadas ao SUS e ao Denatran, sem que isso as converta em natureza de "tributo", visto que, em consonância com artigo 4º do CTN, a destinação, por si, não é elemento apto para imputar esta qualificação a qualquer exação; e, de outro, temos o pagamento do *prêmio* propriamente dito, decorrente da mesma relação de *direito privado* entre os proprietários de veículos automotores e as seguradoras integrantes dos consórcios. (Torres, 2016)

Assim, em que pese sua função social de extrema relevância (Martins, 2009), pela destinação específica de parte de sua arrecadação, além de sua compulsoriedade, entende-se, s.m.j., que o DPVAT possui a natureza jurídica de seguro de responsabilidade civil obrigatório, imposto por força de lei, sem natureza contratual, nem tributária, sendo uma obrigação de caráter social regida por legislação própria.

## 2. Da Medida Provisória n. 904, de 11 de novembro de 2019 e seus desdobramentos

Dentro das questões polêmicas, não podemos aqui deixar de mencionar a recente Medida Provisória nº 904, de 11 de novembro de 2019, que dispôs sobre a extinção do Seguro Obrigatório de Danos Pessoais causados por Veículos Automotores de Vias Terrestres – DPVAT e do Seguro Obrigatório de Danos Pessoais Causados por Embarcações ou por suas Cargas – DPEM, suspensa, por maioria, pelo deferimento da Medica Cautelar requerida na Ação Direta de Inconstitucionalidade 6262, ajuizada junto ao Supremo Tribunal Federal – STF.

Nesta decisão, o STF pronunciou que a legislação que trata sobre seguro obrigatório regula aspecto do sistema financeiro, razão pela qual deve ser disciplinada por Lei Complementar, sendo, via de consequência, afastada a possibilidade de utilização de Medida Provisória para sua regulação, por força do que dispõe o art. 62, § 1º, III, da CRFB, *litteris:*

> Art. 62. Em caso de relevância e urgência, o Presidente da República poderá adotar medidas provisórias, com força de lei, devendo submetê-las de imediato ao Congresso Nacional. § 1º É vedada a edição de medidas provisórias sobre matéria: (...) III – reservada a lei complementar.

Em que pese entendamos que a matéria veiculada na medida Provisória em análise não trate do Sistema Financeiro como todo, caso em que se exigiria Lei Complementar, por força do art. 192, da Constituição Federal, tem-se que esta discussão resta improfícua, uma vez que a Medida Provisória nº 904, de 11 de novembro de 2019 teve sua vigência encerrada pelo Ato do Presidente da Mesa do Congresso Nacional nº 28, de 2020. Em razão disso, a ADI perdeu seu objeto, conforme reconhecido pelo Supremo Tribunal Federal.

De outra banda, temos a Resolução do Conselho Nacional de Seguros Privados nº 378/2019, que previu a redução dos valores do seguro, inicialmente suspensa em decisão liminar proferida na Tutela Provisória na Reclamação 38.736, posteriormente revista em pedido de reconsideração, que acabou por referendar a redução destes valores.

Os argumentos do Conselho Nacional de Seguros Privados, apresentados na referida reclamação, para a redução dos valores se baseiam em um excedente de valores na ordem de R$ 5,8 bilhões (cinco, vírgula oito bilhões), que pretende ser compensado com a redução da tarifa, nos termos VOTO 3 CNSP – Alteração da Resolução CNSP 332/2015 – Prêmio Tarifário para 2020 e outras modificações Processo Susep nº 15414.627572/2019-64[1]:

> 28. Nota-se que os problemas identificados no modelo de funcionamento do Seguro DPVAT, dentre eles a corrupção sistêmica que culminou na operação policial "Tempo de Despertar" em 2015, levaram a um excedente de pagamentos pela população demonstrado pela área acima da linha tracejada, a qual busca-se compensar com a redução do preço do prêmio refletida na área abaixo da mesma linha, do gráfico 1 abaixo.
> 29. Com o objetivo de consumir o excedente de R$5,8 bilhões, montou-se uma função que procura minimizar o prêmio de seguro para um pagamento em 3 anos, sujeita a restrição estabelecida de que o prêmio de seguro não poderia ser zero.
> 30. Assim sendo, chegou-se a tarifa proposta para o ano de 2020 por categoria tarifária apresentada na Tabela 2 abaixo, enquanto o prazo de consumo do excedente foi estabelecido em 4 anos, dado que para 3 anos algumas categorias tiveram seu prêmio zerado.

Aqui cabe refletir sobre a razoabilidade ou mesmo legalidade da exigência do seguro obrigatório que proporcionou tamanho excedente, sendo que os contratantes não tiveram qualquer liberdade quanto da sua contratação. Neste aspecto, vale salientar que o Tribunal de Contas da União, no Acórdão 2609/2016, sinalizou a natureza privada dos recursos envolvidos nesta relação:

> SUMÁRIO: RELATÓRIO DE AUDITORIA. SEGURO DPVAT. FORMAÇÃO DO PRÊMIO E OPERACIONALIZAÇÃO DO SEGURO. ATIVIDADE PRIVADA. JURISDIÇÃO DO TCU DE SEGUNDA ORDEM, SOBRE O CNSP E A SUSEP. ACHADOS REFERENTES À ESTIMATIVA DAS DESPESAS ADMINISTRATIVAS E DAS PROVISÕES E À POLÍTICA DE CONCILIAÇÃO DA SEGURADORA LÍDER. ESPAÇO PARA REVISÃO DO MODELO. RECOMENDAÇÕES. ARQUIVAMENTO.

[1] http://www.susep.gov.br/setores-susep/seger/votos-cnsp/20191226/Voto%203_%2030a.reuniao_CNSP.pdf

> 1. A operacionalização do Seguro DPVAT – que envolve, basicamente, a arrecadação dos prêmios e o pagamento das indenizações – constitui atividade eminentemente privada, sujeita à regulação e à fiscalização do Estado.
> 2. **Não obstante o caráter compulsório do Seguro DPVAT, a relação estabelecida entre os proprietários de veículos e as seguradoras é de natureza privada. Em consequência, não há como afastar a natureza também privada dos recursos envolvidos nessa relação, notadamente daqueles voltados para a operacionalização do seguro.**
> 3. A parcela do Seguro DPVAT destinada à União se trata de receita pública federal, cuja arrecadação, sob os aspectos administrativos, se insere no rol de objetos passíveis de controle pelo Tribunal de Contas da União.
> 4. No que tange à parcela da arrecadação voltada à operacionalização do seguro DPVAT, não há jurisdição direta do TCU, e sim de segunda ordem, sendo seu objeto a atuação do Conselho Nacional de Seguros Privados – CNSP e da Superintendência de Seguros Privados – Susep como agentes reguladores e fiscalizadores da atividade, não a atividade em si mesmo considerada, a exemplo do que já ocorre em relação à fiscalização dos serviços públicos delegados a entidades privadas.
> 5. No que se refere à operacionalização do seguro DPVAT por parte da Seguradora Líder, o TCU deva atuar de forma complementar à ação do CNSP e da Susep, não podendo substituir essas entidades, sob pena de extrapolar a esfera de suas competências.
> 6. A competência originária do CNSP e da Susep para fiscalizar a atuação da Seguradora Líder não impede a atuação cooperativa e suplementar do TCU, que pode, ainda que de forma indireta, por intermédio de recomendações e, em caso de ilegalidade, de determinações dirigidas às entidades reguladoras, fiscalizar a atividade. *(Grifamos)*

Citamos, também, notícia extraída da página do Tribunal de Contas da União que informa que o prêmio do DPVAT utilizava despesas administrativas irregulares, acordos judiciais antieconômicos e provisões superestimadas:

> Fiscalização realizada pelo Tribunal de Contas da União (TCU) no Seguro de Danos Pessoais por Veículos Automotores de Via Terrestre (DPVAT) gera economia superior a R$ 13,5 bilhões para proprietários

de automóveis. Essa é a conclusão do monitoramento das recomendações que o TCU fez à Superintendência de Seguros Privados (Susep), em fiscalização sobre os custos que compõem o DPVAT.

Em 2016, o Tribunal verificou que o cálculo do prêmio do DPVAT utilizava despesas administrativas irregulares, acordos judiciais antieconômicos e provisões superestimadas. Entre 2008 e 2012, por exemplo, o prêmio do seguro ficou mais caro para os proprietários de veículos, pois incorporou despesas irregulares de aproximadamente R$ 440 milhões. Desse montante, R$ 271 milhões foram repassados aos departamentos estaduais de trânsito e o restante, à federação e ao sindicato de corretores de seguros. Como a margem de lucro foi fixada em 2% do total arrecadado do prêmio, o aumento dessas despesas elevou, também, o lucro das seguradoras.

Outro fato que onerava o prêmio do seguro DPVAT era a inclusão, no seu cálculo, de provisões superestimadas. No mercado regular de seguros, em razão da competitividade, as seguradoras buscam minimizar as despesas que repercutirão no preço do prêmio. Já no caso do DPVAT, as despesas administrativas e as provisões são livremente repassadas pela Seguradora Líder para o valor do prêmio, pois, como o seguro é obrigatório, os contribuintes não podem deixar de contratá-lo.

Além disso, o Tribunal constatou que a auditoria interna da Susep não verificava a consistência dos dados relativos a pagamento de sinistros. O Tribunal alertou o Conselho Nacional de Seguros Privados (CNSP) de que a Susep tem mantido apenas 50% de seu efetivo ideal na auditoria interna, o que pode comprometer suas atividades de controle interno.[2]

Recentemente, o Poder Executivo encaminhou ao Congresso Nacional Projeto de Lei Complementar PLP 108/2020, que dispõe sobre o repasse dos valores ao excedente de recursos acumulados que cobrem as provisões técnicas do consórcio de que trata o art. 7º da lei nº 6.194, de 19 de dezembro de 1974, ao Sistema Único de Saúde-SUS.[3] Entretanto, por meio da Mensagem de Retirada de Proposição n. 362/2020, pelo órgão do Poder Executivo, os valores excedentes que cobrem as provisões

[2] https://portal.tcu.gov.br/imprensa/noticias/fiscalizacao-do-dpvat-gera-economia-superior-a-r-13-5-bilhoes-para-proprietarios-de-automoveis.htm

[3] https://www.camara.leg.br/proposicoesWeb/fichadetramitacao?idProposicao=2250472

técnicas do consórcio do Seguro DPVAT continuam sem uma definição, até a data de elaboração deste artigo.

## Conclusões

Em que pese o DPVAT fuja das características clássicas de um contrato, por lhe faltar a necessária autonomia da vontade, tem-se por majoritário o entendimento de que se trata de um seguro obrigatório de natureza civil, imposto por lei, com destinação específica de seus valores.

A grande celeuma dos valores reconhecidamente excedentes, que se encontram em poder da Seguradora Líder do Consórcio DPVAT, ainda não teve uma definição legal, administrativa ou jurídica.

Se forem considerados valores privados, conforme entendimento do Tribunal de Contas da União, nos parece que deveriam ser restituídos aos proprietários dos veículos automotores que pagaram valores acima do necessário, dentro da destinação legal que lhe foi dada, levando-se em conta também os reconhecidos erros das provisões técnicas.

Sendo considerado valores públicos, eis que cobrado dentro dos parâmetros estritamente fixados e regulados por uma norma emitida por uma autarquia pública, deverão ter a destinação legal que lhes for atribuída, a exemplo do que pretendia a PLP 108/2020.

Ou, ainda, serem consumidos pela redução dos valores cobrados dos proprietários, conforme se pronunciou o Conselho Nacional de Seguros Privados ao fundamentar os novos valores cobrados para 2020.

Seja qual for a solução definitiva dada ao excedente dos recursos, salta aos olhos a necessidade de um melhor acompanhamento dos valores arrecadados pelo Seguro DPVAT, para que sejam devidamente observadas as razões que fundamentam sua exigência e a destinação escorreita dos valores, eis que que o pagante desta conta – todos os proprietários de veículos automotores – não possuem nenhuma liberdade na sua contratação.

## Referências

BRASIL. *Constituição* (1988). Constituição da República Federativa do Brasil. Brasília, DF. Disponível em: http://www.planalto.gov.br/ccivil_03/constituicao/constituicao.htm. Acesso em 5 de março de 2020.

BRASIL. *Código Tributário Nacional*. Lei 5.172, de 25 de outubro de 1966. Disponível em: http://www.planalto.gov.br/ccivil_03/leis/l5172compilado.htm. Acesso em 10 de outubro de 2020.

BRASIL. *Decreto-lei nº 73, de 21 de novembro de 1966.* Disponível em: http://www.planalto.gov.br/ccivil_03/decreto-lei/Del0073.htm. Acesso em 10 de outubro de 2020.

BRASIL. *Decreto nº 61.867, de 11 de dezembro de 1967.* Disponível em: http://www.planalto.gov.br/ccivil_03/decreto/1950-1969/D61867.htm. Acesso em 10 de outubro de 2020.

BRASIL. *Lei nº 6.194, de 19 de dezembro de 1974.* Disponível em: http://www.planalto.gov.br/ccivil_03/decreto/1950-1969/D61867.htm. Acesso em 10 de outubro de 2020.

BRASIL. *Lei nº 8.441, de 13 de julho de 1992.* Disponível em: http://www.planalto.gov.br/ccivil_03/leis/l8441.htm. Acesso em 10 de outubro de 2020.

BRASIL. *Lei 11.945, de 4 de junho de 2009.* Disponível em: http://www.planalto.gov.br/ccivil_03/_ato2007-2010/2009/lei/l11945.htm. Acesso em 10 de outubro de 2020.

BRASIL. *Medida Provisória nº 904, de 12 de novembro de 2019.* Diário Oficial da União, Seção 1, Edição: 219, Página 5.

CAMARA DOS DEPUTADOS. *PLP 108/2020.* Disponível em: https://www.camara.leg.br/proposicoesWeb/fichadetramitacao?idProposicao=2250472. Acesso em 10 de outubro de 2020.

CAVALIERI FILHO, Sérgio. *Programa de Responsabilidade Civil.* 10ª Edição. Editora Atlas. 2012

CONGRESSO NACIONAL. *Ato Declaratório do Presidente da Mesa do Congresso Nacional Nº 28,* de 2020, Diário Oficial da União, Seção 1, Edição: 77, Página 8.

DINIZ, Maria Helena. *Código Civil Anotado.* 7ª Edição. São Paulo, Saraiva, 2014.

MARTINS, Rafael Tárrega. *Seguro DPVAT – Seguro Obrigatório de Veículos Automotores de Vias Terrestres* – 4º ed. Editora Servanda, 2009.

STF. *ADI 6262 MC/DF.* Disponível em: http://redir.stf.jus.br/paginadorpub/paginador.jsp?docTP=TP&docID=752494198. Acesso em: 10 de outubro de 2020,

STF. *RCL 38.736.* Disponível em: http://portal.stf.jus.br/processos/detalhe.asp?incidente=5840482 Acesso em: 10 de outubro de 2020.

STJ. REsp 1071861/SP, Rel. Ministro LUIS FELIPE SALOMÃO, Rel. p/ Acórdão Ministro FERNANDO GONÇALVES, SEGUNDA SEÇÃO, julgado em 10/06/2009, DJe 21/08/2009

STJ. AgRg no AREsp 45.439/MT, Rel. Ministro LUIS FELIPE SALOMÃO, QUARTA TURMA, julgado em 20/10/2011, DJe 26/10/2011)

STJ. REsp 1091756/MG, Rel. Ministro MARCO BUZZI, Rel. p/ Acórdão Ministro MARCO AURÉLIO BELLIZZE, SEGUNDA SEÇÃO, julgado em 13/12/2017, DJe 05/02/2018)

STJ. REsp 1635398/PR, Rel. Ministro Marco Aurélio Bellizze, TERCEIRA TURMA, julgado em 17/10/2017, DJe 23/10/2017

SUSEP. VOTO 3 CNSP – Alteração da Resolução CNSP 332/2015 –Prêmio Tarifário para 2020 e outras modificações. Disponível em: http://www.susep.gov.br/setores-susep/seger/votos-cnsp/20191226/Voto%203_%2030a.reuniao_CNSP.pdf. Acesso em 10 de outubro de 2020.

SUSEP. Resolução nº 371, de 13 de dezembro de 2018. Diário Oficial da União – DOU, Publicado em: 19/12/2018, Edição: 243, Seção: 1, Página: 89.

TORRES, Heleno Taveira. *Revista Consultor Jurídico*, 14 de dezembro de 2016. Disponível em: https://www.conjur.com.br/2016-dez-14/dpvat-seguro-compulsorio-nao-especie-tributo#author. Acesso em 06 de julho de 2020.

TRIBUNAL DE CONTAS DA UNIÃO. *Acórdão 2609/2016* – Plenário. Disponível em: https://pesquisa.apps.tcu.gov.br/#/pesquisa/acordao-completo/2609%252F2016/%2520/%2520. Acesso em 9 de maio de 2020.

TRIBUNAL DE CONTAS DA UNIÃO. *Imprensa. Notícias.* Disponível em: https://portal.tcu.gov.br/imprensa/noticias/fiscalizacao-do-dpvat-gera-economia-superior-a-r-13-5-bilhoes-para-proprietarios-de-automoveis.htm. Acesso em 10 de outubro de 2020

# 26. Direito à Manutenção do Crédito de PIS/COFINS em Razão da Aquisição de Bens na Sistemática de Arrecadação Concentrada (Regime Monofásico)

Ane Streck Silveira

## Introdução

A Emenda Constitucional nº 42, de 2003, acrescentou o §12 ao art. 195 da Constituição Federal e estatuiu que a lei definirá os setores da atividade econômica para os quais as contribuições incidentes sobre a receita ou o faturamento, tais como a Contribuição ao Programa de Integração Social (PIS) e Contribuição para o Financiamento da Seguridade Social (COFINS), doravante denominadas PIS/COFINS, serão não cumulativas.

A Lei nº 10.147/2000, uma das tantas normas que trata desta sistemática, ao dispor sobre a incidência da contribuição ao PIS e da COFINS nas operações de venda dos produtos que especifica, regulamenta a aplicação da sistemática de arrecadação concentrada (regime monofásico) de PIS/COFINS, estabelecendo a fixação de alíquotas majoradas para os industriais e importadores, bem como a alíquota zero para os contribuintes subsequentes (revendedores) em seu art. 1º.

As Leis nºs 10.637/2002 e 10.833/2003 passaram a regular o regime não cumulativo do PIS/COFINS e definiram situações nas quais é possível o creditamento, vedando, em seus arts. 3º, § 2º, II o direito ao crédito das aquisições de bens ou serviços não sujeitos ao pagamento da contribuição, inclusive no caso de isenção, alíquota zero ou não incidência.

E a Lei nº 11.033/2004, além de instituir o Regime Tributário para Incentivo à Modernização e à Ampliação da Estrutura Portuária – REPORTO, deu outras providências, tais como prever, no seu art. 17, a manutenção dos créditos de PIS/COFINS das vendas efetuadas com suspensão, isenção, alíquota zero ou não incidência.

Neste contexto, os tribunais passaram a discutir se o revendedor possui direito ao crédito na venda de produtos adquiridos na sistemática de arrecadação concentrada (regime monofásico) de PIS/COFINS.

A Primeira e a Segunda Turma do Superior Tribunal de Justiça (STJ) firmaram precedentes no sentido de que seria indevida a apropriação de créditos de PIS/COFINS na revenda de mercadorias submetidas ao regime de incidência monofásica, de acordo com o art. 17 da Lei nº 11.033/2004, ora sob o argumento de que tal dispositivo legal somente se aplicaria às operações submetidas ao regime do REPORTO, ora sob o argumento de que é vedado o crédito de PIS/COFINS nas operações não submetidas ao regime não cumulativo das Leis nº 10.637/02 e10.833/03.

Em 28 de março de 2017, a Sra. Ministra Regina Helena Costa, após a leitura do voto no Sr. Ministro Sergio Kukina, no Agravo Regimental no Recurso Especial nº 1.051.634, que mantinha o entendimento jurisprudencial contrário aos contribuintes, inaugurou divergência na Corte e concedeu o direito pleiteado pelos contribuintes, reconhecendo o direito de crédito nestas situações, em voto no qual foi acompanhada pelos Srs. Ministros Napoleão Nunes Maia Filho e Benedito Gonçalves.

A divergência inaugurada pela Sra. Ministra Regina Helena Costa, passou a balizar o novo entendimento da Primeira Turma do STJ, segundo o qual a desoneração das etapas da cadeia de tributação de PIS/COFINS não é, por si só, obstáculo para a manutenção do crédito, de acordo com o art. 17 da Lei nº 11.033/2004.

## 1. O atual entendimento da Primeira Turma do STJ, após o voto da Sra. Ministra Regina Helena Costa no Agravo Regimental no Recurso Especial nº 1.051.634

Como referido na introdução, o direito ao aproveitamento e manutenção dos créditos de PIS/COFINS, decorrentes da aquisição dos produtos submetidos à sistemática de arrecadação concentrada (regime monofásico), cujo recolhimento se dá de forma única e antecipada, sob uma alíquota majorada, somente passou a ser reconhecido pela Primeira Turma do STJ após a inauguração de divergência por meio de voto da Sra. Ministra Regina Helena Costa no Agravo Regimental no Recurso Especial nº 1.051.634, que possui a seguinte ementa:

> PROCESSUAL. CIVIL. TRIBUTÁRIO. AGRAVO REGIMENTAL NO RECURSO ESPECIAL. PIS E COFINS. TRIBUTAÇÃO PELO SISTEMA MONOFÁSICO. APROVEITAMENTO DE CRÉDITOS. POSSIBILIDADE. BENEFÍCIO FISCAL CONCEDIDO PELA LEI N. 11.033/04, QUE INSTITUIU O REGIME DO REPORTO. EXTENSÃO ÀS EMPRESAS NÃO VINCULADAS A ESSE REGIME. CABIMENTO.
>
> I – O sistema monofásico constitui técnica de incidência única da tributação, com alíquota mais gravosa, desonerando-se as demais fases da cadeia produtiva. Na monofasia, o contribuinte é único e o tributo recolhido, ainda que as operações subsequentes não se consumem, não será devolvido.
>
> II – O benefício fiscal consistente em permitir a manutenção de créditos de PIS e COFINS, ainda que as vendas e revendas realizadas pela empresa não tenham sido oneradas pela incidência dessas contribuições no sistema monofásico, é extensível às pessoas jurídicas não vinculadas ao REPORTO, regime tributário diferenciado para incentivar a modernização e ampliação da estrutura portuária nacional, por expressa determinação legal (art. 17 da Lei n. 11.033/04).
>
> III – O fato de os demais elos da cadeia produtiva estarem desobrigados do recolhimento, à exceção do produtor ou importador responsáveis pelo recolhimento do tributo a uma alíquota maior, não é óbice para que os contribuintes mantenham os créditos de todas as aquisições por eles efetuadas.
>
> IV – Agravo Regimental provido.
>
> (AgRg no REsp 1051634/CE, Rel. Ministro Sérgio Kukina, Rel. p/ Acórdão Ministra Regina Helena Costa, PRIMEIRA TURMA, julgado em 28/03/2017, DJe 27/04/2017)

A partir da divergência inaugurada pela Sra. Ministra Regina Helena Costa, a Primeira Turma do STJ passou a entender pela manutenção dos créditos decorrentes da aquisição de mercadorias submetidas ao PIS/COFINS na sistemática de arrecadação concentrada (regime monofásico), pois:

- A sistemática de arrecadação concentrada (regime monofásico) das contribuições ao PIS/COFINS é compatível com o regime não cumulativo;
- A sistemática de arrecadação concentrada (regime monofásico) consiste em uma técnica de incidência única das contribuições, com alíquota mais gravosa, desonerando as demais fases da cadeia produtiva. Ela foi desenvolvida por questões de praticidade ou praticabilidade tributária, objetivando a simplificação e eficiência da arrecadação, bem como o combate à evasão fiscal;
- A Lei nº 10.147/2000, ao dispor sobre a incidência do PIS//COFINS nas operações de vendas de produtos específicos, regulamenta a aplicação da sistemática de arrecadação concentrada (regime monofásico), estabelecendo a fixação de alíquotas majoradas para os industriais e importadores, bem como a alíquota zero para os contribuintes subsequentes (revendedores);
- Nesta sistemática (regime monofásico), os importadores/produtores tornaram-se responsáveis pelo recolhimento do PIS/COFINS para toda a cadeia de produção e consumo, mediante a aplicação de uma alíquota de maior percentual, reduzindo a zero, em contrapartida, a alíquota dos revendedores. Ou seja, a incidência do tributo ocorre em toda a cadeia, mas com alíquotas zeradas a partir dos revendedores;
- A Lei nº 11.033/2004, além de instituir o REPORTO, previu, no seu art. 17, a manutenção dos créditos de PIS/COFINS das vendas efetuadas com suspensão, isenção, alíquota zero ou não incidência. Portanto, o revendedor possui direito ao crédito na venda de produtos submetidos à sistemática de arrecadação concentrada (regime monofásico);
- O art. 17 da Lei nº 11.033/2004 não se aplica apenas às operações realizadas no REPORTO, pois não traz expressa essa limitação, além de não vincular as vendas às efetuadas na forma do art. 14;
- A análise do art. 17 da Lei nº 11.033/2004 impõe a conclusão da revogação tácita do art. 3º, § 2º, II, das Leis nº 10.637/2002 e 10.833/2003, por se tratar de dispositivo legal posterior e que

regula inteiramente a matéria. Ou seja, a vedação legal então existente para a utilização do crédito decorrente da venda de mercadorias no regime monofásico foi afastada por dispositivo legal que expressamente autoriza o crédito de contribuição ao PIS/COFINS;

- Após a vigência do art. 17 da Lei nº 11.033/2004, os contribuintes atacadistas ou varejistas têm direito ao crédito relativamente aos produtos monofásicos, em sintonia com a regra constitucional da não cumulatividade;
- O fato dos demais elos da cadeia produtiva não ficarem obrigados ao recolhimento das contribuições não obsta sua manutenção ao crédito, pois o PIS/COFINS já foi recolhido pelo responsável tributário para toda a cadeia.

Abaixo, segue trecho do voto proferido pela Sra. Ministra Regina Helena Costa, que confirma as afirmações acima:

> A propósito, cabe destacar que a 2ª Turma desta Corte, quanto a esse ponto específico, já se pronunciou no sentido da necessidade de revisão da jurisprudência para definir que o art. 17 da Lei nº 11.033/2004 tem aplicação fora do regime de REPORTO, podendo, em tese, alcançar qualquer contribuinte, consoante o julgado assim ementado:
> RECURSO ESPECIAL. TRIBUTÁRIO. PIS/PASEP E COFINS. CREDITAMENTO. ART. 17 DA LEI 11.033/2004, C/C ART. 16, DA LEI N. 11.116/2005. INCIDÊNCIA QUE NÃO SE RESTRINGE AO REPORTO. NECESSIDADE DE REVISÃO DA JURISPRUDÊNCIA DO STJ QUANTO AO PONTO. REGIME DE INCIDÊNCIA MONOFÁSICA DAS CONTRIBUIÇÕES AO PIS/PASEP E COFINS. REGIME ESPECIAL EM RELAÇÃO AO REGIME DE INCIDÊNCIA NÃO CUMULATIVO. APLICAÇÃO DO ART. 2º, § 1º, III, IV E V; E ART. 3º, I, "B" DA LEI N. 10.637/2002 E DA LEI N. 10.833/2003. IMPOSSIBILIDADE DE CREDITAMENTO SALVO DETERMINAÇÃO LEGAL EXPRESSA QUE SOMENTE PASSOU A EXISTIR EM 24.6.2008 COM A PUBLICAÇÃO DO ART. 24, DA LEI N. 11.727/2008. 1. O art. 17, da Lei 11.033/2004, e o art. 16, da Lei n. 11.116/2005, não são de aplicação exclusiva ao Regime Tributário para Incentivo à Modernização e à Ampliação da Estrutura Portuária – REPORTO. Necessidade de revisão da jurisprudência do STJ, pois equivocados quanto ao ponto os prece-

> dentes: [...] [...] 3. Recurso especial não provido com o alerta para a necessidade de revisão da jurisprudência desta Casa, conforme item "1". (REsp 1.267.003/RS, Rel. Ministro MAURO CAMPBELL MARQUES, SEGUNDA TURMA, julgado em 17/09/2013, DJe 04/10/2013).
>
> Desse modo, a análise conjunta do art. 3º, § 2º, II, de ambas as Leis nº 10.637/2002 e 10.833/2003, com o comando contido no art. 17 da Lei nº 11.033/2004, impõe a conclusão segundo a qual este, por tratar-se de dispositivo legal posterior e que regula inteiramente a matéria de que cuidam aqueles, revogou-os tacitamente, a teor do art. 2º, § 1º, da Lei de Introdução às Normas do Direito Brasileiro – LINDB.
>
> Assim, a vedação legal então existente para a utilização de créditos na tributação monofásica foi afastada por dispositivo legal que expressamente autoriza o crédito de contribuição ao PIS e da COFINS na hipótese.

A importância deste julgado decorre do fato de que foi capaz de alterar o entendimento da Primeira Turma do STJ, após mais de sete anos de julgados em sentido contrário, valendo citar que, após o referido julgado, foram proferidos mais 20 (vinte) julgamentos no mesmo sentido[1].

[1] À amostragem, citamos os seguintes julgados: AgInt no REsp 1549487/PE, Rel. Ministra Regina Helena Costa, PRIMEIRA TURMA, julgado em 19/09/2017, DJe 27/09/2017; EDcl no REsp 1346181/PE, Rel. Ministro Benedito Gonçalves, PRIMEIRA TURMA, julgado em 06/06/2017, DJe 20/06/2017; REsp 1738289/AP, Rel. Ministra Regina Helena Costa, PRIMEIRA TURMA, julgado em 28/08/2018, DJe 11/10/2018; REsp 1740752/BA, Rel. Ministra Regina Helena Costa, PRIMEIRA TURMA, julgado em 28/08/2018, DJe 25/09/2018; REsp 1434824/RS, Rel. Ministra Regina Helena Costa, PRIMEIRA TURMA, julgado em 06/12/2018, DJe 04/02/2019; AgInt no REsp 1514333/CE, Rel. Ministro Sérgio Kukina, PRIMEIRA TURMA, julgado em 13/12/2018, DJe 04/02/2019; REsp 1783316/PA, Rel. Ministra Regina Helena Costa, PRIMEIRA TURMA, julgado em 12/03/2019, DJe 25/04/2019; AgInt no AREsp 1194430/SP, Rel. Ministro Sérgio Kukina, PRIMEIRA TURMA, julgado em 21/05/2019, DJe 28/05/2019; AgInt no AREsp 1223523/DF, Rel. Ministro Sérgio Kukina, PRIMEIRA TURMA, julgado em 21/05/2019, DJe 28/05/2019; AgInt no AREsp 1286530/ES, Rel. Ministro Sérgio Kukina, PRIMEIRA TURMA, julgado em 21/05/2019, DJe 28/05/2019; AgInt no REsp 1787364/PR, Rel. Ministro Sérgio Kukina, PRIMEIRA TURMA, julgado em 21/05/2019, DJe 28/05/2019; AgInt no REsp 1370859/RJ, Rel. Ministro Benedito Gonçalves, PRIMEIRA TURMA, julgado em 27/08/2019, DJe 06/09/2019; AgInt no AREsp 1527853/DF, Rel. Ministro Sérgio Kukina, PRIMEIRA TURMA, julgado em 10/03/2020, DJe 13/03/2020; REsp 1863368/RJ, Rel. Ministra Regina Helena Costa, PRIMEIRA TURMA, julgado em 26/05/2020, DJe 29/05/2020REsp 1861190/

Sabe-se que a Segunda Turma do STJ ainda mantém o antigo posicionamento da Corte, pela impossibilidade do creditamento, mas acredita-se que eventual julgamento da 1ª Seção, que reúne as duas Turmas competentes para julgamento de matéria tributária do STJ, Primeira e Segunda Turma, possui boas chances de êxito do pleito dos contribuintes em razão dos consistentes fundamentos inaugurados e sustentados de forma clara e precisa pela Sra. Ministra Regina Helena Costa.

## 2. Sobre a sistemática de arrecadação concentrada (regime monofásico) de PIS/COFINS e a impossibilidade de vedação ao crédito dos bens adquiridos nesta sistemática sob pena de violação à não cumulatividade

A sistemática de arrecadação concentrada das contribuições ao PIS//COFINS, conhecida como "regime monofásico", concentra a tributação em um único contribuinte do ciclo econômico (importador/produtor), e as pessoas jurídicas não enquadradas nessa condição, submetem-se, via de regra, à alíquota 0 (zero), de forma que a majoração da alíquota de incidência una na produção/importação corresponde ao total da carga tributária da cadeia.

Por disposição do art. 3º das Leis nº 10.637/2002 e 10.833/2003, foi vedada a manutenção do crédito decorrente da aquisição dos bens adquiridos para revenda submetidos ao regime de arrecadação concentrada (monofásico).

As Leis 10.637/2002 e 10.833/2003 evidenciam que a arrecadação concentrada das contribuições (regime monofásico) são o próprio regime não cumulativo.

Tal constatação é tão clara que a Receita Federal do Brasil ao analisar a matéria dispõe que a sistemática de arrecadação concentrada (regime monofásico) é parte integrante do regime não cumulativo. Neste sentido, vejam-se as ementas extraídas das Soluções de Consulta:

> Solução de Consulta Disit/SRRF04 nº 10, de 2010:
> Assunto: Contribuição para o Financiamento da Seguridade Social – Cofins. Ementa: Cofins não-Cumulativa. Créditos. Produtos Tributados com Incidência Concentrada/Monofásica. Pessoa jurídica que, na espé-

RS, Rel. Ministra Regina Helena Costa, PRIMEIRA TURMA, julgado em 26/05/2020, DJe 29/05/2020.

> cie, atua no ramo de venda por atacado e a varejo de bebidas sujeitas ao modelo monofásico de incidência não-cumulativa da Cofins, não pode, tendo em vista expressa vedação legal, apurar créditos relativos à aquisição daqueles produtos para posterior revenda, tampouco créditos referentes a bens e serviços supostamente por ela utilizados como "insumos" de sua atividade comercial.
>
> Solução de Consulta Disit/SRRF04 nº 25, de 2010:
>
> Assunto: Contribuição para o Financiamento da Seguridade Social – Cofins. Ementa: Cofins não-Cumulativa. Créditos. Produtos Tributados com Incidência Concentrada/Monofásica. Reforma Parcial da Solução de Consulta SRRF04/Disit nº 10, de 2010 . Pessoa jurídica que, na espécie, atua no ramo de venda por atacado e a varejo de bebidas sujeitas ao modelo monofásico de incidência não-cumulativa da Cofins, não pode, tendo em vista expressa vedação legal, apurar créditos relativos à aquisição daqueles produtos para posterior revenda, tampouco créditos referentes a bens e serviços supostamente por ela utilizados como "insumos" de sua atividade comercial.

Na Solução de Consulta DISIT/SRRF 08 nº 8016 de 2017, a Receita Federal do Brasil admite, inclusive, que as receitas obtidas por uma pessoa jurídica com a venda de produtos sujeitos à incidência monofásica ou concentrada passaram a submeter-se ao mesmo regime de apuração a que a pessoa jurídica esteja vinculada. Isto é, a sistemática do regime monofásico deve respeitar a incidência não cumulativa.

> A tributação monofásica ou concentrada não se confunde com os regimes de apuração cumulativa e não cumulativa da Contribuição para o PIS/Pasep. A partir de 1º de agosto de 2004, com a entrada em vigor do art. 37 da Lei nº 10.865, de 2004, as receitas obtidas por uma pessoa jurídica com a venda de produtos sujeitos à incidência monofásica ou concentrada passaram a submeter-se ao mesmo regime de apuração a que a pessoa jurídica esteja vinculada.

Portanto, com a superveniência da Lei nº 11.033/2004, entendemos que passou a ser permitida a manutenção dos créditos da aquisição de bens sujeitos à sistemática de arrecadação concentrada (regime monofásico) pelos contribuintes revendedores:

> Art. 17. As vendas efetuadas com suspensão, isenção, alíquota 0 (zero) ou não incidência da Contribuição para o PIS/PASEP e da COFINS não impedem a manutenção, pelo vendedor, dos créditos vinculados a essas operações.

Neste sentido a definição atribuída ao conceito dado à sistemática de arrecadação concentrada (regime monofásico) pela Sra. Ministra Regina Helena Costa no já citado Agravo Regimental no Recurso Especial nº 1.051.634:

> Tal técnica consiste, singelamente, na incidência única da contribuição, com alíquota mais gravosa, desonerando-se as demais fases da cadeia produtiva.
> Cuida-se de tendência que vem sendo adotada pelo legislador tributário para setores econômicos geradores de expressiva arrecadação, por imperativo de praticidade ou praticabilidade tributária, objetivando, além da simplificação e eficiência da arrecadação, o combate à evasão fiscal.

Também do voto da Sra. Ministra Regina Helena Costa, destacamos o entendimento no sentido de que se não for possível a possibilidade de recuperação das despesas com tributos nas etapas anteriores, ausente o atendimento à não cumulatividade:

> (...) cabe remarcar ser da própria natureza do regime de não cumulatividade, seja qual for a sua configuração, a possibilidade de recuperação das despesas com tributos nas operações ou etapas anteriores. Se isso não for possível, ausente o atendimento à não cumulatividade.

Existindo um modelo monofásico de incidência não cumulativa, é evidente que não há incompatibilidade entre a sistemática de arrecadação concentrada e o regime não cumulativo.

Trata-se de um regime só que visa ao afastamento da tributação em cascata. A Lei nº 10.147/2000, uma das tantas normas que trata desta sistemática, previu expressamente que a tributação ocorreria em várias incidências, mas com alíquota positiva e elevada somente na primeira fase.

A sistemática monofásica é, na verdade, uma regra de responsabilidade tributária, que atribui a um contribuinte determinado o dever de recolhimento para toda a cadeia tributária, submetendo-se ao regime de apuração a que a pessoa jurídica esteja vinculada.

Este fato fica evidenciado ao analisarmos a evolução histórica da sistemática de arrecadação concentrada (regime monofásico) valendo dizer que, quando a não cumulatividade do PIS/COFINS começou a viger, os contribuintes sujeitos à monofasia (produtores e importadores) foram mantidos na sistemática cumulativa, o que impossibilitava o direito de descontar créditos sobre suas aquisições.

Entretanto, quando o PIS/COFINS incidentes na importação foram criados pela Lei nº 10.865/2004, a carga tributária sobre todos os contribuintes sujeitos ao regime cumulativo foi majorada. Isso porque as contribuições devidas na importação só geram créditos se a pessoa jurídica estiver sujeita à apuração não cumulativa do PIS/COFINS.

Assim, para que o PIS/COFINS-importação fosse melhor absorvido pelos contribuintes monofásicos (sujeitos até então à cumulatividade), a Lei nº 10.865/04 revogou o dispositivo que excepcionava a monofasia do regime não cumulativo.

O art. 1º, §3º, IV, das Leis nº 10.637/2002 e 10.833/2003 excluía da não cumulatividade os contribuintes do PIS/COFINS monofásico. O dispositivo foi alterado pelos arts. 21 e 37 da Lei nº 10.865/2004, que incluiu estes contribuintes no regime não cumulativo.

Isso porque as Leis nº 10.833/03 e 10.637/2002, que tratam do regime não cumulativo para o PIS e a COFINS, a partir de agosto de 2004, com o advento da Lei º 10.865/04, passou a dispor que:

> Art. 1º – A Contribuição para o Financiamento da Seguridade Social – COFINS, com a incidência não-cumulativa, tem como fato gerador o faturamento mensal, assim entendido o total das receitas auferidas pela pessoa jurídica, independentemente de sua denominação ou classificação contábil.
>
> (...)
>
> § 3º – Não integral a base de cálculo a que se refere este artigo as receitas:
>
> I – isentas ou não alcançadas pela incidência da contribuição ou sujeitas à alíquota 0 (zero);
>
> II – não-operacionais, decorrentes da venda de ativo permanente;
>
> III – auferidas pela pessoa jurídica revendedora, na revenda de mercadorias em relação às quais a contribuição seja exigida da empresa vendedora, na condição de substituta tributária;

> ~~REDAÇÃO REVOGADA: IV – de venda dos produtos que tratam as Leis nº 9.990, de 21 de julho de 2000, 10.147, de 21 de dezembro de 2000, 10.485, de 3 de julho de 2002, e 10.560,, de 13 de novembro de 2002, ou quaisquer outras submetidas à incidência monofásica da contribuição.~~
>
> REDAÇÃO ATUAL: IV – de venda de álcool para fins carburantes; (Redação dada pela Lei mº 10.865, de 2004).

Assim, constata-se que o § 3º, do art. 1º tratou das receitas que não integram a base de cálculo do PIS/COFINS para apuração não-cumulativa, não havendo previsão, após a alteração legislativa de agosto de 2004, quanto à exclusão das receitas decorrentes dos produtos que estejam sob a incidência monofásica.

Essa medida resultou na subsunção dos contribuintes monofásicos às regras da não cumulatividade. Com essa modificação, as pessoas jurídicas obrigadas ao recolhimento monofásico do PIS/COFINS foram autorizadas a descontar não somente os créditos previstos no art. 3º das Leis nº 10.637/2002 e 10.833/2003, mas também os relativos às contribuições pagas na importação.

Vale lembrar que a Receita Federal do Brasil veda o creditamento aqui defendido, conforme Solução de Consulta Disit/SRRF 04 nº 10, de 2010:

> Ementa: Cofins não-Cumulativa. Créditos. Produtos Tributados com Incidência Concentrada/Monofásica. Pessoa jurídica que, na espécie, atua no ramo de venda por atacado e a varejo de bebidas sujeitas ao modelo monofásico de incidência não-cumulativa da Cofins, não pode, tendo em vista expressa vedação legal, apurar créditos relativos à aquisição daqueles produtos para posterior revenda, tampouco créditos referentes a bens e serviços supostamente por ela utilizados como "insumos" de sua atividade comercial. Outrossim, é explicitamente vedado o creditamento no tocante às despesas de armazenagem das citadas mercadorias e "insumos", bem como sobre o frete pago pela pessoa jurídica em questão, na aquisição e/ou na venda dos aludidos produtos e "insumos". Por outro lado, a referida pessoa jurídica pode, sim, apurar os créditos especificamente previstos nos incisos III a VIII do caput do art. 3º da Lei nº 10.833, de 2003, e alterações.

> As restrições ao creditamento, por parte de comerciantes de produtos monofásicos, em relação aos custos, despesas e encargos vinculados às respectivas receitas, vedações essas previstas nas Medidas Provisórias nº 413 e nº 451, ambas de 2008, não foram mantidas quando da sua conversão nas Leis nº 11.727, de 2008, e nº 11.945, de 2009. Inobstante, antes mesmo da edição das mencionadas medidas provisórias, o art. 3º, I, "b", da Lei nº 10.833, de 2003, já impedia, e ainda impede, a tomada de créditos em relação à aquisição para revenda de produtos monofásicos.
> Cumpre esclarecer que o art. 3º, II, da Lei nº 10.833, de 2003, que trata do desconto de créditos relativos a insumos, é direcionado tão-somente para as empresas dedicadas à fabricação ou produção de bens, ou à prestação de serviços, não sendo destinado às empresas exclusivamente comerciais. Tratando-se de operação comercial, conquanto haja despesas com vista a concretizar as operações de venda, aquelas não podem constituir créditos, por falta de amparo legal.
> É despropositado invocar o art. 17 da Lei nº 11.033, de 2004, e o art. 16 da Lei nº 11.116, de 2005, para pretender apurar os créditos em apreço, de vez que tais disposições somente são aplicáveis para determinados produtos e mercadorias cujas receitas de vendas sofrem normalmente a incidência das contribuições, diversamente do que ocorre na aquisição, para revenda, de produtos sujeitos ao regime de tributação concentrado/monofásico. Ilógica seria a manutenção de créditos cuja apuração a lei veda, como é a hipótese concernente à aquisição de produtos com incidência concentrada/monofásica. O art. 17 da Lei nº 11.033, de 2004, não tratou de criar novos créditos, mas de manter aqueles que já existiam e que poderiam ser utilizados, caso não houvesse a previsão de alíquota zero na revenda.

No nosso entendimento, contudo, entender pela vedação do crédito de PIS/COFINS ao contribuinte revendedor em razão de suposta incompatibilidade entre o regime não cumulativo e a sistemática de arrecadação concentrada (regime monofásico) não procede porque tal incompatibilidade inexiste.

No nosso entendimento, o já citado artigo não limita a utilização do creditamento das contribuições ao PIS e a COFINS a qualquer contribuinte, já que:

- A Lei nº 11.033/2004 não se limita, exclusivamente, à regularização do REPORTO;

- A exposição de motivos da MP nº 206/2004, convertida na Lei nº 11.033/2004, não faz referência de que a manutenção do crédito seria apenas para o REPORTO, confirmando a premissa acima;
- Neste sentido, para afastar qualquer dúvida, o item 13 da exposição de motivos condiciona que a instituição do REPORTO é feita nos art. 12 a 15 da Medida Provisória, posteriormente renumerados para os arts. 13 a 16 da Lei 11.033/2004;
- No item 19 fica condicionado que a disposição do art. 16 (inserida no art. 17 na Lei nº 11.033/2004), visa a esclarecer dúvidas relativas à interpretação da legislação do PIS/COFINS;
- O art. 17 permite, indiscriminadamente, o creditamento das contribuições ao PIS/ COFINS em qualquer situação de suspensão, isenção, alíquota zero ou não incidência e não há qualquer exceção prevista para utilização do crédito;
- A Lei nº 11.116/2005 estabeleceu no art. 16 que os créditos mencionados no art. 17 da Lei nº 11.033/2004 estão vinculados ao art. 3º das Lei nº 10.637/2002 e 10.833/2003 e não ao REPORTO.

Temos, portanto, que a disposição literal do art. 17 da Lei nº 10.033/2004, a intenção do legislador, expressa na exposição de motivos da MP nº 206/2004 e o art. 16 da Lei 11.116/2005, não deixam dúvidas de que todos os contribuintes podem manter os créditos de PIS/COFINS das mercadorias adquiridas no regime monofásico.

A possibilidade de creditamento do PIS/COFINS na sistemática de arrecadação concentrada também decorre do fato de que o art. 17 da Lei nº 11.033/2004 ser de mesma hierarquia das Leis nº 10.833/2003 e 10.637/2002 e conceder o direto à manutenção, pelo vendedor, dos créditos vinculados às operações de venda com suspensão, isenção, alíquota zero ou não incidência da Contribuição para PIS/COFINS.

Neste sentido, vejamos que, conforme expressamente prevê o art. 2º da Lei de Introdução ao Código Civil a lei posterior revoga a lei anterior quando há incompatibilidade entre as suas disposições ou quando esta regule inteiramente a matéria de que tratava a lei anterior – exatamente o caso da Lei nº 11.033/2004 com relação às Leis nº 10.833/2003 e 10.637/2002.

O princípio cronológico *lex posterior derogat legi priori* se refere ao início da vigência das leis. Para normas gerais, de mesmo nível hierárquico, estabelecidas em diferentes ocasiões, tem validade a norma editada em último lugar.

Tal princípio significa que, se duas normas são antinômicas e do mesmo nível, a mais recente deverá prevalecer sobre a mais antiga.

E disso conclui-se que a determinação expressa do art. 17 da Lei nº 11.033/2004, terminou por revogar a vedação do direito ao creditamento estabelecida pela alínea b, inciso I, dos arts. 3º da Lei nº 10.833/2003 e 10.637/2002, uma vez que revogou tacitamente a vedação aos créditos decorrentes da aquisição de mercadorias no regime monofásico, em respeito aos princípios que norteiam o sistema legal e tributário nacional.

## Conclusões

Como se viu, a divergência inaugurada pela Sra. Ministra Regina Helena Costa no Agravo Regimental no Recurso Especial nº 1.051.634, além de sólido, permitirá que o direito pleiteado pelos contribuintes seja analisado pela Primeira Seção do STJ, que reúne as duas Turmas competentes para julgamento de matéria tributária do STJ, Primeira e Segunda Turma.

No nosso entendimento, o pleito possui boas chances de êxito em razão dos consistentes fundamentos inaugurados e sustentados de forma clara e precisa pela Sra. Ministra Regina Helena Costa pelo que podemos concluir que a sistemática de arrecadação concentrada é compatível com o regime não cumulativo, pois:

- A redução a 0 (zero) das contribuições ao PIS/COFINS devidas nas etapas subsequentes confirmam o regime não cumulativo, na medida em que se evita a tributação em cascata;
- Não se trata de uma incidência única, mas de incidência plúrima com alíquota positiva e elevada na primeira fase e alíquota zerada nas fases subsequentes;
- No primeiro elo da cadeia monofásica, ao fabricante/importador permite-se o creditamento do produto fabricado/importado. Ou seja, também nessa sistemática concentrada está presente a não cumulatividade pelo mecanismo de débitos/créditos.

# 27. Doutrina Atual da Capacidade Contributiva, Solidariedade e Reforma Tributária em um Contexto de Pandemia[1]

Lígia Barroso Fabri

## Introdução

O princípio da capacidade contributiva, sem dúvidas, é uma das temáticas mais apreciadas pelos estudiosos do Direito Tributário. Por estar positivado na Constituição Federal de 1988 e em inúmeras constituições contemporâneas, tratando-se de conceito jurídico indeterminado e estando associado à ideia de justiça tributária, o princípio em tela estimulou a realização de incontáveis estudos no cenário nacional e internacional.

A atenção se deve, dentre outros motivos, ao fato de que o fenômeno da tributação pressupõe que a pessoa (física ou jurídica) que irá arcar com o ônus da exação disponha de capacidade para contribuir. Como tratado pela doutrina tradicional, sem índice presuntivo de riqueza, não há que se falar em imposição fiscal. Dessa forma, a capacidade contri-

[1] Esse artigo surgiu a partir de uma adaptação da dissertação de mestrado da autora: Fabri, Lígia Barroso. Princípio da capacidade contributiva no Sistema Tributário Nacional e sua abordagem no âmbito da jurisdição constitucional. Centro de Ciências Jurídicas e Econômicas. Dissertação (Mestrado em Direito Processual). Universidade Federal do Espírito Santo. Vitória, 2020.

butiva aparece como fenômeno elementar e indispensável na relação jurídico-tributária.

O assunto foi extensamente abordado pela doutrina estrangeira, em especial na Itália, Alemanha e Espanha[2]. No Brasil, igualmente, contamos com renomadas obras que têm como pano de fundo a análise do princípio em tela, destacando-se, dentre elas, a produção de Regina Helena Costa, "Princípio da Capacidade Contributiva", fruto de sua dissertação de mestrado.

A professora universitária e atual ministra do STJ, uma das relevantes vozes ativas em prol da reformulação do sistema tributário sem perder de vista a justiça tributária, desdobrou-se em torno do histórico do conceito, juridicidade, correlação entre capacidade contributiva e outros princípios, eficácia, atributos, análise de sua incorporação pela Constituição de 1988, bem como sua relação com os direitos fundamentais, destrinchando sua análise no livro em questão.

Sua obra foi uma relevante contribuição no cenário nacional, e nela a autora traça uma sistematização dos principais pontos a serem observados no tocante à capacidade contributiva. Tal como grande parte da doutrina clássica, a jurista considera o preceito como decorrente da igualdade, enquanto princípio maior que irradia seus efeitos em todos os ramos do Direito. Com isso, entende que a igualdade compõe a essência da capacidade contributiva e não pode ser dela desvinculada[3].

O princípio da capacidade contributiva passou por diversas compreensões ao longo dos tempos e, atualmente, encontra-se profundamente associado à ideia de solidariedade social, tendo essa associação sido objeto de reflexão por expoentes do Direito Tributário, a exemplo do eminente Ricardo Lobo Torres, Marciano Seabra de Godoi e Marco Aurélio Greco, sob aparente influência das contribuições dadas pelo professor da Universidade de Coimbra, José Casalta Nabais.

Nosso objetivo é ilustrar que essa associação deve transcender o campo teórico, as discussões acadêmicas, sendo urgente que o assunto permeie e esteja na pauta das discussões travadas no seio do Congresso

[2] Destacam-se, dentre outros, os esforços despendidos por Klaus Tipke, Joachim Lang, Victor Uckmar, Emílio Giardina e Carlos Palao Taboada.

[3] Costa, Regina Helena. Princípio da capacidade contributiva. 2. ed. São Paulo: Dialética, 1996, p. 41.

Nacional e do governo federal, que ora se debruçam em avaliar propostas que visam o reajuste do sistema tributário brasileiro.

Aproveitando que o assunto se encontra (novamente) no centro do debate político, econômico e jurídica, pretendemos, no artigo em referência, passar por alguns dos preceitos centrais envolvendo o tema, valendo de algumas contribuições apresentadas pela homenageada em sua obra voltada à temática.

Além disso, buscaremos percorrer, sinteticamente, a fundamentação teórica clássica e contemporânea da capacidade contributiva e, ao final, ilustrar como a visão contemporânea deve estar profundamente fincada em todas as propostas que visam à reformulação do ordenamento jurídico tributário. Esta que já era uma pauta relevante, torna-se crucial no angustiante contexto de enfrentamento à pandemia causada pela covid-19, bem como no cenário pós pandemia. Sendo assim, o aspecto a solidariedade extraído do próprio conceito de tributo deve permear as estratégias políticas voltadas à reforma tributária. Mais do que nunca, devemos ressaltar a função social do tributo.

## 1. Resgate do histórico normativo e elucidação do conceito clássico

Em que pese a formalidade inerente ao Direito Tributário, é imperioso destacar que este ramo do direito, assim como todos os demais, também é orientado por valores, os quais orientam as escolhas legislativas, além de servirem de referência e vetor de interpretação por parte do operador do direito. Consoante preceitua Klaus Tipke, os Estados de Direito devem se preocupar não apenas com a criação de leis que sejam técnicas e formalmente adequadas, mas também devem se preocupar em criar um direito justo[4].

Precursor da doutrina da justiça fiscal, o professor alemão destaca, com base na teoria jurídica do estado, que o Estado de Direito é composto pela sua concepção formal (de forma a atender ao primado da segurança jurídica) e material. O viés formal se mostra essencial no âmbito tributário, uma vez que os tributos somente podem ser exigidos com base em lei anterior que os defina, em face do princípio da legalidade, viga estruturante do fenômeno tributário (art. 3º do CTN), res-

[4] TIPKE, Klaus; Yamashita, Douglas. Justiça fiscal e princípio da capacidade contributiva. São Paulo: Malheiros, 2002. p. 16.

peitando os direitos de propriedade e as liberdades individuais. A concepção material, por sua vez, não pode ser ignorada, considerando que as leis tributárias não podem ter conteúdo arbitrário e, mais do que isso, devem ser materialmente justas.

Atrelado à pauta da justiça fiscal[5] se encontra o princípio da capacidade contributiva, extraído do texto constitucional, não só do art. 145, § 1º, mas, de forma indireta, de outros dispositivos dispersos pelo texto constitucional. A capacidade de contribuir está, pois, alinhada à ideia intuitiva de que os contribuintes devem concorrer com as despesas públicas na medida de suas possibilidades econômicas. Essa concepção singela, inferida a partir da própria denominação do princípio, é regra de ouro no âmbito de um sistema tributário de qualquer Estado Democrático de Direito.

Alfredo Augusto Becker, jurista que possui entendimento peculiar em relação à aplicabilidade da capacidade contributiva, fazendo referência à obra de Emilio Giardina, alega que o princípio tem sua origem no ideal de justiça distributiva que fora elaborado pelos filósofos gregos, o qual veio a ressurgir na filosofia escolástica, ao recompor o sistema aristotélico com base nos preceitos da teologia católica[6].

A seu turno, Carlos Palao Taboada afirma que a ideia de divisão da carga tributária em consonância com a riqueza de cada um é muito antiga e remonta à origem da própria comunidade política organizada. Nesse sentido, faz menção a Santo Tomás de Aquino, segundo o qual deve-se gravar "*unicuique secundum suma facultem y secundum aequalitatem proportionis*"[7].

Muitos destaques são feitos pela doutrina especializada acerca da contribuição dada por Adam Smith sobre o tema em questão. Nesse aspecto, Marciano Seabra de Godoi pontua que Adam Smith foi o for-

[5] Justiça fiscal é uma pauta que tem sido cada vez mais abordada pelos estudiosos do Direito Tributário, especialmente devido às diversas injustiças identificadas no bojo do sistema tributário brasileiro. Contudo, devido ao corte temático aqui adotado, não iremos adentrar em especificidades do assunto.

[6] BECKER, Alfredo Augusto. Teoria Geral do Direito Tributário. 4. ed. São Paulo: Noeses, 2007. p. 437.

[7] TABOADA, Carlos Palao. El principio de Capacidad Contributiva como Criterio de Justicia Tributaria: Aplicación a los Impuestos Directos e Indirecto. In: Tratado de Direito Constitucional Tributario. Estudos em homenagem a Paulo de Barros Carvalho. Coordenador Heleno Taveira Tôrres. São Paulo: Saraiva, 2005.

mulador original da capacidade contributiva, tendo-a trabalhado em sua clássica obra "A Riqueza das Nações", que foi destinada a elaborar um modelo do sistema econômico capitalista, analisando, dentre outros pontos, às questões envolvendo a exigência dos tributos (capítulo V – A Receita do Soberano ou do Estado)[8].

Após analisar a natureza dos inúmeros gastos do Soberano, Smith defendeu que o financiamento desses gastos fosse realizado pela contribuição da sociedade, seja por meio de impostos ou taxas. A contribuição se daria por meio de impostos ou contribuições gerais, caso os gastos fossem beneficiar os cidadãos de forma indistinta, situação em que todos deveriam contribuir de acordo com sua capacidade contributiva. Já quando a despesa pública fosse realizada em face da ação de uma pessoa em específico – ou fosse beneficiar um grupo de forma distinta – essas despesas deveriam ser arcadas pelas contribuições específicas destes indivíduos[9].

Digno de relevo destacar que, após a Idade Média, o conceito passa a ganhar força nas ciências das finanças, até que fosse alçado o seu caráter normativo por meio da Constituição Francesa, que adveio após a Declaração de Direitos do Homem e do Cidadão de 1789[10]. O art. 13 da dita Declaração prevê que "para a manutenção da força pública e para as despesas de administração é indispensável uma contribuição comum que deve ser dividida entre os cidadãos de acordo com suas possibilidades"[11].

No que diz respeito ao histórico da capacidade contributiva no cenário nacional, Fernando Lemme Weiss e José Marcos Domingues de Oliveira identificam uma visão embrionária do princípio em questão na constituição de 1824, que previa que *"ninguém será exemplo de contribuir para as despesas do Estado em proporção de seus haveres"*[12].

[8] GODOI, Marciano Seabra de. Justiça, igualdade e direito tributário. São Paulo: Dialética, 1999. p. 184.

[9] GODOI, Marciano Seabra de. Justiça, igualdade e direito tributário, 1999, p. 184- 185

[10] ZILVETI, Fernando Aurélio. Direito tributário: estudos em homenagem a Brandão Machado, 1998, p. 40.

[11] ACQUA VIVA, Marcus Cláudio. Declaração de direitos do homem e do cidadão. Madrid: Universidad Complutense, 1973 citado por FERREIRA Filho, Manoel G. et. alli. Liberdades Públicas. São Paulo: Saraiva, 1978

[12] WEISS, Fernando Lemme. Princípios tributários e financeiros. Rio de Janeiro: Lumen Juris, 2006. p. 174 e OLIVEIRA, José Marcos Domingues de. Capacidade Contributiva: conteúdo e eficácia do princípio. 2. ed. Rio de Janeiro: Renovar, 1998. p. 45.

Nas constituições de 1891, 1934 e 1937, a capacidade contributiva foi abordada de forma muito tímida, conforme escólio de Regina Helena Costa[13]. Somente na Constituição de 1946 é que o princípio em questão fora considerado de forma mais expressiva. O art. 202, no Título IX – Disposições Gerais – estabelecia que "os tributos terão caráter pessoal sempre que isso for possível, e serão graduados conforme a capacidade econômica do contribuinte". Mencionado dispositivo foi inserido com o escopo de orientar o sistema tributário dentro de princípios de justiça social, consoante pode ser extraído do Relatório da Subcomissão de Discriminação de Rendas da Comissão da Constituição[14]. A partir da inclusão expressa no texto constitucional, a doutrina nacional acentuou os esforços para delimitar o alcance e a eficácia do dispositivo.

Ato contínuo, o artigo em questão foi extirpado do texto constitucional com o advento da Emenda Constitucional nº 18 de 1965. Igualmente, o texto do dito dispositivo não foi apreciado na Carta de 1967 e na Emenda Constitucional nº 1, de 1969[15]. Contudo, ainda que tenha sido efetivada tal supressão, boa parte dos estudiosos da época entendeu que o princípio em questão deveria ser observado, ainda que não estivesse expresso, condicionado o uso da interpretação sistemática da Constituição[16].

De forma louvável, a Constituição Federal de 1988 houve por bem reincorporar o princípio da capacidade contributiva no texto constitucional, ainda que com redação distinta ao do dispositivo previsto na Carta de 1946. Nesse sentido, a alteração digna de destaque centra-se no fato de que o dispositivo então vigente (§ 1º do art. 145) acentua que, sempre que for possível, os impostos (e não mais tributos), terão caráter pessoal e serão graduados segundo a capacidade econômica do contribuinte.

No escólio de Aliomar Baleeiro, a capacidade contributiva do cidadão representa "sua idoneidade econômica para suportar, sem sacrifício do indispensável à vida compatível com a dignidade humana, uma fração

[13] Costa, Regina Helena. Princípio da capacidade contributiva, 1996, p 18.

[14] Conti, José Maurício. Princípios Tributários da Capacidade Contributiva e da Progressividade, 1996, p. 39.

[15] Costa, Regina Helena. Princípio da capacidade contributiva, 1996, p 19.

[16] Conti, José Maurício. Princípios Tributários da Capacidade Contributiva e da Progressividade, 1996, p. 39.

qualquer do custo total dos serviços públicos"[17]. Assim, em termos conceituais, quase sempre o princípio da capacidade contributiva está associado à observância de outros dois (sub)princípios que regulamentam a tributação: o mínimo existencial e o princípio do não confisco.

Nesse sentido, Regina Helena Costa afirma que a capacidade econômica irá atuar "como limite da tributação, permitindo a manutenção do 'mínimo vital' e obstando que a progressividade tributária atinja níveis de confisco ou de cerceamento de outros direitos constitucionais"[18]. Consiste, assim, em graduar a tributação de acordo com a riqueza de cada pessoa, mostrando-se como um relevante instrumento de política fiscal.

Como dito, além de estar expressamente contido no art. 145, § 1º da CF/88, a CC (capacidade contributiva) ainda encontra guarida em outros dispositivos. Neste viés, Costa afirma que também é possível identificar um desdobramento do princípio em questão em outros dispositivos constitucionais, especialmente aqueles que tratam das limitações ao poder de tributar e os que disciplinam os diversos impostos. Citem-se, a título exemplificativo, os artigos 150, II, VI, 153, III, § º, I (imposto de renda), art. 156, § 1º (IPTU progressivo), art. 182, § 4º, II (disciplina extrafiscal do IPTU), art. 153, IV, § 3º, I e II (seletividade e não cumulatividade do IPI), art. 155, I, 'b', § 2º I e III (seletividade e não cumulatividade do ICMS)[19].

## 2. Concepção atual da capacidade contributiva.

Por mais que no atual cenário associe-se ao dito preceito um conteúdo valorativo, é de se destacar que nem sempre a capacidade contributiva esteve associada à ideia de justiça fiscal. Como observado por Godoi, quando da difusão da capacidade contributiva por Adam Smith, este a concebia como um critério eminentemente econômico-materialista, estando desvinculado de qualquer menção aparente à justiça social.

Isso porque, recordando a Teoria do Estado por ele estruturada, o Estado teria a função primordial de preservar a propriedade privada,

[17] BALEEIRO, Aliomar. Uma Introdução à Ciência das Finanças. 14. ed. Rio de Janeiro: Forense, 1987. p. 259.

[18] COSTA, Regina Helena. Princípio da capacidade contributiva, 1996, p. 29.

[19] COSTA, Regina Helena. Princípio da capacidade contributiva, 1996, p. 89.

encargo este que prevaleceria como central até naquelas sociedades mais desenvolvidas[20]. A capacidade contributiva seria, assim, o meio adequado para dividir o ônus advindo da manutenção das atividades estatais, necessárias para resguardar a propriedade individual.

Sob esse espectro, a capacidade contributiva seria um critério de tributação 'justo', ou melhor, o método mais adequado dentre aqueles disponíveis, na medida em que estaria em consonância com o próprio objetivo da imposição tributária em uma sociedade capitalista, visto que, se ao Estado compete manter a ordem econômica, daí decorre que aqueles mais interessados nesta manutenção são os detentores de uma maior riqueza, os quais, por imperativo lógico, têm a obrigação de contribuir em maior proporção para assegurar as despesas estatais.[21]

Referida concepção está alinhada com o princípio do benefício, consagrado pelos estudiosos da Ciência das Finanças, e que por um bom tempo foi utilizado como fundamento da tributação. De acordo com este preceito, cada contribuinte deve colaborar com a arrecadação estatal na medida dos benefícios que receba em virtude dos serviços prestados pelo Estado, isto é, em conformidade com as despesas que o ente estatal tenha realizado para favorecer o contribuinte[22].

Com base da teoria de Adam Smith, Ricardo Lodi assinala que, no Estado Liberal, a capacidade contributiva era fundada na Justiça Cumutativa (que ao lado da justiça distributiva e da justiça 'geral' integra o objeto de estudo da teoria da justiça), ou seja, aquela que permeia as relações de troca, que está alinhada ao princípio do custo-benefício que determina, em síntese, que cada um deve contribuir com as despesas estatais na medida em que obtém benefícios do Estado. Em bom português (informal), o velho toma lá, dá cá.

> Esse pensamento, associado à entronização da proteção à propriedade e ao indivíduo como valores centrais da sociedade burguesa, partia do pressuposto que o benefício que cada um extraía da atuação estatal, limitada a garantir a Segurança Jurídica dos proprietários, era propor-

[20] Godoi, Marciano Seabra de. Justiça, igualdade e direito tributário, 1999, p. 188.

[21] Godoi, Marciano Seabra de. Justiça, igualdade e direito tributário, 1999, p. 189.

[22] Conti, José Maurício. Princípios Tributários da Capacidade Contributiva e da Progressividade, 1996, p. 15.

> cional a sua riqueza, o que justificava a vinculação da Capacidade Contributiva ao princípio do Custo-Benefício não só em relação às taxas e contribuições de melhoria como hoje se dá, mas inclusive em relação aos impostos, informados pelo princípio da proporcionalidade tributária[23].

Tal visão (sob a ótica do princípio do benefício) prevaleceu até o Século XVIII. A mencionada compreensão estava alinhada à ideia de que o Estado estava fundado em um contrato social, por meio do qual ao Estado competia proteger o patrimônio e a vida dos membros da sociedade, e, em contrapartida, seria função do cidadão contribuir com as despesas do Estado[24].

Por conseguinte, houve outra época em que a capacidade contributiva passou a ser fundamentada a partir da teoria do sacrifício, segundo a qual sobre os detentores de maior capacidade econômica recai um **sacrifício superior** àquele que incide sobre os que possuem menor capacidade econômica. Nesse sentido, a capacidade contributiva põe em prática, sob a ótica da teoria do sacrifício, o princípio da igualdade, uma vez que todos os contribuintes devem contribuir sujeitando-se ao mesmo sacrifício[25].

Sobrevindo o Estado Social, parte da doutrina internacional passou a fundamentar a capacidade contributiva no primado da solidariedade. Citando Pedro Herrera Molina, Godoi afirma que as doutrinas da Alemanha, Itália e Espanha entendiam a capacidade de contribuir como decorrência do princípio da solidariedade sobre a divisão das cargas públicas[26].

Esta concepção em específico será melhor detalhada a seguir. Antes, porém, é relevante acentuar que, apesar das dificuldades inerentes à concretização da capacidade contributiva, por se tratar de conceito jurí-

[23] Ribeiro, Ricardo Lodi. O Princípio da Capacidade Contributiva nos Impostos, nas Taxas e nas Contribuições Parafiscais, 2010, p. 1.

[24] Conti, José Maurício. Princípios Tributários da Capacidade Contributiva e da Progressividade,1996, p. 15.

[25] Godoi, Marciano Seabra de. Justiça, igualdade e direito tributário, 1999, p. 190. Godoi considera que a teoria do sacrifício é aquela que melhor fundamenta o princípio da capacidade contributiva.

[26] Godoi, Marciano Seabra de. Justiça, igualdade e direito tributário, 1999, p. 190.

dico indeterminado, muito se evoluiu em torno do assunto com as contribuições trazidas pela doutrina nacional e estrangeira[27].

Ainda com todo o extenso trabalho doutrinário e jurisprudencial desenvolvido em torno da capacidade contributiva, ainda assim ela ostenta características próprias dos conceitos jurídicos indeterminados, o que por certo dificulta a sua concretização. Contudo, há de se asseverar que, dentro do atual paradigma constitucional, não há mais espaço para que as disposições sejam tidas como meramente programáticas, desprovidas de concretude. Além disso, com suporte das técnicas de interpretação constitucional não se permite uma leitura estática do texto constitucional, que deve ser analisado em seu conjunto, de forma sistêmica, coerente, e alinhada aos direitos fundamentais individuais e coletivos acobertados pela Constituição, com o escopo de atender os fins ali almejados.

Assim, não se mostra plausível que a capacidade contributiva possa ser inferida, exclusivamente, do § 1º do art. 145 da CF/88, ainda que a expressão capacidade econômica somente esteja expressamente prevista no dito dispositivo.

Isso porque a tributação como um todo – e a capacidade contributiva em particular – não pode ser analisada apartada do plexo normativo contido na Constituição, que buscou enfatizar a necessidade da atuação estatal em searas estratégias que visam impulsionar o desenvolvimento do país, ao mesmo tempo que priorizam os mecanismos que visem à redução das inúmeras desigualdades existentes, especialmente nos dispositivos que tratam dos direitos e deveres fundamentais. Essa atuação interventiva na concretização dos direitos sociais busca suprir uma lacuna deixada pela lógica do lucro que sustenta o regime capitalista.

Atrelado à concepção de justiça fiscal, o tributo, além de atuar como principal fonte de custeio do Estado e das despesas públicas, visa atender, no atual paradigma constitucional, ao objetivo da República Federativa do Brasil (art. 3º da CF/88) consistente na erradicação da pobreza e na redução das desigualdades sociais, e por aí já é possível extrair a importância do viés solidário da tributação.

[27] De igual modo, não é nossa proposta adentrar nos diversos desdobramento da capacidade: aspecto absoluto e relativo, proporcionalidade, progressividade e distintas aplicações às espécies de tributos.

A capacidade econômica, em sua concepção contemporânea, está intrinsicamente relacionada com a ideia de justiça distributiva, afastando-se da ideia da justiça comutativa, esta última aplicada em casos específicos, como das taxas/contribuições de melhoria, fortemente marcadas pela contraprestação do Estado. Justifica-se a imposição da tributação em conformidade com o signo presuntivo de riqueza apresentado pelo contribuinte, sendo lícito exigir-se dos entes tributantes a implementação de normas tributárias que imponham uma maior exação para aqueles que detenham maiores condições de arcarem com o ônus financeiro.

Com o escopo de apresentar a evolução do tema na doutrina estrangeira, Carlos Palao Taboada apresenta no seu artigo *Nueva Visita al Principio de Capacidad Contributiva* as distintas concepções do princípio na Itália e na Alemanha. Ele afirma que a interpretação dos conceitos indeterminados, tais como a capacidade contributiva, depende, diretamente, **dos valores que são adotados pelos órgãos de controle de constitucionalidade das leis** em determinado período, dependendo, pois, da composição de tais órgãos. É daí que entra o relevantíssimo papel atribuído ao Poder Judiciário, que em inúmeras oportunidades pode avaliar a conformidade, ou não, de determinada regra legal com o princípio estruturante da justiça fiscal.

A capacidade contributiva, nesse contexto, é compreendida por Taboada enquanto especificação do princípio da igualdade. Assim, como ele considera que o princípio da igualdade possui natureza negativa, a capacidade de contribuir não proporcionaria um "*un critério para establecer una disciplina justa, sino que es un principio de eliminación de injusticias, es decir, de discriminaciones incompatibles con los valores jurídicos aceptados por la comunidade*"[28]. O referido jurista considera que a capacidade contributiva é um importante guia ao legislador tributário, que se desdobra preponderantemente no campo político e não no campo jurídico.

Neste ponto, por mais que reconheçamos e respeitemos a grandiosa contribuição dada por Taboada, estamos mais alinhados ao entendimento adotado por Klaus Tipke, grande defensor da concretude da capacidade contributiva, que considera que o princípio serve como limite à discricionariedade do legislador, e que trabalha não só com a eficácia

[28] TABOADA, Carlos Palao. Nueva visita al principio de capacidade contributiva. Revista Española de Derecho Financiero. v. 124, outubro-dezembro de 2004. p. 783.

negativa do princípio, mas também com sua eficácia positiva, podendo servir de fundamento para aferir-se a legalidade/constitucionalidade de determinada norma tributária. A sua irradiação serve como impulso para uma revisão dos impostos que compõe o sistema então vigente em determinado ordenamento, de modo que eles estejam em maior conformidade possível com dito princípio. Serve, pois, como um estímulo que permite a manutenção de uma dada tensão reformadora[29].

## 2.1. Vinculação à solidariedade social

Como dito, na visão contemporânea da capacidade contributiva, ela está intrinsicamente associada à solidariedade social. Em obra coletiva organizada por Marco Aurélio Greco e Marciano Seabra de Godoi, podemos extrair contribuições preciosas sobre o tema. Em síntese, Marco Aurélio Greco aponta que o valor solidariedade pode ser inferido a partir de três momentos do Direito Tributário, quais sejam, o da **justificação do tributo**, dos **critérios de congruência da legislação** e identificação das distorções da produção legislativa e como **critério de interpretação** nos debates presentes nas discussões judiciais, de forma a impor limites à tributação, consoante se extrai do trecho a seguir, transcrito em face de seu potencial elucidativo:

> O tema da interação entre solidariedade social e tributação (intermediado pelo debate sobre a adequada prestação de serviços pelo Estado) está na base de um sem-número de preocupações que afligem os que atuam no campo do Direito Tributário. Embora não tenha ainda manifestado toda sua importância nem tenham sido extraídos todos os desdobramentos que dele podem surgir, o valor solidariedade social já tem surgido com clareza em, pelo menos, três momentos distintos do debate tributário: a) O primeiro corresponde ao da justificação da exigência, vale dizer, das razões que tomam cabível o tributo. Neste plano, o tema pode aparecer em duas dimensões distintas conforme se tratar de uma justificação condicional ou finalística da exigência, o que mostra sua importância em relação ao gênero tributo e mais especificamente à figura das contribuições. [...] b) A solidariedade social surge também no plano dos critérios de congruência da legislação tributária e serve para iden-

[29] Tipke, 2000, p. 479 e seguintes citado por TABOADA, Carlos Palao. Nueva visita al principio de capacidad contributiva, 2004, p. 773.

> tificar eventuais distorções internas ao ordenamento jurídico ao versar determinada hipótese específica ou atua como instrumento para detectar desvios na produção da lei tributária. Neste plano, encontram-se as diversas questões relativas a abuso do poder de legislar, proibição de retrocesso da legislação em relação aos direitos fundamentais etc. c) Por fim, o tema apresenta-se diluído nos embates perante o Poder Judiciário, como critério de interpretação utilizado para buscar o sentido integral das normas positivas, ao apontar uma direção iluminada por esse valor (como, por exemplo, o debate sobre a eficácia positiva do princípio da capacidade contributiva) e, deste modo, serve também para definir limites à tributação. Em todos estes planos, porém, a solidariedade social não é um valor absoluto (como nenhum, aliás, o é) especialmente numa Constituição de compromisso como a brasileira que, ao mesmo tempo, consagra valores protetivos típicos do Estado de Direito e valores modificadores da realidade, inerentes ao Estado Social. Daí o Estado Democrático de Direito previsto no artigo 1° da CF/88. Assim, a fórmula a ser atendida é aquela singelamente retratada no artigo 3°, I da CF/88 no sentido de ser objetivo da República construir uma sociedade livre, justa e solidária; vale dizer, em que os dois valores máximos dos modelos puros do Estado (de Direito = liberdade e Social = solidariedade) devem necessariamente ser compostos, pois a justiça (que está entre eles) resultará do seu balanceamento. Em outras palavras, o momento atual não é nem de nenhuma primazia míope (nem da liberdade, nem da solidariedade), mas de prestigiar ambos e conjuga-los num produto final equilibrado[30].

Por óbvio, o primado da solidariedade social não é absoluto, como nenhum outro o é, como bem apontado por Greco. A faceta social da capacidade contributiva deve estar em sintonia com os preceitos que resguardam a liberdade individual e a propriedade privada, como podemos extrair a partir da leitura da Constituição Cidadã.

Ricardo Lobo Torres defende que a solidariedade é um valor moral que deve conduzir a distribuição da carga tributária, fazendo com que esta recaia mais sobre os que detêm melhores condições econômicas,

[30] Greco, Marco Aurélio. Solidariedade Social e Tributação. Greco, Marco Aurélio; Godoi, Marciano Seabra de. (Coord.). São Paulo: Dialética, 2005. p. 168- 169.

aliviando os mais pobres, e, ainda, desonerando aqueles que estão abaixo da linha do mínimo de sobrevivência. Interessante, neste sentido, é a observação feita pelo autor, ao sustentar que a capacidade contributiva não se resumiria à solidariedade, mas que também ela teria fundamento pela consideração do benefício, não naquele sentido concebido por "Griziotti, mas na acepção de que o pagamento do tributo não deve ser exigido sem a contrapartida do Estado, em termos genéricos, pela garantia dos direitos fundamentais e sociais[31].

Tal entendimento é endossado por Ricardo Lodi, que aduz que, no contexto do Estado Social, a capacidade contributiva passou a ser orientada pela Solidariedade Social, que orienta a personificação que, por sua vez, possui aplicação nos impostos, partindo da pesquisa de informações relacionadas à renda e ao patrimônio do contribuinte[32].

Moschetti também analisa a relação entre a capacidade de contribuir e a solidariedade, ao assentar que a relação tributária pressupõe uma cooperação geral visando um fim que interessa não apenas ao indivíduo, mas a toda a comunidade da qual este participe. Na relação tributária "estão presentes todos os elementos do dever de solidariedade: o sacrifício de um interesse individual, a ausência ou irrelevância de uma contraprestação direta e a finalidade de interesse coletivo"[33].

Na visão liberal, o tributo surge como forma de garantir as liberdades individuais, oportunidade em que ele era considerado 'o preço a ser pago' para que o Estado, fruto de um acordo de vontades, de um contrato social, pudesse resguardar o direito de propriedade. Avançando, no Estado Social o tributo teve suas funções ampliadas e passou a servir como subsídio para que o Estado garantisse a realização das promessas decorrentes do bem-estar social (segurança, moradia, seguridade social etc). Já no contexto de um Estado Democrático de Direito, o fenômeno tributário assume várias funções (e fundamentações), não sendo compreendido somente como o preço a ser pago pela proteção das liberda-

[31] Torres, Ricardo Lobo. Ética e Justiça Tributária. In: Direito Tributário. Estudos em homenagem a Brandão Machado. Schoueri, Luís Eduardo; Zilveti, Fernando Aurélio. (Coord.). 1998. p. 186- 187.

[32] Ribeiro, Ricardo Lodi. O Princípio da Capacidade Contributiva nos Impostos, nas Taxas e nas Contribuições Parafiscais. Revista da Faculdade de Direito da UERJ, n. 18, 2010.

[33] Moschetti, Francesco. El principio de capacidad contributiva. Trad. Juan M. Calero Gallego e Rafael Navas Vazquez. Madrid: Instituto de Estudios Fiscales, 1980, p. 124.

des individuais, servindo também como meio para que o Estado possa atender às necessidades básicas da população, que variam conforme o desenvolvimento econômico de cada país. De forma não menos relevante, o tributo, em sua faceta social (considerados certos aspectos éticos) é um meio legítimo de que se vale o Estado para atuar ativamente buscando a redução das desigualdades por intermédio da redistribuição de riquezas.

No Brasil, as disparidades sociais que já eram significativas no período pré pandemia, correm o risco de serem intensificadas em um cenário pós pandemia. Ainda não é possível que os analistas econômicos tenham uma real extensão dos efeitos, visto que ainda estamos passando pela "segunda onda" no Brasil, sem perspectivas claras de quando a doença estará sob controle.

Ademais, o efeito econômico devastador foi amenizado em virtude da concessão do auxílio emergencial por parte da União. De acordo com dados apresentados pelo FGV IBRE, a partir de dados da Pnad Covid, o auxílio chegou a 42% dos domicílios no Brasil[34]. Todavia, esse fôlego temporário pode esconder os desafios vindouros, caso a classe política não chegue a um consenso quanto à necessidade de implementação de uma renda básica (cite-se a proposta de Renda Brasil, do governo federal), como forma de mitigar os efeitos em cascata a longo prazo e/ou outras políticas públicas que busquem amenizar o impacto em um cenário prospectivo.

Discordando deste entendimento, alguns podem afirmar que o Direito Tributário não é instrumento para implementação de solidariedade social, sob justificativa de que o CTN (datado de 1966) como um todo, e o conceito de tributo em particular afastam as concepções axiológicas. De fato, o nosso códex, profundamente influenciado pelo positivismo clássico, pouco ou quase nada diz a respeito de aspectos valorativos que envolvem a fundamentação do fenômeno tributário.

Contudo, não podemos perder de vista que a Constituição Federal de 1988, promoveu verdadeira repaginação da legislação infraconstitucional, ao incorporar e reincorporar princípios que buscam promover a tão almejada justiça tributária. Sendo assim, as disposições contidas no

[34] Disponível em: conjuntura-economica-2020-07-baixa_1.pdf (fgv.br). Acesso em 14 de mar de 2021.

CTN, incluindo o conceito expresso de tributo (pautado na legalidade e na segurança jurídica), também deve ser ressignificado, passando a refletir os valores abraçados pela CF/88, a exemplo da capacidade contributiva e da solidariedade.

Outrossim, como principal fonte de custeios das atividades estatais, o tributo deve estar alinhado aos fundamentos da República Federativa do Brasil (art. 1º da CF/88), que prezam pela soberania, cidadania, **dignidade da pessoa humana**, valores sociais do trabalho e livre iniciativa. Também não se pode perder de vista que são objetivos da República Federativa a construção de uma sociedade livre, justa e **solidária**, a erradicação da pobreza e da marginalização e a redução das desigualdades sociais e regionais (art. 3º).

Para que seja possível atuar nessa frente, primordialmente em um contexto de grave crise fiscal, necessário se faz a superação dos preconceitos ideológicos, avançando na restruturação da tributação incidente sobre o consumo, de forma a repensar as bases de incidência, para que se alcance de uma forma mais efetiva as bases do patrimônio e da renda, com base na experiência internacional, respeitados os direitos fundamentais do indivíduo.

Decorridas essas considerações teóricas, entendemos que a atual quadra de compreensão da capacidade contributiva em muito contribui para a construção de soluções para os desafios colossais apresentados pelo sistema tributário brasileiro, que será peça chave no enfrentamento às consequências residuais deixadas em um cenário pós covid-19.

Uma visão enrijecida e estritamente formalista do Direito Tributário no geral, e da capacidade contributiva em particular, compreendida enquanto salvaguarda a atuar exclusivamente em prol da defesa dos direitos fundamentais do contribuinte está totalmente ultrapassada. É claro que o ser humano tende a mirar os seus próprios interesses, ou seja, somos (quase) todos autorreferentes. Mas esse instinto natural – que está ligado à própria lógica da sobrevivência – deve ser limitado pelas imposições normativas.

Nossa percepção é a de que, enquanto sociedade organizada, que preza pela própria sobrevivência e pela manutenção do bem-estar individual e coletivo, devemos abraçar a perspectiva da solidariedade na tributação. Esta não é uma utopia criada e cultivada por tributaristas humanistas, sendo uma percepção compartilhada por grandes pensadores inconformados com as iniquidades do nosso tempo, fruto de uma visão individualista, egoísta e egocêntrica do ser humano, que, ao longo da história, acabou por influenciar a produção científica em todas as áreas do conhecimento, inclusive no Direito[35].

## 3. A necessária observância da justiça tributária em qualquer proposta de reforma tributária.

Dos estudos clássicos envolvendo o assunto, extraímos que a capacidade contributiva possui a função de servir de fundamento à imposição fiscal e servir de justa medida para fins de distribuição do ônus tributário. Sob essa faceta, ela é especialmente voltada às atividades do legislador.

Mas sua funcionalidade não fica adstrita às atividades legislativas, devendo se expandir, ainda, para ser instrumento de apreciação pelos membros do Poder Judiciário, que podem a ela recorrer nos casos de lacunas existentes na legislação, como vetor de interpretação, sendo útil, também, em disputas judiciais nas quais esteja em discussão a validade e/ou constitucionalidade de uma determinada imposição tributária, caso em que será necessário recorrer-se aos métodos de argumentação e de interpretação, sobremodo quando houver outros valores de igual estatura constitucional em jogo[36].

Por mais que os magistrados possam, no exercício de sua função jurisdicional, verificar se determinada regra jurídica atende ou não ao preceito da capacidade contributiva, referido exercício é sempre complexo e exige do aplicador uma decisão que contenha uma justificação racional, que possa ser replicada em casos similares, passando pelo teste da universalidade.

O exercício da jurisdição constitucional, tendo como parâmetro de aferição a capacidade contributiva, mostra-se, pois, como um problema

[35] Como exemplo de autores que são referências quando se trata do estudo da solidariedade e seus efeitos no campo jurídicos, podemos citar o Junger Habermas, filósofo alemão que se volta à construção de uma teoria da solidariedade como complemento da justiça, bastante citado por pesquisadores do direito, e Yuval Noah Harari, autor do best seller "Sapiens: uma breve história da humanidade", que também aborda o assunto no seu livro "21 Lições para o Século xxI", e no artigo "Na batalha contra o coronavírus, faltam líderes à humanidade".

36 A utilização da capacidade contributiva em sede de controle de constitucionalidade é um tema intrincado, que possui inúmeros desdobramentos. Devido aos objetivos traçados para este estudo, não iremos nos desdobrar sobre o ponto.

tormentoso, especialmente levando em conta a questão da autonomia, da legitimidade e da pretensão de segurança advindas dos atos legislativos, atrelado aos limites impostos pelo princípio da separação dos poderes. Some-se a isso as questões de eficácia, que passam pela análise dos subprincípios decorrentes da CC, das limitações fáticas e as limitações jurídicas impostas à sua implementação, em virtude de diversos fatores, dentre eles sua extensão em distintos graus de acordo com espécie tributária que esteja em jogo, bem como sua compatibilização com outros princípios e preceitos normativos, a exemplo das normas tributárias indutoras, imunidades, e, ainda, a própria natureza do tributo em questão.

Diante de toda a problemática envolvendo a aplicação do princípio pelo Poder Judiciário, sobressalta a responsabilidade dos Poderes Executivo e Legislativo no exercício de sua função legislativa. Sendo assim, aproveitando que o ambiente de discussão está propício, haja vista o avanço das propostas de reforma tributária dos tributos incidentes sobre o consumo, faz-se mister que a capacidade contributiva, associada à solidariedade, assuma posição de destaque.

Atualmente, temos ao menos três propostas principais em trâmite na comissão mista de reforma tributária formada no âmbito do Congresso Nacional. São elas: a PEC 45, que estipula a unificação de cinco tributos que incidem sobre o consumo (PIS, COFINS, IPI, ICMS e ISS), prevendo a substituição por uma espécie de Imposto sobre Valor Agregado – IVA, qual seja, pelo Imposto sobre Bens e Serviços – IBS; a PEC 110, que prevê a substituição de nove tributos (PIS, COFINS, IPI, ICMS, ISS, IOF, Cide-combustíveis, salário educação e PASEP), que também dariam lugar à instituição de um IBS e, ainda, a proposta fatiada do governo federal. Como o próprio nome deixa transparecer, a ideia do governo é apresentar a proposta em etapas. A primeira foi apresentada ao Congresso em meados de 2020, por meio do Projeto de Lei nº 3.887/2020, que prevê a criação da Contribuição Social sobre Operações com Bens e Serviços (CBS), que iria substituir as contribuições PIS/Pasep e COFINS.

Para além destas, há outras tais como o "Simplifica já" (Emenda substitutiva global nº 144 à PEC 110), que estabelece, igualmente, uma reforma dos tributos sobre o consumo e a desoneração da folha de pagamento, além de diversas outras micro propostas sugeridas por economistas, tributaristas e sociedade civil, que não necessitariam de alteração na Constituição. Todas as proposições indicadas acima, de maior abrangência, almejam exclusivamente a reformulação da tributação incidente sobre o consumo, sobre bens e serviços.

O objetivo central dessas propostas é tornar a tributação sobre o consumo mais simples e intuitiva, primando por maior eficiência, diminuindo, com isso, a burocracia e o custo administrativo arcado no processo de apuração e recolhimento dos tributos.

No que tange ao imperativo da justiça fiscal, infelizmente as propostas cuja discussão está mais avançada na comissão mista muito pouco tem a contribuir. Decerto há algumas previsões que visam uma correção pontual da regressividade tributária, tão presente no sistema atual (onde quem ostenta maior capacidade contributiva, proporcionalmente paga menos). Essa faceta pode ser implicitamente extraída na proposta de devolução do imposto pago por contribuintes de baixa renda (no caso do IBS)[37] e de imposição da técnica da seletividade na CBS, tal como a não incidência sobre as receitas decorrentes da venda de produtos integrantes da cesta básica e da prestação de serviços de transporte público coletivo.

Contudo, até o momento, todas as propostas que estão no centro do debate público, na verdade não buscam uma reformulação do sistema tributário, e sim uma **reformulação da tributação incidente sobre o consumo**, o que se mostra insuficiente para atender ao primado da capacidade contributiva, especialmente sob o viés da solidariedade, precisamente porque: i) a aplicabilidade do princípio da capacidade contributiva é comumente associada aos impostos e, dentre estes, aos impostos pessoais (tal como o IR), situação em que consegue alcançar uma maior eficácia e extensão; ii) as propostas em discussão não apresentam alternativas significativas à regressividade tributária e às suas distorções que maculam o postulado da justiça fiscal; iii) as propostas não preveem a pulverização da carga tributária primando por sua melhor alocação, de modo que as bases de tributação renda e patrimônio continuam subutilizadas, o que acarreta, por conseguinte a baixa efetividade da capacidade contributiva em termos globais; iv) a tributação

[37] O que vem sendo constantemente objeto de críticas, dada à eminente inviabilidade de operacionalização da devolução: vide comentários de Sérgio André Rocha disponível em: ConJur – Sérgio Rocha: o Imposto sobre Bens e Serviços da PEC 45. Acesso em 14 de mar de 2021.

sobre a folha de salários continua expressiva, prejudicando a empregabilidade, dificultando a abertura de vagas formais, estimulando o fenômeno da pejotização.

Em resumo, nenhuma das supostas reformas estruturais está a enfrentar as injustiças há muito identificadas na tributação brasileira e há muito denunciadas pelos pesquisadores que se constrangem com uma estrutura tributária que sobrecarrega aqueles que não ostentam capacidade econômica, muitos deles desprovidos de condições financeiras de sequer usufruir de uma vida digna.

O que se infere, pois, das discussões em pauta, é que, estando as propostas compenetradas, exclusivamente, na reformulação dos tributos incidentes sobre bens e serviços, elas se mostram desconectadas da promessa constitucional de distribuição do ônus tributário conforme a capacidade financeira, uma vez que a aplicação dessa promessa nos impostos diretos ou pessoais dá-se de forma direta, por meio da distinta gradação em conformidade com a riqueza dinâmica. Isso não ocorre nos impostos reais ou indiretos que incidem sobre o consumo, visto que a concretização da capacidade contributiva se dá por meio de subprincípios que a operacionalizam, a exemplo da seletividade e, por conta disso, torna-se muito mais difícil obter uma concretização da CC sob o viés da solidariedade por meio dos tributos indiretos.

Em termos proporcionais, a carga tributária no Brasil advém, em sua maioria, da arrecadação oriunda dos tributos sobre o consumo. Para se ter uma dimensão, colacionamos a seguir gráfico contido no Relatório "Carga Tributária no Brasil 2018", disponibilizado pela Receita Federal[38]. Ele apresenta um comparativo, tendo por base o ano de 217, entre a carga tributária no Brasil com os países integrantes da OCDE, bem como um comparativo com a média dos países integrantes da América Latina e Caribe.

[38] Disponível em ctb-2018-publicacao-v5.pdf (economia.gov.br). Acesso em de mar de 2021.

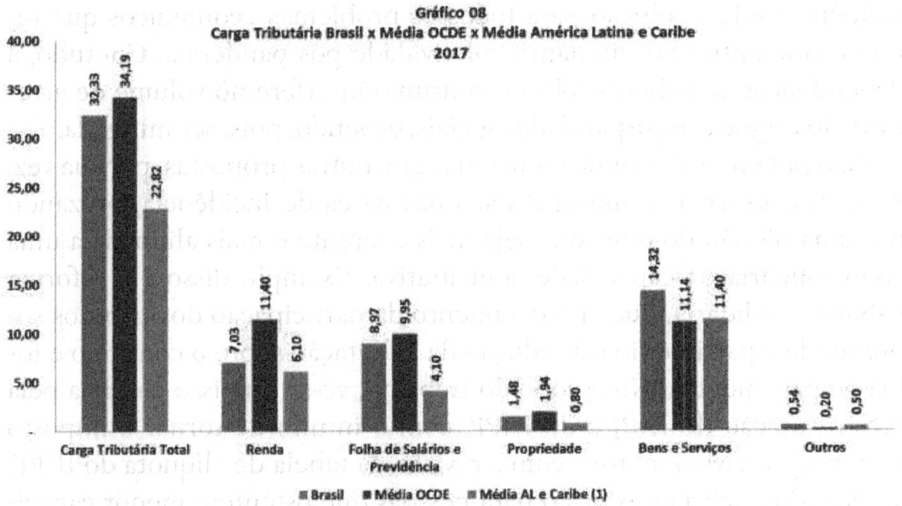


Fonte: Relatório "Carga Tributária no Brasil 2018", RFB.

É claro que diferença sempre haverá, em face das incontáveis variáveis e distintas realidades apresentadas, e ante a tendência e o histórico dos países que integram o bloco dos países desenvolvidos de efetivarem a justiça fiscal por meio da tributação sobre a renda.

A par disso, mesmo considerando a realidade social e econômica do Brasil, em um cenário de normalidade, a dependência das receitas dos tributos sobre bens e serviços já causava um incômodo naqueles que constatavam a injustiça decorrente de uma tributação regressiva. Essa situação, no entanto, torna-se ainda mais crítica em um cenário de crise global como a que estamos vivendo. Isso porque, os mais afetados são e serão aqueles que e encontram na base da "pirâmide social".

Os efeitos perversos da pandemia jogaram um feixe de luz sobre as iniquidades do nosso sistema tributário, visto que a queda percebida na arrecadação[39] se deu e se deve, em grande medida, em virtude da dependência dos tributos sobre bens e serviços. Não somos ingênuos de considerar que uma reforma que preze pela maior equalização das bases de

[39] Só em 2020, a arrecadação federal caiu em 6,91%, comparada com o ano de 2019. Disponível em: Arrecadação federal cai 6,91% em 2020 (ebc.com.br) e Fim do auxílio e redução de empregos afetam consumo e produção – 15/01/2021 – Mercado – Folha (uol.com.br). Acesso em 14 de mar. de 2021.

incidência seja a solução para todos os problemas econômicos que teremos que enfrentar enquanto coletividade pós pandemia. Contudo, a dependência de tributos sobre o consumo interfere no volume de arrecadação e agrava as disparidades sociais, devendo, pois, ser mitigada.

Não podemos deixar de mencionar que outras propostas, por sua vez, buscam contornar à injusta divisão das bases de incidência, prezando por uma divisão do ônus que seja mais coerente e mais alinhada a uma visão solidária da capacidade contributiva. Exemplo disso é a reforma tributária solidária, que visa o aumento da participação dos tributos sobre renda e patrimônio e à redução da tributação sobre o consumo e folha de pagamentos. No escopo do trabalho, vê-se que isso passaria pela reestruturação do IRPJ e do IRPF, com o intuito de tornar o imposto mais progressivo, inclusive com a revisão da tabela de alíquota do IRPF, ampliando a faixa de isenção para pessoas que ostentem menor capacidade contributiva.

Na oportunidade, não custa lembrar que os tributos diretos são aqueles que melhor atendem à capacidade contributiva, uma vez que neles não há repercussão do ônus, devendo ele ser arcado pelo próprio titular da exação. Isso não acontece nos tributos indiretos, visto que o ônus acaba por ser transferido ao próximo elo da cadeia, repercutindo, ao fim e ao cabo, no consumidor final, que não tem outra opção a não ser arcar com esse ônus, sobretudo quando se trata do consumo de bens e serviços essenciais à manutenção da dignidade humana (educação, saúde, alimentação, moradia, transporte, segurança e previdência social).

Em termos de propostas mais abrangentes, podemos citar também as 9 (nove) propostas para uma reforma tributária sustentável, articuladas por um conjunto de 12 organizações da sociedade civil, coordenadas no âmbito da Rede de Advocacy Colaborativo (RAC), em colaboração ao trabalho das frentes parlamentares Ambientalista, da Economia Verde, dos ODS, dos Direitos Indígenas, que, a seu turno visam a obtenção de uma recuperação econômica sustentável, que incentive o setor produtivo a adotar ações e implementar projetos que estejam alinhados com um capitalismo mais inclusivo e consciente.

O alerta ora apresentado já vem sendo feito há tempos, por diferentes atores econômicos, do setor público e privado. Ao traçar breves considerações sobre as propostas de reforma tributária, Regina Helena Costa assim se pronunciou:

> Diante desse quadro e na ocasião do trigésimo aniversário da Constituição de 1988, a conclusão que se impõe é a de que a **verdadeira e necessária reforma tributária é a que venha a promover a justiça social, disciplinando a exigência de impostos consoante a aptidão econômica daqueles que os devem pagar.**
>
> Prescinde tal reforma de alteração constitucional – exige, ao revés, a integração de todos os entes federativos numa política fiscal conjunta que vise a diminuição da carga tributária indireta (consumo), minimizando, assim, a regressividade do sistema, bem como deslocando a concentração dessa carga na tributação direta (renda/patrimônio), com a elevação da progressividade do sistema tributário.
>
> Somente assim o tributo cumprirá plenamente sua função social, de instrumento de promoção da redução das desigualdades sociais, da efetivação do princípio da dignidade humana e, enfim, da busca da justiça social[40] (destaque nosso).

Assentimos, integralmente, com as colocações da ora homenageada, repisando nossa posição no sentido de que tal cenário somente será possível por meio do diálogo e intensa colaboração entre os representantes da União, Estados e Municípios, oportunizando-se o debate com a sociedade civil organizada e entidades representativas de todos os setores que possam vir a ser impactados.

Logo, qualquer reforma que se proponha a alterar o *status quo* do quadro tributário atual, deve priorizar, minimamente, à promoção de uma justiça tributária. Infelizmente, esta não tem sido uma das prioridades, pelo que estamos acompanhando. Essa estratégia de reforma visando tão somente à simplificação, mostra-se contraditória e insatisfatória, particularmente diante: i) do avanço da pandemia, ii) do risco de aprofundamento das desigualdades; iii) das limitadas alternativas disponíveis para fazer frente ao financiamento das medidas estatais direcionadas ao combate à covid-19 e, posteriormente, em um segundo momento, iv) para financiar as medidas econômicas que serão necessárias para a reconstrução do país (possivelmente eventual instituição de renda

[40] Disponível em: Tributação e Justiça Social (jusbrasil.com.br). Acesso em 14 de mar de 2021.

básica permanente e outros incentivos voltados à própria manutenção do sistema capitalista).

## Conclusões

A evolução doutrinária e jurisprudencial em torno da capacidade contributiva foi expressiva, o mesmo não se podendo dizer em torno da sua operacionalização pela legislação tributária. Como ocorre em quase todos os campos do conhecimento, há sempre um distanciamento entre as virtudes conquistadas e aquelas almejadas. E o Direito Tributário não foge à essa regra.

Todavia, as discrepâncias observadas no sistema tributário brasileiro em face da inobservância ou baixa efetividade da capacidade contributiva podem vir a se tornar insustentáveis em face da grave crise de saúde pública que estamos enfrentando. Os gastos para financiamento do Estado voltados às iniciativas de enfrentamento aos efeitos da pandemia (despesas com a aquisição de insumos médicos e hospitalares, aquisição de vacinas, subsídio à população de baixa renda, pagamento de profissionais de saúde, fomento às empresas e à economia em geral) não só interferem negativamente na (já) delicada situação fiscal, em virtude do aumento da dívida pública, como também acendem um alerta voltado à adoção de estratégias que diversifiquem e ampliem as fontes de custeio.

Sendo assim, os responsáveis pela gestão e tramitação das propostas de remodelação tributária em trâmite, muito além de mirar na simplificação do nosso ordenamento tributário, tornando o país mais atrativo a investimentos externos, e o ambiente de negócios menos burocrático, também deve primar pela operacionalização da justiça tributária, buscando uma divisão mais equânime da carga tributária.

Por mais que não tenhamos clareza dos efeitos econômicos e sociais decorrentes da pandemia a médio e longo prazo, as projeções econômicas não têm sido das mais otimistas. Associado a isto, inspirados pela análise histórica de outras crises já enfrentadas na nossa história recente – a exemplo da crise financeira de 2008, estamos esperançosos, na expectativa de que teremos uma soma de esforços de vários atores para contrapor o cenário de recessão econômica e suas consequências.

Por mais que esses diagnósticos dependam de estudos e dados estatísticos mais elaborados, constatamos que os especialistas têm indicado, como estratégia de enfrentamento à pandemia, a estruturação e implementação de políticas públicas sociais permanentes, a revisão e redução do gasto público, o corte de privilégios e de despesas desnecessárias de forma a evitar o colapso das finanças públicas. Ao lado dessas medidas, se mostra essencial, igualmente, recorrer-se à capacidade contributiva e ao imperativo da solidariedade, buscando a implementação de uma reforma tributária que esteja alinhada à justiça fiscal.

Para tanto, será preciso o engajamento e a cooperação entre os entes federados (por intermédio de seus representantes), de modo que sejam minimizados, por ora, os interesses particularistas, com o escopo de centrar forças para efetivamente fazer avançar mudanças na legislação tributária que assegurem não só os recursos para cobrir as despesas excepcionais para arcar com os custos deixados pela pandemia, mas especialmente para que este custo não seja repassado para fontes desprovidas de capacidade de contribuir.

Mais do que nunca, a solidariedade deve reger e instruir a atuação estatal, mormente no braço arrecadatório. Cumpre, pois, aos mandatários do Poder Público observar a solidariedade no âmbito da justificação do tributo, nos critérios de congruência da legislação e na justa divisão da carga tributária. Neste ponto, o que nos parece enquanto contribuintes e partícipes do intrincado universo tributário, é que estamos passando não só por crises cumulativas – fiscal, política e econômica (em função de motivos outros que fogem ao escopo do presente trabalho), mas também por uma crise de legitimidade do ordenamento tributário, que passa pela repulsão "natural" do contribuinte ao dever de pagar tributos – repulsão esta que aparenta estar exacerbada, o que se deve a vários fatores que fogem aos limites do Direito Tributário, dentre eles a pouca importância que tem sido dada à pauta da educação fiscal, sem contar os recorrentes escândalos envolvendo malversação das receitas públicas e à má gestão dos recursos públicos.

Mais do que isso, e talvez o mais grave, é que em meio a todo esse cenário confuso, não identificamos interesse e vontade política suficientes por parte da maioria dos detentores de cargos públicos visando reformular o sistema tributário, de modo a priorizar a função social do tributo, e aos imperativos da justiça tributária.

As experiências vivenciadas no período pandêmico, de isolamento social e de imposição de medidas restritivas aos agentes econômicos revelou até aos mais incrédulos a premência de reformulação das bases de tributação, com modificações estruturais (quem também podem ocorrer por meio de alterações pontuais na legislação infraconstitucional), de forma a privilegiar a capacidade de contribuir sob um viés solidário. A solidariedade, mais do que nunca, deve sair do campo do discurso ideal, teórico e filosófico, para ser incorporada ao discurso prático, devendo refletir nas escolhas políticas que estão sendo adotadas em prol da reforma tributária.

Somente alcançaremos uma reforma que atenda minimamente aos postulados da justiça fiscal se contarmos com a colaboração e cooperação de todos os agentes políticos, que assumem a responsabilidade de prestar contas de sua atuação para esta e para as futuras gerações, em face da maior tragédia sanitária e humanitária vivida em nosso país.

## Referências

ACQUA VIVA, Marcus Cláudio. Declaração de direitos do homem e do cidadão. Madrid: Universidad Complutense, 1973 citado por FERREIRA Filho, Manoel G. et. alli. Liberdades Públicas. São Paulo: Saraiva, 1978.

BALEEIRO, Aliomar. Uma Introdução à Ciência das Finanças. 14. ed. Rio de Janeiro: Forense, 1987. p. 259.

BECKER, Alfredo Augusto. Teoria Geral do Direito Tributário. 4. ed. São Paulo: Noeses, 2007.

CONTI, José Maurício. Princípios Tributários da Capacidade Contributiva e da Progressividade, 1996.

COSTA, Regina Helena. Princípio da capacidade contributiva. 2. ed. São Paulo: Dialética, 1996.

GODOI, Marciano Seabra de. Justiça, igualdade e direito tributário. São Paulo: Dialética, 1999.

GRECO, Marco Aurélio. Solidariedade Social e Tributação. GRECO, Marco Aurélio; GODOI, Marciano Seabra de. (Coord.). São Paulo: Dialética, 2005.

MOSCHETTI, Francesco. El principio de capacidad contributiva. Trad. Juan M. Calero Gallego e Rafael Navas Vazquez. Madrid: Instituto de Estudios Fiscales, 1980.

RIBEIRO, Ricardo Lodi. O Princípio da Capacidade Contributiva nos Impostos, nas Taxas e nas Contribuições Parafiscais, 2010.

TABOADA, Carlos Palao. El principio de Capacidad Contributiva como Criterio de Justicia Tributaria: Aplicación a los Impuestos Directos e Indirecto. In: Tratado de Direito Constitucional Tributario. Estudos em homenagem a Paulo de Barros Carvalho. Coordenador Heleno Taveira Tôrres. São Paulo: Saraiva, 2005.

TABOADA, Carlos Palao. Nueva visita al principio de capacidade contributiva. Revista Española de Derecho Financiero. v. 124, outubro-dezembro de 2004.

TIPKE, Klaus; YAMASHITA, Douglas. Justiça fiscal e princípio da capacidade contributiva. São Paulo: Malheiros, 2002

Torres, Ricardo Lobo. Ética e Justiça Tributária. In: Direito Tributário. Estudos em homenagem a Brandão Machado. SCHOUERI, Luís Eduardo; ZILVETI, Fernando Aurélio. (Coord.). 1998.

WEISS, Fernando Lemme. Princípios tributários e financeiros. Rio de Janeiro: Lumen Juris, 2006. p. 174 e Oliveira, José Marcos Domingues de. Capacidade Contributiva: conteúdo e eficácia do princípio. 2. ed. Rio de Janeiro: Renovar, 1998.

ZILVETI, Fernando Aurélio. Direito tributário: estudos em homenagem a Brandão Machado, 1998.